Koordinationsprozesse beim Musizieren im Instrumentalen Gruppenunterricht

Perspektiven
musikpädagogischer Forschung

herausgegeben von
Prof. Dr. Jens Knigge
Prof. Dr. Ulrike Kranefeld
Prof. Dr. Anne Niessen
Prof. Dr. Christine Stöger

Band 11

Bianca Hellberg

Koordinationsprozesse beim Musizieren im Instrumentalen Gruppenunterricht

Waxmann 2019
Münster • New York

Die vorliegende Arbeit wurde vom Fachbereich Lehrämter und
Komposition an der Hochschule für Musik und Darstellende Kunst
Frankfurt am Main als Dissertation zur Erlangung des Grades einer
Doktorin oder eines Doktors der Philosophie angenommen.

Gefördert durch die Gisela und Peter W. Schatt Stiftung

GISELA UND
PETER W.
SCHATT
STIFTUNG

Bibliografische Informationen der Deutschen Nationalbibliothek
Die Deutsche Nationalbibliothek verzeichnet diese Publikation in
der Deutschen Nationalbibliografie; detaillierte bibliografische
Daten sind im Internet über http://dnb.dnb.de abrufbar.

Perspektiven musikpädagogischer Forschung, Band 11

ISSN 2198-1973
Print-ISBN 978-3-8309-4002-9
E-Book-ISBN 978-3-8309-9002-4

© Waxmann Verlag GmbH, Münster 2019
Steinfurter Straße 555, 48159 Münster

www.waxmann.com
info@waxmann.com

Umschlaggestaltung: Inna Ponomareva, Münster
Titelbild: © kali9 – istockphoto.com

Gedruckt auf alterungsbeständigem Papier,
säurefrei gemäß ISO 9706

Inhalt

I Hinführung zum Forschungsthema

„Der Wunsch, ein Instrument zu lernen, richtet sich in den meisten Fällen auf diese (für viele) höchste Stufe des Musizierens, auf das Zusammenspiel mit anderen. Die Befähigung hierzu gehört deshalb zu den wichtigsten Zielen und Aufgaben des Instrumental- und Vokalunterrichts." (Richter 1993a, S. 331)

1 Einleitung

1.1 Einführung in die Themenstellung

„There are as many different types of people in this orchestra as you could imagine. And yet everybody is somehow searching for something what's together. ‚Einklang' is what we aspire to." (Sir Simon Rattle in Grube 2008)

Das gemeinsame Musizieren in Gruppen gehört zum festen Bestandteil musikalischer Praxis in allen bekannten Kulturen und von der Geschichte bis zur Gegenwart (Rüdiger 1997, S. 220). So alltäglich, wie diese Handlungsform daher ist, so faszinierend ist das Spiel einer Musikgruppe, wenn es den Beteiligten gelingt, von einzelnen Musizierenden zu einem ‚Klangkörper' zu werden und mit einem gemeinsamen Klang zu sprechen. Ein solcher Moment der *Koordination* zwischen den Individuen, in dem sich die Gruppe auf gemeinsame Rhythmen, eine einheitliche Dynamik oder Klangfarbe einigt sowie eine gemeinsame Ausdrucksweise und Interpretation findet (Spychiger 2008, S. 7) – oder mit Simon Rattles Worten gesprochen: in dem die beteiligten Musizierenden das *Gemeinsame*, ihren *Einklang* finden –, lässt einerseits das musikalische Produkt als Ensembleklang in seiner ästhetischen Dimension hervortreten und bedeutet andererseits für die Beteiligten, ob Musizierende oder Publikum, eine eindrückliche Erfahrung. „Dass hundert Leute, hundert Herzen und Kreisläufe und Atem und alles, auf genau dem gleichen Nenner schwingen, und Sie sind einer in diesem Prozess drin, dieses Erlebnis, das ist unbeschreiblich", berichtet Götz Teusch in einem Interview im Rahmen der Dokumentation *Trip to Asia* (Grube 2008). Ein solches Erlebnis musikalischer Ausdrucksfähigkeit und ästhetischen Genusses in einer Gemeinschaft hinterlässt Spuren in der musikalischen Biographie. Raphael Haeger, Schlagzeuger der Berliner Philharmoniker, nennt eben dieses Erlebnis, „wo alle ganz begeistert dabei sind und sagen, so jetzt machen wir alle die gleiche Musik" ein „*Schlüsselerlebnis*" (Haeger in Grube 2008; H.v.V.).

Im Zusammenhang mit Kinder- und Jugendensembles schreibt Reinhart von Gutzeit (2015) von dem

> „faszinierende[n] Phänomen musikalischer Ensembles, dessen Magie nur schwer zu fassen und zu beschreiben ist. Da verschmilzt eine Gruppe von höchst individuellen Musikerinnen und Musikern im gemeinsamen Tun zu einer gemeinsamen Identität, nicht nur scheinbar von einem jeden Einzelnen erfassenden gemeinsamen Willen erfüllt. Einander mit höchster Aufmerksamkeit wahrnehmend, was der oder die Partner im nächsten Moment tun werden, bereit sich in einem Maße aufeinander einzulassen, für das es sonst, im ‚normalen Leben', wenig Entsprechung gibt. Eine existentielle Erfahrung, die süchtig machen kann, die tatsächlich auch viele junge Menschen süchtig macht und zu ihrer Entscheidung, ein Leben mit Musik im Mittelpunkt anzustreben, nicht wenig beiträgt." (ebd., S. 1)

Das faszinierende Phänomen, von dem von Gutzeit (ebd.) hier spricht, ist die *interpersonale Koordination*[1] im Musizier-Ensemble. Seine Beschreibung wie auch die Zitate von Rattle, Teusch und Haeger (vgl. vorherige Seite) verdeutlichen, dass dieses Phänomen von erheblichem musikpädagogischem Interesse ist. Nicht nur, dass Situationen koordinierten Musizierens als *Strong Experiences with Music* (Gabrielsson 2011; 2001) oder als ästhetische Erfahrungsmomente zu betrachten sind (vgl. Hellberg 2010), solche Situationen stellen auch eine spezifische Form des musikalischen Handelns dar, in denen in Bezugnahme auf ein Gegenüber musikalische Aushandlungsprozesse stattfinden oder diese zumindest möglich sind. Koordinationsmomente können in diesem Sinne als Phasen des Musikmachens betrachtet werden, in denen intersubjektive Aushandlung im Medium des Klangs gelingen kann. Koordination ist diesbezüglich ein höchst relevantes Phänomen für das musikalische Lernen.[2]

1.2   Relevanz des Forschungsthemas

Eingeführt in die musikpädagogische Diskussion hat das Phänomen Maria Spychiger in einem 2008 erschienenen Artikel mit dem Titel *Musiklernen als Ko-Konstruktion? Überlegungen zum Verhältnis individueller und sozialer Dimensionen musikbezogener Erfahrung und Lernprozesse. Einführung des Konstrukts der Koordination* (Spychiger 2008). Die Autorin vertritt die These, dass sich musikbezogene Aushandlungsprozesse leiblich und klanglich in Koordination vollziehen (ebd., S. 11) und dass demzufolge Koordination – verstanden als Bewegungs- und Klangangleichung der Musizierenden in einem Ensemble, die zu einer Einheitlichkeit in leiblichem und klanglichem Ausdruck der Gruppenmitglieder führe (ebd., S. 7) – eine „unverzichtbare Komponente in Prozes-

---

1   Aus Gründen der Lesbarkeit ist im weiteren Verlauf dieser Studie von *interpersonaler Koordination* die Rede, wenn der Begriff *Koordination* nicht näher bestimmt wird.

2   Diese Thesen werden in Kapitel 2 und 3 mit Forschungsergebnissen belegt und ausgearbeitet.

sen gemeinsamen Denkens, Handelns und Lernens in Musik" sei (ebd., S. 5). Während beim Fokus auf dem Erwerb der meist hochkomplexen Spieltechnik vorwiegend individuelle Lernprozesse betrachtet werden und so zielgerichtetes individuelles Üben (*Deliberate Practice*, Ericsson u.a. 1993) in den Blick gerät, scheint gerade in informellen musikalischen Lernsituationen (z.B. in Laienensembles, Singkreisen oder in der selbstorganisierten Bandpraxis von Jugendlichen) das Musiklernen während der alltäglichen Musik*ausübung* in den Vordergrund zu treten (vgl. Spychiger 2008). Anhand eines Praxisbeispiels aus dem Schlagzeugeinzelunterricht wird jedoch deutlich, dass koordinative Prozesse beim gemeinsamen Musizieren auch in institutionellen Kontexten als relevante Dimension musikbezogenen Lernens betrachtet werden sollten. Theoretische Ausarbeitungen von Koordination aus musikpädagogischer Perspektive sowie vertiefte empirische Untersuchungen stehen allerdings noch aus. So stellen sich die Fragen, in welchen Musiziersettings im Unterricht Koordination auftritt, welche Bedeutung das Phänomen für die entsprechende Lernsituation hat, wie die Beteiligten das Phänomen wahrnehmen und wie sie handeln, um Koordination herbeizuführen oder zu verhindern.

Diese Fragen haben mit der Verbreitung des Instrumentalunterrichts in Gruppen in der jüngsten Zeit zusätzlich an Bedeutung gewonnen (vgl. Kap. 4). Instrumentales Lernen findet im Spannungsfeld zwischen Schulzeitverkürzung, Ganztagsschulen, Musikschulangebot, Schulprojekten, Breiten- und Begabtenförderung zunehmend in Gruppen statt (vgl. LVdM-NRW o.J.). Im Zuge der Ausbreitung des Klassenmusizierens, im Zusammenhang mit dem Ausbau von Instrumentalunterricht an (Ganztags-)Schulen sowie in Verbindung mit den deutschlandweit initiierten JeKi-Projekten[3] hat sich zudem die Form des Instrumentalen Gruppenunterrichts an allgemeinbildenden Schulen als eigenständiges Profil herausgebildet (vgl. Kranefeld u.a. 2015; vgl. Kap. 4). Ein zentrales Merkmal dieses Profils ist der Anspruch, das gemeinsame Musizieren noch mehr in den Mittelpunkt des Unterrichts zu stellen (vgl. Ardila-Mantilla u.a. 2016)[4], ja das gemeinsame Musizieren zum Ausgangspunkt des Musiklernens werden zu lassen.[5] Damit

---

3 Die Abkürzung *JeKi* steht für *Jedem Kind ein Instrument*. Die Initiative wurde zunächst im Ruhrgebiet ins Leben gerufen. Es bildeten sich jedoch schnell etliche Ableger des Projekts in verschiedenen Regionen Deutschlands. JeKi kombiniert Instrumentenkunde mit Instrumentalem Gruppenunterricht und Ensembleunterricht am Lernort Schule, wobei das Projekt typischerweise von Musikschullehrkräften durchgeführt wird (vgl. hierzu Kap. 4.2.4).

4 Im JeKi-Diskurs ist festzustellen, dass die gegenteilige Überzeugung gerade in Berichten aus der Praxis nach wie vor präsent ist. Der Instrumentalunterricht und das gemeinsame Musizieren werden hier noch immer häufig dualistisch gegenüber gestellt, anstatt das gemeinsame Musizieren *im* Instrumentalunterricht zu verorten (vgl. insbesondere Walter 2012, S. 10).

5 Mit dieser Verschiebung reagiert die deutsche Musikpädagogik sicherlich auch auf die Ausbreitung der sistema-basierten Ansätze, die das gemeinsame Tun sowie eine hohe Frequenz des Unterrichts zur Basis ihres Erfolgs machen. Das Motto „Passion first – refinement second", mit dem das venezolanische Musikschulsystem *El Sistema* (vgl. Smaczny & Stodtmeier 2009; Kaufmann & Peindl 2011; Elstner 2011) bekannt wurde, wurde in zahlreichen außerschulischen Projekten auf der ganzen Welt repliziert (vgl. z.B. *El Sistema Europe, Demos, Superar, El Sistema USA* etc.). Auch die deutsche Initiative *Jedem Kind ein Instrument* ist eine Reaktion auf die Sistema-Bewegung. El Sistema (Abk. für *Fondación del Estado para el Sistema Nacional de Orquestas Juvenils e Infantils de Venezuela*) bezeichnet das staatlich geförderte System der Musikausbildung in Venezuela, in dem Kinder- und Jugendor-

nähert sich die Unterrichtsform des Instrumentalen Gruppenunterrichts den Methoden der Elementaren Musikpädagogik an (vgl. Wüstehube 2016), indem das *Musikspielen* als Anregung musikbezogener Lernprozesse in der Gruppe zu einer zentralen Methode wird (vgl. ebd.). Die Fragen, wie solche Musizierprozesse seitens der Lehrperson gestaltet, gesteuert bzw. initiiert werden können, erscheinen im methodisch-didaktischen Fachdiskurs jedoch noch nicht ausreichend beleuchtet.[6] Was bedeutet das für die Gestaltung der Unterrichtssituation? Wie vollziehen sich die Musiziersituationen in Anfängergruppen und wie kann dieser Anspruch realisiert werden, ohne in den viel zitierten „blinden Aktionismus" (vgl. z.B. Wallbaum 2005, S. 5) zu verfallen?

Bei der Durchsicht der Fachliteratur finden sich hauptsächlich Erfahrungsberichte mit Hinweisen aus der Unterrichtspraxis. Unterrichtswerke orientieren sich demgegenüber vor allem am spieltechnischen Fortschreiten und interessanter Spielliteratur, ohne dass sie in einem Lehrerkommentar Hinweise zur Anregung und Gestaltung von Musizierprozessen geben.[7] Auch findet sich mit der Studie von Ulrike Kranefeld, Thomas Busch und Jelena Dücker nur eine empirische Studie im Kontext des Instrumentalen Gruppenunterrichts, die die musikbezogenen Handlungsprozesse in der Unterrichtsgruppe analysiert (Kranefeld u.a. 2015). Dort bleibt jedoch verborgen, ob und in welcher Form Koordinationsprozesse beim gemeinsamen Musizieren eine Rolle in den Musiklernsituationen spielen.

Eine empirische Untersuchung von Koordination im Kontext des Instrumentalen Gruppenunterrichts kann demzufolge auf mehreren Ebenen als relevant angesehen werden:

- Die Studie verspricht detaillierte theoretische Erkenntnisse hinsichtlich des Phänomens der interpersonalen Koordination, einen Blick auf die mikroprozessualen Handlungsformen beim Musizieren im Unterricht sowie Erkenntnisse hinsichtlich der Einordnung von Koordination im Kontext des Musiklernens.
- Die Studie reagiert auf aktuelle unterrichtspraktische Fragestellungen, die sich im Bezug auf die didaktischen Ausgestaltungen des gemeinsamen Musizierens im Instrumentalen Gruppenunterricht ergeben. Sie liefert zudem Einblicke in die Musizier*prozesse*, die beim gemeinsamen Musizieren im Unterricht stattfinden, sowie Hinweise zur Weiterentwicklung der Methodik des Musizierens im Unterricht.

---

chester eine entscheidende Rolle spielen. Es wurde auf Initiative von José Antonio Abreu mit dem Ziel ins Leben gerufen, dem Elend der Kinder und Jugendlichen etwas entgegenzusetzen. Der Unterricht erfolgt in den Nucleos, den Stadtteilmusikschulen, sechsmal wöchentlich und kostenlos und findet als Orchester- und Instrumentalunterricht statt (vgl. Smaczny & Stodtmeier 2009; Kauffmann & Peindl 2011; Elstner 2011).

6   Wie Ulrich Mahlert (1997) betont, „gelingt es im Instrumentalunterricht nicht immer und nicht ohne weiteres, das Spielen von Musik als eine lustvolle, bereichernde, Welt- und Selbsterfahrung ermöglichende Tätigkeit zu vermitteln" (ebd., S. 7). Musizieren zum Ausgangspunkt für Musiklernprozesse zu machen, erscheint daher auch ebenso schwierig. Zu weiteren Ausführungen dieses Verhältnisses vgl. Kapitel 3.

7   Dies zeigte eine Analyse der Unterrichtsliteratur für Gruppenunterricht im Rahmen der Vorbereitung dieser Studie.

1.3 Entwicklung der forschungsleitenden Fragestellung und Herangehensweisen an das Forschungsthema

Mein Interesse für das vorliegende Forschungsthema ist das Ergebnis zahlreicher und vielfältiger praktischer Erfahrungen in musikalischen Ensembles und als Instrumentallehrerin mit Schülergruppen sowie einer längerfristigen theoretischen Beschäftigung mit dem Phänomen der Koordination, die durch einen Seminarbesuch zum Thema *Ästhetische Erfahrungen* angeregt wurde.[8] Ausgehend von einer zunächst unspezifischen Faszination für das koordinierte Musizieren außerhalb des pädagogischen Kontextes, habe ich mich zum ersten Mal wissenschaftlich im Rahmen meiner Examensarbeit mit dem Phänomen befasst. In einer empirischen Studie zum Thema *Koordinationserfahrungen im Jugendorchester* (Hellberg 2010) habe ich jugendliche OrchestermusikerInnen zu ihren Erfahrungen von Koordination befragt und feststellen können, dass diese Erfahrungen als ästhetisch, identitätsstiftend und hochgradig motivierend einzustufen sind und dass das Ziel eines besonderen Konzerterlebnisses als koordiniert miteinander musizierende Gruppe die Jugendlichen zu kooperativem Lernen antreibt. Sie bestärken sich gegenseitig, unterstützen einander im Übeprozess und ordnen sich ggf. der Gruppe unter, wenn dies dienlich für die gemeinsame Musikproduktion ist (vgl. ebd.). Die Abgrenzung der Jugendlichen gegenüber institutionell organisiertem Musiklernen ist mir in den Befragungen besonders aufgefallen und hat zu den Fragen geführt, in welcher Form Koordination in unterrichtlichen Musiklernprozessen auftritt bzw. welche Rolle das Phänomen für das gemeinsame Musizieren im Unterricht spielt. Durch mein Interesse für die Unterrichtsform des Gruppenunterrichts sowie die Aktualität und die Relevanz der Thematik für den Instrumentalen Gruppenunterricht in der Schule habe ich das Forschungsthema auf das entsprechende Forschungsfeld bezogen. Diese Fokussierung geht mit einer Engführung des Forschungsthemas auf den Anfängerunterricht einher.[9] Die forschungsleitende Fragestellung zu Beginn der empirischen Studie lautet somit:

> Welche Rolle spielt interpersonale Koordination in Prozessen gemeinsamen Musizierens im Instrumentalen Gruppenunterricht im Handlungsfeld Schule?

Die Arbeit versteht sich als explorative Studie und unternimmt den Versuch, *interpersonale Koordination* als Phänomen sozialen Handelns in Musik qualitativ-empirisch aus einer dreifachen Perspektive – der Beschreibung durch die Forscherin sowie aus der Erfahrungsperspektive der Lehrenden und der Lernenden – zu fassen, in seinen Kontex-

---

8   Die Auswirkungen der Nähe zum Feld auf die Auswertung der empirischen Ergebnisse wird in Kapitel 5.4.2 reflektiert. Vorwissen aus dem Feld wird im Rahmen der *Grounded-Theory-Methodologie* (vgl. hierzu Kap. 5, insbesondere 5.1) als theoretische Sensibilität genutzt und kritisch reflektiert.

9   Dies wäre zwar inhaltlich nicht notwendig, bietet sich aber aus der Erfahrung des Handlungsfeldes heraus an. Da die schulischen Instrumentalunterrichtsformen zumeist als Anfängerunterricht konzipiert sind und der Unterricht im fortgeschrittenen Stadium meist in Einzelunterricht oder kombinierte Formen überführt wird, ist die Fokussierung auf den Anfangsunterricht logisch und aus dem Handlungsfeld heraus sinnvoll.

ten und Bedingungen zu beschreiben und so für die musikpädagogische Praxis nutzbar zu machen. Koordination, ein mächtiges musikbezogenes Phänomen, soll in dieser Studie in unterrichtlichen Musizierprozessen aufgespürt und hinsichtlich der Lehrer-Schüler- wie auch der Schüler-Schüler-Interaktion analysiert werden.

Die forschungsleitende Fragestellung untergliedert sich in folgende offene Leitfragen:

- In welcher Form tritt Koordination in Phasen gemeinsamen Musizierens im Instrumentalen Gruppenunterricht auf?
- Welche Rolle spielt Koordination dabei für die Musiklernsituation?
- Wie erleben die Beteiligten Koordination beim gemeinsamen Musizieren?
- Welche Schlüsse können aus den empirischen Beobachtungen für die Gestaltung gemeinsamer Musiziersequenzen im Instrumentalen Gruppenunterricht gezogen werden?

Methodologisch verortet sich diese Studie in der *Grounded-Theory-Methodologie* und damit in der Qualitativen Sozialforschung (vgl. Kap. 5). In einer offenen Herangehensweise an den Forschungsgegenstand leiten die empirischen Daten den Forschungsprozess und führen zu einer gegenstandsbasierten Theoretisierung. Mit dem Forschungsthema der Koordination nimmt die Studie vor allem die intersubjektiven Prozesse in den Blick und folgt damit einer Forderung von Roger Häußling (2007) nach einem

„Perspektivenwechsel in der Unterrichtsforschung: [...] weg von der isolierenden Betrachtung einzelner Akteure (ob Schüler oder Lehrkraft) hin zu dem, was sich zwischen den Akteuren abspielt, dem Dazwischenliegenden, sprich: zu einer Welt der Beziehungen und Interaktionen." (ebd., S. 209)

Mit diesem Perspektivenwechsel sowie durch die methodisch fundierte tiefgehende Analyse des Phänomens und seines komplexen Kontextes ergänzt die vorliegende Studie bisherige Forschungen zum Instrumentalunterricht. Anders als die zahlreichen Wirkungsstudien, die den Musikunterricht im Hinblick auf die vorliegenden Bedingungen und konkreten Handlungsweisen nicht differenziert erfassen können (Kranefeld u.a. 2015, S. 53), wird das Musizieren als Unterrichts- und Lernhandeln zwischen Lehrenden und der Schülergruppe in dieser Studie als aufeinander bezogene und situativ gerahmte Bedeutungsaushandlungen detailliert beschrieben. Sie erfasst das musikalische Handeln der Lernenden und Lehrenden in seinen Mikrostrukturen und kann damit Aufschluss geben über die zahlreichen Bedingungen und Wechselwirkungen von koordinativen Prozessen im Kontext schulischen Musizierens. Die vertiefte Analyse der Unterrichtspraxis durch einen videographischen Zugang sowie eine mehrperspektivische Kontextualisierung durch begleitende Befragungen ermöglichen neue Erkenntnisse über musikpädagogisches Handeln, indem Tiefenstrukturen der Unterrichtsprozesse – in einem kleinen Ausschnitt der unterrichtlichen Praxis – erkennbar werden.

1.4   Aufbau der Arbeit

Im Sinne der Grounded-Theory-Methodologie (vgl. Kap. 5) sind die theoretischen Konzepte und Begriffe sowie relevante fachwissenschaftliche Diskurse während des gesamten Forschungsprozesses zur Erklärung und Konzeptualisierung der empirischen Daten erarbeitet worden.[10] Die erforderliche Begriffsschärfung zur Bearbeitung des Forschungsvorhabens erfolgte dabei über eine interdisziplinäre Perspektive auf das Musizieren, wodurch neben musikpädagogischen auch soziologische, (sozial-)psychologische oder allgemeinpädagogische Diskurse Eingang in die Studie gefunden haben.

Der erste Abschnitt der Studie umfasst eine theoretische Hinführung zum Thema *Interpersonale Koordination beim Musizieren*. Er dient zum einen der Offenlegung von Vorwissen und Präkonzepten. Zum zweiten werden die theoretischen Modelle erläutert, welche die Analyse und Deutung der empirischen Daten im Sinne sensibilisierender Konzepte geleitet haben. Zum dritten wird das Forschungsthema in die Fachliteratur eingeordnet. Nach der Begriffsdefinition in Kapitel 2.2 wird in Kapitel 2.3 der Forschungsstand zum Thema Koordination aus einer interdisziplinären Perspektive aufgearbeitet. Hierbei stehen theoretische Modelle und empirische Studien zu Koordination als Phänomen beim gemeinsamen Musizieren im Ensemble im Zentrum. Diese Forschungsarbeiten verorten sich damit in nichtpädagogischen Kontexten und betrachten vor allem das Musizieren zwischen professionellen MusikerInnen. Die dargelegten Erkenntnisse aus den Bereichen der Soziologie, der Psychologie und der Musikethnologie liefern für das hiesige Vorhaben jedoch interessante Erklärungsmodelle auf das zentrale Phänomen dieser Studie, die als Wissenshintergrund die Auseinandersetzung mit den Daten begleiten.

Trotz zahlreicher Forschungen und ebenso zahlreicher Erklärungsmodelle für das *Wie* von musikbezogener Koordination wird aus dem Forschungsbericht deutlich, dass Lernsituationen nur selten thematisiert werden. Für eine empirische Studie im Unterrichtskontext erscheint es daher notwendig, Koordination als Phänomen beim Musizieren im *Unterricht* stärker in den Blick zu nehmen und mögliche Bezüge zu aktuellen Musiklerntheorien zu erörtern. Dies geschieht in Kapitel 3. Nachdem zunächst musikdidaktische Überlegungen aus dem schulischen und musikschulischen Bereich zum gemeinsamen Musizieren im Unterricht aufgezeigt werden (Kap. 3.1), wird das lernende Subjekt in den Fokus der Betrachtung gestellt. Auf der Basis pädagogischer Lerntheorien werden Musiklernprozesse beim gemeinsamen Musizieren theoretisch skizziert (Kap. 3.2–3.4). In diesem Abschnitt geht es nicht um eine umfassende Diskussion lerntheoretischer Zugänge, sondern um eine Einordnung der Forschungsthematik sowie der forschungsleitenden Fragestellungen in anschlussfähige und musikpädagogisch relevante Diskurse. Die instrumentalpädagogische Methodik liefert hierzu eine ergänzende Perspektive (Kap. 3.5). Auf der Basis der bis hierhin gewonnenen Erkenntnisse werden in einem Zwischenfazit der theoretische Rahmen der empirischen Studie abgesteckt und die forschungsleitenden Fragestellungen konkretisiert (Kap. 3.6).

---

10   Vgl. hierzu das Konzept der theoretischen Sensibilität bei Strauss & Corbin (1996, S. 25ff.).

Die Darstellung der empirischen Studie beginnt mit einer eingehenden Analyse des Handlungsfelds, in dem sich die Studie verortet, nämlich dem Instrumentalen Gruppenunterricht in der Schule (Kap. 4). Kapitel 4.1 stellt zunächst die Unterrichts*form* des Instrumentalen Gruppenunterrichts vor und grenzt sie auf der Basis struktureller und pädagogischer Parameter von anderen Unterrichtsformen ab. Die empirischen Daten weisen auf eine Vielzahl kontextspezifischer Bedingungen hin, die das Musizieren im Unterricht beeinflussen, weswegen ich es im Verlauf der Studie als notwendig erachtet habe, das Handlungsfeld hinsichtlich seiner diversen Entwicklungen ausführlich darzustellen. Instrumentaler Gruppenunterricht in der Schule bewegt sich im Spannungsfeld zwischen schulischen Unterrichts- und Extraangeboten, bildungspolitischen und sozialkompensatorischen Projekten, musikschulischen Traditionen und innovativen Verbindungen zwischen instrumental- und schulpädagogischem Unterrichtshandeln. Dieses Spannungsfeld erschließt sich erst durch das Aufeinandertreffen mehrerer Entwicklungslinien, die in Kapitel 4.2 erörtert werden. Für die unterrichtenden Lehrkräfte geht dieses aufgeladene Spannungsfeld unterschiedlicher gesellschaftlicher, politischer und pädagogischer Erwartungen mit besonderen Herausforderungen bis hin zu einer Neuorientierung im beruflichen Selbstbild einher (vgl. Kap. 4.3). Kapitel 4.4 fasst schließlich die Rahmenbedingungen der untersuchten Unterrichtsangebote zusammen.

Kapitel 5 beschreibt und begründet im Anschluss die methodologische Grundlegung der empirischen Studie, das Forschungsdesign sowie die methodischen Werkzeuge der Datenerhebung und -auswertung.

Die Kapitel 6 bis 9 präsentieren die Forschungsergebnisse. Während sich die Kapitel 6 und 7 auf das Phänomen beziehen und die handlungsfeldspezifischen Merkmale und Gelingensbedingungen von Koordination beim gemeinsamen Musizieren herausarbeiten, wendet sich der Blick in Kapitel 8 auf die Kernkategorie der Studie. In der Forschungsarbeit zeigt sich, dass erst die Konstitution eines *koordinativen Raums* im Vorfeld des eigentlichen Musizierens die Voraussetzungen für koordiniertes Musizieren im Instrumentalen Gruppenunterricht ermöglicht. Kapitel 9 befasst sich mit den Bedingungen, die das gemeinsame Musizieren umgeben. Dabei geraten externe Faktoren in den Blick, die aufgrund der Situierung des Instrumentalen Gruppenunterrichts das Handeln von SchülerInnen und Lehrpersonen im Sinne von Deutungsrahmungen beeinflussen. Hierbei zeigt sich der besondere Einfluss des Schulischen auf für Koordination ungünstige Gruppenkonstellationen und Verhaltensweisen.

Die Kapitel 10 bis 13 diskutieren die empirischen Untersuchungsergebnisse. Während Kapitel 10 die empirisch erarbeiteten Kategorien zusammenfasst und reflektiert, bindet Kapitel 11 die Untersuchungsergebnisse in den lerntheoretischen Diskurs ein. Kapitel 12 arbeitet die Bezüge zur Unterrichtspraxis heraus. Kapitel 13 reflektiert einen methodisch-forschungspraktischen Aspekt. Die Arbeit schließt mit Perspektiven auf weitere Forschungsfragen (Kap. 14.1) und einem Fazit (Kap. 14.2).

2 Koordination – ein Phänomen im Kontext musikalischen Handelns

Die Studie beginnt mit einem vertieften Blick auf Koordination als Phänomen im Kontext musikalischen Handelns. Dabei wird Koordination zunächst allgemein betrachtet – ohne spezifischen Bezug auf pädagogische Kontexte. Diese Öffnung der Perspektive hängt mit dem bisherigen Forschungsstand zusammen, in dem Koordination vor allem im professionellen Ensemblemusizieren verortet ist. Im folgenden Kapitel werden zunächst zentrale Begriffe geklärt.

2.1 Gemeinsam musizieren im Ensemble

Musizieren[11] ist eine soziale Praxis[12], bei der Individuen in einem individuellen oder kollektiven Prozess Töne und Klänge hervorbringen (vgl. Richter 1993c, S. 108) und sich über Klanggestalten symbolisch mitteilen. Musizieren geschieht in einem sehr komplexen Handlungsprozess: Geistige und emotionale Vorstellungen, körperliches Empfinden, Bewegung(sformen), analytisches Wissen und intuitives Verstehen[13] fließen in diesem Prozess zusammen (vgl. Richter 1993a, S. 331; 1993c, S. 108).

Musizieren ist eine Form nicht-sprachlichen kommunikativen Handelns[14]: Klangliche Gestalten können einen Ausdruckscharakter annehmen, deren Bedeutung sich nicht

---

11 In der musikpädagogischen Literatur wird zuweilen auch vom „musikalischen Handeln", vom „musikbezogenen Handeln" und von der „Musikpraxis" gesprochen. Im Rahmen dieser Studie favorisiere ich die Begriffe „Musizieren" und „musikalisches Handeln" für das praktische Musikmachen mit Instrumenten. Mir geht es im Kern um die musikalische Tätigkeit, die gerade im Bezug auf das Phänomen der Koordination Musik nicht nur als äußerliches Objekt ansieht, sondern als mit der Tätigkeit des Musikmachens unmittelbar verbunden. Musik – selbst als Imagination – existiert nur in Verbindung mit dem (zumindest imaginären) Handlungsvollzug. Die Argumentation, dass der Begriff „musikbezogen" gegenüber „musikalisch" zu bevorzugen sei, weil letzterer impliziere, dass „,das Musikalische' den Tätigkeiten und Handlungen selbst" (Krause 2010, S. 78, Fn 13) innewohne, erscheint mir im Hinblick auf die Objektivierung der „Musik" im Rahmen meines Forschungsvorhabens als nicht schlüssig.

12 Zum Begriff der Praxis vgl. z.B. Hillmann (1994, S. 687). Auf die Frage der Praxis des Musizierens gehe ich in Kap. 3 näher ein.

13 Zum Thema der Intuition vgl. Kap. 2.3.2.

14 Max Weber definiert Handeln folgendermaßen: „,Handeln' soll dabei menschliches Verhalten (einerlei ob äußeres oder inneres Tun, Unterlassen oder Dulden) heißen, wenn und insofern als der oder die Handelnden mit ihm einen subjektiven Sinn verbinden. ,Soziales' Handeln aber soll ein solches Handeln heißen, welches seinem von dem oder den Handelnden gemeinten Sinn nach auf das Verhalten anderer bezogen wird und daran in seinem Ablauf orientiert ist" (Weber 1972 [1922], S. 1).

wie bei der Sprache im Nacheinander, sondern als performativer Akt[15] aus der Spielbewegung als leibkörperliche[16] Kommunikationsebene (vgl. Böhle & Weihrich 2010a, S. 18) im Zusammenspiel mit der akustischen Gestaltwahrnehmung ergibt.[17] Musizieren gehört damit zu den Interaktionsmodi, die unabhängig von verbaler Interaktion sind.[18]

Auch wenn diese kommunikative Ebene jegliche Form des Musizierens betrifft – auch das einsame Spiel ohne Anwesenheit Anderer bezieht sich immer auf ein Gegenüber (vgl. Overy & Molnar-Szakacs 2009; Schütz 1972) –, zeigt sich die kommunikative Dimension besonders im Spiel mit Anderen. Das Musizieren in der Gruppe sei „Kommunikation mit musikalischen Körpern und Klängen" (Rüdiger 1997, S. 220). Als dementsprechend anspruchsvoll wird das Musizieren mit anderen auch betrachtet: Rudolf-Dieter Kraemer und Wolfgang Rüdiger (2013) heben hervor, dass es „nur wenige Formen des Miteinanders [gebe], die ein solches Maß an Aufmerksamkeit und sensibler Zuwendung" (ebd., S. 9), an musikpraktischen und kommunikativen Fähigkeiten sowie musikalischer wie sozialer Sinngebung erfordern wie das Musizieren in einer Musikgruppe (ebd.).

In der Musiksprache hat sich für eine solche Musikgruppe der Begriff des *Ensembles* eingebürgert. Der Begriff heißt übersetzt zunächst ‚zusammen, miteinander' oder ‚das Ganze' (Rüdiger 1997, S. 222), meint aber im Kontext des gemeinsamen Musizierens das Erreichen einer „musikalische[n] *Ganzheit*, die sich durch ein gleichberechtigtes, dialogisches *Miteinander* und *Zusammenspiel* ihrer einzelnen *Teile (Mitglieder)* konstituiert" (ebd.; H.i.O.). Das Sprechen vom *Ensemble* verbindet sich also mit einer spezifischen musikalisch-ästhetischen Qualität, die durch eine präzise und flexible Abstimmung der Aktivitäten erreicht wird (Keller u.a. 2014).

---

15 Böhle & Weihrich (2010b, S. 18) erläutern, dass sich Bewegungsbedeutungen aufgrund der formgebundenen menschlichen Wahrnehmung als „Akt" (ebd.) und nicht wie die Sprache im Nacheinander ergeben. Vgl. hierzu auch Langer (1965): Anders als bei der Sprache, bei der die Bedeutung aus nacheinander folgenden Elementen, nämlich den einzelnen Worten, ergibt, ergibt sich in der Musik die Bedeutung „gleichzeitig [...] in einem Akt" (Langer 1965, S. 99).

16 Vgl. zu diesem Begriff die Ausführungen in Kap. 2.3.1.2.

17 Es gibt in „unserer Erfahrung Dinge [...], die in das grammatische Ausdruckssystem nicht hineinpassen. [...] Es handelt sich einfach um Dinge, die durch ein anderes symbolisches Schema als die diskursive Sprache begriffen werden müssen" (Langer 1965, S. 95). Zu diesen Dingen sind Bewegungen, Musik und Bilder unbedingt hinzuzuzählen.

18 Die Abstimmung der Musizierenden vollzieht sich laut Loenhoff (2010, S. 59) auf der Basis von Körperbewegung und wechselseitiger Wahrnehmung. Für die einzelnen Theorien in Bezug auf den Abstimmungsprozess vgl. Kap. 2.2.
Trotz der nichtsprachlichen Interaktion kann das Musizieren als symbolisch vermittelte Interaktion betrachtet und damit mit auf den symbolischen Interaktionismus bezugnehmende Methoden der Qualitativen Sozialforschung beforscht werden. Susanne Langer (1965) liefert hierfür die notwendige Erweiterung zum symbolischen Interaktionismus: „Die durch die Sprache übertragenen Bedeutungen werden nacheinander verstanden [...]; die Bedeutungen aller anderen symbolischen Elemente, die zusammen ein größeres, artikuliertes Symbol bilden, werden nur durch die Bedeutung des Ganze verstanden. [...] Wir wollen diese Art von Semantik ‚präsentativen' Symbolismus nennen. [...] er erweitert unsere Vorstellung von Rationalität weit über die traditionellen Grenzen hinaus und wird doch der Logik im strengen Sinne niemals untreu" (ebd., S. 103).

Die besondere musikalisch-ästhetische Qualität ergebe sich allerdings erst in einer ausgewogenen Präsenz von Individualität in der Gruppe (Rüdiger 2015). Mit Rückgriff auf die Etymologie des Wortes *ensemble* (= *zusammen, zugleich, gemeinsam*) und auf die Definition Rousseaus im *Dictionnaire de musique* hebt Rüdiger (ebd.) das „beziehungsreiche[...] Verhältnis von Einzelnem, Anderen und Ganzem in der gemeinsamen Aus- und Aufführung von Musik, die ihrerseits eine ‚wohlabgewogene Beziehung' zwischen Teilen und Ganzem beschreibt" (ebd., S. 8) und die „Freude an lebendiger Kommunikation bei der Gestaltung von Musik" (ebd.) beim Ensemblespiel hervor. Es geht um ein „qualitätvolles musikalisches Miteinander, in dem aus Verschiedenheit Einheit entsteht" (ebd.). Ein solcher Musizierprozess vollzieht sich zwischen mindestens drei ‚Akteuren': dem/der Musizierenden selbst, seinen/ihren MitspielerInnen, der Musik als zu formendes ästhetisches Objekt und gegebenenfalls dem (imaginierten) Publikum, an das sich das Spielen richtet (vgl. auch Schütz 1972, S. 147).

Die kommunikative Ebene des gemeinsamen Handelns wird dabei oftmals gesteigert erlebt (vgl. Richter 1993c).[19] Dies stellt auch Alfred Schütz (1972) bei der Analyse der komplexen Struktur sozialer Beziehungen[20], die zwischen den Musizierenden eines Ensembles herrschen, fest. In Schütz' Analyse steht die Zeitlichkeit des Musizierens im Vordergrund: Musikalisches Handeln ist sowohl an die physikalische (die von ihm sog. „äußere Zeit"; vgl. ebd.) wie auch die erlebte Zeit (die sog. „innere Zeit"; vgl. ebd.) gebunden. Die soziale Beziehung der Musizierenden untereinander gründet

> „auf der gemeinsamen Teilhabe an verschiedenen Zeitdimensionen, die gleichzeitig von den Teilnehmern durchlebt werden. Einerseits ist die innere Zeit, in welcher sich der Fluss der musikalischen Ereignisse entfaltet, eine Dimension [...]. Auf der anderen Seite ist das gemeinsame Musizieren ein Ereignis in der äußeren Zeit, das auch eine Gesichtsfeldbeziehung voraussetzt, d.h. eine Gemeinsamkeit des Raumes; und es ist diese Dimension, die die Flüsse der inneren Zeit vereinigt und deren Synchronisierung in einer lebendigen Gegenwart gewährleistet." (Schütz 1972, S. 149)

Das Musizieren bewirkt durch das Durchleben einer „gemeinsamen lebendigen Zeit" (ebd., S. 145) und die reziproke Teilhabe am „Erlebnisfluss des anderen in der inneren Zeit" (ebd., S. 149) ein starkes Beziehungsgefühl:

> „Es ist genau diese wechselseitige Beziehung des Sich-aufeinander-Einstimmens[21], durch die das ‚Ich' und das ‚Du' von beiden, die an der Beziehung teilhaben, als ein ‚Wir' in lebendiger Gegenwart erlebt wird." (Schütz 1972, S. 132)

---

19 Häufig werden im Kontext des Musizierens die Metaphern der Begegnung (vgl. Moritz 2010a) und des Dialogs (vgl. das Interview mit Frau Sajani; L-Int-Sa) verwendet. Zum Aspekt der dialogischen Begegnung vgl. Buber (2006; 2013).

20 Bei Max Weber bezeichnet eine soziale Beziehung das Verhalten von Personen, „die in Übereinstimmung mit ihrem subjektiven Sinn sich wechselseitig miteinander beschäftigen und durch diese Tatsache aufeinander gerichtet sind" (Schütz 1972, S. 147).

21 Schütz selbst will sich die „Ausarbeitung der Theorie des Sich-wechselseitig-aufeinander-Einstimmens" (Schütz 1972, S. 150), mit dem sich die vorliegende Studie unter dem Gesichtspunkt der Koordination beschäftigt, „für eine andere Gelegenheit aufheben" (ebd.). Es

Es kann also festgehalten werden, dass gemeinsames Musizieren eine komplexe Tätigkeit ist, die eine starke Beziehungskomponente hat.

Zur Analyse des gemeinsamen Musizierens ist des Weiteren nach den Interaktionsstrukturen des Ensemblemusizierens zu fragen. Ensemblemusizieren kann als spezifische *face-to-face*-Situation betrachtet werden (vgl. Schütz 1972, S. 149; Böhle & Weihrich 2010a). Neben dem Sichtkontakt (‚*face-to-face*‘) sind es in der Musiziersituation zwei weitere Ebenen, die für die Interaktion entscheidend sind und die Böhle & Weihrich (2010b) zu einer Erweiterung des *face-to-face*-Begriffs verleiten: Musikalische Interaktionen basieren zum großen Teil auf dem Hören (*ear-to-ear-Interaktion*; ebd., S. 23) und dem Körper (*body-to-body-Interaktion*[22]; vgl. ebd., S. 13). Informationen werden nicht nur über das Sehen, sondern vor allem über das aufmerksame Hören von Klängen, Rhythmen und Geräuschen sowie den Körper in seiner Bewegung, (An-/Ent-)Spannung, Haltung und Ausstrahlung vermittelt (vgl. auch Figueroa-Dreher 2010, S. 200).

Für das gemeinsame Hervorbringen von Musik bedarf es einer präzisen *Koordination* auf den Ebenen von Bewegungshandeln, Affekt und ästhetischem Ausdruck, so dass die Musizierenden „nur von einem einzigen Geist beseelt scheinen", wie es Jean-Jacques Rousseau im *Dictionnaire de musique* von 1767 ausdrückt (vgl. Rüdiger 1997, S. 226).[23] Diese *Koordination* beim Ensemblemusizieren steht in der vorliegenden Untersuchung im Mittelpunkt und soll im Folgenden eingehender betrachtet werden. Um das Phänomen begrifflich und konzeptuell fassen zu können, ist ein Überblick über bisherige Forschungen aus unterschiedlichen Forschungsdisziplinen hilfreich: „To understand how these forms of musical joint action arise requires an excursion into several different research fields" (Phillips-Silver & Keller 2012, S. 2). Phillips-Silver & Keller (ebd.) merken bei diesem Vorhaben allerdings an, dass die Begrifflichkeiten zu dem gleichen Phänomen aufgrund der unterschiedlichen Forschungsgebiete nicht einheitlich verwendet werden:

> „The same terminology is occasionally used to different ends in these fields, and part of our task consists of an attempt to reconcile this with the aim of merging these diverse fields on common ground." (ebd., S. 2)

Das Ziel der folgenden Abschnitte ist es dementsprechend nicht nur, nähere Erkenntnisse zu Koordination zu gewinnen, sondern auch eine Klärung unterschiedlicher Terminologien zu erreichen.

---

soll nicht behauptet werden, dass die Studie die von Schütz erwartete „Theorie des Sich-wechselseitig-aufeinander-Einstimmens" (ebd.) liefert, aber sie zeigt Dimensionen einer solchen Theorie – bezogen auf das Feld des Instrumentalunterrichts in der Gruppe – auf.

22 Böhle & Weihrich (2010b, S. 13) nutzen diesen Term, um von der Vorherrschaft des Visuellen im Terminus *face-to-face* Abstand zu nehmen. Mit der Bezeichnung als *body-to-body*-Situation wird der Körperlichkeit der Situation Rechnung getragen und die Dimension des leiblichen Spürens in den Blick genommen.

23 „[...] wenn die Mitwirkenden in der Intonation oder im Rhythmus so vollkommen übereinstimmen, daß (!) sie nur von einem einzigen Geist beseelt scheinen" (Rousseau 1989 [1767], S. 253).

Bevor eine Einordnung der Forschungsliteratur vorgenommen wird, wird jedoch eine eigene Begriffsschärfung vorgenommen.

2.2 Koordination – Versuch einer Begriffsschärfung

Das Phänomen der Koordination wird in unterschiedlichen Disziplinen mit je eigenen bzw. graduell unterschiedlichen Begriffen erforscht (Phillips-Silver & Keller 2012).[24] Aufgrund dessen beginne ich die Darstellung des Forschungsstandes mit einer Begriffsdiskussion.

Der Begriff *Koordination* stammt aus dem mittellateinischen ‚coordinare‘[25] und bezeichnet laut Brockhaus (Baumann u.a. 2000, S. 239) das „Abstimmen verschiedener Vorgänge". Für die Verbform *koordinieren* führt der Brockhaus an gleicher Stelle die Definition „verschiedene Dinge miteinander in Einklang bringen" (ebd.) an. Hillmann (1994) grenzt den Begriff *Koordination* für den Bereich sozialer Beziehungen auf

> „alle Versuche [ein], nebeneinander herlaufende und voneinander unabhängig sich entwickelnde oder wirkende, aber auf gleiche oder ähnliche Ziele hin angelegte Aktivitäten durch Aufstellung von Kooperations-Regeln, gegenseitige Kommunikation aufeinander abzustimmen." (ebd., S. 448)

Die weitere Darstellung wird zeigen, dass es sich bei Koordination um etwas *Prozesshaftes* handelt und dass nur in der Konstruktion der Betrachtung Koordination als ein *Zustand* erscheint.[26] Koordination beschreibt ausschließlich koordinierte Augenblicke, meist aber fluide Momente der mehr oder minder gelingenden Abstimmung, die fließend ineinander übergehen.

Maria Spychiger bezeichnet mit dem Begriff im Allgemeinen fließend ineinandergreifende Teilprozesse (Spychiger 2010, S. 32).[27] Auf das Musizieren bezogen definiert sie Koordination konkreter als

---

24 In der Literatur finden sich die Begriffe der Koordination, der Synchronisation und des Entrainments teilweise parallel zueinander. Dabei verwenden verschiedene Autoren die Begriffe sogar innerhalb der einzelnen Disziplinen mit unterschiedlichen Nuancen. Forschungstraditionen und Denkmuster scheinen hier entscheidender als die disziplinäre Einordnung. Daher verwende ich die Begriffe in dieser Arbeit in der von mir definierten Abgrenzung, die der Verwendung der für mich wichtigen Literatur entspricht.

25 Das Verb *coordinare* ist laut Kluge (2002, S. 527) gebildet aus dem Verb *ordinare* (ordnen) und dem Präfix *con* (mit(einander), zusammen).

26 Dies ist eines der Forschungsergebnisse, vgl. Kap. 6.1.2.

27 In ihrem Aufsatz *Fehler als Erfahrung. Zur Rolle von Koordination und Diskoordination in bewussten Prozessen* (Spychiger 2010) wird Koordination als Phänomen explizit über das musikalische Feld hinausgehend diskutiert. Koordinationen seien demzufolge auch in der Natur (z.B. bei einem Vogelschwarm), beim „gut fließenden Autoverkehr" (ebd., S. 2) oder beim „Einander-in-die-Hand-Arbeiten" (ebd.), aber auch in der Kommunikation oder in spirituellen Erlebnissen (ebd., S. 8) zu beobachten bzw. zu erfahren. Die Funktion der Musik für koordiniertes Handeln sei besonders anhand der Arbeitslieder besonders eindrücklich: Sei es beim gemeinsamen Feuerlöschen in einer mittelalterlichen Stadt, beim Arbeiten auf den Baumwollplantagen oder beim altägyptischen Pyramidenbau: Musik, Lieder und Rhythmus

„die Angleichung von Individuen [...], die beim Musizieren etwa in der Simultanität von Bewegungen sichtbar und in einem runden Klang des Ensembles hörbar wird. Wenn eine Gruppe sich auf einen gemeinsamen Rhythmus einigt, auf eine Klangfarbe einschwenkt, auf die Gestaltung der Lautstärken, und insgesamt im Zusammenspiel eine Interpretation, einen musikalischen Duktus, Einheitlichkeit in den Handlungen und Ausdrucksweisen findet, dann sprechen wir von dieser Koordination." (Spychiger 2008, S. 7)

Beim Musizieren sei Koordination gleichzeitig „Prinzip der musikalischen Betätigung" (ebd., S. 8) – das musikalische Handeln beruhe also auf dem Koordinieren der entsprechenden Handlungen – wie Ziel bzw. „intendiertes Ergebnis" (ebd.) solchen Handelns: Ziel von musikalischer Betätigung sei eben auch die Koordination von individuellen Handlungen (vgl. hierzu auch Porschen 2010). Musik und Koordination sind somit untrennbar verbunden, sie bedingen sich gegenseitig. Musik ruft Koordination hervor, während erst auf der Grundlage koordinierten Handelns Musik erklinge (vgl. ebd.).

Koordinative Prozesse in Musik finden auf mehreren Ebenen statt. Während *intrapersonale* Koordination einen Abstimmungsprozess bezeichnet, der *innerhalb* eines Individuums stattfindet – zu nennen ist hier beispielsweise die Koordination zwischen Arm, Hand und Finger beim Greifen nach einem Objekt –, findet eine *interpersonale* Koordination *zwischen* zwei oder mehreren Individuen statt – etwa beim gemeinsamen Musizieren, bei dem die Individuen ihre jeweiligen Handlungen *miteinander* abstimmen (vgl. Spychiger 2010). Clayton (2012; 2013) benennt darüber hinaus eine dritte Ebene: die *intergruppale* Koordination, mit der das Phänomen der Angleichung zwischen zwei oder mehreren *Gruppen* beschrieben wird (vgl. Abb. 1).[28] Die zweite Ausprägung – Koordination zwischen Individuen – steht in dieser Arbeit im Mittelpunkt.

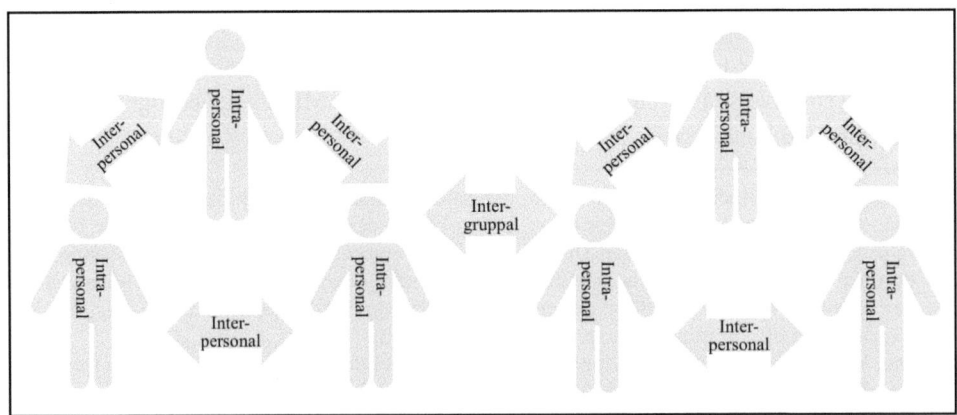

Abb. 1: Die drei Ebenen koordinativer Prozesse in Musik: intrapersonal, interpersonal und intergruppal.

---

dienten nachweislich der Koordinierung der Arbeitskraft zur Steigerung der Effizienz und Ausdauer (vgl. Spychiger 2008, S. 8).

28 Intergruppale Koordinationsprozesse werden beispielsweise im Rahmen der Musikethnologie untersucht (Lucas u.a. 2011).

Die drei Ebenen greifen in Musizierprozessen ineinander und hängen voneinander ab: Kleinspehn (2008) weist nach, dass die Genauigkeit der dyadischen Koordinationsfähigkeit in einem Duo – der interpersonalen Ebene – anhand der Fähigkeit der Individuen, sich je individuell zu einem Metronomschlag zu synchronisieren – der intrapersonalen Ebene – vorhergesagt werden kann. Diese Beobachtung gilt für unterschiedliche Altersgruppen (ebd.).

2.3   Koordinierungsprozesse beim gemeinsamen Musizieren

Im folgenden Abschnitt wird der Schritt zur Darstellung der Forschungsliteratur vollzogen. Ziel ist es dabei nicht, einen umfassenden Forschungsbericht zu liefern, da gerade in der psychologischen Forschung, aber auch in der soziologischen Forschung unter dem Einfluss des sog. *body turn* (Gugutzer 2010, S. 165), in den letzten Jahren unzählige Studien[29] entstanden sind und eine vollständige Darstellung den Rahmen dieser Studie sprengen würde. Ziel ist es, diejenigen Forschungen zusammenzutragen, die meine theoretische Sensibilität für die empirische Untersuchung geschärft und damit die Analyse der empirischen Daten geleitet haben, sowie diese, die sich für die Interpretation der Daten hinsichtlich des pädagogischen Handlungsfeldes als relevant erwiesen haben.

Je nach (domänenspezifischem) Betrachtungsfokus auf das Musizieren beantwortet sich die Frage nach Mechanismen der Koordination beim Musizieren unterschiedlich. Der erste Abschnitt dieses Kapitels betrachtet Koordinationsprozesse beim Musizieren von der Vorstellung aus, den Koordinationsprozessen lägen *Konventionen* und damit vorausgeplante Handlungsabläufe zugrunde (vgl. Kap. 2.3.1.1). Dies ist der wohl am weitesten verbreitete Ansatz, Koordinationsprozesse beim Musizieren zu erklären. Wie aber zu zeigen sein wird, ist dieser Ansatz gerade für die spontan zu treffenden Handlungsentscheidungen im Musizier*prozess* nicht ausreichend. In meiner empirischen Untersuchung stehen aber gerade solche Prozesse im Zentrum des Interesses. Dementsprechend werden in den folgenden Abschnitten andere theoretische Erklärungen gegenübergestellt. Aus einem weiteren soziologischen Fokus betrachtet, lässt sich interpersonale Koordination als körper- bzw. leibgebundene[30] Form der Interaktion beschreiben, die jenseits des kognitiv geplanten Handelns stattfindet bzw. sogar soziale Ordnungen konstituiert (Böhle & Weihrich 2010b; Alkemeyer u.a. 2008). Musizieren wird hier als *leiblich-körperliches Geschehen* betrachtet und nach den körper- und bewegungsfundierten Prozessen der Handlungsabstimmung befragt (Kap. 2.3.1.2). Spontanes und intuitives Handeln basiert nach diesen Darstellungen in erster Linie auf *leiblicher Interaktion* und spezifischem *Körperwissen*.

Die psychologische Perspektive auf Koordination beim Musizieren erklärt Prozesse der Handlungsabstimmung mithilfe des *Entrainment*-Konzepts als Prozesse des Einschwingens auf einen gemeinsamen Grundpuls (Kap. 2.3.2). Desgleichen Konzepts bedient sich die Musikethnologie bei der Untersuchung musikbasierter Handlungsab-

---

29   Vgl. für eine Übersicht Repp & Su (2013) oder Böhle & Weihrich (2010a).

stimmung. Musizieren wird hier zuvorderst als *rhythmisches Geschehen* betrachtet. Rhythmische Einschwingvorgänge sind dabei sowohl im affektiven wie auch im zeitlichen Sinne auf Ebenen der Kognition und der Bewegung zu beobachten. Musizieren kann mit dieser Betrachtungsweise als mehrdimensionales Geschehen aus intuitiven Spiegelungen und geplanten Handlungssequenzen verstanden werden.

Die sozialpsychologische Betrachtungsweise (Kap. 2.3.3) zeigt auf, dass der Faktor Persönlichkeit sowie die soziale Beziehung unter den Akteuren das koordinierte Musizieren beeinflussen (Kap. 2.3.3.1) und dass das koordinierte Musizieren wiederum die soziale Beziehung in der Gruppe stärkt (Kap. 2.3.3.2).

Aus diesen unterschiedlichen Herangehensweisen an die Frage nach den Koordination zugrunde liegenden Mechanismen ergibt sich ein facettenreiches Bild über das zentrale Phänomen dieser Studie. Hieraus wird zuletzt eine integrierende Perspektive herausgearbeitet, die den Hintergrund für die empirische Betrachtung darstellt (Kap. 2.3.4). Koordinationsprozesse beim gemeinsamen Musizieren lassen sich als ein Zusammenwirken von Prozessen auf den Ebenen von Körper und Leib, Bewegung, Rhythmus und Emotion konzeptualisieren.

Die theoretische Betrachtung fokussiert dabei Prozesse kooperativer Koordination, d.h. solchen Musiziersituationen, in denen die Intentionen der Beteiligten generell übereinstimmen. In sozialen Situationen der Abstimmung, so auch beim Musizieren, spielen Machtspiele oder das bewusste Torpedieren des gemeinsamen Ziels (das ‚gegeneinander spielen') ebenfalls eine Rolle (vgl. Böhle & Weihrich 2010b, S. 13), aufgrund der Komplexität des Phänomens ist es jedoch m.E. geboten, zunächst von einer Kooperationsbereitschaft der Akteure auszugehen und das ‚Unterwandern' von Koordination als eigenes Phänomen aufzufassen.[31] Ausgeklammert wird damit gleichermaßen Koordination, die gegen den Willen der Beteiligten durchgesetzt wird.[32]

2.3.1 (Musik-)Soziologische Betrachtungen koordinierten Musizierens

2.3.1.1 Konventionen und vorgelagerte Regelungen

Die Frage, wie Individuen ihr Handeln beim Musizieren koordinieren, beantwortet die klassische Soziologie[33] meist im Rückgriff auf *Konventionen* (vgl. Figueroa-Dreher 2010, S. 185):

---

30 Zur begrifflichen Differenzierung zwischen Körper und Leib vgl. Kap. 2.3.1.2.

31 Vgl. hierzu die Ausführungen in Kap. 8.3.2.

32 Musikalische Koordination ist vermutlich auch in solchen Situationen aufzufinden, in denen nicht alle beteiligten Akteure mit dem Handlungsziel einverstanden sind und in denen die Akteure trotz innerem Widerstand Teil des Koordinationsprozesses sind (vgl. z.B. das koordinierte Marschieren von Soldaten o.ä.). Solche Situationen habe ich im Rahmen dieser Untersuchung nicht vorgefunden und klammere sie daher aus Gründen der inhaltlichen Fokussierung aus der theoretischen Darstellung aus.

33 Während die klassische Soziologie die Körperlichkeit der Akteure zwar nicht bestreitet, wurde sie bis zum *body turn* (vgl. Gugutzer 2010, S. 165) in den Sozialwissenschaften nicht

„So werden Abstimmungsprozesse beispielsweise durch geteilte symbolische Systeme (Parsons/Shils 1951: 16), durch die Übernahme bzw. Auferlegung von Rollen und damit von erwarteten Handlungsmustern und Verhaltensweisen (Mead 1973; Goffman 1991, 2000), durch die Orientierung an vorgegebenen Rahmen (Goffman 1977), durch die Umsetzung von im Wissensvorrat abgelagerten und geteilten typisierten Handlungsentwürfen (Schütz/Luckmann 2003) oder durch die interpretative Arbeit an Normen und Alltagsregeln (Garfinkel 1967) erklärt." (ebd.)

Interpersonale Koordination beim gemeinsamen Musizieren wird demzufolge durch die kulturell vorstrukturierte Situation (in Falle dieser Studie die westeuropäische Musiktradition) erklärbar. Konventionalisierte Rollen, zugehörige Handlungsmuster, standardisierte Zeichen (z.B. des Dirigierens) oder Sitzordnungen bilden feste Ordnungsprinzipien, die das Handeln vorstrukturieren und die Interaktion erleichtern. Dabei hängen Rollen und Ordnungsprinzipien auch mit der jeweiligen Handlungssituation zusammen (z.B. wenn Führungsrollen in großen Ensembles an zentrale Figuren vergeben werden, weil unmittelbare *Face-to-face*-Kontakte nicht mehr möglich sind; vgl. Schütz 1972, S. 148). Die Teilhabe am Musizierprozess setzt durch diesen konventionalisierten Rahmen allerdings das Wissen um die Regeln und Strukturen voraus (vgl. Figueroa-Dreher 2010).

Der kulturelle Kontext ist in musikalischen Partituren in Form konventionalisierter Notations- und Interpretationskriterien sichtbar (vgl. Figueroa-Dreher 2010): Die Aufteilung musikalischer Rollen[34] zu den jeweiligen Instrumenten, hierarchische Ordnungsprinzipien in der Musik und standardisierte Handlungsformen lassen sich anhand der Zuweisung musikalischer Gestalten zu den einzelnen Akteuren sehen. Eine Koordinations- oder Führungsinstanz (z.B. ein Dirigent) bekommt die Steuerung und interpretatorische Gestaltung der Gruppe von der Partitur übertragen.[35] Die spezifischen Rollen, die Rollenverteilung und die individuellen Handlungen werden durch diesen Prozess quasi *vor* dem eigentlichen Musizierakt von einem Dritten, nämlich dem Komponisten, der in den seltensten Fällen Teil des Ensembles ist, festgelegt (vgl. ebd., S. 199) und in individuellen und kollektiven Übeeinheiten einstudiert. Die Übeeinheiten

---

in die soziologische Theoriebildung einbezogen. Mittlerweile beschäftigen sich zahlreiche Teildisziplinen der Sozialwissenschaften mit den körper- und leiblichen Fundierungen sozialen Handelns und weisen Körper und Leib „konstitutive Merkmale des Sozialen" (ebd.) zu (vgl. auch Böhle & Weihrich 2010a).

34 Musikalische Rollen können beispielsweise Melodie, Begleitung, Rhythmus, Klangfülle, Farbe, Timekeeper o.ä. sein. In Form von Melodie- und Begleitstimmen werden Rollen und Rollenverteilungen festgelegt, zudem sind in zahlreichen Kompositionen einzelne Instrumente mit traditionellen Rollen belegt. Die individuellen Handlungen werden durch Melodieverläufe, interpretatorische Angaben und ggf. durch technische Ausführungszeichen strukturiert (vgl. hierzu Figueroa-Dreher 2010).

35 In chorischen Gruppen (z.B. einer Geigengruppe im Orchester, aber auch einer Stimmgruppe im Chor) gibt es sog. Stimmführer, die in hierarchischer Ordnung die Gruppe leiten. Chorisches Spiel ist aus koordinativen Gesichtspunkten höchst anspruchsvoll, da neben der exakten Synchronisierung mit der Stimmgruppe von den einzelnen SpielerInnen auch die Koordinierung mit dem Dirigenten und anderen Stimmgruppen notwendig ist.

haben damit die Funktion, standardisierte Handlungsentwürfe einzutrainieren, die das gemeinsame Handeln in der Performance leiten (vgl. ebd.; auch Keller 2008).

> „Die (musikalischen) Handlungen werden somit *im Voraus* komponiert und im Laufe der konzertierten Aktion *interpretiert*. Die Abstimmung zwischen den Handelnden wird aus dieser Sicht zum großen Teil *vor* dem Handeln arrangiert. Die Metaphorik von Partitur und Konzert spiegelt die Idee des gemeinsamen Handelns als *Reproduktion* sozialer Ordnung wider. [...] Handlungskoordination [wird] auf der Basis von geteilten Konventionen, Standardisierung, Festlegung und einer bestimmten Idee der (musikalischen) Ordnung konzipiert." (Figueroa-Dreher 2010, S. 199; H.v.V.)

Diese Sicht auf das Ensemblespiel erscheint allerdings verkürzt[36], denn auch wenn die klassische Orchestersituation einen hoch konventionalisierten Handlungskontext darstellt (vgl. Figueroa-Dreher 2010, S. 199), ist im situativen Musiziermoment mehr nötig als eine Realisierung zuvor festgelegter Handlungssequenzen. Das simultane und gleichzeitig aufeinander bezogene Handeln beim Ensemblemusizieren ist kein starres Handeln nach zuvor festgelegten Handlungsplänen. Während des Prozesses der Musikhervorbringung werden Klänge durch leibliche Bewegungen erzeugt, was zu unterschiedlichen Klangereignissen und damit zu unterschiedlichen Situationen führt. Die Individuen interpretieren diese Situationen hinsichtlich der geltenden Regeln und Konventionen und reagieren situativ und abhängig von ihren Möglichkeiten. Das erfordert eine Angleichung, ein „(Re-)Agieren" (Figueroa-Dreher 2010, S. 190), in Echtzeit an musikalische Handlungen der Anderen (deren Impulse und musikalische Ideen) – aber auch das Reagieren auf die eigenen Handlungen (zum Beispiel bei Fehlerspiel oder eigenen Entscheidungen). Die situative Offenheit und die Reaktion auf den musikalischen Moment ist dabei kein Störfaktor, sondern vielmehr ein ästhetisches Desiderat – die Musik erhält ihre Lebendigkeit gerade durch Abweichungen auf der Mikroebene (vgl. Geeves u.a. 2014). Während des Musizierprozesses ist das abgestimmte Handeln so vielmehr eine Kombination aus einer Realisierung von intensiv erübten und dadurch inkorporierten Handlungsentwürfen und einer Reaktion auf die kontingente[37] Situation.

Zusammengefasst heißt das, dass für die Teilhabe am Musizierprozess die Kenntnis der geltenden Konventionen vorausgesetzt wird, auf deren Basis in individuellen und kollektiven Übeprozessen Handlungsentwürfe entwickelt und memoriert werden. Neben einer solchen Reproduktion von typisierten Handlungsentwürfen (vgl. Luckmann 1992, S. 48-92) beruht das Ensemblespiel aber gerade auch auf einer Loslösung von diesen eingeübten Handlungssequenzen und der Hinwendung zum Spielprozess, wodurch die Interaktion in Echtzeit und ein musikalisches (Re-)Agieren erst möglich wird. Die vor-

---

36 Auch Figueroa-Dreher (2010, S. 186) betont, dass Konventionen allein die musikalische Interaktion in der Gruppe nicht erklären können.

37 Zum Problem der doppelten Kontingenz vgl. Parsons & Shils (1951, S. 3-29) und Luhmann (1987, S. 148-190).

bereiteten Handlungssequenzen werden so immer und immer neu ins Verhältnis mit dem Zeitgeschehen gesetzt – und ggf. abgewandelt.[38]

Neben den strukturgebenden Rahmungen sind es so gerade die während des Musizierprozesses stattfindenden nichtsprachlichen, vorreflexiven und vorwiegend leiblichen Wahrnehmungs- und Verständigungsprozesse, die von Interesse für die hier aufgeworfene Fragestellung sind. Die Reflexion und der sprachliche Austausch *vor* und *nach* dem Musizierprozess liefern durchaus wichtige Grundlagen für das Verständigungshandeln. Während die Aspekte der Handlungsplanung und -reflexion jedoch, gerade hinsichtlich des Lernprozesses, weitreichend thematisiert worden sind, bleibt die Betrachtung des eigentlichen Handlungsprozesses, des Musizierens als *Tun*, bisher weitgehend ausgespart. Mit dem Blick auf diese Prozesse geraten die situativen, gegenwärtigen und leiblichen Ebenen von musikalischem Handeln, musikalischer Praxis, Interaktion und Kommunikation in den Blick.

2.3.1.2 Koordination auf der Basis leibkörperlicher Prozesse

Werden die situativen Reaktionen der Akteure beim Musizieren betrachtet (vgl. Kap. 2.3.1.1), tritt aufgrund der Nonverbalität das körper- und leibbezogene Handeln als Basis der Abstimmung zwischen den Individuen in den Vordergrund. Gerade in Momenten, in denen keine Zeit zum Nachdenken bleibt – wenn der/die MusizierpartnerIn sich beispielsweise in einem musikalischen Übergang mehr Zeit lässt als gewöhnlich, ein Mitglied der Musiziergruppe einen Einsatz in ungewöhnlich aufgewühltem Affekt gibt oder Fehlerspiel zur spontanen Anpassung im Spiel zwingt – tritt der Körper als „Träger, Speicher und Vollzugsmedium eigener Wissens-, Erkenntnis- und Verstehensleistungen" (Alkemeyer u.a. 2010, S. 345) ins Zentrum des Interesses.

Mit der Einnahme einer solchen Perspektive auf das Abstimmungshandeln beim Musizieren geraten leibphänomenologische und praxeologische Erklärungsansätze in den Blick. Da Alloa u.a. (2012) erörtern, dass sich um die Begriffe *Körper* und *Leib* innerhalb der Phänomenologie eine präzise theoretische Diskussion um Körper und Körperlichkeit rankt, ist es an dieser Stelle angemessen, sich diese Begriffsfelder zunächst zu erschließen, um dann im Folgenden das Musizieren mit einem leibbezogenen Fokus zu betrachten.

---

38 Vgl. zu diesen Ausführungen die Überlegungen von Silvana Figueroa-Dreher (2010) zum musikalischen Improvisieren im Free Jazz. Während die Autorin die Abwendung von typisierten Handlungsentwürfen und die Hinwendung zur Ausgestaltung von Handlungen im Musizierprozess im Free Jazz betont und das Free Jazz-Improvisieren dabei vom vermeintlich stärker schematisierten Realisieren von existierenden Kompositionen abgrenzt, sind ihre Überlegungen – in schwächerer Ausprägung – m. E. auf die Kompositionen interpretierende Form des Ensemblemusizierens (wie im Falle der untersuchten Musiziersequenzen) anwendbar.

Koordination als leibliche Interaktion

Das Konzept der *Leiblichkeit* und die damit verbundene terminologische Unterscheidung der Begriffe *Körper* und *Leib* steht für die phänomenologische Tradition des Weltzugangs (vgl. zum Konzept der Leiblichkeit Merleau-Ponty 1966; Waldenfels 2000; Alloa u.a. 2012). Ursprünglich von Edmund Husserl eingeführt, wird dieses Konzept vor allem in der *Phänomenologie der Wahrnehmung* von Maurice Merleau-Ponty (1966) herausgearbeitet. Der Leibbegriff beschreibt dabei „eine Dimension körperlichen Daseins […], die nicht in einem objektivistischen oder materialistischen Körperverständnis aufgeht, sondern aufs engste mit der Kategorie der Erfahrung verbunden ist" (Alloa u.a. 2012, S. 1). Der Leib ist Medium und Gegenstand der Erfahrung und umfasst – im Gegensatz zum materialistischen Körperbegriff – physische und psychische Dimensionen der Wahrnehmung. Er gilt damit als Zugang zur Welt (*In-der-Welt-Sein*), mit der er gleichzeitig aufs engste verbunden ist, und ist Basis interaktiver Praktiken (ebd.). Mit einer solchen Annahme der Verschränkung leiblicher Wahrnehmung und Welterfahrung wird der cartesianische Dualismus zwischen Körper und Geist überwunden.[39]

Bei der Betrachtung des Körperlichen entsteht somit eine Doppelperspektive: „Neben dem Körper als Objekt und Instrument tritt damit der Leib als der sinnlich wahrnehmende und von innen spürbare Körper" (Böhle & Weihrich 2010b, S. 12).[40] Diese Doppelperspektive spielt für das Ensemblemusizieren eine entscheidende Rolle, bilden doch sowohl *leibliches Spüren* wie auch *Betrachten des Körpers in seiner Materialität* – als „Ausdrucksfeld[41] aktueller Bewusstseinsvorgänge (kognitiver und leiblicher Art), Projektionsfläche sozialer Formierung (Identitätsmedium) und agens auf eigener Handlungsebene" (Stadelbacher 2010b, S. 309f.) – verständigungsrelevante Dimensionen.

Was bedeutet das für die Betrachtung des Koordinationshandelns beim Musizieren? Stephanie Stadelbacher (2010b) führt aus, dass sich die Akteure beim Musizieren auf der Basis einer *Bereitschaft* des *Verstanden-werden-wollens* bzw. des *Verstehen-wollens*[42] wechselseitig in die Lage des Anderen versetzen und zur Handlungskoordination dessen Handlungen und Handlungsmotive antizipieren. Da das Subjekt seine Welt leiblich erfahren, aber auch aus sich heraustreten und den eigenen Körper wie von außen betrachten kann – es ist der *Selbstobjektivierung* fähig –, gelingt unter der Annahme, der Andere mache prinzipiell ähnliche leibkörperliche Erfahrungen in der Welt,

---

39 In der Moderne führt ein vom cartesianischen Körper-Geist-Dualismus geprägtes Körperverständnis zu einer ‚Vergeistigung' und einer Vernachlässigung der Betrachtung körperlich-leiblicher Zugänge zur Welt (vgl. Stadelbacher 2010b, S. 300).
   Künkler (2011) argumentiert, dass dieser Dualismus allerdings nicht *über-*, sondern nur *ver-* wunden werden kann.

40 Vgl. auch die Gegenüberstellung zwischen *Körper haben* und *Leib sein*, die auf Helmuth Plesser zurückgeht: „Ein Mensch *ist* immer zugleich Leib […] und *hat* diesen Leib als seinen Körper" (Plessner 1970 [1941], S. 43).

41 Vgl. auch Schütz (1972): „[…] Leib und Bewegungen können als ein *Ausdrucksfeld* von Ereignissen in der inneren Zeit ausgelegt werden" (ebd., S. 150; H.v.V.).

42 Vgl. auch Schütz & Luckmann (1984, S. 192).

eine *Reziprozität der Perspektiven* und damit *Intersubjektivität* (vgl. Stadelbacher 2010b). Die leibkörperliche[43] Anwesenheit der Akteure und die damit zusammenhängende mehrdimensionale Wahrnehm- und Interpretierbarkeit der leibkörperlichen Äußerungen der Anderen (z.B. Bewegungen, Gesichtsausdruck, Rhythmus, Intonation, Gesten oder eigenleibliche Wahrnehmungen) stellt damit neben gemeinsamen Wissensvorräten[44] eine der Voraussetzungen für das Gelingen einer *geteilten Situationsdeutung* beim Musizieren dar. Die Akteure *erzeugen* hier in leiblich basierten praktischen Aushandlungen erst ihre gemeinsame Wirklichkeit (vgl. hierzu Berger & Luckmann 1972, S. 56ff.).

Leibkörperliche Äußerungen sind schließlich „performative und repräsentative Akte" (Stadelbacher 2010b, S. 307), die entscheidende Informationen transportieren.

> „Auf der Basis fortwährender Spiegelungsprozesse, der darin implizierten Generalthese der Reziprozität und eines gemeinsamen Wissensvorrats aus typischen Anzeichen und deren Deutung fungiert der Körper somit als wesentliches Medium im alltäglichen wechselseitigen sozialen Handeln und mittelbarer Präsenz." (ebd., S. 307)

Der Körper ist demzufolge sowohl Wahrnehmungsorgan (im Sinne des Leibes) als auch Ausdrucksfläche subjektiver Äußerungen.

Gugutzer (2010) entwirft mit Bezug auf die neophänomenologischen Ausführungen Hermann Schmitz'[45] eine leibbasierte Handlungstheorie, die stärker auf die Frage der interpersonalen Bezugnahme eingeht und für den Kontext des Ensemblemusizierens interessant ist. Leibliche Interaktion basiert danach auf der Vorstellung einer *„räumlichen Struktur des Leibes"* (Gugutzer 2010, S. 168; H.i.O.), die in gewissen Situationen über die Körpergrenzen hinaus auf das Wahrnehmungsobjekt übergreift. In diesen Situationen bildet sich „ad hoc so etwas wie ein übergreifender Leib" (Schmitz 1980, S. 24). „Kennzeichnend für diesen übergreifenden Leib ist es, dass er die Differenz zwischen Wahrnehmungsobjekt und Wahrnehmungssubjekt zeitweise aufhebt" (Gugutzer 2010, S. 170), man spüre den, die oder das Andere unmittelbar am eigenen Leib (ebd.; Böhle & Weihrich 2010b, S. 21). Ein solcher übergreifender Leib bilde sich sowohl in Begegnungen zwischen zwei oder mehr Menschen, aber auch mit Objekten in Situationen wie dem Lesen eines spannenden Buchs oder beim Betrachten einer Landschaft (vgl. ebd.). Körper- und Leibgrenzen sind in diesen Situationen nicht deckungsgleich: Während der Körper mit der Haut endet, geht der Leib darüber hinaus und umfasst das Gegenüber. Schmitz nennt den Vorgang der Bildung eines übergreifenden Leibes *Einleibung* (Schmitz 1980). Gugutzer (2010) bemerkt, dass

---

43 Der Begriff des Leibkörperlichen nimmt auf Husserls Begriff des ‚dualen Leibkörpers' Bezug, der die Gleichzeitigkeit von ‚fungierendem Leib' und ‚materiellem Körperding' beschreibt (vgl. Stadelbacher 2010b, S. 303). Dieser Körperbegriff unterliegt auch der phänomenologisch fundierten sozialkonstruktivistischen Wissenssoziologie nach Schütz resp. Berger & Luckmann (vgl. ebd.).

44 Im Sinne „gemeinsam geteiltes, gesellschaftliches (Deutungs-)Wissen als Basis eines gemeinsamen Weltzugangs" (Stadelbacher 2010b, S. 299).

45 Der Leibbegriff wird bei Hermann Schmitz als ‚Betroffensein von etwas' bzw. als ‚affektive Ergriffenheit von etwas' konzipiert (Gugutzer 2010, S. 168).

„den meisten sozialen Begegnungen [...] diese Form nonverbaler Kommunikation zu Grunde [liegt]. Ein gemeinsamer, übergreifender Leib umhüllt typischerweise das wechselseitig aufeinander bezogene Handeln sozialer Akteure." (ebd., S. 170)

Erst bei solch leiblicher Bezugnahme könne von echter Interaktion gesprochen werden.

„In der Mehrzahl sozialer Begegnungen [...] kommt es in Form des Gesprächs, des Austauschs von Blicken, Berührungen, Bewegungen oder allein aufgrund der leiblichen Anwesenheit anderer zu wechselseitiger Einleibung, wie flüchtig sie auch sein mag." (Gugutzer 2010, S. 170)

Die räumliche Struktur des Leibes fußt laut Schmitz (1990; 1992) auf der Dynamik zwischen den Gegensätzen von Enge (oder auch Spannung) und Weite (oder auch Schwellung), zwischen welchen Polen sich das spürbare leibliche Befinden ständig bewegt (vgl. Schmitz 1992, S. 45; Gugutzer 2010, S. 169). Ein Dialog in Form eines solchen Oszillierens zwischen Enge und Weite findet ebenso *innerleiblich* – also im einzelnen Subjekt – wie auch *zwischenleiblich* – zwischen zwei oder mehr Akteuren statt (Gugutzer 2010, S. 169).

Innerhalb des *übergreifenden Leibs* (Schmitz 2005, S. 170) haben *Bewegungssuggestionen* (ebd., S. 176ff.) eine besondere Bedeutung für die leibliche Interaktion. Unter Bewegungssuggestionen versteht Schmitz echte Bewegungen, angedeutete Bewegungen oder etwas, das ein Bewegungsgefühl hervorruft (Gugutzer 2010, S. 171). Es sei ebenso wenig entscheidend, wovon die Bewegung ausgehe, wie auch, ob es nur eine Anregung oder eine tatsächliche Bewegung sei; die Bewegungssuggestion sei vielmehr eine „Zumutung einer Bewegung" (Schmitz 2005, S. 177), die zu einem innerlichen Spüren einer Bewegung führt. Der Rhythmus sei wohl das bedeutendste Beispiel für eine Bewegungssuggestion (Gugutzer 2010, S. 171). Böhle & Weihrich (2010b, S. 21) vergleichen die Bewegungssuggestionen mit Bourdieus praktischem Sinn. Sie vermitteln zwischen den leiblichen Subjekten und ermöglichen als „Spürsinn" (ebd.) praktische Lösungen der gemeinsam zu bewältigenden Aufgaben und die scheinbar automatischen Koordinationen. Die zu großen Teilen un- oder vorbewussten Koordinationshandlungen der InteraktionspartnerInnen beim Musizieren werden also auf wechselseitige (Re-)Aktionen auf leiblicher Ebene interpretiert: In einem durch Einleibung hergestellten übergreifenden Leib gelingen „spürende Verständigungen" (Gugutzer 2010, S. 172) im Sinne eines vor- oder unbewussten Spürsinns des Körpers (vgl. den *sens practique* von Bourdieu; vgl. den folgenden Abschnitt). Ein intersubjektiver Bezug, auf dessen Basis musikalisch-ästhetische Austauschprozesse vollzogen werden, wird in diesem Sinne erst auf Basis leiblicher Interaktion hergestellt.[46]

---

46 Es ist Alkemeyer (2010) zuzustimmen, wenn dieser bemerkt, dass Zwischenleiblichkeit dort seine kulturellen und sozialen Grenzen hat: „Ausgeschlossen bleiben diejenigen, in deren ‚anders‘ sozialisierten Körpern die im jeweiligen Kontext als rechtens oder passend akzeptierte soziale Motorik keinen Resonanzboden findet" (ebd., S. 341).

Koordination auf der Basis des Körperwissens

Betrachtet man das Ensemblemusizieren weniger von der Seite des Individuums, sondern als *kollektive Praxis*, gerät schließlich das *Körperwissen* als handlungsleitender und Koordination vermittelnder Faktor in den Blick. Eine solche Perspektive ist insofern sinnvoll, als dass das Ensemblemusizieren zu jenen Praktiken gehört, die nicht wahlweise allein *oder* gemeinsam getan werden können, sondern die „von vorneherein ein gemeinsames Wirken verlangen" (Alkemeyer u.a. 2010, S. 299). Ähnlich wie das Fußball spielen, Tango tanzen oder das Gespräch an sich charakterisiert sich das Ensemblemusizieren nicht allein aus der Summierung der Einzelhandlungen. Die gemeinsame Praxis übergreift das individuelle Handeln: „Alle Handlungsträger leisten ihren besonderen Beitrag zum Kollektivgeschehen, das dann seinerseits auf sie selbst zurückwirkt und ihre Eigenschaften (re-)definiert", so Alkemeyer u.a. (2010, S. 230) über kollektive Praktiken.

Werden jene Praktiken unter praxeologischer Perspektive betrachtet, ergibt sich ein Blick auf den *Körper* als Wissensträger. Laut Pierre Bourdieu (1987) entwickelt der Körper in der sozialen Praxis nach und nach eine praktische Vernunft, den *sens pratique*, die das Verhalten innerhalb dieser Praxis leitet.[47] Gemachte Erfahrungen speichern sich im Körper als verkörpertes Wissen, als *Körperwissen*, ab und ermöglichen in der sozialen Interaktion ein *Gespür* für die jeweilig gültigen Spielregeln. In der Praxis (also beim Musizieren) dokumentieren sich daher Wissensformen, Kompetenzen, Mechanismen und Prozesse, „mit denen sich die beteiligten Akteure aufeinander beziehen, füreinander verständlich machen, miteinander abstimmen und so eine kollektive Praxis etablieren, die von keinem einzelnen Akteur vollständig zu kontrollieren ist" (Alkemeyer u.a. 2010, S. 231). Koordiniertes Handeln basiert demnach auf einem „verkörperte[n], auf die aktuelle Praxis bezogene[m], in ihr aktivierte[m] und sich bildende[m] (Erfahrungs-)Wissen" (ebd., S. 230), aufgrund dessen die Musizierenden aus der Situation heraus das Verhalten ihrer MitspielerInnen praktisch deuten und das eigene Handeln auf die Anderen abstimmen können (ebd., S. 231; vgl. auch Schatzki u.a. 2001).[48] Mithilfe dieser inkorporierten Handlungsoptionen interpretieren und füllen sie ad hoc die Situationen, die unvorhergesehen auftreten und somit nicht durch vorgelagerte Handlungsplanung organisiert werden können (z.B. die spontane Beschleunigung des Tempos oder ein spontan eingesetztes und besonders ausgedehntes Atmen an einem musikalischen Übergang) (Alkemeyer u.a. 2010, S. 231). Das situationsgebundene Handeln basiert eben nicht nur auf vorgelagerten Strukturen, Planungen und Rollenausübungen, sondern auch aus prä-reflexivem Handeln, einem adaptiven Umgang mit Un-

---

47 Bourdieu bezieht sich hier auf Merleau-Ponty (1966, S. 165ff.), der dem Leib die Welt einschreibt (vgl. Stadelbacher 2010a, S. 54).

48 Mit einem solchen Verständnis geht „eine Verschiebung der Beobachtungsperspektive gegenüber etablierten sozialtheoretischen Ansätzen, in denen die Koordination von Einzelhandlungen vorrangig über dem Handeln vorgelagerte Strukturen, Rollen und Normen erklärt wird" (Alkemeyer 2010, S. 231), einher.

sicherheit und einer praktischen Logik der Situationsbezogenheit oder Prozeduralität (vgl. ebd.).

Die Aktualisierung und Verarbeitung von Sinn hängt dabei entscheidend vom Körper ab (Loenhoff 2010, S. 64). Solch situatives, intuitives und nichtreflexives Verstehen (Stadelbacher 2010a, S. 54) bestimmt demzufolge entscheidend das gemeinsame Handeln und Erleben (Loenhoff 2010, S. 64). Die genaue Beschreibung von Koordination müsse laut Loenhoff (2010, S. 73) bei der Beschreibung der interaktiven Erfahrungen körperlicher Kopräsenz, also der Erfahrung der geteilten leiblichen Präsenz, beginnen.

2.3.2 (Musik-)Psychologische und musikethnologische Betrachtungen – Koordination auf der Basis von Entrainment

Die im musikalischen Kontext zu beobachtende präzise Koordination interindividueller Handlungen, die als Schlüssel einer erfolgreichen Performance betrachtet werden kann (Maduell & Wing 2007, S. 591), wird aus musikpsychologischer und musikethnologischer Perspektive mit dem Rückgriff auf den Mechanismus des *Entrainments* erforscht. Die Entrainmentforschung ist laut Repp & Su (2013, S. 441) ein relativ junges Forschungsfeld, in dem innerhalb der letzten Dekade, begünstigt durch neue technische und damit methodische Möglichkeiten, die Anzahl empirischer Studien rasch angewachsen ist (vgl. Repp 2005; Repp & Su 2013; Geeves u.a. 2014).[49] Zahlreiche Studien sind dabei im (musikethnologisch fundierten) Forschungsprojekt von Martin Clayton (*Experience and Meaning in Music Performance*) und innerhalb der durch Peter E. Keller geleiteten (musikpsychologischen) Forschungsgruppe *Musikkognition und Handlung* entstanden. Im hier vorliegenden Kontext sind diese Forschungen interessant, weil sie Erkenntnisse zu den der Koordination zugrunde liegenden Mechanismen aufzeigen.

2.3.2.1 Entrainment – Einschwingen auf Basis eines rhythmisch-metrischen Pulses

Wird die Abstimmung der Handlungen mehrerer Individuen beim Musizieren auf der Basis der den Handlungen unterliegenden Rhythmen betrachtet, gerät ein besonderer Mechanismus in den Blick: Einzelhandlungen können hinsichtlich ihrer rhythmischen Verläufe aufeinander *einschwingen*. Ein solcher rhythmisch basierter Einschwingprozess wird im Englischen mit dem Begriff des *Entrainments* (dt. ‚mitziehen') bezeichnet

---

49 Für einen umfassenden Überblick vgl. die Review-Arbeiten von Repp (2005; 2006) und Repp & Su (2013). Eine theoretische Diskussion des Entrainmentkonzepts unter musikalischen, sozialen und evolutionsbiologischen Gesichtspunkten liefern Clayton u.a. (2004), eine überblicksartige Darstellung des Konzepts findet sich bei Philipps-Silver (2014) und Geeves (2014). Paradigmatisch für die Entrainmentforschung ist das Tappingexperiment, bei dem zu einem externen Rhythmusgeber, meist einem Metronom, geklopft bzw. musiziert werden soll und die Abweichungen zwischen Metronom und menschlich erzeugtem Ton gemessen werden können (vgl. Repp 2005; Repp & Su 2013). Diese Art des Experiments bringt das Prinzip rhythmischer Synchronisation auf einfache Art und Weise auf den Punkt, ist relativ leicht umzusetzen und hat eine lange Forschungstradition aufzuweisen (Repp & Su 2013, S. 404).

(Phillips-Silver 2014) und beschreibt in einer weiten Definition den Prozess, „whereby two rhythmic processes interact with each other in such a way that they adjust towards and eventually ‚lock in‘ to a common phase and/or periodicity" (Clayton u.a. 2004, S. 2).

Das Konzept des Entrainments wird in einer Reihe unterschiedlicher Domänen genutzt, um die beobachtbaren Phänomenen unterliegenden *rhythmischen Einschwingprozesse* mehrerer voneinander unabhängiger Taktgeber *auf Basis eines rhythmischen Signals* zu kennzeichnen (Geeves 2014; Clayton u.a. 2004). So ist Entrainment im Bereich der Musik beispielsweise beim Mitwippen, Kopfnicken, Schunkeln oder Tanzen zu einem externen Beat oder bei der Synchronisation des Applauses beobacht- und erfahrbar. In außermusikalischen Bereichen wird es verwendet, um auf der Ebene von Organismen das gleichzeitige Aufleuchten von Glühwürmchen oder das synchronisierte Zirpen von Grillen, in der Physik die Synchronisation von Pendeluhren, auf der Ebene des Körpers die Kopplung in den kardialen Schrittmacherzellen oder im Bereich menschlicher Interaktion die Angleichung von Sprechrhythmen in der Konversation zu beschreiben (Clayton u.a. 2004; Geeves u.a. 2014; McPartland & Skinner 2006).[50]

Erstmals wurde das Phänomen des Entrainments von dem niederländischen Physiker Christiaan Huygens im Jahr 1665 beschrieben. Seine Beobachtungen anhand von Pendeluhren stellen das klassische Beispiel für einen Entrainmentprozess dar und veranschaulichen bildlich die Grundprinzipien. Huygens beobachtete, dass sich die Schwingungsbewegungen der Pendel von zwei unabhängig voneinander zum Schwingen gebrachten Pendeluhren aufeinander abstimmten, sobald sie auf einem gemeinsamen Untergrund, einem schwingungsfähigen Holzbalken, befestigt wurden (vgl. Clayton u.a. 2004). Huygens führte diesen Effekt auf die durch den Holzbalken zustande kommende Kopplung zurück. Indem dieser die jeweiligen Schwingungen aufeinander überträgt, interagieren die bisher unabhängigen rhythmischen Systeme miteinander und gleichen sich im Verlauf der Zeit einander an.[51]

Dieses Prinzip ist übertragbar auf menschliche Interaktionen wie das Musizieren (vgl. McGrath & Kelly 1986; Lomax 1982; Clayton u.a. 2004) und in dieser Übertragung für meine Studie relevant. Individuen werden als unabhängige, aber gekoppelte Systeme aufgefasst, die über rhythmische Impulse miteinander interagieren und sich gegebenenfalls aufeinander einschwingen. Interpersonale Koordination wird in dieser Betrachtungsweise also als *rhythmisch basierter Interaktionsprozess* betrachtet. Folgen-

---

50 Neurophysiologische Forschungen zeigen außerdem, dass sich bei sozialen und interaktiven Aufgaben die Gehirnwellen der beteiligten Individuen synchronisieren. Dieser Entrainmentprozess ist in Studien zum Spiel im Gitarrenduo, bei der unbewussten Imitation von Fingerbewegungen, bei der gewollten Imitation von Handbewegungen und beim gemeinsamen Sprechen nachgewiesen worden (Keller u.a. 2014, S. 5).

51 Das Pendeluhrexperiment von Huygens kann mit mechanischen Metronomen nachgestellt werden. Werden zwei oder mehr Metronome auf einen schwingungsfähigen Holzbalken gestellt, synchronisieren sich ihre Pendelbewegungen innerhalb kurzer Zeit. Zahlreiche Videos auf dem Internetportal *youtube* zeigen diesen Effekt (z.B. „Synchronization of Metronomes" im Kanal „Harvard Natural Science Lecture Demonstrations", https://www.youtube.com/watch?v=Aaxw4zbULMs; letzter Aufruf: 15.09.2016).

de Fähigkeiten sind in einem solchen Prozess laut der Entrainmentlogik grundlegend: (1) Individuen erkennen einen rhythmischen Puls einer Musik, (2) sie führen rhythmische Bewegungen mit dem Körper aus und (3) integrieren die Wahrnehmung externer Rhythmusinformationen so in das eigene Handeln, dass die eigenen Bewegungen auf die externen rhythmischen Informationen angeglichen werden (Phillips-Silver u.a. 2010).

Clayton (2012, S. 50) hebt hervor, dass das entscheidende Merkmal für Entrainment *nicht die exakte Synchronisation*, sondern die *Wiederherstellung* eines stabilen Verhältnisses der Rhythmen zueinander (der stabilen Phasenrelation) nach einer äußeren Störung sei:

> „If we clap together we are entrained with in-phase rhythms, if you consistently clap midway between my claps we are entrained with anti-phase rhythms. Most importantly, for this process to be considered entrainment, the *stability* of this phase relationship, whether in-phase or anti-phase, must be *re-established* after it is disturbed." (Geeves u.a. 2014, S. 2; H.v.V.)

2.3.2.2 Entwicklung der menschlichen Entrainmentfähigkeiten

Die menschliche Fähigkeit zum Entrainment ist laut Thomas & Farlow (1998) ein altes evolutionäres Erbe (vgl. auch Merker 2000; 1999-2000) und dient einerseits der Vorhersage zukünftiger Ereignisse (Overy & Molnar-Szakacs 2009, S. 494), andererseits dem Zusammenschluss von Individuen zu Gruppen, was einen immensen evolutionären Vorteil biete (Altenmüller & Kopiez 2005, S. 160f.). In basaler Form ist eine rhythmische Angleichung auch bei einfachen Organismen beobachtbar, zum Beispiel beim Zirpen von Grillen (Fischinger & Kopiez 2008). Die rhythmische Phasenkopplung, auf die diese relativ einfachen rhythmischen Synchronisationen zurückzuführen sind, werde „durch kleine phylogenetisch gewachsene Netzwerkstrukturen des Gehirns bewerkstelligt" (ebd., S. 459). Was die menschliche Entrainmentfähigkeit jedoch gegenüber anderen Lebewesen auszeichne – und das ermögliche dem Menschen erst das Musizieren –, ist die Möglichkeit der flexiblen Tempoanpassung[52], die vermutlich „höher entwickelte und vor allem trainierbare kognitive Strukturen" (ebd.) erfordere (vgl. auch Keller 2008).

Ähnliches zeigt sich auch bei der Betrachtung der Entwicklung von Entrainmentfähigkeiten auf der Ebene des Individuums. Wie Phillips-Silver (2014) darstellt, ist Entrainment bereits früh in der Kindheit zu beobachten. Bereits Neugeborene synchronisieren „Bewegungen und Blicke unwillkürlich mit den sprachlichen Äußerungen ihrer Eltern (z. B. Condon & Sander, 1974a, 1974b; Feldman, 2007)" (Kleinspehn 2008, S. XII). Wenn Eltern ihren Säugling in den Schlaf wiegen und einfache Melodien singen, bilden rhythmische und affektive Entrainmentprozesse die Grundlage der Kommunikation zwischen Kind und seiner Umwelt. Solche Momente des Entrainments vermit-

---

52 Merker (1999-2000; 2000) sieht in dieser Flexibilität der rhythmischen Angleichung eine Schlüsselrolle in der Genese der menschlichen Spezies.

teln Ansprache, Bindung und erste musikalische Erfahrungen, und seien als Grundbe-
dürfnis des Säuglings anzusehen (ebd.). Die Aneignung von Koordinationsfähigkeiten
beginnt demzufolge mit den frühesten Interaktionen (Phillips-Silver & Keller 2012), in
denen interpersonale Koordination das Medium der Kommunikation mit den Bezugs-
personen darstellt. Koordination ist daher die essentielle alltägliche Erfahrung in der
sozialen Welt der Kleinkinder (Cirelli u.a. 2014, S. 7). Wenn es jedoch um komplexere
Anpassungsprozesse geht, sind langfristige Lernprozesse gefragt. Verschiedene Studien
zeigen, dass die Fähigkeiten der Synchronisation von Bewegungen zu einem externen
Stimulus und vor allem die Tempoangleichung Jahre der Entwicklung benötigen (Repp
& Su 2013, S. 404). Hierzu seien einige Erkenntnisse aus der Forschung genannt:

Kinder im Alter von eineinhalb bis zwei Jahren können ihre Bewegungen ansatz-
weise und kurzfristig zu Musik koordinieren, dies allerdings noch mit Schwierigkeiten
(Gembris 2009, S. 278). Ab einem Alter von zwei Jahren gelingen erste einfache und
kurzzeitige Synchronisationen zu Musik (ebd.), beispielsweise zu Musik zu hüpfen,
wobei die Anpassung an ein äußeres Tempo noch nicht möglich ist (Eerola u.a. 2006).
Drei- bis Vierjährige können sich schließlich an bekannte Musik in ihrem bevorzugten
Tempo anpassen (van Noorden & De Bruyn 2009), synchrones Mitklatschen und Marschieren fällt in dieser Altersgruppe aber schwer (Gembris 2009, S. 278). Erst ab dem
Alter von fünf Jahren ist die Tempoangleichung möglich (van Noorden & De
Bruyn 2009). Dabei scheinen Sechs- bis Siebenjährige bereits das Level von untrainier-
ten Erwachsenen erreicht zu haben (Repp & Su 2013, S. 404), wobei Kinder sogar fle-
xibler als Erwachsene erscheinen, aber Probleme mit schnellen Tempi haben
(Kurgansky & Shupikova 2011). Diese Befunde weisen darauf hin, dass Koordination –
zumindest, was die Frage der Tempoangleichung betrifft – schon im Grundschulalter
entwicklungspsychologisch betrachtet möglich ist. Damit scheint die Untersuchung von
Koordination im Instrumentalen Gruppenunterricht ab dem Grundschulalter möglich
und sinnvoll.

Bei Erwachsenen zeigt sich schließlich, dass hoch spezialisierte und trainierte MusikerInnen einen höheren Grad an Synchronisation erreichen können als untrainierte Individuen (Repp & Su 2013), wobei PercussionistInnen noch einmal einen höheren Grad
an Abstimmung erreichen als Musizierende anderer Instrumente (Repp u.a. 2008; Repp
2010). Kein Unterschied besteht in der Synchronisationsfähigkeit von Amateur- und
NichtmusikerInnen (ebd.). Rhythmische Expertise scheint diesen Ergebnissen zufolge
einen essentiellen Einfluss auf interpersonale Koordination zu haben (Repp & Su 2013,
S. 405).

Die Studien zur Entwicklung der Entrainmentfähigkeit zeigen damit, dass interpersonale Koordination beim Ensemblespiel als ständiger Lernprozess betrachtet werden
muss. Selbst ProfimusikerInnen verbessern kontinuierlich ihre individuellen und kollektiven Entrainmentfähigkeiten in individuellen und sozialen Lernsituationen. Gerade
letztere haben für das Musizieren eine große Bedeutung, hängt Entrainment doch auch
von den beteiligten Akteuren und den jeweiligen situativen Rahmungen ab. Musikalische Ensembleproben dienen dabei der Abstimmung von Timing, Phrasierung und Sti-

listik[53], aber vor allem auch der Aushandlung kommunikativer Ankerpunkte, verständlicher Gesten und visuell basierter Kommunikationsstrukturen (Williamon & Davidson 2002).

2.3.2.3 Zeitliche, räumliche und affektive Dimensionen des Entrainments

Entrainment im Bereich sozialer Interaktion wird in räumlich-zeitliche und affektive Dimensionen unterschieden (vgl. Phillips-Silver 2014).

Die *zeitliche Dimension* tritt in den Vordergrund, wenn das Erkenntnisinteresse auf der Frage nach Bewegungskoordinationen zu rhythmischen Ereignissen beim Musizieren liegt (vgl. die Forschungen zur *Sensomotorischen Synchronisation*: Repp 2005; 2006; Repp & Su 2013). Verschiedene Studien haben hierbei gezeigt, dass physikalisch exakte Synchronisation zwischen Individuen praktisch nicht existiert, auch wenn Musizierende und Publikum Entrainment bzw. interpersonale Koordination wahrnehmen. Bereits in einer Studie mit professionellen klassischen Trios (Streich- und Blasinstrumente) von Rasch (1979) wird deutlich, dass beim koordinierten Musizieren eine mittlere Asynchronisation von 30-50 Millisekunden vorliegt, die weder von den Musizierenden selbst noch vom Publikum als solche wahrgenommen wird. Dieses Ergebnis wird in verschiedenen Experimenten repliziert (vgl. Repp & Su 2013). Koordination ist demzufolge nicht mit Synchronisation gleichzusetzen.

Demgegenüber zeigt Doffman (2009; 2011; 2013), dass es gerade die *Abweichung* von der exakten Synchronizität durch das Spiel mit der Zeit (Zeitraffung oder Zeitdehnung) ist, die als grundlegend für Expressivität und Spannung in der musikalischen Performance angesehen werden kann (vgl. auch Geeves u.a. 2014). Für gesteigerte Expressivität nutzen Musizierende durch beabsichtigte Störungen den Wiederherstellungsmechanismus des Entrainments (ebd.). Ein solches Spiel am Rande des Auseinanderbrechens der Koordination erfordert Vertrauen zwischen den Musizierenden, wobei dieses Vertrauen beidseitig zu verstehen ist: Es ist von Führenden und Geführten den jeweils anderen gleichermaßen zu erbringen (ebd.).

Leman (2008) schreibt Entrainmentprozessen neben der zeitlichen eine *räumliche Dimension* zu, da Bewegungskoordinationen musikalische Gesten zugrunde lägen und die zeitliche von einer räumlichen Komponente daher nicht getrennt werden könne. Eine solche Verbindung von Bewegungen, Gesten, Blickkontakt und koordiniertem Musizieren wird von verschiedenen, vor allem musikethnologischen, Beobachtungsstudien gestützt (Clayton 2007a; 2007b; Lucas u.a. 2011). Clayton (2007a) findet bei nordindischen Rag-Performances spezifische Gesten, die entweder an den Inhalt des Gesangs gekoppelt sind („illustrators") oder in Beziehung zur musikalischen Struktur stehen („markers") und die den Musizierenden Timing und Bewegung vermitteln. Blickkontakt und Gestik stehen dabei in einer engen Verbindung (Clayton 2007b): In einer Rag-Performance geriet eine begleitende Tampura-Spielerin immer wieder mit dem Solisten in Koordination, sobald ihr Blick auf seinen Rücken fiel. Dieser Koordina-

---

53 Dies entspricht der Etablierung von Performancezielen und Strategien bei Keller (2008).

tionseffekt ist deswegen so bemerkenswert, weil diese Spielerin einerseits explizit versuchte, ihren Rhythmus den anderen Instrumenten nicht anzugleichen, und weil sie sich andererseits der Koordinationsprozesse nicht bewusst war. Diese Beobachtung zeigt damit einerseits die mächtige Rolle des Blickkontakts für den Koordinationsprozess und andererseits die Existenz einer emergent auftretenden (d.h. nicht bewusst herbeigeführten) Form des Entrainments in der musikalischen Interaktion. Diese Ergebnisse replizieren Lucas u.a. (2011) auf einer intergruppalen Ebene. Beim afro-brasilianischen Congado[54] ist Entrainment zwischen den Gruppen entgegen der Intention der Musizierenden zu beobachten, sobald sich die Gruppen räumlich nähern oder in Blickkontakt geraten (ebd.). Clayton & Leante (2013) sehen in diesen Ergebnissen einen Beleg für die Rolle des leiblich vermittelter Prozesse in musikalischen Interaktionen.[55] Es zeigt sich hier eine Verbindung zur Betrachtung leiblicher Austauschprozesse in der musikalischen Kommunikation in leibphänomenologischen Perspektiven (vgl. Kap. 2.3.1.2): In der Entrainmentforschung wird der Prozess des Entrainments als grundlegender Prozess leiblicher Interaktion betrachtet (Leman 2008).

Auch Geeves u.a. (2014) stellen fest, dass den Musizierenden ihr Entrainmenthandeln nicht vollends bewusst ist. Es entwickelt sich im Laufe der Zeit und wird stillschweigend über Gesten, Bewegungsrhythmen, Blickkontakt und räumliche Nähe bzw. Distanz verhandelt, aber nicht offen diskutiert.

Die *affektive Dimension des Entrainments* beschreibt die Angleichung emotionaler Zustände (Phillips-Silver 2014; Phillips-Silver & Keller 2012). Affektives Entrainment zeigt sich beispielsweise in der Freude, sich gemeinsam zu Musik zu bewegen, mit anderen in einen *Groove* zu geraten und so miteinander *in time* zu sein (vgl. Phillips-Silver 2014). Affektives Entrainment wird als Ursache für das Gefühl interpersonaler Verbundenheit beim gemeinsamen Musizieren betrachtet (vgl. ebd.; Overy & Molnar-Szarkacs 2009; vgl. Kap. 2.3.3.2): Die Möglichkeit geteilter Erfahrungen beim Musizieren und die daraus resultierende emotionale Kraft der Musik liege, so Overy & Molnar-Szarkacs (2009), gerade in der affektiven Dimension des Entrainments. Laut Phillips-Silver (2014) hängen affektive und räumlich-zeitliche Ebenen zusammen. Dies zeigt sich in verschiedenen Experimenten, in denen ein Zusammenhang zwischen dem Grad des empfundenen Grooves und der Qualität der körperlichen Synchronisation gefunden wurde. Das gleiche gilt für die Relation zwischen musikbezogener Körperkoordination und dem Zusammengehörigkeitsgefühl (vgl. Kap. 2.3.3.2).

---

54 Die Tradition des Congado verlangt geradezu eine Nicht-Koordination zwischen den Gruppen, während sich die Musizierenden innerhalb der Gruppe koordinieren (Lucas u.a. 2011).

55 Leiblich vermittelte Prozesse werden in der Musikpsychologie zunehmend unter dem Konzept des *Embodiment* betrachtet.

2.3.2.4 Ein entrainmentbasiertes Modell des Ensemblespiels auf der Basis von emergenter und geplanter Koordination

Rhythmisch basiertes gemeinsames Handeln, wie es in Perfektion beim koordinierten Musizieren im Ensemble zu beobachten ist, basiert aus psychologischer Sicht auf kognitiven Prozessen, die durch Entrainment charakterisiert werden (Keller 2008; Phillips-Silver & Keller 2012; Keller u.a. 2014). Dabei werden zwei Modi der Wahrnehmungsverarbeitung bzw. Handlungssteuerung unterschieden, die zu zwei Formen von Koordinationsprozessen führen: emergente und geplante Koordination. Während emergente Koordination, d.h. scheinbar unbewusste Angleichungsprozesse wie beim spontanen Mitwippen zu einem Beat, auf Resonanzphänomene zurückzuführen ist, basieren geplante Koordinationshandlungen auf mentalen Antizipationen und damit auf erfahrungsbasierten Schemata (Phillips-Silver & Keller 2012). Beide Modi koordinativer Mechanismen sollen im Folgenden eingehender betrachtet werden.

Resonanz und Handlungsplanung als zwei Modi koordinativer Prozesse

Emergente Koordinationsprozesse beruhen auf Resonanzphänomenen[56], denen auf neurobiologischer Ebene Aktivierungen der Spiegelneuronen zugrunde liegen (Phillips-Silver & Keller 2012, S. 3).[57] Auf Basis dieser Neuronenensembles werden im Gehirn bei der Beobachtung oder der Vorstellung einer Bewegung Areale aktiviert, die auch für die Ausführung dieser Bewegung zuständig sind. Durch diesen Resonanzmechanismus werden beobachtete Handlungen für ein Individuum verständlich, kopierbar und sogar auf Basis vorhergegangener Erfahrungen vorhersagbar. Die Spiegelneuronen ermöglichen das musikalische Zusammenspiel, indem aufgrund der von ihnen bereitgestellten Informationen Vorhersagen über den vermuteten Weiterverlauf einer Handlung des/der InteraktionspartnerIn zugelassen und ähnliche Handlungen im gleichen Verlauf der Zeit ermöglicht werden (Hartung 2014, S. 141).

Das Spiegelneuronensystem ist dabei eng mit der Verarbeitung der Emotionen verbunden. Bauer (2006) sieht in diesem Mechanismus die Grundlage menschlicher Intuition, Empathie und eines „intersubjektiven Handlungs- und Bedeutungsraum[s]" (ebd., S. 31). Das spontane Mitwippen zu einem Beat, die Koordination der Schritte beim Gehen mit einem/r PartnerIn oder die unbewusste Angleichung der Körperbewegungen in einem Gespräch gelingt nach dieser Theorie durch den Resonanzmechanismus des Gehirns, der eigene rhythmische Vorerfahrungen mit der Beobachtung rhythmischen Handelns einer anderen Person verknüpft und so ohne einen Prozess der expliziten Handlungsplanung zu Koordination führt:

---

56 Den Begriff der Resonanz verwendet auch Hartmut Rosa (2016) für die Beschreibung sozialer Beziehungen. An dieser Stelle basiert die Wahl des Begriffs auf den Darstellungen von Keller (2008); Phillips-Silver & Keller (2012) und Keller u.a. (2014).

57 Für eine umfassende Darstellung der Theorie der Spiegelneurone vgl. Bauer (2006; 2008). Eine Darstellung innerhalb der musikpädagogischen Literatur und eine musikpädagogische Einordnung liefert z.B. Syfuß (2010).

„At a basic, unconscious, and automatic level, understanding the actions, intentions, and emotions of another person does not require that we explicitly *think* about them – our brain has a built-in mechanism for *feeling* them as we feel our own intentions, actions, and emotions" (Overy & Molnar-Szaczkacs 2009, S. 491)[58]

Komplexere musikalische Interaktionen erfordern hingegen einen Mechanismus, der auf Handlungsplanung beruht (Phillips-Silver & Keller 2012). Geplante Koordination verlangt nach Prozessen der erfahrungsbasierten Assoziation zwischen Klangwahrnehmung und Bewegungssteuerung und der damit zusammenhängenden Simulation von Intentionen und affektiven Zuständen der Mitspielenden, auf deren Basis die Vorhersage von zukünftigen Handlungen bzw. Ereignissen erst möglich sei (ebd.). Geplante Koordination kann aufgrund der dahinterliegenden Prozesse gegenüber emergenter Koordination auch in Abwesenheit externer Stimuli vom Individuum selbst ausgelöst und hergestellt werden:

„While resonance is driven exogenously and automatically (i.e., preattentively) by the perception of external events, simulation may be generated endogenously in the absence of external stimuli (cf. Grush, 2004) and may be modulated by attention." (Phillips-Silver & Keller 2012, S. 4)

Auf der Basis dieser unterschiedlichen Strukturen sind unterschiedliche Formen koordinierten Musizierens – vom „mitgezogen werden" in einer großen Gruppe bis zur detailreichen Interpretation eines Beethoven-Streichquartetts – beschreibbar. Phillips-Silver & Keller (2012) weisen jedoch darauf hin, dass beim Ensemblemusizieren beide Modi stetig und integrativ vorliegen.

Doch wie verläuft der Prozess geplanter Koordination? Hierzu präsentiert Keller eine interessante Theorie (Keller 2008): Geplantes Koordinationshandeln sei hiernach auf ein geteiltes Handlungsziel sowie drei individuelle kognitive Prozesse, sog. *ensemble skills* (Keller 2008, S. 207), zurückzuführen. Es ist gezeigt worden, dass diesen komplexen kognitiv-motorischen Fähigkeiten, die Musizierenden eine effektive gemeinsame Handlung ermöglichen, basale Entrainmentprozesse unterliegen (Geeves u.a. 2014, S. 3; Keller 2008; Keller u.a. 2014).

Die Betrachtung der *ensemble skills* ist im Kontext dieser Studie insofern relevant, als dass hier ein umfangreiches Modell koordinativen Handelns präsentiert wird. Es zeigt die Komplexität der dahinterliegenden Mechanismen, die beim Musizieren auf der

---

58 Für das Musizieren bildet ein solches System nach der Lesart der Musikpsychologie eine Grundlage für die Kommunikation im Ensemble. Dabei müssen die ausgesendeten Signale für das Gegenüber verständlich sein: „Unabhängig vom Inhalt und von der Ausführung des Einsatzes muss aus ihm eine Repräsentation konstruiert werden können, die mit dem Spiegelneuronensystem des anderen Spielers kompatibel ist. Anderenfalls kann die musikalische Botschaft nicht im intendierten Sinne übermittelt werden" (Hartung 2014, S. 142). Die Kompatibilität wird durch gemeinsame Absprachen, gemeinsames Üben, verständliche Körpersprache oder gutes Kennen des Gegenübers erreicht (ebd.). Die Wahrnehmung und Replikation muss ebenso wie das Spiel an sich geübt werden.

Ebene der Kognition aktiv sind. Dieses Modell soll in den folgenden Abschnitten im Mittelpunkt stehen.

Geplantes Koordinationshandeln durch *ensemble skills*

Die für das Verschmelzen mehrerer Instrumentalstimmen beim Musizieren im Ensemble notwendige realzeitliche interpersonale Koordination beruht auf geteilten *Zielen* – also geteilten Vorstellungen des idealen Ensembleklangs, die während des individuellen Übens und der gemeinsamen Proben im Ensemble erarbeitet werden (Keller 2008). Für die Entwicklung der geteilten Ziele ist laut Keller u.a. (2014) die Aneignung der musikalischen Strukturen sowie der individuellen musikalischen Spielstile der Ensemblemitglieder notwendig.

Im Moment der Performance wirken solche idealisierten Klangvorstellungen der eigenen Stimme in Relation zu den Stimmen der anderen als mentale Repräsentationen, an denen sich das Handeln der Musizierenden ausrichtet. Dafür bedarf es dreier individueller und expertiseabhängiger Prozesse auf der Ebene von Kognition und Bewegungsplanung, die Keller als *ensemble skills* (Keller 2008, S. 207) bzw. als *real-time coordination skills* (Keller u.a. 2014, S. 2) bezeichnet: (1) eine flexible gegenseitige Tempoanpassung, (2) eine spezifische Form der integrierenden und priorisierenden Aufmerksamkeit und (3) Mechanismen der auditiv-imaginativen Antizipation.

(1) Flexible gegenseitige Tempoanpassung

Gemeinsames Musizieren erfordert die Koordination komplexer Bewegungssequenzen mit unregelmäßigen Timing-Pattern (Keller u.a. 2014, S. 2). Musizieren unterliegt dabei zahlreichen gewollten und ungewollten Abweichungen im Tempo und Mikro-Timing (ebd.) und darauf bezogene kontinuierliche gegenseitige Tempo- bzw. Timinganglei-chung. Diese ist „the most fundamental requirement of performance-based musical joint action" (Keller 2008, S. 212). Timinganpassungen beruhen auf Fehlerkorrektur-Mechanismen[59], mit denen kleinere Abweichungen korrigiert werden ohne dass die Musizierenden die Koordination verlieren (Keller u.a. 2014, S. 2).[60] Die gegenseitige Tempoangleichung ist laut Keller u.a. (2014, S. 3) im Ensemble der *Kleber*, der die Individuen in ihrer rhythmischen Aktivität zusammenhält.

Wie gelingt durch Fehlerkorrektur die Tempoanpassung? Musizierende bilden bei der eigenen Ausführung oder der Beobachtung einer Spielbewegung eine Erwartungs-haltung hinsichtlich der kommenden rhythmischen Ereignisse. Diese Erwartungshaltung basiert auf Vorerfahrungen, Vorannahmen sowie auf den im Ensemble entwickelten Performancezielen, also auf vorliegenden Schemata. Während des Spielens vergleichen

---

59   Laut Repp & Su (2013, S. 405) seien Fehlerkorrektur-Mechanismen vielfach erforscht, aber dennoch noch nicht gänzlich verstanden (ebd., S. 418).

60   Zur Frage, welche Hirnregionen und welche neuronalen Prozesse hierfür verantwortlich sind, vgl. Keller (2008, S. 212-213).

die Musizierenden kontinuierlich das visuelle und auditive Feedback der realisierten Musik mit der inneren Erwartungshaltung sowie den eigenen mit dem externen Soundimpuls. Wird beim Spielen eine Diskrepanz zur Erwartung festgestellt, gleicht das Individuum seine Bewegungen auf den externen Sound an – meist sogar schon, bevor die Diskrepanz ins Bewusstsein gelangt. Auf der Basis der aktuellen Klangwahrnehmung wird eine neue Erwartungshaltung gebildet, das nächste rhythmische Ereignis antizipiert und die Spielbewegung gesteuert (vgl. Rapp 2006, S. 59-61; Clayton u.a. 2004, S. 14-16; Keller 2008, S. 211-212). Keller (2008; Keller u.a. 2014) unterscheidet dabei zwei Mechanismen: die Phasenkorrektur, bei der kleinere Abweichungen im eigenen Pulsempfinden automatisch korrigiert werden (z.B. bei der agogischen Dehnung der Zeit innerhalb einer Melodie), und die Periodenkorrektur, bei der der empfundene Puls willentlich und spürbar in seinem Grundtempo verändert wird (z.B. bei einem intendierten Tempoübergang innerhalb des Stücks).

Zur Frage, ob zwischen Führungs- und Begleitstimme unterschiedliche Grade an Anpassung stattfinden, gibt es unterschiedliche Erkenntnisse. Wing u.a. (2011) legen dar, dass FührungsspielerInnen weniger als die Begleitenden korrigieren. Demgegenüber gleichen sich bei Goebl & Palmer (2009) die SpielerInnen bei gutem akustischem Feedback unabhängig von der Melodie- oder Begleitstimme an. Letztere betonen weiterhin, dass Kopf- und Fingerbewegungen größer werden, wenn das akustische Feedback reduziert wird. Die Körperbewegung und visuelle Kanäle füllen in diesem Sinne die Leerstellen, die mangelndes akustisches Feedback entstehen lassen.

(2) Priorisierende und integrierende Aufmerksamkeit

„Rhythmic joint action is a form of multi-tasking" (Keller u.a. 2014, S. 3). Beim gemeinsamen Musizieren in der Gruppe sind die einzelnen Individuen nicht nur für den eigenen Part verantwortlich, sondern wenden dem Verhältnis zwischen eigenem und fremdem Part besondere Aufmerksamkeit zu (Keller 2008, S. 211). Für diese Aufgabe sei eine Form der *geteilten Aufmerksamkeit* vorteilhaft, bei dem eigenen Handeln eine höhere Priorität zuteil wird, während gleichzeitig kontinuierlich der Gesamtklang verfolgt und mitgehört wird (ebd.). Diese Form der Aufmerksamkeit ist eine Mischform zwischen selektiver Aufmerksamkeit (mit der eine musikalische Stimme fokussiert wahrgenommen werden kann) und umfassender Aufmerksamkeit (welche die Wahrnehmung der Gesamtstruktur ermöglicht) (ebd., S. 212):

> „Prioritized integrative attending therefore assists individuals to integrate their own actions with others' actions while maintaining autonomous control of their own movements." (Keller u.a. 2014, S. 3)

Eine solche Form der Aufmerksamkeit ist kognitiv höchst anspruchsvoll, da gleichzeitig eine Trennung und eine Integration der aus unterschiedlichen Quellen stammenden Informationen erforderlich ist (Keller u.a. 2014, S. 3). Verschiedene Forschungsergebnisse lassen vermuten, dass die Flexibilität für eine solche permanente Integration und Differenzierung durch metrische Strukturen in der Musik ermöglicht werden, die die

Zuweisung von Aufmerksamkeitsressourcen leiten (ebd.). Musizierende weisen ihre Aufmerksamkeit den musikalischen Strukturen in Abhängigkeit von den darunterliegenden metrischen Strukturen zu und finden so ein gemeinsames Fundament, auf dessen Basis die individuellen Stimmen wahrzunehmen sind (Keller 2008, S. 211). So gelingt das parallele Verfolgen unterschiedlicher Ebenen einer musikalischen Struktur (Phillips-Silver & Keller 2012, S. 5). Metrische Schemata erklären außerdem, warum im Marsch, beim Walzer und in einer Salsa so unterschiedliche rhythmische Bewegungssynchronisationen zu beobachten sind: diesen musikalischen Stilen unterliegen unterschiedliche metrische Strukturen (Keller 2008, S. 211).

(3) Antizipationsmechanismen und Handlungssimulationen

Da die mittleren Asynchronitäten beim gemeinsamen Musizieren von 30-50 Millisekunden zu klein sind, als dass Musizierende schlicht einer Führungsperson folgen und auf akustische Signale reagieren könnten, geht die psychologische Forschung davon aus, dass das gelingende Zusammenspiel auf Antizipationen beruht (Keller 2008, S. 207).[61] Musizierende planen demnach ihre Handlungen aufgrund von Vorhersagen über die Handlungen ihrer Mitspielenden. Dabei ist es nicht nur notwendig, zu antizipieren, *was* die MitspielerInnen tun, sondern auch *wann* und *wie* sie handeln (ebd., S. 208).

Antizipationen entstehen einerseits über die Wahrnehmung von Klängen und Körperbewegungen (z.B. bei der Vorhersage eines Tons auf der Basis einer beobachteten Dirigierbewegung), andererseits auf der Basis von Gedächtnisinhalten (z.B. Probenabsprachen über das gewünschte Tempo). Solche Gedächtnisinhalte bestehen in auditiven und motorischen Bildern der Klangsequenzen, in denen die damit verbundenen Bewegungsabfolgen gespeichert sind (Keller u.a. 2014, S. 3; Keller 2008, S. 208). Sie ermöglichen *Handlungssimulationen*, so dass das zukünftige Geschehen antizipiert werden kann. Dies ist in einer Studie mit Klavierduos gezeigt worden (Keller u.a. 2007): PianistInnen, die zu eigenen und zu fremden Einspielungen eines Klavierduoparts den anderen Part spielen sollen, koordinieren sich besser zu den eigenen als zu den Aufnahmen Dritter. Dies wird durch die konkreteren Klangvorstellungen der eigenen Aufnahme erklärt (vgl. ebd.): Durch die größere Nähe der inneren Klangbilder zum eigenen Spiel gelingt es den PianistInnen besser, das expressive Timing der eigenen Aufnahme vorherzusagen und sich darauf abzustimmen.[62]

Solche mentalen Klangbilder haben eine auditive und eine motorische Komponente, wobei die auditive wahrscheinlich vorrangig ist (Keller 2008). Diese ist es, „what an individual has in mind while playing" (ebd., S. 208). Professionelle MusikerInnen kon-

---

61   „To synchronize movements with music, it is necessary to predict the timing of upcoming sounds" (Keller & Rieger 2009, S. 397).

62   Die Stärke auditiver Imagination sagt sogar die Genauigkeit und Stabilität des Entrainments hinsichtlich des Anschlags als auch der Körperbewegung voraus (Keller & Appel 2010).
       Zu den der Abgleichung von Klangvorstellung und realer Klangwahrnehmung unterliegenden Prozessen im zentralen Nervensystem vgl. Keller (2008, S. 208-210).

zentrieren sich dementsprechend für ein ausdrucksstarkes Spiel auf einen imaginären idealen Sound anstatt auf die Bewegungsausführung (ebd.). Sie greifen mehr und mehr auf ihre mentalen Klangvorstellungen zurück, je größer ihre musikalische Erfahrung ist (vgl. ebd.):

> „Thus, although [the] singer needed only to think of the ideal sound in order to produce it, he probably required a considerable amount of practice before being able to conjure such thoughts accurately and reliably." (Keller 2008, S. 208)

Durch auditive und motorische Klangbilder aktivieren die Musizierenden die mentalen Repräsentationen der Spielbewegungen sowie die musikalischen Ablaufpläne (ebd., S. 207). In dieser Theoretisierung beruht interpersonale Koordination auf einer inneren Handlungssimulation, die leicht *vor* der Bewegungsausführung stattfindet (Keller u.a. 2014, S. 3) und damit das Geschehen antizipiert. Potentielle Fehler im Timing können so vorhergesehen und korrigiert werden, noch bevor sie sich in der Bewegungsausführung niederschlagen (ebd.).

Wie greifen die drei Prozesse beim koordinierten Musizieren in der Gruppe ineinander? Mentale Bilder der auditiven Gestalt sowie der Bewegungssequenzen ermöglichen Handlungssimulationen und damit eine Antizipation des Geschehens. Im realzeitlichen Musizieren moduliert anschließend eine spezifische Form der Aufmerksamkeit, die das Eigene priorisiert und gleichzeitig einen Überblick über das komplette Geschehen ermöglicht, den Abgleich der Vorhersagen mit dem realzeitlichen Geschehen. Auf Basis dieser Vorhersagen wird durch Fehlerkorrekturmechanismen das eigene Handeln realzeitlich mit dem Handeln der Mitspielenden koordiniert (vgl. Keller u.a. 2014) (vgl. Abb. 2).

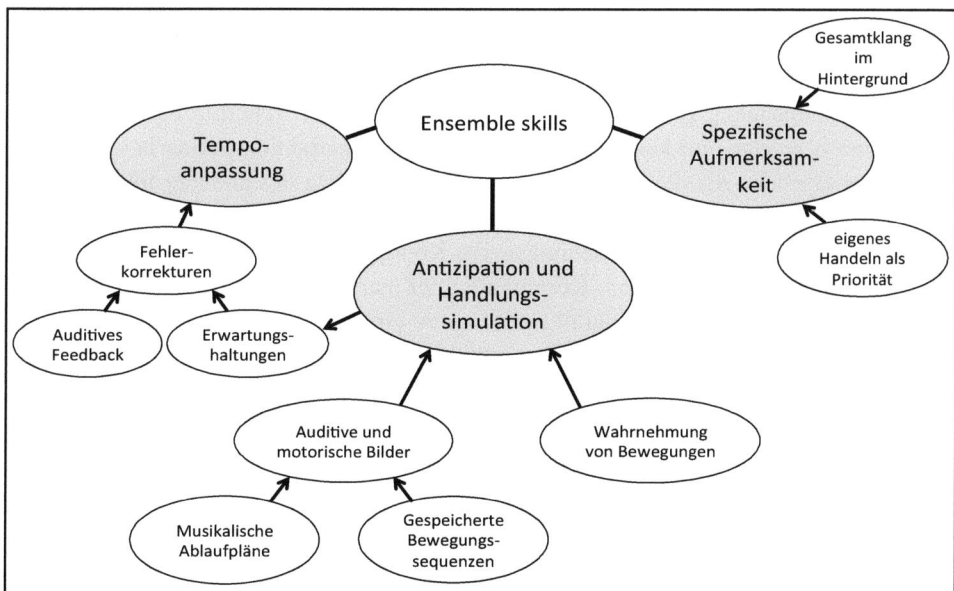

Abb. 2:   Die ensemble skills (nach Keller 2008; Keller u.a. 2014).

Die individuellen Ensemblefähigkeiten der PartnerInnen können dabei die beobachtete Koordination der Körperbewegung beim gemeinsamen Spiel vorhersagen (Keller 2008, S. 215). Zudem zeigt sich, dass gute Koordination bereits gelingen kann, wenn nur eine/r der beiden PartnerInnen relativ gute Ensemblefähigkeiten aufweist: Dieser passt sich besonders stark an (ebd.).

2.3.3 Sozialpsychologische Einflussvariablen auf koordiniertes Musizieren

Neben individuellen Faktoren haben auch sozialpsychologische Aspekte einen Einfluss auf interpersonale Koordination beim gemeinsamen Musizieren. Forschungen zeigen dabei einen beidseitigen Zusammenhang auf: Soziale Faktoren modulieren interpersonale Koordination und umgekehrt (Keller u.a. 2014). Diese Zusammenhänge werden die nächsten beiden Abschnitte vertiefen.

2.3.3.1 Persönlichkeit und soziale Beziehung als Variablen für Koordination

Sozialpsychologische Faktoren beeinflussen interpersonale Koordination auf mehreren Ebenen (Keller u.a. 2014). Etliche Studien untersuchen hierzu den Einfluss von Persönlichkeitsvariablen auf interpersonale Koordination. Auf dieser Ebene zeigt sich sowohl ein Zusammenhang zwischen Persönlichkeitscharakteristika und *ensemble skills*, als auch zwischen Persönlichkeitsmerkmalen und Probenkommunikation (ebd.). Es zeigt sich, dass prosoziale Individuen eher koordinieren als selbstbezogene (ebd.). Keller u.a. (ebd.) legen dar, dass Persönlichkeitsaspekte wie Sozialkompetenz, Empathie und Kontrollüberzeugung mit den kognitiv-motorischen Fähigkeiten der zeitlichen Antizipation und der Tempoangleichung zusammenhängen und damit auch Koordination beeinflussen. Gerade Empathie wird mit den Fähigkeiten der Handlungssimulation und Antizipation in Zusammenhang gebracht (vgl. ebd.). Studien weisen weiterhin darauf hin, dass Paare dann besonders gut koordinieren, wenn einem/r InteraktionspartnerIn stärker auf das eigene Handeln, der/die andere stärker auf das Handeln des anderen fokussiert ist. So bilden sich komplementäre Leader-Follower-Verhältnisse (ebd.).

Weitreichend sind die Untersuchungen, die Koordination im Zusammenhang mit sozialen Beziehungen untersuchen. Koordination zu menschlichen InteraktionspartnerInnen gelingt Individuen dabei generell besser als zu einem technisch erzeugten Beat oder einem Metronom (Kirschner & Tomasello 2009). Bei einer dyadischen Trommelaufgabe zeigen Kinder mit höheren sozialen Kompetenzen – gemessen durch die Zuschreibungen der Lehrpersonen – eine bessere Koordination als andere (Kleinspehn 2008). Es wird vermutet, dass dies mit einer stärkeren Wahrnehmung der Anderen in der Musiziersituation zusammenhängt. Ein ähnlicher Zusammenhang zeigt sich in einem Experiment zum Zusammenhang von sozialer Orientierung und spontaner interpersonaler Koordination (vgl. Keller u.a. 2014, S. 7).

Interessanterweise beeinflusst auch die soziale Motivation das koordinierte Musizieren. Miles u.a. (2010) ließen Versuchspersonen mit zu spät kommenden und mit pünktlichen PartnerInnen interagieren und konnten zeigen, dass die Koordination mit den pünktlich angekommenen PartnerInnen besser gelang. Ebenso zeigt sich, dass die Körperbewegungen zwischen GesprächspartnerInnen in positiven Gesprächen stärker ist als in Streitgesprächen (vgl. Keller u.a. 2014).

2.3.3.2 Entrainment und das Gefühl der Eingebundenheit – wie Musik verbindet

Gemeinsame Aktivitäten, deren Bestandteil rhythmisches interpersonales Entrainment ist (z.B. Marschieren, militärisches Training, religiöse Rituale, Singen, Tanzen, Musizieren), können das Gefühl des Aufgehobenseins in einer größeren Gruppe hervorrufen (Keller u.a. 2014, S. 7). Solche Aktivitäten werden gesellschaftlich häufig gerade wegen ihrer sozialen Funktion genutzt (McNeill 1995).

> „Aktives Mitmachen, aber auch schon die innere, virtuelle Mitbewegung beim Zuschauen erneuert und bekräftigt dann die Zugehörigkeit zu einer Sozialität, die ihren – mehr oder minder diffusen – habituellen Übereinstimmungen, Selbst- und Weltbildern in familienähnlichen Bewegungen Gestalt und Physis, Emotionalität und affektive Wucht verleiht. Zugehörigkeit [...] wird temporär fühlbar." (Alkemeyer 2010, S. 341)

McNeill (1995) sieht hierin sogar die soziobiologische Funktion der Musik. Die Verbindung von Individuen zu Gruppen durch musikalisch basierte rhythmische Koordination kann als evolutionärer Vorteil gesehen werden, da das hierdurch mögliche kooperative Handeln Überlebensvorteile bietet (ebd.). „Erst durch die soziale Organisationsform der Gruppe", so Altenmüller & Kopiez (2005, S. 160f.), „konnte sich die Spezies homo sapiens gegenüber Tierspezies sowohl bei der Jagd als auch beim Schutz der Gruppenmitglieder durchsetzen". Die Verhaltenssynchronisation und deren gruppenbildender Effekt scheint daher der biologisch vorrangige Zweck des Musizierens zu sein. „Durch gemeinsame Bewegung, wie bei rituellen Handlungen oder beim Tanzen, wird in menschlichen Gruppen das soziale Gefühl für den Zusammenhalt gestärkt" (Fischinger & Kopiez 2008, S. 459).[63]

Laut Keller u.a. (2014) konzentrieren sich in den letzten Jahren sozialpsychologische Studien zur Koordination auf soziale Konsequenzen rhythmischen Entrainments. Rhythmische Koordination in Gruppen führt zu pro-sozialem Verhalten, Hilfsbereitschaft, Kooperation (Repp & Su 2013 S. 431), gesteigerter sozialer Kohäsion, verstärkter Zuneigung und Sympathie, einem stärkeren Teamempfinden, gesteigertem Vertrau-

---

63 Auf diesen Effekt sind wohl auch die immer wieder aufflammenden Diskussionen um die gemeinschaftsbildende Kraft des Musizierens zurückzuführen. Ulrich Günther & Thomas Ott (1984) schreiben dazu: „Immer wieder erhofft man sich vom Musizieren auch individuelle und soziale Wirkungen, die mit Musik und musikalischem Verhalten gar nichts mehr zu tun haben. Am bekanntesten ist in dieser Hinsicht wohl die Vorstellung von der gemeinschaftsbildenden Kraft des Musizierens, lange Zeit eines der zentral legitimierenden Argumente für schulischen Musikunterricht überhaupt" (ebd., S. 20).

en, Ähnlichkeits- und Gemeinschaftsempfinden sowie einer Steigerung der Kooperationsbereitschaft aufgrund rhythmischer Koordination (Keller u.a. 2014).[64] Letztere zeigt sich in Experimenten als sehr starker Effekt der interpersonalen Koordination, der bis zum Extrem des destruktiven Gehorsams reicht (Wiltermuth 2010). Kooperative Effekte interpersonaler Koordination im rhythmisch-musikalischen Kontext werden dabei bereits bei Kleinkindern im Alter von 14 Monaten beobachtet (Cirelli u.a. 2014), wobei einschränkend zu erwähnen ist, dass der Zusammenhang wohl eher von der synchronen Bewegung als von der Musik als solches ausgelöst wird (ebd.). Musik bietet allerdings im täglichen Leben einen Kontext, in dem synchrone Bewegung und interpersonale Koordination mit anderen möglich wird und erfahren werden kann (Phillips-Silver 2014). Das Gefühl rhythmischer und emotionaler Verbundenheit durch das Teilen einer musikalischen Erfahrung empfinden sogar BeobachterInnen (z.B. das Publikum in einem Konzert) (Phillips-Silver 2014).

In einer eigenen empirischen Studie (Hellberg 2010) mit jugendlichen OrchestermusikerInnen hat sich gezeigt, dass das Gruppengefühl durch die gemeinsamen, musikalisch-emotional tiefgreifenden Erlebnisse gestärkt wird. Die Jugendlichen haben eine geteilte Erinnerung und damit ein der Gruppe zugehöriges Erlebnis. Sie erleben sich stark zugehörig zur Peergroup, was im Rahmen ihrer Identitätsbildung als junge/r MusikerIn Stabilität und Anerkennung verleiht. Umgekehrt zeigt sich, dass das Koordinationserleben bei einem positiven Gruppengefühl stärker ist als bei negativem Gruppenklima (ebd.).

Die prosozialen Effekte rhythmisch basierter interpersonaler Koordination entstehen laut Keller u.a. (2014, S. 8) durch mehrere Faktoren:

- Durch interpersonale Koordination kann die Aufmerksamkeit auf die PartnerIn gelenkt und eine „attentional union" (Keller u.a. 2014, S. 8) gebildet werden, durch die sich die Wahrnehmung des Anderen erhöht: „When we move together, we attend to each other more and interpret the coordination as a marker of our similarity and shared goals" (Keller u.a. 2014, S. 8).
- Interpersonale Koordination fördert Anpassungs- und Antizipationsfähigkeit und damit soziale Kohäsion sowie den Erfolg gemeinsamer Handlung (ebd.).
- Interpersonale Koordination aktiviert Belohnungssysteme im Gehirn, die soziale Zugehörigkeit und Bindung fördern (ebd.; vgl. auch Bauer 2008).

Aufgrund dieser vielfältigen Einflüsse interpersonaler Koordination auf das soziale Verhalten kann festgehalten werden: „Moving together in time has powerful social consequences and might have played a role in the evolution and enjoyment of music" (Keller u.a. 2014, S. 8).

---

64 Der im musikalischen Entrainment auftretende Effekt des Gemeinsamen bildet daher eine Grundlage musiktherapeutischer Ansätze (vgl. Thaut 2008).

2.4 Koordination beim gemeinsamen Musizieren – erstes Zwischenfazit

Nachdem in den vorangegangenen Abschnitten ein interdisziplinärer Überblick über aktuelle Forschungsliteratur in Bezug auf Koordination beim gemeinsamen Musizieren im Ensemble herausgearbeitet wurde, soll der folgende Abschnitt einer Integration der Erkenntnisse aus dem Literaturstudium dienen. Die verschiedenen Betrachtungen haben gezeigt, dass interpersonale Koordination als hochkomplexes und kontingentes Phänomen zu betrachten ist, bei der intra- und intersubjektive Prozesse zusammenwirken. Momente gelingender Koordination sind als Prozess und weniger als Zustand zu betrachten. Die Basis der für die Koordination grundlegenden nonverbalen Interaktion im Medium der Musik liefert die musikalische Komponente des Rhythmus mit den verwandten Parametern Metrum und musikalisches Timing, während die leibliche Kommunikation in Form von Spielbewegungen, Gesten und körperlichem Ausdruck die rhythmische Angleichung der Individuen im Sinne eines Entrainment-Prozesses ermöglicht.

Je nach Betrachtung wird koordiniertes Musizieren in den dargestellten Studien eher vom Individuum aus analysiert (psychologische Ansätze) oder als besondere Form sozialen Handelns konzeptualisiert (soziologische Ansätze). Es ist interessant, dass die beiden Stränge trotz unterschiedlicher Herangehensweisen, unterschiedlicher wissenschaftlicher Begriffe und verschiedener Konzepte ähnliche Perspektiven auf den Gegenstand hervorbringen und sich Aussagen zu wiederholen scheinen. Dies liegt an der engen Verbindung zwischen Musik und Körper sowie an der Bedeutung des gegenwärtigen Moments. Zentrum des Interesses sind daher verkörperte Prozesse, die intuitiv auf der Basis körperlichen Wissens im Handlungsmoment ablaufen. Kognition wird in diesem Kontext als verkörpert („embodied", vgl. Stadelbacher 2010b, S. 313) konzeptualisiert, d.h. das Geistige wird über den Körper vermittelt und das Individuum als leibliches Subjekt in der Welt verstanden, das seine Erfahrungen mit und über den Körper macht. Musizierende in einem Ensemble haben demzufolge ein gemeinsames leibkörperliches Erfahrungswissen, das der gemeinsamen Interaktion zugrunde liegt. Das Handeln in einem solchen Ensemble ist so immer schon eine situierte, geteilte und intersubjektive Praxis (Loenhoff 2010, S. 64) und kann als Praxis geteilter Deutungsroutinen betrachtet werden (ebd.).

In allen disziplinären Zugängen wird koordiniertes Musizieren als Zusammenspiel von geplanten Prozessen und intuitivem Handeln konzipiert. Während die Handlungsplanung wissenschaftlich vielseitig erklärt werden kann, bleibt die Frage nach den spontanen Abstimmungen, die ohne Planung auskommen. Dabei wird deutlich, dass der Kontext der Handlungssituation einen wichtigen Rahmen für das spontane Koordinationshandeln bildet. Relevant für die Ausgestaltung interpersonaler Koordination ist:

- das kulturelle Wissen der Akteure als Wissen um die Konventionen, die Rollenverteilung, die musikalischen Regeln,

- das Gruppenwissen in Bezug auf geteilte Handlungsziele und -strategien, auf das Idealbild der Gruppe des gewünschten Gruppenklangs und auf die Vertrautheit mit den Gruppenmitgliedern und der Musik,
- individuelles Wissen, das der Handlungsplanung dient, wie das Vorliegen mentaler Klangbilder, Bewegungsmuster, individueller musikalischer und kognitiv-motorischer Fähigkeiten sowie individueller Handlungsstrategien,
- individuelle und gruppenspezifische Faktoren wie die prosoziale bzw. kooperative Einstellung, Persönlichkeitsfaktoren, Empathie oder Kontrollüberzeugung der Gruppenmitglieder,
- das Gruppenklima im Sinne eines Gefühls von Eingebundenheit oder Vertrauen sowie kommunikationsförderliche Gruppenstrukturen.

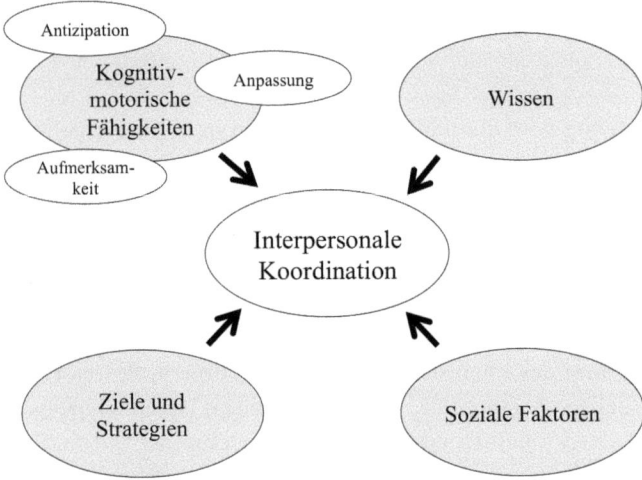

Abb. 3:   Die Einflussfaktoren interpersonaler Koordination.

Zur Realisierung interpersonaler Koordination bedarf es zudem spontaner Entscheidungen in der leiblichen Interaktion. Rhythmische und leibliche Signale der InteraktionspartnerInnen werden über das In-der-Welt-Sein, das leibliche Spüren, sowie den *sens practique*, das inkorporierte Körperwissen, resoniert und beantwortet. Resonanzphänomene ermöglichen dabei emergentes Entstehen koordinativer Prozesse. Interpersonale Koordination wird auf der individuellen Ebene auf Entrainmentprozesse zurückgeführt: Mittels einer integrativen und priorisierenden Form der Aufmerksamkeit werden Handlungen der MitspielerInnen antizipiert und so Temposchwankungen ausgeglichen bzw. Fehler korrigiert. Diese Mikroprozesse erfolgen im Antizipieren zukünftiger Ereignisse, so dass eine Angleichung häufig schon im Vorhinein des eigentlichen Klangereignisses – quasi während des Einschwingens – erfolgt. Innerpsychische und intersubjektive Prozesse fließen im koordinierten Handeln demzufolge zusammen.

Koordination ermöglicht das Werden eines Ensembles. In der Sprache der Leibphänomenologie entsteht hier durch *Einleibung* ein übergreifender Leib, der in einem Takt
schwingt. Die Studien zum Congado (vgl. Lucas u.a. 2011) zeigen, wie vereinnahmend
solche Prozesse sind: Über Rhythmus, räumlich-emotionales Entrainment und den leiblichen Kontakt werden Subjekte mitgerissen und geraten (manchmal auch unbewusst
oder gar unwillentlich) in Koordination.

Der Forschungsüberblick konnte außerdem aufdecken, dass Koordination ein komplexer Lerngegenstand ist. Die Fähigkeit, koordiniert musizieren zu können, entwickelt
sich über soziale Lernprozesse – in denen soziale Regeln, Mechanismen der Hand-
lungsabstimmungen und die sozialen Fähigkeiten erlernt werden – und rhythmisch-
sensomotorische Lernprozesse – in denen die Fähigkeiten der Fehlerkorrektur und der
Tempoangleichung perfektioniert werden. Koordination erlernen bedeutet damit ein
umfassendes Erlernen des Kommunizierens in Musik: Nötig sind sowohl individuelle
Basiskompetenzen für das Musikhervorbringen, vielgestaltige Modelle von Klangfor-
men und zugehörigen Bewegungssequenzen, probenabhängiges Wissen über geteilte
Klangideale in der Gruppe wie auch sensible Fähigkeiten der leiblichen Kommunikation. Individuelles und kollektives Lernen bilden so gleichzeitig die Voraussetzungen
für Verbesserungen auf der Ebene der *Fähigkeiten* wie auch ein Ansteigen des Erfah-
rungsschatzes dieser spezifischen Erfahrungssituationen. Die Komplexität des Lernge-
genstands Koordination – als soziales, rhythmisch-metrisches und sensomotorisches
Lernen – unterstreicht an dieser Stelle die Relevanz der Erforschung in einem musikpädagogischen Kontext.

Für mein Forschungsinteresse ist weiterhin interessant, dass die bisherigen Studien
die Annahme unterstützen, dass Kinder ab einem Alter von fünf Jahren in ihren Kontexten und mit ihren Fähigkeiten in Koordination musizieren können. Die Studie kann
demzufolge in einem Grundschulkontext verortet werden.

3 Musiklernen beim Musizieren im Instrumentalen Gruppenunterricht? Ansätze einer musiklerntheoretischen Betrachtung von Koordination

Im vorangegangenen Kapitel ist dem Phänomen der Koordination für das Untersuchungsfeld des Ensemblemusizierens nachgespürt worden. Die dargestellten Forschungsbeiträge aus (musik-)psychologischen, musikethnologischen oder (musik-)soziologischen Perspektiven weisen auf eine hohe Relevanz für musikpädagogische Kontexte hin und zeigen auf, dass die differenzierte Fähigkeit zur interpersonalen Koordination als Teilbereich musikalischer Expertise betrachtet werden sollte. In einem Großteil der Forschungen stehen professionelle Ensembles im Zentrum des Interesses, wobei die Forschungen zur entrainmentbezogenen musikalischen Entwicklung belegen, dass Koordinationsprozesse in jeder Alters- und Entwicklungsstufe auftreten (können) und die Perfektionierung musikalischer Koordination auf langfristigen Lernprozessen basiert.

Koordination im musikalischen Ensemble realisiert sich zum einen auf der Basis konventionalisierter Handlungsformen und vorgeplanter Handlungsabfolgen, zum anderen bedarf es aber auch (zumeist impliziten bzw. leiblichen) Wissens über musikbezogene und musikalische Kommunikationsformen und einen hohen Grad an Sicherheit in den individuellen spieltechnischen Grundlagen der jeweiligen Musik. Die Voraussetzungen für koordiniertes Musizieren werden demzufolge sowohl durch individuelles Üben als auch das kollektive Proben gelegt.

Das folgende Kapitel nimmt eine musik*pädagogische* Perspektive ein. Die dieser Studie zugrunde liegende Forschungsfrage untersucht Koordination beim gemeinsamen Musizieren im Instrumentalen Gruppenunterricht in seiner Bedeutung für die *Lern*situation. Es stellen sich daher die Fragen, inwiefern Musizieren als Lernhandlung betrachtet werden kann (Kap. 3.1) und welche Lerntheorien das Musizieren im Unterricht unter dem Blickwinkel der Koordination beschreiben können (Kap. 3.2–3.4). Dabei soll ein pädagogischer Lernbegriff[65] zugrunde gelegt werden, der das Lernen nicht im Inneren des Individuums verortet, sondern der nach dem Zusammenspiel von Subjekt und es umgebender Welt fragt (vgl. hierzu Künkler 2011; Göhlich u.a. 2007a; Meyer-Drawe 2008).[66] Lernen vollzieht sich nach diesem Verständnis immer in einem historischen, kulturellen und sozialen Kontext und umfasst zudem Fragen nach dem Lerngegenstand,

---

65 Anhalt (2009) beobachtet eine Omnipräsenz des Begriffs des Lernens in der erziehungswissenschaftlichen Literatur, die mit einer mangelnden Begriffspräzision einhergeht.

66 Vgl. zu Lerntheorien aus der Perspektive der Musikpädagogik auch Spychiger (2003; 2008), die ebenfalls die Relevanz des sozialen Kontextes für das Lernen aus pädagogischer Perspektive herausarbeitet.

dem Vollzug und der Unhintergehbarkeit des Lernens (vgl. v.a. Künkler 2011; Göhlich u.a. 2007a).[67]

Im Anschluss wird der Blick auf die methodisch-didaktischen Perspektiven der Instrumentalpädagogik gewendet (Kap. 3.5). Das Kapitel schließt mit einem Kurzresümee und der Konkretisierung der Forschungsfrage (Kap. 3.6).

3.1 Musiklernen durch Musikmachen

Gegenwärtig stellen sowohl schulische wie auch musikschulische didaktische Konzepte den aktiven musikbezogenen Umgang mit Musik und insbesondere das aktive Musizieren ins Zentrum des Unterrichts (vgl. u.a. Gebauer 2013, S. 64; Jank 2005a, S. 92; Ardila-Mantilla u.a. 2016; VdM 2010). Das Musizieren gilt in der instrumentalpädagogischen Literatur nicht nur als starker Motivationsfaktor (vgl. Gellrich 1997, S. 113; Grosse 2006, S. 55)[68], sondern auch als „vorrangiger künstlerischer Erfahrungsbereich" (Rüdiger 1997, S. 220) und wichtigste Handlungsform im Gruppenunterricht (Richter u.a. 2012, S. 28).

> „Gemeinsam mit anderen Musik zu erfinden und zu gestalten, zu üben und zu spielen, zu improvisieren und zu interpretieren, gilt als erfüllte Form des Musizierens und als Hauptmotiv des Musiklernens." (Kraemer & Rüdiger 2013, S. 9)

Als Methode musikalischen Lernens[69] soll es einen praktischen Zugang zum musikalischen Verstehen ebnen (vgl. Kraemer & Rüdiger 2013, S. 9). Vor allem im Bereich des instrumentalpädagogischen Gruppenunterrichts wird in jüngster Zeit gefordert, den gesamten Unterricht „noch stärker auf das gemeinsame Musizieren im Ensemble [zu] beziehen" (Richter u.a. 2012, S. 28). Bereits im frühsten Zusammenspiel vermittle

> „die Gestaltung eines einzelnen Tons [...] zusammen mit anderen [...] ein so tolles Erlebnis eines satten, vollen Klangs und die Erfahrung der wichtigen Rolle, die man dabei spielt, dass das schon ganz tiefe musikalische ‚Kenntnisse' sind, von sich, vom anderen, von der Musik." (Wolfgang Rüdiger in Doerne u.a. 2012, S. 14)

Das Musizieren solle Ausgangspunkt und primäre Erfahrungsform im Instrumentalen Gruppenunterricht sein (vgl. Ardila-Mantilla u.a. 2015), in dem Instrumentaltechnik und Musizieren noch immer zu häufig strikt getrennt werden (Ardila-Mantilla 2015, S. 105).

---

67 Die lerntheoretische Einbettung von Koordination ist in der Auseinandersetzung mit den Daten („grounded") herausgearbeitet worden. Die Teilkapitel 3.1–3.4 könnten daher auch Teil der Ergebnisdarstellung sein.

68 Ein Überblick über die verschiedenen Faktoren der Übemotivation findet sich bei Gellrich (1997).

69 Zur mangelnden Trennschärfe zwischen Unterrichtszielen und -methoden im Instrumentalunterricht vgl. Grosse (2006, S. 80). Es liege in der Eigenart des Instrumentalunterrichts begründet, dass wesentliche Lernziele über das praktische Handeln erreicht würden. Dieser Eigenart wird in der vorliegenden Arbeit mit der differenzierten Betrachtung der Handlungspraxis Musizieren begegnet.

Christoph Richter (1993c) und Wolfgang Rüdiger (1997; 2015) betonen darüber hinaus, dass das Erlernen des Zusammenspiels ausschließlich über das praktische Handeln geschehen kann.

Die Hinwendung zum Musizieren wird im Kontext des *schulischen* Musikunterrichts zum einen mit der Handlungs- und Schülerorientierung (vgl. Jank & Meyer 2002, S. 314) begründet.[70] Zum anderen wird argumentiert, dass musikbezogenes Wissen und musikalische Fähigkeiten erst auf der Basis der musikalischen Handlungserfahrung entwickelt werden könnten (vgl. Nimczik 2001; Jank 2005a). Eine solche Perspektive wird von lernpsychologischen Erkenntnissen gestützt, nach denen Formen der symbolischen Repräsentation auf vorangegangenen Lernschritten der musikalisch-klanglichen Erfahrung beruhen (vgl. hierzu die *Music Learning Theory* von Edwin E. Gordon (1997) und die musiklerntheoretischen Darstellungen bei Gruhn 2003; 2008). Die Fähigkeit zur *Audiation*[71] – zur musikalischen Klangvorstellung, mit der es möglich ist, „nicht nur sagen zu können, wie eine musikalische Struktur aufgebaut ist, sondern zu wissen, wie sie klingt" (Schütz 1997, S. 4) – basiert nach der Vorstellung der sequentiellen Aneignung musikalischer Kompetenz auf dem eigenen musikalischen Handeln (vgl. Gruhn 2003). Während Gruhn (ebd.) dem aktiven Musizieren demzufolge eine zeitliche Vorrangstellung gegenüber dem begrifflichen Lernen einräumt, gibt Christian Rolle zu bedenken, dass begriffliche Konzepte die Wahrnehmung auch erst sensibilisieren können (Rolle 2004, S. 204).

Dieser Diskurs um die Relation zwischen aktivem Musikmachen und Sprechen über Musik, hat sich laut einer Feststellung von Gebauer (2013, S. 64) in einen Konsens aufgelöst. Musikunterricht soll beide Ebenen – „Denk- und Handlungsfähigkeiten *in* Musik" (Buchborn 2011b, S. 24) und „Wissen *über* Musik" (ebd.) – gleichermaßen fördern und „sinnvoll miteinander vernetzen" (Gebauer 2013, S. 64; vgl. auch Gruhn 2003; Nimczik 2001; Schütz 1997). Eine solche Mehrperspektivität auf das musikalische Lernen im Unterricht unterstützt Natalia Ardila-Mantilla (2016), indem sie die unterschiedlichen Aneignungsformen – diskursiv oder handelnd – mit den unterschiedlichen Wissensformen in Verbindung bringt. Es bestehe „ein Zusammenhang zwischen den Wissensformen und ihrer Aneignung" (ebd., S. 111), weswegen die verschiedenen Wissensformen über verschiedene Handlungsmodi erlernt bzw. unterrichtet werden müssten (ebd.).[72] Im Rahmen der vorliegenden Studie steht die Dimension des Musik*lernens* über das Musik*machen* – der Aneignung durch musikalisches Handeln – im Fokus.

---

70 Die theoretische Auseinandersetzung mit der Frage des Musiklernens beim Musikmachen ist im Bereich der Schulmusik wesentlich reichhaltiger und wird daher an dieser Stelle einbezogen.

71 Zum Begriff der Audiation vgl. Gruhn (2004).

72 Vgl. hierzu auch Künkler (2011), der dafür plädiert, „die für menschliches Lernen konstitutive ‚Sinnhaftigkeit' des Lernens nicht einseitig auf einer kognitiven, geistigen Seite zu verorten, sondern als ein auch präreflexives und somit nicht bewusstes Geschehen der Inkorporierung zu betrachten" (ebd., S. 344) und Lernen damit als ganzheitliches, leibliches Geschehen zu konzeptualisieren.

Werner Jank stellt in einer Reflexion über das Wesen des Musikunterrichts heraus, dass es eine Eigenart des Fachs Musik in der Schule sei, nicht ausschließlich ein kanonisiertes Wissen zu transportieren. Der Lerngegenstand im Fach Musik bestehe eben auch in der Vermittlung einer *kulturellen Handlungspraxis* – nämlich dem Musizieren (Jank 2010, S. 150-151).[73] Die Handlungspraxis Musik basiere dabei auf *spezifischen Weisen der Musikausübung und -aneignung* (ebd.; H.d.V.), die beispielsweise in Formen der dirigentischen Anleitung auf den ersten Blick schwer mit den gegenwärtigen didaktischen Idealen der individuellen und eigenständigen Auseinandersetzung mit dem Lerngegenstand in Übereinkunft zu bringen seien (ebd.). Während der musikpädagogische Theoriediskurs in Rückbindung an konstruktivistische Lerntheorien die das Musizieren begleitende Reflexion beispielsweise in Form von ästhetischen Urteilen über die produzierte Musik als unverzichtbare Komponente für den Lernprozess anführt (vgl. Rolle 2005, S. 61) – über die Diskussion von Qualitätskriterien würde das „bloße Musikmachen" (ebd.) in eine „verständige Musikpraxis" (ebd.) überführt[74] –, plädiert Maria Spychiger (2008) für die Betrachtung der *Koordination* als eigenständige und rein musikalisch-kinästhetische Lernform im Musikunterricht. Da musikalische und kinästhetische Handlungsformen dem Zeichensystem des *Klangs* unterlägen, seien auch die Vorgänge des Lernens *musikspezifisch* und nicht aus der Perspektive der sprachlich basierten Interaktion zu betrachten (ebd., S. 11). Mit dem Klang rücke im Musizierprozess nämlich „ein Prinzip in den Vordergrund, welches etwas anders ‚tickt'" (Spychiger 2008, S. 7) als sprachlich-diskursive Lehr-Lernformen, die aus konstruktivistischem Verständnis meist im Mittelpunkt der Lerndiskussion stehen. Im Medium des Klangs vollzögen sich Aushandlungsprozesse nichtsprachlich und leiblich-klangbasiert über den Mechanismus der Koordination, der dadurch eine „unverzichtbare Grundlage in Prozessen gemeinsamen Denkens, Handelns und Lernens in Musik" (ebd., S. 5) sei. Gebauer unterstreicht dieses „musikpraktische Prinzip" (Gebauer 2013, S. 65) der Koordination als die „fachspezifische Grundlage […], auf der auch gewisse musikalische Erfahrungen und Kompetenzen entstehen können" (ebd.).

Die Ausdifferenzierung von Koordination als musikpraktischem Prinzip sowie die Beantwortung der Frage, in welcher Form Koordination als musikalische Lernform zu betrachten sei, steht bislang aus. Die theoretische und empirische Erforschung der Koordination unter diesem Gesichtspunkt erscheint angesichts dessen als besonderes Desiderat, dem die vorliegende Studie begegnen will. Hierzu wird der Aspekt des Musizierens als kulturelle Handlungspraxis im folgenden Abschnitt vertieft.

---

73 Vgl. auch Ulrich Mahlert (2011, S. 20), der den Erwerb von Musizierfähigkeiten als wichtigen Baustein musikalischer Bildung bezeichnet.

74 Christian Rolle bezieht sich hier auf Hermann J. Kaiser und seine Überlegungen zur Überführung einer usuellen in eine verständige Musikpraxis (vgl. Kaiser 2001; 2010).

3.2 Musizieren als kulturelle Handlungspraxis

Sowohl in der Musikpraxis des schulischen Musikunterrichts wie auch beim Musizieren im Instrumental- und Ensembleunterricht steht das Musizieren als *kulturelle Handlungspraxis* im Fokus des Lernens (Jank 2010). Es geht hierbei weniger um ein Lernen von Wissensinhalten[75] als vielmehr um den Erwerb von Handlungsfähigkeiten. Nach der Systematik von Michael Göhlich u.a. (2007a; vgl. auch Göhlich 2001) kann der Lernbereich Musizieren in diesem Sinne schwerpunktmäßig dem *Können-Lernen* zugeordnet werden: „Beim Können-Lernen geht es um verkörperlichte Handlungsfähigkeit [...]" (Göhlich u.a. 2007b, S. 17).[76] Können ist unmittelbar mit dem Akteur verbunden und kann nicht objektiviert werden. Es kann nicht von einem Akteur zum anderen übergeben, sondern nur

> „mittels Mimesis, tastendem Versuchen, wiederholendem Üben, Experimentieren u.ä. erlernt werden. Mit dem Können-Lernen werden die körperliche Dimension der Lernprozesse und die Weiterentwicklung von Handlungspraktiken und Handlungsformen betont. Im Mittelpunkt steht ein praktisches Erfahrungslernen, das sich von virtuellen Erfahrungsmöglichkeiten als Eröffnen von Könnensmöglichkeiten über die realen Erfahrungen mit Materialien, Methoden etc. bis hin zum virtuosen Können im Beherrschen-Können und Experimentieren mit Darstellungsformen und Praktiken erstreckt." (ebd.)

Die kulturelle Handlungspraxis des Musizierens vermittelt sich dabei vor allem klanglich und leiblich[77]. Aus der leibphänomenologischen Perspektive geschieht die Aneignung des praktischen und vorwiegend impliziten Wissens bzw. der Prozess der Inkorpo-

---

75 Selbstverständlich sind Wissensinhalte, beispielsweise Wissen über musiktheoretische Aspekte, ebenso notwendig. Sie unterstützen und ermöglichen erst das praktische Handeln in der Gruppe. Primär werden an dieser Stelle jedoch die praktischen Handlungsfähigkeiten betrachtet und diskutiert.

76 Göhlich u.a. (2007a; auch Göhlich 2001; Wulf 1996; Göhlich & Zirfas 2007) systematisieren das Lernen in vier Dimensionen: Wissen-Lernen, Können-Lernen, Leben-Lernen und Lernen-Lernen (vgl. hinsichtlich der Unterscheidung von Wissen-Lernen und Können-Lernen auch die Unterscheidung zwischen deklarativem und prozeduralem Wissen bei Gruhn 2003, S. 94f., oder Lehmann & Oerter 2008). Während die Institution Schule das Lernen vorrangig unter dem Aspekt des Wissen-Lernens betrachtet (Göhlich u.a. 2007b, S. 17) – beim Wissen-Lernen geht es primär um den Lerngegenstand als Sache, die vermittelbar erscheint (das „Know-what", ebd.) – scheint die Dimension des Können-Lernens im schulischen Kontext häufig unterrepräsentiert (ebd.). Dennoch ist festzuhalten, dass jegliches Lernhandeln immer alle Dimensionen in unterschiedlichen Verhältnissen beinhaltet. So beinhaltet das Musizieren auch ein Wissen-Lernen über die rhythmischen Verhältnisse oder umfasst ein biographisches Lernen im Sinne des Leben-Lernens. Durch die Aneignung der Übemethoden geschieht außerdem das Lernen-Lernen. Im folgenden soll es aber um die Dimension des Können-Lernens im Bereich des Musizierens gehen.

77 Vgl. Oberhaus (2006), der Musik als „Vollzug von Leiblichkeit" bezeichnet. Hier ist allerdings anzumerken, dass Oberhaus in seiner Analyse vor allem die individuelle Ebene betrachtet. Anschlussfähig für das hiesige Vorhaben ist seine Analyse dennoch, da sie musikalisches Lernen mit und durch den Leib als eine Verflechtung von Denken und Handeln, musikalisch-ästhetischer Erfahrung und Handlungsvollzügen theoretisiert (vgl. ebd., S. 21). Zum Konzept der Leiblichkeit vgl. Kap. 2.3.1.2.

rierung über (wiederholte) Handlungsvollzüge (Künkler 2011, S. 373; Waldenfels 2000). Mimetische Prozesse erhalten dabei eine besondere Bedeutung (ich komme hierauf in Kap. 3.4 zurück). Das Erlernen des Musizierens umfasst zudem den Umgang mit Materialien (in Form von Instrumenten), das Wahrnehmen und Herstellen von Klängen und ästhetisch gestimmten Räumen, Aspekte der sensomotorischen, kinästhetischen und kommunikativen Fähigkeiten, der Handlungsroutinen sowie der sozialen und kulturellen Rollen- und Regelstruktur des musikalischen Handlungsfeldes. Musiklernen beim Musizieren vollzieht sich somit nicht primär individuell, sondern als sozialer Prozess, der sich als intersubjektiver Austauschprozess in einem historischen, kulturellen und sozialen Kontext realisiert.

3.3 Gemeinsam Musizieren – Lernen als Teilhabe an der musikalischen Praxisgemeinschaft

Musizieren im Ensemble ist nicht irgendein Tun, sondern wird durch einen konkreten historischen und sozialen Kontext gerahmt, durch den das Handeln strukturiert und bedeutungs- bzw. sinnvoll erfahren wird (vgl. Künkler 2011, S. 389-390; Wenger 2004, S. 53f.).[78] Diese historisch und sozial gerahmten und daher strukturierten und bedeutungsvollen Handlungsformen bezeichnet Wenger (2004, S. 47) als *Praktiken*[79]. Solche Praktiken entstehen aus dem wiederkehrenden Vollzug von Handlungen in einem spezifischen Kontext und in einer spezifischen sozialen Gruppe (ebd., S. 45). Dabei sind Praktiken nicht als Gegenpol zum Geistigen zu verstehen, sondern sind ganzheitlich gedacht (ebd., S. 48) und umfassen explizite und verdeckte Handlungen (ebd., S. 47). Auch Musik realisiert sich erst aus den *kollektiven* und *situativen Praktiken* des Musizierens. Musikgruppen zeigen dabei – abhängig von ihren unterschiedlichen Kontexten – „sehr spezifische Ausprägungen musikalischer Praxis" (Ardila-Mantilla 2015, S. 14).

Damit zeigt sich ein Bezug zur Theorie des *situierten Lernens* (Lave & Wenger 1999; Wenger 2004; 2009).[80] Die Musizierenden partizipieren über die Teilnahme an

---

78 Die empirische Untersuchung kann aufzeigen, dass Schule und Unterricht als Deutungsrahmungen einen großen Einfluss auf die spezifische Handlungsform Musizieren in der Community der Unterrichtsgruppe haben (vgl. Kap. 9). Zu Handlungsrahmungen vgl. auch die Rahmenanalyse von Goffman (1977).

79 Der Begriff der Praktiken bei Wenger (2004; vgl. auch Wenger 2009; Lave & Wenger 1999) bezieht sich auf das Entwickeln von kollektiven Handlungsformen in Abhängigkeit vom sozialen und kulturellen Kontext. Die Praktiken sind insofern gruppenspezifisch und werden auf der Basis bereits bestehenden inkorporierten Wissens sowie auf der Basis der Nachahmung von Handlungen Anderer realisiert. Damit unterscheidet sich der Begriff vom Praxisbegriff bei Andreas Reckwitz (z.B. 2003, S. 290; 2008, S. 135f.) oder Pierre Bourdieu (1987), bei denen mit Praxis ein auf Routinen und Inkorporation beruhendes Alltagshandeln gemeint ist.

80 Künkler (2011) weist darauf hin, dass die Theorie des situierten Lernens aufgrund einer ausschließlichen Perspektive auf das Gemeinsame wiederum zahlreiche Perspektiven auf das Lernen ausblendet (vgl. ebd., S. 397f. & 404f.). Die Vorstellung vom Lernen in der *Commu-*

den geteilten musikbezogenen Praktiken an einer musikalischen *Community of Practice*[81] (Wenger 2004) oder, wie Peter Röbke sagt, an einer *musikalischen Praxisgemeinschaft* (Röbke 2011). Die Gruppenmitglieder treten miteinander in Kontakt, arbeiten an einem gemeinsamen musikbezogenem Ziel (ein ‚*shared enterprise*', Wenger 2004) und entwickeln im gemeinsamen Tun ein geteiltes Wissensrepertoire, gruppenspezifische Verhaltensweisen und ein Zusammengehörigkeitsgefühl (vgl. Ardila-Mantilla 2015). Lernen geschieht in der musikalischen Praxisgemeinschaft auf vier Ebenen, die miteinander zusammenhängen und sich gegenseitig konstituieren (Wenger 2004, S. 211ff.; Röbke 2011): Durch Teilnahme an den kollektiven Praktiken (‚*doing*') realisiert sich ein Prozess der wachsenden Zugehörigkeit zur musikalischen Gemeinschaft (‚*community*'), in dem sich gleichzeitig im Beziehungsgeflecht mit den Anderen das Selbst entwickelt (‚*identity*') und in dem Bedeutung von den Akteuren aktiv ausgehandelt bzw. zugewiesen wird (‚*meaning*')[82] (vgl. Abb. 4).

Lernen vollzieht sich demzufolge im Beziehungsgeflecht zwischen Individuen und Kollektiv. Dabei lernen nicht nur die Individuen, sondern ebenso die Community. Wissen und Können gehen nicht nur von der Lehrkraft aus, sondern zirkulieren unter allen Beteiligten (Röbke 2011, S. 49), wobei Sinn und Bedeutung nicht präexistent sind, sondern durch die nichtsprachliche, leibgebundene und musikalisch basierte Interaktion von den Beteiligten ko-konstruiert werden. Der Ort des Lernens, so Künkler (2011), sei demzufolge

> „nicht das Individuum, sondern die über Praktiken bzw. über ‚communities of practice' vermittelte, gelebte und erlebte Teilhabe und Teilnahme in und an der Welt." (ebd., S. 394)

---

nity ist im Rahmen dieser Studie dennoch sehr gewinnbringend und wird daher unter Berücksichtigung ergänzender Ansätze genutzt.

81 Im ursprünglichen Konzept bei Wenger (2004) beschreiben *Communities of Practice* keine festen Gruppen in einem Unterrichtssetting, sondern lose Zusammenkünfte, bei denen sich die *Community* erst durch das gemeinsame Tun und die Bedeutungsaushandlung zusammenfügt. Lave & Wenger (1999) haben insbesondere außerschulische Lernsettings im Blick. So diskutiert auch Röbke (2011) in dem zitierten Artikel vielmehr die These, dass die musikalischen *Communities of Practice* auf über die Einzelgruppe hinausgehende, übergreifenden Ebenen angesiedelt seien, z.B. bezeichnet er die *Community* einer Grundschule, an der flächendeckend musiziert wird, oder die Klavierklasse an einer Musikschule als *Community of Practice*. Auf Basis der theoretischen Überlegungen Wengers (2004) und der Beobachtung im Rahmen der hier durchgeführten empirischen Studie – die untersuchten Gruppen zeigten ebenfalls die Merkmale einer *Community of Practice* – kann m.E. aber auch die Subebene der Unterrichtsgruppe als *Community of Practice* betrachtet werden. Wenger betont zudem: „Communities of practice are everywhere" (ebd., S. 6).

82 Der Aspekt der Bedeutungsaushandlung zeigt eine partizipatorische Grundlegung dieses Ansatzes. Wissen wird nicht transferiert (wie im Modell des *Nürnberger Trichters*), sondern innerhalb der Community unter den Subjekten ausgehandelt.

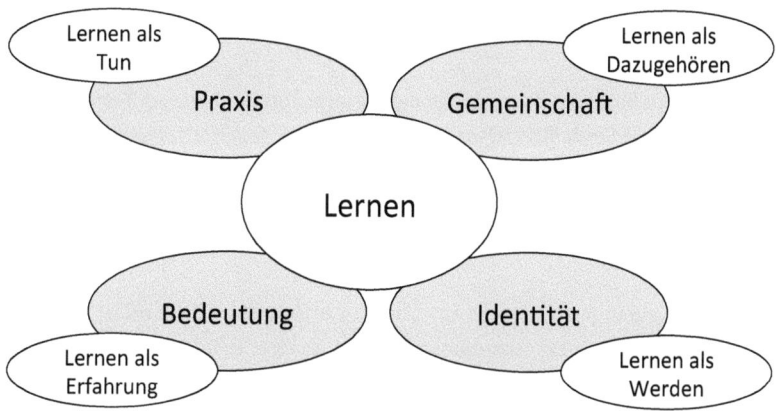

Abb. 4: Die vier Komponenten des *situierten Lernens* (nach Wenger 2004, S. 5 & Röbke 2011, S. 11).

Lernen wird in diesem Sinne nicht auf explizite und intendierte Lernprozesse verkürzt, sondern umfassend und unter besonderer Betonung der impliziten Lernvorgänge theoretisiert (vgl. ebd., S. 393). Für das im Rahmen dieser Studie zu untersuchende Phänomen erscheint es ertragreich, neben der Perspektive auf Lernen als Teilnahme an einer Handlungspraxis, die Perspektive auf die Interaktion in der *Community* als Realisierung von Beziehungen hervorzuheben.[83] Künkler (2011) weist den *zwischenmenschlichen Beziehungen* nämlich eine primäre Rolle für Lernprozesse zu.[84] Das Selbst erlerne sich in seiner Genese und darüber hinaus „an Anderen bzw. von Anderen her sowie im Bezug auf Andere und deren Bezugnahmen auf uns" (ebd., S. 535). Subjekte seien keine Entitäten, die anschließend in eine Beziehung eintreten, sondern entstünden erst aus den Beziehungen, in die sie verwickelt sind (ebd., S. 527). Diese Perspektive offenbart sich im Ensemblespiel besonders deutlich, in dem „es stets der Andere ist, aus dem und mit dem der Einzelne und das Ganze allererst entstehen" (Rüdiger 2015, S. 11). Von einem solch „grundsätzliches *Denken-in-Relationen*" (Künkler 2011, S. 526; H.i.O.) ausge-

---

83 Künkler (2011, S. 545) weist darauf hin, dass diese Praktiken auch als relational verstanden werden müssen, nämlich als „spezifische Muster des, als leibliche Vollzüge zu denkenden, Ineinanders von Selbst-, Welt- und Anderenbezügen" (ebd.).

84 Künkler (2011) analysiert umfassend die gängigen Lerntheorien hinsichtlich der eingeschriebenen Subjektverständnisse und legt offen, wie diese den jeweiligen Lernbegriff determinieren. Er stellt dabei durchgängig sowohl bei den großen Lernparadigmen (Behaviorismus, Kognitivismus, Konstruktivismus und Neurowissenschaften) wie auch in der Subjektwissenschaft eine dualistische und individualtheoretische Bahnung des Subjektbegriffs fest, der für pädagogische Kontexte problematisch ist. Der von ihm entwickelte Entwurf des *relationalen Lernens* beruht daher auf einem dezentrierten und sich vom modernen Subjektbegriff lösenden Subjektverständnis sowie einer grundsätzlichen Annahme von Relationalität. Künkler entwickelt insofern einen das situierte Lernen umfassenden und ergänzenden Theorieentwurf einer pädagogischen Lerntheorie, den ich als äußerst anschlussfähig für das Lernen im musikalischen Ensemble erachte.

hend verschiebt sich in der Betrachtung von Lernprozessen der Analysefokus auf das Intersubjektive: Künkler (2011) fordert dazu auf,

> „nicht mehr das Individuum oder eine übergeordnete Entität bzw. ein Kollektiv (Gesellschaft, Gemeinschaft etc.), sondern (zwischenmenschliche) Beziehungen zur zentrale [!] Bezugsgröße der Theorie zu machen, den Analysefokus vom Intra- zum Intersubjektiven, vom Innen (oder Außen) zum Zwischen zu verschieben. Wie sich zeigte, ist dieses Zwischen der eigentliche Ort und Agens des Lernens. Lernprozesse entstehen und vollziehen sich somit in einem dynamischen Zwischen." (ebd., S. 541)

Für die Betrachtung des Musizierens im Unterricht bedeutet das, nicht primär das individuelle Lernen der einzelnen Gruppenmitglieder in den Blick zu nehmen, sondern vor dem Hintergrund eines *Denkens-in-Relationen* die Interaktions- und Beziehungsgefüge der Musikgruppe als Orte des *„relationalen Zwischen"* (ebd., S. 528; H.i.O.) zu betrachten und als solche zu analysieren: Im Musizierprozess kreieren die Mitglieder eines Ensembles in diesem Zwischenort ihre gemeinsame Welt, zu der sie sich zugehörig fühlen und in der sich die Lernprozesse vollziehen (Rüdiger 2015, S. 11). Die Interaktionsgefüge der Lern- bzw. Musiziergruppen seien dabei wesentlich von drei Wirkgrößen beeinflusst (ebd., S. 540): (1) der jeweiligen Vorerfahrung der einzelnen Akteure, die sich als „inkorporierte[ ] Erfahrungsgeschichte" (ebd., S. 540) manifestiert, (2) der Situierung in einem spezifischen kulturellen, historischen und sozialen Kontext (ebd.) und (3) dem Streben nach Anerkennung durch die jeweils Anderen (ebd.).[85]

Musizieren ist in diesem Verständnis eine relationale und über den Leib vermittelte Praxis, in der die beteiligten Subjekte vom Standpunkt des *In-der-Welt-Seins* über die Teilhabe an den *symbolisch* vermittelten kollektiven *Praktiken* an, mit, durch und für *Andere* auf die sie umgebende Welt antworten und sie durch ihr Tätigsein handelnd verändern. Es ist zu vermuten, dass es das Phänomen der Koordination ist, das die intersubjektive Bezugnahme im Prozess des Musizierens auf besondere Art und Weise ermöglicht.

3.4   Koordination als musikalisch-kinästhetische Lernform

In den vorangegangenen Abschnitten sind zunächst musikpädagogische Herangehensweisen an die Frage nach Musiklernen beim bzw. durch Musizieren thematisiert worden. Die musikpädagogische Forschungsliteratur weist ein Forschungsdesiderat nach dem musikpraktischen Prinzip der Koordination als Form der musikimmanenten Aushandlung aus, das für musikbezogene Lernprozesse essentiell zu sein scheint. Anschließend habe ich erörtert, dass das Musizierenlernen insbesondere als *Können-Lernen* zu verstehen ist und sich als spezifische *situierte Handlungspraxis* in einer musikalischen *Community of Practice* vollzieht. Dabei sind die *sozialen Beziehungsgefüge* von besonderer Wichtigkeit.

---

85   Künkler (2011) hebt hervor, dass wir aufgrund dieses Bedürfnisses nach Anerkennung „nicht nur *von*, *durch* und *mit*, sondern auch *für* Andere lernen" (ebd., S. 540; H.i.O.).

Was bedeuten diese Überlegungen für das musikpraktische Prinzip der Koordination im Rahmen des unterrichtlichen Lernprozesses? Wie realisiert sich Musiklernen im koordinierten Musizieren?

Wie Maria Spychiger (2008) herausarbeitet, zeigt sich Koordination vor allem in Situationen der Musik*ausübung* (vgl. ebd.; H.i.O.). Die Koordination der Handlungen ermögliche den musikalischen Kommunikations- und Austauschprozess im Medium des Klangs, was die Autorin anhand einer Lernsituation aus dem Schlagzeugunterricht verdeutlicht, in der die musikalische Wiederholung und Variation auf der Basis der musikalischen Koordination überhaupt erst ermöglicht wird (vgl. ebd., S. 10-11). Die musik- und klangbasierte Ko-Konstruktion[86] einer musikalischen Darbietung erfolgt in diesem Beispiel leiblich und klanglich über einer grundlegenden Gleichmäßigkeit auf den Ebenen der Klangereignisse sowie der Körperbewegungen. In dieser Spielsituation zeigt sich meines Erachtens, wie in einer tiefwirkenden Bezogenheit auf den/die InteraktionspartnerIn die Kommunikation auf der Basis mimetischer Prozesse der „Nachahmung, Mitahmung, Imitation, Antizipation, Identifikation und Partizipation (Teilhabe an gemeinsamer Praxis bzw. an kollektiven Praktiken)" (Künkler 2011, S. 540) realisiert wird. Das Nach- und Mitahmen umfasst in diesem Zusammenhang mehr als ein reines Kopieren. Christoph Wulf (2007, S. 91) beschreibt das *mimetische Lernen* als einen

„Prozess, in dem in der mimetischen Bezugnahme auf andere Menschen und Welten eine Erweiterung der Weltsicht, des Handelns und Verhaltens erfolgt. Mimetisches Lernen ist produktiv; es ist körperbezogen und verbindet den Einzelnen mit der Welt und anderen Menschen; es schafft ein praktisches Wissen und ist daher für soziales, künstlerisches und praktisches Handeln konstitutiv." (ebd., S. 91)

In Koordination wird genau dieser Prozess während des Musizierens ermöglicht: Die Akteure gleichen einander an, sie werden sich ähnlich und schaffen dadurch Raum für Neues. Der Lern- und Entwicklungsprozess gehe, so Spychiger (2008), gerade aus dieser „dynamischen Abstimmung zwischen den Individuen hervor" (ebd., S. 7). Dabei ist wichtig zu betonen, dass ‚Angleichung' keine Einverleibung und auch keine reine Anpassung an bestehende Bedingungen meint (Wulf 2007, S. 91). Die Akteure nehmen aufeinander Bezug, nähern einander an und nehmen ihre Differenz zueinander wahr, sie lösen sie aber nicht auf (ebd.). Vielmehr wird das Gegebene zu etwas Eigenem geformt (Gebauer & Wulf 2003, S. 7). So sind

„mimetische Prozesse gleichzeitig Ähnlichkeit *und* Differenz zu anderen Situationen oder Menschen, auf die sie sich beziehen. [...] Durch die Teilnahme an der Lebenspraxis anderer Menschen weiten sie [= die Subjekte] ihre Lebenswelt aus und schaffen sich neue Handlungs- und Erfahrungsmöglichkeiten. Dabei überlagern sich Rezeptivität und Aktivität; in diesem Prozess verschränkt sich die vorgegebene Welt mit der Individualität derer, die sich auf sie mimetisch beziehen." (Wulf 2007, S. 96-97; H.i.O.)

---

86 Die musikalische Wirklichkeit wird in einer solchen musikbasierten Interaktionssituation zwischen zwei oder mehr Akteuren erst in der sozialen Interaktion (im Medium des Klanglichen) hergestellt (vgl. Berger & Luckmann 1972).

Im aktiven Handeln mit Anderen vollzieht sich im musikalischen Medium über Koordination ein Moment der *Anähnlichung* (ebd., S. 96), in dem die Akteure neue Handlungs- und Erfahrungsmöglichkeiten entdecken, erproben und einüben. Dies beobachtet auch Peter Röbke (2015): gerade durch den Wunsch, Teil der musikalischen Praxisgemeinschaft sein zu wollen (also an Prozessen von Koordination und musikbasierter Anähnlichung teilzuhaben), geschehen häufig aus der musikalischen Vorstellung heraus untergründige motorische Lernprozesse (ebd.). Die impliziten Lernprozesse beim aktiven Musizieren mit Anderen scheinen demzufolge mächtiger, als das ihre derzeitige Repräsentation innerhalb der musikpädagogischen Literatur suggeriert. Dabei ist der Lernprozess immer mehrseitig: Das Lernen verändert nicht nur das einzelne Subjekt, sondern auch die es umgebende Welt, die von den Beteiligten aktiv ko-konstruiert wird.[87]

3.5 Die methodische Perspektive in der Instrumentalpädagogik: Zusammenspiel als Lernfeld

Die vorangegangenen Abschnitte haben Koordination als spezifische Handlungsform beim Musizieren betrachtet und davon ausgehend Lernpotenziale in Momenten der Koordination aufgezeigt. In Kapitel 2 konnte jedoch dargestellt werden, dass die Handlungsform der Koordination im Sinne einer spezifischen Handlungsform selbst ein Lerngegenstand ist (vgl. auch Spychiger 2010, S. 6). Zu betrachten ist im Folgenden daher auch die Perspektive des Lernens *von* Koordination.

Aus soziologischer Perspektive handelt es sich dabei um die notwendigen *Handlungs- und Kommunikationsschemata*, die sich Musiklernende aneignen, um mit anderen zu musizieren.[88] In der instrumentalpädagogischen Literatur ist das Lernen von Koordination innerhalb des Lernfeldes Zusammenspiel repräsentiert. Bevor dieses Lernfeld im Detail dargestellt wird, soll ein kurzer Abschnitt die instrumentalunterrichtlichen Lernfelder überblicksartig skizzieren.

3.5.1 Lernfelder in der Instrumentalpädagogik

Im Rahmen des Instrumentalunterrichts werden Lernziele mit Hilfe von Lernfeldern beschrieben, welche die zum Erlernen eines Instruments notwendigen Teilfertigkeiten zusammenfassen. Neben instrumentenspezifischen Fertigkeiten wie Instrumentaltechnik, musikalischem Ausdruck und Repertoirekenntnis, sind grundlegende instrumentenunabhängige Fähigkeiten (Notenlesen, harmonisches Verständnis, Gehörbildung, Singen, Rhythmusschulung, das richtige Üben) sowie interaktiv-kommunikative Fähigkeiten (Zusammenspiel, Zuhören) zu erlernen. Der Instrumentalunterricht umfasst, wenn er facettenreich unterrichtet wird, ebenso reproduktive wie kreative und rezeptive Inhalte.

---

87 Vgl. hierzu auch das Konzept der Responsivität bei Waldenfels (2000).
88 Bei der Betrachtung des Lernens *von* Koordination geht es im Kern um das soziale Lernen in Musik.

Die in der Fachliteratur aufgeführten Lernfelder[89] (vgl. Ernst 2007, S. 17; 1997, S. 254; 1991, S. 40; Ulrich 2011) werden in Abb. 5 dargestellt. Die linke Seite der Abbildung vereint Lernfelder des aktiven und kreativen Musizierens, die rechte Seite Lernfelder, die dieses aktive Musizieren unterstützen und ergänzen. Über allen Lernfeldern steht die Herausforderung des sozialen Lernens. Übemethoden betreffen alle Lernfelder und bilden darum das Fundament (vgl. Abb. 5).

Abb. 5: Die Lernfelder des Instrumentalunterrichts (nach Ernst 2007, S. 17 & Ernst 1997, S. 254; ergänzt nach Ulrich 2011).

Ernst (2007) betont, dass einige der aufgeführten Lernfelder – Körperschulung, Instrumentaltechnik, musikalischer Ausdruck – leichter im Einzelunterricht zu vermitteln seien und andere – Zusammenspiel, Zuhören, Vorspielen – nur in der Gruppe erlernbar seien (vgl. ebd.). Für die Vermittlung einer dritten Gruppe an Lernfeldern – Musiktheorie, Singen, Repertoirespiel, Blattspiel, Improvisation, Rhythmusschulung, Gehörbildung – sei der Gruppenunterricht vorteilhaft, aber nicht zwingend (ebd.). Trotz dieser grundlegenden stärkeren oder schwächeren Affinität einzelner Lernfelder zu einer bestimmten Unterrichtsform sind Lehrende im Instrumentalunterricht angehalten, mittels

---

89 Ernst (2007, S. 18) stellt dar, dass die Lernfelder unterschiedlich strukturiert und gewichtet sein können, dass es jedoch für Lehrende entscheidend ist, für den eigenen Unterricht eine Klarheit über die Lernfelder und deren Gewichtung zu erlangen.

geschickter methodischer Aufarbeitung alle Lernfelder in ihren Unterricht einzubinden – unabhängig von der Unterrichtsform (vgl. Ulrich 2011).[90]

3.5.2 Das Lernfeld Zusammenspiel

Als eines der Lernfelder wird das *Zusammenspiel* aufgeführt (vgl. Abb. 5).[91] Obwohl z.B. Ernst (2012) das Zusammenspiel als Hauptziel des Instrumentalunterricht betrachtet (vgl. ebd., S. 47-48; vgl. auch VdM 2010), finden sich in der Literatur wenige didaktische oder methodische Diskussionen oder Handreichungen über die Frage der Unterrichtsmethodik in diesem Lernfeld. Hinweise zu Lerninhalten und zum methodischen Vorgehen finden sich vor allem bei Rüdiger (1997) und Richter (1993c), wobei auch diese Texte keine direkte Referenz auf das Lernfeld Zusammenspiel besitzen. Aufgrund dieser geringen Präsenz des Lernfeldes in der Literatur scheint es für die vorliegende Studie angebracht, die Ausführungen von Rüdiger (1997) und Richter (1993a) ausführlich darzustellen und Anknüpfungspunkte für das koordinierte Musizieren im Instrumentalunterricht herauszuarbeiten.

Wolfgang Rüdiger (1997) nennt als grundlegende *Voraussetzungen*[92] für das Zusammenspiel beim Musizieren im Unterricht die intensive Wahrnehmungsfähigkeit bzw. Sinneswachheit, das aufmerksame (einander Zu-)Hören, die Reaktionsfähigkeit auf Aktionen der Anderen und das intensive körperliche Miteinander[93] (Rüdiger 1997, S. 233; vgl. auch Richter 1993a). Neben individuellem Können erfordert das Zusammenspiel also musikalisch-kommunikative Fähigkeiten und Fertigkeiten. Dies umfasst die Bereitschaft, unterschiedliche Rollen zu übernehmen (Richter 1993a, S. 332-337), sich auf die Spielversionen der anderen einzulassen, sich einmal unterzuordnen und zu reagieren, ein andermal eigene Impulse zu setzen und Ideen der anderen zu ergänzen (vgl. Richter 1993a, S. 339-346), d.h. zu führen und zu folgen. Es umfasst ebenso die Fähigkeit, musikalische Ideen zu verhandeln (z.B. über somatische Gesten; Rüdiger 1997, S. 224) und ein Werk kollektiv zu inszenieren (Richter 1993a, S. 337).

Die Herausforderung besteht für die Lernenden in der Interaktion: Durch den entstehenden *Wechselbezug* zwischen Ich und den Anderen (Rüdiger 1997, S. 222) in Simultanität zum eigenen Handeln erhält das Zusammenwirken eine besondere Komplexität. Das Spiel mit den anderen verlangt ein ständiges Hin und Her zwischen Handeln und Folgen, Planung und Spontaneität, Hören und etwas Hinzufügen, Beantworten und Abändern (Richter 1993a, S. 332). Durch die vielfältigen Interaktionen zwischen den

---

90 Zu Methoden der Binnendifferenzierung über Arrangements, verschiedene Sozial- und Arbeitsformen, Aufgabenstellungen und Gruppenmobilisierung vgl. Bradler (2012b, S. 10).

91 Ernst (2012, S. 43-44) sieht im Zusammenspiel sogar das Hauptziel des Instrumentalunterrichts.

92 Selbstverständlich bedarf es für das Zusammenspiel auch der technischen Mittel, um Spielintensitäten, Klang, Dynamik oder Rhythmus einander angleichen zu können (Richter 1993c, S. 337). Meist ist die technische Seite jedoch im Fokus, während soziale und kommunikative Aspekte weniger beachtet werden.

93 Hiermit sind gemeinsame Atmung und Bewegung, Blickkontakt und ausdrucksvolle zugewandte Gestik gemeint (ebd.).

Personen und zwischen Person und Musik ist das Musiziererlebnis zudem *einmalig* (vgl. Richter 1993a, S. 331). Dies ist Fluch und Segen zugleich: Auch wenn Wirkung und Genuss im Spielen wohl erst durch diese Einmaligkeit entstehen, bleiben die Bedingungen des Handelns kontingent. Handlungen, Verhaltensweisen und Tätigkeiten, die während des Musizierprozesses wichtig sind, sind bis zu einem bestimmten Grad erlern- und trainierbar, der Moment der Musikerzeugung bleibt jedoch dem Augenblick überlassen und erscheint dadurch zufällig. Der Moment des Spiels unterliegt dem „‚Geist‘ des Zusammenspiels" (Richter 1993a, S. 341), in dem sich zwischen der gemeinsam verbal und nonverbal entwickelten musikalischen Vorstellung und spontanen Spielideen das Musizieren entfaltet. Auf diese Situationen kann man sich zwar vorbereiten, sie bleiben jedoch je neu und einzigartig:

> „Zusammenspiel besteht – so kann man das jedenfalls betrachten – aus Augenblicken, auf die jeder zwar vorbereitet ist und zu denen jeder auch seine ‚biographischen Vorbereitungen‘ mitbringt (die individuellen technischen Fähigkeiten, die Einstellungen, Kenntnis des Werks sowie der Eigenarten und Spielweisen der Mitspieler, Erfahrungen mit anderer Musik und mit früheren Spielsituationen u.v.m.), in denen sich jedoch das musikalische Leben stets ‚neu‘ und erstmalig ereignet. Außer allem, was an Vorbereitung hierfür gelernt werden kann (Techniken, Hören, Beherrschung typischer Spielmuster, Fähigkeit zur Zusammenfassung bei den Spielbewegungen ebenso wie in der Formauffassung und beim Notenlesen), gilt es, auch das Wichtigste zu lernen und zu erproben – die Wahrnehmung und Gestaltung des Augenblicks und des Prozesses, der aus der Reihung der Augenblicke und aus ihrer Zusammenfassung sich ergibt. Dies ist nur näherungsweise und am besten in ‚Ernstfällen‘, d.h. beim Musizieren selbst zu lernen." (Richter 1993a, S. 344)

Nur durch viel eigenes gemeinsames Musizieren „mit sensibler Wahrnehmung des eigenen Selbst, der Anderen und des Ganzen" (Rüdiger 2015, S. 8), bei Können und Kennen der eigenen und der anderen Stimmen sowie einem Erfassen der Musik in Struktur und Ausdrucksgehalt (ebd.), können sich Lernende solches Handlungswissen aneignen. Besonders geeignet seien dafür freies Spielen und Improvisieren (vgl. ebd.). Auch Nykrin (2007, S. 29) betont, dass dieses Handlungswissen ausschließlich im eigenen musikalischen Tun erworben werden kann. Die grundlegenden musikalisch-kommunikativen Qualitäten seien dabei „vor und während aller Beschäftigung mit Noten, Werken, Interpretationen bereitzustellen und immer wieder zu erproben" (Rüdiger 1997, S. 221), denn das Gelingen des Zusammenspiels sei nicht von Alter oder Instrumentalniveau der einzelnen Musizierenden abhängig, sondern von der Qualität der Interaktion (ebd., S. 222).

Hinsichtlich der methodischen Gestaltung des Unterrichts gilt es natürlich grundsätzlich, regelmäßig in einer Gruppe zu musizieren. Darüber hinaus empfiehlt Richter (1993a, S. 345-347), die Aufmerksamkeit der SchülerInnen sehr frühzeitig auf die anderen zu lenken, um ein Fundament für das Interesse, die Wahrnehmungsfähigkeit und die Fähigkeiten des Zusammenspielens zu legen. Das regelmäßige Üben des Zuhörens, des Beobachtens sowie des Singens und die gemeinsame Entwicklung musikalischer Vorstellungen verbessern die Zusammenspielfähigkeit. Rüdiger (1997, S. 234-242) fasst hierfür einige Ensemble-Übungen zusammen, die die Techniken und Regeln des Zusammenspiels zum Thema machen und auf der Basis von einfachen Klangimprovisationen ausgeführt werden können. Die Übungen sind demzufolge nicht vom spieltechnischen Niveau der Schülergruppe abhängig, sondern in jedem Stadium durchführbar:

- „Stille füllen": Die Gruppe vereinbart einen Zeitraum der Stille (ca. 2 Minuten). Diese Stille soll nun von allen Mitwirkenden wahrgenommen werden. In einem zweiten Durchgang füllen die Gruppenmitglieder die Stille mit Einzelklangaktionen. Diese sollen zunächst sehr spärlich die Stille füllen, in weiteren Durchgängen werden sie immer weiter entwickelt. Die Klangaktionen sollen sich dabei mehr und mehr aufeinander beziehen, so dass aus der Stille eine Klangimprovisation der Gruppe entsteht.
- „Fülle stillen": Diese Übung kehrt das Prinzip der vorhergehenden Übung um: aus einer Klangfülle wird reduziert. Aus einer freien Improvisation, in der jede/r spielt, was ihm bzw. ihr einfällt, geht es über in ein Übernehmen einfacher Motive. Die Mitwirkenden gleichen ihre Motive einander immer weiter an, bis alle SpielerInnen sich schließlich auf einige wenige elementare Klänge einigen.
- „Augen-Blicke und Atem-Gesten": Die Mitwirkenden nehmen zunächst bewusst mit den Blicken Kontakt zu jedem/r auf. Über die Blicke und das gemeinsame Atmen werden Klangereignisse gesteuert. Die Klänge können beispielsweise einander zugeworfen werden.
- „Übungen der Zuwendung und des ausdrucksvollen Miteinander": Die Mitwirkenden zeigen sich durch Zuwendung und körperliche Impulse musikalische Einsätze. Hierüber wird eine Klangimprovisation gestaltet.
- „‚Hänschen klein' mit vielen Spielern": Eine bekannte Melodie (z.B. ‚Hänschen klein') wird von verschiedenen Spielenden realisiert. Jede/r spielt dabei z.B. nur einen Ton. Die Abfolge der Einzeltöne sowie die Übergänge von Ton zu Ton müssen dabei so gut abgestimmt werden, dass die Melodie erklingt, als wäre sie von einer Einzelperson gespielt worden. Dieses Prinzip kann auch beim Aufbauen eines Akkords angewendet werden, wodurch die Aufmerksamkeit auf die Einzelbestandteile erhöht wird. Ebenso kann ein Rhythmus in der Gruppe aufgenommen und variiert werden.

Ähnliche Ensembleübungen hinsichtlich des Ergänzens von Tönen, der Tempovorstellungen, des Gebens von Einsätzen oder des Spielens im vorgegebenen Tempo zielen zu Beginn darauf, „dass Kinder aufeinander achten, miteinander Blickkontakt aufnehmen, bevor sie beginnen, einen Einsatz geben und abnehmen, gemeinsam einsetzen und in einem gemeinsam empfundenen Puls ein Stück spielen können [...]" (Rüdiger 2015, S. 10). Im gemeinsamen Spiel bietet es sich außerdem an, das Einnehmen unterschiedlicher musikalischer Rollen (Anführer, Begleitung, Fundieren, Kulissenmaler, Primadonna etc.) zu üben (vgl. Richter 1993a, S. 332-337). Ernst (2012, S. 48) empfiehlt des Weiteren, dass die Schülergruppe gemeinsam ein musikalisches Gestaltungskonzept entwickeln soll, das anschließend gemeinsam verwirklicht wird.

Diese Ansätze sind gerade für den Anfangsunterricht in der Gruppe geeignet. Damit wird Röbke (1998, S. 37) begegnet, der beklagt, dass im Anfangsunterricht häufig nur technisches Lernen thematisiert werde, in der Hoffnung, man könne irgendwann den Ausdruck dem technisch soliden Spiel hinzufügen. Das Gegenteil sollte aber der Fall sein: Ein verschränktes Lernangebot aus technischen Übephasen und musikalischem Spiel. Knodt (2012) weist darauf hin, dass das Zusammenwachsen der SchülerInnen zu einer Lerngruppe[94] die Grundlage für erfolgreiches gemeinsames Musizieren und Instrumentalspiel in der Gruppe darstellt.

Die didaktisch-methodische Literatur zum Zusammenspiel im Gruppenunterricht ist darüber hinausgehend nicht besonders reich. Wie Bradler & Sperber (2016, S. 16) herausarbeiten, orientieren sich Unterrichtswerke zumeist an instrumentaltechnischen Erfordernissen und legen den Fokus auf das Üben von Bewegungsabläufen.[95] Auch das Repertoire der Instrumentalschulen ähnele sich (ebd., S. 16).

„Es ist an der Zeit, darüber hinaus weitere Anreize für einen vielfältigen Musizierunterricht zu schaffen, Unterrichtsinhalte zu erweitern und neue Methoden in den Blick zu nehmen. […] Gerade im Gruppenunterricht besteht die Möglichkeit, Musik als kommunikativ zu erleben; fragen und antworten, auffordern, provozieren, besänftigen etc. in der Musik zu erkennen, umzusetzen und deren Klangeigenschaften zu besprechen." (ebd., S. 16)

Die Aufmerksamkeit auf den Musizierprozess zu legen, auf die sinnliche Wahrnehmung des musikalischen Moments, fördert Fähigkeiten und Fertigkeiten des Lernfelds Zusammenspiel. Koordination spielt in diesen Prozessen eine entscheidende Rolle – und es gilt zu fragen, welche Rolle dieses Phänomen für das Musizieren im Unterricht spielt. Mit einer solchen Frage begegnet die vorliegende Studie einem aktuellen Forschungsdesiderat: Das Beleuchten des pädagogisch gerahmten Musizierhandelns unter dem Aspekt der mikroprozessualen Interaktion. Mit Koordination gelingt dabei ein neuer Blick auf unterrichtliche Musizierprozesse sowie auf musikalisch-leibliches und kollektives Lernhandeln im Kontext Instrumentalunterricht.

---

94 Mit Verweis auf Evelein (2009) betont Welte (2012, S. 16-17), dass das kooperative Lernen als Kriterium für produktiven Gruppenunterricht betrachtet werden kann.

95 Diese Beobachtung kann durch eine eigene Recherche gestützt werden. Das Thema Zusammenspiel wird in den wenigsten Unterrichtswerken für den Gruppenunterricht überhaupt thematisiert. Wenn eine Erwähnung stattfindet, dann so beiläufig, als sei diese Frage selbstverständlich. *Wie* Zusammenspiel jedoch unterrichtet werden kann, bleibt jedoch ausgespart. Die Recherche stützt die These, dass sich das Unterrichtshandeln hinsichtlich des Zusammenspiels im Gruppenunterricht auf das implizite Wissen der Lehrkräfte stützt.

3.6 Zweites Zwischenfazit: Koordination im Kontext des Musiklernens, Präzisierung der Forschungsfragen und Überleitung zur empirischen Untersuchung

Die theoretische Auseinandersetzung hat aufgezeigt, dass das Musizieren im Unterricht als eine situativ gerahmte Lernpraxis zu betrachten ist. Innerhalb der Unterrichtsgruppe, einer musikalischen *Community of Practice*, geschieht Lernen auf ganz unterschiedlichen Ebenen. Die Lernenden nehmen durch ihr Spiel an einer kulturellen Tradition teil und eignen sich damit eine spezifische Kulturtechnik an, womit sich die Perspektive der kulturellen Teilhabe eröffnet.[96] Im praktischen Handeln erwerben die Lernenden musikspezifische und soziale Kommunikationstechniken auf der Basis von Leiblichkeit und Klang, durch die eine Bezugnahme aufeinander im Augenblick der Musikproduktion ermöglicht wird. Die Interaktion in der Unterrichtsgruppe ermöglicht Lernprozesse auf der Ebene der Identitätsentwicklung, Gemeinschaftserfahrungen und der sozialen Beziehung.

Praktisches Musizieren umfasst aber ebenso musikbezogenes Lernen auf den Ebenen der Wahrnehmungsschärfung und der praktischen Fähigkeiten und Fertigkeiten, die größtenteils in Form von implizitem, prozeduralem bzw. leiblichem Wissen verankert werden. Nicht zu vergessen ist, dass im Musizieren intersubjektive Austauschprozesse geschehen, in denen sich den Lernsubjekten über Formen mimetischer Prozesse musikalische, ästhetische und leibliche Erfahrungsräume eröffnen und sich musikbezogenes Lernen vollzieht. Die kollektiven Austauschprozesse äußern sich beispielsweise in einem gemeinsamen Einschwingprozess, in Abfolgen musikalischen Führens und Folgens, in Rollenübernahmen oder Perturbationen[97] bei Diskoordination.[98] Es ist anzunehmen, dass die musikalische Sinn- und Bedeutungszuweisung in der kollektiven Interaktion dabei über das musikspezifische Prinzip der Koordination geschieht. Der musikalische Gegenstand – sofern im Falle von flüchtigen, zeitgebundenen und unsichtbaren Klanggestalten von einem „Gegenstand" gesprochen werden kann – wird in der Interaktion der Lerngruppe ebenso wie die Unterrichtswirklichkeit aktiv erzeugt. Koordination kann insofern als spezifisch musikalische Lernform angesehen werden, die klanglich und leiblich vermittelte mimetische Prozesse in einer musikalischen Praxisgemeinschaft und damit im Bezug auf relevante Andere ermöglicht und in der sich somit musikalische Ko-Konstruktionsprozesse vollziehen.

Die Bearbeitung der relevanten Literatur hat mehrere Forschungslücken zutage gefördert:

- Koordination wurde bislang kaum in der musikpädagogischen Forschungsliteratur thematisiert, wenn auch etliche Thematiken dieses Phänomen berühren. Dies führt

---

96 Vgl. zum Aspekt der kulturellen Teilhabe Krupp-Schleußner (2016).
97 Zum Zusammenhang von Diskoordination und Lernen vgl. Spychiger (2010).
98 Verbale bzw. diskursive Aushandlungsprozesse finden vor oder nach dem Musizieren statt, innerhalb des Musizierens hat Sprache Hilfsfunktion (vgl. Spychiger 2008; sowie Kap. 6–8 dieser Arbeit).

zu einer begrifflichen Unschärfe in der Thematisierung der Musizierpraxis im Unterricht. In der musikpädagogischen Forschungsliteratur fehlt zudem bislang eine intensive empirische Auseinandersetzung mit dem Phänomen der Koordination aus der Perspektive des Musikunterrichts. Die Frage nach musikbezogener Koordination ist daher hinsichtlich der konstitutiven Bedingungen und ihrer konkreten Realisierungsformen im Unterricht bislang ungeklärt. Die theoretischen Überlegungen zum musikpraktischen Prinzip des Musiklernens sollten mit empirischen Daten angereichert und ausdifferenziert werden.

- Im Hinblick auf pädagogische Lerntheorien wäre es wünschenswert, Koordinationsprozesse beim gemeinsamen Musizieren unter Berücksichtigung der intersubjektiven Prozesse zu dimensionieren und als theoretisches Konzept für die Unterrichtspraxis zur Verfügung zu stellen.
- Hinsichtlich der pädagogischen Praxis des Musikunterrichts ist es dabei zum einen wünschenswert, die situativen Rahmenbedingungen des Unterrichts angemessen zu berücksichtigen, und zum anderen, praxisrelevante Forschungsergebnisse präsentieren zu können. Dabei besteht ein besonderer Forschungsbedarf im Bereich des Instrumentalunterrichts.

Aufgrund dieser Überlegungen wird die vorliegende Untersuchung als explorative qualitativ-empirische Studie im Handlungsfeld des Unterrichts gestaltet. Das zentrale Untersuchungsinteresse ist dabei das Phänomen der interpersonalen Koordination, das in seinen Merkmalen und Dimensionen unter Berücksichtigung der situativen Rahmung analysiert und beschrieben werden soll. Die Wahl fällt daher auf eine Untersuchung nach der Grounded-Theory-Methodologie (vgl. zur ausführlichen Begründung und Darstellung der Forschungsmethodik Kap. 5). Als Handlungsfeld wird der Instrumentale Gruppenunterricht an allgemeinbildenden Schulen untersucht (vgl. hierzu Kap. 4).

Innerhalb der empirischen Untersuchung werden die *Handlungspraktiken des Musizierens* im spezifischen Kontext Unterricht beobachtet. Dieses Musizieren kann als *Lernhandeln* – als Vollzug des Lernens (vgl. Künkler 2011) – angesehen werden und ist als performative und leibliche Tätigkeit empirisch abbildbar.[99] Aufgrund dessen fiel die Wahl der Erhebungsmethode auf die Videographie. Da das gemeinsame Musizieren in der Schülergruppe nicht nur durch das Handeln der Lehrpersonen, sondern auch durch die subjektiven Sinndeutungen der Kinder und Jugendlichen entscheidend geformt und realisiert wird, sollen die Perspektiven der SchülerInnen wie der Lehrpersonen in die Untersuchung einbezogen werden. Die Studie konstituiert sich damit als kombinierte Interview- und Videostudie nach der Grounded-Theory-Methodologie.

---

99 Im Gegensatz dazu sind die innersubjektiven Prozesse des Lernens nicht in einer Beobachtungs- und Interviewstudie zu erfassen. Aufschlussreich für die Frage der empirischen Abbildbarkeit der Lernhandlungen ist die Studie von Kathrin Aghamiri zum Aneignungshandeln von Kindern in einem pädagogischen Setting (vgl. Aghamiri 2016).

Die Forschungsfragen lassen sich an dieser Stelle folgendermaßen konkretisieren:

- Wie lässt sich Koordination innerhalb der Schülergruppe, zwischen Lehrperson und Schülergruppe oder zwischen Lehrperson und einzelnem Lernenden beim gemeinsamen Musizieren im Instrumentalen Gruppenunterricht merkmalsbasiert beschreiben? Welche Dimensionen des Phänomens sind in der Unterrichtspraxis festzustellen?
- In welcher Form stellen Lehrpersonen und SchülerInnen diese Koordination zwischen sich her? Wie nutzen sie das Phänomen im Unterricht?
- Wie erleben Lehrpersonen und SchülerInnen koordiniertes Musizieren?
- Wie beeinflusst der situative Kontext des Unterrichts Koordination beim Musizieren?
- Welche Hinweise liefern die empirischen Daten im Hinblick auf Musiklernprozesse im Zusammenhang mit interpersonaler Koordination?

Bevor nun in die Darstellung der empirischen Untersuchung übergeleitet wird, soll im folgenden Kapitel das Handlungsfeld des Instrumentalen Gruppenunterrichts an allgemeinbildenden Schulen ausführlich beschrieben und dargestellt werden (Kap. 4).[100]

---

100 Zur Relevanz, sich mit dem Forschungsfeld umfassend vertraut zu machen, vgl. Kap. 5.

II   Empirische Untersuchung: Handlungsfeld und Forschungsdesign

4   Instrumentaler Gruppenunterricht in Schule und Musikschule

Die Untersuchung der Frage nach Koordination beim gemeinsamen Musizieren wird im Kontext des schulischen Instrumentalunterrichts, dem innerhalb von Musikalisierungsprojekten in Kooperation mit Musikschulen durchgeführten Instrumentalen Gruppenunterricht an öffentlichen Schulen, untersucht. Der folgende Abschnitt widmet sich dieser Unterrichtsform und dient damit der eingehenden Beschreibung des Forschungsfeldes, in dem die empirische Untersuchung durchgeführt wird. Dabei werden zum einen die strukturellen und pädagogischen Bedingungen der Unterrichtsform Instrumentaler Gruppenunterricht herausgearbeitet (Kap. 4.1), zum zweiten wird aufgezeigt, in welch heterogenem Handlungsfeld der untersuchte Unterricht stattfindet (Kap. 4.2–4.3). Schließlich werden die konkreten Bedingungen der untersuchten Unterrichtsangebote beschrieben (Kap. 4.4).

4.1   Der Instrumentale Gruppenunterricht als Unterrichtsform

Im Gegensatz zum schulischen Gruppenunterricht verweist der Begriff des *Gruppenunterrichts* im Kontext des Instrumentallernens auf eine *strukturelle Unterrichtsform* als Abgrenzung zum *Einzelunterricht* (Ernst 1997).[101] Dabei bezeichnet *Gruppenunterricht*

---

101 Durch die unterschiedlichen Unterrichtstraditionen ruft der Begriff *Gruppenunterricht* im schulischen und instrumentalpädagogischen Kontext unterschiedliche Assoziationen und methodische Vorstellungen hervor. Während im schulischen Unterricht der Begriff *Gruppenunterricht* eine *Sozialform* bzw. eine *Methode* in Form der Unterteilung der Klasse in Kleingruppen meint (vgl. Gudjons 2003, S. 11; Böhm 2005, S. 265), bezeichnet er im instrumentalpädagogischen Zusammenhang nicht eine (vorübergehende) Arbeitsform innerhalb des Methodenarsenals einer Lehrperson, sondern eine stabile Rahmung des Unterrichtens. Die methodischen Formen der Einzelunterweisung, der Gruppenarbeit und des Frontalunterrichts (soziale Konstellationen bei Meyer 2003, S. 137ff.) sind im Instrumentalunterricht *Teil* des Gruppenunterrichts und stehen nicht als weitere methodische Form neben ihm. Obwohl so der Gruppenunterricht in den unterschiedlichen Kontexten gegenteilige Effekte haben sollte – im Schulunterricht stellt er eine Verkleinerung, im Instrumentalunterricht eine Vergrößerung der Lerngruppe dar (vgl. Ulrich 2011, S. 21) – finden sich doch in beiden Kontexten

zunächst grundsätzlich jede Unterrichtsform, in der mindestens drei Lernende gemeinsam unterrichtet werden.[102] Zweiergruppen werden sowohl in der unterrichtlichen Praxis (vgl. Ernst 1997) wie auch in der empirischen Forschung (vgl. z.B. Dudek 2004, S. 11; Grosse 2006, S. 34) vom Gruppenunterricht unterschieden, da der *Partnerunterricht* unterschiedliche gruppendynamische Konstellationen aufweist als eine Gruppe ab drei Lernenden (vgl. Ernst 1997, S. 250; Baker-Jordan 2003, S. 275; Stahl 2002). So bilden sich im Partnerunterricht schneller Konkurrenzsituationen und bei Fehlen eines Lernenden wird der Partnerunterricht zum Einzelunterricht (Ernst 1997, S. 250). Grosse (2006) definiert die Obergrenze des Gruppenunterrichts mit sechs Lernenden, da in der musikschulischen Unterrichtspraxis selten mehr als sechs Lernende in einer Gruppe anzutreffen sind (ebd., S. 32).[103] Größere Lerngruppen werden als *Klassenunterricht* bezeichnet (Schultz-Greiner 1996; Ernst 1997; Ulrich 2011).

Instrumentaler Gruppenunterricht wird nicht nur durch das Merkmal der Gruppengröße definiert. Er unterscheidet sich hinsichtlich der Merkmale *Dauerhaftigkeit* und *Regelmäßigkeit* von anderen Unterrichtsformen in der Gruppe (Workshops, Kursen und anderen kurzfristigen Angeboten). Kontinuierlicher und regelmäßiger Unterricht in einer festen Unterrichtsgruppe ermöglicht das Entstehen sozialer Strukturen und bildet so die Grundlage für das gruppenspezifische Potential dieser Unterrichtsform (Cada 1994; Eickholt 1996).

Schließlich unterscheidet sich der Instrumentale Gruppenunterricht hinsichtlich seiner Zielsetzung von anderen Unterrichtsformen. Zentrales Ziel ist das *Erlernen eines Instruments*, wodurch er sich vom Ensembleunterricht unterscheidet.

Tab. 1 zeigt eine Übersicht über die Merkmale der verschiedenen Unterrichtsformen.

ähnliche Diskurse um die Sinnhaftigkeit bzw. Schwierigkeiten der Realisierung (vgl. Gudjons 2003 und Mahlert 2011).

102 Die strukturellen Merkmale der Bezeichnung *Gruppenunterricht* nehmen Bezug auf den Definitionen in der Sozialpsychologie, in der das Konzept der Gruppe eines der Schlüsselkonzepte ist (vgl. Solle 1969). Entscheidende Merkmale einer Gruppe sind neben der Personenanzahl die häufigen und unmittelbaren (face-to-face-)Kontakte der Mitglieder, das zeitliche Überdauern sowie die entstehenden Beziehungen und gegenseitige Beeinflussungen durch gemeinsame Interessen, die Ausbildung sozialer Rollen, wechselseitige Kooperationsbereitschaft, das Zusammengehörigkeitsgefühl sowie die Anerkennung verbindlicher Gruppennormen, -ziele und -symbole (vgl. Böhm 2005, S. 264; Aronson u.a. 2004, S. 320; Rechtien 1999, S. 13; Hartung 2010). Die Gruppe geht damit über die zufällige Zusammenkunft hinaus, das Zusammenkommen der Individuen hat hier einen Zweck, die Beteiligten gehen soziale Beziehungen ein und beeinflussen einander (ebd.).
Optimale Kommunikationsbedingungen herrschen laut Aronson u.a. (2004, S. 321) bei einer Gruppengröße bis zu sechs Mitgliedern.

103 Andere Autoren setzen die Obergrenzen bei einer anderen Zahl (vgl. z.B. Bradler 2014, bei der der Gruppenunterricht bis zu 10 Lernende umfasst).

Tab. 1:   Unterscheidung der Unterrichtsformen nach strukturellen Kriterien.

Unterrichtsform	Gruppengröße	Merkmal
Einzelunterricht	1	Dauerhaftigkeit, Regelmäßigkeit, Zielsetzung: Aufbau instrumentaler und allgemein-musikalischer Fähigkeiten und Fertigkeiten
Partnerunterricht[104]	2	Dauerhaftigkeit, Regelmäßigkeit, Zielsetzung: Aufbau instrumentaler und allgemein-musikalischer Fähigkeiten und Fertigkeiten
Gruppenunterricht[105]	3–6	Dauerhaftigkeit, Regelmäßigkeit, Zielsetzung: Aufbau instrumentaler und allgemein-musikalischer Fähigkeiten und Fertigkeiten (vgl. Bradler 2014, S. 234)
Klassenunterricht (Großgruppenunterricht)	Ab 7[106]	Dauerhaftigkeit, Regelmäßigkeit, Zielsetzung: Aufbau instrumentaler und allgemein-musikalischer Fähigkeiten und Fertigkeiten
Kursunterricht	Ab 3	Zeitliche Abgeschlossenheit, kurze Dauer, Zielsetzungen können unterschiedlich sein
Ensembleunterricht	Ab 2	Dauerhaftigkeit, Regelmäßigkeit, Zielsetzung: Zusammenspiel

Neben diesen strukturellen Merkmalen zeichnet sich Gruppenunterricht im engeren Sinne durch seine pädagogische Grundorientierung aus. Die Lehrperson, die den Unterricht steuert und Lernprozesse anregt, steht im Gruppenunterricht einer Schülergruppe als eigene Kommunikationseinheit mit einer neuen Beziehungsdimension gegenüber (Ernst 2007). Die Beziehungen der Lernenden untereinander und das *Miteinander Lernen* erhalten so im Gruppenunterricht eine fundamentale Bedeutung für das Unterrichts-

---

104 Für die Beschreibung der Unterrichtsformen vgl. Ernst (1997, S. 249). Der Autor verortet den Partnerunterricht aufgrund der neuen Dimension der Schülerbeziehung methodisch stärker beim Gruppenunterricht als beim Einzelunterricht. Das gemeinsame Lernen tritt auch hier in den Blickpunkt des Unterrichts (ebd., S. 250).

105 Diese Unterscheidung wird nicht vom Verband deutscher Musikschulen e.V. vorgenommen. Der Verband (VdM 2004, S. 8) sieht den Partnerunterricht als Dreiergruppe an, da hier der Lehrende mit zwei Lernenden interagiert. Die empirischen Untersuchungen von Schwanse (2000, S. 41) und Grosse (2006) zeigen, dass auch die Lehrenden selbst diese Unterscheidung nicht vornehmen. Sie bezeichnen den Partnerunterricht bereits als Gruppenunterricht. Einen Schritt weiter geht Christian Harnischmacher (1994, S. 262), der gar den Einzelunterricht als kleinste Form des Gruppenunterrichts betrachtet, da hier bereits zwei Personen interagieren. Aufgrund der unterschiedlichen gruppendynamischen Effekte im Einzel-, Partner- und Gruppenunterricht erscheint die Trennung der Unterrichtsformen jedoch sinnvoll und wird im Folgenden in dieser Studie so vorgenommen.

106 Bradler (2014, S. 234) benennt ausschließlich Großgruppenunterricht im Rahmen schulischer Klassenstrukturen als *Klassenunterricht*.

geschehen. Lehrende sind aufgefordert, immer alle Gruppenmitglieder in das Unterrichtsgeschehen einzubeziehen (Ernst 2012) und die Interaktionen zwischen den Lernenden zu fördern und zu nutzen (Ulrich 2011, S. 23). Die Gruppendynamik selbst (Uszler 1992, S. 58f.), das aufbauende musikalische und instrumentaltechnische Lernen der „Lern- und Musizier-*Gruppe*" (Ernst 1996, S. 10; H.i.O.), ist somit die wichtige Komponente der Unterrichtsgestaltung:

> „Das spezielle pädagogische Anliegen des instrumentalen Gruppenunterrichts artikuliert sich in dem Schlüsselwort ‚gemeinsam'. Die Schüler sollen gemeinsam mit Musik – insbesondere mit einem Instrument – in Kontakt kommen und sich dafür begeistern, sie sollen gemeinsam spielen, lernen, forschen, üben, arbeiten, auftreten, ihre Freizeit gestalten … – und in diesem gemeinsam-gruppenhaften Tun zugleich sich selbst entdecken, die eigene unverwechselbare Persönlichkeit entfalten und eine persönliche musikkulturelle Identität gewinnen im Medium vielfältiger menschlicher Beziehungen. In einer konkreten und vielseitigeren Betrachtungsweise erscheint der Gruppenunterricht als vielseitiger Musizierunterricht." (Ernst 1997, S. 253f.)

Die Schülergruppe im Gruppenunterricht soll lernen, gemeinsam zu handeln, zu musizieren, das Zusammenspiel eigenständig zu organisieren, sich zu gedulden, aufeinander einzugehen, sich füreinander verantwortlich zu fühlen, sich zu unterstützen und einander Feedback zu geben (Ernst 2007, S. 33). Das Lernen im Gruppenunterricht ist damit gleichzeitig ein instrumentaltechnisches, musikalisches und soziales Lernen.[107]

Im Sinne einer solchen didaktischen Grundlegung ist es zu verstehen, wenn Anselm Ernst (2007) den Einzel- vom Gruppenunterricht auf Basis der Unterrichts*methodik* (und nicht primär auf Basis der Gruppengröße) differenziert.

> „Wenn ich drei Schüler so unterrichte, wie ich den Einzelunterricht normalerweise methodisch gestalten würde, dann habe ich als Ergebnis einen Einzelunterricht mal drei. Wenn ich jedoch ‚der Gruppe das Laufen beibringe', dann lernen die Schüler/innen sich zu einer Gruppe zu formieren. Ich unterrichte dann nicht einzelne Schüler/innen, sondern vorzugsweise die nun in der Entwicklung begriffene gesamte Gruppe." (Ernst 2007, S. 25)[108]

Der Unterricht mit mehreren SchülerInnen bedarf daher eigenen und spezifischen Unterrichtsmethoden[109], wobei individualisiertes Lernen durch innere Differenzierung bei entsprechend methodischem Geschick auch in der Gruppe ermöglicht werden kann

---

107 Bradler (2012b, S. 3) bezeichnet „das Bilden von Werten und Normen, das gegenseitige Wahrnehmen und Aufeinanderbeziehen der Schülerinnen und Schüler, die Balance zwischen Führen und Der-Gruppe-Raum-Geben und schließlich eine gesunde Portion Humor" als Prinzipien von Gruppenunterricht.

108 In der empirischen Erhebung wurde jedoch deutlich, dass die Einzelunterweisung in sequentieller Form eine häufige Handlungsform der Lehrkräfte ist.

109 Methoden sind „[…] Handlungs- und Verhaltensweisen von Lehrkräften im Unterricht und im Zusammenhang mit Unterricht, die darauf gerichtet sind, das musikalische Lernen von Schülern in vielfältiger Hinsicht zu ermöglichen und zu fördern. Sie wollen Gelegenheiten schaffen zu vielerlei ästhetischen Erfahrungen und Voraussetzungen zu musikalischer Bildung" (Mahlert 2011, S. 39-40).

(Ernst 1997, S. 252; Bradler 2014). Der Gruppenunterricht hat daher aus musikpädago-gischer Sicht eine andere *Funktion, Logik, Motivation* und *didaktische Zielsetzung* als Einzelunterricht und sollte als eigene Unterrichts*form* den Einzelunterricht nicht erset-zen, sondern idealerweise ergänzen (vgl. Ernst 2012; Bradler 2014). Gruppenunterricht und Einzelunterricht sind in diesem Sinne auch nicht miteinander vergleichbar, da beide Formen ihren *Eigenwert*, unterschiedliche Ziele, Inhalte und Methoden sowie ihre spe-zifischen Vor- und Nachteile haben (Ernst 2012, 1997): „Im Gruppenunterricht wird auf eine andere Weise gelehrt und teilweise etwas anderes gelernt" (Ernst 1997, S. 252). Während sich der Einzelunterricht an den Lernenden in seiner Individualität richtet und dementsprechend individuelle Lernfelder[110] besonders gut zu vermitteln mag, steht ab dem Partnerunterricht das gemeinsame Lernen im Mittelpunkt.[111] Gerade das Zusam-menspiel wird von Beginn an selbstverständlich erfahren (Ernst 2012, S. 173).

Die Wahl der Methoden und Handlungsweisen im Gruppenunterricht zielt auf eine Mobilisierung der Gruppe sowie eine gleiche Förderung von kooperativem und diffe-renzierendem Lernen. Dabei stellen sich die Herausforderungen, sowohl kooperatives wie auch differenzierendes Lernen zu ermöglichen, die Unterschiedlichkeit innerhalb der Schülergruppe nicht zu negieren, sondern zu nutzen, alle Lernfelder einzuschließen und zum gemeinsamen und selbstständigen Lernen und Musizieren anzuleiten (Ernst 2007, S. 30-32).[112]

Lehrkräfte sollten im Sinne eines umfassenden Instrumentallernens flexibel zwi-schen den verschiedenen Unterrichtsformen wechseln können. Qualität im Instrumen-talunterricht hängt dementsprechend nicht von der Unterrichts*form* ab, sondern von der sinnvoll aufeinander abgestimmten didaktisch-inhaltlichen Begründung mit der struktu-rellen Rahmung (Unterrichtsturnus, Gruppengröße, Anzahl der Lehrpersonen, Ergän-zung durch Einzel- oder Klassenunterricht, organisatorische Bedingungen) (Bradler 2014), der gruppenspezifischen methodisch-didaktischen Umsetzung[113] (Ernst 2012; 2007; 1997; Mahlert 2011), guten Rahmenstrukturen (Beckers & Beckers 2008) sowie

---

110 Die Schwerpunktsetzungen der Lernfelder verschieben sich zwischen den Unterrichtsformen (Schwanse 2000, S. 127ff.).
111 Anselm Ernst (2012, S. 78ff.) unterscheidet sechs Lehrverfahren für den Instrumental-unterricht, von denen drei – erarbeitendes Verfahren, Modell-Methode und darstellendes Verfahren – stärker von der Lehrkraft gelenkt werden und drei – aufgebendes Verfahren, entdeckenlassendes Verfahren und Dialog-Methode – eher die Selbsttätigkeit des Lernenden fokussieren. Für den Gruppenunterricht eigne sich besonders das aufgebende Verfahren, denn es ermöglicht kooperatives und informelles Lernen: „Da die Schüler eine gewisse Zeit auf sich alleine gestellt sind, lernen sie primär voneinander und miteinander" (Bradler 2014, S. 228).
112 Zum Umgang mit Heterogenität, der Unterschiedlichkeit der Mitglieder einer Lerngruppe hinsichtlich Begabungen, Interessen oder Vorwissen (vgl. Rebel 2011) vgl. Bradler (2012a; 2012c) und Göllner & Niessen (2016). Relevant ist dabei das Prinzip der inneren Differen-zierung (mittels binnendifferenzierten Arrangements, mit Improvisation sowie mit dem auf-gebenden Verfahren; vgl. Mahlert 2011; Welte 2012).
113 Empirische Studien sehen die methodisch-didaktische Kompetenz der Lehrperson als Schlüs-selvariable für das Gelingen von schulischem Instrumentalunterricht (Beckers & Beckers 2008; Schulten & Lothwesen 2009).

einer gelingenden Passung von Unterrichtform, Ziel und agierenden Personen (vgl. Bradler 2014; Ulrich 2011).

Die stetig wiederkehrende „Dauerdiskussion[114] zum ‚Reizthema Gruppenunterricht'" (Mahlert 2011, S. 244), die sich an der Frage der Berechtigung der Unterrichtsform Gruppenunterricht im Bereich des Instrumentallernens festmacht, hängt an dieser pädagogischen Grundlegung des Gruppenunterrichts. Der mehr oder weniger unsystematische und willkürliche Vergleich von Einzel- und Gruppenunterricht, der ohne die vorherige Definition von angestrebten Unterrichtszielen vorgenommen wird und damit pädagogisch nicht gerechtfertigt ist (Ulrich 2011, S. 26; Mahlert 2011, S. 244), bildet die Basis der Kontroverse. Das schlechte Prestige (Doerne u.a. 2012, S. 14) und das „Stigma der Minderwertigkeit" (Grosse 2006, S. 209) machen sich an einem vermeintlichen Mangel individueller Förderung und geringen spieltechnischen Fortschritts fest, ohne die pädagogischen Potentiale des Gruppenunterrichts zu betrachten. Bradler (2014) sieht in der Tatsache, dass die Einführung von Gruppenunterricht häufig auf finanziellen anstelle von inhaltlichen und pädagogischen Gründen beruht, einen zentralen Grund für den schlechten Ruf des Gruppenunterrichts. Gruppenunterricht wird so zur Sparmaßnahme oder gar zu einem „Substitut" (ebd., S. 233) von Einzelunterricht.[115]

In der jüngsten Zeit scheint die Diskussion abzuflachen. Aufgrund der aktuellen Verbreitung des Gruppenunterrichts im Rahmen von Schul- und Musikschulprojekten finden sich immer mehr Publikationen (Literatur, Webseiten, Unterrichtsmaterial) sowie zahlreiche Fortbildungsangebote, die die didaktischen und methodischen Fragen des Gruppenunterrichts in den Mittelpunkt stellen.[116] Es scheint daher passend, den Grup-

---

114 Bereits in den 1970er Jahren wurde das Thema Instrumentaler Gruppenunterricht auf zahlreichen Fachtagungen und Kongressen thematisiert (vgl. z.B. VdM 1977). In voller Breite entfaltete sich laut Ernst (2007, S. 29) diese Diskussion um den pädagogischen Wert des Gruppenunterrichts zwischen 1987 und 2007 (vgl. auch Grosse 2006, S. 22). Bradler (2014) konstatiert mittlerweile einen Konsens über die Berechtigung und die Vor- und Nachteile des Gruppenunterrichts, der scheinbar noch nicht vollständig in der Unterrichtspraxis angekommen ist (vgl. den Diskurs um den Instrumentalen Gruppenunterricht im Rahmen von JeKi, z.B. im JeKi-Themenheft in *Üben und Musizieren* 2/2012, oder die Aussagen der InterviewpartnerInnen in dieser Studie).

115 Ebenso weist Bradler (2014) darauf hin, dass ein Gruppenunterricht, der nicht aus didaktisch-inhaltlichen, sondern aus Prestige- oder finanziellen Gründen durchgeführt ist, mit hoher Wahrscheinlichkeit mit inhaltlichen Problemen einhergeht.

116 Problematisch ist dabei trotz der vermehrten Integration gruppenpädagogischer Inhalte in instrumentalpädagogische Studiengänge der Mangel an gruppenspezifischem didaktisch-methodischem Rüstzeug, den viele Lehrkräfte zu Beginn ihrer Tätigkeit im Gruppenunterricht aufweisen (vgl. Kap. 4.3). Dies liegt sicherlich an der großen Anzahl an derzeitig sich in der Berufstätigkeit befindenden Lehrpersonen, in deren Studium der Gruppenunterricht keine Rolle gespielt hat, sicherlich aber auch an der Durchlässigkeit des Berufsfeldes, in dem viele KonzertmusikerInnen tätig sind. In der hier vorliegenden Studie wurde bei der Auswahl der Lehrkräfte über die Wahl einer VdM-Musikschule auf ein instrumentalpädagogisches Studium und auf pädagogische Kompetenz (nachgewiesen über Lehrproben bei der Einstellung an der Musikschule) Wert gelegt (vgl. Kap. 5). Dennoch sprachen sich die Lehrkräfte selbst teils große Defizite und Schwierigkeiten hinsichtlich des Gruppenunterrichts zu. Keiner berichtete über Vorqualifizierungen, alle lernten Gruppenunterrichtsmethoden während des Unterrichtens. Auch wenn stetige Weiterbildung als nie endender Prozess der pädagogischen Professi-

penunterricht unter inhaltlichen Aspekten zu untersuchen. Während der Umgang mit Heterogenität (vgl. Bradler 2012a) in der letzten Zeit viel diskutiert wurde, erscheint die Frage der Gestaltung des gemeinsamen Musizierens im Gruppenunterricht bisher ausgespart. Dieser Beobachtung begegnet die vorliegende Studie. Dabei ermöglicht gerade der Blick auf die Prozesse, die sich *zwischen* den Gruppenmitgliedern abspielen, eine Erweiterung der Perspektive auf das musikalische Lernen im Unterricht, die bisher vor allem eine individuelle Perspektive eingenommen hat.

Zusammenfassend lässt sich feststellen, dass der Instrumentale Gruppenunterricht als eigenständige Unterrichtsform mit einem Eigenwert betrachtet werden muss, die bestimmten strukturellen und pädagogischen Bedingungen unterliegt und für die eine besondere Unterrichtsmethodik nötig ist.

4.2 Instrumentaler Gruppenunterricht als Teil schulischer Musiklernangebote

Die im Rahmen dieser Studie untersuchten Unterrichtsgruppen entstammen schulischem Instrumentalunterricht. Diese Formen des Instrumentalen Gruppenunterrichts an allgemeinbildenden Schulen, die in Kooperation zwischen Schule und Musikschule durchgeführt werden, stellen ein spezielles und derzeit aktuelles Format des Instrumentalen Gruppenunterrichts dar. Da nicht nur Kranefeld u.a. (2015) aufdecken, dass der Kontext Schule den Instrumentalen Gruppenunterricht verändert, sondern auch die Datenanalyse der vorliegenden Studie dem Kontext Schule eine wesentliche Bedeutung für das gemeinsame Musizieren zuschreibt (vgl. Kap. 9), erscheint die Einordnung dieser Unterrichtsform in den schulischen Kontext wesentlich. Das Thema des folgenden Abschnitts ist daher die Entwicklung des Instrumentalen Gruppenunterrichts an Musikschulen und allgemeinbildenden Schulen. Die mehrperspektivische Betrachtung der Handlungsfelder Schule und Musikschule ermöglicht es, die derzeitigen Herausforderungen für die Unterrichtsform und die Instrumentallehrkräfte (die sich auch in den Daten abbilden) als strukturelle Problematik herauszuarbeiten.

4.2.1 Frühe Formen des Instrumentalen Gruppenunterrichts an Musikschulen und Schulen

Instrumentalunterricht an öffentlichen Schulen, der zumeist als Gruppenunterricht gestaltet wird, hat eine längere Geschichte (Pfeffer 2013; Roske 1993).[117] Bereits im 16. und 17. Jahrhundert lassen sich Formen des Instrumentalunterrichts an Schulen nachweisen (Bradler 2014, S. 67). Wenn es auch aufgrund der wenigen Unterrichtsberichte

---

onalisierung betrachtet wird (Ernst 1997, S. 276), erscheint die Voraussetzungslosigkeit, mit der etliche Lehrkräfte dem Gruppenunterricht zu Beginn gegenüber stehen, höchst problematisch.

117 Die historischen Betrachtungen basieren in erster Linie auf Jank (2005a), Bradler (2014), Grosse (2006), Pfeffer (2013), Roske (1993), Loritz (2013) und Schewig-Descher (2007).

unmöglich ist, Aussagen über die genaue Umsetzung dieser frühen Formen zu treffen, kann doch festgehalten werden, dass das Instrumentalspiel zur festen Praxis in den Bildungseinrichtungen zählte und zumeist im Dienste der Kirchenmusik stand (ebd.). Dies änderte sich mit dem Aufkommen der bürgerlichen Musikkultur im 18. und 19. Jahrhundert. Der Instrumentalunterricht verlagerte sich mit dem Verlust der Anbindung an die Kirchenmusik und der zunehmenden Bedeutung für die aufkommende bürgerliche Musiktradition (Roske 1993, S. 165) vom schulischen immer mehr in den außerschulischen Bereich (vgl. Schewig-Descher 2007; Bradler 2014), d.h. an öffentliche und private Musikschulen, Konservatorien und zu PrivatmusikerzieherInnen, während in der Schule zunehmend das *Singen* in den Mittelpunkt gestellt wurde (Schewig-Descher 2007).[118] Mit dieser Entwicklung kristallisierte sich auch das Berufsbild der/des InstrumentalpädagogIn heraus und die Instrumentalpädagogik wurde eine eigenständige Profession (Bradler 2014, S. 65).

In den außerschulischen Institutionen wurde nun zum ersten Mal der Instrumentale Gruppenunterricht explizit diskutiert und erprobt. Bereits in diesen frühen Versuchen verknüpften sich soziale mit ökonomischen Argumenten (Grosse 2006, S. 12; Roske 1993, S. 180). Es war schließlich *Johann Bernhard Logier*, der in Preußen eine gruppenunterrichtliche Klaviermethode entwickelte und damit als erster einen Versuch des Instrumentalen Gruppenunterrichts dokumentierte (Grosse 2006). Fortan wurden immer wieder einzelne Musikschulen aufgebaut, die sich auf den Gruppenunterricht stützten, z.B. die Musikschulen von *Lina Ramann*, *Edmund Joseph Müller* oder *Albert Greiner* (vgl. Grosse 2006, S. 13). Die Unterrichtsform Instrumentaler Gruppenunterricht blieb aber ein vereinzeltes Phänomen.

Dies änderte sich mit der Reformpädagogik und der Jugendmusikbewegung in den 1920er Jahren. Durch das Ideal des gemeinschaftlichen musikalischen Tuns (Schewig-Descher 2007) rückte das Gruppenmusizieren in den Fokus. Mit *Leo Kestenbergs* umfassender Reform der Musikerziehung[119] und dem dadurch angeregten Aufbau der Volks- und Jugendmusikschulen durch *Fritz Jöde* erfuhr der Instrumentalunterricht in Gruppen einen weiten Siegeszug (Grosse 2006, S. 14). Das Ziel des an den Jugendmusikschulen stattfindenden Instrumentalunterrichts war zunächst das Begleiten des Singens (vgl. Grosse 2006, S. 14). Auch in den schulischen Musikunterricht wurde das gemeinsame Instrumentalspiel als Gegenpol zum bürgerlichen Privatmusikunterricht, der wegen des technischen Drills und des leblosen Musizierens kritisiert wurde, erneut integriert (Schewig-Descher 2007). Der Instrumentalunterricht in Gruppen bildete so im Rahmen der musischen Erziehungsvorstellung eine wichtige Säule.

---

118 Trotz des hier dargestellten Rückgangs des Instrumentalunterrichts in öffentlichen Schulen in dieser Zeit sind vereinzelte Kooperationsversuche zwischen Schule und Kirchenmusik bzw. Gesangs- und Musikvereinen mit dem Ziel der Einbindung des Instrumentalunterrichts in die Schule dokumentiert (vgl. Schewig-Descher 2007, S. 79).

119 Zur Kestenberg-Reform vgl. Jank (2005a, S. 36-38).

Nach 1933 wurden die Leitgedanken der Jugendmusikbewegung weitergeführt und ideologisch verschoben.[120] Der Hitlerjugend dienten die Jugendmusikschulen zur politischen und ideologischen Einflussnahme (Grosse 2006, S. 15), wobei das Gruppenmusizieren im Sinne der nationalsozialistischen Ideologie zur Gemeinschaftsbildung, Gesinnungsbeeinflussung und Stärkung der Feierkultur missbraucht wurde (Schewig-Descher 2007). Die jugendbewegten Gedanken überdauerten auch das Ende des Zweiten Weltkriegs und fanden sich im schulischen Musikunterricht und in der Musikschularbeit der 1950er und 1960er Jahre wieder (Grosse 2006, S. 15). Der Gruppenunterricht war in dieser Zeit die wesentliche Ausbildungsform an Musikschulen (Bäuerle-Uhlig 2003, S. 50). Erst in den 1950er Jahren begann im Anschluss an die Kritik der neomusischen Bildung durch *Theodor W. Adorno* der Ablösungsprozess vom Musischen (Jank 2005a; Grosse 2006).[121] In den *Thesen gegen die musikpädagogische Musik* (Adorno 1973b) rechnete Adorno mit den Ideen der Jugendmusikbewegung und der davon ideologisch geprägten musischen Musikerziehung ab (vgl. auch Adorno 1973a). Die Gemeinschaftsideologie, die Nähe zum Nationalsozialismus, das ästhetische Defizit musikpädagogischer Musik sowie das Primat des Handelns über den Inhalt wurden scharf kritisiert (vgl. Jank 2005a, S. 42). Die dadurch ausgelöste Diskussion um die musische Erziehung (Loritz 1998, S. 64) führte zu radikalen Neuorientierungen, die sich im schulischen Unterricht in einer Abwendung vom Singen und Instrumentalspiel (Schewig-Descher 2007) und an den Musikschulen in einer Abwendung vom Gruppen- und einer Hinwendung zum Einzelunterricht ausdrückte (Grosse 2006, S. 16).[122] Die Musikschulen passten sich nun mehr und mehr dem Modell der Konservatorien an, die eher eine solistische und studienvorbereitende Ausbildung anboten:

> „Das jugendbewegte Hauptziel der Anleitung zum Gemeinschaftsmusizieren wird vom Anspruch einer umfassenden musikalischen Ausbildung einschließlich der vorberuflichen Fachausbildung nach und nach abgelöst." (Bäuerle-Uhlig 2003, S. 27)

Mit der Hinwendung zur Talentförderung im Einzelunterricht ging ein erneuter Wandel des Berufsbildes des Musikschullehrers einher: Der Instrumentalunterricht orientierte sich nun am Modell der *Meister-Lehre*[123]. Das berufliche Selbstverständnis der Musikschullehrkräfte, das sich nun eher am künstlerischen Anspruch und weniger an den

---

120 Jank (2005a) stellt dar, inwiefern sich „die musische Erziehungsvorstellung […] mit der nationalsozialistischen Vorstellung eines neuen Menschen in einer völkisch gedachten Gemeinschaft" (ebd., S. 39) verknüpfen ließ: nämlich durch Verknüpfung der musischen Erziehungsvorstellung als spezifisch deutsche Leistung, eine Legitimation einer pädagogischen Theorie durch die Geschichte der Griechen und schließlich die Preisgabe des Mündigkeitspostulats der (Musik-)Pädagogik zugunsten außerpädagogischer Normen (ebd., S. 39-40).

121 Nach 1945 wurden die alten Inhalte und Konzepte des Musikunterrichts weitergeführt, weshalb Jank (2005a, S. 40) diese Zeit als „neomusische Phase" bezeichnet.

122 Alkemeyer (2010, S. 343) merkt an, dass die Praxis der Nationalsozialisten, ihr Konstrukt einer „Volksgemeinschaft" im Bereich von Schule und Musik performativ zu zeigen und damit wirklich werden zu lassen, sicherlich als ein wichtiger Grund für die Abwendung von Phänomenen körperlich-leiblich praktizierter Gemeinschaftlichkeit in der Schule anzusehen ist.

Aufgaben eines allgemeinen Musikerziehers im Sinne der gesellschaftlichen und pädagogischen Aufgaben einer Musikschule orientierte (Loritz 1998, S. 413), sieht Grosse (2006, S. 16) mit Recht als eine mögliche Ursache für die späteren Widerstände gegen den Gruppenunterricht an Musikschulen.

Auch wenn sich der VdM bereits seit den 1970er Jahren um methodisch-didaktische Impulse und eine Rehabilitierung des Gruppenunterrichts bemühte (vgl. Grosse 2006)[124], ist es die dargestellte Entwicklung der Musikschulen hin zum Ideal des leistungsbezogenen Einzelunterrichts der Konservatorien, das den Gruppenunterricht als Unterrichtsform für das Instrumentallernen an Musikschulen in den Hintergrund rückte, auch wenn er zu jeder Zeit Bestandteil des musikschulischen Angebots war (Grosse 2006).

4.2.2 Die Klassenmusizierbewegung – Integration des Instrumentalunterrichts in Gruppen in den schulischen Musikunterricht

Es ist schließlich die Schule, die dem Instrumentalunterricht in Gruppen zu öffentlicher Wahrnehmung verhilft.[125] In der Schulmusik entwickelte sich nach der Krise um 1960 (Jank 2005a, S. 41f.) eine Aufbruchsstimmung (ebd., S. 43), die in eine Suche nach Neukonzeptionen des Unterrichts und neuen didaktischen Konzeptionen mündete (Bradler 2014, S. 70). Mit dem Paradigma der *Handlungsorientierung* wurde u.a. der Wunsch formuliert, Instrumentalspiel und Instrumentallehrgänge in den schulischen Musikunterricht zu integrieren. Es ist diese Zeit, die Katharina Bradler (2014, S. 70ff.) als Ausgangspunkt für das Aufkommen der *Klassenmusizierbewegung*[126] ausmacht –

---

123 Zum Konzept der Meister-Lehre vgl. Richter (1993b, S. 503).

124 Bereits 1975 fand der erste Kongress zum Thema Instrumentaler Gruppenunterricht in Hamburg statt (vgl. VdM 1977). Grosse (2006, S. 20) konstatiert allerdings, dass das Bestreben des VdM wohl vor allem mit dem Bemühen zusammenhing, die steigende Nachfrage nach Instrumentalunterricht mit den wenigen vorhandenen Lehrkräften decken zu können.

125 Hierbei ist es selbstverständlich zunächst der Unterricht im Klassenverband, der an der Schule relevant wird. Im weiteren Verlauf wird die Darstellung zeigen, wie der Instrumentale Kleingruppenunterricht den Klassenunterricht mehr und mehr ergänzt und sich schließlich verselbstständigt.

126 Laut einer Definition von Johannes Bähr (2005) ist Klassenmusizieren „im umfassenden Sinne [...] in der allgemein bildenden Schule eine gemeinsame musikalische Tätigkeit aller Mitglieder einer Lerngruppe. Klassenmusizieren ist didaktisch-methodisch geplante, gemeinsame Ausübung mit Gesang, Instrumentalspiel, Bewegung und Szene – einzeln bzw. in Kombinationen. Als musikalischer Lernprozess und als ästhetisch-musikalische Gebrauchspraxis enthält Klassenmusizieren sowohl Anteile von musikalischem Handwerk und von künstlerischer Ausübung als auch von Reflexion der Material- und Bedeutungsdimension von Musik sowie musikalischen Handlungen" (ebd., S. 160). Heute unterscheidet die Musikpädagogik zwei Formen des Klassenmusizierens: (1) das offene situative Musizieren („freies Klassenmusizieren"), das innerhalb eines begrenzten Zeitraums und unabhängig vom Anspruch eines systematischen Aufbaus von instrumentalen Spielfertigkeiten durchgeführt wird (vgl. ebd., S. 164f.; Bradler 2014, S. 22) und (2) ein längerfristiger Instrumentallehrgang im Rahmen oder als Ergänzung des Musikunterrichts (vgl. Bähr 2005, S. 161-162; S. 164-167). Die zuletzt genannte Form „zeichne[t] sich dadurch aus, dass alle Schülerinnen und Schüler ein Instrument erlernen und/oder im Gesang ausgebildet werden" (Nimczik 2007, S. 5). In

und in der aus dem Gruppeninstrumentalunterricht in der Schule eine verbreitete Form des Instrumentallernens wird.[127] Mit der 1985 gegründeten *Akademie für Musikpädagogik* in Mainz[128], deren Arbeitsschwerpunkt bis heute der praxisorientierte Musikunterricht in Form von Klassenmusizier- und Gruppenunterricht ist (vgl. Walter 1996, S. 21) und die als Vorreiter und vielleicht wichtigster Förderer für die Verbreitung der Klassenmusizierprojekten in Deutschland anzusehen ist (vgl. Bradler 2014), vervielfachten sich die Versuche der Implementierung von Instrumentallehrgängen im Bereich des schulischen Handlungsfeldes. Die Klassenmusizierprojekte entwickelten sich hin zu einem aufbauenden Instrumentalunterricht im Klassenverband (ebd.), so dass sich der Fokus der Musikschularbeit in den Klassenraum verschob: „Was bislang größtenteils Aufgabe der außerschulischen Musikerziehung war, geriet nun auch in den Fokus des schulischen Musikunterrichts: Das Erlernen eines Instruments" (ebd., S. 90). Dabei ist festzustellen, dass diese Entwicklung von den Akteuren vor Ort und aktiv aus der (schulischen) Praxis heraus gestaltet wurde, bevor sie institutionell verankert wurde:

> „Überhaupt ist es ja so, dass der Trend zum Klassenmusizieren sozusagen ‚von unten' kam, indem Lehrer sich dafür aus- und weiterbildeten, und zwar außerhalb der etablierten akademischen Musikpädagogik und -didaktik, außerhalb der Lehrerausbildung und außerhalb der staatlichen Lehrerfort- und Weiterbildung." (Jank 2005b, S. 110)[129]

Besonders in den 1990er Jahren wurden an einer wachsenden Anzahl allgemein bildender Schulen vielfältige und innovative Instrumentalunterrichtsangebote im Rahmen des

---

der vorliegenden Arbeit ist von solch langfristigen Instrumentallehrgängen die Rede, wenn von Klassenmusizieren gesprochen wird. Dabei interessiert in dieser Arbeit der in diese Projekte integrierte Instrumentale Gruppenunterricht, der häufig den Klassenunterricht ergänzt, um den Anspruch des systematischen Aufbaus der Instrumentalspielfähigkeiten zu realisieren. Ausführliche Diskussionen des Klassenmusizierens finden sich z.B. bei Arendt (2009), Bähr (2005), Buchborn (2011a), Cerachowitz (2012), Bradler (2014), Heß (2017) oder Göllner (2017).

127 Schewig-Descher (2007) zeigt, dass die Schulversuche in den Gesamtschulen der 1970er Jahre für die Entwicklung wegweisend waren: Hier finden erste Versuche der Integration des Instrumentalunterrichts in den schulischen Musikunterricht als Musizieren im Klassenverband statt (ebd.). Die Partnerschaft mit externen Akteuren nahm dabei eine große Rolle ein.

128 Heute mit Sitz in Wiesbaden. Informationen zum heutigen Angebot der Akademie finden sich unter www.musikpaedagogik.com.

129 Hierin unterscheiden sich die Projekte, die um den 1990er Jahren initiiert wurden, von dem weiter unten thematisierten Projekt *Jedem Kind ein Instrument*, das von außerschulischen Akteuren, nämlich der Politik und einer Stiftung, großflächig im Ruhrgebiet eingeführt wurde (vgl. Kap. 4.2.4). Trotz dieses fundamentalen Unterschieds sind die Kontroversen hinsichtlich des Instrumentalen Gruppenunterrichts, des Klassenmusizierbooms und des JeKi-Projekts in einer Thematik vergleichbar: die musikdidaktische Kritik ist in allen Diskursen unter den Gesichtspunkt zu subsummieren, dass im jeweiligen Unterricht zunächst keine angemessenen musikdidaktischen und -methodischen Konzepte sowie dementsprechend qualifizierte Lehrkräfte zur Verfügung standen, die eine verlässliche Unterrichtsqualität garantieren konnten. Zu stark waren (und sind) diese Thematiken mit der spezifischen Professionalisierung der individuellen Lehrperson verknüpft.

Schul- oder Nachmittagsunterrichts ins Leben gerufen (vgl. Bähr u.a. 2013, S. 134f.)[130], wobei die genauen organisatorischen und strukturellen Ausgestaltungen der Projekte je nach örtlichen Gegebenheiten und Wünschen der Akteure variierten.[131] Neben Streicher- und Bläserklassen als den wohl häufigsten Formen waren nach und nach auch Klassenmusizierprojekte mit Klavier bzw. Keyboard, Blockflöte und Computer (vgl. Walter 1996, S. 22), später auch mit Percussionsinstrumenten, Gitarren, Boomwhakers, gemischten Orchesterbesetzungen oder in Form von Gesangsklassen (vgl. Bähr 2005, S. 161) anzutreffen. Die Projektformen waren derartig vielfältig, dass Bradler (2014) einen „Konzeptpluralismus" (ebd., S. 70) und eine „Projektitis" (ebd., S. 243) feststellt.

Die Geschwindigkeit, mit der sich das Klassenmusizieren in der Unterrichtspraxis verbreitete – vielerorts wurde von einem „Boom der verschiedenen Klassenmusizierkonzepte" (Striegel 2008, S. 1) gesprochen –, ließ einer ausführlichen Diskussion über die Methodik des Klassenmusizierens keinen Raum. Die didaktische Idee einer musikalischen Bildung mittels aktiven Musizierens konnte oftmals methodisch nicht umgesetzt werden. So wurde die Bewegung begleitet von einer Debatte zur Sinnhaftigkeit dieses „erfolgreichen, aber nicht widerspruchsfreien musikpädagogischen Trend[s]" (Bähr 2005, S. 159).[132] Durch den Mangel an Unterrichtszeit und dem in den Anfangszeiten fehlenden Unterrichtsmaterial konstatierte Bähr (ebd.) einen „eklatanten Widerspruch zwischen dem fachdidaktischen Anspruch [...] auf der einen und der Unterrichtswirklichkeit des Klassenmusizierens auf der anderen Seite" (ebd.).

„Für die einen stellt es als ein schüler- und musikorientierter Ausweg aus adornitischen Sackgassen das Fach Musik vom Kopf auf die Füße, für die anderen bedroht es als Rückfall in musische Zeiten den gleichberechtigten Status von Musik im schulischen Fächerkanon. Es gibt zwar vermutlich niemanden mehr, der die Berechtigung des Musizierens im Klassenverband grundsätzlich in Frage stellt; über die Art und Weise jedoch, in welcher Form, wie oft und mit welchen Zielen dies geschehen soll, ist seit längerer Zeit ein Streit entbrannt, der an das Selbstverständliche der Musikpädagogik rührt." (Terhag 2011, S. 16)[133]

---

130 Mechthild Fuchs (2010, S. 14-15) weist darauf hin, dass ab den 1990er Jahren auch in den Grundschulen zunehmend Instrumentalklassen anzutreffen waren. Diese neuen Formen des Musikunterrichts schienen, gerade durch den Einbezug von externen Kooperationspartnern, das Dilemma grundschulischen Musikunterrichts – den Mangel an ausgebildeten Musikfachlehrkräften – lösen zu können (vgl. ebd., S. 14-15).

131 Claudia Cerachowitz (2012) vermutet sogar, dass „die Bedingungen vor Ort sowie die Vorlieben und Interessen der jeweiligen Musiklehrer darüber entscheiden, in welcher Art und Weise das Klassenmusizieren stattfindet" (ebd., S. 29).

132 Begründungsmuster und Leitvorstellungen des Musikklassenunterrichts finden sich bei Göllner (2017).

133 Vgl. hierzu auch die Studie von Carmen Heß (2017). Heß analysiert fünf Ansätze des Bläserklassenunterrichts hinsichtlich der ihrer Begründungen, konzeptionellen Zielvorstellungen, didaktischen Prämissen und methodischen Entscheidungen. Sie stellt fest, dass zwischen den verschiedenen Ansätzen besonders in jenen Punkten divergierende Ansichten auszumachen sind, in denen auch innerhalb des Fachs Musik Uneinigkeit herrscht, nämlich in den Fragen nach dem Bildungsauftrag und der Essenz von Musikunterricht (ebd., S. 278).

Mit der Offensichtlichkeit, mit der die Widersprüche zutage traten, wurde immer häufiger der Instrumentale Gruppenunterricht in die schulischen Klassenmusizierprojekte integriert. Während so die Klassenstunden das Musizieren im gesamten Klassenverband erlaubten, schaffte der Instrumentale Gruppenunterricht einen Ort zu instrumentenspezifischem Lernen (vgl. die Klassenmusizierprojekte dieser Studie, Kap. 4.4.1 und 4.4.2).

Mit der Verbindung der schulischen Klassenmusizierprojekte mit dem Instrumentalen Gruppenunterricht erwuchs ein Bedarf an Kooperationen zu Instrumentalschullehrkräften, der auf ein bildungspolitisch positives Umfeld traf. Dieses ist Thema des folgenden Unterkapitels.

4.2.3 Instrumentalunterricht in der Schule als Angebot schulexterner Partner

Die Integration des Instrumentallernens in die Schule ließ das Bedürfnis nach Vernetzung zwischen Instrumentalpädagogik und Schulmusik wachsen.[134] Zahlreiche Klassenmusizierprojekte wurden – zunächst wieder aus den Bedürfnissen der Praxis heraus – in Kooperationen mit musikschulischen Akteuren realisiert, wodurch eine „interessante Verbindung, ja Verzahnung der seit Kestenberg getrennt gedachten Aufgabenbereiche" (Nimczik 2007, S. 3) der musikalischen Bildung zu verzeichnen war. Seit der Jahrtausendwende werden die institutionellen Kooperationen durch eine bildungspolitische Entwicklung befördert.

Ausgelöst durch den PISA-Schock und die darauf folgenden politischen Initiativen zum Ausbau der Ganztagsschulen (vgl. Lüke 2011; Kerstan 2011)[135] ist von Seiten der Institutionen ein verstärktes Interesse an Kooperationen zwischen allgemeinbildenden Schulen und außerschulischen Akteuren zu verzeichnen (vgl. Kulin & Schwippert 2014, S. 129; Berkemeyer u.a. 2008; Maag Merki 2009). Für die schulischen Entscheidungsträger verbinden sich mit dem Einrichten von Kooperationen Hoffnungen auf das Erreichen von Schulentwicklungszielen wie dem Anstoßen von Innovationen und Reformen, das Schaffen von Synergieeffekten oder die Umsetzung neuer Initiativen (Helms 2002), die zur Lehrerprofessionalisierung sowie zur Schul- und Unterrichtsentwicklung (Czerwanski u.a. 2002) beitragen sollen. Kooperationspartner ermöglichen aber auch schlicht die Durchführung eines neben dem Regelunterricht stattfindenden Ganztagsangebots.

---

134 Vgl. die bereits 1980 publizierte Grundsatzerklärung von VDS und VdM: „Nach vielen Jahren des Aneinandervorbeisehens und -redens hat sich in den letzten Jahren zunehmend die Bewußtheit dafür durchgesetzt, daß beide – Schulmusik und Musikschule – in einem Boot sitzen, und daß es immer dringlicher wird, gemeinsam zu planen und zu handeln. In den Vorständen der beiden Verbände, des VDS und des VdM, wurde die Notwendigkeit erkannt, grundsätzlich ins Gespräch zu kommen und – als Folge – zu kooperieren" (Helms 1987, S. 107).

135 Mit dem Ausbau der Ganztagsschulen erhoffte sich die Politik eine Antwort auf die von der PISA-Studie offenkundig gewordene Abhängigkeit schulischen Erfolgs von der sozialen Herkunft in Deutschland (vgl. Lüke 2011; Kerstan 2011). Ganztagsschulen stehen für die Hoffnung, Bildungschancen unabhängiger vom Elternhaus zu machen, da der Einfluss der Institutionen gegenüber den Elternhäusern gestärkt werde.

Musikschulen sind für den Bereich der musikalisch-kulturellen Bildung[136] gefragte Partnerinstitutionen (vgl. Walter 2012; Lehmann-Wermser u.a. 2010). Gerade an den Grund- und Hauptschulen, an denen ein Großteil des Musikunterrichts ausfällt oder von fachfremden Lehrkräften erteilt wird (vgl. Hammel 2011) und an denen der Musikunterricht dementsprechend als „strukturell gefährdet"[137] (Lehmann-Wermser u.a. 2014, S. 9) betrachtet werden kann, scheint in den Allianzen mit Musikschulen eine Perspektive für die Aufrechterhaltung musikalischer Bildungsangebote zu stecken.[138]

Musikkulturelle Akteure fürchten in der Entwicklung um die musikkulturelle Bildung.[139] Vor diesem Hintergrund erklärt sich der Schulterschluss zwischen vds und VdM, die im März 2001 in Form einer „Gemeinsamen Erklärung" die gesellschaftliche Bedeutung musikalischer Bildung anmahnten und sich zu Formen institutioneller Zusammenarbeit positionierten (VdM 2005, S. 76-79). In der Folge veröffentlichte der VdM einen Aufruf, in dem sich die Musikschulen als Akteure im deutschen Bildungssystem positionieren und zu „kontinuierlicher institutionalisierter Förderung durch Musik" (VdM 2005, S. 80) für Kinder und Jugendliche durch „kreative Allianzen zwischen allgemein bildenden Schulen und Musikschulen" (ebd.) aufrufen. Weitere Positions- und Arbeitspapiere sowie Handreichungen und Arbeitshilfen zur Einrichtung von Schulkooperationen folgten (vgl. ebd.; VdM o.J.). Für die Musikschulen ermöglichen Kooperationen zu anderen Einrichtungen zum einen eine Vernetzung in der kommunalen Bildungslandschaft (vgl. Strukturplan des VdM: VdM 2010). Zum anderen hat die Einbindung in das Angebot allgemeinbildender Schulen für die Musikschulen eine strategische Bedeutung, denn aufgrund der Verkürzung der Gymnasialzeit (G8) und der Einrichtung der Ganztagsschulen steht Kindern und Jugendlichen immer weniger freie Zeit am Nachmittag für das Besuchen außerschulischer musikalischer Angebote zur Verfügung, so dass den Musikschulen ihre Klientel verloren geht (vgl. z.B. Lehmann-Wermser u.a. 2014; Sobirey 2012). Laut VdM seien „neue[ ] Kooperations- und Unterrichtsmodelle" (VdM 2016, S. 233) nötig, „da es Schülern künftig immer seltener mög-

---

136 Weitere Kooperationspartner für den Bereich der musikalischen Bildung sind private Instrumentallehrkräfte bzw. MusikpädagogInnen sowie Institutionen des (vorwiegend klassischen) Konzertwesens wie Orchester, Opern- oder Konzerthäuser. Zudem sind Stiftungen aktiv an der Entwicklung und Umsetzung von musikalischen Bildungsprojekten im Schulkontext beteiligt.

137 Lehmann-Wermser u.a. (2014, S. 9) stellen fest, dass die Wahrnehmung der musikalisch-kulturellen Bildung in der Öffentlichkeit durchaus widersprüchlich ist. Trotz der wahrnehmbaren strukturellen Gefährdung musikalischer Angebote an Schulen und Musikschulen verzeichnen die Autoren, dass dieser Form der Bildung eine gesellschaftliche Bedeutsamkeit zugeschrieben wird (ebd.).

138 Mit dieser Praxis verbindet sich die Furcht vor einer politisch vorangetriebenen Verdrängung schulisch-institutioneller musikalischer Bildungsangebote durch Angebote externer Partner. Externe Kooperationspartner von Schulen betonen demgegenüber immer wieder, den schulischen Musikunterricht lediglich ergänzen und bereichern und ihn nicht ersetzen zu wollen (vgl. z.B. VdM 2005, S. 6; S. 81).

139 Eine solche Lesart ergibt sich aus den Positionspapieren des VdM aus der Zeit der Jahrtausendwende (vgl. VdM 2005).

lich sein wird, die Musikschule zu besuchen" (ebd.).[140] Im VdM-Jahresbericht 2015 heißt es darum:

> „Mit viel Engagement, Fantasie und Fachkompetenz begegnen die Musikschulen nun schon seit vielen Jahren den schwindenden Zeitfenstern für Instrumental- und Vokalunterricht, für Übemöglichkeiten und die Teilnahme in Ensembles, um Kindern und Jugendlichen weiterhin ein ‚Leben mit Musik' zu ermöglichen." (VdM 2016, S. 120)

Für die Musikschulen ist die öffentliche Schule mittlerweile die wichtigste Partnerinstitution. Der VdM verzeichnet im Jahr 2015 einen Anteil von 48% seiner Kooperationen mit allgemeinbildenden und Förderschulen (VdM 2016, S. 233). Ein deutlicher Anteil des Instrumentalen Gruppenunterrichts findet bereits seit Anfang des Jahrtausends „im Rahmen von Musikprojekten mit Schulklassen" (Grosse 2006, S. 34) statt.[141] Für die Betrachtung des Instrumentalen Gruppenunterrichts ist demzufolge der *Instrumentalunterricht an Schulen* eine relevante Dimension geworden.

4.2.4 Musikalisierungsprogramme als Rahmen schulischen Instrumentalunterrichts am Beispiel des Programms JeKi

In der jüngsten Zeit werden musikalische Kooperationsprojekte häufiger als umfangreich gedachte ‚Musikalisierungsprogramme'[142] konzipiert (vgl. z.B. JeKi, MoMo oder MUBIKIN; vgl. Lehmann-Wermser u.a. 2014, S. 9), in denen neben der einzelnen Schule und ihrer jeweiligen Partnermusikschule weitere externe Akteure, z.B. staatliche Institutionen oder Stiftungen, aktiv sind. Das Ziel einer nachhaltigen musikalischkulturelle Bildung von Kindern und Jugendlichen soll durch das Angebot einer längerfristigen Vokal- oder Instrumentalausbildung verfolgt werden (vgl. Lehmann-Wermser u.a. 2014, S. 9; Kranefeld 2015b, S. 6), wobei es verstärkt zur Akzentuierung des Ar-

---

140 Die strategische Bedeutung der Kooperationen für die Musikschulen zeigt sich beispielsweise in der Publikation „Bildungspartner Musikschule im VdM" (VdM o.J.), der fast wie ein Werbeflyer daherkommt und Musikschulen bei der Einrichtung von Kooperationen mit Schulen unterstützen will. Die Publikation verzeichnet zahlreiche Angebotsformen, Best-Practice-Beispiele und landesweite Bündnisse (ebd.). Zudem heißt es auf S. 6: „Öffentliche Musikschulen empfehlen sich mit langer Kooperationserfahrung als kompetente Partner von allgemeinbildenden Schulen (auch Ganztagsschulen)" (ebd., S. 6).

141 Die Statistiken des VdM verzeichnen stetig steigende Anzahlen der Schülerzahlen im Bereich des Klassenmusizierens. Im Jahr 2015 beispielsweise betrug die Schülerzahl im Klassenmusizieren mit Blasinstrumenten 43.638 SchülerInnen und im Klassenmusizieren mit Streichinstrumenten 12.977 SchülerInnen (VdM 2016, S. 228). Wenn man bedenkt, dass diese nur fünf Jahre zuvor im Bereich Bläserklassen bei 19.205 SchülerInnen und bei Streicherklassen bei 6.807 SchülerInnen lag (VdM 2011, S. 176), sich in diesem Zeitraum also knapp verdoppelt (Streicherklassen) bzw. mehr als verdoppelt hat (Bläserklassen), wird der Anstieg deutlich.

142 Der Begriff „Musikalisierungsprogramm" weist laut Fuchs (2010) auf einen Paradigmenwechsel hin: „In dem Begriff ‚Musikalisierung' schwingt die Annahme mit, dass musikalische Potentiale zwar in jedem Menschen angelegt sind, doch der Förderung bedürfen, um sich entfalten zu können" (ebd., S. 15).

guments der Teilhabe- und Zugangsgerechtigkeit kommt (vgl. Kranefeld u.a. 2015, S. 49; Lehmann-Wermser u.a. 2010; Lehmann-Wermser u.a. 2014; Landmann 2012; zur Frage der Teilhabe vgl. Krupp-Schleußner 2016): Kindern und Jugendlichen aus sozial schwachen oder musikfernen Elternhäusern soll über den Lernort Schule der Weg zum Instrumentalunterricht ermöglicht werden. Die Schule eröffnet in diesem Sinne „breitere Zugänge zum Bildungsangebot der Musikschule" (VdM 2016, S. 232), andererseits eröffnet die Einbindung musikschulischer Akteure Perspektiven für eine umfangreiche musikalische Bildung am Lernort Schule.

Ein prominentes Beispiel für ein solches Programm ist *JeKi – Jedem Kind ein Instrument*. Kern dieses Programms ist es, Kindern der Grundschulen einen niedrigschwelligen Zugang zum Instrumentalunterricht zu ermöglichen. *JeKi* versteht sich mit diesem Ansatz als „sozial kompensatorische Maßnahme" (Lehmann-Wermser u.a. 2014, S. 11), durch die auch Kinder aus musikfernen Elternhäusern in Kontakt zum Instrumentalspiel kommen. Hierdurch sollen Chancenungleichheiten reduziert werden, die sich im Bereich musikalisch-kultureller Bildung normalerweise stark an die Finanzkraft, die Bildungsaspirationen sowie das Erziehungsideal der Eltern koppeln (vgl. ebd., S. 11).

JeKi geht zurück auf ein 2003 in Bochum eingeführtes Kooperationsprojekt zwischen der dortigen städtischen Musikschule und den Grundschulen Bochums (vgl. Beckers & Beckers 2008; Heinritz 2012). 2006 wurde dieses Projekt von der Kulturstiftung des Bundes, dem Land Nordrhein-Westfalen und der Zukunftsstiftung Bildung als Kulturhauptstadtjahr-Projekt ausgewählt und ab dem Schuljahr 2007/2008 auf das gesamte Ruhrgebiet ausgedehnt (vgl. Walter 2012). Seit 2011 wird das Projekt vom Land NRW getragen, wodurch es auch nach Ende des Kulturhauptstadtjahres weitergeführt werden konnte. Zu diesem Zeitpunkt, im Schuljahr 2011/2012 waren im Ruhrgebiet 42 Kommunen, 56 Musikschulen, 686 Grund- und Förderschulen sowie über 60 000 Kinder Teil des JeKi-Projekts.

Durch die große Aufmerksamkeit, die das nordrhein-westfälische Programm durch seine Größe und institutionelle Unterstützung erfahren hat, wurde JeKi in zahlreichen Nachahmerprojekten in anderen Bundesländern und Städten aufgegriffen. So gibt es weitere JeKis in Hamburg, in Hessen, Bayern, Sachsen, Mecklenburg-Vorpommern und Weimar (vgl. Bradler 2012b, S. 4). Seit dem Jahr 2015 wurde JeKi Ruhr in das Nachfolgeprojekt JeKits (*Jedem Kind Instrumente, Tanzen, Singen*) überführt, womit das Projekt auf Ergebnisse der JeKi-Begleitforschung (vgl. Kranefeld 2015a)[143] reagierte (vgl. Walter 2016).[144]

JeKi beschreibt zunächst weniger die konkreten musikpädagogischen Inhalte, als vielmehr den *Strukturrahmen* (vgl. Dahlhaus 2015b, S. 42) eines Kooperationsmodells zwischen Schule und Musikschule, innerhalb dessen Instrumentalunterricht in den

---

143 Das enorme öffentliche Interesse an musikalischer Bildung, das seit der Veröffentlichung der (in Fachkreisen umstrittenen) ‚Bastian-Studie' (Bastian u.a. 2000) vorherrscht, drückt sich durch das umfangreich finanzierte Begleitforschungsprogramm aus (vgl. Lehmann-Wermser u.a. 2012, S. 13; BMBF 2006; 2009; vgl. Schwippert u.a. 2014, S. 7).

144 Sommerfeld (2016) bescheinigt diesem „ernüchternde Ergebnisse" (ebd.).

Grundschulalltag integriert wird (vgl. Bradler 2014, S. 21). JeKi kann damit als spezifische Form des Klassenmusizierens (vgl. ebd.) betrachtet werden, die den schulischen Musikunterricht ergänzt. Es ist außerdem eine Form schulischen Instrumentalunterrichts. Im ersten Projektjahr[145] stehen in Form des Klassenunterrichts Inhalte der musikalischen Grundausbildung sowie Instrumentenkunde auf dem Programm. Im Anschluss an dieses *Instrumentenkarussell* entscheiden die beteiligten SchülerInnen, welches Instrument sie lernen wollen. Dieses erste Projektjahr wird von Musikschullehrkräften und SchulpädagogInnen im Tandem gestaltet. Im zweiten Projektjahr erlernen die SchülerInnen in Kleingruppen ihr Instrument. Sie besuchen hierzu einen Instrumentalen Gruppenunterricht, der von Musikschullehrkräften an der Grundschule erteilt wird. Ab dem dritten Projektjahr kommt das Spiel im instrumentengemischten Schulensemble, dem *Ensemble Kunterbunt*, hinzu (vgl. zu Struktur und Organisation des JeKi-Programms Lehmann-Wermser u.a. 2014, S. 11f.).

Im Rahmen des Programms in NRW entstand didaktisch strukturiertes Unterrichtsmaterial, das die Lehrkräfte bei der Umsetzung des JeKi-Unterrichts unterstützen soll, wobei den Lehrkräften die Wahl des Unterrichtsmaterials freigestellt ist (vgl. Lehmann-Wermser u.a. 2014). Daneben wurde in den letzten Jahren eine Vielzahl an methodischen Hinweisen und Spielliteratur für den JeKi-Unterricht entwickelt (vgl. Bradler 2012c). Dennoch ist die Ausgestaltung der Unterrichtsstunden von der einzelnen Lehrkraft abhängig, wodurch JeKi-Stunden so variabel wie die Lehrkräfte seien (Angebracht 2012).

4.3 Schulischer Instrumentalunterricht in Gruppen als heterogenes (Spannungs-)Feld

Wie die verschiedenen Teilkapitel aufgezeigt haben, befindet sich das instrumentale Lernen in der heutigen Zeit in einem weitreichenden Spannungsfeld (vgl. LVdM-NRW o.J.). Zwischen traditioneller Musikschularbeit, allein von Schulen organisiertem Klassenmusizieren und Kooperationsprojekten zwischen allgemeinbildenden Schulen und Musikschulen finden sich vielfältige Formen von Großgruppen- und Kleingruppenunterricht in Einzelprojekten oder großen Musikalisierungsinitiativen, in denen Akteure der musikalisch-kulturellen Bildung einzeln oder im Sinne von Bildungslandschaften gemeinsam Instrumentallernangebote implementieren. Schulischer Instrumentalunterricht findet sowohl *als* Musikunterricht, als auch *im* Musikunterricht oder im *außerunterrichtlichen* Angebot im Wahl- oder Wahlpflichtbereich statt. Eine Vielzahl an Kon-

---

145 Im Folgenden werden die Strukturen des JeKi-Ruhr wiedergegeben. Nachahmerprojekte variieren diese Struktur teilweise. So beginnt in Hamburg das Programm nicht im ersten, sondern im zweiten Schuljahr und ist dadurch um ein Jahr verkürzt. Zudem unterscheiden sich die verschiedenen JeKi-Programme hinsichtlich der Verpflichtung und der finanziellen Einbindung der Eltern (vgl. die jeweiligen Internetseiten der Projekte).

zepten existiert nebeneinander: es ist ein von einem *Konzept- und Strukturpluralismus*[146] geprägtes heterogenes Handlungsfeld festzustellen.

Innerhalb dieser bunten Landschaft schulischen Instrumentallernens spielen der Instrumentale Gruppenunterricht und das Hinzutreten externer Musikschullehrkräfte eine immer größere Rolle. Die verschiedenen Perspektiven auf den Instrumentalen Gruppenunterricht haben gezeigt, dass diese Unterrichtsform abhängig von den aktuellen bildungspolitischen und ideologischen Strömungen der jeweiligen Zeit mehr oder weniger gefördert wurde. Des Weiteren wurde deutlich, dass sich mit dem Instrumentallernen in Gruppen wiederkehrende Debatten um die pädagogische Relevanz verbinden, die sich immer vor dem Hintergrund traditioneller Lernkontexte (dem Einzelunterricht bzw. dem traditionellen Musikunterricht) ausbreiten. Dabei wird der Gruppenunterricht wiederholt nicht auf Basis einer methodisch-didaktischen Qualität, sondern zuallererst aufgrund seiner organisatorischen Struktur beurteilt (vgl. den Diskurs um JeKi in der Zeitschrift *Üben und Musizieren*, Dahlhaus 2015a; von Gutzeit 2012; Sobirey 2008; 2012; Doerne u.a. 2012; Sommerfeld 2015; 2016).[147]

Durch den Anstieg der Kooperationsprojekte von Musikschulen und Schulen steigt die Bedeutung der Schule als Handlungsfeld für Instrumentallehrkräfte[148]. Im Rahmen der JeKi-Forschungen ist in den Blick geraten, dass der Wechsel an diesen Lernort relevante Auswirkungen auf die Bedingungen des Gruppenunterrichts hat (vgl. Kranefeld u.a. 2015; Sommerfeld 2014).[149] Schule beeinflusst sowohl strukturelle als auch gruppendynamische Aspekte: Die Gruppen im schulischen Handlungsfeld sind teilweise größer[150] und hinsichtlich der Zusammensetzung „notwendigerweise heterogener im Hinblick auf den sozioökonomischen und kulturellen Hintergrund, die Lernvoraussetzungen oder auch die Lernbereitschaft der teilnehmenden Schülerinnen und Schüler" (Kranefeld u.a. 2015, S. 50).[151] Schule wirkt dabei auch als ein eigener Systemkontext (Sommerfeld 2014): Die Kinder kennen einander, sie machen ähnliche Erfahrungen und fühlen sich innerhalb der schulischen Regelwelt zu Hause (ebd.). Ohne Wissen und

---

146 Vgl. zum Konzeptpluralismus Bradler (2014). Carmen Heß (2017) schlägt ein Analyseraster vor, mit dessen Hilfe „konzeptionelle Ansätze für den Bläserklassenunterricht in ihren Argumentations- und Begründungsstrukturen transparenter und nachvollziehbarer" (ebd., S. 227) gemacht werden können. Ein solches Raster könte ggf. auch über den Bläserklassenunterricht hinaus der Offenlegung immanenter Prämissen, Zielvorstellungen und didaktisch-methodischer Entscheidungen in den unterschiedlichen Konzepten dienen.

147 Doerne u.a. (2012) stellen beispielsweise fest, dass bei der Diskussion um JeKi bis dato zumeist kulturpolitische und organisatorische Fragen im Vordergrund standen und „über methodisch-didaktische Probleme kaum gestritten wird" (ebd., S. 15). Dies ändert sich in der jüngsten Zeit.

148 Die Berufsbiographien von Instrumentallehrkräften sind vielfältig, häufig sind es Patchworkidentitäten (vgl. hierzu Müller 2017).

149 Vgl. auch die Ergebnisse der vorliegenden Studie, Kap. 9.

150 Das Merkmal einer anwachsenden Gruppengröße trifft auf die im Rahmen dieser Studie beforschten Gruppen nicht zu. Die größten Gruppen (den Klassenunterricht ausgenommen) umfassten hier vier Lernende.

151 Die methodisch-didaktischen Anforderungen gerade hinsichtlich der Heterogenität stellen sich im vertrauten Feld der Musikschule nicht in diesem Ausmaß (Schwippert u.a. 2014, S. 19; ähnliche Ergebnisse erzielen Beckers & Beckers 2008; Schulten & Lothwesen 2009).

Vertrautheit mit diesem System seien Probleme im schulischen Instrumentalunterricht vorprogrammiert, wie Sommerfeld (2014, S. 11) ausführt.

Für die Instrumentallehrkräfte geht aufgrund dessen der Wechsel an den Lernort Schule mit einer veränderten Anforderungsstruktur[152] gegenüber dem Arbeitsfeld Musikschule (Kranefeld u.a. 2015, S. 50), gar mit einer erheblichen Erweiterung[153] des traditionellen Berufsbildes einher (vgl. Bradler 2012b, S. 2).[154] Wie der historische Blick auf den Instrumentalen Gruppenunterricht gezeigt hat, entwickelte sich das Berufsbild der/des InstrumentalpädagogIn hin zu einer zumeist individuell organisierten Musikausbildung und Begabtenförderung nach dem Vorbild der Konservatorien (vgl. Kap. 4.2.1; Kulin & Schwippert 2014, S. 131). Damit gingen neben fehlenden Qualifikationen der Studienabsolventen für den Gruppenunterricht schließlich auch die fehlenden Gruppenunterrichtskonzepte sowie das schlechte Ansehen, das die Debatte um das Instrumentallernen in Gruppen bis heute prägt, einher. So stellt bereits der *musikschulische* Gruppenunterricht die Lehrkräfte vor teilweise große Herausforderungen, was sich in der „Dauerdiskussion zum ‚Reizthema Gruppenunterricht'" (Mahlert 2011, S. 244) und der Skepsis der Lehrkräfte gegenüber dieser Unterrichtsform abbildet. Ein Großteil der heute aktiven Instrumentallehrkräfte ist selbst lebenslang im Einzelunterricht sozialisiert worden (Doerne u.a. 2012, S. 16). In ihren Berufsbiographien sind Erfahrungen mit einzelnen SchülerInnen zudem meist vorherrschend, so dass zahlreiche Unterrichtende auf das Unterrichten von Gruppen nicht vorbereitet sind.[155] Hinsichtlich der Gestaltung des Gruppenunterrichts müssen sie auf andere, ihnen fremde didaktisch-methodische Prinzipien zurückgreifen, denen sie sich nicht vollends gewachsen fühlen (Loritz 1998, S. 171).[156] Das methodisch-didaktische Rüstzeug dazu eignen sich die Lehrenden häufig in „Eigenregie" (Grosse 2006, S. 119) in Form von Fort- und Weiterbildungen oder als *Learning-by-doing* an, wodurch gerade die Anfangszeit als erhöhte Anstrengung und Herausforderung empfunden wird. Laut Rüdiger haben dabei vor allem jene Lehrkräfte Schwierigkeiten mit dem Unterrichten von Gruppen, die

---

152 Sommerfeld (2014) bemängelt, dass die Musikschullehrkräfte dem Mangel an Systemkenntnis nicht in gleicher Weise begegnen wie dem methodisch-didaktischen Fortbildungsbedarf (vgl. ebd., S. 10).

153 Die Erweiterungen der Anforderungen, die sich von zielgruppengerechten Gestaltung des Unterrichts, Fahrtzeiten, Instrumententransporte bis zu Neustrukturierung der beruflichen Beziehungen reichen, werden bei Kulin & Schwippert (2014) herausgearbeitet.

154 Walter (2012, S. 7) sieht das JeKi-Programm als Auslöser des Wandels im Berufsbild des/der MusikschullehrerIn. Aufgrund der dargestellten Vielfalt des Handlungsfeldes beziehe ich den Wandel vielmehr auf die Öffnung der Musikschulen hin zu neuen Tätigkeitsfeldern. Schulkooperationen (und damit auch JeKi-Projekte) sind eine Konsequenz dieser Öffnung, die mit neuen Kontexten für die Musikschullehrkräfte einhergeht.

155 Dies ist bei den ForschungspartnerInnen in dieser Studie der Fall.

156 Dieser Befund bezieht sich auf den Klassenunterricht im ersten JeKi-Jahr, in dem die Lehrenden in die noch ungewohntere Situation der Großgruppe „hineingezwungen" wurden (Kranefeld 2015b, S. 14). Angesichts meiner Daten erscheint die Abnahme an Kontrollüberzeugung jedoch (in einem geringeren Maße) auch für die Unterweisung von Kleingruppen zu gelten. Diese These kann mit Ernst (2007) gestützt werden, der den Schritt vom Einzel- zum Kleingruppenunterricht als großen methodischen Schritt beschreibt, während die Methoden des Kleingruppenunterrichts auf den Großgruppenunterricht angewendet werden können.

„in Studium und Beruf wenig Erfahrung mit Improvisation, musikalischen Gruppenspielen, kreativem Umgang mit Liedern, notenfreiem Musizieren und Musiklernen etc. gemacht haben und in der neueren Didaktik des Anfangs- und (Groß-)Gruppenunterrichts nicht bewandert sind." (Rüdiger in Doerne u.a. 2012, S. 14)

Diese Problematik potenziert sich mit dem Eintreten in das schulische Handlungsfeld, in dem zu den gruppenpädagogischen Kompetenzen handlungsfeldspezifisches Wissen zum System Schule hinzutreten muss. Auch wenn gruppenpädagogische Inhalte nach und nach in die instrumentalpädagogischen Ausbildungen integriert werden[157], sind Musikschullehrende noch immer vor allem Experten für „die Begleitung individueller musikalischer Bildungsverläufe" (Kranefeld 2015b, S. 14). Nicht selten begegnen ihnen im Berufsalltag dadurch Situationen, in denen sie sich statt wie *Experten* wie *Novizen* fühlen, was als belastend erfahren wird (vgl. Kranefeld u.a. 2015). Während Richter u.a. (2012) betonen, dass sich die meisten Musikschullehrkräfte „mit ihrer pädagogischen Professionalität" (ebd., S. 27) auf dieses neue Arbeitsfeld eingestellt haben, verschweigen sie auch nicht, dass „es auch eine Gruppe gibt, die sich schwertut, insbesondere, wenn diese Form von Breitenarbeit nicht gut in das selbst definierte persönliche Berufsbild passt" (ebd.).[158]

Diese Problematik bildet sich auch in meiner Studie ab. Obwohl die beteiligten Lehrkräfte als erfahren gelten können, wird in den Lehrendeninterviews deutlich, dass sie aus ihrer eigenen Ausbildung keine spezifisch gruppenpädagogischen Kompetenzen mitgebracht haben. Das spezifische professionelle Können haben sie sich in der Unterrichtspraxis angeeignet.

Vor dem Hintergrund dieser grundlegenden Herausforderungen der Unterrichtsform Gruppenunterricht für Instrumentallehrkräfte sind die Ergebnisse des BEGIn-Projekts im Rahmen der *JeKi-Begleitforschung* (Kranefeld u.a. 2015) besonders interessant. Hier wird der Instrumentale Gruppenunterricht an *Schulen* zum ersten Mal handlungsfeldspezifisch untersucht. Die Untersuchungen zeigen, dass dem *schulischen Gruppenunterricht* ein *eigenes Profil* im Sinne einer eigenen *Form* des Instrumentalen Gruppenunterrichts zugeschrieben werden muss (vgl. ebd.), denn die Lehrkräfte schreiben ihm im Gegensatz zum musikschulischen Einzel- und zum musikschulischen Gruppenunterricht *eine eigene Bedeutung* zu. Dies äußert sich zum einen in der unterschiedlichen *Kontrollüberzeugung*: Die Lehrkräfte geben an, sich dem schulischen Gruppenunterricht im

---

157 Diese Effekte greifen verständlicherweise noch nicht auf dem gesamten Arbeitsmarkt.

158 So finden sich im Zuge der JeKi-Debatte zahlreiche Kommentare auf Online-Plattformen, die ein solches Berufsbild belegen. Doerne u.a. (2012) zitieren beispielsweise einen Kommentar, man sei jahrelang dazu ausgebildet worden, Instrumente „bis zur Studienvorbereitung oder sogar im Hochschulbereich zu unterrichten" (ebd., S. 15) und da sei es „keine Perspektive, stattdessen lebenslang Bodypercussion [...] oder ‚Freude schöner Götterfunken' auf unterstem Niveau unterrichten zu müssen" (ebd.). Von Gutzeit (ebd.) sieht gerade in der auf künstlerische Perfektion ausgerichteten Hochschulausbildung von InstrumentalpädagogInnen eine Notwendigkeit, aber auch einen Balanceakt: „Der Balanceakt eines instrumentalpädagogischen Studiums liegt darin, dass dieser künstlerische Anspruch nicht zu Hochmut und zur Geringschätzung der faszinierenden Arbeit mit musikalischen Anfängern führt" (ebd.).

Vergleich zum Einzelunterricht und zum Gruppenunterricht an Musikschulen *am wenigsten gewappnet* zu fühlen (ebd., S. 70), wobei die Kontrollüberzeugung in Form eines Dreischritts zwischen den Formaten ‚Einzelunterricht' – ‚Instrumentaler Gruppenunterricht an Musikschulen' – ‚Instrumentaler Gruppenunterricht an Schulen' abnimmt (ebd., S. 70).

Die Unterscheidung der Formate ‚Instrumentaler Gruppenunterricht an Musikschulen' und ‚Instrumentaler Gruppenunterricht an Schulen' lässt sich zum anderen über die Verschiebung von Zielen, Methoden und gewichtigen Lernfeldern stützen (ebd., S. 69): Im schulischen Gruppenunterricht kommen laut der Lehrkräfte häufiger spielerische Methoden zum Einsatz, während im Musikschul-Gruppenunterricht häufiger das Einzelspiel fokussiert wird (vgl. Kranefeld u.a. 2015, S. 73). In Bezug auf die Verschiebung von Zielen zeigt sich eine „deutlich geringere Relevanz des Lernfeldes ‚Musikalische Gestaltung'[159] im instrumentalen Gruppenunterricht" an Schulen (ebd., S. 16). Dieses wurde in den beobachteten Unterrichtsstunden kaum explizit thematisiert. Auch die Lernfelder *Spieltechnik* und *Präsentation/solistisches Vorspiel* wurden von den befragten Lehrkräften als in der Schule weniger relevant eingeschätzt (ebd., S. 71). Aufgrund dieser Ergebnisse heben Kranefeld u.a. (ebd.) hervor, dass sich im Instrumentalen Gruppenunterricht an Schulen ein *eigenes Profil* der Unterrichtsform zeigt, der gegenüber seinem musikschulischen Pendant weniger

> „[...] auf die Vermittlung von Spieltechnik, von solistischem Spiel und musikalischer Gestaltung setzt, sondern eher spielerische Zugänge und das gemeinsame Musizieren in den Vordergrund stellt, nach Grosse (2006) also der Unterricht als *sozialer Lern- und Erfahrungsraum* höher bewertet wird als der Unterricht zur Ausbildung musikalischer und spieltechnischer Fähigkeiten (s.o.)." (ebd., S. 73; H.i.O.)

Sommerfeld (2014, S. 149; 156ff.) hebt sogar hervor, dass das gemeinsame Musizieren von Anfang an als grundsätzliche Verschiebung der Schwerpunkte im Kontext schulischen Instrumentalunterrichts zu betrachten ist. *Wie* das gemeinsame Musizieren jedoch konkret gestaltet wird, ist in der bisherigen Forschung nicht untersucht worden.

4.4 Strukturelle Bedingungen der an der empirischen Studie beteiligten Instrumentalunterrichtsangebote

In den vorherigen Abschnitten wurden einerseits die fachlich-musikpädagogischen und gesellschaftlich-schulischen Kontexte für den Instrumentalunterricht an Schulen, andererseits aber auch die Pluralität der Rahmenstrukturen aufgezeigt. Die empirische Studie fokussiert sich auf eine spezifische Unterrichtsform innerhalb solcher Kooperationsprojekte zwischen Schule und Musikschule: nämlich den Instrumentalen Gruppenunterricht, der innerhalb der Projekte von Musikschullehrkräften an Schulen erteilt wird.

---

159 Bei Kranefeld u.a. (2015) sind die Lernfelder anders als in Kap. 3.5.1 benannt.

Bestandteil der Studie waren Unterrichtsstunden, die innerhalb eines JeKi-Projekts, eines Streicherklassen-Projekts und innerhalb eines Bläserklassen-Projekts gehalten wurden. Im weiten Sinne können alle diese Projekte als Klassenmusizierprojekte bezeichnet werden (vgl. Bradler 2014, S. 141), da sie aufbauende Instrumentallehrgänge im schulischen Bereich sein wollen. Der Instrumentalunterricht findet in allen untersuchten Projekten außerhalb des regulären Musikunterrichts am späten Vormittag oder am Nachmittag in Form von AG-Unterricht und im Anschluss an den Regelunterricht statt. Die drei Projekte werden im Folgenden kurz vorgestellt und hinsichtlich der strukturellen Bedingungen umrissen.

4.4.1 Die Bläserklasse

Das in der Studie beteiligte Bläserklassenprojekt findet an einer Integrierten Gesamtschule in den Klassen 5 und 6 statt, wobei ich Zugang zum Unterricht der Klasse 6 erhielt. Die SchülerInnen wählen sich in der Klasse 5 in das Projekt ein und verpflichten sich anschließend für die Teilnahme für zwei Jahre. Zur Auswahl stehen die Instrumente Querflöte, Klarinette, Saxophon, Trompete, Posaune und Euphonium. Das Projekt umfasst eine Schulstunde Kleingruppenunterricht pro Woche auf dem gewählten Instrument sowie eine gemeinsame Orchesterstunde pro Woche mit den anderen Instrumenten der gleichen Jahrgangsgruppe (d.h. alle FünftklässlerInnen gemeinsam und alle SechstklässlerInnen gemeinsam). Die Unterrichtsstunden finden jeweils im Anschluss an den regulären Schulunterricht statt, im Fall der beforschten Gruppen war dies am Donnerstag in den Schulstunden 6 (Orchester) und 7 (Kleingruppenunterricht). Die teilnehmenden SchülerInnen nehmen an Schulveranstaltungen und Konzerten teil und müssen halbjährlich einen kleinen benoteten Test absolvieren. Der Unterricht steht damit zwischen regulärem Pflichtunterricht und einem freiwilligen AG-Angebot.

Das Projekt wird in Kooperation zwischen der Schule und der örtlichen Musikschule durchgeführt. Die Musikschule entsendet hierfür Instrumentallehrkräfte, die eigenständig den Instrumentalen Gruppenunterricht durchführen. Im Klassenunterricht mit allen Instrumenten sind ein Schulmusiker sowie eine Instrumentallehrkraft anwesend, wobei sich in den von mir beobachteten Unterrichtsstunden die Instrumentallehrkraft für die Gestaltung des Unterrichts verantwortlich zeichnete und kein Team-Teaching im engeren Sinne vorzufinden war.

Die Projektträger benennen das Ziel, „den Schülerinnen und Schülern Kenntnisse und Fähigkeiten zu vermitteln, die es ihnen ermöglichen, mit anderen oder alleine zu musizieren. […] Bei diesem Modell steht das gemeinsame Musizieren von Anfang an im Mittelpunkt" (Informationsschreiben der Schule an die Eltern). Wie wird dieses gemeinsame Musizieren realisiert und wie werden die SchülerInnen in die Lage versetzt, mit den anderen zu musizieren? Dies wird im Rahmen der empirischen Untersuchung zu fragen sein.

Die Teilnahme an dem Projekt kostet monatlich 29 Euro. In dieser Gebühr ist die Leihe des Instruments inkludiert. Nach den ersten zwei Projektjahren können die SchülerInnen den Unterricht zu leicht erhöhten Gebühren fortführen. Die Schule bietet ihnen außerdem die Teilnahme an mehreren Musikensembles (Blasorchester, Bigband, Rockband, Musical etc.) an, so dass das Musizieren über den Projektrahmen hinaus ermöglicht wird.

Im Rahmen der empirischen Studie besuchte ich den Klassenunterricht der Bläserklasse sowie mehrere Kleingruppenunterrichtsstunden verschiedener Instrumente (Saxophon, Querflöte, Trompete). Die Datenerhebung erfolgte im Klassenunterricht sowie im Instrumentalen Gruppenunterricht Saxophon und Querflöte.

4.4.2 Die Streicherklasse

Neben dem Bläserklassenunterricht ist auch ein Streicherklassenprojekt Teil dieser Studie. Das Projekt findet an einer Grundschule in den Klassen 3 und 4 statt, wobei ich die Klasse 4 besuchte. Die SchülerInnen wählen sich in Form eines AG-Angebots in Klasse 3 in die Streicherklasse ein und erhalten pro Woche eine Stunde Klassenunterricht mit allen Instrumenten und eine Stunde Instrumentalen Gruppenunterricht in instrumentenhomogenen Kleingruppen. Zur Auswahl stehen die Instrumente Violine, Violoncello und Kontrabass, wobei für die Verteilung der Instrumente auf die Klasse keine Vorgaben gemacht werden. In der von mir besuchten Klasse waren neun Violinen, drei Celli und ein Kontrabass vertreten. Der Klassenunterricht findet am Mittwoch in der 6. Stunde statt, der Kleingruppenunterricht am Montag in der 6. Stunde (Cello, Kontrabass, eine Gruppe der Violinen) sowie am Mittwoch in der 5. Stunde (die zweite Gruppe der Violinen). An der Schule finden regelmäßig Konzerte statt. Eine Weiterführung nach dem Ende des Projekts ist nicht vorgesehen, da die SchülerInnen mit dem Ende des Projekts auf die weiterführende Schule wechseln. Das Projekt wird als Kooperation zwischen Grundschule und örtlicher Musikschule angeboten, wobei die Lehrkräfte ausschließlich von der Musikschule stammen. Im wöchentlichen Klassenunterricht sind dabei regelmäßig zwei Lehrkräfte, von denen je eine/r ein hohes und ein tiefes Streichinstrument repräsentieren, anwesend. Der Klassenunterricht wird als Team-Teaching gestaltet.

Im Rahmen der empirischen Untersuchung besuchte ich hier den Klassenunterricht sowie alle drei Kleingruppen. Die Datenerhebung erfolgte im Klassenunterricht sowie im Instrumentalen Gruppenunterricht der Violinen-Gruppen.

4.4.3 Die JeKi-Gruppen

Bestandteil der empirischen Studie war des Weiteren der Instrumentale Gruppenunterricht, der im Rahmen des Programms *Jedem Kind ein Instrument* an einer Grundschule gehalten wurde. Das Programm startet an der untersuchten Grundschule wie gewöhnlich in Klasse 1 mit einem Instrumentenkarussell, worauf ab Klasse 2 der Instrumentale Gruppenunterricht beginnt.[160] Abweichend von der gewöhnlichen Struktur, bei der das

---

160 Interessanterweise klassifizieren die SchülerInnen selbst nur das Instrumentenkarussell als JeKi-Unterricht, wie sich in einem Gruppengespräch mit einer Cellogruppe zeigte. Als ich

instrumentengemischte Ensemble ab Klasse 3 hinzukommt, sollte an der beforschten Schule das *Ensemble Kunterbunt* bereits in Klasse 2 hinzutreten. Aufgrund von organisatorischen Problemen fand aber bis zum Ende des Feldaufenthalts keine einzige Orchesterstunde statt. Während meines Feldaufenthalts endete das Projekt vorläufig nach der Klasse 2, wobei eine Weiterführung des Gruppenunterrichts an der Musikschule möglich war. Das Projekt ist für die teilnehmenden Kinder kostenpflichtig.

Die SchülerInnen der Grundschule können aus einem großen Fundus an Instrumenten auswählen: Violine, Viola, Violoncello, Kontrabass, Trompete, Posaune, Horn, Querflöte, Klarinette, Gitarre, Mandoline, Akkordeon, Blockflöte und Cajon. Jährlich findet ein JeKi-Konzert in der Schule statt. Die Kooperationsvereinbarung dieses Projekts sieht vor, dass das Instrumentenkarussell in Klasse 1 im Tandem von Grundschullehrkraft und Musikschullehrkraft unterrichtet wird, der Instrumentale Gruppenunterricht in Klasse 2 dann von einer Instrumentallehrkraft der Musikschule.

Im Rahmen der empirischen Untersuchung besuchte ich den Instrumentalen Gruppenunterricht der 2. Klasse in den Fächern Violine und Violoncello. In diesen Gruppen erfolgte auch die Datenerhebung. Der Unterricht wird im Anschluss an den Regelunterricht organisiert. Er fand am Dienstag in den Stunden 5 bzw. 6 statt.

4.4.4 Übersicht über die Organisations- und Projektstrukturen der beteiligten Unterrichtsgruppen

Auch wenn sich die organisatorischen Prinzipien der Projekte äußerlich unterscheiden, gleichen sie sich hinsichtlich ihrer Verankerung innerhalb eines Wahlangebots außerhalb des regulären Musikunterrichts, der konsequenten Einbindung Instrumentalen Gruppenunterrichts in die Projekte und der starken Präsenz der Musikschullehrkräfte in den Gesamtprojekten. Tabelle 2 zeigt eine Übersicht über die an der Studie beteiligten Projektformen (vgl. Tab. 2).

---

nach dem JeKi-Unterricht frage, erwähnt einer der Schüler empört, sie hätten gar kein JeKi mehr. Die Kinder bezeichnen ihren Kleingruppenunterricht als „Cellounterricht", wohl, um sich von den Kindern der 1. Klasse als ältere abzusetzen und ihren Kompetenzzugewinn deutlich zu machen.

Tab. 2:   Strukturen der beforschten Projekte (SuS = Schülerinnen und Schüler).

Projekt	Beginn	Projektdauer	Anzahl der SuS	Zusätzl. Ensembleunterricht	Instrumentalfächer	Dauer der Unterrichtseinheit
Bläserklasse	Klasse 5	2 Jahre	3–5 SuS	ja	Querflöte, Klarinette, Saxophon, Trompete, Posaune	45 Min.
Streicherklasse	Klasse 3	2 Jahre	4–5 SuS	ja	Violine, Violoncello, Kontrabass	45 Min.
JeKi	Klasse 2[161]	3 Jahre	3–5 SuS	Theoretisch ja[162]	Violine, Viola, Violoncello, Kontrabass, Trompete, Posaune, Horn, Querflöte, Klarinette, Gitarre, Mandoline, Akkordeon, Blockflöte, Cajon	45 Min.

---

161 Instrumentenkarussell in Klassenstufe 1.
162 Während der Datenerhebungsphase fand dieser Ensembleunterricht nicht statt.

5   Methodologische Begründungen und Darstellung des methodischen Vorgehens

Das folgende Kapitel wird die der empirischen Forschungsarbeit zugrunde liegenden methodologischen Prämissen sowie die methodischen Vorgehensweisen hinsichtlich der Erhebungsmethodik, des Samplings und der Auswertung der Daten darstellen, reflektieren und begründen, um eine Nachvollziehbarkeit des Forschungsprozesses sicherzustellen. Das Vorgehen in diesem Kapitel soll das Vorgehen im Forschungsprozess dabei möglichst abbilden, wobei die lineare Darstellung den zyklischen Forschungsprozess der Grounded-Theory-Methodologie nur annähernd abbilden kann.

5.1   Die Grounded-Theory-Methodologie als Forschungsstil

Den methodologischen Hintergrund dieser empirischen Untersuchung bildet die *Grounded-Theory-Methodologie* (GTM), die 1967 mit der Veröffentlichung von *The Discovery of Grounded Theory*[163] von Barney Glaser und Anselm Strauss begründet wurde. Es handelt sich bei der GTM zuallererst um einen Forschungs*stil* innerhalb der qualitativen Sozialforschung, der darauf zielt, anhand systematischer Verfahren aus den empirisch erhobenen Daten eine gegenstandsbegründete („gounded") Theorie zu generieren (Glaser & Strauss 2010 [1967]). Bisher unbekannte Phänomene bzw. neue theoretische Aspekte eines bekannten Phänomens werden aus ethnographisch erhobenen Daten[164] einer sozialen Situation herausgearbeitet, indem die Daten hinsichtlich ihrer Eigengesetzlichkeiten – nach dem, was „sich hier wohl ab[spielt]" (Strauss & Corbin 1996, S. 54), – befragt werden. Die GTM verfolgt demzufolge eine explorative Forschungslogik und überprüft keine Hypothesen.

Die GTM hat sich im Laufe der Jahre in verschiedene Strömungen[165] ausdifferenziert, die sich jedoch in drei zentralen Aspekten gleichen: Die GTM charakterisiert das theorieorientierte Kodieren (Przyborski & Wohlrab-Sahr 2010, S. 195), mit dem aus in den Daten auftretenden Ereignissen theoretische Konzepte gebildet werden, das theore-

---

163 Die deutsche Übersetzung trägt den Titel *Grounded Theory. Strategien qualitativer Forschung* (Glaser & Strauss 2010).

164 Die GTM entstammt der ethnographischen Tradition der Chicagoer Schule (Strübing 2008).

165 Die GTM wurde nach der Veröffentlichung von *The Discovery of Grounded Theory* (1967) von den Autoren Glaser und Strauss getrennt voneinander weiterentwickelt. Schülerinnen der beiden Gründer entwickelten außerdem weitere Schulen, z.B. Kathy Charmaz (2006) mit der konstruktivistischen Grounded Theory oder Adele Clarke (2012) mit der Situationsanalyse. Einen Überblick über die unterschiedlichen Ausrichtungen der GTM geben Mey & Mruck (2011a). Hinweise zur Entwicklung der GTM finden sich bei Mey & Mruck (2011b) und Strübing (2008; 2011) sowie zum erkenntnistheoretischen Hintergrund bei Strübing (2008).

tische Sampling, das sich auf theoretische Überlegungen hinsichtlich der Anreicherung von Konzepten bzw. der zu generierenden Theorie stützt und aufgrund dessen die Forschungsphasen der Datenerhebung und Auswertung verschränkt werden, und schließlich die grundlegende Technik des systematischen Vergleichs zwischen Phänomenen und Kontexten (Strauss im Gespräch mit Legewie und Schervier-Legewie 2011, S. 74). Diese „Essentials" einer GTM (ebd., S. 75), zu denen Przyborski & Wohlrab-Sahr (2010, S. 199-209) noch das Schreiben theoretischer Memos zählen, leiten den gesamten Forschungsprozess. Die konkreten Vorgehensweisen innerhalb des Forschungsprojekts sind – immer auf der Grundlage der Essentials – an die Forschungsfrage, die jeweiligen Daten und die hervortretenden theoretischen Konzepte so anzupassen, „dass am Ende Resultate erbracht werden, die der Theorieentwicklung nützen" (Mey & Mruck 2011b, S. 42).[166]

Ich wähle die GTM als Rahmen für die Untersuchung von Koordinationsprozessen im Instrumentalen Gruppenunterricht, da diese Methodologie den Fokus auf die explorative Herausarbeitung von Bedeutungen, Rollen und Effekten eines Phänomens im untersuchten kulturellen Feld legt (vgl. Kelle 2001, S. 199). Sie ermöglicht die Formulierung eines Erklärungsmodells über die komplexen Zusammenhänge dieses Phänomens in der untersuchten sozialen Situation. Damit entspricht die Methodologie dem Forschungsziel.

Die im Rahmen dieser Studie beobachteten Unterrichtssituationen werden nach konstruktivistischem Verständnis als von den beteiligten Akteuren ko-konstruiert verstanden. Das Einnehmen einer konstruktivistischen und reflexiven Perspektive – innerhalb der GTM vertreten durch Kathy Charmaz (2006; 2011a; 2011b) und im deutschsprachigen Raum durch Franz Breuer (2010) – erscheint in diesem Kontext als Möglichkeit, solche Ko-Konstruktionsprozesse in der sozialen Interaktion nachzuzeichnen und sich so den Perspektiven auf das gemeinsame Musizieren im Unterricht vielseitig und reflexiv anzunähern (Charmaz 2011b, S. 198).[167] Damit einher geht auch die Anerkennung der aktiven Rolle der Forschenden, die, wie Charmaz (2006, S. 10) darstellt, *ihre* Grounded Theories konstruieren:

> „In the classic grounded theory works, Glaser and Strauss talk about discovering theory as emerging from data seperate from the scientific observer. Unlike their position, I assume that neither data nor thoeries are discovered. Rather, we are part of the world we study and the data we collect. We construct our grounded theories. Through our past and present involvements and interactions with people, perspectives, and research practices." (ebd., S. 10)

---

166 Wie Mey & Mruck (2011b, S. 43-44) weiterhin ausführen, bedeutet die Notwendigkeit einer gegenstandsadäquaten Anpassung der methodischen Verfahren „keine Einladung zur Beliebigkeit", sondern zur verstärkten reflexiven Auseinandersetzung mit den methodologischen und methodischen Grundlagen sowie eine nachvollziehbare, transparente Darstellung des Forschungsprozesses. Dem soll im vorliegenden Kapitel Rechnung getragen werden.

167 Die Reflexivität im Sinne Breuers (2010) hat sich außerdem für den Auswertungsprozess als hilfreich erwiesen, da hierdurch subjektive Eindrücke beim Betrachten (und vor allem beim Zuhören) der Unterrichtsvideos in die Analyse einbezogen werden konnten (vgl. hierzu Kap. 5.4).

Forschende tauchen demnach nicht nur durch ihr aktives Handeln im Forschungsprozess in ihren Theorien auf, sie gestalten – als Ko-Konstrukteure der sozialen Situation, an der sie in der Forscherrolle teilnehmen – diese Situationen zudem mit. Die logische Folge der Anerkennung einer Forschersubjektivität ist es dann auch, im gesamten Prozess der Datenerhebung und -auswertung eine reflexive Haltung zu verfolgen (Breuer 2010, S. 115-141) und die erarbeitete Theorie als Deutungs*variante* zu betrachten. Dieser Haltung dienten in der vorliegenden Studie das Führen eines Forschungstagebuchs[168], das Schreiben analytischer Memos, sowie der regelmäßige Austausch mit anderen Forschenden, z.B. in Form von gemeinsamer Reflexion des Datenmaterials und der erarbeiteten Kategorienmodelle im Rahmen einer Forschungswerkstatt[169]. Mit der Darstellung der methodischen Entscheidungen und Verfahren versuche ich in den Kapiteln 5.2–5.4, den Forschungsprozess nachvollziehbar darzustellen.

Bevor jedoch hierzu übergeleitet wird, soll die Rolle des Vorwissens thematisiert werden, die innerhalb der GTM kontrovers diskutiert wurde und wird (vgl. z.B. Kelle 1996). Die grundlegende Ausrichtung der GTM, Konzepte aus den Daten ‚emergieren' zu lassen und ihnen nicht vorgängige Theorien ‚überzustülpen', führte zu der Kontroverse, ob Forschende nicht ohne jegliches Vorwissen ins Feld gehen sollten (Strübing 2008, S. 57-58). Strübing (2008) und auch Kelle (2011) verneinen das[170] und verweisen dabei auf zwei Aspekte: Einerseits könne der Forschende nicht als ‚tabula rasa' ins Feld gehen, da er immer schon Vorwissen besitze (Kelle 2011, S. 238). Zum zweiten sei Vorwissen im Sinne der *Theoretischen Sensibilität* (Glaser & Strauss 2010, S. 62-64) notwendig, um relevante Konzepte überhaupt in den Daten erkennen zu können (Kelle 2011, S. 237). Mit Verweis auf Glaser & Strauss (2010) plädiert Kelle (2011, S. 237) daher dafür, Vorwissen im Kontext einer GTM-Studie als Form der *Theoretischen Sensibilität* anzusehen und es in diesem Sinne zum Hinterfragen der Daten zu nutzen (Strübing 2008, S. 58): Durch das kontinuierliche Erarbeiten und Reflektieren theoretischer

---

168 Das Forschungstagebuch entspricht im Sinne Breuers (2010, S. 129-131) einem persönlichen Reflexions- und Ideenraum und bleibt daher unveröffentlicht. Es diente dem Dokumentieren der Gedanken, Vorannahmen, Erlebnisse und aktuellen Fragen, auf deren Basis sich das theoretische Sampling und damit der Forschungsprozess gestaltete, sowie der Reflexion. Ich wählte die Form des handschriftlich geführten Notizbuchs, das immer und jederzeit aufgeschlagen werden und zur Anfertigung von Notizen genutzt werden konnte. Als Dokumentationsmedium diente das Forschungstagebuch der Niederschrift des Methodenkapitels.

169 Breuer (2010) betont die Wichtigkeit des Austauschs mit anderen Forschenden im Rahmen einer GTM-Studie. Dies diene zum einen der Reflexivität (ebd., S. 134-136), zum anderen seien Kodiersitzungen in der Gruppe „besonders ergiebig" (ebd., S. 80-81), da unterschiedliche Perspektiven auf das Datenmaterial gespiegelt würden. Etwa ein Jahr nach Beginn der Untersuchung wurde ich Mitglied in der Interpretationsgruppe Qualitas der „NetzWerkstatt" (Institut für Qualitative Forschung der FU Berlin; vgl. die Darstellung der netzbasierten Forschungsgruppen in Moritz 2009). Weitere Austauschmöglichkeiten mit Koforschenden hatte ich durch die Teilnahme an fachspezifischen und multidisziplinären Kolloquien (z.B. dem Doktorandenkolloquium der HfMDK Frankfurt und dem Europäischen Doktorandenkolloquium Salzburg), verschiedenen Methodenworkshops und Tagungen.
Zur Thematik der Einbindung der GTM in Qualifikationsarbeiten vgl. Truschkat u.a. (2005).

170 Kelle & Kluge (2010, S. 13) bezeichnen eine solche Annahme als „induktivistisches Selbstmissverständnis".

Termini sowie das Hinterfragen von Theorien hinsichtlich der darin liegenden Deutungsschemata (Glaser & Strauss 2010, S. 62) werden die empirischen Daten unter Rückgriff auf das eigene Wissen betrachtet und interpretiert.

Im Falle meiner Studie wurde die wissenschaftliche Literatur nicht zu Beginn des Projekts, sondern kontinuierlich erarbeitet.[171] Dennoch verfügte ich zu Beginn des Forschungsprozesses über relevantes Vorwissen – einerseits in Form von wissenschaftlich gehaltvollen Theorien, die ich im Zusammenhang einer früheren Studie zum Thema Koordinationserfahrungen im Jugendorchester[172] sowie in der Vorbereitung des Forschungsprojekts erarbeitet hatte, andererseits in Form von Feldwissen aus beruflicher und persönlicher Erfahrung[173]. Die Vorstellung von Koordination, wie sie von Spychiger (2008; 2010) expliziert wird (vgl. Kap. 2), spielte in dieser Studie zunächst als Präkonzept eine Rolle, der den Blick auf die Daten lenkte: Ich suchte explizit nach Koordinationen, deren Eigenschaften und Merkmale ich jedoch erst aus dem Material heraus entwickeln konnte. Welchen Einfluss mein Vorwissen auf den Prozess der Datenauswertung hatte, wird an entsprechender Stelle des Forschungsprozesses thematisiert.

5.2   Mehrperspektivität durch Pluralität der Erhebungsmethoden

Die Methoden der Datenerhebung konstruieren durch die ihnen zugrunde liegenden Logiken und Erkenntnismöglichkeiten „auf spezifische Weise den Gegenstand, der mit [ihnen] erforscht werden soll (vgl. u.a. Flick 2007, S. 31f.)" (Friebertshäuser u.a. 2010, S. 380). Sie sind darum erklärungsbedürftig. Für die Erforschung von Koordinationsprozessen beim gemeinsamen Musizieren im Instrumentalen Gruppenunterricht entschied ich mich für die Kombination von Beobachtungs- und Befragungsmethoden, um mehrere Perspektiven auf den Forschungsgegenstand einzufangen und der Analyse damit im Sinne der GTM Vergleichsebenen bereitzustellen. Während die videographische Aufzeichnung von Unterrichtsstunden eine Beobachtung der sozialen Situation von außen ermöglichte, sollten Befragungen der Lehrkräfte sowie der Kinder und Jugendlichen die Perspektiven der Akteure auf den Gegenstand – „Konzepte, Meinungen, Argumentationen, erzählende Rekonstruktionen einzelner Begebenheiten" (Kelle 2001, S. 203) – einfangen. Die methodische Triangulation[174] dient damit der konzeptionellen Verdichtung der zu generierenden Theorie.

---

171 Aufgrund dessen entspricht die Linearität des Forschungsberichts nicht dem Forschungprozess. Der Forschungsbericht versucht durch dennoch deutlich zu machen, welche theoretischen Überlegungen bereits vor Beginn der Studie angestellt wurden und welche erst durch die empirischen Untersuchung angeregt wurden.

172 Vgl. Hellberg (2010).

173 Zur Integration außerwissenschaftlichen Wissens in den Prozess der GTM vgl. Strauss & Corbin (1996, S. 25f.).

174 Flick (2011, S. 12) definiert Triangulation als das Einnehmen „unterschiedlicher Perspektiven auf einen untersuchten Gegenstand. [...] Diese Perspektiven sollten so weit als möglich gleichberechtigt und gleichermaßen konsequent behandelt und umgesetzt werden." Dabei

Da die einzelnen angewendeten Verfahren je spezifische Sichtweisen auf den Gegenstand produzieren (Kelle 2001, S. 192), dienen sie nicht der gegenseitigen Validierung (Flick 2011; Friebertshäuser u.a. 2010; Kelle 2001). Stattdessen schaffen die unterschiedlichen Perspektiven eine Sensibilisierung für das Material, eine Anreicherung der theoretischen Konzepte und eine Integration von Situation und Kontext. In diesem Sinne ist auch das Ergebniskapitel zu verstehen, in dem sich einige Kapitel notwendigerweise mehr auf Daten aus den Interviews, andere mehr auf Videodaten stützen. Dies bedeutet nicht, dass die jeweils andere Datensorte für die jeweilige Kategorie weniger in Betracht gezogen wurde. Während die Beobachtungsperspektive jedoch von außen auf Koordination blickt, dabei aber die aktuelle Situation betrachten kann, präsentieren Interviewdaten Konstruktionen der Befragten in einem retrospektiven Blick auf die Situation.

In den folgenden Kapiteln wird zunächst die Wahl der einzelnen Erhebungsmethoden begründet und anschließend die Durchführung der Datenerhebung beschrieben. Ich beginne mit der Diskussion der videographischen Aufzeichnung der Unterrichtsstunden (Kap. 5.2.1), woran sich die Reflektion der Interviewführung mit den Lehrkräften (Kap. 5.2.2.1) und mit den Kindern und Jugendlichen (Kap. 5.2.2.2) anschließt.

5.2.1 Videographische Aufzeichnung von Unterrichtsstunden: Beobachtungen gemeinsamen Musizierens als *„Kamera-Thema"*

Für die Erforschung musikalischer Handlungsprozesse im Instrumentalen Gruppenunterricht ist die Beobachtung der Musiziersituation in ihrem Handlungsvollzug unerlässlich. Das gemeinsame Musizieren in der Gruppe basiert auf vielfältigen leiblichen Handlungen, die auf das Ziel hin ausgerichtet sind, die individuell produzierten Klänge zu einem Ensembleklang werden zu lassen (Keller 2008, S. 206; Kap. 2). Neben den leiblichen Handlungen in der Gruppeninteraktion stehen damit Klang und Leiblichkeit im Vordergrund der Kommunikation. Musizierprozesse verfügen in diesem Sinne über Eigengesetzlichkeiten – Nichtsprachlichkeit, Flüchtigkeit, Zeitlichkeit, semantische Unbestimmbarkeit, Körperlichkeit und Emotionalität (vgl. Gebauer 2011, S. 35) –, für die sich das *auditive Bewegtbild* (Moritz 2011) als Erhebungsmethode geradezu aufdrängt: Es sind gerade die Stärken audiovisueller Daten – die Dichte (Tuma u.a. 2013, S. 34) durch die Verzahnung leiblicher, räumlicher und klanglicher Dimensionen (Dinkelaker & Herrle 2009, S. 10)[175], die Konservierung einer Beobachtungsperspektive zum Zwecke der wiederholten Vergegenwärtigung (Aufschnaiter & Welzel 2001, S. 8; Tuma u.a. 2013, S. 33) sowie die technischen Manipulationsmöglichkeiten der Verlang-

---

wird eine Triangulation dann als aufschlussreich betrachtet, wenn „komplementäre Ergebnisse erzielt werden [...], die ein breiteres, umfassenderes oder ggf. vollständigeres Bild des untersuchten Gegenstandes liefern" (ebd., S. 49).

175 Dinkelaker (2010, S. 91) bezeichnet es als eine „zentrale Errungenschaft videobasierter Interaktionsforschung, dass mit ihr das beobachtete Geschehen als eine Verschränkung unterschiedlicher, gleichzeitig verlaufender Aktivitätsstränge begriffen und beobachtet werden kann".

samung oder Beschleunigung (vgl. Herrle u.a. 2010, S. 599) –, die einen Zugriff auf die Komplexität der musikalischen Handlungsprozesse hinsichtlich ihrer Hervorbringung in Form von Bewegung und hinsichtlich ihres Produkts in Form des Klangs versprechen (vgl. auch Gebauer 2011; Rosenbrock 2008). Musikbezogene Interaktionen und mit ihnen die Koordinationsthematik können in diesem Sinne zu den Themen gezählt werden, die „weder mit einem Tonband [allein, d.Verf.] noch über eine Transkription des Gesprochenen einer Beforschung zugänglich würden. Es sind Kamera-Themen" (Mohn 2010, S. 208).[176]

Dies darf allerdings nicht über zwei Aspekte hinwegtäuschen: Einerseits ergeben sich durch das ‚Zwischenschalten' eines Mediums mit eigenständigem „Symbol-, Zeichen- und Ausdruckssystem gegenüber dem System der Sprache" (Moritz 2010b, S. 164) zwischen Untersuchungsgegenstand und sprachgebundener Theoretisierung nicht unerhebliche methodologische Herausforderungen im Prozess der Datenanalyse. Ich komme an entsprechender Stelle darauf zurück (vgl. Kap. 5.4.2). Auch ist nicht zu vernachlässigen, dass das Video eine Reduktion der sozialen Wirklichkeit im Sinne eines „Abbildes" der sozialen Situation darstellt (vgl. Tuma u.a. 2013, S. 34; Schnettler & Knoblauch 2009, S. 276): Videos gelten als „Produzenten von Welt(en)" (Moritz 2011, S. 37), deren Konstruktivität sich vielleicht verdeckter darstellt als diejenige eines protokollierenden Beobachters. Unter methodischer Berücksichtigung dieser Aspekte stellt sich die Videographie jedoch als geeignete Erhebungsmethode für das Forschungsinteresse dar.

Ablauf der Videoaufzeichnungen

Audiovisuelle Daten entstehen in sozialen Situationen bzw. durch performative Handlungen der Forschenden (vgl. Tuma u.a. 2013, S. 10). Durch die Erhebung konstruieren Forschende demzufolge die jeweilige Realität, die im Video gezeigt wird und die später der Analyse zur Verfügung steht (Reichertz & Englert 2011; Corsten 2010; Bohnsack 2009). Daher ist es nicht unerheblich, welche methodischen Entscheidungen bezüglich des Kamerafokus und Anwesenheit der Forschenden für die Aufnahmesituation getroffen werden. Ich wählte zwei Standkameras mit unterschiedlichen Perspektiven auf die Akteure als Kamerafokus, um das Handeln aller Beteiligten möglichst gut erfassen zu können, und entschied mich für eine Anwesenheit während der Datenerhebungen, was ich im Folgenden begründen will.

Gemeinsames Musizieren ist eine Aktivität, mit der sich die beteiligten Akteure mittels der Musik ausdrücken. Diese Ausdrucksdimension hat, das sagte mir meine Erfahrung aus Konzerten oder Proben, für den Beobachter in der Livesituation eine andere Wirkung als in einer Reproduktion. Diese Divergenz ist Ausdruck der Selektivität von Videodaten (vgl. Tuma u.a. 2013). Da die Dimension der ästhetischen Wirkung aber für musikbezogene Fragestellungen eine große Bedeutung hat, sollte über die Anwesenheit

---

176 Zu den Chancen und Grenzen von Unterrichtsbeobachtung und Videographie vgl. Müller u.a. (2006); Knoblauch u.a. (2006).

in der Aufnahmesituation eine Abmilderung dieses Effekts gelingen. Ich wollte spüren und erleben, welche Momente des Unterrichts ‚irgendwie besonders' wirkten oder ‚irgendwie schön' klangen, um später in der Analyse einen besonderen Blick auf diese Situationen werfen zu können.[177]

Um die Reaktanz auf die Kamera und mich als Forscherin abzumildern, plante ich in meiner Erhebungsphase einige Stunden der Hospitation vor der Videoaufzeichnung ein, während derer ich mir Kontextwissen[178] aneignen und sich die Lehrpersonen und die SchülerInnen an meine Anwesenheit gewöhnen konnten. Ich hatte den Eindruck, dass die Lehrpersonen trotz meiner Anwesenheit eine recht normale Unterrichtsstunde gestalteten. Die Kinder und Jugendlichen waren fasziniert von der Technik und interagierten gelegentlich mit mir als Forscherin. Im Vordergrund stand dabei der mediale Aspekt (z.B. „Kommen wir jetzt ins Fernsehen?" 03-1218-K1-1/22:24) sowie das Gefühl, nun ein „Star" zu sein („Dürfen wir was vorspielen? Aber mit filmen!").[179] Diese interaktiven Passagen finden sich häufig zu Beginn und Ende der Stunden sowie in Phasen, in denen die Spannung des Unterrichtsgeschehens nachließ. Die SchülerInnen schienen die Kamera hingegen zu ignorieren, sobald der Unterricht ihre Konzentration forderte.

Zur Frage des Kamerafokus: Ich zeichnete die Unterrichtsstunden mit zwei Kameras auf, die jeweils zwei unterschiedliche Perspektiven einnahmen. Die genaue Positionierung machte ich von der Raumgestaltung der jeweiligen Lehrkraft abhängig. Zumeist richtete ich eine Kamera auf die Schülergruppe und eine zweite auf die Lehrkraft. Gelang dies nicht – sei es, weil die Gruppe zu weit im Raum verteilt war, weil durch Gegenstände Gruppenmitglieder verdeckt waren oder Lehrpersonen durch die Kamera nicht eingefangen werden konnten, – positionierte ich die zwei Kameras so, dass sie die zwei Seiten des Raums einfingen, so dass alle Akteure sichtbar wurden. Die Kameras fingen somit nach Möglichkeit die Perspektiven der Akteure ein und fokussierten daher die Ausrichtung von Lehrkraft und Schülergruppe aufeinander (vgl. zur Positionierung von Kameras für Unterrichtsaufnahmen: Corsten 2010, S. 18). Die Abb. 6a und b zeigen beispielhafte Skizzen der Kameraperspektiven.

---

177 Um diese Eindrücke als Sensibilisierung in die Auswertung einfließen lassen zu können, fertigte ich nach jeder Erhebung Notizen im Forschungstagebuch oder als Feldnotiz an. Die Notizen hatten zunächst einen überschaubaren Wert, da ich direkt nach den Unterrichtsstunden keine besonderen Situationen beschreiben konnte. Die Überkomplexität durch die Gleichzeitigkeit von Videoaufzeichnung und Erinnernwollen von leiblichen Eindrücken überforderte mich. Mit der Distanzierung während der Analysephase bekam ich jedoch einen guten Zugang zu den Situationen, ich erinnerte vermeintlich vergleichbare oder kontrastierende Situationen, bei denen mich die Prozesse unter der Oberfläche interessierten. Für das theoretische Sampling hatte die Anwesenheit daher einen großen Wert.

178 Laut Tuma u.a. (2013, S. 87) ist ethnographisches Wissen notwendig, um das videoimmanente Geschehen in der Analysephase nachvollziehen zu können.

179 Diese Beispiele zeigen, dass die Datenerhebung als sozialer Vorgang angesehen werden muss. „Beobachtete werden sich wie Beobachtete verhalten" (Dinkelaker & Herrle 2009, S. 21). Die Wirklichkeit, die im Rahmen der empirischen Untersuchung beobachtet werden soll, wird demzufolge erst unter Einfluss des Forschungsprojekts erzeugt. Im Wissen um diesen Zusammenhang spielt die Reflexion der durch das Forscherhandeln erzeugten Realität eine besondere Rolle. Wie ich gerade mit der Frage der Reaktanz bei der Datenanalyse umgegangen bin, erörtert Kap. 5.4.3.3.

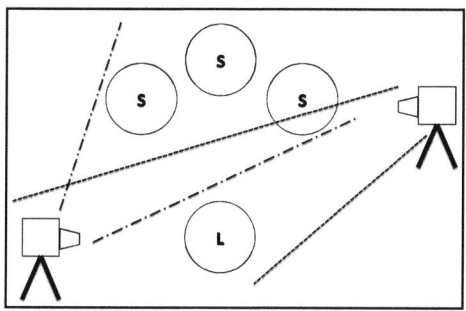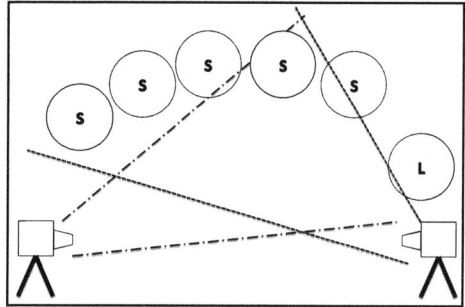

Abb. 6a und 6b: Positionierung der Kameras mit Fokus auf Lehrkraft und Schülergruppe (6a) und Positionierung auf zwei Raumseiten (6b).

Eine Kamera wurde dabei mit fixem Weitwinkelfokus eingerichtet und nicht bewegt. Ich selbst befand mich bei der zweiten Kamera, die ich abhängig vom Unterrichtsgeschehen gegebenenfalls leicht nachjustierte, wenn sich die Gruppe aus dem Blickfeld bewegte. Zusätzlich zu den Kameras positionierte ich in näherer Distanz zur Unterrichtsgruppe ein Sprachaufnahmegerät, um gegebenenfalls leise Gesprochenes nachhören zu können. Dies stellte sich aber als wertlos heraus, da die Kameramikrophone auch leise Passagen gut einfingen.

Nach jedem Unterrichtstag, den ich in den Klassen verbrachte, machte ich mir Notizen im Forschungstagebuch.

Aufarbeitung der Rohdaten

Die erhobenen Videodaten wurden auf externen Datenträgern archiviert und standen so der Analyse zur Verfügung. Als erster Schritt der Aufarbeitung der Rohdaten erstellte ich „Logbücher" (angeregt durch Tuma u.a., 2013, S. 77-78) – überblicksartige Ablaufskizzen, die das Gesamtvideo in Sequenzen einteilten (vgl. Abb. 7 und 8), und dem Ziel der „Inventarisierung" (Deppermann 2008, S. 32ff.) sowie einer Festlegung interessanter „Analyseausschnitte" (ebd., S. 35; vgl. auch Kranefeld u.a. 2015, S. 53) dienten. Eine Teilung der Sequenzen erfolgte im Sinne einer „Segmentierungsanalyse" nach Dinkelaker & Herrle (2009, S. 54-64) auf Basis der Kriterien des Themenwechsels, der zumeist durch eine neue Aufgabenstellung der Lehrkraft offenkundig wurde. Eine neue Sequenz begann demzufolge häufig mit einer Ansage im Stile: „Wir spielen jetzt mal nur die zweite Zeile", und endete mit einer Bewertung der Übung, etwa: „Sehr gut". Ein weiteres Segmentierungskriterium war der Wechsel der Sozialformen. In diesem ersten Schritt wurden also Oberflächenstrukturen im Sinne übergreifender Sicht- und Zeitstrukturen mittels Basiskodierungen kodiert:

> „*Sichtstrukturen* werden in der Unterrichtsforschung als ‚grundlegende Muster der Unterrichtsorganisation' betrachtet, im Sinne von ‚Aktivitäten, unterrichtlichen Arbeitsformen, methodischen Grundformen etc.' (Seidel 2003, S. 96)." (Kranefeld u.a. 2015, S. 53, Fn 6)

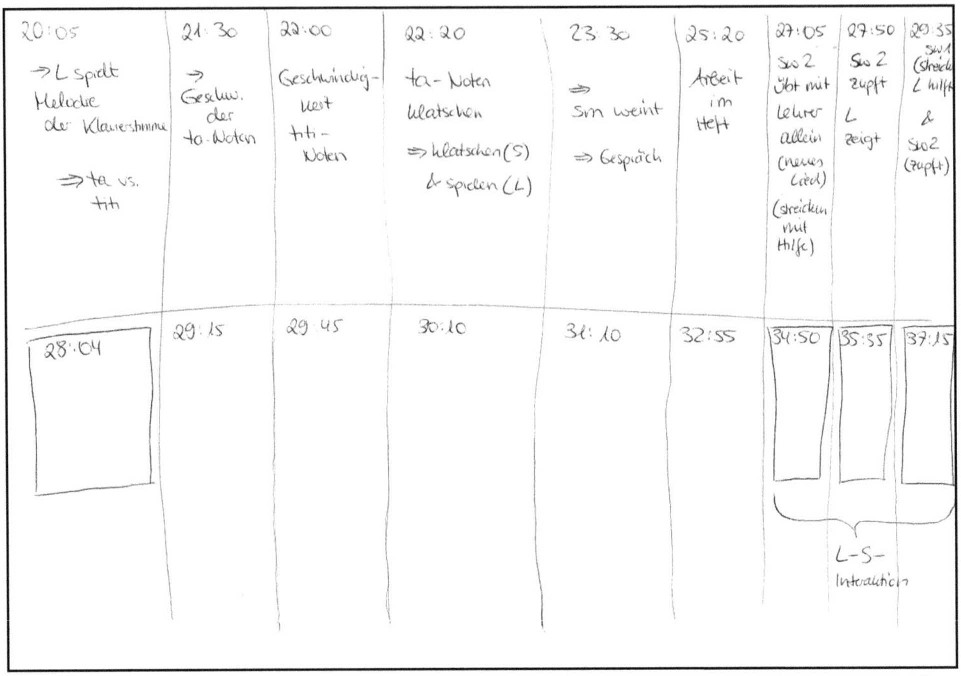

Abb. 7: Beispiel eines „Logbuchs" – handschriftlich auf Papier (Auszug aus dem Logbuch 01-1113).

Nr	Zeit (SK)	Abschnitt	Unterrichtliche Aktivität	Musizierende Akteure	Kommentar	Kodierung
1	00.00-00.49	Stundeneröffnung. Auspacken, Stimmen	Stimmen	-	Chaotische Aufstellung Emma entwickelt aus dem Stimmen das Schokoladenlied (Min. 2:44)	
2	03.11-03.56	Unterrichtliche Eröffnung: Übung Fehlerspiel bei 3:39 durch Emma – Korrektur und Neustart	Rhythmische Übung („Papageienspiel") Aktives Zuhören und Nachspielen	L, Julius, Emma, Hannah	Halbkreisaufstellung Lehrer vor der Gruppe Hierarchisierung der Gruppe	Imitation (Turn-Taking) Führungsrolle Lehrperson, Assymmetrisch, Autokratisch Vormachen-Nachmachen Aufmerksamkeitsfokus L: Alle Blicke auf L
	31.12.2014	Neustart 03:41				
					Handlungsmuster: Aufgabenstellung – Vorbereitung – Auftakt – Musik – Lob Fehlerspiel (Missachtung der Reihenfolge) Körperliches Anzeigen der Reihenfolge durch L Verbale Unterstützung	1

Abb. 8: Beispiel des Logbuchs – Übertragung in eine Tabelle und erste offene Kodierung/Kommentierung.

Auf Basis dieser Logbücher wurden die Sequenzen nach Sozialformen kategorisiert (Zusammenspiel Lehrkraft-SchülerIn; Zusammenspiel Lehrkraft-Schülergruppe; Zusammenspiel Schülergruppe allein; Einzelvorspiel; Einzelüben; Gesprächssequenz; Sonstiges) und bei Bedarf mithilfe der Software *Avidemux*[180] in Szenen geschnitten. Ein Überblick über die zur Verfügung stehenden Szenen findet sich Kap. 5.3.3.

5.2.2 Interviews mit den ForschungspartnerInnen: Erinnerungen und Einstellungen

Wie Kelle (2001, S. 202) darstellt, bilden Interviews nicht einfach Ergänzungen zu Beobachtungen. Sie bilden eine eigene Perspektive ab. Im Gegensatz zu den Unterrichtsvideos werden mit den Interviews „Konzepte, Meinungen, Argumentationen und erzählende Rekonstruktionen einzelner Begebenheiten" (ebd.) erhoben. Neben den Deutungs- und Erklärungsmustern der Beforschten, stellen die Interviews allerdings auch immer die Selbstrepräsentationen der ForschungspartnerInnen dar und sind insofern als soziale Handlung zu verstehen.

Mir war es wichtig, sowohl die Lehrkräfte als auch die Kinder und Jugendlichen zu Wort kommen zu lassen. Die Lehrkräfte befragte ich einzeln, die Kinder und Jugendlichen in ihren jeweiligen Unterrichtsgruppen, da mein Forschungsinteresse das Gruppenhandeln dieser Unterrichtsgruppe in den Blick nimmt. Für beide Interviewformen gilt, dass hier eigenständige Daten produziert wurden, da sich die ForschungspartnerInnen nicht nur auf konkrete Szenen des Unterrichts bezogen, in denen ich anwesend war, sondern auch aus anderen Kontexten berichteten.

5.2.2.1 Einzelinterviews mit den Lehrenden

Bei den Befragungen der Lehrkräfte sollten argumentierende und beschreibende Darstellungsformen in Form von Reflexionen und Konstruktionen über das (professionelle) Handeln beim koordinierten Musizieren fokussiert werden. Aufgrund dessen wurden die Interviews mit den Lehrkräften als problemzentrierte Interviews nach Witzel (2000; 1985)[181] gestaltet. Im Sinne der Kriterien der Problemzentrierung, der Gegenstandsorientierung und der Prozessorientierung sollte die thematische Fokussierung mit einer Offenheit für Impulse der InterviewpartnerInnen verbunden werden. Hierzu erarbeitete ich einen Leitfaden, der einerseits die Gesprächsthemen erfasste und andererseits als Impulshilfe in stockenden oder unergiebigen Gesprächsphasen diente (Witzel 1985, S. 237). Seine Handhabung sollte flexibel gestaltet werden: Die Reihenfolge sowie die

---

180 http://avidemux.sourceforge.net, letzter Abruf: 19.09.2017.
181 Die Kriterien dieser Interviewform – Problemzentrierung, Gegenstandsorientierung und Prozessorientierung (Witzel 2000; vgl. auch Friebertshäuser & Langer 2010, S. 442) – dienten mir als Orientierung für mein Forschungshandeln. Im Sinne der Gegenstandsorientierung modifizierte ich jedoch die Reihenfolge der Instrumente sowie die Eröffnungssequenz (vgl. Witzel 2000).

genaue Formulierung meiner Fragen machte ich von der Gesprächssituation abhängig. Außerdem überließ ich meinen GesprächspartnerInnen die Themen, wenn sie ins Erzählen kamen, um ihnen Gelegenheit zu geben, *ihre* Sicht auf den Forschungsgegenstand zu schildern. Auf diese Weise sollte eine Orientierung an inhaltlichen Relevanzstrukturen der Befragten ermöglicht und die für qualitative Interviews notwendige Offenheit realisiert werden.

Das Interview begann mit einem Vorgespräch, in dem ich noch einmal die Vertraulichkeit der Daten versicherte, um Einverständnis für die Aufzeichnung bat und mein Interesse an persönlichen Meinungen und Ansichten meines/r ForschungspartnerIn betonte. Bereits in dieser Phase bemühte ich mich um eine dialogische Gesprächsatmosphäre, die die Anerkennung der Befragten und mein Interesse an ihren Darstellungen vermittelte.[182] Aufgrund meiner Vorerfahrung, dass Koordination häufig entweder als motorische oder organisationale Koordination verstanden wird, wenige Personen das Wort aber sofort mit einem gelingenden Musizierprozess verbinden, führte ich mein Forschungsinteresse anschließend über einen Bildimpuls ein. Dieser diente als nonverbale Fokussierung auf das Koordinationsphänomen, sollte Assoziationen der Befragten hervorrufen und hatte darüber hinaus die Funktion, die Distanz gegenüber einem vermeintlichen Fachbegriff zu reduzieren, also eine spontane Zugänglichkeit herzustellen. Zunächst zeigte ich ein Bild, auf dem ein Orchester im Musizierprozess abgebildet war.[183] Zentrum des Bildes war die Streichergruppe, deren Mitglieder in ähnlichen Körper- und Instrumentenhaltungen zu sehen waren. Einige Musizierende fielen durch ähnliche Gesichtsausdrücke und Kopfhaltungen auf. Insgesamt erweckte das Bild den Eindruck eines Orchesters, dass eine ausdrucksstarke Stelle in Koordination musizierte. Je nach Einstieg der Befragten zeigte ich zusätzlich ein Bild eines Streichquartetts, dessen Mitglieder aufgrund der Sitzordnung und ihrer unterschiedlichen musikalischen Stimmen zwar weniger Synchronität als die Streichergruppe des Orchesters ausstrahlte, in der Intensität ihres Spiels aber über den Körper und die Gesichtsausdrücke dennoch das Gemeinsame im Handeln hervortreten ließen. Dieses zweite Bild sollte zeigen, dass Koordination durchaus auch in Situationen auftreten kann, in der keine Gleichheit der (musikalischen) Stimmen vorliegt, also nicht nur in der Stimmgruppe im Orchester oder im Chor, sondern auch im Streichquartett, in der Jazzband oder beim Spielen eines Duos. Im Anschluss bat ich mein Gegenüber um einen Bericht einer selbst erlebten Koordinationssituation[184], wodurch seine bzw. ihre Perspektive auf Koordination angeregt werden sollte (vgl. Przyborski & Wohlrab-Sahr 2010, S. 129). Nach Beendigung der Beschreibung begann ich an geeigneten Stellen in freier Folge Themen aus dem

---

182 Eine solche Gesprächsatmosphäre bildet die Grundlage des problemzentrierten Interviews, da auf dieser Basis die explizit erlaubten Nachfragen, Interpretationen oder Konfrontationen ihren methodischen Nutzen entfalten (Friebertshäuser & Langer 2010, S. 443).

183 Die Bilder können aufgrund der nicht vorhandenen Bildrechte an dieser Stelle nicht abgedruckt werden. Da der Bildimpuls für den Verlauf des Gesprächs eine wesentliche Bedeutung hat, wird das Bild an dieser Stelle möglichst genau beschrieben.

184 Ein solcher Bericht sollte einen anschaulichen Einstieg in das Gespräch und einen Anlass für die anschließenden Fragekomplexe bieten.

Leitfaden in das Gespräch einzubringen. Der Leitfaden enthielt folgende Themenkomplexe, die anhand der bestehenden Präkonzepte erarbeitet wurden:[185]

(1) Eigene Koordinationserlebnisse. Eine beispielhafte Frage zu diesem Thema war: Hast Du in Deiner Tätigkeit als MusikerIn schon einmal eine Situation erlebt, in der Koordination stattgefunden hat? Erzähle mir davon.

(2) Koordinationssituationen im eigenen Unterricht (z.B.: Erinnerst Du Dich an Koordinationssituationen aus Deinem Unterricht? Welche Rolle spielt Koordination für Deinen Unterricht? Versuchst Du, Koordinationssituationen herbeizuführen? Was machst Du, um mit Deinen SchülerInnen gemeinsam zu musizieren?)

(3) Auslöser von Koordination (z.B.: Wodurch wurden diese Situationen ausgelöst? Was hast Du getan, um Koordination entstehen zu lassen? Was hinderte das Entstehen von Koordination?)

(4) Potential von Koordination für Lernsituationen (z.B.: Was denkst Du, inwiefern kann Koordination wertvoll für den Unterricht sein?)

Die genauen Formulierungen der Fragen ebenso wie die Reihenfolge wandelte ich abhängig vom Gesprächsverlauf ab. Im Sinne eines sich entwickelnden Forschungsprozesses fügte ich darüber hinaus situativ Fragen hinzu, die sich mir aufgrund vorangegangener Interviews oder Unterrichtsbeobachtungen stellten. Die Fragen zielten darauf ab, zu erfassen, was die Lehrenden über das Phänomen denken, was sie ihm zuschreiben und welche Rolle diese Deutungen für die Gestaltung des eigenen Unterrichts darstellen.

Zum Abschluss des Gesprächs fragte ich einige Eckdaten zur Berufsbiographie, wenn sich solche noch nicht im Gespräch ergeben hatten. Mich interessierte die Erfahrung im Unterrichten von Gruppen und der Anlass, solchen Unterricht zu halten. Dieser letzte Frageblock ersetzte den Kurzfragebogen zu Beginn des Gesprächs, den Witzel (2000) empfiehlt, der aber meiner Ansicht nach die Gefahr birgt, eine Atmosphäre von Frage-Antwort-Schemata zu erzeugen. Ich schloss die Interviews mit einer letzten Frage nach Ergänzungen seitens des/der GesprächspartnerIn ab und fertigte nach dem Interview Notizen im Forschungstagebuch[186] an.

Aufgrund der Offenheit des Gesprächsverlaufs fokussieren die Interviews unterschiedliche Aspekte. In meinen Interviews traten an einigen Stellen geschlossene Fra-

---

185 Der Gesprächsleitfaden war zunächst in der Höflichkeitsform formuliert. In den Vortreffen hat sich mit den Lehrenden jedoch sehr schnell ein vertrauensvolles, kollegiales Verhältnis ergeben, das zum Duzen geführt hat. Ich gebe die Fragenblöcke daher an dieser Stelle in der 2. Person Singular wieder.

186 Diese Notizen können als Äquivalent zum „Postskriptum" bei Witzel (2000) gesehen werden.

gen auf, die ich in der Auswertung beiseite ließ. Den Ausfall des Aufnahmemediums im Interview mit Frau Sajani kompensierte ich mit einem Gedächtnisprotokoll.[187]

Das Interview war für die Befragten Frau Sajani und Herr Winkler ein Ort der Reflexion des eigenen professionellen Handelns. Einige Passagen gestalteten sich bei Frau Sajani wie ein lautes Nachdenken über Verbesserungen in ihrem Unterricht. Beispielhaft ist hierfür diese Passage des Interviews:

> Frau Sajani: *[...] (...) Ja, vielleicht wäre es dann hilfreich, wenn man dann sagt: „Okay, jetzt ist sie sozusagen jetzt Stimmführer, oder Konzertführer. Jetzt achtet alle mal drauf, was sie macht". Vielleicht wäre das dann so ein Weg. Genau, dass dann einer vorgibt, wie man zu spielen hat und dass dann die anderen f:olgen, ja, das wäre vielleicht (...) ein gutes Experiment. ((lacht)) (L-Int-Sa/Z 107-111)*

Herr Winkler thematisiert, dass die Teilnahme an der Studie gerade von der Suche nach neuen Impulsen für den eigenen Unterricht geprägt war:

> Herr Winkler: *Also ich habe, als ich das gelesen habe, von dieser Doktorarbeit, habe ich so nachgedacht, (..) wi:e kann mich das betreffen. Ich fand das eine ganz spannende Überlegung, weil ich glaube das absolut. (L-Int-Wi/Z 71-73)*

In seinem Interview wird die vor dem Interview einsetzende Reflexion über das Forschungsthema durchaus deutlich. Die Interviews waren in diesem Sinne nicht nur ein Forschungsinstrument, sondern gestalteten sich auch als ein Instrument der Selbstevaluation für die ForschungspartnerInnen.

5.2.2.2 Gruppeninterviews mit den Kindern und Jugendlichen

Die Gruppeninterviews mit den Kindern und Jugendlichen sollten die AdressatInnen des Unterrichts zu Wort kommen lassen. Befragungen von Kindern weisen eine spezifische Problematik aufgrund der nicht aufzulösenden intergenerationalen Konstruktion in der Erhebungssituation auf, was von der Kindheitsforschung thematisiert wurde (vgl. Heinzel 2010). In meiner Studie sollte die Perspektive der Kinder und Jugendlichen erhoben werden, als erwachsene Forscherin stehe ich jedoch einer Bedeutungswelt gegenüber, deren Sinn- und Regelsysteme mir „teilweise fremd bzw. fremd geworden sind" (Heinzel 2010, S. 708). Dies gilt vor allem für die Gespräche mit den Grundschulkindern. Die Erhebungsmethoden, die mir zur Verfügung stehen, sind zudem auf die Beforschung von Erwachsenen zugeschnitten und können die kindliche Perspektive nur in Form von Konstruktionen aus der erwachsenen Forschersicht einfangen. Die Erhebung der Sicht der Kinder ist in diesem Sinne immer perspektivgebunden (Heinzel

---

187 Im Interview mit Frau Sajani wurden die ersten ca. 10 Minuten nicht aufgezeichnet. Die zur Sprache gekommenen Themen wurden am Ende des Interviews erneut aufgegriffen und in einem Gedächtnisprotokoll notiert.

2010, S. 714). In meinen Transkripten zeigt sich diese Problematik in Passagen, in denen ich das von den Kindern gesetzte Gesprächsthema nicht erkannt habe und daher zu früh interveniere. Ein solches Beispiel findet sich im Gruppeninterview mit der JeKi-Gruppe Violine 2:

> Helena: *Aber wieso sind die Cellos immer weiter hinten?*
> Jonas: *Weil die größer sind. Sonst sieht man* (...) sonst hätte man die Geigen gar nicht gesehen.*
> I: *Genau. Was mich daran interessiert ist, wie die so gut zusammen spielen können. (S-Int-JV2/Z 68-72)*

Die Kinder interessieren sich an dieser Stelle weniger für die Art des Spielens, sondern für die Instrumente. In der Gesprächssituation habe ich dieses Interesse nicht als solches wahrgenommen und habe infolge dessen das Gespräch der SchülerInnen untereinander abgebrochen. Solche Stellen erfordern in der Analysephase besondere Aufmerksamkeit und Reflexion.

Für die Befragung wählte ich die Form des Gruppeninterviews. Das hatte mehrere Gründe: Zum einen hat die Gruppensituation des Interviews einen thematischen Bezug, da ich mich für das Musizieren *in der Gruppe* interessiere. Die kollektiven Erfahrungen, die eine Gruppenbefragung laut Heinzel (2010, S. 711) erheben kann, ergänzen in meinem Projekt den Blick auf das Phänomen um eine wichtige Perspektive. Zum zweiten verspricht die Gruppensituation, der „generationenbedingten Dominanz der forschenden Erwachsenen" (ebd.) entgegenzustehen, d.h. aufgrund der zahlenmäßigen Überlegenheit sowie der Anwesenheit von Gleichaltrigen das hierarchische Gefälle zwischen Interviewerin und den Befragten abzumildern (vgl. auch Przyborski & Wohlrab-Sahr 2010, S. 102). Gruppenförmige Settings eröffnen dadurch einen Blick auf die soziale Welt der Befragten und eine „Fokussierung auf die Konstruktion(sleistung)en der Kinder" (ebd.).

Gruppensituationen eignen sich laut Heinzel (2010, S. 711) für die Forschung mit Kindern, da die Kinder „Kreisgespräche" aus pädagogischen Situationen kennen. In der Gestaltung der Interviewsituation lehnte ich mich daher an die den Kindern vertraute Situation des Stuhlkreises an. Eine solche Situationsrahmung vermittelt den Kindern den Gesprächscharakter der Situation (Przyborski & Wohlrab-Sahr 2010, S. 103), führt aber auch zu weniger Selbstläufigkeit des Gesprächs (ebd.). Ich legte daher während des Gesprächs besonderen Wert auf von den Kindern entwickelte Gesprächspassagen und ließ sie eigene Themen entwickeln. Die Interviews wurden dadurch einerseits zu Orten der Aushandlung von Gruppenkonflikten – beispielsweise dominierte der Streit, wer „der Beste" sei, das Gespräch mit der Gruppe JeKi Cello 1 (vgl. S-Int-JC1) –, andererseits zu Orten der Entlastung: Die Kinder der Streicherklasse nutzen das Interview, um ihrem Ungerechtigkeitsempfinden im Verhältnis mit den Lehrkräften Ausdruck zu verleihen (vgl. S-Int-Str). Dennoch wurde deutlich, dass die Situationsrahmung des Gesprächskreises dem Gespräch einen institutionellen Charakter gab: Die Kinder neigten dazu, ‚richtige' Antworten geben zu wollen, wie sie das aus dem Schulkontext kennen (vgl. Heinzel 2010, S. 711) (z.B. S-Int-JV2/Z 57), sie meldeten sich (S-Int-JC1/Z 185), übergaben sich strukturiert („der Reihe nach") das Wort (z.B. S-Int-St) oder rügten sich für ihr Verhalten (z.B. S-Int-JC1/Z 256-262). Dieser Charakter wurde wohl noch unterstrichen, da die Gruppeninterviews in der Schule im Anschluss an den Instrumentalen Gruppenunterricht stattfanden.

Ich strukturierte das Gespräch durch eine einleitende Sequenz, in der ich mein Vorhaben erläuterte, Anonymität und Verschwiegenheit zusicherte und um Aufnahmeerlaubnis bat. Auch den Kindern und Jugendlichen zeigte ich anschließend zunächst ein Bild eines musizierenden Orchesters (vgl. die Beschreibung des Bildimpulses in Kap. 5.2.2.1), anschließend je nach Gesprächssituation ein Bild eines musizierenden Streichquartetts (vgl. ebd.), um eine Fokussierung des Gesprächs auf meinen Forschungsgegenstand zu erzielen. Die Bilder dienten in meinem Interview als Anreiz für das Gespräch über ein Thema, das sich den Kindern vermutlich über eine sprachliche Beschreibung meinerseits nicht erschließen würde. Bilder haben zudem den Vorteil, Assoziationen zu ermöglichen, die ich in meinen forscherseitigen Annahmen nicht berücksichtigt hatte. Der Bildimpuls diente demzufolge gleichzeitig als Gesprächsanreiz wie der Öffnung des Gesprächs für die Perspektive der Befragten. Auch für das Gruppeninterview mit den Kindern und Jugendlichen nutzte ich einen Leitfaden mit folgenden Themenkomplexen:

(1) Eigene Erlebnisse (Fragen konnten zum Beispiel folgendermaßen lauten: Könnt ihr mir erzählen, wie ihr es macht, im Unterricht gut zusammenzuspielen? Gab es mal eine Situation, in der das Zusammenspielen besonders gut geklappt hat? Erzählt mir davon. Erzählt mal, wie sich das anfühlt, gut zusammenzuspielen?)

(2) Auslöser und Hindernisse für Koordination (z.B.: Wann klappt das Zusammenspielen gut und wann weniger? Wie kann euch euer/eure LehrerIn dabei helfen?)

(3) Orientierung an anderen (z.B.: Was macht ihr, wenn die anderen ein Stück schon können und ihr selbst aber noch nicht? Warum spielt ihr gern alleine / zusammen?)

(4) Interessen (z.B.: Was gefällt Euch im (Cello/Geigen/Saxophon-)Unterricht am besten? Gibt es etwas, was euch gar nicht gefällt?)

Ebenso wie beim Erwachseneninterview nutzte ich den Leitfaden flexibel. Zum Abschluss der Gespräche ließ ich die Kinder und Jugendlichen einen Kurzfragebogen ausfüllen (vgl. Anhang), in dem ich personenbezogene Daten (Alter, Geschlecht, Instrument, Dauer des Instrumentalunterrichts, ggf. weiterer Instrumentalunterricht) abfragte. Zudem fügte ich zwei Fragen zum Instrumentalniveau – über das bisher schwierigste Stück – und zur Motivation – repräsentiert durch die Frage „Warum möchtest Du Dein Instrument lernen?" – hinzu. Falls bis zum vereinbarten Endpunkt des Interviews Zeit zu überbrücken war, ließ ich die Kinder anschließend Bilder zu ihrem Musikunterricht malen. Diese Bilder wurden nicht in die Auswertung einbezogen.[188] Nach Ende des Interviews notierte ich Eindrücke in Form eines Feldprotokolls in mein Forschungstagebuch. Diese Notizen dienten der Reflexion der Situation und konnten in der Auswertung als Kontextwissen herangezogen werden.

Um gegebenenfalls performative Darstellungen der Kinder einzufangen[189], zeichnete ich die Gespräche parallel mit einer Kamera auf, deren Aufzeichnungen punktuell als Unterstützung zum Verbaltranskript zugezogen wurden. Dies war gerade im Interview mit der Kindergruppe JeKi Violine 1 hilfreich, da der Schüler Julius seine Aussagen mit Gesten untermalte und ein zentraler Bericht von Emma von leiblichen Äußerungen begleitet waren.

5.2.2.3 Transkriptionen der Gespräche

Die Interviews wurden im Laufe des Auswertungsprozesses verbal transkribiert. Eine grobe Transkription ließ ich aufgrund des hohen Zeitaufwandes der Transkription von Gruppengesprächen von dritter Seite erstellen. Mir ging es hierbei um die Zuordnung der einzelnen Wortbeiträge zu den Akteuren und die Basistranskription des Gesprochenen. Jedes entstandene Basistranskript wurde mit dem Beginn der Analyse von mir unter Rückgriff auf das Tondokument überarbeitet.[190] In dieser Phase erhielten alle ForschungspartnerInnen Decknamen, mit denen ich fortan weiterarbeitete. Zudem änderte ich Ortsnamen und veränderte Passagen, die auf die Identität der Forschungspartnerinnen schließen lassen könnten.

Die Transkriptionen folgten einem einfachen Transkriptionssystem, das grundsätzlich das gesprochene Wort orthographisch verschriftlicht. Ich orientierte mich beim Transkribieren am Gebot der Einfachheit und erweiterte die Transkripte, wenn nötig, im Laufe der Analyse. An Stellen, an denen die Aussprache sehr charakteristisch von der Schriftsprache abweicht, habe ich nach dem Gesprochenen transkribiert. Betonungen werden unterstrichen, Anmerkungen und Kommentare in doppelte Klammern gesetzt, Pausen in einfache Klammern. Überlappungen werden mit eckigen Klammern gekennzeichnet, schnelle Satzanschlüsse mit einem Gleichheitszeichen. Das vollständige Transkriptionssystem findet sich in Tab. 3 und im Anhang.

---

188 Die Devise des „All is Data" hätte das ermöglicht, da die Bilder jedoch in einer geringen Zeit gemalt wurden und daher nur wenige fertig wurden, hatten sie eine geringe Aussagekraft.

189 Kinder „erzählen und beschreiben ihre Handlungspraxen und Erlebnisse weniger, als dass sie diese vor- bzw. aufführen" (Przyborski & Wohlrab-Sahr 2010, S. 102).

190 Während der ganzen Kodierarbeit nahm ich immer wieder Bezug auf die Sounddatei, um Fragen hinsichtlich des Textverständnisses zu klären. Dies entspricht meinem Verfahren mit den Videodateien.

Tab. 3:   Verwendetes Transkriptionssystem.

Zeichen	Bedeutung	Beispiel
(.)	Kurze Pause (ca. 1 sek)	Da (.) wusste ich auch nicht weiter.
(..)	Mittellange Pause (ca. 2 sek)	Da (..) wusste ich auch nicht weiter.
(...)	Längere Pause (ca. 3 sek)	Da (...) wusste ich auch nicht weiter.
(15)	Lange Pausen mit Angabe der ungefähren Dauer in sek.	Da (15) wusste ich auch nicht weiter.
((lacht))	In Doppelklammern stehen Anmerkungen zu außersprachlichen Äußerungen oder Kommentare	Da wusste ich auch nicht weiter. ((lacht))
<u>Meistens</u>	Betonte Worte werden unterstrichen.	Da wusste <u>ich</u> auch nicht weiter.
[ja genau]	Eckige Klammern kennzeichnen Überlappungen. Dabei kennzeichnet die öffnende eckige Klammer den Beginn und die geschlossene eckige Klammer das Ende der Überlappung.	Frau Hase: Da wusste ich auch nicht [weiter. Herr Müller: [Ja so ging's] mir auch.
=	Das Gleichheitszeichen markiert schnelle Anschlüsse.	Frau Hase: Da wusste ich auch nicht weiter. Herr Müller: = Ja so ging's mir auch.
O:der	: im Wort markiert eine auffallende Dehnung. Ist die Dehnung sehr lang, werden zwei Zeichen gesetzt, z.B. „o::der"	Das dauerte so::was von lang.
*	Das Zeichen markiert den plötzlichen Abbruch.	Manchmal war das*
(x)	Unverständlich. Wenn möglich, wird eine Angabe der Silben angestrebt: (x) = 1 unverständliche Silbe; (xx) = zwei unverständliche Silben ... Wenn die Angabe nicht möglich ist, wird (x) notiert.	Manchmal (xx).

5.3   Theoretisches Sampling

Die Samplingstrategie des *Theoretischen Samplings* gilt als ein Herzstück der GTM und beschreibt das spezifische und systematische Vorgehen beim Suchen nach Vergleichsdimensionen in den Datenmaterialien. Datenbeispiele werden nach den Erfordernissen des gegenwärtigen Theoriebildungsstandes[191] und den damit zusammenhängenden aktuellen Fragen an das empirische Material *im Laufe* des Forschungs*prozesses* gesucht und systematisch mit dem bisher ausgewerteten Material verglichen (vgl. z.B. Glaser & Strauss 2010, S. 61-91; Strauss & Corbin 1996, S. 148-165). Diese spezifische Strategie dient der Ausarbeitung theoretischer Konzepte: Einerseits werden auftretende Lücken im bisherigen Analyseprozess durch Vergleichsdimensionen systematisch geschlossen, andererseits dient die Rückbindung an die empirisch erhobenen Daten einer Überprüfung der bisher erarbeiteten Hypothesen und Konzepte. Neue Datenbeispiele werden demzufolge nach *theoretischen* Überlegungen durch eine „bewusste[n] *Auswahl charakteristischer Fälle*" (Hülst 2010, S. 290; H.i.O.) im Laufe des Auswertungsprozesses erhoben. Der Forschungsprozess in der GTM ist daher zirkulär: Während aller Phasen der Auswertung kann eine Rückkehr zu den Daten notwendig oder zusätzliches Material erhoben werden (vgl. Abb. 9 zum zirkulären Forschungsprozess in der GTM).

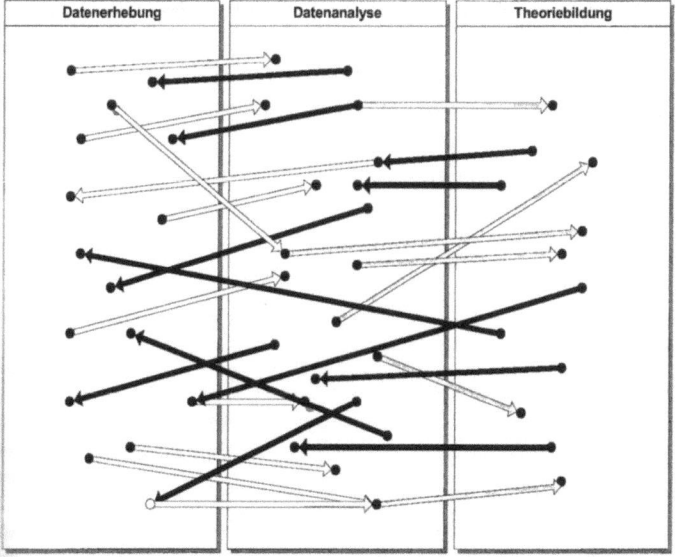

Abb. 9:   Der zirkuläre Forschungsprozess in der GTM (Quelle: Strübing 2008, S. 15 nach Strauss 1991, S. 46).

---

191 Die Auswahl der Datenbeispiele erfolgt „auf der Basis von Konzepten, die eine bestätigte theoretische Relevanz für die sich entwickelnde Theorie besitzen" (Strauss & Corbin 1996, S. 148).

„Die Datenbasis wird also nicht nur einmal zu Beginn, sondern während des gesamten Forschungsprozesses sukzessive geschaffen (vgl. Strauss/Corbin 1996, S. 148ff.) – nicht um Daten zur Bestätigung einmal erstellter Modelle zu sammeln, sondern um Informationen aus unterschiedlichen Perspektiven (‚Differenzinformationen‘) zu finden, die zu einer umfassenden Darstellung der interessierenden Phänomene verhelfen soll." (Hülst 2010, S. 290)

Die Entscheidungen des theoretischen Samplings geben demzufolge dem Forschungsprozess „kontinuierlich die Richtung vor" (Glaser & Strauss 2010, S. 91).

Da der Samplingprozess für den Forschungsprozess und damit für die Forschungsergebnisse entscheidend ist, beschreibe ich im Folgenden in einem ersten Schritt meinen Weg zu den Daten (5.3.1) und zeige anschließend das theoretische Sampling im Sinne einer Auswahl von Datenbeispielen aufgrund meiner konzeptuellen Überlegungen während des Kodierens beispielhaft auf (5.3.2). Das Kapitel wird abgeschlossen mit einer Übersicht über den entstandenen Datenkorpus (5.3.3).

5.3.1   Die Auswahl der ForschungspartnerInnen

Die Auswahl der ersten Fälle wurde von theoretischen Überlegungen auf der Basis meines theoretischen und praktischen Vorwissens geleitet, da zu Beginn der Datenerhebungen noch keine empirischen Daten vorlagen, auf die sich die Fallauswahl stützen konnte (vgl. Glaser & Strauss 2010, S. 74-76; Strauss & Corbin 1996, S. 152-153). Die ersten Daten wollte ich in Gruppen des Instrumentalen Gruppenunterrichts erheben, die sich hinsichtlich der Gruppengröße, der unterrichtenden Lehrkraft sowie der Instrumente unterschieden, denn ich erwartete dadurch wichtige Vergleichsdimensionen hinsichtlich des zu untersuchenden Phänomens. Die zu untersuchenden Lerngruppen sollten Bestandteil eines Kooperationsprojekts zwischen Schule und Musikschule sein (vgl. Kap. 4.2). Zudem war mir die Zugehörigkeit der projektbeteiligten Musikschule zum Verband Deutscher Musikschulen e.V. wichtig, da sich in dieser Zugehörigkeit eine Selbstverpflichtung zum musikpädagogischen Rahmenkonzept des Verbands deutscher Musikschulen ausdrückt.[192]

Ich fand eine Musikschule, welche die oben genannten Kriterien erfüllte und mehrere Kooperationen zu den örtlichen Schulen unterhielt. Durch dieses Netzwerk bestand die Möglichkeit, Streicherklassen, Bläserklassen und JeKi-Gruppen in die Erhebung mit einzubeziehen, bei denen hinsichtlich des organisatorischen Rahmens und hinsichtlich der potentiellen Schülerschaft von relativ gleichen Bedingungen der Gruppen ausgegangen werden konnte. Der Musikschulleiter wurde meine Kontaktperson, die mir den Weg in die Lerngruppen öffnete. Nach kurzem Mailverkehr stellte ich während eines

---

192 Vgl. dazu die „qualitätsorientierten Richtlinien" der Musikschulen innerhalb des VdM: https://www.musikschulen.de/medien/doks/vdm/richtlinien-des-vdm-2011_logo.pdf, die vom VdM herausgegebenen Rahmenlehrpläne (eine Auflistung findet sich unter https://www.musikschulen.de/musikschulen/lehrplanwerk/index.html) sowie den Strukturplan der VdM-Musikschulen (https://www.musikschulen.de/musikschulen/strukturplan2009/index.html).

persönlichen Treffens mein Projekt vor, woraufhin er die Kontakte zu verschiedenen Lehrkräften herstellte. Des Weiteren kümmerte er sich um die Einverständniserklärung der jeweiligen SchulleiterInnen. Die Kontaktaufnahme zu den Lehrkräften erfolgte wiederum zunächst schriftlich und anschließend über kurze Telefonate, in denen ich mein Projekt erläuterte. Alle fünf der angefragten Lehrkräfte erklärten ihre Bereitschaft zur Teilnahme. Ich verabredete daraufhin Hospitationstermine, um die Lerngruppen kennen zu lernen. Nach der schriftlich eingeholten Einwilligung der Eltern ergab sich die Möglichkeit, in zehn Lerngruppen zu forschen (vgl. Tab. 4).

Tab. 4: Übersicht über die teilnehmenden Gruppen (GS = Grundschule; IGS = Integrierte Gesamtschule).

Nr.	Lehrperson[193]	Anzahl SuS	Projekt	Schul-form	Instrument	Alter	Lern-jahr
1	Frau Wolf	4	JeKi	GS	Violine	7–8	1
2	Frau Wolf	4	JeKi	GS	Violine	7–8	1
3	Herr Maier	4	JeKi	GS	Cello	7–8	1
4	Herr Maier	4	JeKi	GS	Cello	7–8	1
5	Frau Sajani	5	Streicher-klasse	GS	Violine	9–10	2
6	Frau Stankovic	5	Streicher-klasse	GS	Violine	9–10	2
7	Herr Winkler	13	Bläser-klasse	IGS	Blasinstru-mente	11–12	2
8	Frau Stankovic	10	Streicher-klasse	GS	Violine, Kontrabass	9–10	2
9	Herr Winkler	3	Bläser-klasse	IGS	Saxophon	11–12	2
10	Frau Müller	4	Bläser-klasse	IGS	Querflöte	11–12	2

Von der äußeren Anlage ergaben sich aus diesen Teilnehmergruppen potentielle Vergleichsdimensionen zwischen Blas- und Streichinstrumentengruppen, zwischen Groß- und Kleingruppen, zwischen den Lehrpersonen mit unterschiedlichen berufsbiographischen Hintergründen, zwischen unterschiedlichen Altersgruppen der Lernenden, aber auch zwischen verschiedenen Gruppen bei gleicher Lehrperson. Es erschien mir daher

---

193 Alle ForschungsteilnehmerInnen tragen in dieser Arbeit maskierte Namen.

sinnvoll, alle diese Gruppen einzubeziehen und somit „reichhaltige Daten ‚auf Vorrat'"
(Strübing 2008, S. 32) zu erheben, „die dann je nach Theoriefortschritt in geeigneter
Weise in Strategien minimalen oder maximalen Vergleichens einbezogen werden
[konnten] können" (ebd.).[194] Für diese Strategie sprachen auch forschungspragmatische
Argumente: Zum einen hatte ich zu diesem Zeitpunkt den zeitintensiven Prozess des
Einholens von Einverständniserklärungen durchschritten und konnte nicht erwarten, die
Gruppen aufgrund von Unterrichtsabbrüchen, Veränderungen der Gruppenzusammen-
setzungen oder Wechsel der Lehrkräfte zu einem späteren Zeitpunkt erneut in der gleichen Zusammensetzung anzutreffen. Zweitens erlebte ich zu diesem Zeitpunkt eine
große Teilnahmebereitschaft der ForschungspartnerInnen, die ich nicht enttäuschen
wollte. Schließlich sprach für die zeitliche Begrenzung meiner Anwesenheit im Unterricht, diesen nicht mehr als nötig zu stören. Nach einer ersten Auswertungsphase sollte
später abhängig von der Frage nach benötigten Situationen und Datenarten für die Verdichtung der sich entwickelnden Konzepte (Breuer 2010, S. 58) über weitere Erhebun-
gen oder eine Umorientierung des Samplings entschieden werden.

Auf Basis dieser ersten Daten stieg ich demzufolge in den Auswertungsprozess ein
und nahm einen theoretischen Samplingprozess innerhalb des vorliegenden Materials
vor, dessen Verlauf ich im Folgenden skizziere. Dabei beschreibe ich den Beginn des
Prozesses eingehender und werde dann allgemeiner.

5.3.2   Die Suche nach Vergleichsdimensionen

Wie Strauss & Corbin (1996, S. 149) darlegen, bilden Ereignisse (und nicht etwa Personen oder Gruppen) die Basis der ständigen Vergleiche (vgl. auch Strübing 2008,
S. 32).[195] In meinem Fall isolierte ich daher zunächst Musiziersituationen als Untersu-
chungseinheiten aus den Videos. Eine beobachtete Unterrichtsstunde umfasste mehrere
solcher Situationen, die jeweils unterschiedliche Charakteristiken besaßen. Zusammen
genommen ergab sich aus dem ersten Feldaufenthalt daher ein reichhaltiges Sample für
das Prinzip des Suchens nach ähnlichen, kontrastierenden und abweichenden Fällen
(vgl. Tuma u.a. 2013, S. 78).

Ich erwartete dennoch aufgrund der Eindrücke während des Feldaufenthalts, wenige
Beispiele für koordiniertes Musizieren im erhobenen Material zu finden und mich so
auf eine ‚Schatzsuche' begeben zu müssen. Als erstes Fallbeispiel suchte ich daher aus
dem vorliegenden Datenmaterial eine Szene heraus, in der mir das musizierte Lied während der Erhebung besonders gefallen hatte, da es von außen ‚rund' und ‚zusammen'

---

194 Zur Strategie des minimalen und maximalen Vergleichs vgl. Glaser & Strauss (2010, S. 73).
195 Zu Beginn der Studie wurden äußere Merkmale als mögliche Vergleichsdimensionen bewertet, z.B. unterschiedliche Gruppengrößen, verschiedene Instrumenten(familien) oder Projektformen. Diese Merkmale bildeten die Grundlage für die Auswahl der Gruppen. Im Forschungsprozess zeigte sich jedoch, dass diese äußeren Kriterien nicht als relevante Vergleichsdimensionen heranzuziehen waren. Es waren vielmehr unterschiedliche Positionierungen, Kontaktaufnahmen, Aufmerksamkeitsstrukturen, Führungsstrukturen etc. Diese Dimensionen werden ab Kapitel 6 genauer expliziert.

klang: Es handelte sich um die Szene ‚*Wir machens mal zu dritt*' (02-1311-SK/01.48), in der Lehrkraft und Schüler gemeinsam musizieren. Aus der Beobachtung der Szene wurden erste Kategorien herausgearbeitet wie die Gruppengröße, Aufmerksamkeitsfokus, Kommunikationsstränge oder Lehrerrolle. Die Gruppengröße mit drei Akteuren erschien zunächst als ein wesentlicher Faktor für das Musizieren, ebenso wie die Gestaltung der Lehrerrolle als mitspielendes Gruppenmitglied. Im Sinne des maximalen Vergleichs wurde daher nach einer Szene gesucht, die hinsichtlich dieser zwei Kategorien möglichst unterschiedlich war. Die Wahl fiel auf eine Szene aus der Aufnahme der Bläserklasse (‚*Einmal von vorne durch*'; 07-1122-K2/33:14). Hier dirigierte die Lehrkraft eine Gruppe von 14 SchülerInnen. Es traten neue Phänomene aus dem Material heraus: Positionierung, Blickkontakt, Antizipation. Nun stellte ich mir die Frage, in welcher Art diese Phänomene auftraten, wenn das Musizieren nicht so geordnet wie in den ersten beiden Szenen ablief. Ich wählte die Szene ‚*Weihnachtsmann*' (03-1218-K1-1/34.36), die in der Erhebungssituation ein Gefühl von Chaos erzeugt hatte. Der erneute Vergleich mit den beiden vorherigen Szenen ließ hervortreten, dass das zu erforschende Phänomen, Koordination, nicht eindeutig identifiziert werden konnte. Waren das wirklich Koordinationssequenzen, die vorher betrachtet wurden? Wann kann ein Zusammenspiel als „koordiniert" bezeichnet werden und wann spielt jedes Gruppenmitglied für sich? Die Beobachtungskategorien waren zu unscharf formuliert, Koordination nicht anhand konkreter Kategorien bestimmt. Die neue Frage im Prozess war nun, Koordination in der Beobachtung zu fassen und anhand klarer Beobachtungskriterien zu beschreiben. Die methodologische Offenheit im Forschungsprozess führte an dieser Stelle zu einer Neubewertung der anfangs nur vermuteten Kennzeichen und damit zu einer Neuorientierung hinsichtlich meiner Vergleichskriterien.

An diesem Punkt entwickelten sich meine Analysebewegungen in verschiedene Richtungen. Zum einen suchte ich nach einer Methode, die Beobachtung genauer festhalten zu können – hier fand ich in der Videotranskriptionssoftware *Feldpartitur*[196] eine Lösung –, zum anderen nutzte ich nun die zugehörigen Interviewdaten, um zu ermitteln, anhand welcher Kategorien die Akteure Koordination erlebten. In vergleichenden Perspektiven auf den Musizierprozess unter Einbezug der Beschreibungen der Akteure konnte ich so die Merkmale von Koordination herausarbeiten. Es wurde offenkundig, dass Koordinationsprozesse – über die Angleichung von Bewegung und Klang – innerhalb einer gelungen erscheinenden Szene mehrfach eintreten und wieder vergehen. Die Unbestimmbarkeit wurde so zu einer wichtigen Kategorie. Ich wählte daher innerhalb eines Falls (01-1113) drei aufeinanderfolgende Szenen zum minimalen Vergleich aus, um diesen Aspekt weiter auszuarbeiten (‚*Zeigt ihr mir mal alle zusammen*' 01-1106-SK/05.46; „*Jetzt mach ich mal meine Stimme mit*' 01-1106-SK/06.00 und ‚*Schau einfach mal bei mir*' 01-1106-SK/11.48). Anhand dessen verdeutlichte sich, dass Auftreten und Charakter einer Koordinationssituation nicht anhand äußerer Merkmale vorhersagbar ist, sondern anhand interaktiver Prozesse zwischen den Akteuren hergestellt (bzw. deren Herstellung verhindert) wird.

---

196 www.feldpartitur.de

Auf diese Art und Weise arbeitete ich mich Schritt für Schritt durch das Material. Ich verglich Szenen aus dem Videomaterial hinsichtlich beobachteter Phänomene miteinander, suchte Hinweise auf Phänomene im Videomaterial und den zugehörigen Interviews, verglich die Schülerinterviews als Datensatz auf bestimmte Konzepte miteinander oder verglich Konzepte der Lehrenden aus den Lehrendeninterviews miteinander. Auftretende Beobachtungen oder Präzisierungen während dieser Vergleichsprozesse waren dabei immer Anlass, nach weiteren Dimensionalisierungen im Datenmaterial zu suchen. Im Laufe des Prozesses trat der empirische Gehalt meines Datensatzes hervor, wobei sich die qualitative Herangehensweise an den Forschungsgegenstand dabei als dem Forschungsinteresse äußerst angemessen herausstellte.

Nach etwa sechs Monaten der Auswertungsarbeit stellten sich mir allerdings Fragen, die ich aus dem vorhandenen Material oder anhand von Gedankenexperimenten (vgl. Strauss & Corbin 1996, S. 63-71) nicht beantworten konnte: Wie würde die Musiziersituation aussehen, wenn es eine andere unterrichtliche Rahmung oder sogar keine institutionelle Rahmung gäbe? Wie würde sich der Musizierprozess gestalten, wenn andere Musikstile im Zentrum stünden? Welche Rolle spielt ein hörbarer Beat für die Handlungsstrategien der Beteiligten? Diese Fragen waren Anlass, eine weitere Phase der Datenerhebung anzuschließen. Ich beobachtete und filmte ich einen frei organisierten Bandworkshop, um die Instrumente, den Musikstil und die Unterrichtsform zu kontrastieren, sowie eine Rap-AG einer Förderschule, um Koordinationsprozesse in einem anderen Musiklernsetting zu beobachten (vgl. Tab. 5). Diese Unterrichtsgruppen wurden ausschließlich auf Video aufgezeichnet.

Aufgrund der theoretischen Ausarbeitung, mit der eine ausreichende Sättigung[197] (vgl. z.B. Glaser & Strauss 2010, S. 68-70; S. 76-78) der wichtigen Kategorien und der sich abzeichnenden Theorie hergestellt werden konnte, folgte jedoch keine weitere Erhebungsphase.

---

197 Strübing (2008, S. 32) bezeichnet die angestrebte Sättigung in der GTM mit dem Begriff der „konzeptionelle Repräsentativität, d.h. es sollen alle Fälle und Daten erhoben werden, die für eine vollständige analytische Entwicklung sämtlicher Eigenschaften und Dimensionen der jeweiligen gegenstandsbezogenen Theorie relevanten Konzepte und Kategorien erforderlich sind". Der Begriff der „Sättigung" wird im Zusammenhang mit der GTM auch kritisch gesehen (vgl. Mey & Mruck 2011b, S. 29), da aufgrund der explorativen Forschungsstrategie der Akzent „stärker auf der Entwicklung und Ausdifferenzierung von bereichsbezogenen Theorien als auf ihrer Gewissabsicherung" (Breuer 2010, S. 58) liegt. Eine „theoretische Sättigung" bezeichnet Breuer daher als „Idealpostulat" (ebd.). In der vorliegenden empirischen Untersuchung bin ich bezüglich dieser Frage Mey & Mruck (2011b) und Breuer (2010) gefolgt. Der Forschungsprozess versteht sich demzufolge als unabgeschlossen. Dennoch kann behauptet werden, dass die erzielte Grounded Theory für das vorliegende Forschungsfeld ausreichend gesättigt ist.

Tab. 5: Gruppen des zweiten Feldaufenthalts.

Nr.	Lehrperson	Gruppen-größe	Kontext	Schulform	Instrument	Alter	Lern-jahr
1	Herr Geiger	3	Work-shop	Ohne Schulbe-zug	Band (Klavier, Schlagzeug, Gitarren, Gesang	Ca. 9–10	–
2	Frau Vogt	16	Rap-AG	Förder-schule	Gesang, Keyboards, Schlagwerk	Ca. 12–13	–

Im gesamten Forschungsprozess diente das Forschungstagebuch der Dokumentation und Reflexion von Samplingentscheidungen (Breuer 2010, S. 129-131). In theoretischen Memos stellte ich Fragen an mein Material, zog weit her geholte Vergleiche und versuchte, mir Beobachtungen gegensätzlich vorzustellen oder Selbstverständlichkeiten zu hinterfragen (vgl. bzgl. dieser Techniken: Strauss & Corbin 1996, S. 63-74). Ich orientierte mich demzufolge in meinem vom theoretischen Sampling geleiteten Forschungsprozess an der Frage, „wo weiteres Wissen erforderlich ist, zusätzliches Material erhoben und in die Analyse einbezogen werden muss" (Mey & Mruck 2011b, S. 27). Entsprechend der Grounded-Theory-Methodologie, konnte ich so den Forschungsprozess ständig reflektieren, um die Forschungsverfahren und Methoden gegebenenfalls an die Anforderungen des derzeitigen Erkenntnisstandes hinsichtlich der sich abzeichnenden relevanten Konzepte anzupassen (Breuer 2010, S. 58).

5.3.3 Überblick über den Datenkorpus

Die folgenden Tabellen sollen einen Überblick über die Datenbasis geben, die im gesamten Prozess sukzessive erstellt wurde.

Tab. 6:   Übersicht über die Interviews im Datenkorpus.

Einzelinterviews Lehrkräfte			Gruppeninterviews Kinder und Jugendliche	
Interview-kürzel	Interviewte Person	Zugehörige Unterrichts-gruppe	Interviewkürzel	Interviewte Gruppe
L-Int-Wo	Frau Wolf	JeKi Violine 1 & JeKi Violine 2	S-Int-JV1	JeKi Violine 1 (Frau Wolf)
L-Int-Ma	Herr Maier	JeKi Cello 1 & JeKi Cello 2	S-Int-JV2	JeKi Violine 2 (Frau Wolf)
L-Int-Sa	Frau Sajani	Streicherklasse Violinen-Gruppe 1 (StrV1)	S-Int-JC1	JeKi Cello 1 (Herr Maier)
L-Int-St	Frau Stankovic	Streicherklasse Violinen-Gruppe 2 (StrV2) & Streicherklasse Großgruppe (StrG)	S-Int-JC2	JeKi Cello 2 (Herr Maier)
L-Int-Wi	Herr Winkler	Bläserklasse (Bl) & Bläser-klasse Saxo-phongruppe (BlSax)	S-Int-Str	Streicherklasse (Frau Sajani, Frau Stankovic)
			S-Int-Bl	Bläserklasse (Herr Winkler, Frau Müller)

Tab. 7:   Unterrichtsvideos im Datenkorpus: Videoaufnahmen von Unterrichtsstunden.

Kürzel	Gruppe/ Lehrkraft	Kamera- perspektiven	Kürzel	Gruppe/ Lehrkraft	Kamera- perspektiven
01-1106- LK // SK	JeKi Violine 1/Frau Wolf	Lehrerkamera (LK) und Schü- lerkamera (SK)	02-1113- LK // SK	JeKi Violine 2/Frau Wolf	Lehrerkamera (LK) und Schü- lerkamera (SK)
02-1120- K1	JeKi Violine 2/Frau Wolf	Publikums- kamera (K1)	03-1218- K1-1 // K2-1	JeKi Cello 1/Herr Maier	Rechte Raum- seite (K1) und linke Raumseite (K2)
03-1218- K1-2 // K2-2[198]	JeKi Cello 1/Herr Maier	Rechte Raum- seite (K1) und linke Raumseite (K2)	04-1218- K1 // K2	JeKi Cello 2/Herr Maier	Rechte Raum- seite (K1) und linke Raumseite (K2)
05-1112- LK	Streicher- klasse Violinen- Gruppe 1/ Frau Sajani	Lehrerkamera (LK)	05-1119- LK // SK	Streicher- klasse Violinen- Gruppe 1/ Frau Sajani	Lehrerkamera (LK) und Schülerkamera (SK)
06-1114- K1 // K2	Streicher- klasse Violinen- Gruppe 2/ Frau Stankovic	Rechte Raum- seite (K1) und linke Raumseite (K2)	06-1121- K1 // K2	Streicher- klasse Violinen- Gruppe 2/ Frau Stankovic	Rechte Raum- seite (K1) und linke Raumseite (K2)
07-1115- LK // SK	Bläserklasse Großgrup- pe/Herr Winkler	Lehrerkamera (LK) und Schü- lerkamera (SK)	07-1122- K1-2 // K2	Bläserklasse Großgrup- pe/Herr Winkler	Lehrerkamera (LK) und Schü- lerkamera (SK)
08-1114- K1-1 // K2-1	Streicher- klasse Großgrup- pe/Frau Stankovic	Rechte Raum- seite (K1) und linke Raumseite (K2)	09-1213- K1 // K2	Bläserklasse Saxophon- gruppe/Herr Winkler	Lehrerkamera (K1) und Schü- lerkamera (K2)

---

198 Die Videoaufnahme Teil 2 nimmt eine Sequenz nach dem offiziellen Beenden der Stunde auf, in der sich aber eine musikalische Sequenz ergibt.

10-1220-K1-1 // K1-2[199] // K2-1 // K1-2	Bläserklasse Flötengruppe/Frau Müller	Rechte Raumseite (K1) und linke Raumseite (K2)	11-1209-K1-1 // K1.2 // K2.1-2.6	Rap AG/ Frau Vogt	Standkamera (K1) und mobile Kamera (K2)
12-1214-K1-2 // K1-2 // K2-1 // K2-2	Band-workshop/ Herr Geiger	Rechte Raumseite (K1) und linke Raumseite (K2)			

Tab. 8:   Videoszenen im Datenkorpus.

Titel	Videocode Gruppe/Lehrkraft	Titel	Videocode Gruppe/Lehrkraft
Jetzt mach ich mal meine Stimme mit	01-1106-LK/13:47 01-1106-SK/06:00 JV1/Wolf	Geführte Bewegung	01-1106-LK/21:42 JV1/Wolf
Protest	01-1106-LK/26:28 01-1106-SK/18:42 JV1/Wolf	Szene 2-14	01-1106-SK/03:03 JV1/Wolf
Papagei	01-1106-SK/03:34 JV1/Wolf	Bogenführen 1	01-1106-SK/05:00 JV1/Wolf
Zusammenspiel	01-1106-SK/05:32 JV1/Wolf	Macht ihr mir mal zu dritt vor	01-1106-SK/05:20 JV1/Wolf
Durcheinanderkommen	01-1106-SK/14:47 JV1/Wolf	Schau einfach bei mir	01-1106-SK/11:48 JV1/Wolf
Geführte Bewegung	01-1106-SK/13:57 JV1/Wolf	Viertel gegen Achtel	01-1106-SK/10:16 JV1/Wolf
Nörgeln Julius	01-1106-SK/06:21 JV1/Wolf	Wie im Konzert	01-1106-SK/07:45 JV1/Wolf

---

199 Die Videoaufnahme ist hier geteilt.

Konzertprobe	01-1106-SK/08:47 JV1/Wolf	Wir machens mal zu dritt	02-1113-SK/01:48 JV2/Wolf
Titi-Noten (voller Titel: Da kann dann das Klavier die titi-Noten dazu spielen)	02-1113-SK/02:32 JV2/Wolf	Wegen dem schweren Hüpfer	02-1113-SK/03:20 JV2/Wolf
Merken	02-1113-SK/12:26 JV2/Wolf	Bogenführen 2	02-1113-SK/26:29 JV2/Wolf
Schokoladenkuchen	02-1113-SK/40:10 JV2/Wolf	Klatschspiel	03-1218-K1-1/20:01 03-1218-K2-1/21:09 JC1/Maier
Weihnachtsmann	03-1218-K1-1/34:35 03-1218-K2-1/35.42 JC1/Maier	Hilfe vom Lehrer	03-1218-K1-1/26:01 03-1218-K2-1/26:55 JC1/Maier
Geschenke auspacken	03-1218-K2-1/15:20 JC1/Maier	Pantomime	04-1218-K1/12:15 JC2/Maier
Abgucken	04-1218-K1/22:08 04-1218-K2/18:48 JC2/Maier	Einschwingen	04-1218-K1/24:28 JC2/Maier
Luftcello	04-1218-K2/10:25 JC2/Maier	Imitation	04-1218-K2/13:20 JC2/Maier
Führung	04-1218-K2/18:48 JC2/Maier	Uhrenkanon	05-1119-LK/03:31 05-1119-SK/01:15 Str1/Sajani
Uhrenkanon 2	05-1119-LK/05:58 05-1119-SK/03:14 Str1/Sajani	Kontrolle	05-1119-LK/10:49 05-1119-SK/08:04 Str1/Sajani
Kanon	05-1119-LK/20:48 05-1119-SK/18:04 Str1/Sajani	Luftgeige	05-1119-LK/31:34 Str1/Sajani

102 Gespensterchen	05-1112-LK/24:50 Str1/Sajani	Gespenst	06-1121-K1/09:30 06-1121-K2/10:00 Str2/Stankovic
Gespenst 2	06-1121-K1/10:49 06-1121-K2/11:06 Str2/Stankovic	Laterne	06-1121-K1/21:59 06-1121-K2/22:26 Str2/Stankovic
Konzert	08-1114-K1-1/05:15 Str/Stankovic	Auseinander	08-1114-K1-1/13:27 Str2/Stankovic
Luftbogen	08-1114-K1-1/14:50 Str2/Stankovic	Überholspur	08-1114-K1-1/16:42 Str2/Stankovic
Achten	08-1114-K1-1/18:47 Str2/Stankovic	Dirigieren	09-1213-K1/00:00 BlSax/Winkler
Dirigieren 2	09-1213-K1/00:54 BlSax/Winkler	Vom Blatt	09-1213-K1/24:30 09-1213-K2/21:10 BlSax/Winkler
Sakura	10-1220-K1-2/32:26 10-1220-K2-2/33:00 BlFl/Müller	Morgen	10-1220-K1-2/34:21 10-1220-K2-2/34:54 BlFl/Müller
Menuett	10-1220-K1-2/36:04 10-1220-K2-2/36.38 BlFl/Müller	Einmal von vorne durch	07-1122-K2/33:14 Bl/Winkler
Rhythmus klatschen	05-1112-LK/22:32 Str1/Sajani	Schneeflöckchen	03-1218-K2-2/00:00 JC1/Maier
Ein bisschen lang-samer	09-1213-K1/03:04 BlSax/Winkler		

5.4   Die Entwicklung einer Grounded Theory

Das folgende Kapitel stellt den Auswertungsprozess in dieser Studie dar. Die grundle-gende Strategie der Datenauswertung entspricht den Kodierprozessen nach der GTM,

124

die ich in Kapitel 5.4.1 zusammenfassend erläutere. In Kapitel 5.4.2 diskutiere ich daraufhin den Prozess der Reflexivität anhand meiner Forscherrolle. Das darauffolgende Kapitel (5.4.3) widmet sich einem spezifischen methodologischen Problem und seinen methodischen Konsequenzen: Aufgrund des Forschungsgegenstandes der musikalischen Interaktion sowie der dadurch verwendeten Erhebungsmethode der Videographie unterliegt der Kodierungsprozess der Videodaten einer musik- und videospezifischen semantischen Unbestimmbarkeit. Kapitel 5.4.3 zeichnet in diesem Sinne ein Bild meiner Herangehensweise an die Integration der Videodaten in meine GTM-Studie, worauf in Kapitel 5.4.4 abschließend der Kodierprozess verdeutlicht wird.

5.4.1 Kodieren, Schreiben, Konzeptualisieren: Kodierprozeduren nach der GTM

Die Datenauswertung wurde im Sinne der GTM von theorieorientierten (Przyborski & Wohlrab-Sahr 2010, S. 195) Kodierprozeduren geleitet.[200] Innerhalb dieses Forschungsansatzes werden *Kodes* und *Kategorien* nicht vorab definiert und dem Datenmaterial zugewiesen, sondern in einem interaktiven Prozess aus den vorliegenden Daten entwickelt (vgl. z.B. Breuer 2010; S. 69-101; Hülst 2010, S. 285): *Kodieren* in der GTM ist der „Prozess der Entwicklung von Konzepten in Auseinandersetzung mit dem empirischen Material" (Strübing 2008, S. 19), mit dem „die Daten aufgebrochen, konzeptualisiert und auf neue Art zusammengesetzt werden. Es ist der zentrale Prozeß (!), durch den aus den Daten Theorien entwickelt werden" (Strauss & Corbin 1996, S. 39).[201] Die Identifizierung von für das Forschungsthema relevanten Konzepten, deren Benennung und Abstraktion bis hin zur Formulierung eines gegenstandsbezogenen Erklärungsmodells verläuft in drei analytischen Auswertungsschritten – dem *offenen*, dem *axialen* und dem *selektiven Kodieren* –, die zyklisch ineinander greifen und „iterativ immer neu (von vorn auf verändertem Verständnishintergrund) durchlaufen werden" (Breuer 2010, S. 76). Begleitet werden sie vom Verfassen analytischer *Memos*[202] (vgl. z.B. Strauss & Corbin 1996, S. 169-192). Während das *offene Kodieren* auf der Basis von Fragen und Vergleichen[203] die Identifikation und erste Dimensionalisierung von relevanten Konzep-

---

200 Die zusammenfassende Darstellung des GTM-spezifischen Kodierens folgt den Ausführungen von Glaser & Strauss (2010), Strauss (1991), Strauss & Corbin (1996), Hülst (2010), Breuer (2010), Mey & Mruck (2011b), Strübing (2008) und Przyborski & Wohlrab-Sahr (2010).

201 Strauss & Corbin (1996, S. 45) meinen „mit Aufbrechen und Konzeptualisieren [...] das Herausgreifen einer Beobachtung [...] und das Vergeben von Namen für jeden einzelnen darin enthaltenen Vorfall, jede Idee oder jedes Ereignis".

202 Der Begriff *Memo* bezeichnet in der GTM schriftliche Dokumente, die den „Wissensstand der Forschenden dokumentieren und kontinuierlich fortschreiben" (Mey & Mruck 2011b, S. 26), in denen theoretische Überlegungen skizziert werden oder Fallauswahlen reflektiert werden. Memos werden im Forschungsprozess kontinuierlich erstellt (vgl. ebd.) und begleiten so die Konstruktion eines Erklärungsmodells der Daten (vgl. ebd.; Strauss & Corbin 1996).

203 Das Stellen von Fragen sowie das Anstellen von Vergleichen begleitet den gesamten Forschungsprozess (vgl. Strauss & Corbin 1996, S. 56-74; Breuer 2010, S. 81-82).

ten zum Ziel hat (Strauss & Corbin 1996, S. 54-55), wird im Schritt des *axialen Kodierens* eine Kategorie *um ihre Achse herum* (vgl. Strauss 1991, S. 63) detailliert ausgearbeitet. Bedeutsame Konzepte werden als Kategorien abstrahiert und mit anderen Kategorien in Beziehung gesetzt. Strauss & Corbin (1996, S. 78-86) schlagen für die Phase des axialen Kodierens ein *paradigmatisches Modell* bzw. *Kodierparadigma* genanntes handlungstheoretisches Modell als Kodierheuristik vor.[204] Breuer (2010) plädiert dafür, dieses heuristische Konzept als Modell der Zusammenführung von Kategorien als *Option* und angepasst auf den Forschungsgegenstand zu nutzen:

> „Sie [= die Vorgabe des Paradigmatischen Modells] fordert zum Denken in Zusammenhängen und Bedingungsgefügen heraus. Allerdings muss das Konfigurieren von Kategorien in einer Gesamtarchitektur nicht in jedem Fall genau so und nach dieser Logik gemacht werden." (ebd., S. 87)

Demgegenüber seien Forschende angehalten, „offener auch nach anderen Rahmenideen für eine gegenstandsbezogene Modellierung zu suchen" (ebd.).[205]

Mit der Auswahl einer Kernkategorie tritt der Forschende in die dritte und letzte Phase des Auswertungsprozesses ein. Mithilfe des *selektiven Kodierens* werden die bisherigen Kategorien um das zentrale Konzept herum angeordnet und gegebenenfalls *rekodiert*[206]. Mit dem selektiven Kodierprozess wird die Integration der bisherigen Kodierergebnisse erzielt, die auf die Formulierung einer Deutungsvariante der Daten hinausläuft (vgl. z.B. Breuer 2010, S. 92). Breuer (2010) betont, dass die „Prozeduren des Kodierens [...] ihren Sinn und ihre Potenzen erst im Rahmen der ausgebauten konsekutiv-iterativ-rekursiven Strategie des Hin und Her, des Vor und Zurück zwischen Datenerhebung, Konzeptbildung, Modellentwurf und Modellprüfung sowie der Reflexion des Erkenntniswegs [entfalten]" (ebd., S. 69).

5.4.2 Distanz gewinnen: (Selbst-)Reflexivität während des Kodierprozesses

Zu Beginn des Auswertungsprozesses wurde ein Aspekt in meiner Forschungsarbeit sehr relevant: die Distanzierung von den eigenen Daten. Aufgrund meiner berufspraktischen Erfahrungen als Musikerin und Instrumentalpädagogin war es einerseits leicht, Zugang zum Forschungsfeld zu finden. Ich erhielt einen Vertrauensvorschuss der Akteure im Feld und konnte schnell eine Vertrautheit im Umgang mit den Lehrenden aufbauen. Es herrschte während meiner Unterrichtsbesuche und während der Interviews

---

204 Glaser (1978) schlägt ein Spektrum von ‚Kodierfamilien' vor und geht von einem zweistufigen Prozess des Kodierens aus (vgl. die detaillierte Darstellung der Unterschiede der Varianten nach Glaser und Strauss & Corbin in Strübing 2008).

205 Auch Sandra Tiefel (2005) legt beispielhaft dar, wie das Kodierparadigma für lerntheoretische Zusammenhänge modifiziert werden kann.

206 Strauss & Corbin (1996) betonen, dass der Forschende jederzeit zu altem Material zurückkehren und es „im Lichte des zusätzlichen Wissens [späterer Auswertungsphasen] neu kodieren" (ebd., S. 152) sollte.

eine freundschaftlich-kollegiale Atmosphäre. Die ausnahmslose Verwendung des „Du" in den Interviews zeugt eben von dieser schnellen Vertrautheit.

Während ich die „Spannung zwischen notwendiger Vertrautheit mit dem Feld einerseits und notwendiger Distanz gegenüber diesem andererseits" (Pzyborski & Wohlrab-Sahr 2010, S. 45) in der Begegnung mit den FeldteilnehmerInnen aushalten konnte, lief ich Gefahr, spezifische professionelle Vorannahmen und unreflektiertes Feldwissen über das Musizieren und die Unterrichtssituationen in die Analyse einfließen zu lassen. Demgegenüber sollte dieses Wissen zur Erhöhung der theoretischen Sensibilität (Strauss & Corbin 1996, S. 25-30) strukturiert und als solches reflektiert den Auswertungsprozess leiten. Das gleiche galt für mein theoretisches Vorwissen. Wie von Breuer (2010, S. 103) empfohlen, versuchte ich daher über das Schreiben von Memos und eines Forschungstagebuchs mein Wissen zu explizieren und eine reflektierende Distanz einzunehmen, um den Daten gegenüber die nötige Offenheit herzustellen.

Das Verfassen von schriftlichen Dokumenten half mir, eine Distanz zu meinen Feldeindrücken einzunehmen. In der Beobachterrolle wirkte der Unterricht auf mich teilweise stark lehrerzentriert gestaltet, wenig variabel in den Unterrichtsmethoden oder fokussiert auf das instrumentaltechnische Lernen. In meinen Feldnotizen notierte ich beispielsweise die Frage, warum es in diesen Unterrichtsstunden so wenig um Klang gehe. Der Unterricht, den ich beobachtete, wirkte einerseits vertraut und warf gleichzeitig Fragen über mir bis dahin als selbstverständlich betrachtete professionelle Praktiken auf. Für eine größtmögliche Offenheit den Daten gegenüber musste ich meine Eindrücke und emotionalen Resonanzen hinsichtlich der darin enthaltenen pädagogischen Bewertungskonstrukte dekodieren. Hierzu dienten die zugrunde liegenden empirischen Methoden, die es ermöglichten, aus der Handlungspraxis zurückzutreten und in einem Prozess der Entfremdung vom vertrauten Feld bisher verborgene Zusammenhänge herauszuarbeiten, die im Alltag unbeobachtet bleiben.[207]

Das Hinterfragen der eigenen Eindrücke, meiner Perspektive auf die Daten sowie der beobachtungsleitenden Konstruktionen begleitete den ganzen Auswertungsprozess (vgl. Breuer 2010).

5.4.3 Eigengesetzlichkeiten audiovisueller Daten und Integration in die Auswertungsstrategie

Der Umgang mit audiovisuellen Daten stellt methodologisch einige Herausforderungen an Forschende. Das folgende Unterkapitel wird diese Herausforderungen thematisieren und hinsichtlich der gefundenen forschungspraktischen Lösungen – dies waren zum einen Fragen der Fixierung videographischer ‚Beobachtungen' (visuell und akustisch), zum zweiten Fragen der Einbindung in eine GT-Studie und zum dritten Fragen der Triangulation im Hinblick auf die Verknüpfung videographischer und verbaler Daten – reflektieren.

---

207 Vgl. zur Distanznahme auf ein vertrautes pädagogisches Feld aus einer Forscherperspektive Zinnecker (2000, S. 382ff.).

5.4.3.1 Methodologische Herausforderungen und forschungspraktische Lösungen

Auch wenn die Einbindung audiovisuellen Materials in qualitative Studien in jüngster Zeit immer häufiger anzutreffen ist und verschiedene Disziplinen die der Videoforschung zugrunde liegenden methodologischen Schwierigkeiten diskutieren (vgl. Moritz 2011, S. 13), war der konkrete methodische Umgang mit dem Video innerhalb meiner Studie – auch aufgrund der geringen Zahl beispielhafter Studien – eine besondere Herausforderung. Wie auch Moritz (2011, S. 14-15) darstellt, reduzieren zahlreiche Ansätze die videoimmanente Information auf die Ebenen Bild und Text oder sogar auf die Sprachebene. Andere Studien nutzen das Videomaterial nur als Ergänzung verbaler Daten (vgl. z.B. Hammel 2011). Da ich in meiner Analyse über diese Ebenen hinausgehen wollte, entwickelte ich mein konkretes Vorgehen auf der Basis verschiedener methodologischer Überlegungen zur qualitativen Videoanalyse (Bohnsack 2009; 2010; Corsten u.a. 2010; Ehrenspeck & Schäffer 2003; Friebertshäuser u.a. 2007; Knoblauch u.a. 2010; Knoblauch 2004; Reichertz & Englert 2011; Wagner-Willi 2005; 2006) unter Einbezug des Vorgehens in der Videointeraktionsanalyse nach Tuma u.a. (2013) sowie der erziehungswissenschaftlichen Videographie (Herrle u.a. 2010; Dinkelaker & Herrle 2009). Sowohl Tuma u.a. (2013) als auch Dinkelaker & Herrle (2009) gehen eher sequenzanalytisch vor, liefern aber hilfreiche Ansätze zur Entschlüsselung und Verschriftlichung des Videomaterials. Zudem orientierte ich mich an in einer musikpädagogischen Dissertation entwickelten Videotranskriptionsmethode, der *Feldpartitur* (Moritz 2011). Wichtige Impulse lieferten außerdem die Überlegungen von Heike Gebauer (2011) hinsichtlich des Einsatzes des audiovisuellen Mediums im Kontext musikpädagogischer Lehr-Lernforschung.

Die spezifischen methodologischen und methodischen Herausforderungen hinsichtlich der Videoanalyse in meiner Studie lassen sich in den folgenden zwei Punkten zusammenfassen:

(1) Sprachbezogenheit der GTM-spezifischen Kodierlogik und semantische Unbestimmbarkeit des Forschungsgegenstandes

Zwar impliziert das Glaser'sche „All is data" (Glaser unter Mitarbeit von Holton 2011, S. 148-149) eine generelle Anwendbarkeit von audiovisuellem Material als Datenbasis innerhalb einer GTM-Studie. Die methodischen Auswertungsschritte der GTM basieren jedoch auf dem Kodesystem der Sprache: Die Benennung von Datensegmenten mit verbalsprachlichen Begriffen sowie das Ausarbeiten dieser Begriffe zu tragfähigen theoretischen Kategorien, die miteinander in Beziehung gesetzt und so einer Diskusivität zugänglich sind, sind die Kernbestandteile der Kodierarbeit in der GTM. Kodieren kann dementsprechend als eine „Arbeit am Begriff" (Aghamiri & Streck 2015) verstanden werden und ist von Grund auf ein sprachbasiertes Verfahren.[208]

---

208 Nicht umsonst nimmt das Schreiben – das Arbeiten mit Sprache – in Form des Verfassens von Memos einen so großen Raum innerhalb der GTM ein. Durch das Schreiben erfolgt die Präzisierung der Begriffe, die erst nach ihrer Konkretisierung einer theoretischen Argumenta-

In meiner Studie interessieren an den Videoaufzeichnungen jedoch nicht in erster Linie die sprachlichen Äußerungen der im Video handelnden Personen. Der Forschungsgegenstand Koordination richtet den Blick auf *nichtsprachliche* Ebenen des Videomaterials. Mehr noch: Musiziersituationen sind gerade über die *Abwesenheit von Sprache* charakterisiert. Über die simultan ablaufenden Ebenen der nonverbalen Kommunikation (z.B. Mimik, Gestik, Körpersprache und -ausdruck), der Bewegung (z.B. Akteurs- und Objektbewegung), der Raumkonstellationen und der akustischen Ereignisse (z.B. Musik, Geräusche, Sprache, parasprachliche Äußerungen) (vgl. Moritz 2010b, S. 168) – kurz: über Klang und die leibliche Bewegung im Raum (vgl. Abb. 10) – erhält die musikalische Interaktion erst ihre Bedeutung.[209]

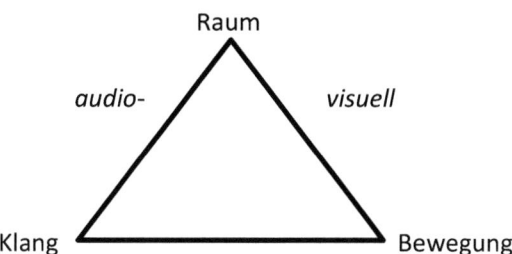

Abb. 10: Beobachtungsdimensionen musikalischer Interaktionen.

Die zu analysierenden Musiziersituationen entziehen sich aufgrund ihrer musikspezifischen Eigengesetzlichkeiten – Nichtsprachlichkeit, Flüchtigkeit, Zeitlichkeit, Körperlichkeit und Emotionalität – einer semantischen Bestimmbarkeit (vgl. Gebauer 2011, S. 35). Sie repräsentieren sich in einem eigenen Ausdrucks- und Symbolsystem, nämlich dem klangbasierten System der Musik, das sich im audiovisuellen Bewegtbild mehrdimensionaler vermittelt als im sprachlichen System (vgl. Moritz 2014).[210]

Für das Entwickeln theoretischer Konzepte, die Ausformulierung der gegenstandbegründeten Theorie und die spätere Diskussion der erarbeiteten Ergebnisse ist daher ein „Kodewechsel" (Moritz 2010b, S. 169) vom Audiovisuellen zum Sprachlichen zu vollziehen, in dem sich forscherseitige Konstruktionsprozesse manifestieren (vgl. z.B. Reichertz & Englert 2011) und der wesentlich komplexer als bei der Analyse von Verbaldaten erscheint: Während bei der verbalsprachlich basierten Analyse z.B. der Gebrauch

---

tion zur Verfügung stehen (vgl. Mey & Mruck 2011b, S. 26; Strauss & Corbin 1996, S. 169-192).

209 Aufgrund der Verfügbarkeit unzähliger simultaner Ereignisse auf mehreren Ebenen gelten Videodaten auch als „überkomplex". Die Informationen zu ordnen und abhängig vom Forschungsgegenstand auszuwählen, kann als die zentrale Herausforderung der Videoforschung betrachtet werden – vor allem in einer qualitativen Arbeit, in der Beobachtungskategorien zu Beginn des Prozesses noch schwach ausgebildet sind und als vorläufig gelten.

210 Im Grunde begegnet mir mit dem Videomaterial eine Verschachtelung semantisch unbestimmbarer Ausdruckssysteme: Neben der im Video abgebildeten Musik werden auch dem Videomaterial an sich eine Eigengesetzlichkeit als Symbolsystem und semantische Unbestimmbarkeit (Moritz 2010b) zugeschrieben.

von *In-Vivo-Kodes* (also Formulierungen der ForschungspartnerInnen) eine entstehende Theorie *nahe an den Daten* verspricht, ist eine solche *Datennähe* bei der Analyse von nonverbal basierten Videodaten weitaus schwieriger zu erreichen. Dies gilt selbst dann, wenn originäre Videodaten Teil der Ergebnis*darstellung* bleiben (was in meiner Studie aufgrund der Sicherung der Anonymität meiner ForschungspartnerInnen nicht geschieht). Die Videodaten wären in diesem Fall Anschauungsmaterial und dienten der Nachvollziehbarkeit der Ergebnisse, sie würden den nötigen Kodewechsel aber nicht ersetzen.

Die Kodierung kann als „Prozess der Aneignung von Videomaterial" (Moritz 2011, S. 9) betrachtet werden und bildet in diesem Sinne das „Ergebnis eines komplexen und sinnkonstituierenden Zusammenwirkens elementarer Informationen auf Objektseite eines Videos, und deren Sinneswahrnehmung und -verarbeitung auf Subjektseite der Forschenden" (ebd., S. 9) ab. Kurz gesagt: Die Videoanalyse dreht sich um die zentralen Fragen, auf welchen Deutungsschemata die Wahrnehmungen von Bedeutungsträgern eines anderen Symbolsystems beruhen, mit welchen sprachlichen Begriffen diese anschließend belegt werden und wie dieser Übergang nachvollziehbar und reflektiert protokolliert werden kann.

Diese Fragen erscheinen einerseits nicht videospezifisch, sondern können für jegliche qualitative Datenanalyse gelten. Je mehr berücksichtigt wird, dass es auch bei sprachlich basierten Daten letztlich der/die ForscherIn ist, die den Begriff *wählt* und damit „*entscheidet*, dass ein Begriff zu dem passt, was *sie* in den Daten entdeckt und ausdrücken möchte" (Aghamiri & Streck 2015, S. 105; H.i.O.), desto deutlicher wird, dass der Sprung zur Sprache bei Videomaterial vielleicht weiter ist, der Übergang in einen konzeptionellen Begriff jedoch immer ein Prozess der Deutung ist. Im Falle einer Videointerpretation wird dies wohl so offenkundig, da der Wechsel in die Schriftsprache – anders als z.B. in Beobachtungsprotokollen – nicht im Moment der Daten*produktion*, sondern erst mit der Daten*analyse* geschieht.

Auch wenn sich die Videographie durch die Wiederholbarkeit der Beobachtung als vermeintlich exaktes, lückenloses und zuverlässiges Beobachtungprotokoll (Corsten 2010, S. 8-9) gilt und durch die Protokollierung simultaner Strukturen eine komplexe Repräsentation der sozialen Situation verspricht (Dinkelaker 2010a, S. 93), ist sie demzufolge spätestens mit der Analyse auf die forscherseitige Auswahl von Details angewiesen. Dies gilt im Besonderen, wenn der Kodewechsel nicht wie in vielen Forschungsvorhaben und Datensorten ausschließlich von der gesprochenen Sprache zur Schriftsprache (z.B. in Transkripten von Audioaufnahmen eines Interviews) erfolgt, sondern wie in meiner Arbeit von nichtsprachlichen semantischen Einheiten in Worte.

Eine der semantisch unbestimmbaren Ebenen tritt im Kontext meiner Studie besonders in den Fokus: Bei der Betrachtung musikalischer Interaktionsprozesse stellt die Musik in Form des Klangs eine wesentliche Bedeutungsdimension dar, da sich gelingende Koordination in ihrem entstehenden Ensembleklang äußert (Keller 2008; Spychiger 2008). Die spezifische Klanggestalt ist jedoch nicht eindeutig in Sprache übertragbar. Obwohl eine Intersubjektivität von ästhetischen Urteilen angenommen werden kann (vgl. Rolle 1999; Rolle & Wallbaum 2013), gilt das Klangempfinden auch wegen der damit verbundenen emotionalen Wirkung als hochgradig subjektiv. Dies heißt aber nicht, dass die emotionalen Wirkungen und ästhetischen Urteile nicht produktiv genutzt werden können. Für die Analyse der interessierenden musikalischen Situationen erweist es sich sogar als unumgänglich, emotionale Wirkungen und musikalisch-ästhetische Urteile als Wirkungsebene einzubeziehen.[211] Sie sind in Form von Memos notiert und analysiert worden.

(2) Zeitliche Gebundenheit und Prozesscharakter der Musik als Analyse- und Darstellungsproblem

Musik gilt als Zeitkunst und ist als solche an den Ablauf der Zeit gebunden. Sie ist flüchtig: Ein Anhalten des Videos unterbricht nicht nur den Fluss der Musik, sondern lässt die Musik gänzlich verklingen. Zudem stellt sich das zu untersuchende Phänomen, Koordination, vor allem als *Prozess* dar: Koordination wird in einem Ablauf von Handlungen und Klängen offenkundig, nicht aber in einem einzelnen Augenblick. Corsten (2010, S. 14-15) diskutiert diese Problematik anhand einer videobasierten Analyse eines Fußballspiels, das ebenfalls als zeitgebunden und prozessual angesehen werden kann. In einem solchen Kontext durchbrechen Videoanalysemethoden, die das Video in einzelne Zeitpunkte sezieren – z.B. durch die alleinige Analyse von Standbildern –, den (Spiel-) Fluss und begehen dadurch einen „methodischen Kategorienfehler" (Corsten 2010, S. 15): Dem Beobachtenden entgehe die wesentliche Eigenschaft des untersuchten Gegenstands (ebd.). Durch Tempowechsel oder Anhalten des Videos werden Ebenen wie Rhythmik der Abläufe, Tempo des Aufeinanderfolgens von Ereignissen usw. außer Kraft gesetzt, die im Bezug auf das Musizieren entscheidende Erkenntnisse enthalten können. Dies stellt sich sowohl während der Analyse als auch bei der späteren Darstellung als Schwierigkeit dar.

Für die Analyse der Mikroprozesse in ihrer Vielschichtigkeit ist das Anhalten zeitweise unerlässlich, schließlich spielt sich das Koordinationsgeschehen auf der mikroprozessualen Ebene ab. Aufeinander bezogene Handlungen lassen sich im originalen Videomaterial nicht eindeutig identifizieren bzw. zeitlich zuordnen. Die Videoanalyse muss demzufolge sehr detailscharf sein, weshalb über technische Zugriffe kleinste Sequenzen und Momentaufnahmen in kurzer Folge zugänglich gemacht werden müssen. Eine verbalsprachliche (und durch Bildsprache ergänzte) Darstellung büßt ebenfalls die zeitlich-prozesshafte Ebene ein.

Aus den vorangegangenen Überlegungen folgen für die Videoanalyse folgende Konsequenzen:

---

211 Inwiefern die Berücksichtigung der emotionalen Ebene beim Sprechen über einen musikalisch-ästhetischen Gegenstand nicht nur sinnvoll, sondern notwendig ist, erörtert Christian Rolle (2012).

(1) Ablaufendes Video als Basis des analytischen Handelns

Als erste Konsequenz zur Sicherung der Prozess- bzw. Zeitlichkeitsdimension erfolgt der gesamte Analyseprozess am Video bzw. in Rückgriff auf das ablaufende Video. Das audiovisuelle Material selbst gilt als Protokoll der beobachteten Situation, da Transformationen in schriftliche Formen „die Eigenart des […] Filmischen destruieren" (Corsten 2010, S. 16). Auch bei analytischen Zugriffen auf das Videomaterial – Beschleunigungen, Verlangsamungen bis zur Zeitlupe, das Schneiden von Szenen, Isolation von Bild- oder Tonebene oder das Erstellen von Standbildern –, die eine Bewusstwerdung über das videoimmanente Geschehen oft erst ermöglichen, wird das erstellte Material immer in Konfrontation mit dem originalen Film betrachtet.

Es ergibt sich dadurch ein zyklischer Prozess des Hin und Her zwischen analytischen Zugriffen und der Arbeit am Original. Die Arbeit mit dem Video ist vergleichbar mit dem Üben einer Musik: Ein Verlangsamen und Anhalten lässt den Blick auf Details freiwerden, die für einige Zeit erspürt und wahrgenommen werden können. Die Veränderung von Tempo und Rhythmus verändert allerdings auch die Aussage der geübten Stelle, weswegen eine Einbindung in den Kontext vonnöten ist.

(2) Mehrstufiger Kodewechsel

Beobachtungen aus dem Videomaterial werden nicht immer direkt in sprachliche Kodes übertragen. In manchen Fällen lassen sich Ereignisse über Symbole, Zeichen oder Skizzen besser veranschaulichen als über einen Begriff. Die „Kodierung" verbleibt dadurch zunächst auf einer visuellen Ebene, die der Abbildung im Videomaterial zunächst näher kommt. Im weiteren Prozess kann die Bedeutung eines solchen Ereignisses weiter entschlüsselt und nach und nach in einen analytischen Begriff überführt werden (vgl. Moritz 2011). Dieses Verfahren wird der Eigenständigkeit der videoimmanenten Symbolebene (Corsten 2010, S. 9) gerecht.

Als Form der Beobachtung von interaktiven Handlungen ist ferner der Kontext der Situation für die Entschlüsselung der Bedeutungen wichtig. Die Frage, was in der beobachteten Situation eigentlich los sei, stellt sich bei jeder Betrachtung neu. Erst eine Antwort auf diese Frage ermöglicht die Einordnung sowie Benennung der koordinationsbezogenen Phänomene. Hierfür werden Kontexte aus anderen Videosequenzen, aus den Feldaufenthalten oder den Interviewdaten genutzt.

(3) Reflexion in schriftlichen Memos

Die Analysesitzungen werden im Forschungstagebuch und in schriftlichen Memos reflektiert. Eine besondere Bedeutung haben im Prozess die Memos zu meinen musikalisch-ästhetischen Eindrücken der Situationen erhalten. In der Analysephase wurde offenkundig, dass emotionale Resonanzen und ästhetische Urteile hinsichtlich des wahrnehmbaren Klangs Anhaltspunkte für das Vorliegen von Koordinationsmomenten darstellten. Die erste zu analysierende Szene des Datenmaterials wurde beispielsweise aufgrund des diffusen Eindrucks eines einheitlichen und schwungvollen Klanges ausgewählt.

Die Reflexive Grounded Theory nach Breuer (2010) stellt für die Integration dieser Resonanzen und Urteile in die Datenanalyse eine methodische Einbettung bereit. Die „Person- und Subjekthaftigkeit des Forschungshandelns" (Breuer 2010, S. 115) ist einerseits ein Grund zur verstärkten (Selbst-) Reflexivität im Forschungsprozess, kann aber auch als „Erkenntnischance" (ebd., S. 116) begriffen werden. Mit dem Verweis auf den Wissenschaftstheoretiker Georges Devereux wird das „Ablesen von Resonanzen am eigenen Körper, die in der Forschungssituation hervorgerufen werden", als „Erkenntnisfenster" angesehen (ebd., S. 125). Breuer liefert damit einen Anhaltspunkt, in welcher Art und Weise musikalisch-ästhetische Dimensionen im Videomaterial als Erkenntnismodi innerhalb einer musikbezogenen Forschungsarbeit gedacht und für den Forschungsprozess nutzbar gemacht werden können: als „Resonanzen am eigenen Körper" (ebd., S. 125).

In meiner Studie hielt ich dementsprechend emotionale Resonanzen und ästhetische Wahrnehmungen im Forschungstagebuch, in Memos oder in einer Kommentarzeile der Verschriftlichungen fest und reflektierte sie als eigenständige Bedeutungsdimension des Videomaterials. Die Resonanzen gaben zunächst Hinweise, an welchen Stellen im Material sich interessante Ereignisse verbergen könnten und deuteten in weiteren Schritten auf Zusammenhänge hin. Freude über das Verhalten der Kinder entpuppte sich beispielsweise an einer Stelle als eine besonders starke Involviertheit in den Musizier- und damit in den Lernprozess. Resonanzen dienten so dem *Aufspüren* koordinativer Prozesse, die im Anschluss mehrdimensional analysiert und beschrieben werden konnten. In einem letzten Schritt diente die Integration der ästhetischen oder emotionalen Wahrnehmung einer Anreicherung der Analyse im Sinne des Forschungsthemas.

(4) Erstellen von Transkriptionen

Trotz des primären Bezugs auf das audiovisuelle Material sind Verschriftlichungen der Videodaten notwendig (vgl. Hecht 2010, S. 126; Moritz 2014). Die Verschriftlichungen der Beobachtungen protokollieren den Analyseprozess und dienen so einer Nachvollziehbarkeit der Ergebnisse. Sie dienen weiterhin dem analytischen Dekonstruieren: Verschriftlichungen helfen dabei, einzelne Ebenen zunächst separat und das Beobachtete anschließend in seinem Zusammenhang zu betrachten. Sie ermöglichen damit die Entkoppelung von Sequentialität und Simultanität der Ereignisse im Material (Dinkelaker & Herrle 2009). Das schriftliche Fixieren dient demnach der Entschlüsselung der videoimmanenten Bedeutungsstruktur (Moritz 2011, S. 50).[212]

Zu Beginn des Auswertungsprozesses war noch nicht klar, welche Ausschnitte des Videomaterials transkribiert werden sollten und zu welchem Zweck. Art und Detaillierungsgrad der Dokumente entwickelten sich daher mit dem Forschungsprozess in Abhängigkeit vom jeweiligen Stand der Analyse und der gegenwärtigen Fragen an das

---

212 Einen Überblick über Methoden der Videotranskription liefert Moritz (2011; 2014).

Material (vgl. Hecht 2010, S. 125; Mey & Mruck 2011b, S. 27). Zu Beginn fertigte ich Logbücher (Übersichtstabellen über die Sequenzen) und einige Beobachtungsprotokolle in Form dichter Beschreibungen an, mit deren Hilfe ich den Kontext bzw. das Spezifische einer Musiziersituation zu fassen bekommen wollte. Später fertigte ich Partiturtranskripte für die Mikroanalyse einzelner Situationen an, Skizzen sowie Standbildanalysen ergänzten die Arbeit. Schließlich fertigte ich einzelne „Kodiertabellen" an, in denen ich die bisher vergebenen Kodierungen mehrerer Szenen miteinander gegenüber stellte. Für die Ausarbeitung einzelner Kategorien erstellte ich Transkriptionsprotokolle, in denen Transkriptionsergebnisse auf ein Merkmal hin zentriert wurden. Die Vorgehensweise ermöglichte ein ‚Hineinzoomen' in ein Detail bei gleichzeitiger Einbettung in die Makroebene und die darum positionierten Kontexte. Tabelle 9 verdeutlicht, welche Dokumente in welcher Analysephase und mit welchem Ziel entstanden sind.[213] Während des Forschungsprozesses wuchs so ein Korpus an Analysedokumenten heran, die als eigenständige Form von Memos den Analyseprozess begleiteten.

Tab. 9: Übersicht über die verwendeten Analysedokumente.

Art des Analysedokuments	Analytisches Ziel
Beobachtungsprotokoll	Beobachterperspektive und deren Konstruktionen
Partiturtranskripte	Mikroanalyse von kurzen Szenen(ausschnitten)
Kodiertabelle	Überblick über den Ablauf der Szenen innerhalb einer Unterrichtsstunde
Standbildanalysen und Skizzen	Analyse einer Positionierung, räumlichen Konfiguration oder Körperhaltung; meist ergänzend zur Partiturtranskription
Transkriptionsprotokolle	Zusammenfassungen einzelner Aspekte zur analytischen (Ergebnis-)Darstellung

Die Verschriftlichungen stellen interpretative Auswertungsdokumente und kein Abbild der Videodaten dar.[214] Sie unterliegen der Selektivität und Interpretation der Forscherin:

---

213 Die Tabelle ist im Sinne des zyklischen Auswertungsprozesses zu verstehen. So wurden in der abschließenden Phase der Theorieformulierung ebenso neue Daten überblicksartig über Beobachtungsprotokolle betrachtet, wenn ein Zurückschreiten im Analyseprozess notwendig wurde, wie zur Intensivierung eines theoretischen Aspekts neue Partiturtranskripte angefertigt wurden. Zu den verschiedenen Dokumentenarten vgl. Dinkelaker & Herrle (2009, S. 33-40) und Tuma u.a. (2013, S. 63-104).

214 Diese Einordnung bildet sich in der Struktur des Methodenkapitels ab, in der die Videotranskriptionen an dieser Stelle der Auswertung diskutiert werden und nicht im Abschnitt der Datenerhebung. Es mag verwundern, dass ich die Transkription der Audioaufnahmen demgegenüber bereits mit der Datenerhebung kommentiert habe, immerhin enthalten auch die Transkription von Audioaufnahmen einer Interviewsitzung interpretative Anteile und vollziehen hierin ebenso einen ersten interpretativen Schritt. Ich gehe auf diesen Aspekt an dieser Stelle nicht näher ein, da er in meiner Studie eine geringere Auswirkung hat. Mit der Erhebung der Interviews interessierten mich die sprachlichen Ausführungen der Akteure, deren

„A notation is not only a description, but at the same time the beginning of an interpretation of the observed social action" (Raab & Tänzer 2006, S. 88). Dinkelaker (2014) betrachtet die Herstellung von Analysedokumenten als Bestandteil der Daten*aufbereitung*. Erst in diesem Moment – mit der Erstellung der Analysedokumente – würden „Daten im engeren Sinne erzeugt" (ebd., S. 55).[215]

In meiner Analyse erhielten die Partiturtranskripte, mit deren Hilfe Szenenanalysen auf mikroprozessualer Ebene durchgeführt wurden und die es ermöglichten, Koordinationsprozesse sichtbar zu machen, eine besondere Gewichtung. Das folgende Kapitel ist dieser Art der Videotranskription gewidmet.

5.4.3.2 Partiturtranskriptionen von Videodaten als Analyseprotokolle

Partiturtranskripte transformieren Beobachtungen aus dem Videomaterial in eine Zwei-Achsen-Struktur, von denen die horizontale Achse den zeitlichen Ablauf, die vertikale Achse die verschiedenen videoimmanenten Ebenen beschreibt. Verschiedene Schichten des audiovisuellen Materials werden dementsprechend – wie in einer musikalischen Partitur – in mehreren, untereinander liegenden Zeilen transkribiert (vgl. Moritz 2011).

Ich fertigte Partiturtranskripte von Schlüsselszenen mithilfe der Software *Feldpartitur* (ebd.; www.feldpartitur.de; vgl. Abb. 12 und 13) an. Die Software ermöglicht für die oben genannten methodischen Prämissen technische Lösungen: Die Kodierung der Beobachtungen kann in dieser Software zunächst in bildhaften Symbolen erfolgen und erst in einem zweiten Schritt in sprachliche Begriffe überführt werden (Moritz 2011, S. 67-70). Die Partituren entsprechen damit einer eigenen Symbolik des audiovisuellen Materials (vgl. ebd., S. 7). Neben dem Anheften von Memos an die Videostellen, bietet die Software einen integrierten Videoplayer, mit dessen Hilfe ein ständiger Rückgriff auf das Video möglich wird (ebd.). Unabhängig von der Software ermöglicht die Form der Partitur ein schrittweises Herantasten an die verschiedenen Bedeutungebenen und dadurch ein mikroskopisches Aufbrechen der Videodaten: Ereignisse können schrittweise isoliert, mit der entsprechenden Stelle im Videomaterial verknüpft und so anschließend in ihrer Simultanität und Sequentialität (Dinkelaker & Herrle 2009, S. 44-51) untersucht werden:

> „Es ist eine zentrale Errungenschaft videobasierter Interaktionsforschung, dass mit ihr das beobachtete Geschehen als eine Verschränkung unterschiedlicher, gleichzeitig verlaufender Aktivitätsstränge begriffen und beobachtet werden kann." (Dinkelaker 2010a, S. 91)

Die Ebenenstruktur der Partitur gibt dieses Verständnis wieder und ermöglicht es, die Verschränkungen der Videoebenen zu dekonstruieren und damit die Komplexität der

---

Transformation in die Schriftsprache m.E. unproblematischer als die Videotranskription angesehen werden kann. Bei der Analyse der Interviews wurden dennoch in Analogie zur Videoauswertung die originalen Tonaufnahmen angehört.

215 Zu den Formen der Datenaufbereitung vgl. Dinkelaker (2014) und Dinkelaker & Herrle (2009, S. 32).

Daten in den Griff zu bekommen. Die Transkription ist somit gleichzeitig ein „Analyse-instrument" (Moritz 2011, S. 11) wie ein Analyseprotokoll.

Die Gestaltung der Partituren erfolgte pragmatisch und abhängig vom jeweiligen Erkenntnisinteresse, wodurch die verschiedenen Transkripte eine uneinheitliche Form erhielten. In Anlehnung an Tuma u.a. (2013) begann ich mit Basistranskripten und erweiterte die Dokumente Schritt für Schritt.[216] Wurden die ersten Partituren aufgrund der Suche nach Koordinationselementen sehr kleinteilig mit einem Spaltenabstand von 0,2 Sekunden angelegt, erhielten spätere Szenen nur noch eine Frequenz von 0,5 Sekunden – die Kleinteiligkeit hatte sich für leibliche Ebenen als zu differenziert erwiesen. Auch die Zeilenanlage variierte im Laufe des Forschungsprozesses und wurde teilweise mit einer Phase der Rekodierung zu späteren Zeitpunkten erweitert.[217] Abb. 11 zeigt die Anlage der Partitur für die Szene ‚Wir machens mal zu dritt' (02-1311-SK/01.48). Neben einer Zeile für Musik (1) wurde zunächst die Konstellation der Gruppe (2), eine Kommentarzeile für Koordination (3) sowie Handlungen (4-6) und Äußerungen (7-9) der Akteure angelegt. Äußerungen wurden in verbale [v], akustische [nv] und musikalische [m] Äußerungen unterschieden.

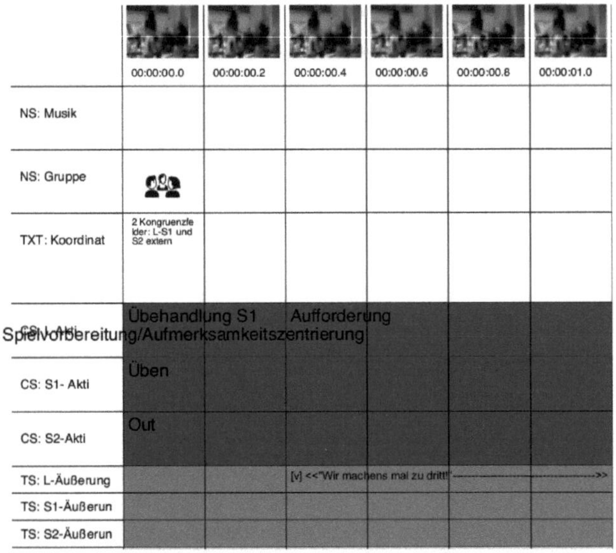

Abb. 11: Anlage der Feldpartitur ‚Wir machens mal zu dritt' (02-1113-SK/01:48).

Aufgrund der zentralen Rolle der Musik in den Daten sollte diese Eingang in die Transkripte finden. Die musikalische Notenschrift stellte sich für die Transkription der Hör-

---

216 Auch Moritz (2011, S. 56-57) plädiert für dieses „Zwiebelprinzip".

217 Im Laufe der Analyse änderte sich die Anlage zum Teil mehrmals. Die in Abb. 12 abgebildete Partitur wurde zunächst um zahlreiche Zeilen erweitert, um die unterschiedlichen Beobachtungen differenzieren zu können. Parallel mit der Ausarbeitung der Kategorien fielen einige Ebenen wieder zusammen und konnten für eine bessere Übersichtlichkeit zusammengefasst werden.

ebene jedoch als redundant heraus. Musikalische Notenschrift vermag es nämlich, eine Skizze dessen anzufertigen, was gespielt wird, sie kann jedoch keine exakte Ausführung wiedergeben. Sie besteht aus Symbolen, die eine gewisse Tonhöhe, einen Zeitablauf sowie Hinweise zur Ausführung festhält. Auf jeder dieser Ebenen gibt es einen Interpretationsspielraum, beispielsweise hinsichtlich des exakten Timings eines Tons oder hinsichtlich der exakten physikalischen Tonhöhe. Koordinationsrelevante Prozesse geschehen aber, wie im Laufe der Analyse deutlich wurde, gerade im Mikrotiming. Die in der Notenschrift erscheinende Gleichzeitigkeit von Ereignissen kann in der realen Interaktion eine tatsächliche Koordination bedeuten oder aber als leicht versetztes Spiel einen nicht koordinierten Moment darstellen. Ebenso wird aus einer Transkription in Notenschrift nicht deutlich, wie sich das Einschwingen in die Koordination vollzieht.

Für die Transkription hat sich eine Praxis als hilfreich erwiesen, die mit pfeilartigen Symbolen Abweichungen im Mikrotiming andeutet (vgl. Abb. 12 und 13).[218] Zusätzlich notierte ich die Anzahl der Frames, die zwischen den einzelnen Aktionen lagen. So ließen sich Differenzen zwischen größeren und kleineren Abweichungen abbilden. Ich konnte in dieser Technik eine Form finden, die die wahrnehmbaren Inhalte annähernd notiert, um sie der Analyse zugänglich zu machen, dabei aber forschungspragmatisch schlicht geblieben ist.

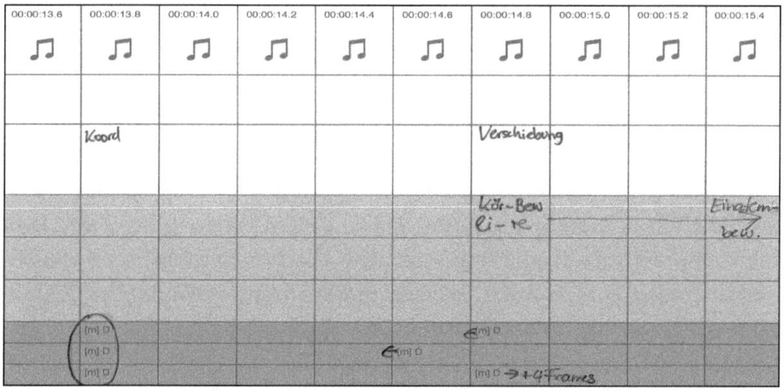

Abb. 12: Ausschnitt des Feldpartiturtranskripts an der Stelle des Einschwingens in Koordination. Die Pfeile verdeutlichen den ungefähren Zeitpunkt des Ereignisses.[219]

---

218 Für die Frage nach Koordination in einer Musikgruppe ist sicherlich der Parameter der Intonation relevant. Einzelklänge fallen wohl gerade auch dann in einen Gruppenklang zusammen, wenn die Intonation der Einzelklänge sich physikalisch im Sinne der Obertonreihe ergänzen und so miteinander schwingen. In meinem Material wurde dieser wichtige Aspekt aufgrund des Forschungsfeldes nicht eingehend – höchstens im Sinne eines Kommentars – betrachtet, da er in den von mir untersuchten Gruppen nur unzureichend bestimmt werden konnte. Einerseits spielten einige Gruppen vorwiegend leere Saiten – wodurch die Intonation eine Frage der Vorbereitung wird –, andererseits war aus dem Material nicht eindeutig zu bestimmen, wodurch eventuelle Angleichungen im Bereich der Intonation bei den Anfängergruppen zurückzuführen war.

219 Die handschriftlichen Notizen neben den Pfeilen halten die Anzahl der Frames fest, die zwischen den einzelnen Tonanfängen auf der Ebene der Streichbewegung liegen. So lassen sich Differenzen zwischen größeren und kleineren Abweichungen abbilden.

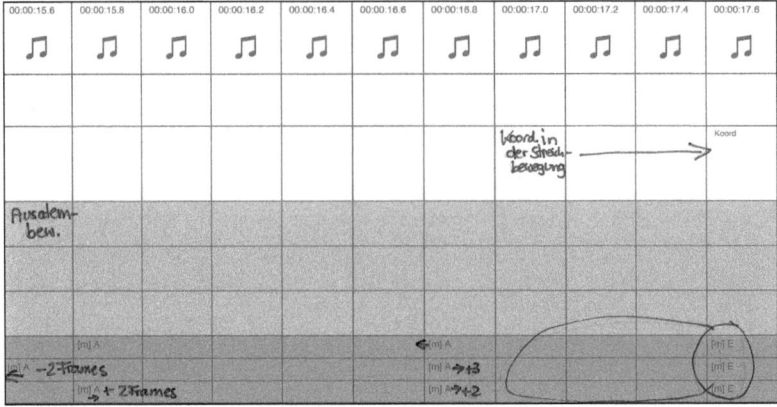

Abb. 13: Die auf Abb. 12 folgende Seite des Partiturtranskripts (als Ausschnitt). Sie zeigt den Übergang in die Koordination.

Videographisch gewonnene Daten sind aufgrund des Bildmaterials hochsensible Daten. In meiner Studie sicherte ich meinen ForschungspartnerInnen einen sorgfältigen Umgang mit dem Videomaterial zu. Für einige Videoszenen habe ich ein Veröffentlichungsrecht erhalten, letzten Endes entschied ich mich, die im Videomaterial sichtbaren Personen so weit wie möglich unkenntlich zu machen. Auch originales Videomaterial wird im Rahmen dieser Studie nicht veröffentlicht. Tuma u.a. (2013, S. 105-112) sowie Kade u.a. (2014) liefern vielfältige Hinweise, wie Bildmaterial als Skizzen oder mit Verfremdungen anonymisiert werden kann.

Im Ergebniskapitel soll eine unmittelbare Verständlichkeit der Szenen- und Analysebeispiele gesichert werden. Dies scheint mir im Falle der Feldpartituren nicht voraussetzungslos möglich.[220] Gerade im Hinblick auf die Entwicklung der Partituren und die sehr forschungsspezifische Kodierung (vgl. Abb. 14) sind textbasierte Darstellungsformen mit erläuternden Bildern oder Skizzen größtenteils verständlicher. Daher werden im Ergebniskapitel vor allem tabellarische Zusammenfassungen der Transkriptionen in Protokollform mit Unterstützung präzisierenden Bildmaterials als Verschriftlichung verwendet. Ich nenne diese Dokumente Transkriptionsprotokolle. Sie entstanden in der Phase des selektiven Kodierens auf der Basis der unterschiedlichen Analysedokumente und erfassen relevante beobachtete Ereignisse in Bezug zu den jeweiligen Kategorien übersichtlich und selbsterklärend.

---

220 Moritz (2011, S. 54) bezeichnet die Feldpartitur hingegen als „Darstellungsinstrument". Auch wenn die Kriterien der Einfachheit und der Lesbarkeit verfolgt werden, erfordert eine Feldpartiturabbildung ein „Einlesen" in die spezifischen Legenden und Strukturen. Aufgrund der großen Anzahl meiner Beispiele und die jeweils abgeänderten Strukturen der Partituren sehe ich hier eine Hemmung des Leseflusses.

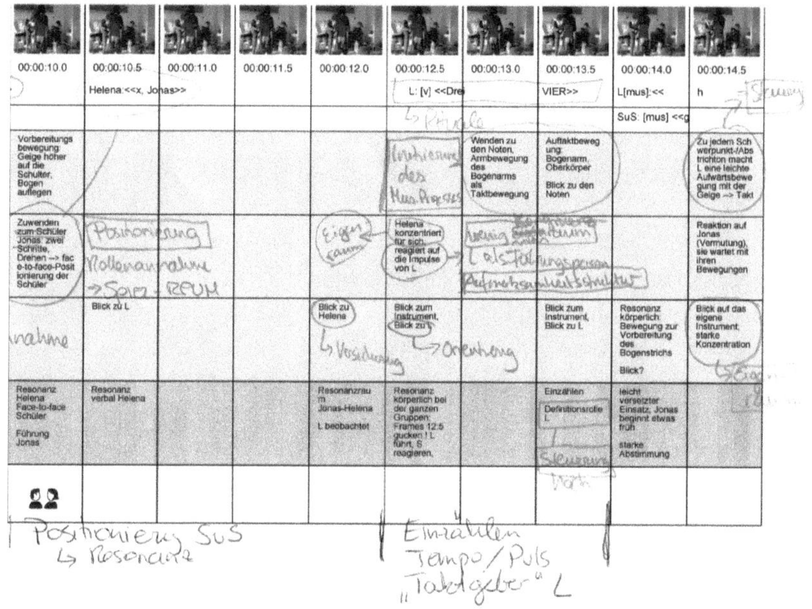

Abb. 14: Beispiel für die sich erweiternde Feldpartitur.

5.4.3.3 Der Umgang mit Reaktanzen

Auch wenn Videographien grundsätzlich unter der Prämisse verwendet werden, „das Verhalten der Beteiligten in natürlichen Situationen zu dokumentieren [...], die auch ohne die Anwesenheit der Kamera abgelaufen wären" (Kade & Nolda 2007, S. 106), gilt die Videoaufzeichnung prinzipiell als ein „reaktives Datenerhebungsverfahren" (Dreischenkämper & Stanik 2014, S. 41). Forschungsarbeiten, die mit Videobeobachtungen arbeiten, müssen sich daher der Frage stellen, inwieweit die vom Video aufgezeichneten Abbildungen reale soziale Situationen oder Artefakte zeigen (vgl. ebd.; Steinke 1999, S. 22). Wie Dreischenkämper & Stanik (2014, S. 41) darstellen, bietet das Videomaterial aufgrund der Fixierung der Beobachtung die Möglichkeit, sich dem Problem der Reaktanz bewusst zu nähern und dieses Phänomen als einen zu reflektierenden Aspekt zu betrachten, der die Forschung nicht nur infrage stellt, sondern im Gegenteil stützt.[221]

Aspekte sozialer Erwünschtheit zeigen sich dementsprechend auch in meinem Datenmaterial an zahlreichen Stellen. Es sind zahlreiche Blicke in die Kamera, performative Tänze vor der Kamera, explizite Vorführungen als Show ‚fürs Fernsehen' zu dokumentieren. Die Kinder performen für die Kamera. Zudem finden sich immer wieder Aussprüche, mit denen sich die Kinder an die besondere Aufzeichnungssituation erin-

---

221 Dreischenkämper & Stanik (2014, S. 41) weisen darauf hin, dass Reaktivität auch in der ethnographischen Feldforschung auftreten kann, hier aber nur indirekt sichtbar wird und vom Forschenden nur über die entsprechende Reflexivität zugänglich ist.

nern und sich gegenseitig ermahnen, ein erwünschtes Verhalten für die Kamera (bzw. im Interview für mich als Forscherin) zu zeigen (z.B. „*Das wird aufgenommen.*", S-Int-JC1/Z 87 & Z 183 oder „*Ihr seid so peinlich im Fernsehen!*", 03-1218-K1-1/34:00). Hieran ist ersichtlich, dass die Kinder sich mir präsentieren und ihre Handlungen als performativ (vgl. Wulf & Zirfas 2007) aufzufassen sind. Die Erhebungssituation trägt demzufolge nicht unerheblich zur Erzeugung des auf dem Video Sichtbaren bei (vgl. Kap. 5.2.1).

Die Reaktanzen sind im Analyseprozess nicht ignoriert, sondern in die Analyse als eigene Äußerung einbezogen worden. Gerade im Hinblick auf die intervenierenden Rahmungen, die als Deutungsrahmungen theoretisiert wurden, zeigten sich diese Reaktanzen als produktiv für die Kategorieentwicklung. So spiegelte sich in den Reaktanzhandlungen der Kinder eben jene Deutungsrahmung wider, sich an die Regelsysteme zu halten (vgl. Kap. 9.1.2). Die Reaktanzmomente zeigen so einerseits auf, dass die soziale Situation in ihrer Spezifizität erst durch die Anwesenheit einer Forscherin mit einer Kamera erzeugt worden ist, verweisen aber darüber hinaus auf den sozialen Kontext, in dem sich diese soziale Situation abspielt und liefert damit Hinweise auf die Deutung der Rahmungen ebenjener Situation. An den entsprechenden Stellen in der Ergebnisdarstellung wird daher auch auf Reaktanzphänomene verwiesen.

5.4.4 Von den Daten zum theoretischen Modell: Der Auswertungsprozess

Im Folgenden zeichne ich anhand einiger Beispiele nach, (1) in welcher Form die methodischen Verfahren des Kodierens in meiner Forschungsarbeit Anwendung gefunden haben, (2) inwiefern eine Integration der verschiedenen Datensorten vorgenommen worden ist und (3) wie im Laufe der Analyse die Kernkategorie entwickelt wurde. Beispielhaft steht die Entwicklung der Kategorie *Aufeinander-Achten* im Mittelpunkt dieser Darstellung.

Ich begann das offene Kodieren an drei Szenen aus dem Material, die hinsichtlich der äußeren Strukturen große Unterschiede aufwiesen: Es handelte sich um die Szenen ‚*Wir machens mal zu dritt*' (02-1311-SK/01.48; als ensembleartige Musiziersituation, die den Eindruck von Koordination erweckte), ‚*Einmal von vorne durch*' (07-1122-K2/33:14; als von einem Dirigenten geleitete Musiziersituation, die in den Körperbewegungen an einigen Stellen koordiniert wirkte, musikalisch allerdings noch keinen Eindruck von Koordination hervorrief) und ‚*Weihnachtsmann*' (03-1218-K1-1/34:36; als kontrastierende Szene, in der Koordination nicht erwartet wurde) (vgl. zur Fallauswahl Kap. 5.3.2). Ich stellte folgende Fragen an das Material (vgl. Charmaz 2006, S. 51): Wo stimmen sich die Beteiligten gut aufeinander ab? Woran wird die Abstimmung offenkundig? Wie entwickelt sich der Musizierprozess? Wie handeln die Beteiligten in diesem Musizierprozess? Worauf sind ihre Handlungen ausgerichtet? Wann, wie und warum verändert sich das Miteinander? Ich fragte aber auch nach der Passung des Koordinationsphänomens, indem ich die Szenen daraufhin untersuchte, um was es hier eigentlich ging bzw. worauf die Beteiligten ihre Handlungen ausrichten. In dieser Phase des Vertrautwerdens mit den Daten erschien die Komplexität zunächst übermächtig.

Einerseits erschien alles mit Koordination zusammenzuhängen, andererseits wirkte die Suche nach gelingenden Koordinationspassagen wie eine Schatzsuche. In den ersten Datensitzungen wurden daher zahlreiche Kodes benannt und immer wieder überarbeitet. Erste stimmige Kodierungen waren beispielsweise *Kreisposition, Führungsrollen, Fokussierung auf sich selbst, Orientierung am anderen, Initiative ergreifen, störendes Notenpult*, wobei die Begriffe zunächst als vorläufig angesehen wurden (vgl. Strauss & Corbin 1996, S. 49). Ich nahm mir die zugehörigen Lehrendeninterviews vor und suchte nach Beschreibungen von Koordinationssituationen. Was war den Lehrenden wichtig?[222] Auch hier stellte ich generative Fragen und bezeichnete erste Konzepte, z.B. *aufeinander schauen, aufeinander hören, sich einmischen, aufeinander achten, Unbestimmtheit* und suchte für diese Beispiele im Videomaterial. Eine Gruppe von Konzepten bezeichnete ein ähnliches Phänomen, das wesentlich für Koordination zu sein schien, denn ich fand es auch in anderen Lehrendeninterviews und kontrastierenden Szenen. Ich machte daher dieses Phänomen zu einer Kategorie und fand im In-Vivo *Aufeinander-Achten* einen passenden Kategorienbegriff.[223] Die Kategorie wurde nun zunächst dimensionalisiert, indem ich verschiedene Ausprägungen der Kategorie in unterschiedlichen Szenen und Beschreibungen aus den Interviews zusammensuchte.

Im Hin und Her zwischen Video und Interview wurden auf diese Weise Konzepte und Kategorien präzisiert. Mithilfe des *paradigmatischen Modells* (Strauss & Corbin 1996) fragte ich nach den Zusammenhängen unterschiedlicher Konzepte bzw. Kategorien. In einem ersten Entwurf entwickelte ich so beispielsweise ein axiales Modell der Kategorie *Aufeinander-Achten*: Eine Voraussetzung war laut der Lehrenden das *Mit sich selbst klarkommen* sowie *Sich Öffnen*, eine Konsequenz die *Ermöglichung von Koordination*. Als Handlungsstrategie der Akteure wurde das *Einnehmen einer zugewandten Position* identifiziert, als eine der möglichen intervenierenden Bedingungen die *Handlungsanweisung durch die Lehrkraft*. Während des Kodierens suchte ich im Material nach Ereignissen, die mich überraschten. Dadurch erhoffte ich mir, meine Aufmerksamkeit auf blinde Flecken zu wenden, Selbstverständlichkeiten zu hinterfragen und so die Grundlage für abduktive Schlüsse im Sinne Pierce' zu legen (vgl. Reichertz 2008; 2009; 2011): Datenbeispiele, „für die sich im bereits existierenden Wissensvorratslager *keine* entsprechende Erklärung oder Regel findet" (Reichertz 2008, S. 281; H.i.O.), führen zur Suche nach einer „(neue[n]) Ordnung, [...] die zu den überraschenden ‚Tat-

---

222 In allen Daten suchte ich danach, was die Beforschten selbst zum Thema machten. Dabei fiel zum Beispiel auf, dass die Kinder sich für die Instrumente interessierten und ihnen der Vergleich miteinander wichtig war. In der ersten Forschungsphase schienen diese Aspekte für die Kinder relevanter als das gemeinsame Zusammenspiel. Erst in einer späten Phase der Analyse konnten die Relevanz der Kinder für Koordination und ihr Instrumenteninteresse sowie der soziale Vergleich als Rahmungen der Musiziersituation konzeptualisiert werden.

223 Aghamiri & Streck (2015) beschreiben die Suche nach einem passenden Kategorienbegriff als eine kreative Tätigkeit – als „Arbeit" im Sinne Strauss' (1991, S. 34f.) –, die von „Prüfungsschleifen" (ebd., S. 206) geprägt ist und schließlich auf eine bewusste Entscheidung der Forschenden hinausläuft. Die Wahl eines Begriffs ist somit eine Tätigkeit der Forschenden und bildet die forscherseitigen Konstruktionen hinsichtlich des Forschungsgegenstandes ab.

sachen' *passt*" (ebd., S. 284; H.i.O.).[224] In meinem Falle überraschte mich, wie äußere Einflüsse (z.B. Handlungsanweisungen oder Objekte im Raum) die Aufmerksamkeit der Musizierenden scheinbar so leicht verschoben – und Koordination in Hintergrund treten ließen. Diese Beobachtung ließ mich zunächst an der Passung meines Forschungsgegenstandes zweifeln. Zudem war die Suche nach einer zentralen Kategorie von zahlreichen Schleifen und Sackgassen geprägt. Ich modellierte mehrere Ideen (in einem ersten Versuch stellte ich beispielsweise *Aufeinander-Achten* als Kernkategorie ins Zentrum), überprüfte diese an den Daten und dennoch wollten die Kategorien lange Zeit nicht recht passen. Während ich Koordinationsphänomene auf der Mikroebene herausarbeiten konnte, schienen die Kontextbedingungen diese zu überlagern. Ich hinterfragte daher, ob das Phänomen für das Forschungsfeld überhaupt eine Bedeutung hatte. Eine Kollegin einer Interpretationswerkstatt gab mir den Rat, einfach weiter zu kodieren. Ich kehrte immer wieder mit der Frage, was hier eigentlich wirklich vorging, zum offenen Kodieren zurück, suchte neue Datenbeispiele und betrachtete bekannte Szenen mit dem neu gewonnenen Wissen. In einer vergleichenden Datensitzung mit unterschiedlichen Szenen, die ich hinsichtlich unterschiedlicher Lehrendenrollen zusammengesucht hatte, entdeckte ich schließlich, dass die Voraussetzungen für das Eintreten in einen Koordinationsprozess bereits vor dem Musizieren gelegt werden und der Koordinationsprozess über eine räumliche Kategorie in seiner Komplexität beschrieben werden konnte. In einem abduktiven Schluss entdeckte ich so die Relevanz des Atmosphärischen während des Musizierens, aus der ich die Kernkategorie *koordinativer Raum*[225] entwickelte und die Kategorie *Aufeinander-Achten* zu einer Gelingensbedingung machte. Über eine neue Perspektive gelang so endlich die Integration der Koordinationskategorien mit den Kontextbedingungen. Die Kernkategorie eröffnete außerdem den Blick für bisher unbeachtete Szenen, in denen das Musizieren quasi außerhalb des Unterrichts stattfand (z.B. ,*Klatschspiel*' 03-1218-K2-1/21:09, ,*Schneeflöckchen*' 03-1218-K2-2/00:00) oder die Kinder alleine musizierten (z.B. ,*Sakura*' 10-1220-K2-2/33:00).

In dieser letzten Kodierphase des selektiven Kodierens wich ich vom Kodierparadigma ab und versuchte, in meinem Theoriemodell[226] die Eigengesetzlichkeit der Daten

---

224 Abduktion gilt bei Reichertz (2011) als mentale Konstruktionsleistung durch den Forschenden und stellt in diesem Sinne einen wesentlichen Prozess in der Herausarbeitung einer gegenstandsbegründeten Theorie dar. In meiner Studie hatte die Beschäftigung mit scheinbar abweichenden Passagen (z.B. die Diskussionen über die Instrumente oder die Diskussionen über das Abgucken und die Mathearbeit; im Video die Analyse der verbalen Ebene) eine besondere Bedeutung.

225 Die Benennung der Kategorie verlief über mehrere Reflexionsschleifen. Zunächst bezeichnete ich sie als *Spiel-Raum* (als Raum, in dem das musikalische Spiel stattfindet), was aber in der Fachöffentlichkeit Irritationen und Assoziationen hervorrief, die ich mit der Kategorie nicht benennen wollte. Ich experimentierte daraufhin mit den Begriffen *koordinative Atmosphäre, koordinative Blase* und *Interaktionsraum* und entschied mich schließlich für den Begriff *koordinativer Raum*.

226 Nach Glaser & Strauss (2010, S. 95) hat diese den Status einer materialen Theorie, da ich mich auf das Sachgebiet des Musizierens im Instrumentalen Gruppenunterricht beziehe (und damit eine „Theorie einer besonderen Art" (ebd., S. 51) des koordinierten Handelns erarbeite). Die Ergebnisse könnten in einer weiteren Studie auf die formale Ebene des koordinierten

hervortreten zu lassen. Ich skizzierte das Musizieren unter Anwendung einer räumlichen Metapher als soziales Handeln an einem durch die Interaktion hervorgerufenen symbolischen Ort, der von Kontextbedingungen gerahmt wird. Mit diesem Modell spitzte ich die Fragestellung noch einmal auf die Frage zu, inwiefern der *koordinative Raum* zur Musiziersituation im Unterricht beiträgt. Hiermit fand ich nun Zugang zur Unterrichtsthematik und entdeckte lernrelevante Aspekte von Koordination im Material.

Mit einem letzten abduktiven Schluss konnte ich schließlich die Kontextbedingungen unter der Kategorie der *Ko-Konstruktion des Musizierrahmens* subsummieren. Die Modellierung schien das Material ausreichend zu repräsentieren, weshalb ich mit der Abfassung des Forschungsberichts begann. Die Formulierung der Theorie war allerdings mit den Kodierprozessen nicht abgeschlossen, sie gelang erst nach langen Schreibprozessen, die an ein (imaginäres) Publikum gerichtet waren. Zwar erfolgt das Schreiben des Forschungsberichts in der GTM parallel zum Auswertungsprozess durch die schrittweise Ausarbeitung der theoretischen Kategorienmemos sowie der theoretischen Memos, die Zusammenhänge zwischen den Kategorien beschreiben (vgl. z.B. Breuer 2010, S. 103). Diese Memos stellen in ausgearbeiteter Form das „Gerüst" des Forschungsberichts dar. In meinem Falle war nach der Wahl eines „roten Fadens" bzw. der „Storyline" (beides Strauss & Corbin 1996, S. 94) des Berichts eine umfangreiche Überarbeitung der zusammengefügten Memos notwendig. Einerseits lag dies an der Anpassung an die Erzählabfolge, andererseits wurden immer wieder Lücken in der theoretischen Konzeption deutlich, was ein Zurückschreiten zum Material und erneute Prozesse des offenen und axialen Kodierens zur Folge hatte und teilweise neue Zusammenhänge heraustreten ließ. Zum dritten erforderte die Auswahl von Datensegmenten (Strauss & Corbin 1996, S. 163) für die Darstellung der einzelnen Kapitel eine Verdichtung, die das selektive Kodieren und die Arbeit an den Begriffen erst abschloss. Wie Glaser & Strauss (2010) betonen, stellt eine Publikation dennoch nur einen Zwischenstand im Forschungsprozess dar: „Das publizierte Wort ist also nicht das letzte, sondern markiert nur eine Pause im nie endenden Prozess der Theoriegenerierung" (ebd., S. 58).

In der Abfassung des Forschungsberichts sind die Darstellungsprobleme videographischer Forschung (vgl. Kade & Nolda 2014) durch eine fokussierte Überarbeitung der Analysedokumente gelöst worden. Aus forschungsethischen Überlegungen – meine ForschungspartnerInnen sollen in diesem Bericht trotz der Erhebungsmethode nicht erkennbar sein – wurde das Bildmaterial auf die jeweiligen Aspekte reduziert, die im entsprechenden Kapitel gezeigt werden sollen. Mit der erneuten Bearbeitung des Bildmaterials in Anlehnung an Dinkelaker (2014) und Kade & Nolda (2014) mittels der Software *Picasa* kann dem forschungsethischen Anspruch der Anonymität ebenso gerecht werden wie dem Wunsch nach dem Zeigen von Nichtsprachlichem.

Aufgrund der Entscheidung gegen den Abdruck der schwer zu lesenden Videotranskriptionen werden die Transkriptionsprotokolle an geeigneten Stellen um Bildmaterial ergänzt und dienen so der Darstellung der Datenbeispiele aus dem Videomaterial. Die

---

Handelns überführt werden. Hierfür bedarf es komparativer Analysen unterschiedlicher formaler Bereiche (vgl. ebd., S. 51).

Transkriptionsprotokolle enthalten an einigen Stellen dabei Deutungen der Forscherin (wie z.B. „er lächelt *zufrieden*" oder „sie hört *aufmerksam* zu", vgl. Datenbeispiel Kap. 6.1), die aber in reflektierter Form zum Zwecke der Nachvollziehbarkeit in das Protokoll übernommen worden sind. Wo es als notwendig erachtet wurde, wurden zudem Zusammenfassungen der vorigen Szenen in die Datenbeispiele ergänzt.

III   Ergebnisse der empirischen Untersuchung

Die folgenden Kapitel 6 bis 9 dienen der Darstellung der empirischen Analysen in Form einer Explikation der herausgearbeiteten Kategorien sowie der datenbasierten Theorie. In meiner Darstellung versuche ich dabei den Prozess der Theorie*generierung*[227] sichtbar werden zu lassen. Daher gestalte ich die Präsentation der Ergebnisse angelehnt an den Weg, den ich beim Herausarbeiten der Kategorien gegangen bin – auch wenn dieser erzählerisch linear und nicht wie im Forschungsprozess zyklisch verläuft.[228]

Zu Beginn der Auseinandersetzung mit dem Datenmaterial bestand die Herausforderung, Koordinationsmomente in den videographierten Unterrichtsstunden überhaupt erst einmal aufzuspüren. Während der Unterrichtshospitationen vor Ort und der ersten Sichtung des Videomaterials waren Koordinationsprozesse in den Musizierphasen zunächst noch unsichtbar. Erst die eingehende Analyse hat die Mikroprozesse offen gelegt und damit eine Beschreibung von Koordination möglich gemacht. Es zeigt sich, dass Koordinationsprozesse im beobachteten Unterricht zahlreich vorhanden, aber meist verborgen sind.

Der erste Schritt der Datenanalyse verfolgt daher das Ziel, Merkmalskategorien herauszuarbeiten, die sowohl einer eindeutigen Identifikation von Koordination im Datenmaterial dienen, als auch das Phänomen der ‚Koordination‘ für das Handlungsfeld ‚Instrumentaler Gruppenunterricht‘ präziser beschreiben können. Die eigentlichen Beobachtungskategorien für die Datenanalyse werden demzufolge im Forschungsprozess induktiv aus dem Material entwickelt. Die ersten Fragen an das Material lauten daher: (1) Liegen im beobachteten Anfängerunterricht Koordinationsmomente vor? (2) Falls ja, aufgrund welcher Merkmale kann Koordination beschrieben werden?

Die Darstellung der Merkmalskategorien erfolgt in Kapitel 6. Für die analytische Beschreibung der Merkmale hat sich die verwobene Analyse zwischen Videodaten und den subjektiven Beschreibungen durch die Akteure in den Interviews als besonders fruchtbar erwiesen. In der vorliegenden Darstellung wird dennoch eine Trennung zwischen *beobachtbaren* und *erfahrbaren* Merkmalen von Koordination vorgenommen, da diese unterschiedlichen Perspektiven interessante Subkategorien hervortreten lassen. Kapitel 6.1 widmet sich demzufolge den beobachtbaren Merkmalen, die Kapitel 6.2 und 6.3 den erfahrbaren Merkmalen, unterschieden in die Perspektiven der Lehrenden (Kap. 6.2) und der SchülerInnen (Kap. 6.3). Die unterschiedlichen Perspektiven werden in Kapitel 6.4 in die Merkmale des Koordinationsprozesses zusammengeführt.

---

227 Wenn ich an dieser Stelle von ‚*Theorie*‘ spreche, ist vielmehr eine ‚*Theorie-Skizze*‘ gemeint (Mey & Mruck 2011b, S. 29).

228 Hierbei bildet Kapitel 9 eine Ausnahme, das im Grunde vor Kapitel 8 entstanden ist. Der inhaltliche Aufbau von Kapitel 8 auf die Kategorien der Kapitel 6 und 7 ließ die Umstellung an dieser Stelle sinnvoll erscheinen.

Die Analyse der Merkmalskategorien legt nahe, dass sich Koordination unter gewissen günstigen Bedingungen einstellt. Daher widmet sich das darauffolgende Kapitel 7 den Gelingensbedingungen für Koordination. Kapitel 8 präsentiert im Anschluss die Kernkategorie der Studie, den *koordinativen Raum*, mit seinen Merkmalen, Grundformationen und Dimensionierungen. Es wird zu zeigen sein, dass der koordinative Raum ideale Bedingungen für das Gelingen von Koordination bietet und im beobachteten Handlungsfeld des Instrumentalen Gruppenunterrichts aber anders als die Merkmale oder Gelingensbedingungen durch Lehrende und SchülerInnen aktiv zu gestalten sind. Aufgrund dessen hat er eine besondere Bedeutung für das gemeinsame Musizieren der Schülergruppe.

Kapitel 9 wendet den Blick schließlich auf die intervenierenden Bedingungen, die die musikalische Interaktion und damit auch die Herstellung von Koordination beeinflussen. Das Datenmaterial zeigt auf, dass äußere Handlungs- und Deutungsrahmungen bis in den musikalischen Handlungsprozess hineinwirken, da sie die Ausgestaltung der Gruppeninteraktion massiv beeinflussen. Das Kapitel analysiert diese unterschiedlichen äußeren Faktoren, die gemeinsam die Ko-Konstruktion des Unterrichts formen, und stellt dadurch den komplexen Handlungsrahmen dar, in dem das unterrichtliche Musizieren stattfindet. Konkrete Ausgestaltungen von Musiziersituationen und koordinativen Räumen können vor dem Hintergrund dieser Kontextbedingungen eingeordnet werden.

6 Merkmale des Koordinationsprozesses beim gemeinsamen Musizieren

Welche Merkmale hat Koordination beim gemeinsamen Musizieren im Instrumentalen Gruppenunterricht? In einem ersten Schritt werden die *beobachtbaren* Kategorien der *Einheit* und des *Prozesses* auf der Basis der Videoanalysen eingehend beschrieben.

6.1 Beobachtbare Merkmale von Koordination

In der folgenden Darstellung der Koordinationsmerkmale wird eine Szene aus dem Videomaterial als zentrales Beispiel dienen. Es handelt sich um die Szene ‚*Wir machens mal zu dritt*' (02-1311-SK/01:48). Sie ist zu Beginn der Analysephase besonders aus dem Material herausgestochen, da hier Lehrerin und Schülergruppe gemeinsam als Ensemble musizieren und ein Eindruck von Einheitlichkeit und Gemeinsamkeit erweckt wird. Aufgrund der Resonanzen bei der Betrachtung[229] von koordinativem Spiel spielte die Szene auch für die Datenanalyse eine besondere Rolle. In der Kontrastierung mit

---

229 Vgl. hierzu die methodische Reflexion der Einbindung leibkörperlicher Resonanzen im Analyseprozess in Kap. 5.4.3.1.

anderen Szenen konnten sowohl der Koordinationsprozess als solches als auch die zentralen Merkmale der Koordination im Anfangsunterricht herausgearbeitet werden.

Bevor die Merkmale im Detail beschrieben werden, wird daher eine eingehende Beschreibung der Szene vorangestellt. Die Szene entstammt einer Unterrichtsstunde einer JeKi-Gruppe im ersten Lernjahr, in der die Lehrerin Frau Wolf mit zwei Kindern, Jonas und Helena, das Lied ,*Stepping Stones*' (vgl. Abb. 15) übt. Das Lied soll als eines von drei Stücken in wenigen Wochen nach der aufgezeichneten Unterrichtsstunde in einem schulinternen JeKi-Konzert vorgespielt werden. Die Gruppe übt es bereits seit einigen Wochen.

Das Lied besteht aus einer Lehrer- und einer Schülerstimme. Die Schülerstimme (vgl. Abb. 15) enthält alle Töne der leeren Saiten, die in der Reihenfolge von unten nach oben und wieder nach unten auftreten. Jede leere Saite wird mindestens einmal wiederholt, bevor ein neuer Ton erklingt, so dass jeweils nach zwei Tönen ein Tonwechsel erfolgt. Auf technischer Ebene wird von den Schülern das regelmäßige Streichen der vier leeren Saiten verlangt. Zu Taktbeginn ist ein Saitenwechsel gefordert. Auf musikalischer Ebene ist eine achttaktige periodische Melodie zu gestalten, die aus einem regelmäßigen Viertelrhythmus besteht. Im Konzert will die Lehrerin die Melodie auf dem Klavier spielen, während die Kindergruppe alleine die Schülerstimme spielt. Es wird auswendig gespielt.

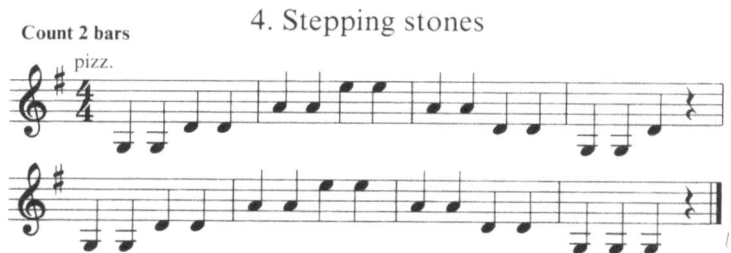

Abb. 15: Notenbeispiel des Liedes *Stepping Stones* (Quelle: Colledge & Colledge 1988, S. 1; © Copyright 1988 by Boosey & Hawkes Music Publishers Ltd. Mit freundlicher Genehmigung Boosey & Hawkes Bote & Bock, Berlin).

[02-1311-SK/00:00] *Die Unterrichtsstunde beginnt unverhofft mit informellen Begrüßungen und dem Stimmen der Instrumente, so dass keine klare Stundeneröffnung wahrnehmbar wird. Rasch geht die Lehrerin zum Spielen des ersten Liedes mit dem Titel ,Stepping Stones' über.*

Die beiden Schüler sind unterschiedlich schnell am Ort des Geschehens. Jonas ist als erstes in der Nähe der Lehrerin. Er hat die Geige bereits auf der Schulter. Dementsprechend wird er aufgefordert, das Lied vorzuspielen. Helena kommt hinzu und stellt sich dazu, wird aber nicht beachtet. Während Frau Wolf aufmerksam Jonas' Spiel zuhört, wartet Helena. Sie dreht sich zur Kamera und seufzt.[230] Gegen Ende des Stücks tritt sie

---

230 Zum Umgang mit Reaktanzen vgl. Kap. 5.4.3.3.

einen Schritt näher zu Jonas und der Lehrerin und bereitet sich auf das Spielen vor, indem sie die Geige in Spielhaltung nimmt. Jonas ist sehr konzentriert auf sein Spiel. Nach Abschluss lächelt er und blickt zufrieden zu Frau Wolf.

Nun ist Helena an der Reihe und die Rollen kehren sich um. Helena spielt, Frau Wolf hört ihr aufmerksam zu und Jonas wartet. Er wendet seine Aufmerksamkeit dabei von der Mitschülerin ab. Die Lehrerin erläutert Helena noch einmal die Struktur des Stückes. Sie verdeutlicht, dass die beiden Halbsätze des Stückes unterschiedlich enden.

Anschließend eröffnet die Lehrerin die zu betrachtende Szene mit der Aufforderung „Wir machens mal zu dritt". Die Gruppe stellt sich in einen Kreis. Nach einem Moment der Stille zeigt die Lehrerin auf den Schüler Jonas auf ihrer rechten Seite und sagt: „Und wir gucken mal alle auf den Jonas und spielen so schnell wie der Jonas spielt". Die Lehrerin zählt anschließend einen Takt vor und eröffnet das Musizieren. [02-1311-SK/01:48]

Standbild, Zeitmarke und Verbaltranskript	Beschreibung
 [02-1113-SK/02:02] [m][231]	*Die Gruppe beginnt zu musizieren. Die Lehrerin ist dabei zunächst auf Jonas (rechts im Standbild) ausgerichtet. Wer sich an wem orientiert, kann nicht eindeutig festgestellt werden. Die Lehrerin scheint sich an Jonas zu orientieren, der wiederum sehr konzentriert auf sich selbst ist.* *Die Lehrerin unterstützt ihr Spiel zu Beginn mit einer leichten Körperbewegung.* *Nach etwa gleichzeitigem Beginn schwingen sich die Klänge aufeinander ein, zum Zeitpunkt [02:01.5] der Szene scheinen sich Klang und Bewegung zu überlagern. Anschließend ist ein fließender Übergang zwischen Verschiebung und Einschwingen zu beobachten.* *Bei Zeitpunkt [02:14] liegt ein musikalischer Einschnitt vor (Halbschluss, Ende des 1. Abschnitts). Der Einschnitt wird mit einer Spielgeste unterstrichen (Bogen zum Frosch zurückholen). Die Lehrerin unterstützt diese Spielgeste mit einer Oberkörperbewegung und einem Einatmen. Jonas führt die Spielgeste ebenso groß aus, Helena reagiert darauf und führt sie ebenfalls, aber kleiner, aus.*

Was passiert in dieser kurzen Sequenz hinsichtlich der Koordination? Die Lehrerin spielt in dieser Szene unisono mit den beiden Kindern die Schülerstimme des Liedes.

---

231 In allen folgenden Transkriptionsprotokollen steht [m] für ein musikalisches Ereignis auf der Tonspur des Videomaterials.

Sie übernimmt die Führung, leitet das Musizieren ein, zählt vor und gibt einen Einsatz. Das gleichzeitige Einsetzen gelingt den Kindern gut, die Lehrerin und die Schülergruppe beginnen beinahe gleichzeitig (wenn auch nicht komplett synchron) mit dem ersten Ton und spielen ein annähernd gleiches Tempo.

Bereits nach kurzer Zeit, zum Zeitpunkt [01:53.5] des Videoausschnitts bzw. beim dritten Ton des Stückes, geraten die Beteiligten in einen gemeinsamen und aufeinander bezogenen Handlungsprozess, der als Moment der *Koordination* hervortritt. Aus dem leicht versetzten Beginn entwickelt sich das koordinierte Spiel, wobei die leichte Asynchronität zu Beginn ausschließlich in der Mikroanalyse der Videoaufnahme wahrnehmbar ist.[232] Der Koordinationsprozess ist auf drei Ebenen feststellbar: auf der Ebene der Handlung über die *Angleichung der Spielbewegungen*, auf der Ebene des Klangs durch das *Entstehen eines Gruppenklangs* sowie auf der musikstrukturellen Ebene durch die *Verschränkung der rhythmisch-metrischen Einzelebenen*.

Durch die Kontrastierung mit weiteren Szenen sowie mit Hilfe der Interviewdaten lassen sich anhand dieser Szene die Merkmale der *Einheit* und des *Prozesses* herausarbeiten. Dies wird in den folgenden Unterkapiteln eingehender dargestellt.

6.1.1 „*Einrasten*" – Koordination als Einheit in Klang und Bewegung

Worin besteht der Eindruck von Koordination in der vorangegangenen Szene? Er entsteht durch die Verschränkung der Einzelhandlungen zu einem Gruppengeschehen. Aus der Perspektive einer Beobachterin wird diese Verschränkung mehrerer Einzelprozesse zu einem Gruppenprozess vor allem auf der Ebene des *Klanges* (d.h. akustisch) und auf der Ebene der *Körperbewegung* (d.h. visuell) erkennbar.

Wie äußert sich die *klangliche Ebene*? Im Datenbeispiel produzieren die Lehrerin sowie jedes der beiden Kinder zunächst individuelle Klänge, die sich zwar aufeinander beziehen, aber zunächst nicht exakt übereinander liegen. Die Mikroverschiebungen sind in diesem Datenbeispiel gerade deswegen so gut wahrnehmbar, da alle Gruppenmitglieder das gleiche spielen (unisono) und da der Rhythmus der gespielten Musik, gleichmäßige Viertelnoten in einem gleichbleibenden Tempo, sehr simpel ist.[233] Die Mikroverschiebungen sind akustisch insofern wahrnehmbar, als dass einzelne Tonanfänge hörbar sind und der Abschluss der Töne ‚ausfranst'. Es ist *hörbar*, dass die Musizierenden die Töne zu unterschiedlichen Zeitpunkten beenden. Die Klangwahrnehmung gleicht zu diesem Zeitpunkt einer Klangtraube.

---

232 In der realen Unterrichtsbeobachtung sowie im ersten Durchsehen der Videoaufnahmen ist dieser Aspekt nicht aufgefallen. Es handelt sich hier um eine mikroprozessurale Ebene, die erst in der wiederholten Analyse – im Prozess der Anfertigung eines Partiturtranskripts – hervorgetreten ist.

233 Während in dem hier betrachteten Anfängerbeispiel die Parameter Rhythmus und Metrum übereinander fallen, wäre dies bei einem Beispiel eines mehrstimmigen, kontrapunktischen Werkes getrennt zu betrachten. Für die Analyse des Koordinationsprozesses ist die einfache Struktur des hier gespielten Musikstückes sehr hilfreich.

Beim dritten Ton des Liedes beginnen sich die drei Einzeltöne akustisch zu überlagern: Das zeitliche, rhythmische und metrische Auftreten der Töne gelingt den Gruppenmitgliedern nun immer besser aufeinander abgestimmt, so dass schließlich nicht mehr drei Einzeltöne hörbar sind, sondern ein gemeinsamer Klang als Gruppenklang ins Zentrum der Wahrnehmung rückt: Ab diesem Zeitpunkt verschränken sich die Töne auf der akustischen Ebene zu *einem* wahrgenommenen Tonereignis *mit klarem Beginn und Ende*. Dies ruft den Eindruck eines ‚runden Klangs‘ hervor, der an Klangästhetik und Klangqualität gewinnt.

Diese wahrnehmbare schrittweise Überlagerung der Klangereignisse symbolisiert Abb. 16.

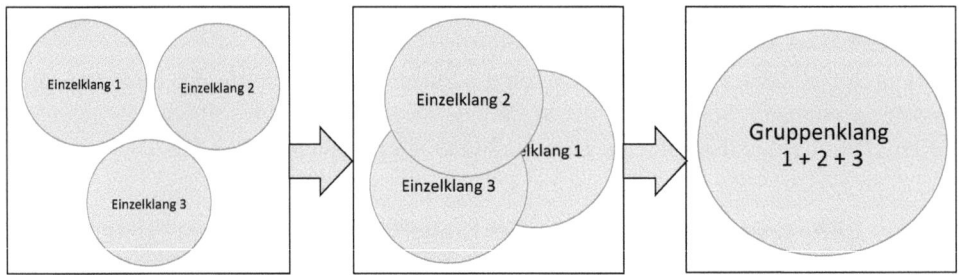

Abb. 16: Sich einschwingen in einen gemeinsamen Rhythmus.

Die Vereinheitlichung des Klangs betrifft mehrere musikalische Parameter. Zentraler Parameter für die klangliche Koordination ist der *Rhythmus*: Die Musizierenden vereinheitlichen ihr rhythmisches Empfinden und damit die Umsetzung der rhythmischen Ereignisse. Das Einschwingen entsteht aber auch durch Angleichung der Klangbildung, wenn zum Beispiel die Klangerzeugung durch eine identische Bogenführung beim Streichinstrument angepasst wird.[234] Weiterhin findet eine Koordination der Klangereignisse durch eine Abstimmung der Musizierenden auf den Ebenen der Dynamik, der Artikulation sowie der Agogik statt.

Die Angleichung einzelner Parameter erwähnen auch die Kinder und Jugendlichen in den Interviews als Koordinationsmarker. Oscar aus der Bläserklasse erinnert eine Koordinationssituation, in der *„dann jeder die richtige Tonhöhe und Lautstärke genommen [hat]“*[235] (S-Int-Bl/Z 133) und so plötzlich Koordination wahrnehmbar wurde. Ein Gruppenklang bzw. Koordination ist demzufolge auch als Ergebnis einer gemeinsamen Interpretation zu deuten, die die Gruppe im Prozess des gemeinsamen Musizierens aushandelt.

In der oben dargestellten Unterrichtsszene stehen Aushandlungsprozesse unterschiedlicher Interpretationsmöglichkeiten zwar nicht im Zentrum. Im Gegenteil, die

---

234 Vgl. Aussagen in den Interviews, z. B. Frau Wolf (L-Int-Wo/Z 75) oder Herr Maier (L-Int-Ma/Z 22).
235 Um Zitate aus dem Datenmaterial kenntlich zu machen, werden diese in kursive Schrift gesetzt.

Lehrerin gibt hier die wesentlichen musikalischen Parameter vor und wirkt durch ihr Vorzählen und das Einsatzgeben sogar definierend für das Tempo des konkreten Spiels. Auffällig ist dennoch, dass die Lehrerin die Aufmerksamkeit der Kinder durch die einleitende Aufforderung, *„mal alle auf den Jonas"* zu *„gucken"* und *„so schnell wie der Jonas"* zu spielen (vgl. Szenendarstellung Kap. 6.1), auf ein *gemeinsames Tempo* zu richten versucht. Durch die visuelle Hilfe des aufeinander Schauens und die Imitation der Spielgeschwindigkeit sollen die Kinder ein gemeinsames Spieltempo finden. Diese Hilfestellungen scheinen in der Szene das Einschwingen in den gemeinsamen Gruppenklang zu unterstützen, obwohl die klangliche Ebene an sich nicht thematisiert wird.[236]

Die Analyse von Koordination ist in der Videoanalyse nicht nur über die akustische Ebene des Klangs geschehen.[237] In Ergänzung und in Kombination zur akustischen Ebene ist die visuelle Ebene der *Bewegungsangleichung* sehr wichtig. Die Angleichung der Spielbewegungen erfolgt in der analysierten Szene parallel zum oben beschriebenen Einschwingprozess auf der akustischen Ebene: Zu Beginn des Musizierprozesses sind die Bewegungen der einzelnen Musizierenden leicht asynchron. In der Feinanalyse ist zu erkennen, dass die Arm- und Bogenbewegungen der Lehrerin und der beiden Kinder kurz nach Beginn des Liedes nach und nach einen ähnlichen Schwung und ähnliche Bewegungsqualitäten erhalten.[238] Die drei Musizierenden starten nun mit ähnlichen Einschwingvorgängen und enden mit einer ähnlichen Schaukelbewegung. Gerade an den Übergängen zwischen den Einzeltönen, die auf der Geige spieltechnisch einen Richtungswechsel der Armbewegung sowie bei jedem zweiten Ton einen Wechsel der Saitenebene mit dem Bogenarm erfordern, ist die Angleichung des Bewegungsimpulses deutlich erkennbar. Die spieltechnische Herausforderung, eine neue Saitenebene zu streichen, bedarf eines stärkeren Bewegungsimpulses, der zugleich als Referenz für die neue Bewegung dient und im Videomaterial als Impuls für die Abstimmung der Spielbewegung erscheint.[239]

Bemerkenswert ist, dass Koordination gerade dort gelingt, wo die Streichbewegung mit wenig Widerstand gegen die Schwerkraft auskommt, nämlich dort, wo der Bogenarm Richtung Boden „fallen" darf. Dies ist bei den oberen beiden Saiten, den Tönen a'

---

236 Vgl. hierzu Kap. 6.3.2: Die Kinder zeigen in ihren Äußerungen eine große Nähe zur Kategorie des Klanglichen. Aufgrund dessen scheint es angebracht, Aufforderungen im Unterricht stärker auf Eigenschaften des Klanges zu beziehen und das Akustische dem Visuellen ebenbürtig zu behandeln.

237 Bei der Analyse des Klangs ist zu beachten, dass in der Videoanalyse die Beurteilung des Gruppenklangs nicht anhand des Originalklangs stattfindet, sondern anhand einer technischen Reproduktion, nämlich anhand der Tonspur der Videodaten. Insofern muss bedacht werden, dass der zu beurteilende Klang nur eine Abbildung des eigentlichen Klangs ist und eine solche Analyse aufgrund der technischen Bedingungen nur als Annäherung gelingen kann. Durch die mögliche Triangulation von akustischer und visueller Analyse gelingt durch das Videomaterial jedoch eine m. E. brauchbare Annäherung an das Phänomen (vgl. zu diesem methodologischen Aspekt Kap. 5.4.3).

238 Hinweise zur Beobachtung von Bewegungen finden sich z.B. bei Bender (2014).

239 Die Kinder der JeKi-Gruppe 1 nutzen die Angleichung der Spielbewegung bereits als Handlungsstrategie. Sie *„versuchen, gleichzeitig den Bogen (..) hin und her zu schieben"*, wenn sie gemeinsam spielen wollen (S-Int-JV1/Z 52).

und e'', der Fall. Gelangt das Spiel der Gruppe zu diesen oberen Tönen, schwingt sich die Gruppe in ein koordiniertes Spiel ein. Im weiteren Verlauf des Liedes sind erneut die tieferen Saiten zu spielen – und die Koordination geht verloren. Diese Beobachtung zeigt, dass Koordination in der Anfängergruppe dort möglich wird, wo die SchülerInnen in einem scheinbar mühelosen Teil die Bewegungen fließen lassen können. Wo jedoch technische Hindernisse zu bewältigen sind, stehen diese einer fließenden Bewegung (und mit ihr der Koordination) entgegen.

Bei der Betrachtung der Körperbewegungen ist zu betonen, dass die Bewegungsangleichung nicht als reine Imitation zu deuten ist. Eine bloße Reaktion auf das Handeln der Lehrerin würde das Handeln der SchülerInnen zeitlich so verzögern, dass es nicht zu einem Einschwingprozess kommt, sondern dass das Schülerhandeln zeitlich versetzt zu beobachten wäre. In der hier betrachteten Szene ist hingegen festzustellen, dass der *Einschwingprozess* bereits gemeinsam ausgeführt wird, zwar auf einen Impuls der Lehrerin hin, aber in gemeinsamem Handeln. Dies zeigt, dass die Kinder das Klangereignis antizipieren und ihre Bewegungsimpulse darauf abstimmen.

Einige Teilbewegungen scheinen dabei eine *Ankerfunktion* zu haben. Das impulshafte Einatmen während des Einsatzes durch die Lehrerin bietet den Kindern einen Anhaltspunkt für den Zeitpunkt des ersten Tons. Ebenso dient das rhythmische Schaukeln mit dem Oberkörper der Lehrerin im Spiel als Steuerungs- und Dirigierbewegung: Die Lehrerin gibt hierdurch einen rhythmisch-metrischen Schwung und damit einen fließenden Bewegungsimpuls an die Schülergruppe weiter. Der Schüler Jonas imitiert bzw. resoniert diese Körperbewegung.

Es zeigt sich weiterhin, dass steuernde und pulsierende Grundbewegungen zur Verdeutlichung von Tempo, Metrum und rhythmischer Impulsivität von den konkreten Bewegungen zur Erzeugung eines Klanges auf dem Instrument (z.B. dem Bogenstrich) zu unterscheiden sind. Während erstere der Steuerung in der Gruppe dienen und damit nur manchmal koordiniert ausgeführt werden, zumeist aber von einer Führungsperson eingesetzt werden, erscheinen letztere als zu koordinierende und miteinander auszuführende Bewegungen.

Die beschriebenen Beobachtungen auf den Ebenen von Klang und Bewegung führen auf die Feststellung hinaus, dass koordiniertes Musizieren eine Vereinheitlichung auf diesen Ebenen verlangt. Dabei wird in der Beobachtung deutlich, dass es einen gewissen Moment gibt, in dem die einzelnen Ereignisse in der Wahrnehmung zu einem Gruppenereignis zusammenfallen. Dieser Moment der Überlagerung von einzelnen Klangereignissen wird von den ForschungsteilnehmerInnen dabei mit einem interessanten und aufschlussreichen In-Vivo-Kode beschrieben: als *Einrasten*. *Einrasten* meint den Moment, in dem der Einschwingprozess in Koordination übergeht:

Herr Winkler: *[...] Wenn ich einfach merke, es rastet so wie ein. Es macht so ‚Klack'
und ich bin genau gleichzeitig mit Schlagzeug, Bass, das ist so, wirklich
eins. (L-Int-Wi/Z 45-46)*

Zur Verdeutlichung des Zitats: Die Einzelklänge der einzelnen Instrumente (im Zitat von Gitarre[240], Bass und Schlagzeug) treten in Koordination nicht mehr als Einzelklänge in Erscheinung, sondern bilden eine *Einheit*. Nach Herrn Winkler ist der Moment, in dem sich eine Einheit bildet, d.h. in dem die drei Stimmen sich tatsächlich zu einer Einheit koordinieren, spürbar: er *merkt* es, wie es *einrastet*. Der Moment des gelingenden Ineinandergreifens erscheint in der Wahrnehmung als besonderer Moment: *„es macht so ‚Klack‘‘*. Zudem bewirke das Einrasten eine Veränderung der Energetik: ein neues Energielevel werde spürbar (L-Int-Wi/Z 34). Es scheint demnach in Koordination ein neuer Zustand erreicht, wobei Herr Winkler nicht den *Prozess* wahrnimmt, der zu Koordination führt, sondern speziell den *Moment* des gelingenden Ineinandergreifens. Die Wortwahl, *„wenn ich einfach merke‘‘* deutet darauf hin, dass die Wahrnehmung ganzheitlich und leiblich beim Musizieren geschieht.

Der hier hervorgehobene plötzliche Sprung in den Moment der gelingenden Koordination bildet sich auch in der beschriebenen Szene ‚*Wir machens mal zu dritt‘* (02-1113-SK/01:48; s.o.) ab: Ab einem bestimmten Moment, nämlich dem dritten Ton des Liedes, *klackt* es ein und auf der hörbaren wie auf der sichtbaren Ebene erscheint das Handeln als koordiniertes Gruppenhandeln. Es ist also dieser Moment des *Einrastens*, in dem aus der Gruppe eine klangliche und bewegungsbezogene *Einheit* wird, der als *Koordination* bezeichnet werden kann.

6.1.2 Koordination als Prozess

Obwohl im vorherigen Abschnitt herausgearbeitet werden konnte, dass der Übergang in Koordination als *Zeitpunkt* wahrnehmbar wird, weisen die weiteren Analysen auf eine dem scheinbar entgegenstehende Kategorie hin.

Die im Material auffindbaren Koordinationsprozesse sind durch *fließende Übergänge* zwischen *Momenten des Einrastens* in die Koordination und *des Verlierens* der Koordination gekennzeichnet. Eine musikalische Sequenz, in der Koordinationsmerkmale aufspürbar sind, ist innerhalb des Materials dementsprechend niemals durchgehend als koordiniert zu bezeichnen.[241] Im Gegenteil: Ein gelingendes Einrasten der Teilprozesse auf den Ebenen Rhythmik, Metrik, Bewegung und Klang ist in den Videosequenzen immer nur in sehr kurzen Momenten wahrnehmbar. Anschließend gleiten die Prozesse wieder leicht auseinander, bevor sie in einem nächsten Anlauf des Sich-Einschwingens

---

240 Herr Winkler tritt im Videomaterial als Saxophonist in Erscheinung, er spielt aber auch Gitarre. Im oben zitierten Ausschnitt bezieht er sich auf ein Erlebnis als Gitarrist.
241 Diese Behauptung gilt erst einmal nur für das hier untersuchte Material. Da andere Musiziersituationen nicht videographiert, beobachtet und/oder analysiert wurden, kann die Behauptung der Fluidität nicht verallgemeinert werden. Dennoch drängt sich die Annahme auf, dass das Hin und Her zwischen gelingenden Koordinationsmomenten und leichten Abweichungen Teil eines jeden Koordinationsprozesses sein könnte. Die Kontingenz im gemeinsamen Handlungsprozess ist zu groß, als dass dauerhafte Koordination gelingen kann. Entscheidend für die Wahrnehmung von Koordination wird die schnelle Reaktion auf leichte Abweichungen und das schnelle Sich-Wieder-Einpendeln sein.

wieder in eine Phase der Koordination geraten. Koordination scheint also unbeständig zu sein und stetig den Zustand mit leichten Diskoordinationen zu wechseln.

Die fließenden Übergänge zwischen diskoordinierten und koordinierten Phasen während des Ensemblespiels lassen sich ebenfalls anhand der oben bereits diskutierten Videoszene ,*Wir machens mal zu dritt*' (02-1311-SK/01:48) beobachten. Betrachtet wird nun der zweite Abschnitt der oben dargestellten Szene ab Sekunde 27 des Ausschnitts, in dem die Gruppe den zweiten Liedteil spielt. Der entsprechende Abschnitt aus dem Videotranskriptionsprotokoll lautet wie folgt:

Standbild, Zeitmarke und Verbaltranskript	*Beschreibung*
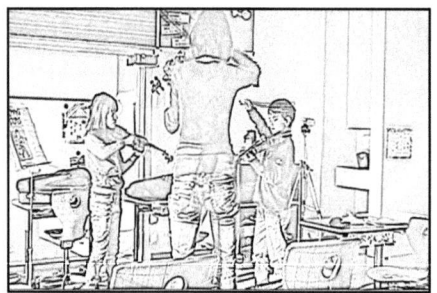 [02-1113-SK/02:16] [m]	*Zu Beginn des zweiten Liedteils spielen Frau Wolf und die beiden SchülerInnen wieder aufeinander abgestimmt. Beim vierten Ton des zweiten Liedteils (Zeitpunkt [02:17.5]) kommt Helena durcheinander. Sie ist verwirrt, welche Saite sie spielen soll und bewegt ihren Bogen mehrfach zwischen den Saiten, bevor sie weiterspielt. Sie schafft es, sich in die Gruppenbewegung einzuklinken. Doch häufen sich nun die Abweichungen. Die Ungleichheit wird allerdings erst bei den letzten drei Tönen deutlich hörbar, als Helena wesentlich zu früh (bzw. zu spät) spielt. Am Ende spielt Helena einen Ton zu wenig, um das Fehlerspiel auszugleichen. [...]*

Was ist in diesem Abschnitt zu sehen? Die Schülerin Helena wird im zweiten Liedabschnitt unsicher und gerät in deutliche Diskoordination mit Frau Wolf und ihrem Mitschüler. Der Moment des Suchens verhindert eine zeitlich stimmige Produktion des richtigen Klangs. Da Jonas und Frau Wolf im Fluss des Geschehens verbleiben, bieten sie Stabilität und Orientierung, wodurch sich Helena wieder an das Gruppengeschehen angleichen kann. Ein erneutes Einschwingen ist möglich, wodurch sie visuell und akustisch Teil der Gruppe bleibt. In normaler Abspielgeschwindigkeit des Videos und außerhalb der Feinanalyse bemerke ich als Forschende noch keine ausgeprägte Diskoordination. Gegen Ende des Liedes wird die Abweichung jedoch zu groß, so dass Helena schließlich sicht- und hörbar aus der Koordination herausfällt.

Es zeigt sich an diesem Beispiel, dass es einen gewissen Abweichungsgrad gibt, innerhalb dessen die akustische und visuelle Kopplung bestehen bleibt. Aufgrund dessen treten kurze diskoordinierte Momente nicht als Fehler (bzw. Herausfallen aus dem Gruppenprozess) ins Bewusstsein und ein erneutes Einschwingen in den gemeinsamen Prozess bleibt möglich. Es liegt daher nahe, Koordination nicht als einen *Moment*, sondern als einen *Prozess* zu konzeptualisieren, der sich aus Phasen vollständiger Synchronisation und Phasen der leichten Abweichung konstituiert. Es stellt sich damit das Bild eines *Möglichkeitskanals* dar, innerhalb dessen die koordinative Kopplung (bzw. der physikalische Entrainmentprozess, vgl. Kap. 2.3.2) bestehen bleibt und leichte Abweichungen nicht wahrgenommen werden (vgl. Abb. 17).

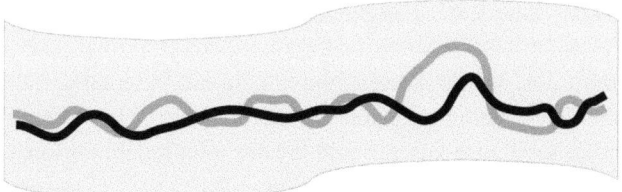

Abb. 17: Der koordinative Möglichkeitskanal. Die Wellenlinien verdeutlichen die möglichen
Abweichungen zweier Musizierender, deren Handeln als koordiniert wahrgenommen
wird. Zwischen den Abweichungen, die sich innerhalb des Möglichkeitsbandes entwickeln bleibt ein Sich-Einschwingen möglich. Die Kopplung bleibt innerhalb dieses
Bandes bestehen.

Eine solche Theoretisierung weist einen Bezug zu den theoretischen Überlegungen zu Koordination im Ensemble auf. Hier wurde festgestellt, dass Abweichungen vom Ideal des gemeinsamen Timings sogar essentiell für die musikalisch-affektive Gestaltung sind (vgl. Doffman 2009; 2011; 2013). Eine musikalische Agogik wäre ohne die bewusste Ausdehnung nicht denkbar. Das bewusste Spiel mit den Grenzen des Entrainments (d.h. der physikalisch-rhythmischen Kopplung) führe erst zum musikalischen Ausdruck: Es ist das Ausreizen der Grenzen bis kurz vor die hörbare Diskoordination, das eine musikalische Spannung erzeugt (vgl. Geeves u.a. 2014). Aus diesen Beobachtungen und Überlegungen folgt zweierlei:

(1) Zum einen ist der Begriff der Diskoordination in Musizierprozessen mehrdeutig zu verstehen: sowohl leichte, vorübergehende Abweichungen, die nicht als Fehlerspiel wahrgenommen werden, als auch grobe Abweichungen, die zum Verlust des Zusammenspielens führen, sind *diskoordinierte Momente*. Aus leichten Diskoordinationen kann der einzelne Akteur wiederum in ein Einschwingen und in die Koordinationsphase gelangen, der Gruppenklang und das gemeinsame Handeln müssen nicht verloren gehen.

(2) Ein Koordinationsprozess ist zum anderen aber auch komplexer zu denken als es eine Konzeption der dauerhaften Synchronisation vermag. Vielmehr ist unter Koordination ein kontinuierlich-fließendes Übergehen zwischen leichten Diskoordinationen und exakten Koordinationsmomenten zu verstehen. Diskoordination und Koordination sind daher weniger als Gegensätze, sondern vielmehr als die Pole eines Kontinuums zu verstehen (vgl. Abb. 18). Gemeinsames Musizieren bewegt sich bei Betrachtung der interaktiven Prozesse zwischen diesen Polen, wobei die einzelnen Zustände kontinuierlich wechseln.

Koordination  Diskoordination

Abb. 18: Koordination – Diskoordination als Kontinuum.

Demgegenüber führt eine starke Abweichung zu einem Auseinanderfallen des Systems in deutlich einzeln wahrnehmbare Einzelhandlungen, wie es Helena am Ende des Liedes passiert. Die Abweichung wird zu groß und die Kopplung geht verloren. Ein deutliches Fehlerspiel wird nun wahrnehmbar.

6.1.3 Zusammenfassung: Beobachtungskategorien

Anhand der Unterrichtsszene ,*Wir machens mal zu dritt*' (02-1311-SK/01:48) habe ich die beobachtbaren Merkmale für Koordinationsprozesse im Datenmaterial herausgearbeitet. Koordination ist ein Prozess des *Einrastens*, der als Bewegungsangleichung sichtbar und als Gruppenklang hörbar wird.

Obwohl der Moment der gelingenden Koordination – das *Einrasten* – wahrzunehmen ist, ist gemeinsames Musizieren in Koordination als Prozess zu verstehen, der genau genommen aus zahlreichen kurzen Einschwingsequenzen und kurzen Diskoordinationen besteht, die im Fluss der Musik und der leiblichen Handlungen hervor- und zurücktreten. Das koordinierte Spiel ist demzufolge vielmehr ein *Hin und Her* innerhalb eines *Möglichkeitskanals*. Es ist anzunehmen, dass das Eintreten in diesen Kanal als Einrasten wahrgenommen wird.

Im vorangegangenen Abschnitt ist in der Analyse ein Schwerpunkt auf die *beobachtbaren* Merkmale durch den/die BeobachterIn des Musizierprozesses gelegt worden. Bei der Analyse der Interviewtranskripte treten ergänzende Dimensionen und zusätzliche Merkmale von Koordination hervor, die sich auf das subjektive Erleben von Koordination stützen. Diese Merkmale und Dimensionen stehen in den folgenden Abschnitten im Fokus. Lehrende und Schülergruppen werden aufgrund unterschiedlicher Sprachnutzung und aufgrund unterschiedlicher Relevanzsetzungen zunächst getrennt voneinander betrachtet. Eine Synthese findet sich in Kapitel 6.4.

6.2 Erfahrungsdimensionen aus der Perspektive der Lehrenden

Beschreibungen von Koordinationsmomenten liefern Retrospektiven, denn die jeweiligen Erfahrungssituationen[242] liegen zeitlich vor der Interviewsituation. Die subjektiven

---

242 Vgl. zu den Begriffen „Erleben" und „Erfahrung" Schütz & Luckmann (1984): „Erlebnisse heben sich im Bewußtseinsstrom ab; Erfahrungen sind durch Aufmerksamkeit ausgezeichnete Erlebnisse; manche Erfahrungen werden durch reflektierte Bewußtseinsleistungen, welche die Erfahrungen zu etwas in Beziehung setzen, sinnvoll" (ebd., S. 14). Da in den Interviews über Erlebnisse gesprochen wird, die erinnert und reflektiert werden, denen demzufolge also

Erfahrungsdimensionen sind daher auch als Konstruktionen aufzufassen, bei denen ein nicht unerheblicher Anteil in der Interviewsituation, beim Formulieren der Gedanken im Gespräch mit mir als Forscherin, entsteht. Auch wenn aufgrund dieser Retrospektivität und der Konstruktivität durch die Forschungsbeteiligten eine Übertragung der Erfahrungsdimensionen in die videographisch aufgezeichneten unterrichtlichen Musiziermomente nicht möglich ist, liefern die Perspektiven der Betroffenen dennoch für die Forschungsfrage relevante Erkenntnisse: Wie erleben Musizierende Koordinationsmomente? Durch welche Merkmale zeichnet sich für die Betroffenen das Phänomen der Koordination aus?

Die Lehrenden berichten in den Interviews vor allem aus der Perspektive der Musizierenden von Koordinationserlebnissen. Die Erlebnisberichte, aus denen Erfahrungsdimensionen herausgearbeitet werden konnten, beziehen sich daher vorwiegend auf außerunterrichtliche Situationen, in denen die Lehrenden selbst Teil einer Musikgruppe sind. In diesen Situationen haben sie die Rolle eines/r MusikerIn und nicht die eines Lehrenden inne. Nichtsdestotrotz werden in den Situationsdarstellungen Merkmale des Phänomens offengelegt, die für die hier vorliegende Studie von Relevanz sind.

6.2.1 Spüren – leibliche Erfahrbarkeit von Koordinationsprozessen beim Musizieren

Die Lehrenden haben laut eigenen Aussagen „*eine ziemlich genaue Vorstellung*" (L-Int-Wi/Z 17) vom Phänomen der Koordination beim Musizieren. Dennoch fällt ihnen die Erinnerung konkreter Koordinationssituationen und die Verbalisierung ihrer Erlebnisse schwer (vgl. L-Int-Wo). Erst nach einer Phase des Nachdenkens und In-Sich-Gehens gelingt den ForschungspartnerInnen eine Versprachlichung.[243]

Den ForschungspartnerInnen ist Koordination also zwar präsent – sie kennen das Phänomen und haben eine Vorstellung davon –, das Sprechen darüber ist jedoch nicht unmittelbar möglich. Koordination scheint eher im *Handlungswissen* präsent zu sein. Die empfundene Sprachlosigkeit ist jedoch auch im Phänomen selbst begründet, denn Koordination realisiert sich als musikalisches und nichtsprachliches Phänomen. Es wird „*nur wahrgenommen, wenn es passiert ist*" (L-Int-Wi/Z 50), scheint in musikalischen Situationen „*immer*" und „*irgendwie*" präsent zu sein, „*es passiert einfach*" (L-Int-Wo/Z 39) und „*ist von alleine da, jedes Mal, wenn man in irgend'nem Orchester spielt oder Kammermusik macht*" (L-Int-Wo/Z 26).

Trotz dieser Beobachtung lassen sich Koordinationsbeschreibungen aus den Interviewtranskripten extrahieren. Dabei fällt neben der empfundenen Sprachlosigkeit die zugeschriebene Emergenz des Phänomens auf: Koordination scheint ohne Zutun von

---

Aufmerksamkeit zugewendet wird bzw. wurde, können diese als Erfahrungen angesehen werden. Aufgrund dessen spreche ich von *Erfahrungs*situationen bzw. -dimensionen.

243 In allen Interviews suchen die InterviewpartnerInnen nach Worten, es werden Rückfragen gestellt und es sind längere Denkpausen zu verzeichnen. Auch in der Interviewsituation habe ich die Unsicherheit der InterviewpartnerInnen unmittelbar gespürt, als nach Erzählungen und Beschreibungen von Koordinationssituationen gefragt wurde.

außen zu entstehen. Auch die Handlungsstrategien, die zu Koordination führen, werden automatisiert angewendet, als sei man „*automatisch schon darauf geprägt*" (L-Int-Wo/Z 39-40). Diese empfundene fehlende Greifbarkeit bei gleichzeitiger Omnipräsenz ist sicherlich mit der zentralen Bedeutung von Koordination für das Musizieren zu erklären, wird aber vor allem verständlich, wenn die leibliche Dimension des Phänomens in den Blick genommen wird.

Es ist der Körper, der das Wissen und die musikalischen Erlebnisse speichert und das Wissen in Form eines *Gespürs* zur Verfügung stellt (vgl. Kap. 2.3.1). In der Musiziersituation wird Koordination mit den Anderen demzufolge über leibliches Spüren und inkorporiertes Bewegungswissen hergestellt. Das Vorliegen von Koordination wird von den LehrerInnen erspürt bzw. erfühlt („*Es gibt so Momente, wo ich das Gefühl habe: Jetzt greift es wirklich ineinander*", L-Int-Wi/Z 33-34) oder bemerkt („*Wenn ich merke, es rastet so wie ein*", L-Int-Wi/Z 45). Äußere Anzeichen oder Vorzeichen sind nicht wahrnehmbar (vgl. L-Int-Wi/Z 50), denn Erfühlen, Erspüren und Bemerken geschieht während des Prozess des Musizierens über den Leib: „*Das sind mehr gefühlte Sachen*" (L-Int-Wi/Z 34-35). Das Umschreiben des Koordinationserlebens mit den sich einer Eindeutigkeit verwehrenden Begriffen „fühlen" und „[be]merken" zeigt, dass sich Koordination dem kognitiven Nachdenken während des Musizierprozesses entzieht. Das Einschwingen wird leiblich wahrgenommen – und erscheint dann im Bewusstsein, wenn es im Tun gelingt oder stark emotional geprägt ist.

Koordination entsteht scheinbar plötzlich, unmittelbar und überraschend: Plötzlich sind die Musizierenden „*genau gleichzeitig*" mit den MitspielerInnen (L-Int-Wi/Z 46), es entsteht ein Gefühl von gesteigerter Energie („*Wo das Ganze plötzlich so energetisch auf einem anderen Level ist*", L-Int-Wi/Z 34), so dass die SpielerInnen „*einfach merk[en], jetzt ist es im Maße genau, was so (.) gut ist*" (L-Int-Wi/Z 35). Die Koordinationsprozesse sind mit teilweise ungeplanten und automatisierten Handlungen verbunden und geraten den Akteuren dadurch nicht in all den Einzelprozessen ins Bewusstsein. Leichte Abweichungen und synchrone Phasen gehen fließend ineinander über, ohne dass jeder Einschwingprozess bewusst wahrgenommen wird.

Der genutzte Kommunikationskanal für das Musizieren ist dementsprechend die Bewegung und damit der Körper. Herr Maier beispielsweise versucht beim Spielen „*so eine Verknüpfung von Tonage und Bewegung irgendwie zu machen*" (L-Int-Ma/Z 25) und empfindet ein Zusammenfallen von „*Bewegung und Idee*" (L-Int-Ma/Z 27). Während des Musizierens werden Bewegung und Körperlichkeit der Anderen zu Orientierung gebenden Komponenten und zu wichtigen Handlungsstrategien (L-Int-Ma/Z 21-22: „*Dass man sich dann an Bewegungen orientiert*" oder „*[...] man dann auch versucht, diese Bewegung ja auch umzusetzen oder über diese Bewegung auch gezeigt wird. [...]*", L-Int-Ma/Z 40-41). Die körperliche Bewegung liefert quasi die sichtbare Ebene für die Verschränkung der Einzelhandlungen und Einzelklänge, die sich auf akustischer Ebene zu einem Gruppenklang koppeln.

Die leibliche Komponente in Form der Bewegungscharakteristik hat für das Musizieren eine so starke Bedeutung, dass sie sogar zum Merkmal einer Musikgruppe wird:

Fr. Wolf:	*[...] Es gibt so unterschiedliche Orchester, manche sitzen so alle still auf ihrem Stuhl und es tut sich nichts, dann ist man auch automatisch ein bisschen so, weil man kann ja ((lacht)) nicht so ganz anders sich bewegen als die anderen, oder wenn es so richtig rund geht, (..) also man macht da automatisch dann eher so mit. (L-Int-Wo/Z 81-84)*

Art und Antriebe der Spielbewegungen in der Gruppe verbinden sich zu einem Charakteristikum der Gruppe selbst und werden somit zum Teil der Gruppenkultur. Die Bewegungscharaktistik zeigt sich Außenstehenden und der Gruppe (noch) Fremden unmittelbar über die Körperlichkeit:

Frau Wolf:	*Ich weiß noch in X-Stadt, mein erster Dienst, weißt du, von so Jugendorchestern, da spielt man immer sehr engagiert und so und es geht voll los. Und dann der erste Dienst in X-Stadt, da dachte ich so: Huch. Da saß ich dann neben einem, der hat alles richtig gespielt, aber hat sich keinen Fatz bewegt. Und da kommst du dir auch so vor: Okay, ich muss mal irgendwie vorsichtig sein, weil man sonst zu auffällt, oder es stört sie ja auch. Das sieht man auch oft bei Berufsorchestern, dass da ((leise)) dann nicht mehr so viel Engagement vorhanden ist. ((lacht)) (L-Int-Wo/Z 101-107)*

Die vorherrschende Bewegungskultur überträgt sich und fordert zur Anpassung heraus. Die leibliche Dimension von Koordination äußert sich auf der Ebene der Beobachtung als Bewegungsangleichung (vgl. Kap. 6.1.1). Die Lehrenden nutzen diese Dimension zur Steuerung von Koordination, indem sie über eine aktiv herbeigeführte Angleichung der Bewegung Koordination herbeiführen wollen. Das Gelingen des Koordinationsprozesses erscheint allerdings subjektiv kaum beeinflussbar: Das Eintreten in Koordination geschieht emergent und plötzlich. Dieses Empfinden entspricht der beobachteten Unbestimmbarkeit des Prozesses: Übergänge zwischen Momenten der Koordination, der Synchronisation und der Diskoordination ereignen sich fließend (vgl. Kap. 6.1.2). Zwischenstadien auf dem Weg zum koordinierten Handeln scheinen nicht ins Bewusstsein zu gelangen. Erst der ineinandergreifende, mühelose Ablauf der Einzelprozesse wird bewusst erinnert.

6.2.2 Genuss und musikalischer Ausdruck – die ästhetische Dimension des Koordinationsprozesses

In einzelnen Momenten kann das Empfinden von Koordination zu gesteigerter Emotionalität führen. Diese wird in zwei Dimensionen beschrieben, als besonderes ästhetisches Erlebnis und als Aufgehobensein in der Gruppe. In diesem Abschnitt wird nun zunächst die erste Dimension betrachtet.

Ein wesentliches Merkmal von Musik und den dazugehörigen musikalischen Handlungen ist das Fließen in der Zeit. Musik kann man nicht anhalten, sie entsteht durch fließend aufeinander folgende Klangereignisse. Als ein solch müheloses und unaufhaltsames Fließen in der Musik wird Koordination empfunden. Auf der subjektiven Erfahrungsebene umschreibt koordinatives Handeln das gemeinsame Tun in einem glatten, einheitlichen und zusammenpassenden Ablauf. Frau Sajani beschreibt einen dieser herausragenden Momente folgendermaßen:

> Frau Sajani: *[...] Ja, es gibt so Momente, da, (...) da fließt es einfach nur und man denkt gar nicht mehr darüber nach, oder man denkt nur noch: „Oh, jetzt bitte soll das nicht aufhören, es soll immer so weiter gehen", ((lacht)) weil es gerade alles passt. Also an sich, alle sich aufeinander einstimmen können und aufeinander einlassen können und öffnen können und die Musik genießen können. Ich glaube es ist dieser Genuss auch, die Musik gerne zu spielen und dieses Offene, dass man sich einfach öffnen kann. Das Herz und (.) den Bauch und einfach alle Gefühle fließen lassen kann. Ja. (L-Int-Sa/Z 319-325)*

Die besondere emotionale Wahrnehmung des von Frau Sajani geschilderten Moments entsteht durch das Gefühl des Fließens in der Musik, das Aufgehen im Moment, das Gefühl des Sich-Öffnen-Könnens innerhalb der Gruppe, bei dem ein Zeigen der eigenen musikbezogenen Emotionen möglich und akzeptiert ist. Hier zeigen sich einerseits Elemente einer Flow-Erfahrung (vgl. Czíkszentmihályi 2010), nämlich die Selbstvergessenheit, das Glücksempfinden oder die autotelische Zufriedenheit.[244] Gerade die Selbstvergessenheit, das Aufgehen im eigenen Tun, der völlige Fokus auf das Hier und Jetzt und das Gefühl der Leichtigkeit (*„du denkst, [...] du spielst das nicht, du hörst das einfach"*), die ein Glücksgefühl auslösen, werden in folgender Aussage von Frau Stankovic betont:

> Frau Stankovic: *[...] Aber manchmal, [...] dann es gibt Momente, in denen ich spiele und ich fühle alles, also die Musik, und (.) in dem Moment, wirklich, ist oft bei mir passiert, dass ich ganz vergesse, wo ich bin. Ob Bühne ist, Publikum, egal. In dem Moment bist du in der Musik drinne und das ist so: ein Glücksgefühl, dass du denkst, diese musikalische, diese Musik in dem Moment, dass du zusammen bist. Du denkst, du bist, du spielst das nicht, du hörst das einfach. Und das ist wunderschön. So vom Gefühl her. (L-Int-St/Z 279-285)*

---

244 Das Flow-Konzept wurde vom Psychologen und Glücksforscher Mihály Csíkszentmihályi (2010) ergründet, wissenschaftlich erforscht und in mehreren Publikationen verbreitet. Flow bezeichnet Momente, in denen das Individuum in eine Aufgabe versinkt und im Tun aufgeht. Das „Urbild des Menschen im Flow" ist Warwitz „das spielende Kind, das sich im glückseligen Zustand des Bei-sich-seins befindet" (Warwitz 2016, S. 207). Häufig verbinden sich mit dem Handeln im Flow Glücksgefühle und der Eindruck von Leichtigkeit des Tuns. Für die Musik ist das Flowkonzept anschlussfähig, da Musizieren als Tätigkeit ein Aufgehen-im-Tun ermöglicht. Für die Musik hat Andreas Burzik das Konzept aufgearbeitet (vgl. Burzik 2007). Die Aussagen der InterviewpartnerInnen weisen darauf hin, dass Koordinationserfahrungen Flowanteile enthalten, aber nicht auf eine Flowerfahrung reduziert werden können. Ästhetische und soziale Erfahrungsdimensionen ergänzen die Flow-Kategorien. Zudem werden nicht alle Koordinationserfahrungen zu Flow-Erfahrungen (vgl. hierzu auch Hellberg 2010).

Die von Frau Sajani und Frau Stankovic beschriebenen Situationen gehen allerdings über eine reine Flow-Erfahrung hinaus. Neben typischen Flow-Elementen kommen das Gefühl sozialen Angenommenseins sowie der Genuss der Musik zum Ausdruck. *Musik genießen* umfasst dabei sowohl die Komponente der erklingenden Musik im Sinne von Musik als *ästhetischem Objekt*, als auch das Genießen des Herstellungsprozesses, also des *Musik Spielens* als *performativen Akt* („*die Musik gerne zu spielen*", L-Int-Sa/Z 323-324). Im Tun mit anderen stehen die Akteure der Musik gegenüber, werden aber auch vom Klang umhüllt und erfüllt, so dass sie scheinbar über die Körpergrenzen hinaus Teil des Ganzen werden. So zeigt sich eine Verbindung von leibkörperlichem Handeln, sozialer Integration, kognitiver Herausforderung und ästhetischem Genuss:

> *Frau Stankovic: [...] Wenn du in dem Moment die Musik fühlst, (.) [...] Du (2,5) Diese Musik in dem Moment, ich weiß nicht, wie ich das erklären soll, aber diese Musik macht dich glücklich. [...] die Musik, die Melodie, was man spielt macht dich glücklich. Erfüllt deinen ganzen Körper irgendwie, fühlt, nicht erfüllt, fühlt das Ganze. Ich weiß nicht, wie ich das beschreiben soll. (L-Int-St/Z 294-300)*

Koordination ist in diesen Momenten das Erlebnis, dass das eigene musikalische Handeln, die eigenen Klänge und der eigene Anteil am Ganzen so mit dem Handeln und den klanglichen Produkten anderer ineinander greift, „*was so [.] gut ist*" (L-Int-Wi/Z 35). Ein solches Erleben des Ineinandergreifens – der musikalischen Ganzheit bzw. Einheit (vgl. die Beobachtungskategorie *Einheit*) – wird als intensiver und ästhetischer Moment erlebt. In diesen Momenten mache die Musik „*glücklich*", sie „*gefällt*" und lasse den Musizierenden „*das Ganze*" spüren (L-Int-St/Z 306-307). Frau Stankovic hebt diese Aspekte für Prozesse kollektiver Kompositionen hervor (L-Int-St/Z 149ff.):

> *Frau Stankovic: [...] Das Gefühl ist ganz was anderes, was ganz schönes. [...] wir versuchen mal zusammen eine Musik zu machen. Etwas zu gebären, eine Musik. (L-Int-St/Z 155-157)*

Das Erleben der eigenen Kreativität und Ausdrucksfähigkeit als Teil einer Gruppe während der kollektiven Komposition setzt eine Vielzahl aufeinander bezogener Koordinationsprozesse voraus. Dabei wird deutlich, wie stark sich der ästhetische Genuss mit der Einbindung in eine soziale Gemeinschaft verknüpft. Die Dimension der sozialen Eingebundenheit, die in den Interviewbeispielen eine sehr große Rolle spielt, wird im folgenden Abschnitt eingehend dargestellt.

6.2.3 Aufgehoben in der Gruppe – die Dimension der sozialen Integration

Die ForschungspartnerInnen erleben Koordination besonders stark als das Gefühl, Teil einer Gruppe zu sein bzw. zu werden und *gemeinsam* leiblich und klanglich zu agieren. In den Interviews beschreiben die Lehrenden, wie sie in Koordination spüren, „*wirklich eins*" (L-Int-Wi/Z 46; vgl. auch L-Int-St/Z 29) mit den MitspielerInnen zu werden.

Durch das Verschmelzen der Klänge entsteht aus den Musizierenden eine Gruppe, was ein Gefühl von *„Stärke"* (L-Int-Sa/Z 257) hervorrufen und die MusikerInnen sogar überwältigen (L-Int-Sa/Z 259) kann. Das Zusammenspielen mit Anderen kann ebenso wie die Musik als *„beglückend"* (L-Int-Sa/Z 261) empfunden werden. Während oben dargelegt wurde, dass das Spielen als Tätigkeit und das Genießen von Musik als ästhetischem Objekt Glücksgefühle hervorrufen kann, wird in den Äußerungen der InterviewpartnerInnen deutlich, dass auch die Einbindung in die Gruppe zu positiven Emotionen führt. Das *gemeinsame* Erfinden einer Melodie oder das Erleben, *als Kollektiv* etwas gut gemacht zu haben, ist beglückend und motivierend (L-Int-St/Z 152-153 & 235-237) – ebenso wie schlichtweg Teil einer Gruppe zu sein (oder durch Koordination zu werden) (L-Int-Ma/Z 312-314).

Interessanterweise kann das Gefühl der Einbindung in die Gruppe zu einer größeren Fehlertoleranz sich selbst gegenüber führen (L-Int-Ma/300-315). Herr Maier legt beispielsweise dar, dass das Spiel der Gruppe zu einer Art klanglichem Teppich wird, in dessen Schutz der Einzelne sein eigenes Spiel erproben kann. Nicht jeder einzelne unschöne Ton führt daher gleich zu einem Missklang, vielfach verschwindet der Fehler im Gesamtbild. Hierdurch falle es leichter, einen musikalischen Fluss zu erlernen, da die Lernenden nicht wiederholt an einzelnen Tönen hingen und dadurch aus dem musikalischen Fluss herausfielen:

> Herr Maier: (...) *Man hat so eine Art Vorstoß. Also es klingt schon nach was. [...] So dieses Nachdenken über einen versemmelten Ton, der (.) kommt halt weniger vor, weil einfach keine Relevanz hat, weil es dieses ich bin wichtig (.) kommt einfach in diesem Kontext vor, in größerem Kontext vor. Und da ist wichtiger, (.) wenn ich einen Ton versemmelt hab weiter mitzuspielen als drüber nachzudenken, dass ich ja eigentlich den Ton auch schön ((lachend)) spielen wollte, also wieder von vorne anfange. [...]* (L-Int-Ma/Z 300-312)

Für andere bedeutet das Musizieren in der Gruppe nicht nur Einbindung – es kann auch das Gefühl der *Einschränkung von Freiheit* hervorrufen. Aus den Perspektiven von Frau Sajani und Frau Stankovic lässt sich herauslesen, dass die Frage von Genießen der Gruppensituation und Empfinden von Einschränkung durch die Gruppe wesentlich von der genauen Rolle des Einzelnen im Gruppenverband abhängt.

Es kristallisieren sich zwei Formen des Zusammenspiels in der Gruppe heraus: (1) das Spielen in der chorischen Gruppe, in der der Einzelne das gleiche wie etliche andere spielt und sich deswegen einer Stimmgruppe unterordnen muss (z. B. als CellistIn in einem Streichertutti), (2) das Spielen einer Einzelstimme innerhalb einer Gruppe, in der jede/r SpielerIn eine eigene Stimme zu spielen hat (z.B. in einem Streichquartett) und diese auch nach eigenem Empfinden gestalten kann. Für einige MusikerInnen bedeutet das Spiel als Teil einer großen Gruppe, mit der man eine Einheit bilden soll, nicht nur Stärke, sondern auch besondere Verantwortung (vgl. das Beispiel Sajani) oder Unfreiheit (vgl. das Beispiel Stankovic):

Frau Sajani:	Also ich muss schon sagen, dass wenn man jetzt immer mit mehreren Leuten in einem Orchester spielt, dass es (..) _einschränkender_ ist, als wenn du jetzt eine einzelne Stimme zu spielen hast. [...] Also ich fühle mich meistens freier, wenn ich eine Einzelstimme spiele, oder wenn ich in einer _kleineren_ Besetzung spiele. (.) Ja. (L-Int-Sa/Z 272-274 & 285-286)

Frau Stankovic:	Im Orchester bist du _nicht_ frei. Du machst das, was _alle_ machen, oder was geschrieben wird. (L-Int-St/Z 65-66)

Beim Orchesterspiel wird im Tutti die Anforderung gestellt, mit der Gruppe genau zusammen zu spielen. Frau Sajani empfindet hierdurch Druck, da sie nicht als Einzelne das Klangergebnis der gesamten Gruppe negativ beeinflussen möchte („_Da weiß man einfach, dass es noch von dir abhängig ist, dass das Gesamtergebnis gut klingt_", L-Int-Sa/Z 274-275). Eine Einzelstimme in einem Kammermusikensemble ist in ihrem Empfinden gewöhnlich freier und individueller gestaltbar:

Frau Sajani:	Ja. (7,0) Das ist vielleicht eher wie ein Gespräch, zwischen Freunden, (.) oder Kollegen. (1,5) Dass man da mehr Ruhe hat und sich vielleicht auch mehr Freiheit hat, sich auch nehmen kann, bei bestimmten Stellen. Und (.) flexibler sein kann und (...) mehr aus der Situation heraus spielen kann. Also mehr Spontanität einfließen kann und mehr noch aus dem Moment heraus musiziert werden kann. Oder mehr Individualität [...] (L-Int-Sa/Z 290-294)

Sich koordinieren bzw. _Eins werden_ mit der Gruppe kann demzufolge positiv oder negativ erlebt werden. Erlebnisse von Koordinationsprozessen werden darüber hinaus in unterschiedlichem Grade als Aufgehen in der Gruppe wahrgenommen – je nachdem, wie die Gruppenrolle definiert ist und wie viel Freiräume sie für individuelle Entfaltung lässt.

6.3 Erfahrungsdimensionen von Koordination aus der Perspektive der Kinder und Jugendlichen

Nach der Darstellung der Perspektive der Lehrenden sollen in den folgenden Abschnitten die Kinder und Jugendlichen zu Wort kommen. Die an der Studie beteiligten Kinder und Jugendlichen haben im Vorfeld der Datenerhebung zum Teil erst einige Monate Instrumentalunterricht erhalten. Aufgrund der kurzen Unterrichtszeit ist daher anzunehmen, dass sie nur wenige Erfahrungen im Zusammenspiel gemacht haben und bisher wenige Koordinationsmomente im Unterricht erlebt haben. Auch ist im Vorfeld fraglich gewesen, in wieweit die Kinder und Jugendlichen ihre Erfahrungen verbalisieren können. Im Verlauf der Analyse hat sich jedoch gezeigt, dass die Kinder von dem im Zentrum dieser Studie stehenden Phänomen sprechen, dieses aber mit anderen Worten als die älteren GesprächspartnerInnen beschreiben.

6.3.1 Wenn es sich gut fügt und wir nicht durcheinanderkommen

Koordination taucht in der Sprache der jungen GesprächspartnerInnen in den Umschreibungen „nicht [...] durcheinander [...]kommen" (S-Int-JV1/Z 90), „zusammenpassen" (S-Int-JC2/Z 55-56) oder „sich gut fügen" (S-Int-JV2/Z 456) auf. Jonas beispielsweise beschreibt das Ineinandergreifen der Einzelstimmen folgendermaßen:

> Jonas: Erst muss man, bevor man das zusammen spielt, gut üben und wenn man dann das gut zusammen spielt, fügt sich das halt gut. (S-Int-JV2/Z 455-456)

In der Erfahrung des Schülers aus einer JeKi-Gruppe ist das „gute Üben" (S-Int-JV2/Z 455; s.o.) ursächlich für ein koordiniertes Zusammenspiel (vgl. hierzu Kap. 7.1). Der Koordinationsprozess selbst geschieht nach seiner Erzählung ähnlich automatisch, wie es Frau Wolf beschreibt (vgl. Kap. 6.2.1). Die Umschreibung des sich gut Fügen entspricht der Kategorie des Einrastens.

Dieser gleichen Kategorie zuzuordnen ist die Beschreibung des Zusammenpassens, wie es beispielsweise im Interview mit der Gruppe JeKi Cello 2 auftaucht:

> Tina: Irgendwie immer, wenn man etwas anderes einfach als die anderen spielt, einfach, (.) genau (.) auf die Saiten gucken, welche er spielt und dann auch dahin (.) gehen und dann passen wenigstens (.) ein paar zusammen. (S-Int-JC2/Z 54-56)

Tina beschreibt ihre Strategie für eine Situation, in der sie nicht mit der Gruppe koordiniert ist. Durch Imitation der anderen und das Angleichen der Tonhöhen auf den unterschiedlichen Saiten versucht sie, wenigstens mit einem/r MitschülerIn die gleichen Töne zu spielen. In ihrer Darstellung ist es die gleiche Tonhöhe (durch die Wahl der gleichen Saite: „auf die Saiten gucken, welche er spielt und dann auch dahin (.) gehen", s.o.), die ein Zusammenpassen, also eine Koordination mit dem/r MitspielerIn, ermöglicht. Interessant ist, dass ihre Darstellung vermuten lässt, dass sie die Aufmerksamkeit für das koordinierte Spiel maximal einem/r MitschülerIn zuwenden kann. Sie will dafür sorgen, dass „wenigstens ein paar" zusammenpassen, wie sich eine ganze Gruppe koordiniert, bleibt hier offen.

Der Koordinationsbericht einer Schülerin ist dadurch besonders eindrücklich, dass diese Schülerin durch die Intonation ihrer Stimme sowie mittels ihrer leiblichen Reaktionen – ein verträumter Blick, ein zufriedenes Lächeln, eine veränderte Körperhaltung und ein Schaukeln mit dem Körper[245] – auf die Relevanz der Episode aufmerksam macht.

---

245 Diese Aspekte werden auf der Bildspur der Interviewaufzeichnung sichtbar (vgl. Kap. 5.2.2.2 für die methodische Vorgehensweise der Datenerhebung bei den Gruppeninterviews mit den Kindern und Jugendlichen).

I:	*Wer möchte mir das denn mal erzählen, wie das war, als ihr zusammen gespielt habt?*
Emma:	*((zeigt auf, verträumt)) Es war schön, weil wir haben da so zusammen gespielt und dann (..) sind wir auch nicht so gut durcheinander gekommen. Und ich habe mich ein paar Mal verspielt, aber das hat man irgendwie nicht gehört hat meine Mama gesagt. Und ich fand's einfach toll. ((lächelt und schaukelt auf dem Stuhl [...]))*
Hannah:	*((verträumt)) Ich auch. ((lächeln, schaukeln)) (S-Int-JC1/Z 87-93)*

Emma berichtet von einem Schulkonzert, bei dem das Spielen in ihrer Wahrnehmung gut geklappt hat. Sie bezeichnet die Situation als „*schön*" und hebt sie dadurch hervor, dass die Gruppe *nicht durcheinander gekommen* sei. Obwohl ihr kein fehlerfreies Spiel gelingt, hat sie dennoch die Empfindung, dass sich die Gruppe nicht verspielt habe. Wie ist das zu verstehen?

Die Bezeichnung *durcheinander kommen* taucht in den Unterrichtsvideos und den Gesprächen mit den Kindern an mehreren Stellen auf. Die Kinder beschreiben hiermit einen Zustand, in dem sie den Faden verlieren und sich in der Folge beim Musizieren nicht mehr orientieren können. Kommen sie *durcheinander*, können sie einen Fehler nicht mehr überspielen und wieder einsteigen, sondern beenden das Spiel oder versuchen vergeblich, erneut in den Fluss der Musik zu gelangen. Die Abweichung von der Koordination wird zu groß. *Durcheinander kommen* ist der Ausdruck für eine Diskoordination mit der Gruppe oder dem musikalischen Material, die zum Aufhören zwingt.

Das Videomaterial liefert für das *Durcheinander kommen* eine spannende Szene (‚*Durcheinanderkommen*'; 01-1106-SK/14:47):

[01-1106-SK/14:47] Hannah und Julius sollen ein Stück zu zweit spielen, Julius möchte das Stück aber lieber alleine spielen.

Frau Wolf:	*Du darfst zählen.*
Julius:	*((leise, mit trauriger Stimme, nuschelig, lustlos)) Eins, zwei, drei, vier.*

Die beiden beginnen zu spielen. Während Hannah konzentriert das Stück spielt und bis zur ersten Hälfte ohne Fehler spielt, spielt Julius irgendetwas. Hannah verspielt sich, weil sie die Pause nicht einhält und den Neubeginn beim Nachsatz vergisst. Sie korrigiert sich und hält tapfer bis zum Ende aus, Julius spielt derweil weiter wild irgendwelche Töne.

| Hannah: | *((setzt ab und blickt zur Lehrerin)) Ich bin ein bisschen durcheinander gekommen. ((lacht verlegen)) [01-1106-SK/15:12]* |

Hannah spielt an dieser Stelle nicht falsch, ihren kleinen Fehler in der Mitte des Stücks korrigiert sie. Sie hat jedoch keine Möglichkeit, mit Julius in Koordination zu spielen, da dieser das gemeinsame Spiel boykottiert: Er improvisiert seine Töne ohne Bezug zu Hannahs Stimme (vgl. zu seinem Protest auch Kap. 8.3.2). Sie empfindet in der Folge das eigene Spiel als unschön und diskoordiniert, was sie Hannah am Ende des Spielens äußert: „*Ich bin ein bisschen durcheinander gekommen*".[246]

---

246 Interessant ist an dieser Stelle außerdem, dass Hannah ihr Spiel nicht einzeln, sondern im Bezug zu den Anderen bewertet. Von der Perspektive des musikalischen Gesamtklangs her, ist es nicht entscheidend, welches Gruppenmitglied nicht mit den anderen gespielt hat. Der

Vor diesem Hintergrund ist die Aussage der Schülerin Emma (siehe obiges Beispiel) genau umgekehrt zu verstehen: Die Gruppe spielt in ihrer Wahrnehmung im Fluss der Musik, in Koordination. Selbst ein eigenes Fehlerspiel stört den Eindruck des Gemeinsamen nicht. Die Koordination besteht hier in einer Verschränkung von intrapersonalen und interpersonalen Faktoren: dem Ineinandergreifen von Haltung, Bogenstrich, Spielbewegung, eigenem Klang auf der intrapersonalen Seite, das auf der interpersonalen Ebene in einem Ineinandergreifen der individuellen Handlungen aufgeht. Ein solches Erlebnis setzt sich mit einer positiven Emotion in der Erinnerung fest, wie ihr Bericht zeigt.

Durcheinanderkommen – also in Diskoordination gelangen – ist für die Beteiligten eine unangenehme Erfahrung, der die SchülerInnen aus dem Weg gehen wollen. So ist eine neue Herausforderung erst einmal mit der Furcht vor dem Durcheinanderkommen verbunden:

Carina:	*Ich weiß, was der... nein. (.)*
Annabell:	*Jetzt sag schon.*
Carina:	*Okay. Also, (..) ich weiß, was wir mal machen könnten. (.) Aber dann kommen wir durcheinander.*
I:	*Was könnt ihr machen?*
Carina:	*Ein Kanon.*
I:	*Ihr mit dem Cello meinst du?*
Carina:	*Ja.*
Pietro:	*Das.*
Carina:	*Aber da kommen wir bestimmt durcheinander.*
Tom:	*(.) Oh, das wird schwierig.*
Pietro:	*Da braucht man Ohrenstöpsel, (..) damit man den anderen Ton nicht hört, sonst wechselt man rüber zu den anderen, so. (S-Int-JC1/Z 228-246)*

Die Kinder haben in diesem Beispiel einerseits eine Idee, die sie gerne einmal ausprobieren möchten: einen Kanon zu spielen. Bei dieser Aufgabe steigt die Anforderung an das koordinierte Musizieren, weil durch den Kanon eine Mehrstimmigkeit entsteht. Die Furcht vor dem Durcheinanderkommen ist bei Carina deutlich zu spüren. Sie traut sich kaum, das Wort ‚Kanon‘ auszusprechen. Als sie es sich endlich traut, betont sie erneut, dass man da bestimmt durcheinander komme. Pietro hat daraufhin eine gute Idee, wie der Kanon zu schaffen sein kann: indem man Ohrenstöpsel benutzt und so die anderen nicht mehr hört – dann könne jeder seine Stimme in Ruhe spielen. Diese Entlastungsstrategie, die Gruppe zu ignorieren und sich dem Eigenen zu widmen, ist häufig bei Kindergruppen zu beobachten.[247] Sie zeigt, wie stark der Wunsch ist, das Durcheinanderkommen zu vermeiden – und wie wenig das kollektive Handeln im Fokus zu stehen

---

Gesamtklang ist chaotisch. Diese Gesamtwirkung bezieht Hannah auf ihr eigenes Spiel und sagt daher, dass sie („*ich*“) durcheinander gekommen ist. Sie versteht ihr Spiel demzufolge in Relation zu den Anderen.

247 In (Kinder)Chören ist zu beobachten, dass die SängerInnen durch das Zuhalten der Ohren (oder des Ohres, das den SängerInnen der anderen Stimme zugewandt ist) die Konzentration auf das Eigene fördern wollen.

scheint. Durch das Ausblenden der Anderen steht der individuelle Klang im Fokus der Aufmerksamkeit. Wie aber zu zeigen sein wird, sind gerade die Achtsamkeit auf das kollektive Handeln und die Kooperation ausschlaggebend für gelingende Koordination (vgl. Kap. 7.2 und 7.4).

Mit dem Sprechen über das Durcheinanderkommen bzw. über dessen Vermeidung wird einerseits deutlich, dass die Kinder auch den umgekehrten Moment (nämlich Nicht-Durcheinanderkommen bzw. das Spielen in Koordination) kennen. Es zeigt den Wunsch nach gemeinsamen Musizieren im musikalischen Fluss.

In einer Gruppe zeigt sich im Interview mit den Kindern eine fast entmutigte Stimmung, als das Gespräch auf das koordinierte Zusammenspiel zu sprechen kommt. Die Kinder berichten von ihrem ausbleibenden Erfolg. Obwohl sie es immer wieder versuchen, schaffen sie ein „*richtig[es], gleich[es]*" Spiel nicht:

Lukas:	*Also wir haben es immer versucht, [aber noch nie so richtig hingekommen.]*
Tina:	*[Ja, wir wollten alle immer richtig zusammen], richtig, gleich spielen.*
Sandro:	*Bei manchen, manche haben gleich gespielt und [die anderen]*
Tina:	*[Und bei den anderen nicht.] (S-Int-JC2/Z 20-27)*
[...]	
Lukas:	*[...] Irgendwann kriegt man es ja bestimmt hin. (S-Int-JC2/Z 51-52)*

Noch ist die Motivation spürbar, es doch irgendwann schaffen zu wollen, besonders im Nachsatz von Lukas. Doch ausbleibende Erfolgserlebnisse bergen die Gefahr einer Resignation, die bei Vanessa aus der Streicherklasse bereits zu hören ist. Sie erlebt koordiniertes Musizieren in der gemeinsamen Orchesterstunde mit einer anderen Gruppe – allerdings beim Zuhören, nicht im eigenen Spiel. Das Zusammenspiel der anderen Gruppe klinge schön, in der eigenen Gruppe gehe es nur durcheinander:

Vanessa:	*Ja, die Gruppe von denen ist meistens, also, (.) die können besser zusammen spielen, also die spielen immer <u>zusammen</u>, das klingt besser und wir, wir spielen eigentlich einfach nur durcheinander. (S-Int-St/Z 636-637)*

Zusammengefasst lässt sich sagen, dass die Begriffe *Nicht-Durcheinanderkommen* und *Gut Zusammenpassen* in den Kinderinterviews als Marker für ein Sprechen über Koordinationsprozesse zu betrachten sind. Die Kinder beschreiben hiermit Koordination mittels der Merkmale des *Einrastens* und der *Prozesshaftigkeit*, die sich in den Konnotationen des Nicht-Durcheinanderkommens als Im-Fluss-Bleibens verbirgt.

Neben diesen wichtigen Begriffen gibt es in den Interviews Hinweise darauf, dass die Kinder Koordination vor allem über die klangliche Ästhetik erfahren. Dies wird im folgenden Abschnitt dargestellt.

6.3.2 Wenn es schön klingt oder ist – die ästhetische Dimension

Die Kinder und Jugendlichen benutzen in den Befragungen auffallend häufig den Begriff „*schön*". In der Auseinandersetzung mit den Daten hat sich dieser Begriff als zentral für die Markierung der ästhetischen Dimension des Koordinationserlebens herausgestellt. Die Kinder und Jugendlichen zeigen in den Gesprächen damit eine hohe Sensibilität für die klangliche Ästhetik.[248] Diese Beobachtungen sollen im Folgenden dargestellt und auf die Frage nach den Erfahrungsdimensionen von Koordination auf Seiten der SchülerInnen bezogen werden.

Das Beginnen des Instrumentalspiels bedeutet für die Kinder ein Eintreten in eine neue, ihnen bis dahin unbekannte Welt, die sie fasziniert: die Welt der Musik. Hier gibt es besondere Instrumente, neue Regeln, unbekannte Rituale und bisher unentdeckte leibliche Wahrnehmungsmöglichkeiten. Ein entscheidender Teil dieser neuen Welt sind Klänge, die sie nun selbst zu erzeugen lernen. In allen in dieser Studie berücksichtigten Gruppen ist ein ausgeprägtes Interesse an ästhetischen Objekten und Erfahrungen feststellbar. Damit zeigt sich auch eine ausgeprägte Neugier gegenüber dem Instrumentalunterricht. Zugang zu dieser neuen Welt bildet nämlich das Instrument. So ist es Carinas „*schönstes (.) Erlebnis [...], (6,5) als ich das Cello bekommen habe*" (S-Int-JC1/Z 965). Es ist allerdings nicht allein die Tatsache, mit dem Instrument Musik machen zu können, auch das Instrument als ästhetisches Objekt steht oftmals im Zentrum des Interesses. Es hat durch seine besondere Form und kunstvolle Machart etwas Besonderes. So will Julius beispielsweise Geige lernen, „*weil der Bogen toll ist. Und wegen einem Film, in dem die gesagt haben, dass der Bogen aus Holz ist und sie über 100 Pferdehaare sammeln*" (S-FB-JV1/Julius). Auch Hannah und Emma finden, „*das ist ein schönes Instrument*" (S-FB-JV1/Hannah). Deutlich wird das besondere Interesse für die Instrumente als ästhetische Objekte an den Stellen im Interview, an denen die Kinder anhand von vorgelegten Fotos[249], auf denen musizierende Ensembles abgebildet sind, das Zusammenspiel diskutieren sollen. Statt für das gemeinsame Musizieren interessieren sich die Kinder vor allem für die abgebildeten Instrumente und sprechen miteinander über deren Namen, Charakteristika und Beschaffenheit:

Annabell:	*Ich weiß, was das für (ein Instrument ist), das ist fast so ähnlich wie ein Cello, hier diese großen Instrumente.*
Carina:	*Das ist ein...*
I:	*Kontrabass.*
Annabell:	*Kontrabass.*
Tom:	*Wo ist ein Kontrabass?*
Annabell:	*((steht auf und zeigt auf das Bild)) Das große Teil da hinten.*

---

248 Diese Beobachtung spricht dafür, im Unterricht mit Kindern und Jugendlichen das klangliche Empfinden der Lernenden noch stärker in den Fokus zu rücken und mit ihnen früh anhand der Kategorie der Klangqualität zu lernen. In den Interviews zeigt sich, dass die jungen MusikerInnen zwar noch nicht das Vokabular zur Verfügung haben, aber ihr musikalisches Handeln wahrscheinlich stärker an klangästhetischen Fragen ausrichten, als Erwachsene sich dies vorstellen können.

249 Vgl. Kap. 5.2.2.

I:	*Aber jetzt seht ihr auf dem Bild, dass die versuchen alle (..) gleich zusammen (.) Musik zu machen.*[250]
Annabell:	*((ruft erfreut)) Da ist ein Cello!*
I:	*Genau. Ganz viele sind da drauf.*
Annabell:	*Echt? Da und da ist eines.*
Tom:	*Und da sind Geigen.*
Annabell:	*Total viele Geigen gibt es auch. (S-Int-JC1/Z 20-43)*

Die Kinder übernehmen das Gespräch und gestalten es nach ihren Interessen. Auch die Intervention der Forscherin kann sie in ihrem Enthusiasmus nicht bremsen. Sie entdecken über die Fotoimpulse im Interview Instrumente, die ihren eigenen stark ähneln, aber sich doch unterscheiden. Zunächst ist das der Kontrabass, später die Bratsche:

I:	*[...] Also hier haben wir ein Cello,*
Carina:	*Geige.*
I:	*Bratsche und zwei Geigen.*
Tom:	*Was ist eine Bratsche?*
I:	*Eine bisschen größere Geige.*
Annabell:	*Also dicker?*
I:	*Ja, die klingt ein bisschen anders.*
Carina:	*Mama Geige.*
Tom:	*((lacht))*
Annabell:	*((aufgeregt)) Nein, Mama Geige gibt's nicht. Cello ist die Mama Geige.*
Carina:	*Big Geige.*
Annabell:	*Nein, das Cello ist [die Mama Geige. Ne] Bratsche ist ja fast so klein, wie eine Geige.*
Tom:	*[fetteste Geige der Welt] (S-Int-JC1/Z 57-81)*

In dieser Sequenz eignen sich die Kinder anhand des Fotos die Instrumente an, indem sie zwischen den einzelnen Instrumenten Ordnungen herstellen. Sie vergleichen sie mit einer Familie und suchen nach der Position der Bratsche zwischen der Geige und dem Cello als „*Mama Geige*". Sie vergleichen die Instrumente dabei mit einem Familienverbund („*Mama*" Geige), in dem sie sich gut auskennen.

In anderen Gesprächen sprechen Kinder immer wieder die Namen der Instrumente vor sich hin (z.B.: *Helena: ((vor sich hin sagend)) „Cello, Cello, Cello, Geige, Geige*", S-Int-JV2/Z 26; aber auch S-Int-JV2/Z 84). Das Wiederholen der Begriffe in Verbindung mit den Bildern erscheint im Interview wie ein Prozess des Memorierens. Die Kinder scheinen die Informationen in sich aufzusaugen. Andere Kinder interessieren sich für die Positionen der Geigen und Celli im Orchester, die den Instrumenten aufgrund ihrer unterschiedlichen Größe zugewiesen werden:

---

250 An dieser Stelle erfolgt ein Eingreifen der Forscherin in das Gespräch (vgl. Kap. 5.2.2.2). Sie ist ein Beispiel für die eigene Themensetzung durch die Kinder nach ihren Interessen. Da sich die Kinder in ihrem Gespräch nicht von der Intervention der Forscherin von ihrem Gesprächsthema abbringen lassen, kann diese Stelle dennoch in die Analyse einbezogen werden. Sie zeigt sogar, welche Wichtigkeit den Kindern die Thematik der Instrumente besitzt.

Helena:	Aber wieso sind die Cellos immer weiter hinten?
Jonas:	Weil die größer sind. Sonst sieht man... sonst hätte man die Geigen gar nicht gesehen. (S-Int-JV2/Z 68-70)

Neben Positionen, Größe und Namen sprechen die Kinder häufig über den Klang. Dies ist bemerkenswert, da diese Kategorie schwerer zugänglich scheint als visuelle oder greifbare Kategorien. Klangliche Eigenschaften sind schwer in Worte zu fassen. Dennoch nutzen die Kinder gerade die Kategorie des Klangs in Verbindung mit den Instrumenten häufig. Ein Beispiel findet sich im Interview der Cellogruppe JeKi 2, die Klang und Aussehen des Cellos des Lehrers miteinander in Beziehung setzen:

Sandro:	Der [Herr Maier] hat voll das coole Cello, der kann voll die coolen Töne damit.
André:	Aber (..) das Cello von ihm ist abgewetzt.
Sandro:	Und? (..) Hauptsache es spielt gute Töne. (.) Es kommt ja gar nicht auf das Aussehen drauf an.
Tina:	Ja. Aber es sieht irgendwie total anders aus. (S-Int-JC2/Z 534-540)

Das Cello, das so „coole Töne" spielen kann, entspricht optisch gar nicht dem ästhetischen Ideal, das sich die Kinder vorstellen. Es ist „abgewetzt" und sieht „irgendwie total anders aus". Das stört zunächst das Bild des Schönen. Dennoch klingt es in den Ohren der Kinder schön. So wird die Frage nach der Relevanz von Aussehen und Klang zum Kern der Aushandlung zwischen den Kindern. Sie versuchen, die Dinge zusammen zu bringen und suchen nach Einheitlichkeit im visuellen und akustischen Bereich.

Bei der Frage, warum die SchülerInnen ihr Instrument lernen wollen, antworten ebenfalls sehr viele, dass ihnen der Klang des Instruments gefällt (z.B. „Weil es sich schön anhört", S-FB-Bl/Vanessa). Der Begriff „schön" als Marker für Ästhetisches findet sich dabei jedoch nicht nur in Bezug auf die Instrumente. Die Kinder nutzen den Begriff ebenso, um ihr Gefallen auszudrücken. Ästhetische Erinnerungen betreffen dabei sowohl Hörerfahrungen[251] als auch Erfahrungen beim eigenen Spielen. Es wird anhand der Datenbeispiele deutlich, dass sich die SchülerInnen von der akustischen Wahrnehmung des Klangs in ihren ästhetischen Urteilen leiten lassen. Bemerkenswert ist beispielsweise, dass Jonas eine Frage nach einer visuellen Schönheit („schön anzusehen") mit einem Urteil der klanglichen Schönheit beantwortet[252] („wie man es hört"):

Jonas:	Also, Fernsehen, ich mein, im Fernsehen kommt ja das Neujahrskonzert und das gucken mein Papa und ich dauernd an. [...]
I:	Und ist das schön anzusehen?
Jonas:	Ja. Also wie man es hört, ist es schön. (S-Int-JV2/Z 106-112)

---

251 Jonas schaut mit seinem Vater jährlich das Neujahrskonzert an, dass ihm sehr gefällt: „Wie man es hört, ist es schön" (S-Int-JV2/Z 112).

252 Demgegenüber spricht eine der Lehrerinnen von „gucken, wie der Klang ist" (L-Int-Wo/Z 40). Bei ihr überlagert demzufolge – anders als bei Jonas – das Visuelle das Akustische.

In einer Unterrichtsstunde der Gruppe JeKi Violine 1 zeigt sich, dass Emma das Spiel von Frau Wolf bewundert. An einer Stelle fragt sie die Lehrerin: *„Darf ich am Konzert so spielen wie du?"* (01-1106-SK/06:40). Sie wünscht sich, ebenso schön spielen zu können wie die Lehrerin – am liebsten schon in ein paar Wochen beim Schulkonzert. Der Klang stellt demzufolge eine relevante ästhetische Kategorie für die SchülerInnen dar, über die sie sich auch miteinander austauschen.

Der Exkurs zur Diskussion der Instrumentenoptik zeigt, wie die Kinder über ihre ästhetischen Wahrnehmungen verhandeln. Es liegt nahe, dass sie im Datenmaterial stärker über ihre Auseinandersetzung mit dem Instrument als ästhetischem Produkt berichten können als über ästhetische Erfahrungsmomente im eigenen Musizieren. Immerhin spielen sie teilweise erst seit wenigen Monaten ihr Instrument. Nichtsdestotrotz drücken die Datenbeispiele ein großes Bedürfnis nach ästhetischen Erfahrungen in der Auseinandersetzung mit dem Instrument aus. In dem Moment, in dem sie die Musik noch nicht selbst herstellen können, konzentrieren sie sich auf das Visuelle. Im Versuch, sich das Neue anzueignen, versuchen sie Ordnungen zwischen den Instrumenten herzustellen (Positionen, Beziehungen zueinander, Größen) und sich mit den Instrumentenklängen auseinanderzusetzen. Diese Sensibilität für das Ästhetische lässt die wenigen Äußerungen von Koordinationserfahrungen umso stärker hervortreten, die über das „nicht durcheinanderkommen" (vgl. Kap. 6.3.1) oder den schönen Klang verbalisiert werden.

Es ergibt sich die Schlussfolgerung, dass die Kinder Koordination als ästhetischen Moment wahrnehmen (können). Für ihre Beschreibungen nutzen sie die Kategorie des Schönen. Beispielhaft hierfür steht eine Aussage von Jonas, der die Frage des Falsch- oder Richtigspielens anhand der Klangqualität (*„dann hört es sich ja ganz grässlich an"*, S-Int-JV2/Z 248) verhandelt. Der schöne Klang kann daher als Merkmalskategorie des Koordinationserlebens der Kinder angesehen werden.

6.3.3 Wenn wir zu viert spielen, macht es Spaß – performativ-leibliches Handeln und soziale Eingebundenheit

In den Aussagen der Kinder und Jugendlichen finden sich ebenso wie bei den Lehrenden einige Stellen, an denen die soziale Komponente der Einbindung in eine Gruppe beim gemeinsamen Musizieren betont wird. In der Gruppe habe man immer jemanden, „der einem (sic!) ein bisschen begleitet" (S-Int-JV2/Z 319) und man fühle sich nicht „ganz alleine" (S-Int-JC2/Z 314; vgl. auch S-Int-Bl/Z 392-393).[253] Tom aus der Gruppe JeKi Cello 1 bringt es auf den Punkt:

---

253 Selbstverständlich finden sich im Datenmaterial ebenso Passagen, in denen die Kinder die Abgrenzung von der Gruppe betonen und den individuellen Zugang als erstrebenswert beschreiben, z.B. bei Sandro: *„Also mir macht's sehr viel Spaß (...) einfach so zu spielen, was ich mag. Das macht mir viel mehr Spaß"* (S-Int-JC2/Z 402-403). In dieser Aussage steht ebenfalls das Tun im Mittelpunkt. Die individuelle Gestaltungsfreiheit wird von Sandro positiver als die soziale Dimension bewertet.

Tom: *Ich finde es gut, dass man im Cellounterricht Lieder (.) zu viert spielen kann. (S-Int-JC1/Z 939)*

Gerade die älteren SchülerInnen aus der Streicher- und v.a. aus der Bläserklasse betonen die Einbindung in die Gruppe und sprechen von einer entstandenen „*Gemeinschaft*" (S-Int-Bl/Z 125) in der Stimmgruppe. Die besondere Bedeutung, die in diesen Gruppen den Gleichaltrigen zukommt, ist allerdings nicht nur im Musikunterricht, sondern auch in außermusikalischen Kontexten zu finden, denn das Jugendalter definiert sich über eine Zuwendung zu den Peers. An einer Stelle im Datenmaterial wünscht sich ein Schüler dementsprechend, unabhängig von den musikalischen Ordnungssystemen zu sein und ohne Rücksicht auf die Instrumentenfamilie den Sitzplatz bei den Freunden wählen zu können:

I: *[...] Was würdet ihr euch denn <u>wünschen</u> für den Unterricht? Was könn-te man denn da besser machen?*

Oscar: *Dass ich vielleicht nach hinten zu meinen Freunden gehen kann. (S-Int-Bl/Z 562-565)*

Selbstverständlich konnotieren auch die jüngeren SchülerInnen das Zusammenspielen mit den FreundInnen als etwas Besonderes (vgl. z.B. S-Int-JV1/Z 563-565). Ihnen macht es Spaß, gemeinsam etwas zu tun:

Frau Wolf: *(..) Naja, das Zusammenspiel funktioniert halt wirklich nur, wenn sie es schon einzeln können. Wenn sie dann zusammenspielen, ich glaube dann macht es ihnen <u>Spaß</u>, wenn sie merken: „Ja, wir kommen zusammen am Ende wieder raus." Und „ich mache genau das gleiche, wie mein Nach-bar." Ich glaube, das macht denen halt <u>Spaß</u>. (L-Int-1/Z 351-354)*

Der Begriff *Spaß* wird hier deutlich als soziale Kategorie betont. Das gemeinsame Spiel macht Spaß, weil es das eigene Handeln, das vorher individuell erarbeitet wurde, in Relation zum Anderen erfahrbar macht. Die Intersubjektivität des gemeinsamen Musizierens wird im Spiegelungsprozess („*ich mache genau das gleiche wie mein Nachbar*") und im Prozess des gemeinsamen Handelns im Zeitverlauf („*wir kommen zusammen am Ende wieder raus*") erlebbar. Die Relationalität der sozialen Beziehung wird am eigenen Leib erfahrbar (vgl. Künkler 2011).

Diesen Spaß im interaktiven Spiel sieht man in den Videos besonders in den infor-melleren Musizierpassagen. Während des ‚*Klatschspiels*' (03-1218-K2-1/21:09) ist das Lächeln auf den Gesichtern der performenden Kinder ebenso sichtbar, wie das freudige Lachen der zuschauenden Kinder. Der Spaß wird außerdem in der aufgeregten Vorbe-reitung und nach dem Abschluss des Spiels deutlich, wenn die beiden Freundinnen lächelnd und stolz den Applaus entgegennehmen (vgl. Abb. 19).

Abb. 19: Standbild aus der Szene ‚*Klatschspiel*‘ (03-1218-K2-1/23:03).

Der Spaß entsteht in dieser Form des miteinander (koordiniert) Spielens im interaktiven Tun, d.h. also im performativen Moment des musikalischen Handelns. Musizieren ist etwas Performatives, das vom Augenblick und der Interaktivität lebt. In diesem Sinne sind die vielen Datenbeispiele zu verstehen, indem das „Spielen“ als *einfach nur spielen*, als *ich kann spielen* oder als *ich spiele und vergesse alles um mich herum* betont wird. Zwei Beispiele sollen hier genannt werden.

I: *Okay. Was macht euch denn im Unterricht am meisten Spaß?*
Sebastian: *((meldet sich)) Das Spielen. (S-Int-Bl/Z 420-422)*

Tom: *((gedehnt)) Ja und am Cello spielen macht mir halt (.) das Spielen auch Spaß. (S-Int-JC1/Z 919)*

Lukas: *Mir macht es Spaß, wenn man spielen kann. Weil manchmal muss man so lange   [warten.] (S-Int-JC2/Z 394)*

Aus einer solchen Perspektive lassen sich die Datenbeispiele, in denen die SchülerInnen vehement einfordern, „*etwas (dazu)lernen zu wollen*“ (S-Int-JV2/Z 545)[254], als Sehnsucht nach der Fähigkeit des Spielens interpretieren. Die Forderung nach Unterstützung beim Lernen – Fingeraufsatz[255], neue Lieder[256], Notenlesen[257] oder Stimmen der Instrumente[258] – zeigt sich so als der Wunsch, die Welt der Musik mit dem eigenen Instrument entdecken zu können, Töne selbst erzeugen und selbstständig musizieren zu können. Durch das Wissen um das Stimmen der Instrumente oder das Lesen der Noten (vgl. S-Int-Str/Z 394-398) erhalten die SchülerInnen mehr Autonomie im Umgang und in der Beziehung mit dem Instrument und beim Spielen. Wird das nicht eingelöst, zeigen sie sich enttäuscht:

---

254 Siehe z.B. auch: „*wir sind ja da, um das zu* _lernen_“ (S-Int-Str/Z 91).
255 Z.B. S-Int-JV2/Z 543-548.
256 Z. B. S-Int-JV2/Z 543.
257 Z. B. S-Int-Str/Z 424.
258 Z.B. S-Int-Str/Z 417.

Vera:	*[...] Und darf ich noch eine Sache kurz sagen? Das was die Evelyn gesagt hat, wir lernen das auch nicht unsere Geigen <u>selber</u> zu stimmen. Und (.) dann müssen wir imme:r (.), dafür brauchen wir schon zehn Minuten, uns da <u>anstellen</u>, bis unsere Lehrerin das gestimmt hat und das mit dem Noten lesen, das stimmt wirklich. Wir müssen das dann immer <u>raten</u> und <u>lernen</u> das eigentlich gar nicht. Wir (.) müssen einfach nur <u>abgucken</u>. Das macht dann auch nicht so viel Spaß. (S-Int-Str/Z 416-421)*

Spielen können heißt in diesem performativen Kontext eben auch *Selbst machen*, sich eigenständig und autonom erfahren im eigenen Produzieren von Klängen – und mit dem eigenen Körper[259]. Das Spielen ist daher immer auch als *leibliches* Handeln mit den Anderen zu verstehen.

Die soziale Dimension des gemeinsamen Musizierens mit anderen umfasst zuletzt den Aspekt der *Anerkennung*, den die Musizierenden in Koordination erleben. Die Erfahrung der Beziehung zeigt sich als Sich-wohl-Fühlen, Sich-aufgehoben-Fühlen, Anerkennung-Erfahren oder Gesehen-Werden. Für diese Erlebnisse finden sich im Datenmaterial zahlreiche Beispiele, wobei das Gefühl der Anerkennung durch die Mitspielenden häufig flankiert wird durch ein Gefühl der Anerkennung durch relevante Personen (z.B. Familienmitglieder) im Publikum. Hierzu einige Beispiele:

Ein Jugendlicher der Bläserklasse berichtet, wie er in einer Phase des *Spielens* mit der Unterrichtsgruppe ein „*schönes Glücksgefühl*" (S-Int-Bl/Z 53) hat. Dieses ist begleitet durch das Gefühl von Kompetenz, „*denen kannst du es mal zeigen oder sowas ((lacht))*" (S-Int-Bl/Z 53-54). Tina aus der Gruppe JeKi Cello 2 spielt besonders gern anderen vor (S-Int-JC2/Z 255). Das Präsentieren und Performen macht ihr Freude – und bringt Anerkennung durch die Zuhörenden.[260] Bei den SchülerInnen sind die Zuhörenden dabei häufig Personen, die ihnen wichtig sind, z.B. Familienangehörige (z.B. S-Int-JV1/Z 156-168) oder die/der Lehrende. Letztes wird in einer Aussage des Schülers Markus aus der Bläserklasse deutlich, der ein zufriedenes Gefühl nach einem Moment koordinierten Musizierens beschreibt und direkt im Anschluss die Resonanz des Lehrers ergänzt:

Markus:	*Also meistens ist dann das Gefühl so: „Ja, jetzt haben wir es geschafft.", „Endlich mal klappt es.", Herr Winkler ist nicht mehr so sauer, endlich ist er mal richtig stolz. Und so. Ja. (S-Int-Bl/Z 219-220)*

Das Kapitel zeigt auf, dass die zuvor herausgearbeiteten Dimensionen der sozialen Einbindung sowie der Leiblichkeit bei den Kindern und Jugendlichen in den Dimensionen des Sozialen und des Performativen aufgehen.

---

259 Aus Hannahs und Julius Worten lässt sich die Faszination für die eigene Hand herauslesen, die auf dem Griffbrett Töne verändert und aufgemalt auf Papier so faszinierend aussieht (vgl. S-Int-JV1/Z 550 & S-Int-JV2/Z 548).

260 Vgl. zum Aspekt der Anerkennung durch das Publikum auch S-Int-Bl/Z 53-54 & Z 127-129 und S-Int-JV1/Z 133.

Das folgende Kapitel wird die unterschiedlichen Perspektiven in die Merkmale des Koordinationsprozesses zusammenführen.

6.4 Zusammenführung I: Merkmale des Koordinationsprozesses

Die vorangegangenen Abschnitte hatten zum Ziel, die Merkmale von Koordination herauszuarbeiten. Dabei wurden aufgrund der Herangehensweise an das Datenmaterial zunächst drei analytische Perspektiven getrennt: Merkmale aus der Perspektive des/r BeobachterIn sowie erfahrbare Merkmale, wie sie von den Lehrenden und Lernenden beschrieben werden.

Als Analysekategorien der Videoanalyse wurden die Kategorien *Entstehung eines Gruppenklangs* und *Aufeinander bezogene Körperbewegung* herausgearbeitet.

Aus der voranstehenden Analyse lassen sich vier Hauptkategorien unterscheiden. Mit datennahen Begriffen lassen sich diese vier Merkmale von Koordination beim gemeinsamen Musizieren mit *Einrasten, Fließen, Schönheit* und *Spüren* bezeichnen. Auf einer abstrahierten Ebene benenne ich die vier Merkmale *Integration, Prozess, Ästhetik* und *Leiblichkeit* (vgl. Abb. 20).

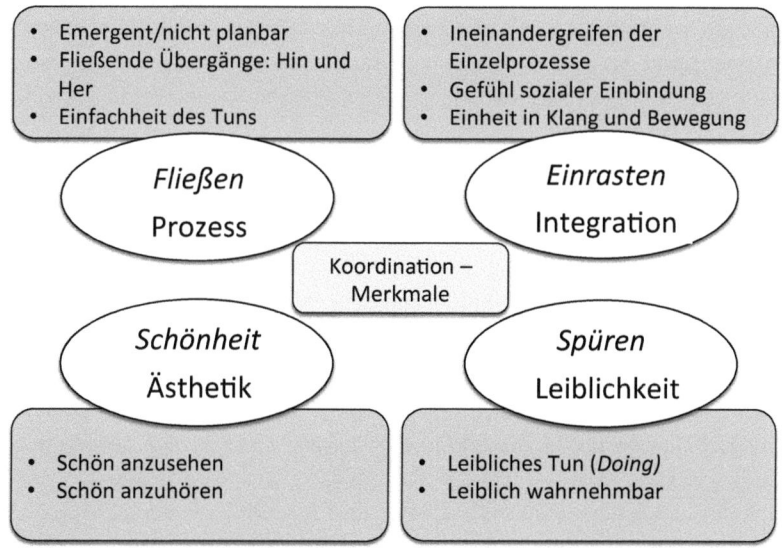

Abb. 20: Merkmale von Koordination.

Die einzelnen Hauptkategorien sollen noch einmal in Kürze zusammengefasst werden.

(1) Koordination zeigt sich als fließendes, prozessartiges Phänomen, das jederzeit aus Momenten der Diskoordination entstehen und wieder in solche übergehen kann. Sie ist nicht planbar und erscheint aufgrund dessen emergent. Auch wenn in der Beobachtung

ein Prozess als koordiniert erscheint, können geringe Abweichungen vorliegen – diese liegen in einem gewissen Abweichungsrahmen, der den koordinierten Handlungsfluss nicht stört und daher nicht als Störung wahrnehmbar wird. Aus solchen Abweichungen gelangen die Akteure wieder fließend in Momente der Koordination.

Aus dieser Eigenschaft heraus wird Koordination als fließendes Fortschreiten in der Zeit darstellbar. Gelingt es den Akteuren, im Fluss des Prozesses zu verbleiben und *nicht durcheinander zu kommen*, erscheint das Handeln mühelos und einfach.

(2) Das zweite Merkmal der Integration beschreibt einerseits das gute Ineinandergreifen der Einzelprozesse, des Klangs und der Spielbewegungen. Eine solche Integration der Einzelprozesse zu einem koordinierten Ganzen tritt als *Einrasten* hervor. Einheit bzw. Integration der Einzelprozesse ist der Ausgangspunkt der als fließend empfundenen Abläufe. Die Wahrnehmung des musikalischen Handelns verbindet sich zum Spüren der einheitlichen Spielbewegung wie auch eines gemeinsamen *schönen* Gruppenklangs.

Integration findet sich auf der Ebene der subjektiven Empfindung als soziale Integration wieder. Die Akteure beschreiben ein Gefühl sozialer Einbindung, das Aufgehen in einer großen Gruppe, Stärke und Kraft. Diese Integration in die Gruppe kann auch Gefühle der Einschränkung oder reduzierter Freiheit bedeuten.

(3) Gelingende musikalische Koordination ist für die Akteure über die Ebene eines schönen Klangs wahrnehmbar. Einige Erlebnisse treten als ästhetische Erfahrungen in das Bewusstsein und bleiben den Akteuren in Erinnerung. Koordination ist in vielen Fällen *schön anzuschauen* oder *anzuhören*. Das Phänomen hat dementsprechend eine starke ästhetische Dimension.

Die Datenanalyse zeigt eine besondere Sensibilität der Kinder und Jugendlichen für klangliche und visuelle Ästhetik, ja regelrecht eine Sehnsucht nach ästhetischen Erlebnissen.

(4) Schließlich ist Musizieren leibliches Handeln. Koordination wird so im leiblichen Tun, im *Doing* bzw. in einer sozialen Praxis (vgl. Wenger 2004), und über den Leib selbst spür- und erfahrbar. Koordination wird so leiblich, nicht kognitiv erlebt und verbleibt damit auf der Ebene des Körperwissens. Das Phänomen ist daher sprachlich schwer zugänglich, obwohl es die Akteure er*spüren*, wenn über Koordination gesprochen wird.

In der Analyse der Perspektive der Kinder und Jugendlichen verzahnt sich die leibliche Dimension mit der Dimension der sozialen Integration. Es ist das leiblich-performative Handeln *mit anderen*, dass die Kinder und Jugendlichen besonders genießen.

7 Gelingensbedingungen für Koordinationsprozesse beim Musizieren

Aufgrund der festgestellten Eigenschaft des Phänomens, kein Zustand, sondern ein Prozess zu sein, ist es für den Fortgang der Analyse wenig zielführend, ausschließlich exakte Koordinationen (man könnte sagen, Momente der Synchronisation) zu betrachten. Vielmehr stellt sich die Frage, *unter welchen Bedingungen* Koordination im Instrumentalunterricht realisiert werden kann. Welches Möglichkeitsfeld ist günstig für das Eintreten in Koordinationsprozesse und ist ein solches in den Unterrichtsbeispielen zu erkennen?

Auf der Basis der herausgearbeiteten Merkmale wird davon ausgegangen, dass die Musizierenden Koordination nicht aktiv erzeugen, sondern dass sie nur Voraussetzungen schaffen können, damit sich Koordination ereignen *kann*. Welche Voraussetzungen sind das? Das folgende Kapitel wendet sich daher gelingender Koordination zu und fragt nach den diesen Szenen unterliegenden *Gelingensbedingungen* für Koordinationsprozesse im Instrumentalen Gruppenunterricht mit Anfängergruppen. Auf welchen Pfeilern basiert ein Koordinationsprozess? Welche Voraussetzungen müssen von den Musizierenden bereitgestellt oder erfüllt werden, damit aus dem kollektiven Handeln des Ensemblemusizierens ein Koordinationsprozess hervorgeht?

7.1 Individuelles Können – Basis für eine Öffnung nach außen

Das Phänomen der Koordination beschreibt fließend ineinandergreifende Einzelprozesse in einem Musizierprozess, d.h. in einem Prozess kollektiven Handelns. Die befragten UntersuchungsteilnehmerInnen – Lehrpersonen wie SchülerInnen – heben dabei eine Bedingung hervor: die Sicherheit im individuellen Handeln.

Laut Herrn Winkler müsse ein Mindestmaß an „*Grund-Know-How*" (L-Int-Wi/Z 117) vorhanden sein, wenn das gemeinsame Musizieren in Koordination gelingen soll. Dieses Basiswissen bezieht sich in seiner Darstellung auf dreierlei: zum einen auf die *musikalische Struktur* (wenn sie „*das, was sie spielen, als eine Struktur wahrnehmen*", L-Int-Wi/Z 111-112), zum zweiten auf *allgemein-musikalische Fähigkeiten* (z.B. auf das Notenlesen: „*wenn dieser Notentext wirklich verständlich wird als eine Melodie*", L-Int-Wi/Z 113; auch S-Int-JC2/126-127: „*Ich weiß nicht wie, zum Beispiel wenn eine Note jetzt ne Note ist, welche das ist, welche das auf dem (.) Cello ist.*") und zum dritten auf *spieltechnische* Fragen („*Wo muss ich da hinziehen[261]?*", L-Int-Wi/Z 115). Herr

---

[261] Der Begriff „hinziehen" bezieht sich auf das Ziehen beim Posaunenspiel, mit dem die Tonhöhe auf der Posaune verändert wird. Der hier zitierte Lehrer unterrichtet Bläserklassen.

Winkler geht demzufolge davon aus, dass spieltechnische, allgemeinmusikalische und musikalisch-strukturelle Aspekte gleichermaßen relevant sind und im Grund-Know-How zusammenfließen. Grundlagen auf diesen drei Ebenen müssten von den SchülerInnen soweit beherrscht werden, dass die Fokussierung auf die Tonerzeugung beim Zusammenspiel die Aufmerksamkeit für das Gemeinsame nicht blockiere. Mit anderen Worten: ein Grund-Know-How oder individuelles Können sei in dem Maße erforderlich, dass Automatismen im eigenen Handeln Aufmerksamkeitspotentiale für das Gemeinsame eröffnen (vgl. L-Int-Wi/Z 111-117).

Der Aspekt des *individuellen Könnens*[262] wird von Lehrenden und Lernenden besonders häufig als Voraussetzung für das Sich-Koordinieren-Können genannt.[263] Die Lehrerin Frau Wolf betont an mehreren Stellen im Interview, dass die Sicherheit im individuellen Können eine unbedingte Voraussetzung für eine Zuwendung zu Anderen darstelle. Sie glaubt, dass ein Musizierender, wenn er *„dann auch (.) besser mit sich selber klar kommt und mit der Geige, [...] dann anfängt zu merken: Aha, mein Nachbar macht irgendwie anders oder irgendwas passt nicht"* (L-Int-Wo/Z 61-63). Auch für Frau Sajani ist die *„Sicherheit mit dem Instrument [...] eine klare Voraussetzung"* (L-Int-Sa/Z 428-429) für das Zusammenspiel in der Gruppe. Die SchülerInnen nehmen diesen Aspekt ebenfalls als Grundlage für das eigene Handeln wahr. *„Manche haben das Lied nicht so gut geübt wie die anderen. [...] Deshalb spielen manche schneller, manche langsamer"* (S-Int-JC2/Z 41-43). *Geübt haben* steht für das Beherrschen der individuellen Stimme. Ist das nicht geschehen, spielen die Gruppenmitglieder unterschiedliche Tempi und Koordination kann nicht gelingen. Die Kinder haben zudem gelernt, dass man *„bevor man zusammenspielt, gut üben"* (S-Int-JV2/Z 455) bzw. *„ganz viel üben"* (S-Int-JV2/Z 374) muss.[264]

Während zumeist die instrumentaltechnische Seite betont wird, hebt Frau Stankovic den Aspekt des Wissens auf der strukturellen Ebene hervor. In dieser Perspektive gelingt das Zusammenspiel leichter, wenn die SchülerInnen das Lied *„kennen"*, d.h., wenn sie die melodische und rhythmische Struktur verinnerlicht haben:

---

262 Der Kategorienbegriff *Können* ist im Sinne des Handlungsrepertoires, das dem Individuum in der Interaktion zur Verfügung steht, gewählt worden (vgl. hierzu „Können-Lernen", Göhlich u.a. 2007b).

263 Es ist zu beachten, dass die Zuschreibung der SchülerInnen auch als erlerntes Unterrichtswissen gedeutet werden kann. Die Parallelität der Aussagen im Lehrer- und im Schülerinterview ist demzufolge auch in der Hinsicht zu deuten, dass dieser den Lehrenden wichtige Aspekt im Unterricht besonders häufig betont und aufgrund dessen von den SchülerInnen im Interview reproduziert wird.

264 Es ist bemerkenswert, dass gerade die zwei Schüler häufig von der unbedingten Wichtigkeit des häuslichen Übens sprechen, die – wenn die Kontextinformationen stimmen – zu Hause viel elterliche Unterstützung erhalten und somit selbst regelmäßig üben. Hier zeigt sich die Heterogenität in der Herangehensweise an den Gruppenunterricht durch die Familien, wie es in den Lehrerinterviews zur Sprache kommt. Es ist zu vermuten, dass die vom Umfeld vermittelten Werte hinsichtlich des häuslichen Musizierens hier entscheidend zur Deutung der SchülerInnen mit beitragen. Zum Aspekt des Übens vgl. Mahlert (2006), Altenmüller (2007), Burzik (2007), Rüdiger (2007).

> *Frau Stankovic: [...] Und was beim Zusammenspiel gut klappt ist, wenn die Kinder das Lied kennen. Zum Beispiel, (...) sagen wir mal das Lied ‚Summ, summ, summ'. (..) [...] Sobald die das Lied kennen, können die besser miteinander spielen. Aber wenn die das Lied nicht kennen, irgendwas, dann ist es echt schwierig, klappt das nicht so gut. Da müssen die so gut das Lied dann gut im Ohr haben, damit das klappt. (L-Int-St/Z 440-450)*

Frau Stankovic betont an dieser Stelle das Vorhandensein einer inneren Repräsentation. Wenn den Kindern das Liedgut, das im Unterricht erarbeitet wird, durch Anhören oder eigenes Singen bekannt ist, steht ihnen bereits ein Wissensinhalt zur Verfügung. Die musikalische Struktur der Lieder, deren Rhythmus und Melodie sind in diesem Fall in Formen innerer Repräsentationen verankert. Die Kinder können darauf zurückgreifen und haben vor dem Erlernen der spieltechnischen Schwierigkeiten eine musikalische Vorstellung. Sie haben „*das Lied dann gut im Ohr*" (L-Int-St/Z 449-450). Frau Stankovic erarbeitet auf der Basis einer solchen inneren Repräsentation nun zunächst die individuelle Spieltechnik (L-Int-St/Z 418-419), wobei das Wissen um die musikalische Struktur das Zusammenspiel vereinfacht. Fehlt eine Grundvorstellung dieser Struktur, bleibt den Kindern wenig Aufmerksamkeit für das interaktive Handeln, denn die Konzentration liegt ganz beim Eigenen. Wenn SchülerInnen wenig Sicherheit mit dem Material haben, ziehen sie sich in ihren persönlichen Aufmerksamkeitskreis zurück und nehmen die Mitspielenden nicht wahr.

Neben dem Wissen um musikalische Struktur sowie instrumentaltechnische und allgemeinmusikalische Fähigkeiten gehört laut Zuweisung der Lehrenden ein weiterer Baustein zum individuellen Können: die Konzentrationsfähigkeit. Die Fähigkeit, sich auf die komplexen Prozesse des interaktiven Handelns konzentrieren zu können, beeinflusst das kollektive Handeln und damit die Möglichkeit eines Eintretens in Koordination:

> *Frau Sajani: Die müssen das auch üben, dass sie nicht von einem Bein auf's andere gehen. Es ist unglaublich anstrengend. Genau das gleiche zu machen wie jemand anders. Das ist eine unglaublich hohe Konzentrations-, (..) eine hohe Konzentration, die man aufbringen muss. (L-Int-Sa/Z 190-193)*

„*Genau das gleiche zu machen wie jemand anders*", also sich mit jemand anderem in den Handlungen abstimmen zu können, setzt eine hohe Konzentrationsleistung auf der Ebene des Intersubjektiven voraus. Die Fokussierung auf das Handeln der Anderen und die Abstimmung des eigenen Handelns mit den Anderen zu einem kollektiven und koordinierten Handlungsprozess stellt laut der Interviewpartnerin beim Musizieren eine besondere und eigenständige Könnensleistung dar.

Was wird in den analysierten Interviewstellen zur Frage der Voraussetzungen von Koordination deutlich? Die Interaktion mit Anderen, die zu koordiniertem Musizieren führen kann, erfordert eine Hinwendung der Aufmerksamkeit zu den Mitspielenden. Diese kann nur gelingen, wenn die Musizierenden ein *Basis-Know-How*, ein grundlegendes individuelles Können auf den Ebenen der Spieltechnik, des strukturellen und allgemeinmusikalischen Wissens sowie hinsichtlich der Konzentrationsfähigkeit mitbringen. Individuelles Können meint damit einerseits mehr als nur instrumentaltechnische Fähigkeiten. Individuelles Können bedeutet die Erlangung von Sicherheit im eigenen Handeln und wird so andererseits zur Voraussetzung für die *Hinwendung zu den Anderen* sowie der *Öffnung nach außen*. Diese Schlussfolgerung lässt sich anhand eines Datenbeispiels verdeutlichen. Frau Stankovic erzählt im Interview von einem eigenen Probenerlebnis, bei dem sie ein ihr bisher unbekanntes Musikstück spielt. Sie kommt erst in der zweiten Probe zur Gruppe hinzu. Des neuen Musikstücks noch nicht mächtig, fokussiert sie ihre Aufmerksamkeit zunächst auf das Eigene. Dies verhindert das Zusammenspiel mit der Gruppe, was erst mit dem Anwachsen des individuellen Könnens ermöglicht wird:

> *Frau Stankovic:* [...] *wo ich die Noten nicht kannte am Anfang, bei erster Probe war ich auch nicht dabei. (2,0) Ich war mit meiner Musik beschäftigt, mit meinen* <u>*Noten*</u>*, mir war egal, wer was macht. Hauptsache ich muss richtig machen, damit das nicht peinlich wird für mich, weil ich bei der ersten Probe nicht mit dabei war. Und automatisch hörst du nicht auf die anderen. Du willst genau sein, richtig spielen. Und wo du dann* <u>*kannst*</u>*, dann hörst du: Was macht der, was macht der? Und so. (L-Int-St/Z 425-429)*

Diese persönliche Lerngeschichte einer Interviewpartnerin legt nahe, dass mit steigendem individuellen Können die Sicherheit für das interaktive Handeln steigt, so dass die Aufmerksamkeitszuwendung nach außen gelenkt wird und Koordinationsprozesse mit der Gruppe möglich werden. Im Lern- und Übeprozess eines neuen Musikstücks vollzieht sich einen Prozess des *Sich-nach-außen-Wendens*. Diesen Prozess benennen die ForschungspartnerInnen auch mit *Sich Öffnen* (L-Int-Sa/Z 324): das Hinaustreten aus dem individuellen Handlungskreis in den Interaktionsraum der Gruppe (vgl. Abb. 21).

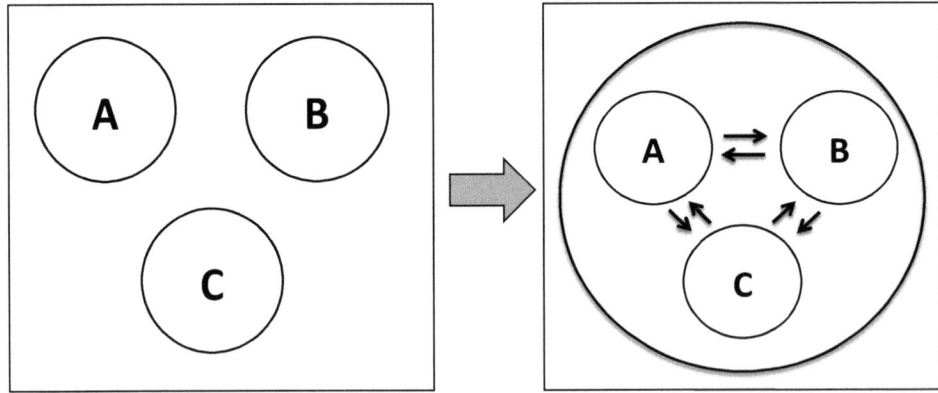

Abb. 21: Individuelle Handlungskreise (links) und gemeinsamer Interaktionsraum (rechts).

Die entstehende Durchlässigkeit, das Fließen der Musik und die empfundene Einstimmigkeit in der Gruppe bewirken ein Gemeinschaftsgefühl und das Erleben des von den ForschungspartnerInnen beschriebenen Einklangs. Das *Sich Öffnen* beschreibt das Sich-nach-außen-Wenden aus dem eigenen Handlungskreis hin zu den Gruppenmitgliedern, durch das gegenseitige Achtsamkeit möglich wird. Man *lässt* sich hierdurch *aufeinander ein* (vgl. L-Int-Sa/Z 322). Dies fordert Vertrauen in die InteraktionspartnerInnen (vgl. ebd.).

Auf die Terminologie der Koordination übertragen kann man davon sprechen, dass *intrapersonale Koordination* – das fließende Ineinandergreifen von Prozessen auf der Ebene der Person – die Voraussetzung für eine *Öffnung nach außen* und damit das interaktive Handeln darstellt. Intrapersonale Koordination spannt einen sicheren Raum auf, in dem die Aneignung neuer interaktiver Handlungsformen bzw. die Aushandlung musikalischer Handlungen möglich wird.

Individuelles Können bezieht sich dabei allerdings nur auf das kontextspezifische Handeln, nicht auf das absolute Fähigkeitsniveau. Die Frage von Sicherheit im individuellen Können und Aufmerksamkeitskapazitäten stellt sich bei jeder Aufgabe und auf jeder Niveaustufe neu. Dass die SchülerInnen mit ihren jeweiligen Fähigkeiten Koordination erzielen können, wenn die Schwierigkeit der Aufgabe ihrem Können entspricht, kann anhand des Videomaterials nachgewiesen werden. In den Spielaufgaben, in denen die SchülerInnen ein einfaches Stück bzw. eine einfache Aufgabe gut beherrschen, können sie Kontakt zu den Anderen aufnehmen und auf äußere Impulse reagieren (vgl. ‚Klatschspiel' 03-1218-K2-1/21:09, ‚Wir machens mal zu dritt', ‚Sakura' 10-1220-K2-2/33:00).

7.2 Aufeinander-Achten – Kern einer Achtsamkeitsschlaufe

Im vorangegangenen Kapitel ist dargestellt worden, dass individuelles Können die Basis für das mögliche koordinierte Musizieren in der Gruppe legt. Es ist eine Voraussetzung für eine Hinwendung der Aufmerksamkeit auf die Anderen (*Sich Öffnen*) und damit für das mögliche Eintreten in einen Koordinationsprozess. Individuelles Können ist aber allein kein hinreichender Faktor, die Hinwendung zu den Anderen in Form eines *Aufeinander-Achtens* ist eine zweite wesentliche Bedingung. In welchen Datenbeispielen sich diese zweite Bedingung gezeigt hat, ist Gegenstand des vorliegenden Kapitels.

Bereits die Kinder und Jugendlichen machen die Erfahrung, dass ihr eigenes Können noch keinen schönen Gruppenklang hervorbringt. Sie erfahren, dass „[...] auch wenn man selber sehr gut spielt, dass die, und die anderen dann nicht so, dann (.) finde ich klingt das trotzdem nicht so schön[265]" (S-Int-JC2/Z 174-175). Für das koordinierte Musizieren tritt zum individuellen Können ein kollektiver Aspekt hinzu, der über das Können der Einzelnen hinausgeht. Dies beschreibt Frau Wolf folgendermaßen:

---

265 Die Kinder und Jugendlichen verwenden häufig den Begriff „schön", vgl. hierzu Kap. 6.2.2.2.

> *Fr. Wolf:* *Aber es ist ja genau so, wenn man zwei Kinder hat, die jeder für sich das üben, ja? Und ich übe es mit beiden gleich gut und jeder kann's. Und wenn du die dann zusammen tust, heißt es immer noch nicht, dass es dann klappt. ((lacht)) Das müssen die dann schon kapieren, dass man auf den anderen hören muss [...] (L-Int-Wo/Z 150-153)*

Sie beschreibt in diesem Zitat, dass sie mit den SchülerInnen individuell die Stücke übt. Obwohl die Kinder ihre Stimmen einzeln können, gelingt das gemeinsame koordinierte Spiel dennoch nicht immer. Woran liegt das?

Die Video- und Interviewdaten lassen zu dieser Frage eine besondere Kategorie hervortreten: *Aufeinander-Achten.* Diese kann als ein Schlüsselmoment für Koordinationsprozesse angesehen werden, da erst die Zuwendung zu den Anderen und die mit dem *Aufeinander-Achten* verbundene Wahrnehmung der Anderen die notwendigen Abstimmungsprozesse in Koordination ermöglicht. Musizieren in einer Aufmerksamkeitszentrierung auf das Eigene scheint demgegenüber eine Gruppenbildung mit den Anderen zu verhindern. Die Zuwendung und achtsame Wahrnehmung der Anderen scheint wiederum die Verbindung mit der Gruppe in Form einer *koordinativen Kopplung,* in der Impulse und Reaktionen zu Aushandlungs- und Koordinationsprozessen werden, entstehen zu lassen:

> *Herr Winkler:* *[...] ja, vielleicht kann ich so viel sagen, es passiert eher dann, wenn [...] auch so eine gewisse* Achtsamkeit *da ist. Also ich glaube Achtsamkeit ist ein gutes, wichtiges Punkt. Also dass man den anderen überhaupt wahrnimmt, so. (L-Int-Wi/Z 62-64)*

In der subjektiven Wahrnehmung von Herrn Winkler ist die Achtsamkeit der beteiligten Akteure eine wichtige Bedingung für Koordination. Erst Achtsamkeit und Wahrnehmung der Anderen ermöglichen in seiner Darstellung das gemeinsame Handeln. Auch in der Darstellung von Frau Wolf ist es das *Aufeinander-Achten,* auf dessen Fundament Koordination entsteht:

> *Fr. Wolf:* *(..) [ernst] Ja, ich mein, ich find, das [=Koordination] ist von alleine da, jedes Mal, wenn man in irgend `nem Orchester spielt oder Kammermusik macht, dass man sofort sich an den anderen orientiert und (.) versucht, sich da so einzumischen. So, dass* alle *das probieren und aufeinander achten. (L-Int-Wo/Z 26-29)*

Wenn alle Beteiligten *aufeinander achten,* gelingt es also laut der Interviewpartnerin Impulse wahrzunehmen und darauf einzugehen.

Wie zeigt sich die Kategorie im Videomaterial? Zur Verdeutlichung der Kategorie wird im Folgenden eine Szene präsentiert, in der die Lerngruppe nicht gleichzeitig, sondern hintereinander, aber in engem musikalischen Bezug musiziert. Es handelt sich um die Szene ‚*Papagei*' (01-1106-SK/03:34).

[01-1106-SK/00:00] Die Videoaufzeichnung beginnt mit einer Phase des Auspackens und Stimmens der Instrumente. Mit „Jetzt geht's los" eröffnet die Lehrerin schließlich das eigentliche Unterrichtsgeschehen (Zeitpunkt: [03:11]). Die Kinder stehen in einem Halbkreis, die Lehrerin steht ihnen gegenüber. Die Kinder haben die Geigen auf oder an der Schulter und bereiten sich auf das Spiel vor. Die Lehrerin stellt nun eine Aufgabe: „Ähm, wir machen jetzt mal ein Papagei Nummer eins ((zeigt mit dem Bogen auf Julius)), zwei ((zeigt mit dem Bogen auf Emma)), drei ((zeigt mit dem Bogen auf Hannah; legt die Geige auf ihre Schulter)). Ok?" Auf einige auf dem Videoband unverständliche Worte von Julius verdeutlicht sie: ((in Richtung von Julius)) „Du bist der Erste". Die Lehrerin ermahnt die Kinder, eine gute Bogenhaltung einzunehmen und korrigiert anschließend die Haltungen. Julius fragt: „Welche Saite?", worauf Frau Wolf antwortet: „Ja, das hörst Du jetzt gleich. ((Julius spielt auf seiner Geige)) Eh, eh, eh. ((Frau Wolf korrigiert die Bogenhaltung, indem sie Julius die Finger auf die richtigen Stellen legt)) Ich habe ja noch nichts vorgemacht, also noch nicht spieln". Die Lehrerin tritt zurück auf ihre Position und nimmt die Geige in Spielhaltung.

Standbild, Zeitmarke und Verbaltranskript	Beschreibung
 [01-1106-SK/07:10] Frau Wolf: Und jetzt geht's los, pass auf! Und"	Die Lehrerin und die Kinder begeben sich in eine spielvorbereitende Haltung.
[01-1106-SK/07:12] [m]	Die Lehrerin beginnt zu spielen.

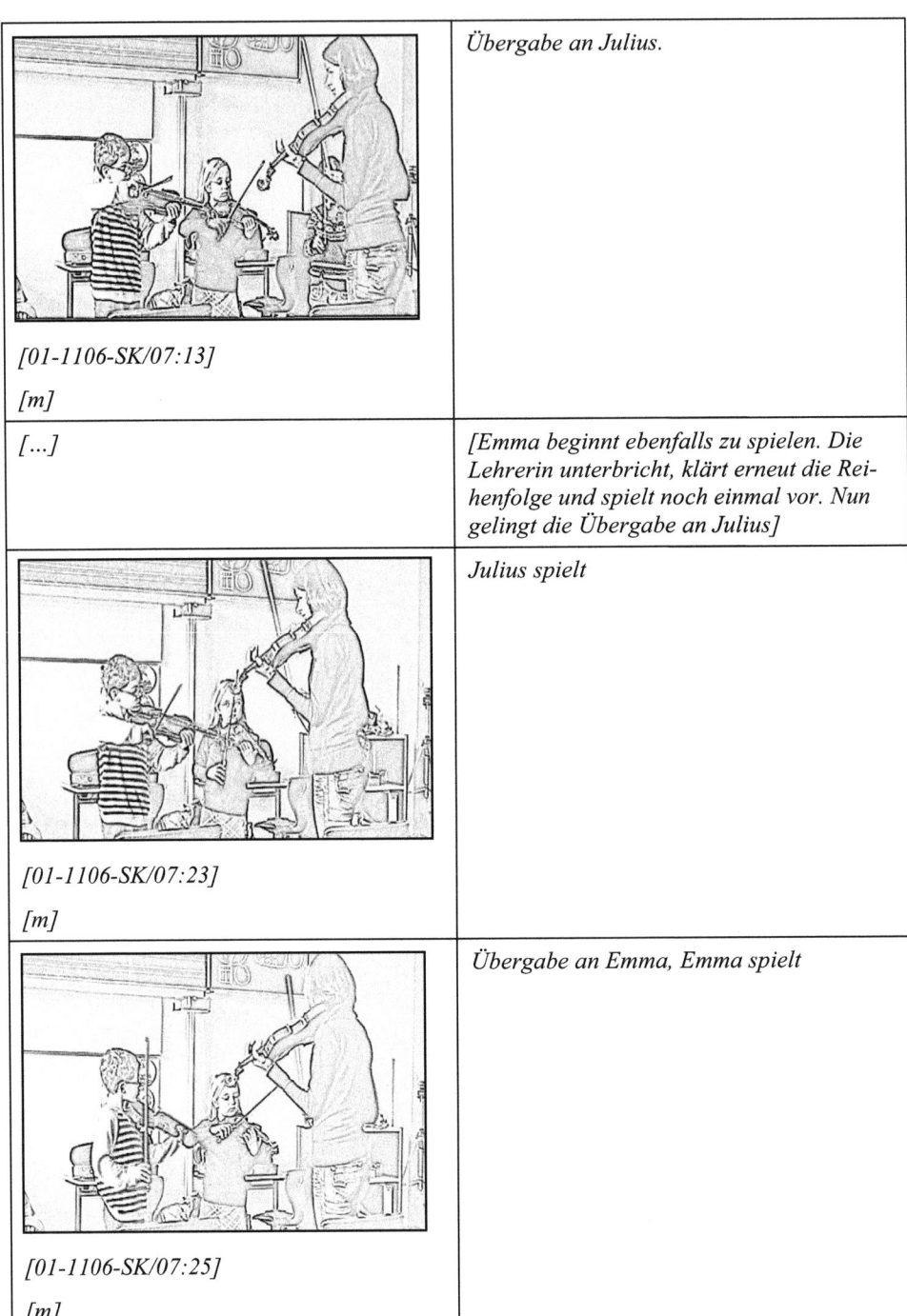 [01-1106-SK/07:13] [m]	*Übergabe an Julius.*
[...]	*[Emma beginnt ebenfalls zu spielen. Die Lehrerin unterbricht, klärt erneut die Reihenfolge und spielt noch einmal vor. Nun gelingt die Übergabe an Julius]*
[01-1106-SK/07:23] [m]	*Julius spielt*
[01-1106-SK/07:25] [m]	*Übergabe an Emma, Emma spielt*

Übergabe an Hannah, Hannah spielt

[01-1106-SK/07:27]

[m]

Das Papageienspiel dient der Lehrerin als Wiederholung und Einführung in das zu übende Lied. Mittels eines Spiels ruft sie den Kindern den Rhythmus ins Gedächtnis, aus dem sich das Lied ‚Schokoladenkuchen' zusammensetzt. Die Kinder sollen in diesem Spiel hörend erkennen, was die Lehrerin gespielt hat und dies selbst replizieren. Das Spiel ermöglicht damit eine Fokussierung auf das hörende Erkennen und das Spielen nach Gehör, da die SchülerInnen nicht vorausplanen oder auf einem Notenblatt ablesen können, was sie zu spielen haben.

Sichtbar wird in dieser Szene die gleich gerichtete Aufmerksamkeit der Gruppenmitglieder. Im ersten Standbild (Zeitmarke [07:10]) ist zu sehen, wie Julius und Emma auf ihre Instrumente blicken, um das Spielen vorzubereiten. Im nächsten Standbild (Zeitmarke [07:12]) richten alle Gruppenmitglieder ihren Blick und ihre Körper auf die Lehrerin aus, die den Rhythmus vorspielt. Die Lehrerin übergibt anschließend mit einer leiblichen Handlung – einem Schritt zu Julius sowie ein Herunternehmen der Geige und ein Hinwenden zu Julius – den Staffelstab an den Jungen. Die erste Übergabe misslingt: Emma beginnt ebenfalls zu spielen. In der Wiederholung des Spiels ist nun zu sehen, wie sich mit der Übergabe an Julius die Aufmerksamkeit der ganzen Gruppe auf den Jungen richtet (Standbild 3; Zeitmarke [07:23]), mit der Übergabe an Emma richten sich alle auf Emma aus (Standbild 4; Zeitmarke [07:25]) und mit der Übergabe an Hannah geht die Aufmerksamkeit auf Hannah über (Standbild 5; Zeitmarke [07:27]). Die Koordination der Übergaben ist in dieser Szene beachtlich, ebenso wie das sichtbare innere Mitspielen aller Beteiligten, die gerade nicht aktiv die Klänge hervorbringen. Es zeigt sich hier eine hohe Aufmerksamkeit aller Beteiligten auf das Handeln der jeweils anderen. Gerade durch die Konstellation, dass nicht alle gleichzeitig, sondern in einer koordinierten Handlungsfolge nacheinander spielen, ist das *Aufeinander-Achten* hier so deutlich zu erkennen.

Aufeinander-Achten ist auch in der Szene ‚Sakura' (10-1220-K2-2/33:00) sehr deutlich sichtbar. Die Szene wird in Kap. 8.5.3 ausführlich analysiert, so dass es an dieser Stelle ausreicht, sich auf die Kategorie *Aufeinander-Achten* zu fokussieren.

Die vier Schülerinnen spielen ihrer Lehrerin ein Stück mit dem Titel „Sakura, Sakura" vor. Sie positionieren sich in eine Reihe.	
Standbild, Zeitmarke und Verbaltranskript	*Beschreibung*
 *[10-1220-K2-2/33:02]*	*Celina beginnt mit dem Ansagen des Stücks: „Und unser Stück heißt:" Die außen stehenden Mädchen schauen sich in die Augen und bauen zueinander Kontakt auf, alle nehmen ihre Flöten in eine vorbereitende Position.*
 *[10-1220-K2-2/33:03]*	*Adriane übernimmt das Kommando und fährt fort: „Sakura, Sakura!".*
 *[10-1220-K2-2/33:05]*	*Mit dem Beginn des ersten Konsonants bauen die Mädchen Körperspannung auf und wenden sich einander zu. Adriane begibt sich in eine Parallelität zu Celina, auch Maria schaut zu Lara und steht in gleicher Ausrichtung wie Adriane und Celina. Alle Mädchen fallen lachend in die Stückansage ein.*

In diesem kurzen Moment der Stückansage zeigt sich die hohe Qualität der gegenseitigen Achtsamkeit der vier Flötistinnen. Die Mädchen suchen über Blicke und leibliche Zuwendung den Kontakt zueinander, geben Impulse, nehmen Impulse auf und richten ihre Aktivität an den Handlungen der jeweils anderen aus. Dies geschieht vor dem Hintergrund einer hohen und ständigen Aufmerksamkeit für das Handeln der Anderen.

Ein letztes Beispiel für diese im Videomaterial sehr präsente Kategorie liefert die Szene ‚Geschenke auspacken' (03-1218-K2-1/15:20). In dieser Szene spielt eine Schülerin ihr selbst komponiertes Lied vor, ihre Mitschülerin singt den Text dazu. Die Cellistin sitzt auf einem Stuhl, die Sängerin steht rechts neben ihr. Beide Schülerinnen schauen in die Noten.

[03-1218-K2-1/15:40] Die Schülerinnen versichern sich vor dem Beginn ihres Kontakts, indem sie sich anschauen und sich einrichten. Die Sängerin fragt ihre Partnerin mehrfach, was dieses oder jenes Wort heiße, bis der Lehrer die beiden ermahnt, nun einfach zu beginnen. Die Cellistin atmet deutlich ein, spielt jedoch auf diesen Einsatzimpuls nicht direkt los. Sie scheint auf ihre Mitschülerin zu warten und das, ohne sie anzuschauen. Die Mitschülerin wiederum wartet kurz, blickt dann die Cellistin an und atmet zum Singen ein. Hierauf beginnt die Cellistin zu spielen, da aber die Sängerin nun scheinbar wieder auf die Cellistin wartet, setzt sie erst mit Verzögerung ein. Der erste Ton wird gedehnt, worauf die beiden Schülerinnen ihr Tempo koordinieren und das Stück gemeinsam fortsetzen. [03-1218-K2-1/15:55]

Der gemeinsame Einsatz der beiden Mädchen ist alles andere als koordiniert, eine wartet auf die andere, wodurch weder der Einsatzimpuls noch der Beginn rhythmisch-metrisch verständlich oder strukturgebend sind. Was jedoch die gegenseitigen Reaktionen zeigen, ist die hohe Aufmerksamkeit, die die Mädchen der jeweils anderen gegenüber darbieten. Auch wenn sie sich nicht durchgehend anschauen, senden sie leibliche Signale der Zuwendung und reagieren auf Impulse der Partnerin. Sie achten aufeinander und ermöglichen so das Einfinden in eine gemeinsame Interaktion. Das Nachgeben im Tempo zum Zwecke des gemeinsamen Musizierens ist nur auf dieser Basis möglich.

Die Videobeispiele lassen hervortreten, dass sich die Kinder eine sehr hohe Aufmerksamkeit entgegenbringen. Die musikalischen Aufgaben sind in zwei Szenen hinsichtlich des Ensemblemusizierens reduziert: In der Szene ‚Papagei' spielt immer nur ein Kind (bzw. die Lehrerin), während die anderen Kinder aktiv zuhören. In der Szene ‚Geschenke auspacken' spielt nur ein Kind ein Instrument, während sich das zweite Kind singend koordiniert. *Aufeinander-Achten* gelingt im ersten Beispiel vor allem von Seiten der *zuhörenden* Kinder, im zweiten Beispiel seitens der *singenden* Schülerin. Dies wirft ein Blick auf die Komplexität der Koordination in einem für die Kinder neuen Handlungsfeld.

Es ist davon auszugehen, dass die Kinder *Koordination* wie *Aufeinander-Achten* im Alltagshandeln sehr gut beherrschen (z.B. beim gemeinsamen Spielen). Im Gegensatz zu bekannten Handlungen, die automatisiert ablaufen und in denen das individuelle Können vorhanden ist, stellt die Aufmerksamkeitszuwendung zu Anderen in einem gemeinsamen Handlungsvollzug und in einem neuen und komplexen Handlungskontext wie dem Musizieren eine große Herausforderung dar. Die leiblichen Handlungen des Musizierens sind für die Kinder neu, sie machen erste Erfahrungen im Umgang mit dem Instrument und mit den neuen Bewegungen. In diesen Situationen ist die Aufmerksamkeit der Kinder oftmals bei ihren *individuellen* Handlungen, da diese noch ungewohnt und wenig automatisiert sind. Dies ist nicht verwunderlich, stellt sich das Musizieren schon an sich als hochkomplexe kognitive und leibliche Tätigkeit dar. Für das Musizieren in der Gruppe werden jedoch darüber hinaus simultan zu bewältigende Wahrnehmungen der Anderen wichtig. Die Simultaneität verunsichert und führt bei den Kindern zu Strategien der Komplexitätsreduzierung. In der Szene ‚Achten' (08-1114-K1-1/18:50) suchen sich die Kinder beispielsweise jeweils ein anderes Kind der Gruppe aus, auf das sie achten wollen und dem sie folgen. Sie erfinden dadurch eine klare Kommunikationsstruktur in der Gruppe, die gleichzeitig für den einzelnen weniger komplex ist, als wenn jede/r auf jede/n achten würde.

In welchem Zusammenhang stehen demnach individuelles Können und Aufeinander-Achten? Mit steigendem Können wächst das Gefühl der Sicherheit im eigenen Handeln. Während zu Beginn des Lernprozesses die Aufmerksamkeit ganz auf dem Eigenen liegt, wandert die Aufmerksamkeit mit steigender Sicherheit im eigenen Handeln von innen nach außen. Das Individuum wendet sich in den kontingenten Raum der Interaktion. Diesen Prozess beschreiben die Akteure mit *Sich Öffnen*. Mit der Zuwendung freier Aufmerksamkeitspotentiale nach außen kann die Hinwendung zu den Anderen gelingen.[266]

> *Frau Wolf:* *Wenn man so einfach als Kind zum ersten Mal mit anderen zusammen spielt, dass man das nicht alles mitkriegt überhaupt von den anderen, sondern man sich erst mal auf sich selber konzentriert und irgendwann, wenn man das öfters gemacht hat, wird man so offener, dass man auf die anderen mehr achten kann und dann erst Sachen merkt, die einem wahrscheinlich vorher überhaupt nicht bewusst waren. (L-Int-Wo/Z 49-53)*

Doch auch bei hoher individueller Sicherheit – in den Worten von Frau Wolf: wenn die Musizierenden „*mit sich selber klar komm[en]*" (L-Int-Wo/Z 62) – und großer Routine bleibt das gemeinsame Handeln ein Wechselspiel zwischen einer Aufmerksamkeitszuwendung zum Eigenen und zur Gruppe:

> *Herr Maier:* *Es ist immer wieder diese, dieses Wechselspiel, sich zu öffnen (.) oder wieder die Konzentration dann auch meinetwegen über dieses näher rangehen, oder sowas. (L-Int-Ma/Z 113-115)*

In den Videoaufnahmen wird dieses von Herrn Maier beschriebene Wechselspiel deutlich. Die Zuwendung zum Eigenen ist für das Gelingen des Musizierens ebenso wichtig wie die Zuwendung zum anderen (vgl. auch „*Wir sollen auf uns und auf die anderen hören*", S-Int-St/Z 279). Zum Beispiel wenden sich beinahe alle SchülerInnen kurz vor dem Einsatz ihrem Instrument und damit dem Eigenen zu, wenn sie sich in einer Vorbereitungsphase der Gruppe zugewendet haben (vgl. z.B. ‚Wir machens mal zu dritt', 02-

---

266 Das Datenmaterial liefert auch Hinweise für den gegenteiligen Prozess: Wenn die Sicherheit auf der individuellen Ebene verschwindet, kehren sich die SchülerInnen nach und nach wieder nach innen (vgl. die aufeinander folgenden, aber im Schwierigkeitsgrad ansteigenden Szenen ‚Wir machens mal zu dritt' (02-1113-SK/01:48), ‚Da kann dann das Klavier die titi-Noten dazu spielen' (02-1113-SK/02:32) und ‚Wegen dem schweren Hüpfer' (02-1113-SK/03:20). Dies entspricht dem hier besprochenen Wechselspiel der Aufmerksamkeit, die von innen nach außen und wieder nach innen gewendet wird.

1113-SK/01:48). Mit dem Einsatz wird die Aufmerksamkeit auf die anderen wieder wichtig, um z.B. eine Fehleinschätzung im Tempo zu korrigieren. Die Zuwendung zum Eigenen erscheint hier quasi wie eine Vorbereitung auf das koordinierte Handeln, indem das Individuelle abgesichert wird. Die Achtsamkeit auf das Eigene und das Andere lässt sich als ein Hin- und Herpendeln der Achtsamkeit beschreiben, in der die Musizierenden sich immer wieder von innen nach außen und von außen nach innen wenden. Bildlich lässt sich dieses Prinzip als Aufmerksamkeitspendel darstellen (vgl. Abb. 22).

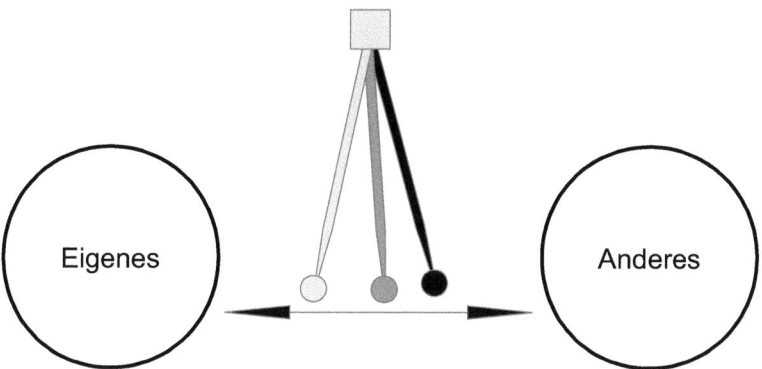

Abb. 22: Das Aufmerksamkeitspendel.

Mit dem Achten auf das Handeln der Anderen kann auch die Gesamtstruktur der Musik wahrgenommen werden:

Herr Winkler: *(2,0) Da ist es (.) eigentlich auch ganz wichtig, dass [...] sie das, was entste::ht, auch (.) wieder als eine Gesamtstruktur wahrnehmen. Also jetzt meinetwegen, die eine Stimme ist „Ta: ta ta ta te" und die andere macht „Ta:: te ta", dann ist es erst mal total irritierend. Also das heißt die Gruppe, die ihre (.) eigene Sache hat, muss das erst mal gut koordiniert hinkriegen und die andere auch und diesen Zusammenklang, braucht es dann schon Hilfen von mir. Wenn das dann aber etabliert ist, dann gibt es auch so einen Moment, wo die das wieder als ein Gesamtes hören und sich auch wieder orientieren können. Wo sie einfach wissen: Aha, ich spiele hier, die spielen da. (L-Int-Wi/Z 311-319)*

Mit steigender Koordinierung der Einzelstimmen wird der Zusammenklang als Gesamtes wahrgenommen – und damit auch eine komplexe musikalische Struktur. Automatismen und Sicherheit im individuellen Handeln legen Kapazitäten der Aufmerksamkeit frei, die nun der Interaktion mit der Gruppe zugewendet werden können.

Aus der kollektiven Perspektive des Musizierens ist mit der Kategorie des *Aufeinander-Achtens* eine weitere Komponente verbunden: die implizierte Gegenseitigkeit. Frau Wolf betont beispielsweise, dass „*alle das probieren*" (L-Int-Wo/Z 28) müssen – gemeint ist hier das Aufeinander-Achten, die Angleichung an Andere und die Impulssetzung im musikalischen Prozess.[267] Die Gruppenmitglieder sind daher gefordert, sich aufeinander einzulassen. Achtsamkeit wird damit auch zu einer Frage der *Haltung*, der *Einstellung* und des Zutrauens, das die Gruppenmitglieder dem gemeinsamen Handeln gegenüber mitbringen. Teilweise wird diese *kooperative Einstellung* auch als Stimmung wahrgenommen, wie z.B. Herr Winkler herausstellt:

> *Herr Winkler:*   *[...] ja, vielleicht kann ich so viel sagen, es passiert eher dann, wenn alle gut drauf sind, so ((lacht)) [...]. (L-Int-Wi/Z 62-63)*

Die Stimmung als quasi externe und kaum zu beeinflussende Rahmenbedingung beeinflusst somit situativ die Interaktion. Herr Winkler könnte darauf anspielen, dass Missstimmungen in der Gruppe einen geringeren Kooperationswillen hervorrufen und sich die einzelnen Akteure bei individuellen Problemen eher mit sich selbst beschäftigen als mit der Gruppe (vgl. Frau Wolf: *„mit seinen eigenen Problemen beschäftigt"* sein, L-Int-Wo/Z 273-274). Missstimmungen oder persönliche Lasten binden demzufolge einen Teil der Aufmerksamkeit, die dann nicht der Gruppe, sondern dem Eigenen zugewendet wird, wodurch sich Achtsamkeit und Wahrnehmung reduzieren.

Die Komponente der Einstellung wird auch von Silvana Figueroa-Dreher (2010) beschrieben, die betont, dass das spontane (Re-)Agieren nur

> „aufgrund einer besonderen *Haltung* möglich [ist], die Kreativität, Spontaneität und Flexibilität zulässt. Sie kann als ein Handlungsmodus beschrieben werden, in dem die Aufmerksamkeit nach ‚innen‘, den eigenen Empfindungen zugewandt ist und sich gleichzeitig nach dem richtet, was die anderen spielen." (ebd., S. 190)

Die gegenseitige Achtsamkeit auch ein emotional wichtiger Faktor. Die Musizierenden wenden sich einander zu, beachten einander, erfahren aber auch Wahrnehmung und Anerkennung durch die Anderen. Dies stärkt das Gefühl der Einbindung in die Gruppe und zeigt Beziehungen zwischen den Gruppenmitgliedern auf. Dementsprechend kann das Gefühl des gemeinsamen Musizierens emotional sehr stark und eindrücklich werden (vgl. Kap. 6.1.3; L-Int-Sa/Z 321-325).

Aufeinander-Achten geschieht über drei Wahrnehmungskanäle. Zum einen beschreiben die Akteure die visuelle Ebene (*aufeinander schauen*), daneben die akustische (*aufeinander hören*) und die körperlich-leiblich (*einander leiblich spüren*):

> *Frau Sajani:*   *(8,0) Ja, also erst mal die [...] Optik, (.) dass du feststellst, wo deine Kollegen spielen und technisch jetzt, welche Bogenstelle und Kontaktstelle und (...) dann natürlich auf die Schwingungen und Emotionen, die du spürst, bei deinen Mitmusikern. (...) Das aufzunehmen [...] Und dann natürlich Bewegung auch. (.) Genau. Und das Ohr natürlich auch, dass du gut hörst, was die anderen spielen, wie sie das spielen und dass man*

---

267 Das gemeinsame Musizieren gelingt nach ihrer Darstellung über die wechselseitige Orientierung an den Mitspielenden (*„sofort sich an den anderen orientier[en]"*, L-Int-Wo/Z 27-28) sowie über die eigene Impulssetzung in die Gruppe hinein (*„sich da so einzumischen"*, L-Int-Wo/Z 28) in einer Atmosphäre gegenseitigen Achtens.

darauf reagiert, also Reaktionsvermögen spielt eine große Rolle auch.
[...] (L-Int-Sa/Z 301-309)

Auffallend ist in den Interviews die häufige Nennung des Visuellen. Obwohl zu erwarten wäre, dass die akustische Ebene für die Orientierung beim Musizieren die größte Rolle spielen müsste, übernimmt das Auge eine wesentliche Rolle. Besonders Frau Wolf nutzt die visuelle Metapher häufig und nutzt das Wort „*gucken*" auch im Zusammenhang mit akustischen Phänomenen. Sie „*guck[t]*" zum Beispiel, „*wie die Lautstärke passt*" oder „*wie der Klang ist*" (L-Int-Wo/Z 40). Obwohl die Abstimmung von Lautstärke und Klang unter den Gruppenmitgliedern eher etwas Akustisches ist und über das Hören vonstatten gehen sollte, scheint ihr der visuelle Sinn beim gemeinsamen Musizieren eine wichtige Stütze zu sein. Über den Blickkontakt wenden sich die Musizierenden einander zu und leiten Abstimmungsprozesse ein. Die Beobachtung dient der Analyse leiblichen Handelns, worüber das Handeln der Anderen antizipiert und mit eigenem Handeln koordiniert werden kann.

Auch die Kinder und Jugendlichen nutzen das Aufeinander-Achten in seinen Dimensionen bewusst als Handlungsstrategie. Sie haben die Notwendigkeit, zu „*achten [...], wie die anderen spielen*" (S-Int-JC2/Z 248), verinnerlicht.[268] „*Auf die anderen zu gucken und hören, was die spielen*" (S-Int-JC2/Z 135) sind ihre zentralen Strategien für das Zusammenspiel. Visuell orientieren sie sich beispielsweise am Bogen (S-Int-JC1/Z 213) oder indem sie „*auf die Saiten gucken, welche er spielt und dann auch dahin (.) gehen*" (S-Int-JC2/Z 55). Sie achten demzufolge auf die Tonerzeugung. Dies ist in der Abschlusssequenz des Videos Videosequenz 04-1218-K2 (ab [20:40]) zu beobachten. Tina dreht den Kopf nach rechts, um ihrem Nebenmann auf die Saiten zu schauen und mit ihm zu spielen. Ihre Aussage im Interview lässt darauf schließen, dass dies keine Zufälligkeit, sondern eine Strategie ist: „*Ich sehe dolle auf die anderen, was die machen und dann spiele ich halt auch*" (S-Int-JC2/Z 208). Ebenso lässt sich beobachten, dass Sandro die anderen Kinder beobachtet und imitiert. Die Kinder der Streicherklasse nennen deutlich häufiger das Aufeinander-Hören als Strategie. Sie „*probieren, auf den anderen zu <u>hören</u> und dann, ja, dass nicht jeder einzeln das spielt*" (S-Int-Str/Z 17-18). Ihr Ziel ist der schöne Gruppenklang („*Dass es sich schön anhört*", S-Int-Str/Z 18 und „*dass es [...] klingt, wie eine Geige*", S-Int-Str/Z 22).

Mit individuellem Können und Aufeinander-Achten sind zwei zentrale Kategorien für das Gelingen von Koordination herausgearbeitet worden. Zudem ist dargestellt worden, in welchem Zusammenhang diese Kategorien stehen. Zu diesen zwei Bedingungen treten weitere Kategorien hinzu. Zum einen müssen Musizierende neben dem individuellen Können und der Zuwendung zu den Anderen nun auch aktiv miteinander interagieren. Dies geschieht über Kommunikations- und Führungsstrukturen, die sich im Kontext des Instrumentalunterrichts stark an den tradierten Kommunikations- und Führungsstrategien eines Orchesters orientieren.

---

268 Obwohl den Kindern und Jugendlichen Strategien zur Verfügung stehen, gelingt das koordinierte Spiel nur in Ausnahmesituationen. Mögliche intervenierende Bedingungen, die das Gelingen verhindern, werden ab Kapitel 8.2 thematisiert.

7.3 Den Ton angeben – Leibliche Kommunikation und Führungssignale

Wie handeln die Musizierenden in der Gruppe aus, in welchem Tempo und mit welchen Verzögerungen sie eine gewisse Stelle spielen? Hierfür ist nicht nur das Aufeinander-Achten entscheidend, sondern auch die nonverbalen Signale während des Musizierens, mit denen die Musizierenden einander *zeigen*, was sie tun. In den Unterrichtsvideos der untersuchten Gruppen finden sich zahlreiche Beispiele für das *Führen und Folgen* in der Musik. Hierzu wird zunächst beispielhaft anhand der bereits bekannten Szene ‚*Wir machens mal zu dritt*' (02-1113-SK/01:48) ein Führungsmechanismus analysiert.

Standbild, Zeitmarke und Verbaltranskript	*Beschreibung*
[02-1113-SK/01:57] *Frau Wolf: Eins, zwei, drei, vier.*	*Die Lehrerin zählt einen ganzen Takt vor. Um das Tempo zu etablieren, unterstützt sie das Einzählen mit einer Körperbewegung: Sie schunkelt mit dem Körper leicht von rechts nach links. Das Wort „vier" akzentuiert die Lehrerin, zudem macht sie hier eine Einsatzbewegung mit dem Oberkörper und dem Bogenarm und atmet ein. Jonas reagiert hierauf und macht einen kleinen Oberkörper-Einsatzimpuls.*

Der gemeinsame Beginn wird hier wie in vielen anderen Videosequenzen durch ein Vorzählen eingeleitet. Es gibt „*immer einen, (.) der (5) die Geschwindigkeit vorgibt*" (S-Int-JC1/Z 185-186), so berichten es die Kinder. Die Lehrerin unterstützt das Finden eines gemeinsamen Tempos in dieser Szene aber nicht nur durch das Vorzählen, sondern auch mit einer schaukelnden Körperbewegung. Sie dreht ihren Oberkörper um die vertikale Achse, wodurch sie sich den SchülerInnen abwechselnd zuwendet. Zur Akzentuierung des Einsatzmoments vollzieht sie zudem eine Bewegung mit dem Oberkörper, die vom rechten Arm – dem Bogenarm – aufgenommen und weitergeführt wird. Zusätzlich atmet sie ein. Diese leiblichen Signale haben eine doppelte Funktion: Zum einen fordern sie die SchülerInnen zum Einsatz auf, worauf diese auch reagieren. Die Resonanz des Einsatzimpulses ist bei Jonas deutlich zu beobachten. Die zweite Funktion ihrer Bewegungen ist die Kontaktaufnahme zu beiden SchülerInnen. Die Lehrerin wendet sich durch das Schaukeln abwechselnd Jonas und Helena zu. Beide Kinder werden dadurch angesprochen und aufgefordert mitzuspielen.

Auch im Verlauf des Musizierens ist das Körperschaukeln der Lehrerin beobachtbar. Die Lehrerin schaukelt im Tempo der Musik und symbolisiert durch diese Bewegung das Metrum der Musik. Die Bewegung dient als Orientierung für das Beibehalten des Gruppentempos und des Flusses der Musik. Durch das Körperschaukeln übernimmt die

Lehrerin hiermit eine ähnlich steuernde Funktion wie ein Dirigent vor einem Ensemble.[269] Im Gegensatz zu Frau Wolf nimmt Herr Winkler offensichtlich die Position eines Dirigenten ein, der ohne Instrument mit gestischen Zeichen das Musizieren steuert. Im Interview mit der Schülergruppe wird deutlich, dass die SchülerInnen das Repertoire an Gesten im Sinne feststehender Zeige- und Steuerungsgesten kennen und erleben. Sie erläutern den Fundus der Dirigiergesten (hier nur Ausschnitte):

Paul: *Wenn der vorne dann so macht ((dirigiert)) und dann uns noch die Einsätze gibt, dann ist es schon besser, als wenn wir (einfach nur) dastehen (..) und nicht genau wissen, wann unser Einsatz ist.*

[...]

Markus: *Also er zeigt einem den Takt ((dirigiert)), wenn man spielen muss und man aufhören muss zu spielen.*

[...]

Oscar: *Und dann macht er auch mal so ((macht Handbewegung))*

Markus: *Ja, dann macht er irgendwie so eine wuschelige Handbewegung, (..) so zack, zack, zack ((macht Handbewegungen)), zu Ende. Und irgendwie, ja, also bei den Einsätzen, dann macht er so zack ((zeigt nach rechts)) du bist dran, zack ((macht Handbewegung)) und weg. Und zack ((zeigt nach links)) du bist jetzt dran und zack ((macht Handbewegung)) weg. Ja, also mit den Einsätzen, zack du bist dran zack du bist dran. (S-Int-Bl/Z 463-478)*

Zurück zum Videoausschnitt und der Szene ,Wir machens mal zu dritt' (02-1113-SK/01:48). Anhand des Unterrichtsvideos kann ein weiterer Aspekt erläutert werden. An einer prägnanten Stelle der Musik, der halben Pause nach Abschluss des musikalischen Halbsatzes (vgl. Liedblatt, Abb. 15), fällt eine weiträumige Bewegung auf: Die Lehrerin initiiert eine Halbkreisbewegung mit dem rechten Arm, mit der sie den Bogen durch die Luft wieder zum Frosch zurückführt. Mittels dieser Bewegung bereitet sie einerseits die kommende Spielbewegung vor, die Bewegung wirkt aufgrund ihrer Größe und Prägnanz jedoch auch als musikalische Geste und stellt innerhalb der Musizierinteraktion ein deutliches Strukturierungszeichen dar. Die Armbewegung der Lehrerin bietet allen Gruppenmitgliedern Orientierung: Der Einschnitt mit der starken Geste wirkt als Anker, an dem sich die Gruppenmitglieder wiederfinden und erneut koordinieren können, sollten während des Spiels kleine Fehler und Unstimmigkeiten aufgetreten sein. An einigen Stellen im Videomaterial nutzt Helena eben diese Orientierungsfunktion. Als sie den Faden verliert und abbrechen muss, wartet sie auf den Moment der Zeigegeste, um wieder in den Spielfluss der Gruppe einzusteigen (Szene ,Wegen dem schweren Hüpfer', 02-1113-SK/04:08). Neben kontinuierlichen und metrischen Bewegungen haben also auch punktuelle Bewegungsereignisse eine Steuerungsfunktion. Als

---

269 Diese Beobachtung stellt dar, welche Mittel die Akteure im Datenmaterial zum gemeinsamen Musizieren verwenden. Dies soll keineswegs heißen, dass es zum koordinierten Musizieren eines Körperschaukelns bedarf. Die hier beobachtbaren Koordinationstechniken sind bloß besonders auffällig, in anderen Musikgruppen mag das offensichtliche Körperschaukeln durch andere – oder innere – Taktgeber ersetzt sein.

Signal der Orientierung ist auch das hörbare Einatmen an prägnanten musikalischen Stellen zu kategorisieren.

Die Beobachtungen zur leiblichen Führung blieben in der ersten Analysephase zunächst unbearbeitet, da diese so ‚selbstverständlich' erschienen. Diese Selbstverständlichkeit liegt m.E. darin begründet, dass die im Unterricht beobachtbaren Strategien leiblicher Führung in ähnlicher Weise auch in anderen musikalischen Kontexten beobachtbar sind. Die Lehrenden der beobachteten Unterrichtsgruppen übertreiben diese grundsätzlich bekannten Signale zwar häufiger, da sich die SchülerInnen noch im Lernprozess befinden. Es ist aber nachzuvollziehen, dass die Lehrenden die Handlungsstrategien, die sie im Unterricht nutzen, aus ihrer eigenen musikalischen Praxis kennen. Als MusikerInnen eines Ensembles – sei es in einem klassischen Orchester (Frau Wolf, Frau Sajani, Herr Maier und Frau Stankovic), eines Kammermusikensembles (Frau Wolf, Frau Sajani) oder einer Band (Herr Maier, Herr Winkler, Frau Stankovic) – erleben sich die Lehrenden als Teil eines kommunikativen Regelwerks, über welches das Zusammenwirken während des Musizierens einfacher realisiert werden kann, als wenn die Regeln und Signale immer neu ausgehandelt werden. Das Regelwerk, das sie dort nutzen, bedient sich außersprachlicher Codes, da während des Erklingens von Musik sprachliche Codes nicht oder nur als Signale einsetz- bzw. wahrnehmbar sind. Das Handlungswissen der Lehrenden über die Steuerungsstrategien im Musizierprozess ist daher als aus der Musikpraxis transformiertes Wissen zu betrachten. Während sie im Unterricht einige Aspekte (wie das *Aufeinander-Schauen* oder das *Aufeinander-Hören*) offen als Regeln bzw. Handlungsstrategien kommunizieren, tauchen andere eher beiläufig im Handeln der LehrerInnen auf und werden von den SchülerInnen imitiert (z.B. das Mitwippen des Oberkörpers zum Anzeigen des Spieltempos). Worin besteht also das Regelwerk und welche sind häufige Führungssignale?

Der Beginn des Musizierens, das „*gleichzeitig Einsetzen*" (L-Int-Wo/Z 364), wird stimmlich durch „*Vorzählen*" (L-Int-Ma/Z 136 & 146) oder leiblich durch ein „*Einatmen beim Einsatz, also das Zeigen*" (L-Int-Ma/Z 142) koordiniert. Während des Musizierens stimmen sich die Musizierenden nach den Berichten der Lehrenden *visuell* – durch Anpassungen der Spieltechnik, z.B. das Angleichen der Bogenstelle, des Strichs oder der Bogenführung (L-Int-Wo/Z 75; L-Int-Ma/Z 22; L-Int-Sa/Z 302), oder Blickkontakt zu den MitspielerInnen (L-Int-Wo/Z 118; L-Int-Sa/Z 52; L-Int-Ma/Z 139; L-Int-Sa/Z 301; L-Int-St/Z 54) –, *akustisch* in Form von Angleichungen an Lautstärke, Klang etc. (L-Int-Wo/Z 40; 140 & 153; L-Int-Sa/Z 307; L-Int-St/Z 37 & 185-186) oder *leiblich* über das Angleichen von Bewegungen und Körperlichkeit beim Spielen ab (L-Int-Wo/Z 81-84; L-Int-Ma/Z 21-22 & 25-27 & 40-41; L-Int-Sa/Z 307; L-Int-Wi/Z 52). Auch das gemeinsame Aufhören wird über die genannten Kanäle gesteuert (L-Int-Ma/Z 150-166).

Die hier genannten Handlungsstrategien sind auch im Videomaterial zu beobachten. Unterschieden werden punktuelle Signale (d.h. einmalige) und überdauernde Hilfen, die während des ganzen Musikstücks zu beobachten sein können. Tab. 10 fasst diese Signale zusammen.

Tab. 10: Steuerungssignale im Musizierprozess auf den Ebenen Visualität, Akustik und Leiblichkeit.

Form der Handlungssteuerung	Modus	Punktuell	Überdauernd
Visuell	Schauen	Sich Anschauen	Sich Anschauen, „gleichzeitig den Bogen (..) hin und her zu schieben" (S-Int-JV1/Z 52)
	Schauen/zeigen	Noten o.ä. zeigen	(Noten o.ä. zeigen)
Akustisch	Verbal (vor Beginn der Musik)	Vorzählen	Mitzählen
	Verbal (während der Musik)	Rufen von Hilfsworten („und", „erster", „Zwei" etc.)/verbalen Hilfen („André, jetzt gleich aufpassen"; „Jetzt von vorne")/Lob („sehr gut")	
	Vokal	Mitsingen, Mitsummen	Mitsingen, Mitsummen
	Körperlich	Klatschen, Schnipsen	Klatschen, Schnipsen, Fußklopfen
Leiblich	Ganzer Körper	Einsatzbewegung mit dem Oberkörper/Arm/Instrument	Körperschaukeln/Kopfnicken
	Kopf	Kopfnicken	Kopfnicken
	Arm	Armgeste	Armschwingen/Dirigieren/Körperschaukeln/Kopfnicken
	Technische Bewegungen	Mitgreifen	Mitgreifen

Die in den Interviews genannten und in den Videos beobachtbaren Handlungsstrategien zur Koordinierung der Einzelstimmen im Ensemble scheinen keinesfalls nur für ein spezifisches musikalisches Handlungsfeld (z.B. im Unterricht mit Streichinstrumenten) zu gelten. Vielmehr tritt dahinter ein Regelwerk hervor, das in unterschiedlichen Musikstilen und Ensemblegrößen – und auch im Kontext Unterricht – Geltung hat (vgl. zum Regelwerk beim Musizieren und deren Bedeutung für die Koordinationsfähigkeit des

Musizierenden Kap. 2.3.1.1). Herr Maier spricht dabei von einer „*Kultur*" (L-Int-Ma/Z 355) des Musizierens, in der laut Frau Wolf gewisse Handlungsmuster „*geprägt*" (L-Int-Wo/Z 40) werden. Besonders augenscheinlich werden die Regelwerke im Sinfonieorchester, da sie hier durch die Größe und die häufig komplexen Musikwerke nur wenig verhandelbar sind. Frau Stankovic betont dementsprechend: „*Da gibt es viele Gesetze, viele Regeln*" (L-Int-St/Z 127).[270] Abhängig von der musikalischen Funktion im Ensemble sind z.B. führende und folgende Rollen verteilt: während DirigentInnen oder StimmführerInnen als leitende Rollen musikalische Einsätze geben, bleibt es Tutti-SpielerInnen vorbehalten, diesen Einsätzen zu folgen.

Die Regelsysteme in musikalischen Gruppen sind auf Koordination als Ziel des gemeinsamen Musizierens ausgerichtet. Die Sitzordnung im Orchester, körperliche Dirigierbewegungen, das Einzählen zur Vereinheitlichung des Tempos, die strenge Rollenverteilung, welche die Kommunikation leitet – all diese Elemente sind darauf ausgerichtet, das Handeln der Einzelnen zu koordinieren und damit einen gemeinsamen Gruppenklang zu produzieren.[271] Sinnbildlich dafür steht das Ritual des Einstimmens, das Frau Stankovic im Interview erwähnt („*Schon vom Stimmen fängt es an.*" L-Int-St/Z 122). Durch das Einstimmen vor einer musikalischen Probe oder Aufführung legen die Gruppenmitglieder eine bestimmte Tonhöhe als gemeinsame Referenz fest. In diesem Ritual stimmen die Gruppenmitglieder sich ein erstes Mal klanglich aufeinander ab, sie schwingen sich auf einer Tonhöhe ein. Die einheitliche Stimmhöhe schafft eine gemeinsame Basis, auf der ein Gruppenklang erzeugt werden kann. Die gemeinsame Stimmhöhe steht damit symbolisch für den Wunsch nach Vereinheitlichung und liefert gleichzeitig die Grundlage für Koordinationsprozesse im weiteren Verlauf der Probe oder des Konzerts. Im Stimmritual sind ebenfalls die gruppenspezifischen Normen und Regeln sichtbar – angefangen von der Frage, welches Gruppenmitglied den Stimmton vorgibt, bis zur Reihenfolge, in der die Gruppenmitglieder den Stimmton übernehmen (vgl. L-Int-St/Z 122-123).[272]

Die Ausrichtung des musikalischen Handelns auf Koordinierung der Einzelklänge zu einem Gruppenklang wurde bereits im Theorieteil dargelegt (vgl. Kap. 2.3). Es kann aber nun behauptet werden, dass auch das musikalische Handeln der hier beforschten Lehrkräfte auf Koordination ausgerichtet ist und sie dies ebenso wahrnehmen. Die im

---

270 Wie stark die Regelwerke von den Akteuren wahrgenommen werden, wird auch daran deutlich, dass von den Lehrenden in den Interviews weniger konkrete Situationen als erlebte Regeln beschrieben werden. Frau Stankovic macht die empfundene Regellastigkeit im Orchester sogar explizit zum Thema ihres Interviews (L-Int-St/Z 120-134). Regeldimensionen sind nach ihrer Darstellung Positionierung im Raum (Sitzordnung im Orchester), Rollenverteilung, zeitliche Strukturierung der Probe, ritualisiertes Handeln im Rahmen des Musizierens, regulierte Äußerungserlaubnis, Regulierung durch strenge Notation.

271 Das Interview mit Herrn Maier legt nahe, dass die Normen und Regeln gleichzeitig als Verhaltenskodex wirken. Ihm ist es besonders wichtig, dass seine SchülerInnen lernen zu warten und Pausen einzuhalten (L-Int-Ma/Z 355-369). Die Tugend des Wartens, wenn andere spielen oder üben, ist wesentlich für das Wahrnehmen der anderen Stimmen, aber auch für ein gutes Miteinander in der Gruppe.

272 Auch in den Videos ist zu beobachten, dass das Einstimmen einem Ritual gleicht, dem große Bedeutung für den Beginn der Unterrichtsstunde beigemessen wird (z.B. 05-1112-LK).

Theorieteil entwickelte These, Koordination könne als zentrales Phänomen des Musizierens angesehen werden, zeigt sich demnach auch im beobachteten Feld.

Wiederkehrende Rituale wie klare kommunikative Signale und definierte Führungsstrukturen sind für die Kinder und Jugendlichen wichtig.[273] Unklare Absprachen enden im Chaos:

> Hannah: =Ja, ab und zu dann zählen wir uns auch zu wenig vor und dann fangen wir verschieden an. Der eine denkt wir zählen vor und der andere denkt wir zählen nicht vor und der macht gleich los und der andere wartet drauf, wer zählt. ((lacht)) (S-Int-JV1/Z 276-278)

Klare Führungsstrukturen sind wohl deswegen besonders wichtig, da die Kinder und Jugendlichen auf der individuellen Ebene noch nicht automatisiert handeln können. In einer Szene im Datenmaterial („Achten'; 08-1114-K1-1/18:47) vereinfachen sich die Kinder die Kommunikationswege, indem sie vereinbaren, dass jede/r immer nur auf den bzw. die NachbarIn achten will. Aufgrund dieser sehr klaren Struktur gelingt den Kindern das Zusammenspiel gut.

[08-1114-K1-1/17:33 Min] Die Szene findet sich zu Beginn des letzten Drittels der Unterrichtsstunde. Nach einem Übedurchgang durch ein Stück, gibt die Lehrerin eine Aufgabe. Sie teilt die große Gruppe in zwei kleinere Gruppen. Die SchülerInnen links von ihr sollen nun als erstes alleine spielen und die andere Gruppe zuhören. Die zuhörenden SchülerInnen erhalten folgenden Arbeitsauftrag: „Ihr passt genau bitte auf, ok? Ihr musst jetzt, macht einmal so, ihr musst genau aufpassen, wenn ihr merkt, einer von denen, wer Fehler macht, später sagt ihr mir, wer Fehler gemacht hat. Ok? Deswegen ganz aufpassen. (.) Und dann, das gleiche werden die mit euch machen."

Die Lehrerin mahnt nun die Vorbereitung an und zählt für die erste Teilgruppe ein. Das Lied erklingt. Im Anschluss fragt die Lehrerin die andere Gruppe, ob es gut war. Es folgt kurze Stille, dann sagt ein Kind sehr leise: „Es war perfekt." Die Lehrerin bestätigt, dass die Gruppe gut gespielt hat, ein Junge besteht darauf, dass es „besser als gut" gewesen sei.

Die Lehrerin korrigiert noch eine Schülerin und übergibt dann an die andere Gruppe.

---

273 Interessant ist auch, dass die Kinder die Wichtigkeit des Dirigenten als Führungsperson quasi bildlich wahrnehmen. Julius berichtet im Interview sehr angetan von einer Musicalband, die er mal im Fernsehen gesehen hat: „Da war auch so einer, der (.) hat mit so einem Stock hat der so gemacht ((steht auf, dirigiert)) und hatte einen weißen Anzug angehabt" (S-Int-JV1/Z 42-43). Ohne zu wissen, dass dieser Mann der Dirigent ist, blickt Julius auf diesen Mann, der mit seinen besonderen Bewegungen und seinem auffallenden Aussehen (der weiße Anzug) aus der Masse heraussticht, und erinnert ihn als besondere Figur.

Standbild, Zeitmarke und Verbaltranskript	Beschreibung
	Die SchülerInnen nehmen die Geigen in Spielposition und bereiten sich zum Spielen vor.
[08-1114-K1-1/18:52] *L: So. Strengt euch bitte an,* *Torben: XXXXX [anfangen?* *Jenni: [Ich achte auf Torben.* *Vanessa: Ich achte auf Jenni.* *Evelyn: Ich [achte auf Vanessa.* *Jenni: [Also wir machen nach der Reihe.* *Vanessa: Ja, ganau.* *?: Also dann bin ich[* *((Mehrere sprechen gleichzeitig, die Lehrerin unterbricht mit ihrem Zählen die Diskussion))* *L: schsch! Eins, ((noch wird durcheinander geredet, die Lehrerin wartet kurz, bis es ruhig ist)) Eins, zwei, drei, vier.*	
 *[08-1114-K1-1/19:07]* *[m]*	Die Gruppe beginnt zu spielen. Die Bewegungen sind sehr koordiniert. Erst am Ende des Stückes verspielen sich mehrere Kinder.

Zum Zeitpunkt [18:52], kurz vor ihrem Einsatz, verhandeln die Kinder untereinander ihre Kommunikationskette. Jedes Gruppenmitglied will auf seine/n NachbarIn achten. Die Klarheit der Kommunikationsstruktur unterstützt die Kinder in ihrem Vorhaben und führt zu einem erstaunlich koordinierten Spiel.[274]

In zwei Szenen wird in einer informellen Situation musiziert: Es handelt sich um die Szenen ‚*Klatschspiel*' (03-1218-K2-1/21:09) und ‚*Schneeflöckchen*' (03-1218-K2-2/00:00). In beiden Szenen machen die Kinder etwas, was sie sehr gut, quasi ‚im Schlaf', beherrschen: Sie klatschen und singen miteinander. Es wird hier deutlich, dass Führung durch leibliche Kommunikation auch ohne vorherige Absprachen passieren kann. Die Führungssignale ähneln erstaunlicherweise den formellen Musiziersituationen. Es ist in der Szene jedoch besonders auffällig, welche starke Rolle das leibliche Agieren für das Miteinander einnimmt. Im Kontrast zu anderen Szenen im Datenmaterial kann gefolgert werden, dass leibliche Führung dort stärker zutage tritt, wo sich die Kinder und Jugendlichen ihrer Sache unsicher sind.

Wer übernimmt die Führungsrolle und wie wird sie übergeben? In den meisten Beispielen übernehmen die Lehrpersonen die Initiative für das gemeinsame Handeln. Sie *geben* gewissermaßen *den Ton an*. Selbst wenn die Führung scheinbar an die Schüler übergeben wird, finden sich im Datenmaterial Beispiele für eine subtile Zurücknahme der Führungsrolle durch die Lehrenden. In der Szene ‚*Wir machens mal zu dritt*' (02-1311-SK/01:48) überträgt die Lehrerin die Führungsrolle zunächst mittels einer Aufgabenstellung auf den Schüler Jonas („*Und wir gucken mal alle auf den Jonas und spielen genau so schnell, wie der Jonas spielt*", 02-1113-SK/01:53). Alle sollen Jonas' Tempo folgen. Das Wort „*alle*" unterstützt sie mit einer Geste des rechten Arms in Jonas' Richtung. Jonas reagiert hierauf, indem er auf sein Instrument blickt und lächelt, wodurch er zeigt, die Führungsrolle auch anzunehmen. Er richtet seine Aufmerksamkeit nun mehr auf sich als auf die anderen und die Mitschülerin Helena wendet sich ihm zu. Die Lehrerin überlässt Jonas allerdings nicht die Führungsrolle, sondern übernimmt sie direkt wieder durch das eigene Einzählen (was einer Definition des Gruppentempos entspricht) und den von ihr initiierten Einsatz (was einer Definition des musikalischen Beginns entspricht).

Die Kenntnis und das Verständnis des spezifischen musikalischen Kommunikationssystems liegt dem gemeinsamen Musizieren zugrunde – und ist essentiell für die Teil-

---

274 Es kann an dieser Stelle nicht diskutiert werden, dass die Aufgabenstellung der Lehrerin einen Fokus auf das Fehlerspiel erzeugt und die SchülerInnen dazu auffordert, alleine möglichst korrekt statt gemeinsam zu spielen. Es soll an dieser Stelle aber bemerkt werden, dass die Formulierung der Aufgabenstellung in dieser Szene nicht nur pädagogisch fragwürdig, sondern auch koordinationsfeindlich wirken müsste. Daher erscheint es verwunderlich, dass die Schülergruppe bei der vorliegenden Aufgabenstellung eine kooperative Lösungsstrategie wählt – immerhin werden die Kinder von den MitschülerInnen daraufhin beobachtet, ob sie Fehler machen. Denkbar wäre ebenso gewesen, dass sich die Kinder in ihren Eigenraum zurückziehen (vgl. Kap. 8.3.1), um sich auf ihr individuelles Spiel zu konzentrieren und möglichst wenige Fehler zu machen. Gerade vor diesem Gedankenspiel ist es bemerkenswert, dass die Kinder vor der Aufgabe, eine ebenso perfekte Leistung wie die andere Gruppe abzuliefern, den Weg der Kooperation wählen und *aufeinander achten* wollen.

habe am gemeinsamen Prozess. Es vermittelt sich über das praktische Tun und wird in der musikalischen Praxis angeeignet[275], weshalb es nicht über diskursive Erklärungen gelehrt werden kann. Den Lehrenden ist es dabei ein Anliegen, die dem Regelsystem unterliegende klassische Konzert-*„Kultur [...] dann mit zu vermitteln"* (L-Int-Ma/Z 355-356).

7.4 Etwas gemeinsames Finden – ausgehandelte Kompromisse

Neben individuellem Können, Aufeinander-Achten und klaren Führungssignalen gerät im Datenmaterial ein vierter Aspekt in den Fokus, wenn es um die Gelingensbedingungen geht. Koordination beim Musizieren in der Gruppe erfordert interpretative Kompromisse – in dem Sinne, dass die Gruppenmitglieder eine Art des Spielens finden müssen, in die sich alle einkoordinieren können. Auch die Kinder und Jugendlichen der vorliegenden Studie merken beim Spielen *„dass ihre Version nicht die einzige ist, dass man das auch ganz anders machen kann und dass man irgendwie was finden muss, wo beide zusammen kommen"* (L-Int-Wo/Z 271-273). Dies bedeutet häufig, sich auf schwächere Spieler einzulassen und sie mitzunehmen. Paul aus der Bläserklasse erlebt, dass *„wenn einer zum Beispiel das besser kann als die anderen, dann spielt er auch langsamer, damit die anderen auch mitkommen"* (S-Int-Bl/Z 322-323). Für Herrn Winkler *„kommt [es] unheimlich aufs Tempo an"* (L-Int-Wi/Z 124). Er wählt für das Musizieren ein Tempo, bei dem alle Gruppenmitglieder mitkommen: *„Da orientiere ich mich wirklich am langsamsten. Was ist für die anderen dann hart ist, ((lacht)) aber wenn es funktioniert, dass meinetwegen alle fünf das machen, dann fängt es an zu tragen"* (L-Int-Wi/Z 131-133). Dies ist auch in den Videoaufzeichnungen zu beobachten. In der Videoszene ‚*Ein bisschen langsamer*‘ (09-1213-K1/03:04) wählt er ein langsameres Tempo, dass alle SchülerInnen beherrschen. Das gleiche beobachtet man in der Szene ‚*Uhrenkanon*‘ der Streicherklasse 1 (05-1119-LK/03:31). Hier wird der Uhrenkanon sehr langsam gespielt – vermutlich mit dem Ziel, dass alle mitspielen können.[276] Für einige Kinder – besonders die, die die Stücke meist schneller erlernen als die anderen – ist das Achtgeben auf die Anderen auch eine Herausforderung. Lukas zum Beispiel, findet das manchmal *„blöd"*:

---

275 „Es ist ja einfach ein Zusammenspielen, was man einfach erst mal üben muss" (L-Int-Wo/Z 143).

276 In dieser Szene führt das langsame Tempo allerdings dazu, dass der musikalische Fluss des Liedes verloren geht und im Klangbild vielmehr Einzeltöne als eine geschlossene Melodie wahrnehmbar ist. Hier verkehrt sich der gute Gedanke des Verlangsamens in ein Auseinanderfallen der musikalischen Struktur. In der Außenperspektive der Videobetrachtung klingt die Musik in dieser Szene sehr langweilig und „geleiert". Auch die Kinder empfinden das Lied dann als Stückwerk, wie Katharina deutlich macht: *„Das war aber nicht Bruder Jakob, sondern eher Bru::der Ja::kob, Bru::der Ja::kob. Hätten wir nicht dabei gesungen, hätte man einfach nur ((macht Töne mit langer Pause dazwischen)) [gehört]"* (S-Int-St/Z 474-475).

Lukas:	*Also wenn man übt, dann kann man auch so schnell wie man kann halt spielen und wenn man zusammen spielt, dann muss man halt immer das Tempo von den anderen auch nehmen. Und das ist immer blöd, weil wenn man alleine spielt, dann hat man ja das Tempo langsam drin und wenn man dann wieder nach einer Woche in den Unterricht kommt und dann haben die anderen plötzlich ein ganz anderes Tempo. (S-Int-JC2/Z 305-309)*

Auch wenn im Datenmaterial hinsichtlich der interpretativen Anpassung an die Gruppe ausschließlich vom Parameter Tempo die Rede ist, ist anzunehmen, dass interpretative Kompromisse auch hinsichtlich anderer musikalischer Parameter (z.B. Dynamik) und des emotionalen Ausdrucks eingegangen werden. Für einige SchülerInnen bedeutet das Erlebnis, dass die gleiche Musik unterschiedlich gespielt werden kann, eine Perturbation:[277]

Fr. Wolf:	*[...] ((schnell)) natürlich ist es für die am Anfang schwerer, also auch, wenn man so eine Zweiergruppe hat und dann sagt: Wir spielen jetzt dieses Stück zu zweit, dann meistens nach zwei Takten ist das zu Ende und die sagen: ((verwundert)) „Hä, ich wollte ganz anders spielen. Ich wollte schneller oder langsamer." Oder: „Die hat das und das gemacht." [...] (L-Int-Wo/Z 262-266)*

Unterschiedliches Tempo führt in diesem Datenbeispiel zum Spielabbruch und zu einer Reflexion über die verschiedenen Spielarten. Im Idealfall kann sich hieraus ein Aushandlungsprozess über die gemeinsame Interpretation ergeben.

Anpassungsprozesse beim Musizieren sind in den Unterrichtsvideos zahlreich zu beobachten. In den Musizierphasen geben Einzelne häufig im Tempo nach, um das gemeinsame Spiel nicht zu zerstören. Sie folgen dem Gruppentempo. Dabei stört das Nachgeben im Tempo nicht unbedingt den musikalischen Fluss, es ist meist ein agogisches Dehnen der Zeit, was das Nachgeben ermöglicht. Frau Wolf passt in der Szene ‚*Da kann dann das Klavier die titi-Noten dazu spielen*‘ (02-1113-SK/02:32) sogar ihr Anfangstempo an das Tempo der Schülergruppe an, um das Gelingen zu ermöglichen. In dieser Szene ist eine Zweistimmigkeit zu hören, die Schülergruppe spielt eine Begleitung und die Lehrerin die Melodie.

Die Lehrerin gibt mit einem Einsatzimpuls ein Tempo vor, die Schülergruppe setzt aber etwas langsamer ein. Durch ihr Reagieren und Verlangsamen des Ursprungstempos schwingt sich die Gruppe innerhalb von vier Takten auf ein gemeinsames Tempo ein, in dem die beiden Stimmen gut ineinandergreifen. Die Führungsrolle der Lehrerin ist dadurch eben nicht ein starres Zeigen, sondern ein flexibles Steuern, das sich der Situation und den Bedürfnissen der Gruppe angleicht. Sie lässt sich auf das Tempo der Gruppe ein. So wird die Interaktion mit der Gruppe zu einer Wechselbeziehung.

---

277 Konstruktivistische Lerntheorien sehen in Momenten der Perturbation hohe Lernpotentiale, da die Lernenden in diesen Momenten ihre Sicht auf die Welt neu konstruieren und perturbierende Elemente integrieren müssen. Diese Neustrukturierung ist aus konstruktivistischer Sicht als Lernprozess anzusehen.

Eine Szene zeigt das Nachgeben und Zusammenfinden im Tempo innerhalb einer Schülergruppe. Es handelt sich um die Szene ‚*Klatschspiel*' (03-1218-K2-1/21:09). Diese Szene ist spezifisch, da sich zwei Schülerinnen in dieser Szene wünschen, ein Klatschspiel („Bei Müllers hat's gebrannt") vorzuführen und das Musizieren aufgrund dessen nicht als Unterrichtsinhalt, der vom Lehrer vorgegeben wird, kategorisiert werden kann. Im Gegenteil: Das Musizieren liegt hier ganz in den Händen der Schülerinnen. Zudem ist das Musizieren an dieser Stelle nicht instrumental. Wie stimmen die Schülerinnen in dieser Szene selbstständig ihre Koordination ab?

Sie stellen sich für das Spiel frontal zueinander auf und beginnen ihr Spiel. Das Klatschspiel verfolgt einen sich wiederholenden Sprechrhythmus in gleichmäßigen Silben. Die Abfolge der Klatschelemente ist wie folgt:

- Über-Kreuz-Klatschen: Die rechte Hand klatscht von unten nach oben die Hand der Partnerin, die linke Hand von oben nach unten die andere Hand der Partnerin.
- Hände klatschen gegeneinander in Richtung der Partnerin.
- In die eigenen Hände klatschen.
- Wiederholung der Klatschformen 1 und 2.
- Drei Klatscher in die eigenen Hände.

Nach ca. 25 Sekunden Wiederholungen dieser Klatschfolge vergisst Carina die Wiederholung der Händeklatscher. Sie sucht zu früh die Hände ihrer Partnerin. Darauf reagiert Annabell. Sie lässt ihrerseits eine Wiederholung weg und sucht mit der Klatschform (1) die Hände ihrer Partnerin, die aber wiederum in die Hände klatscht. Auf diese Weise verfehlen sich die Hände ein weiteres Mal. Annabell hält Carina deutlich die Handflächen hin und mit kurzer agogischer Verzögerung einigen sich beide, bei der Klatschform (2) fortzufahren. Sie haben ihre Koordination wiedergefunden.

Annabell dehnt somit als Reaktion auf den Fehler und den Verlust der Koordination eine Silbe so lang, bis sich die Hände der Mädchen wieder sortiert haben und sie weiterspielen können. Die Szene ist insofern ein Beispiel für eine Einigung auf eine gemeinsame Tempodehnung und Temporeduktion mit dem Ziel, das Musikstück gemeinsam weiterzuspielen. Dabei liegt die Regulierung des Prozesses ganz allein bei den Schülerinnen.

Mit diesen Beispielen ist die vierte Subkategorie der Gelingensbedingungen dargestellt worden. Koordiniertes Musizieren kann dann entstehen, wenn sich die Musikgruppe auf eine gemeinsame Interpretationsversion einigt. Im Probenprozess wird eine Version ausgehandelt, die alle Gruppenmitglieder realisieren können. Kompromisse zu finden bedeutet aber auch, dass die Gruppenmitglieder während des Musizierprozesses aufeinander reagieren. Dies kann z.B. in Form einer agogischen Anpassung geschehen, wenn sich ein Gruppenmitglied für einen Übergang mehr Zeit nimmt, in Form eines Impulses einer Tempoanpassung oder auch als Reaktion auf ein Fehlerspiel eines Gruppenmitglieds. Viele weitere Angleichungsmomente, in denen die Gruppe einen gemeinsamen Nenner finden muss, sind vorstellbar. Doch es ist diese Flexibilität im Handeln, die das Integrieren der unterschiedlichen Voraussetzungen und Vorstellungen der Gruppenmitglieder erst möglich macht.

7.5 Zusammenführung II: Gelingensbedingungen und Handlungsstrategien der Musizierenden

Dieses Teilkapitel hatte zum Ziel, die zuvor herausgearbeiteten und mit Datenbeispielen belegten Gelingensbedingungen zusammenzuführen. Hierzu wurden die vier Subkategorien *individuelles Können*, *Aufeinander-Achten*, *Steuerung* und *Kompromisse finden* in einen Zusammenhang zum Koordinationsprozess gebracht.

Eine grundlegende Bedingung für das Eintreten in Koordination ist, dass jedes Gruppenmitglied über ein Basiswissen zur Umsetzung des Musikstücks verfügt. Aus den Daten heraus ist diese erste Bedingung als *individuelles Können* bezeichnet worden. Gefordert ist dabei ein kontextspezifisches Können – es geht nicht um ein umfassendes Beherrschen der Musik und des Instruments, sondern eine auf die Aufgabe abgestimmte Handlungskompetenz. Diese Handlungskompetenz umfasst mehrere Facetten: Strukturelles Wissen, allgemeinmusikalisches Wissen und Können, spieltechnische Fähigkeiten, Konzentrationsfähigkeit. Ein individuell flüssiges und kompetentes Handeln ist notwendig, um sich vom Eigenen abwenden und den Anderen zuwenden zu können. Mit den Worten der ForschungspartnerInnen gesprochen, muss man „*mit sich selbst klarkommen*", um „*sich öffnen*" zu können. Diese Öffnung nach außen in die Gruppe hinein bildet die Voraussetzung für die zweite grundlegende Bedingung: *Aufeinander-Achten*. Die Akteure wenden einander zu und nehmen einander wahr, sie achten auf die Handlungen der anderen. Durch diese Zuwendung und Achtsamkeit den Anderen gegenüber geschieht eine interaktive Kopplung, die Gegenseitigkeit herstellt und eine Verbindung schafft, was als Voraussetzung für die Abstimmungsprozesse angesehen werden muss. *Aufeinander-Achten* geschieht über das Visuelle, das Akustische und das Leibliche. In der Interaktion wird die Aufmerksamkeit dabei schleifenartig immer wieder dem Eigenen und dem Anderen zugewendet. Achtsamkeit bedarf ferner einer besonderen kooperativen Einstellung zum gemeinsamen Handeln. Die ForschungspartnerInnen beschreiben eine achtsame Haltung, mit der Akteure bereits in den Handlungsprozess eintreten.

Als dritte Gelingensbedingung lässt sich die Steuerung beschreiben, mit der die Gruppe einander führt. Die visuellen, leiblichen und akustischen Impulse, die für eine Handlungsabstimmung notwendig sind, sind Bestandteil eines musikalischen Regelsystems, das in der musikalischen Praxis angeeignet wird und den Akteuren als Handlungswissen zur Verfügung steht. Schließlich bedarf es für gelingende Koordination eines Einschwingprozesses der Gruppe auf eine gemeinsame Handlung. Hierfür müssen sich die Akteure auf eine kollektive Handlungsversion einigen. Dies setzt Reaktionen auf die Handlungsimpulse ebenso voraus, wie eine Verständigung auf eine kollektive Interpretation, die von allen Gruppenmitgliedern umsetzbar ist. Kollektive Handlungsvollzüge erfordern demzufolge Kompromisse hinsichtlich musikalischer Parameter, vor allem hinsichtlich des Tempos. Koordination erscheint in diesem Sinne dann wahrscheinlich, wenn die Musizierenden ein Tempo wählen, das alle Gruppenmitglieder realisieren können.

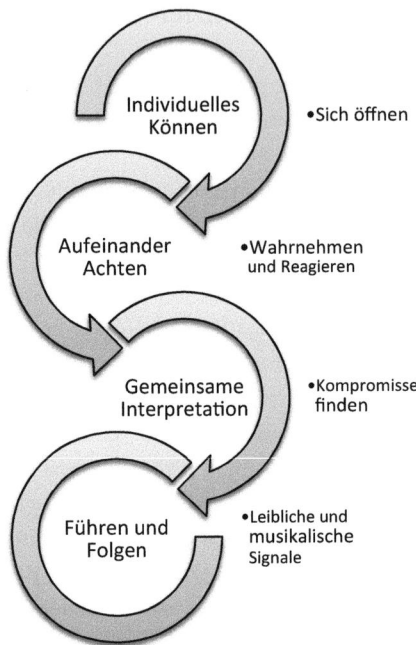

Abb. 23: Die Gelingensbedingungen von Koordination.

Auch wenn die Gelingensbedingungen aufeinander aufbauen, sind sie zyklisch zu verstehen (vgl. Abb. 23). Die Aufmerksamkeit vollzieht sich in Schleifen zwischen Eigenem und Anderem. Dabei entsteht eine Bewegung von innen nach außen (sich öffnen, sich den Anderen zuwenden, eigene Impulse in die Gruppe geben) und von außen nach innen (Impulse aufnehmen und sich dem Eigenen zuwenden). In dieser Aufmerksamkeitsschlaufe findet dabei ein Wechselspiel zwischen Bewegungen nach außen (Impulse geben, Gruppenprozesse steuern) und Bewegungen nach innen (Impulse von anderen übernehmen, Kompromisse finden) statt.

8 Der koordinative Raum

Die vorangegangenen Analysen legen dar, dass Koordination beim Musizieren nicht direkt erzeugt wird, sondern vielmehr in einem Umfeld koordinationsförderlicher Bedingungen entsteht. Das folgende Kapitel stellt eine zentrale Kategorie dar, die ein koordinationsfreundliches Umfeld beschreibt und die ich als Kernkategorie der vorliegenden Studie betrachte: der *koordinative Raum*. Diese Kategorie ist induktiv aus dem vorliegenden Datenmaterial herausgearbeitet worden und verbindet die einzelnen Kategorien miteinander.

Der koordinative Raum beschreibt einen spezifischen Interaktionsraum der Akteure beim Musizieren, der bereits in der Vorbereitungsphase vor dem eigentlichen Musizieren konstituiert wird und das Musizieren prinzipiell überdauert. Wenn ich von einem Interaktionsraum spreche, ist ein nichtgegenständlicher, leiblich-atmosphärischer Raum gemeint, der sich zwischen den Musizierenden aufspannt, in dem die achtsame Zuwendung der Akteure zueinander möglich und koordinative Interaktion begünstigt wird.

Der koordinative Raum zeichnet sich durch (1) eine räumlich abgeschlossene Formation der Gruppenmitglieder, (2) die auf das gemeinsame Handeln fokussierte Aufmerksamkeit, (3) den leiblichen und achtsamen Kontakt der Gruppenmitglieder untereinander und (4) die gegenseitige Bezugnahme der einzelnen Handlungen aus. Die Konstitution eines solch geschlossenen und spannungsgeladenen Interaktionsraums ermöglicht das *Eins werden* (vgl. L-Int-Wi/Z 46) der Individuen zu einer Gruppe und beschreibt gewissermaßen einen übergreifenden Leib (Schmitz 1980; 2005; vgl. Kap. 2.3.1.2) mit Fokus auf das koordinative Handeln.

Der koordinative Raum wird in den vorliegenden Datenbeispielen in der Vorbereitung auf das Musizieren, also *vor* dem Erklingen des ersten Tons, konstituiert. Der Moment der Raumkonstitution liegt somit in einer Phase, in der auch die hier betrachteten SchülerInnen, die mit dem Instrumentalspiel gerade erst begonnen haben, Aufmerksamkeitsfreiräume für interaktive Prozesse zur Verfügung haben. Es ist dieser Moment, in dem ein Fokus auf das Gemeinsame, auf das Zusammenspiel von eigenem Handeln und Handeln der Anderen, gelegt wird. Infolge einer solchen Achtsamkeit unter den Musizierenden, der gebündelten Aufmerksamkeit und der Konzentration auf das gemeinsame Handeln können Impulse und Resonanzen einzelner Musizierender von den anderen wahrgenommen, gespiegelt und beantwortet werden. Es lässt sich beobachten, dass desto stärkere koordinationsförderliche Bedingungen vorliegen, je besser den Gruppen die vorbereitende Herstellung des koordinativen Raums gelingt. Er ist gewissermaßen der „Nährboden" für anschließende interpersonale Koordinationsprozesse.[278]

---

278 Dabei gilt jedoch, dass sich bei Vorliegen eines *koordinativen Raums* nicht immer auch Koordination beobachten lässt. Der koordinative Raum bildet das *Möglichkeitsfeld*, in dem sich koordinative Prozesse ereignen. Ob Koordination letztendlich gelingt, bleibt kontingent.

Der koordinative Raum bietet so das Umfeld für die komplexen leiblich-klanglichen und dadurch mehrdimensionalen Kommunikationsprozesse im Medium der Musik. Er ist sogar konstitutiv für die koordinativen Gelingensbedingungen und damit für den Koordinationsprozess selbst.

Für die Betrachtung der Lernsituation zeigt sich der koordinative Raum durch die starke Fokussierung auf das gemeinsame Tun und die beobachtbare hohe Konzentration der Gruppenmitglieder als höchst lernrelevante Interaktionskonstellation. Er ist somit für das vorliegende Forschungsinteresse von äußerster Wichtigkeit.

Es zeigt sich, dass die räumlichen Figurationen einen Einfluss auf die Interaktionsformen im koordinativen Raum haben. Daher habe ich die Analyse anhand der räumlichen Formationen entwickelt. Die folgenden Kapitel werden dem folgend zunächst die Grundformationen koordinativer Räume anhand von Datenbeispielen herausarbeiten und dabei die grundlegenden Merkmale der Kernkategorie im Datenmaterial erläutern.

8.1 Grundformationen des *koordinativen Raums*

Das Datenmaterial weist auf zwei Grundformationen von koordinativen Räumen hin: den Kreis und das Dreieck. Diese werden zunächst *idealtypisch* präsentiert. Die realen Musizierszenen sind durch zahlreiche Formen von Dimensionierungen und Abänderungen dieser Idealtypen gekennzeichnet. Dennoch ist es erst die Typisierung, vor deren Hintergrund die Veränderungen sichtbar werden.

8.1.1 Der Kreis

Für die folgende Analyse dient erneut die bereits bekannte Szene ‚*Wir machens mal zu dritt*' (02-1113-SK/01:48) als Beispiel. Es ist bereits beschrieben worden, dass Koordination in diesem Beispiel anhand des Gruppenklangs und der gemeinsamen Körperbewegung der Akteure festgestellt werden kann (vgl. Kap. 6).

Der Szenenausschnitt zeigt Frau Wolf mit den SchülerInnen Jonas und Helena. Auffällig ist in dieser Szene der lange Vorlauf bis zum ersten Ton. Von der Szeneneröffnung bis zum ersten Ton vergehen elf Sekunden. Die Gruppe nutzt scheinbar diese lange Vorbereitungsphase als bedeutsamen Moment der Einstimmung auf das Musizie-

---

Gelingende Koordination – zumal über einen längeren Zeitraum – ist von einer Vielzahl an Faktoren abhängig (gemeinsame Vorstellung des Gruppenklangs, Sicherheit im eigenen Handeln, gegenseitige Achtsamkeit, Reaktionsschnelligkeit und stimmige Antizipation, funktionierende leibliche Kommunikationsstrukturen, Konzentration), die simultan im Zeitfluss der Musik hervortreten und die gerade in Gruppen unerfahrener Musizierender extrem fehleranfällig sind. Letztendlich wirkt Koordination wohl auch durch die Vielzahl der relevanten Faktoren in Kombination mit einer komplexen Interaktionssituation (in der mehrere Akteure simultan handeln) so emergent.

ren.[279] Aufgrund dieser scheinbaren Bedeutsamkeit für die Akteure wird die Eröffnungssequenz eingehender betrachtet.

Weit vor dem Erklingen des ersten Tons eröffnet die Lehrerin das Musizieren mit einer leiblichen und einer verbalen Aufforderung, wie es in einem Ausschnitt des Transkriptionsprotokolls von der Szeneneröffnung bis zum Musikbeginn der genannten Szene zu entnehmen ist:

Standbild, Zeitmarke und Verbaltranskript	*Beschreibung*
 [02-1113-SK/01:50] *Frau Wolf: Wir machens mal zu dritt.*	*Die Lehrerin ist zunächst der Schülerin Helena zugewendet und korrigiert deren Bogenhaltung. Jonas sitzt abseits auf einer Tischecke. Er beobachtet die Kamera und wartet, bis er wieder an der Reihe ist.* *Die Lehrerin fordert Jonas nun verbal mit dem Satz „Wir machens mal zu dritt" auf, in die Interaktion hinzuzutreten. Sie dreht ihm anschließend ihren Kopf zu. Als Jonas nicht reagiert, fordert sie ihn über eine Zeigegeste mit dem rechten Arm und ausgestrecktem Zeigefinger auf. Schließlich geht sie einen Schritt auf Jonas zu.*
 [02-1113-SK/01:51] *Frau Wolf: Jonas?*	*Auf die räumlich-leibliche Verschiebung und die zweite verbale Aufforderung mit Nennung seines Namens reagiert Jonas mit einem Blick zur Lehrerin. Helena wiederum reagiert auf das Handeln der Lehrerin, indem auch sie einen Schritt zurücktritt. Damit öffnet sich der Kreis für Jonas. Auch sie wirft dem Mitschüler einen Blick zu.* *Die Lehrerin begibt sich in Spielhaltung (Bogen auf der Saite in Spielposition) und stellt eine vorbereitende Körperspannung her. Damit fordert sie Jonas zur Vorbereitung auf und zentriert die Aufmerksamkeit auf das Spiel. Jonas nimmt die Aufforderung an und stellt sich in den Kreis. Er begibt sich in Spielposition (Geige auf der Schulter und Bogen auf der Saite). Nun stehen die Akteure im Kreis.*

---

279 In den Anfängergruppen werden verschiedene Interaktions- und Musizierbedingungen (zentrierte Aufmerksamkeit, Geschlossenheit, Zuwendung, gemeinsames Tempo u.a.) Schritt für Schritt hergestellt und sind daher auffälliger als in fortgeschrittenen Ensembles, in denen diese Prozesse schnell und meist parallel zueinander hergestellt werden. Die hier herausgearbeitete Kategorie des *koordinativen Raums* dürfte aber auch in fortgeschrittenen und professionellen Ensembles beim Zusammenspiel beobachtbar sein.

Was ist in dieser Vorbereitungssequenz zu beobachten? Die Lehrerin integriert Jonas zu Beginn der Sequenz in mehreren Versuchen – verbal, gestisch, über eine Blickzuwendung und die Verschiebung ihrer Position im Raum – in die Gruppeninteraktion, von der er sich zuvor abgewendet hat. Hierdurch verändert sich die Interaktionssituation gegenüber den vorigen Szenen grundlegend. Während Jonas zuvor nicht eingebunden war und es keinen Kontakt zwischen den Kindern gab, entsteht nun ein interaktiver Raum – ein konzentrierter Ort des Geschehens, in dem die drei Akteure miteinander verbunden scheinen und der günstige Bedingungen für entstehende Koordinationsprozesse vorweist: ein *koordinativer Raum*. Dieser umschließt die Akteure und verbindet sie zu einer Gruppe.

Die *Zuwendung* der Lehrerin zu Jonas durch Ansprache, Blickkontakt, Gestik und vor allem die Verschiebung ihrer körperlichen *Positionierung* sind in dieser Szene die entscheidenden Handlungen für das Entstehen des koordinativen Raums. Durch diese Handlungen bezieht die Lehrerin Jonas in die Interaktion ein. Beide Kinder beantworten die Lehrerhandlungen mit leiblichen Reaktionen: Anhand von Helenas Reaktion, einen Schritt zurückzutreten und dadurch den Raum für das Hinzutreten des Mitschülers zu öffnen, zeigt sich, dass sie das Handeln der Lehrerin resoniert und damit ebenfalls an der Konstitution des gemeinsamen Interaktionsraums teilhat. Mit der Veränderung ihrer leiblichen Position nimmt auch sie Kontakt zu Jonas auf, der seinerseits die Position im Raum zugunsten einer gruppeninteraktionsfreundlichen Konstellation verändert. Zwischen den drei Musizierenden entsteht die Formation eines Kreises, in der sie sich körperlich einander zuwenden und Innen und Außen durch ihre Körper abgrenzen. Jede/r hat nun direkten visuellen, akustischen und leiblichen Kontakt zu beiden anderen. Aus den Einzelpersonen wird ein Ensemble.

Angeregt durch die Lehrerin nehmen die Kinder ihre Spielhaltung ein und bereiten sich auf einen Beginn des Musizierens vor. Bei allen dreien ist der Aufbau von Körperspannung sichtbar. Da mit dem Ende der Szene die Körperspannung aufgegeben wird und der Interaktionsraum damit sichtbar seine Geschlossenheit und seinen Fokus verliert, ist die Körperspannung ein wichtiges Beobachtungsmerkmal für den koordinativen Raum. Im Gegensatz zur vorangegangenen Szene sind Körper und Blicke zueinander bzw. ins Innere des koordinativen Raums gerichtet. Beim Betrachten des Videos oder auch der Standbilder ist die Konzentration, die auf das kommende gemeinsame Handeln gerichtet ist, zu spüren.[280] Deutlich wird die gebündelte Aufmerksamkeit der Gruppe auf das gemeinsame Handeln jedoch auch anhand der Blickrichtung, der Körperspannung, des Aushaltens in der Startposition und die in der Gruppe wahrnehmbare konzentrierte Stille. Äußere Reize, d.h. solche, die außerhalb des Kreises liegen, scheinen ausgeblendet. Dies zeigt sich anhand der Körperausrichtung zur Mitte hin sowie der Fokussierung der Blicke auf die Mitspielenden. Während die Forscherin und die Kamera noch in der vorigen Szene immer wieder die Aufmerksamkeit der Kinder und der Lehrerin eingenommen haben, bleiben diese nun außerhalb der Interaktion und damit unbeachtet. Es zeigt sich demzufolge eine Geschlossenheit des koordinativen Raums.

---

280 Vgl. Kap. 5.

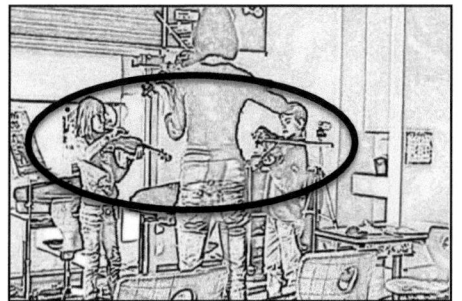 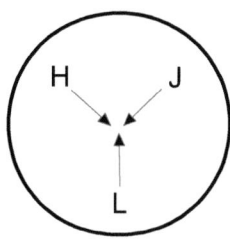

Abb. 24: Der koordinative Raum als Kreis (L=Lehrerin; H=Helena; J=Jonas).

Die hier explizierte Szene lässt die Merkmale des koordinativen Raums hervortreten: Geschlossenheit, Kontakt zwischen den Musizierenden und gebündelte Aufmerksamkeit. Sie präsentiert darüber hinaus eine spezifische Grundformation des koordinativen Raums: den Kreis. Die Positionierung im Kreis kann dabei als Idealform für den koordinativen Raum angenommen werden. Sie schafft besondere Voraussetzungen für das Eintreten in Koordination, denn jeder Akteur hat hier Zugang zur Kommunikation der Gruppe. Die Kreisformation schafft eine potentiell gleiche Verteilung von Aufmerksamkeit und Handlungsmöglichkeiten, da jeder einzelne visuellen, akustischen und leiblichen Kontakt zu allen anderen besitzt.[281]

Da in dieser Situation nur drei Akteure beteiligt sind, könnte die Positionierung auch als Dreiecksform interpretiert werden. Die hier betrachtete Situation unterscheidet sich jedoch von anderen Dreiecksformationen dadurch, dass hier jedes Gruppenmitglied theoretisch die gleiche Kontaktmöglichkeit zu den anderen erhält und damit theoretisch gleichberechtigt an der Interaktion teilnehmen kann. Damit ist sie von Dreiecksformationen zu unterscheiden, in denen sich die Aufmerksamkeit auf eine Person fokussiert. Es wird daher hier von einem Kreis gesprochen – in der bildlichen Vorstellung, dass in diese Figur weitere Gruppenmitglieder hinzutreten könnten, ohne die Kreisformation zu stören.

Neben dem Kreis zeigt sich im Datenmaterial eine weitere Grundformation, die in zwei Ausgestaltungen auftritt und im folgenden Kapitel dargestellt wird.

8.1.2 Das Dreieck – zwei Ausgestaltungen

Anhand der Positionierung der Akteure beim gemeinsamen Musizieren ist neben der Kreisformation eine zweite Formation zu beobachten, die im Datenmaterial sogar wesentlich häufiger als die Kreisformation auftritt: die Positionierung im Dreieck. Diese Formation ist dort zu beobachten, wo ein Gruppenmitglied eine explizite Führungsrolle übernimmt.

---

281 Diese Beobachtungen unterstreichen die Überlegungen von Maria Spychiger zum Kreis als „natürlich[e] und allgegenwärtig[e]" (Spychiger 2015, S. 59) Sozialform im Musikunterricht. Der Kreis eigne sich besonders für das Lernen durch Koordination (ebd., S. 58).

Die Dreiecksformation tritt in zwei Ausgestaltungen auf: in der einen Variante übernimmt ein/e MusikerIn der Gruppe die Führungsrolle, in der anderen Variante wird die Musikgruppe von einem/r Dirigenten/in geleitet. Diese zwei Ausgestaltungen werden im Folgenden anhand der Szenen ‚Uhrenkanon‘ (05-1119-LK/03:31) und ‚Dirigieren‘ (09-1213-K1/00:00) hergeleitet.

8.1.2.1 Dreiecksformation mit mitspielender Führungsfigur

Die erste Ausgestaltung des Dreiecks wird anhand einer Szene aus der Streicherklasse verdeutlicht, der Szene ‚Uhrenkanon‘ (05-1119-LK/03:31) aus einer Unterrichtsstunde mit Frau Sajani und den Schülerinnen Vera, Marie und Conny. Vera hat ihr Instrument nicht dabei, weshalb sie in der Szene nur neben Marie sitzt und nicht mitspielt. Es musizieren nur Conny, Marie und die Lehrerin.

Die Szene wird im Folgenden ausführlich dargestellt, da durch den Bruch der gewohnten Routinen eine neue Form des Musizierens gefunden werden muss. Die Suche nach einer als geeignet betrachteten Musizierinteraktionsform expliziert an dieser Stelle einerseits sehr deutlich den Herstellungsprozess eines koordinativen Raums, andererseits wird die an dieser Stelle interessierende Formation des Dreiecks sehr explizit präsentiert. Hier ein Auszug aus dem Transkriptionsprotokoll der Szene:

Die Unterrichtsstunde beginnt verspätet, da vergeblich auf eine vierte Schülerin (Katharina) gewartet wird. Von den drei anwesenden Schülerinnen Vera, Marie und Conny hat eine, nämlich Conny, ihr Notenheft vergessen und eine, Vera, Geige und Notenheft. Die Lehrerin fordert die Schülerinnen auf, die „Nummer 46" (das Lied Uhrenkanon) zu spielen, beginnt dann aber erst einmal, die Gruppe zu organisieren.	
Standbild, Zeitmarke und Verbaltranskript	*Beschreibung*
 *[05-1119-LK/03:31]* *Frau Sajani: „So, wir machen jetzt sechsundvierzig."*	*Die Eröffnung des Musizierens passiert hier bereits mit dem Eintreten in den Klassenraum. Die Kinder scheinen feste Plätze zu haben, denn sie steuern diese zielstrebig an. Das Mädchen ohne Instrument hat sich bereits auf seinen Platz auf dem rechten Tisch gesetzt.*

	*Die Gruppe ist zunächst im Raum ver-streut. Die Lehrerin wendet sich der Schü-lerin Conny zu und fragt sie nach ihrem Notenheft.*
[05-1119-LK/03:32] *Frau Sajani: „Du hast kein Heft dabei?"* *Conny: „Nein."*	
	*Nach kurzem Nachdenken entscheidet die Lehrerin, dass die beiden Schülerinnen zu zweit in ein Notenheft schauen sollen. Sie wendet sich dabei der Schülerin Marie zu.*
[05-1119-LK/03:35] *Frau Sajani: „Gut, dann guckt ihr zu zweit rein."* *Conny: „Hä? Wie zu zweit?"*	
	Die Lehrerin verdeutlicht ihre Aussage mit einer Geste: Sie zeigt mehrmals abwech-selnd auf die Schülerinnen Conny und Marie. Dabei greift sie nach dem Noten-ständer, auf dem ein Notenbuch liegt und schiebt dieses ein wenig in Richtung Con-ny.
[05-1119-LK/03:36] *Frau Sajani: „Ihr beiden. Spielt ja jetzt nur."*	

Die Mädchen wollen zu Beginn ihre gewohnten Plätze einnehmen. Da jedoch nur ein Notenheft vorhanden ist, muss die Raumnutzung neu organisiert werden. Das Fehlen eines Notenhefts bringt die gewöhnliche Routine daher durcheinander. Um die Lücke zwischen den Mädchen zu schließen, soll Conny sich neben Marie setzen und gemein-sam mit ihr in das Notenheft schauen. Das scheint Conny zu irritieren, worauf die Leh-rerin ihre Aufforderung gestisch unterstützt.

Conny soll in diesem Moment den Platz wechseln, um das Notenheft mit Marie tei-len zu können. Betrachtet man das Geschehen jedoch aus der Perspektive der Positionierung, geht es in diesem „Zusammenrücken" um ein Überwinden des leeren Platzes, das Finden eines gemeinsamen Musizierraums und ein Verstärken des Kontakts von Conny zur Gruppe.

Conny reagiert nun und begibt sich auf ihren neuen Platz. Währenddessen positioniert die Lehrerin weiterhin Notenständer und andere Objekte an andere Orte.

Standbild, Zeitmarke und Verbaltranskript	Beschreibung
 *[05-1119-LK/03:40]* *Frau Sajani: „Weil die anderen ja jetzt nicht da sind." [Schülerinnen sprechen simultan; unverständlich]* *Frau Sajani: „Zu zweit. Genau. Und dann wechseln wir uns ab, und dann kannst du [zu Vera] auch mal die Geige haben, ja?"*	*Die Lehrerin räumt den Notenständer, der für das weitere Spiel nicht gebraucht wird, auf die Seite. Sie erklärt das weitere Vorgehen und läuft dann zurück zum Notenständer.*

Die Lehrerin gibt die Zuwendung noch einmal auf, um den Ort des Geschehens herzurichten. Währenddessen spricht sie mit Vera (das Mädchen ohne Instrument), die im Folgenden nicht mehr direkt von ihr angesprochen wird und auch keine Zuwendung mehr erhält. Die Aufmerksamkeit gilt nun ausschließlich Conny und Marie.

Standbild, Zeitmarke und Verbaltranskript	Beschreibung
 [05-1119-LK/03:46]	*Conny setzt sich auf die linke Tischkante. Die Lehrerin bewegt sich zurück zum Notenständer. Dabei schaut sie mehrfach von Conny zu Marie und zurück.*

 *[05-1119-LK/03:47]* *[simultanes Sprechen]*	*Die Schülerinnen sitzen nun auf den im Klassenraum stehenden Tischen, Conny auf der linken Seite des Mittelgangs, Vera und Marie auf der rechten Seite des Mittelgangs.[282] Vera (die kein Instrument hat) sitzt als Zuhörerin neben Marie.*
 *[05-1119-LK/03:48]* *[simultanes Sprechen]*	*Die Lehrerin stellt den Notenständer zwischen Conny und Marie, damit beide gemeinsam in die Noten schauen. Damit stellt sie den Notenständer der Schülerinnen exakt „Rücken an Rücken" an ihren eigenen Notenständer. Währenddessen sprechen die Schülerinnen miteinander (vieles unverständlich auf der Aufnahme).*
 *[05-1119-LK/03:51]* *Frau Sajani ((langgezogen)) „Ähm. Genau. Sechsundvierzig." [währenddessen simultanes Sprechen der Schülerinnen]*	*Kurzes Innehalten. Blick auf die Noten.*

Der Aufbau des Musizierraums beginnt dieses Mal mit der Positionierung der Kinder. Die Lehrerin ordnet die umstehenden Objekte und erschafft einen Interaktionsraum zwischen Conny, Marie und dem Notenständer. Die Kinder sind auf die Stelle ausgerichtet, an die sich die Lehrerin zum Musizieren positionieren will und die durch ein Notenpult markiert ist. Die Lehrerin fixiert diese Ausrichtung durch das erneute Ver-

---

282 Die ungünstige Positionierung durch den Mittelgang wird an dieser Stelle nicht thematisiert, da die Auswirkungen einer solchen Positionierung an späterer Stelle (Kap. 8.2.2.2) besprochen und diskutiert werden.

schieben des Notenständers der Kinder auf die Rückseite ihres eigenen Notenständers. Die Notenständer stehen nun außerdem in der Mitte zwischen den beiden Kindern und zentrieren so die Aufmerksamkeit.

Die Lehrerin versichert sich der Aufmerksamkeit der Kinder durch verbindende Blicke und Gesten: sie zeigt zwischen den Mädchen hin und her und blickt die Mädchen abwechselnd an. Gesten und Blicke sorgen so für Zuwendung und Kontakt. Interessant ist, dass sie das Mädchen, das sein Instrument zu Hause vergessen hat, ab dem Moment der konkreten Musiziervorbereitung aus der Interaktion ausschließt. Sie konzentriert sich auf ihre InteraktionspartnerInnen, die die Instrumente in den Händen halten und sich auf das gemeinsame Musizieren vorbereiten.

Nach dem Umpositionieren des Notenständers scheint die Lehrerin kurz innezuhalten und das Ergebnis zu begutachten. Sie holt deutlich Luft, holt dann ihr Instrument und begibt sich auf ihre Position in die Gruppe.

Standbild, Zeitmarke und Verbaltranskript	Beschreibung
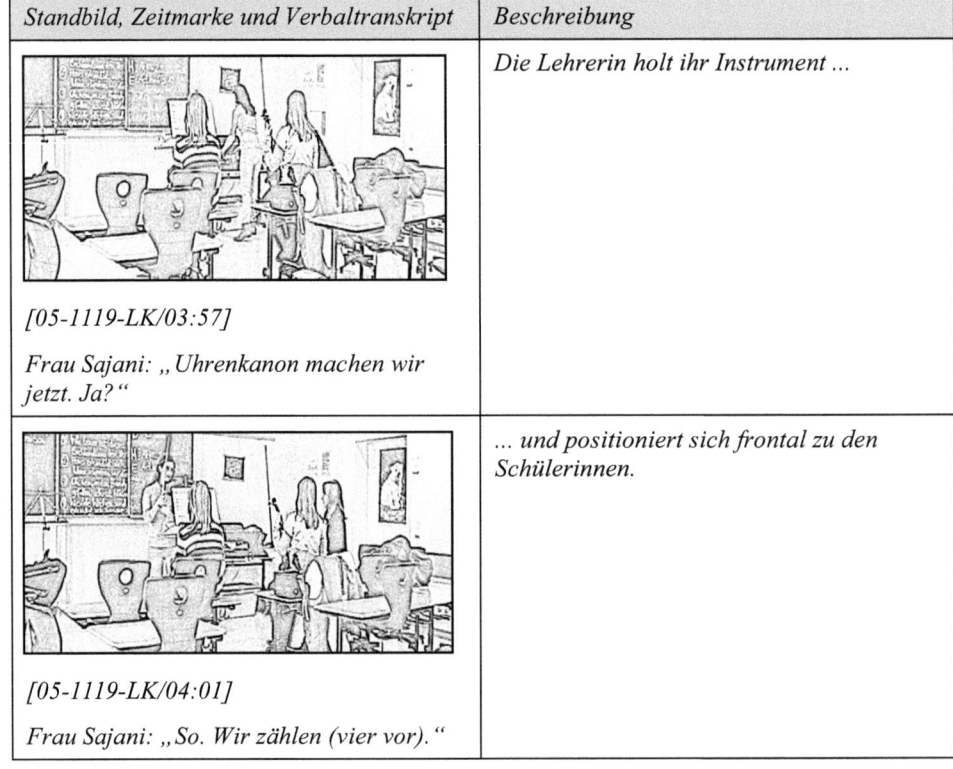[05-1119-LK/03:57] Frau Sajani: „Uhrenkanon machen wir jetzt. Ja?"	Die Lehrerin holt ihr Instrument ...
[05-1119-LK/04:01] Frau Sajani: „So. Wir zählen (vier vor)."	... und positioniert sich frontal zu den Schülerinnen.

An dieser Stelle beginnt die Konstitution des koordinativen Raums. Die Lehrerin nimmt Blickkontakt mit den Schülerinnen auf und wendet sich ihnen dadurch zu. Während des Vorzählens folgen der Aufbau der Körperspannung, die Fokussierung auf das gemeinsame Handeln und die Geschlossenheit der Formation:

Standbild, Zeitmarke und Verbaltranskript	Beschreibung
 *[05-1119-LK/04:05]* *Frau Sajani: „Eins, zwei,"*	*Die Lehrerin macht einen Schritt nach vorne und beginnt vorzuzählen. Währenddessen beginnt Marie mit der Vorbereitung auf das Spielen. Sie baut Körperspannung auf und nimmt eine Spielhaltung ein.*
 *[05-1119-LK/04:08]* *Frau Sajani: „Drei, vier."*	*Daraufhin reagiert auch Conny, die ebenfalls Körperspannung aufbaut und eine Spielhaltung einnimmt. Bei „drei" ist eine konzentrierte Stille wahrzunehmen. Die Lehrerin blickt auf die Schülerinnen, die Schülerinnen auf die Noten. Bei „vier" nimmt auch Vera eine Spielhaltung ein – sie ahmt in der Luft die Spielhaltung nach.* *Es folgt ein deutlicher Einsatzimpuls von allen vieren.*

Nach der Zuwendung zu den Schülerinnen bauen diese Körperspannung auf und bereiten sich auf das Spielen vor. Der Schritt der Lehrerin nach vorne verstärkt ihre Position, verbessert noch einmal den leiblichen Kontakt der Lehrerin zu den Schülerinnen und wirkt gleichzeitig als zusätzliche Aufforderung zur Vorbereitung. Es ist an diesem Punkt eine konzentrierte Stille zwischen den Akteuren zu vernehmen. Die Lehrerin fokussiert die Schülerinnen.

Mithilfe der gegenüberliegenden Kamera ist zu beobachten, dass die Schülerinnen während der Spielvorbereitung zunächst Blickkontakt mit der Lehrerin aufbauen und anschließend, kurz vor dem Einsatz, die Noten fokussieren (vgl. 05-1119-SK/01:23; vgl. Abb. 25). Die Noten sind frontal vor der Lehrerin aufgestellt, so dass leibliche Impulse von der Lehrerin wahrgenommen werden können. So ist es möglich, dass die Schülerinnen den Einsatzimpuls resonieren und mit der Lehrerin gemeinsam ausführen.

Abb. 25: Gegenüberliegende Kameraperspektive [05-1119-SK/01:23]. Die Schülerinnen (in der Mitte und rechts sitzend) fokussieren kurz vor dem Einsatz die Noten.

Auch wenn das Spiel in dieser Szene nach kurzer Zeit wegen eines Spielfehlers abgebrochen wird und so auf die ausführliche Vorbereitung nur wenig Musik folgt, können die Auswirkungen des aufgespannten koordinativen Raums ein paar Minuten später verfolgt werden. Da die Positionierungen der Kinder nicht aufgegeben werden, sondern die Lehrerin die Spannung nur für eine kurze Phase der Korrektur lockert, kann sie diese schnell wieder aufnehmen. Es folgt ein neuer Versuch (Szene ‚Uhrenkanon 2', 05-1119-LK/05:58), in der bereits das Hochnehmen der Geigen koordiniert ist. Auch der Einsatz gelingt nach dieser koordinierten Vorbereitungsphase gemeinsam. Dass etwa ab dem zweiten Ton eine Irritation von Conny und eine diskoordinierte Phase zu hören bzw. zu sehen ist, liegt vermutlich daran, dass die Lehrerin jeden Ton einzeln mit einer Körperbewegung anleitet. Es ist zu sehen, wie Conny davon irritiert wird. Der Fluss der Einsatzphase geht komplett verloren. Auch wenn Conny sich an die Bewegungen der Lehrerin angleicht und nach einigen Takten in Koordination gerät, ist das Klangergebnis eine Art ‚Ton-für-Ton-Koordination'. Die musikalische Gesamtheit der Melodie und der musikalische Fluss sind nicht zu hören.

Wie in der in Kap. 8.1.1 analysierten Szene ‚Wir machens mal zu dritt' (02-1113-SK/01:48) findet hier vor dem Spielen Zuwendung und Kontaktaufnahme durch Blicke, Gesten, Ansprache und leibliches Einbeziehen der Gruppenmitglieder statt. Die Beteiligten bauen Körperspannung auf. Durch die konzentrierte Spannung scheint die Interaktion nach außen abgegrenzt und es bildet sich ein koordinativer Raum. Dieser weist allerdings einen zentralen Unterschied zur oben dargestellten Kreisformation auf, die auf die Positionierung zurückzuführen ist: Es besteht eine gewisse Assymmetrie in der Zuwendung. Während sich in der oben dargestellten Kreisformation die Kinder so positioniert haben, dass von einer Zuwendung und hergestelltem leiblichen Kontakt auch zwischen ihnen gesprochen werden kann – sie stehen nicht frontal zur Lehrerin, sondern leicht schräg auf einer Kreisform –, ist hier eine frontale Ausrichtung zur Lehrerin zu sehen. Dies stellt eine erhöhte Aufmerksamkeit auf die Position der Lehrerin her, während die Kinder einander weniger Aufmerksamkeit zuwenden.[283]

---

283 Die Funktion des Notenständers als Fokusobjekt wird an späterer Stelle diskutiert (vgl. Kap. 8.2.2.3).

Die Positionierung gleicht der Form eines Dreiecks, in dem die Lehrerin frontal zu den aufgereihten Schülerinnen steht. Ihre Achtsamkeit verläuft sternförmig zu beiden Schülerinnen, während diese sich vor allem frontal zur Lehrerin und den Noten ausrichten (vgl. Abb. 26).

 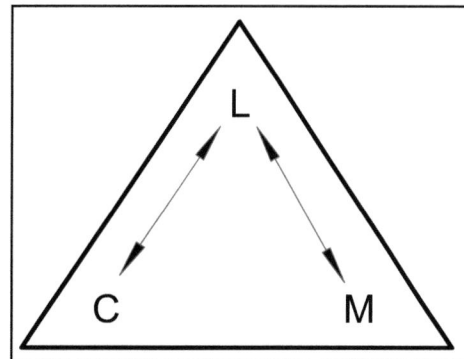

Abb. 26: Die Positionierung im Dreieck auf dem Standbild (05-1119-LK/04:08) und als Schema. Die ganz rechte Schülerin wird nicht in die Interaktion eingebunden, da sie kein Instrument dabeihat.

Im Gegensatz zur Idealfiguration des Kreises sind die Möglichkeiten der Kontaktaufnahme in der Dreiecksformation gerichtet und fokussieren sich auf eine zentrale Figur: auf die Lehrerin. Die Zuwendung der Kinder untereinander wird demgegenüber räumlich weniger betont. Die Dreiecksformation ist dadurch asymmetrischer als die Kreisformation. Dies wird an der Körperausrichtung deutlich: die Schülerinnen wenden sich durch die Ausrichtung auf die Lehrerin die Körperseiten zu. Die jeweils andere Körperseite zeigt dabei nach außen, wodurch sich das Dreieck nach außen hin weniger geschlossen präsentiert als der Kreis, in dem sich die Gruppenmitglieder nach innen orientieren. Die Dreiecksformation ermöglicht demzufolge zwar koordinative Bedingungen, präsentiert sich aber asymmetrisch. Koordinatives Handeln geht hier noch stärker von der Lehrkraft aus.[284]

---

284 Dabei ist anzumerken, dass in der Szene ‚Uhrenkanon' (05-1119-LK/03:31) keine Anregungen für ein gemeinsames Handeln der Schülerinnen von Seiten der Lehrerin gegeben werden. In der gesamten Unterrichtsstunde bleibt zudem die Ordnung zwischen der Lehrerin in dirigentischer Führungsposition und mitspielenden Schülerinnen bestehen. Keine der Schülerinnen erhält in der gefilmten Unterrichtsstunde mal die Führungsrolle. Das Lehrerhandeln erscheint so sehr vereinseitigt. Lehrerin und Schülerinnen berichten allerdings unabhängig voneinander in den jeweiligen Interviews von Unterrichtssituationen, in denen die Schülerinnen Führungsrollen zugewiesen bekommen haben und das Thema *Aufeinander-Achten* ein explizites Unterrichtsthema geworden ist.

8.1.2.2 Dreiecksformation mit Dirigent

In der oben betrachteten Szene ‚*Uhrenkanon*‘ (05-1119-LK/03:31) ist eine Dreiecksformation zu sehen, in der die Lehrerin das Handeln von der Spitze des Dreiecks aus
anleitet. Sie hat die Führungsrolle des Ensembles und ist gleichzeitig Instrumentalistin.
Demgegenüber finden sich im Datenmaterial auch Szenen, in denen Lehrende als Dirigenten anleiten.

Dirigenten haben im Ensemble eine besonders mächtige Rolle (vgl. Canetti 1980).
Sie dominieren ihre Gruppen durch die exponierte und zentrale Positionierung vor der
Gruppe und ihre musikalische Gestaltungsmacht. Sie sind zuständig für die Ausgestal-
tung der musikalischen Parameter (Tempo, Dynamik, Artikulation), der interpretativen
Aspekte (Gestus, Emotionalität) und für die Koordination von Beginn und Ende der
Musik. Zentral ist dabei der musikalische Einsatz, der vom Dirigenten gesteuert wird.
Ihm obliegt die Interpretation der Musik, die sie leiblich und gestisch an die anderen
Musizierenden übermitteln. Kommunikationsprozesse werden so an einem zentralen Ort
gebündelt. Eine solch zentrale Figur, zu der alle Gruppenmitglieder in Kontakt stehen
sollten, überbrückt in sehr großen Gruppen, akustisch unvorteilhaften Räumen oder bei
komplexen musikalischen Werken, dass sich die einzelnen Gruppenmitglieder gegenseitig nicht hören oder sehen. Die Aufmerksamkeits- und Kommunikationsstruktur ist
infolgedessen in einer Gruppe mit einem Dirigenten auf diesen ausgerichtet und damit
hierarchischer als in einer kammermusikalischen Gruppe, in der Gruppenmitglieder die
Führungsrolle übernehmen.

Auch wenn die Lehrerin in der Szene ‚*Uhrenkanon*‘ (05-1119-LK/03:31) trotz Mit-
spielens bereits eine exponierte Positionierung im Dreieck einnimmt und daher die
Zentrierung auf sie stärker ist als das in vielen Kammermusikformationen der Fall ist,
wird die Fokussierung auf das Handeln des Lehrers beim Dirigieren noch stärker. Es
bildet sich so eine zweite Ausgestaltung des Dreiecks, die anhand der Szene ‚*Dirigieren*‘ (09-1213-K1/00:00) dargelegt wird.

Abb. 27 zeigt ein Standbild der Szene, auf dem die herausgehobene Funktion des
Dirigenten sofort anschaulich wird. Er überragt im Stehen die Musizierenden deutlich
und scheint mit seiner Gestik die Musizierenden ‚im Griff‘ zu haben:

 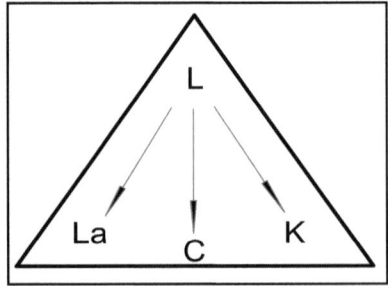

Abb. 27: Standbild aus der Szene ‚*Dirigieren*‘ (09-1213-K1/00:02). Herr Winkler dirigiert hier
die Saxophongruppe.

Anhand von Gestik und Körperausrichtungen ist die Dreiecksform auf dem Bild sofort sichtbar (vgl. Abb. 27). Der Lehrer scheint die Schülergruppe mit seinen gestisch ausgebreiteten Armen umschließen zu wollen. Durch die große Nähe zwischen dem Lehrer und den Schülern wirkt die Einflussnahme sehr direkt. Seine stehende Position vor den sitzenden Schülern wirkt sehr dominant.

Die Schüler haben eine enge Sitzposition, sodass zwischen ihnen ausreichende Kontaktmöglichkeiten bestehen. Die Zuwendung der Schüler erfolgt in der Vorbereitung jedoch ausschließlich zum Lehrer, der während des Vorzählens den Fokuspunkt der Aufmerksamkeit darstellt. Kurz vor dem Einsatzmoment wenden die Schüler ihre Aufmerksamkeit den Noten zu, wobei davon auszugehen ist, dass sie die Gesten und das Dirigat des Lehrers aufgrund der großen Nähe dennoch realisieren können. Zwischen den Akteuren herrscht Kontakt, wobei der Kontakt zwischen Lehrer und den einzelnen Schülern stärker ausgeprägt ist als der Kontakt der Schüler untereinander (vgl. Abb. 27). Herr Winkler wirkt durch seine Körperspannung konzentriert und auf die Schüler fokussiert, während er mit starken Gesten das Geschehen leiblich zu steuern vermag. Es gelingt ihm mit großen, fast übertriebenen Gesten eine rasche und effiziente Handlungssteuerung zu realisieren. Dies betrifft nicht nur die Momente der Spielvorbereitung, der Konstitution des koordinativen Raums und des musikalischen Einsatzes. Auch im weiteren Verlauf der Sequenz organisiert er die Übergänge zwischen Spielabbruch, Wiederholung einzelner Stellen bzw. sogar einzelner Töne sowie den Wechsel zwischen Einzel- und Zusammenspiel rasch, effizient und ineinandergreifend ohne Verlust der Spannung und ohne Verlust eines rhythmischen Gesamtverlaufs.

Auf seiner Seite wirkt der Raum geschlossen: Äußeres wird von ihm nicht sichtbar wahrgenommen. Die Schüler drücken in ihrer Körpersprache jedoch deutlich weniger Spannung aus. Zwar ist auch bei ihnen zu beobachten, dass sie ihre Aufmerksamkeit auf die Noten und die Gesten des Lehrers bündeln, weswegen eine Geschlossenheit des Raums postuliert wird. Die Körpersprache der Schüler lässt aber den Schluss zu, dass der koordinative Raum in dieser Szene weitaus stärker vom Lehrer als von den Schülern ausgeht. Er wirkt vereinseitigt. Dies bestätigt sich im weiteren Verlauf der Szene, in dem die Schüler aus diesem Raum auszubrechen versuchen. Einer beschäftigt sich auffallend lange mit dem Befestigen des Saxophonblättchens, ein anderer schaut wieder und wieder auf die Uhr.

Zusammenfassend lässt sich in dieser Szene ein koordinativer Raum feststellen, der ebenso wie in den anderen Beispielen durch Zuwendung, Spannungsaufbau, räumliche Geschlossenheit und fokussierte Aufmerksamkeit hergestellt wird. Die spezielle Positionierung des Lehrers gegenüber der Schülergruppe durch ein Gefälle zwischen Stehen und Sitzen sowie eine überaus große Gestik weisen dem Lehrer in diesem letzten Beispiel eine übermäßige Exposition zu. Das gemeinsame Handeln ist zuallererst vom Lehrer gesteuert – man kann sich als Gruppenmitglied seinen Gesten kaum entziehen. Die Asymmetrie der Konstellation ist in diesem letzten Beispiel demzufolge weiter in Richtung der Lehrkraft verschoben.

Anhand der drei Szenenbeispiele zeigen sich in Verbindung mit den unterschiedlichen Grundformationen nicht nur unterschiedliche methodische Herangehensweisen an das gemeinsame Musizieren, die mit einem jeweils unterschiedlichen Handlungsmuster sowie einer damit verbundenen Raumkonstellation verbunden sind. Es zeigt sich mit der Veränderung der Konfiguration der Gruppe zudem eine zunehmende Fokussierung auf die Lehrperson, eine zunehmende Zentrierung der Handlungssteuerung und eine abnehmende Aktivität der SchülerInnen hinsichtlich der innergruppalen Handlungsimpulse.

8.1.3 Erweiterung koordinativer Räume durch Publikum

In den Unterrichtsstunden wird in verschiedenen Kontexten gemeinsam musiziert. Während häufig das gemeinsame Erarbeiten oder Ausüben eines neuen Rhythmus oder Liedes Anlass des gemeinsamen Musizierens ist, finden sich auch Szenen der Präsentation, in denen ein Zuhörer bzw. ein Publikum eine Rolle spielt. Dies kann explizit der Fall sein, wenn die Lehrkraft als ZuhörerIn fungiert und die Schülergruppe dieser Person etwas vorspielt. Es sind aber auch Szenen zu beobachten, in denen Schülergruppe und Lehrkraft gemeinsam etwas präsentieren: sie üben für einen Auftritt und spielen im Unterrichtsraum für ein imaginäres Publikum. Weiterhin gibt es Szenen, in denen ich als Forscherin explizit in die Rolle des Publikums gerate.[285]

Das (angenommene oder reale) Publikum hat einen Einfluss auf den koordinativen Raum, in dem die Gruppen musizieren. Es erweitert diesen gewissermaßen um eine weitere Dimension. Das Publikum spielt, ob an- oder abwesend, als Dialogpartner in der Interaktion zwischen musizierender Gruppe und Publikum eine interaktionsleitende Rolle. Es wird einerseits als Adressat in die musikalische Interaktion einbezogen und beeinflusst durch seine Resonanzen andererseits auch das musikalische Handeln der Gruppe. In den Interviews mit den ForschungspartnerInnen finden sich einige Hinweise auf die große Bedeutung des Publikums als dialogisches Gegenüber in einer Konzertsituation (z.B. L-Int-St/Z 67-75).

Auch in der Unterrichtssituation spielt das Publikum in Präsentationen eine Rolle – auch wenn es sich nur aus der Lehrperson oder einigen Gruppenmitgliedern zusammensetzt. Es wird ebenso wie weitere MitspielerInnen in den koordinativen Raum integriert. Sichtbar wird dies beispielsweise in der Szene ‚Macht ihr mir mal zu dritt vor‘ (01-1106-SK/05:20), wie in diesem Auszug aus dem Transkriptionsprotokoll nachzulesen ist:

---

285 Diese Szenen finden außerhalb des regulären Unterrichts statt. Einige der Schülergruppen wollen mir gerne etwas vorspielen. Da ich ihnen diesen Wunsch nicht verweigert habe, sind solche Szenen Teil des Datenmaterials und sind als ‚Nische‘ für Koordinationsgeschehen eingehend betrachtet und analysiert worden.
Implizit war ich als Forscherin in allen Szenen Publikum. Das Verhalten der Unterrichtsgruppe lässt jedoch eine Unterscheidung der allgegenwärtigen Beobachtungssituation zu spezifischen Szenen zu, in denen das Publikum explizit thematisiert und performativ bespielt worden ist.

Die Szene ist Teil einer Unterrichtsstunde mit Frau Wolf und den Kindern Julius, Emma und Hannah. Die Unterrichtsstunde beginnt mit dem Stimmen der Instrumente und einer rhythmischen Übung, in der der Rhythmus des Liedes „Schokoladenkuchen" geübt wird. Nacheinander spielen die Kinder den entsprechenden Rhythmus mit verschiedenen Tönen. Aus den Rhythmusbausteinen, die die Lehrerin vorspielt, ergibt sich der Beginn des Liedes. Nun sollen die Kinder gemeinsam den Rhythmus spielen, wobei die Lehrerin bei einem der Kinder beim Bogenstreichen hilft. Nach dem zweiten Durchgang wollen die Kinder der Lehrerin zeigen, dass sie das Lied schon können. Die Lehrerin willigt ein.

Standbild, Zeitmarke und Verbaltranskript	Beschreibung
 *[01-1106-SK/05:28]* *Frau Wolf: „Dann macht ihr mir jetzt mal alle zu dritt die erste Zeile von dem Lied vor, ok?"* *Julius: „Oh, oh, eines (.) ist gerissen."* *((zeigt seinen Bogen))*	*Mit der Aufforderung zum Spielen tritt die Lehrerin an den Bildrand zurück. Sie bleibt den Kindern zugewendet und stützt einen Arm in die Taille. Die Mädchen reagieren auf das Zurücktreten der Lehrerin, bauen Körperspannung auf und bereiten ihr Spiel vor. Sie wirken konzentriert und schauen auf ihre Instrumente.* *Julius bemerkt ein gerissenes Haar an seinem Bogen und unterbricht die Vorbereitung.*
 *[01-1106-SK/05:31]* *Frau Wolf: ((leise)) „Nicht schlimm."* *((reißt das Haar ab))*	*Die Lehrerin wendet sich Julius zu, um ihm ein abgerissenes Bogenhaar zu entfernen. Die Mädchen geben ihre vorige Position auf und wenden sich Julius zu.*

[01-1106-SK/05:34]

Frau Wolf: „So."

Julius: „Mein zweites."

Frau Wolf: „Und die Emma*"

Julius: „Stop, stop."

Frau Wolf: „Die Emma zählt, wenn alle bereit sind, ((Julius stampft vier Mal)) (x) bis vier. Dann geht's los ok?"

Mit dem Zurücktreten der Lehrerin positionieren sich auch die Schülerinnen wieder spielbereit auf ihren Positionen und in ihrer Körperausrichtung.

Sie blicken zur Lehrerin, als diese die Rolle des Vorzählenden verteilen will. Dies wird erneut durch Julius unterbrochen. Auch dieses Mal erhält Julius körperliche Resonanz von den Mädchen (vor allem von Hannah): sie wenden sich ihm zu.

Sein Stampfen wirkt wie ein eigenes Vorzählen.

[01-1106-SK/05:42]

Emma: „Eins*"

Frau Wolf: „Moment." ((korrigiert die Bogenhaltung))

Emma blickt kurz zu Julius und beginnt dann zu zählen. Sie wird dieses Mal von der Lehrerin unterbrochen, die noch einmal zu Julius tritt und seine Bogenhaltung korrigiert. Erneut wenden sich die Mädchen zu Julius.

Mit dem Zurücktreten beginnt Emma erneut zu zählen. Die Lehrerin begibt sich noch etwas weiter an den Bildrand als zuvor, verlagert ihr Gewicht auf ein Bein und verschränkt die Arme.

Nach dem Wort „vier" holt sie deutlich sichtbar Luft und nickt mit dem Kopf. Sie unterstützt dadurch leiblich den Einsatz der Kinder.

Das Lied beginnt.

[01-1106-SK/05:49]

Emma: „Eins, zwei, drei, vier."

[m]

In dieser Szene bedarf es eines dreifachen Anlaufs, bis die Musik nach der Vorbereitungsphase beginnt. Immer wieder tritt die Lehrerin an den Bildrand zurück, um das Spielen zu eröffnen. Mit der Positionierung an den Bildrand zieht die Lehrerin den koordinativen Raum auf, in dem die Schülergruppe einen Halbkreis bildet und sie als Zuhörerin auf der anderen Kreishälfte positioniert ist. Ihre Körperhaltung ist erwartungsvoll gespannt, sie zeigt durch die Armhaltung und das fehlende Instrument aber deutlich, dass sie nicht zu den Musizierenden gehört. Auch wenn zunächst Julius, dann sie selbst, die Vorbereitung unterbrechen und sie durch ihr Herantreten an Julius den Raum zweimal aufgibt, zeigt sich gerade in der Wiederherstellung deutlich die Zuwendung und der bestehende Kontakt durch die Resonanzhandlungen der Mädchen.

Die Lehrerin lässt sich hier „*die erste Zeile von dem Lied*" vorspielen. Sie wird damit zur Zuhörerin, während die Kindergruppe alleine spielt. Ihre Rolle als Publikum ist visuell sehr deutlich: obwohl die Lehrerin nicht mitspielt, kein Instrument in der Hand hält, sich zurückzieht und sogar durch ihre Körperhaltung (das Verschränken der Arme bzw. zuvor das Stemmen eines Arms in die Taille) eine Distanzierung ausdrückt, bleibt sie Bestandteil der Interaktion. Die Kinder positionieren sich in einer Art und Weise, dass sie zueinander Kontakt haben, dass sie aber auch in Kontakt mit der Zuhörerin stehen. Sie reagieren sichtbar auf die Signale der Lehrerin.

In diesem Fall ist spezifisch, dass die Lehrerin sich nur scheinbar aus der Interaktion zurückzieht – sie greift über den Einsatzimpuls doch wieder quasi-musizierend in die Interaktion ein und bleibt nicht in einer reinen Zuhörendenrolle. Sie steuert das Geschehen vielmehr aus dem Hintergrund. Zudem ist anzumerken, dass die Lehrperson durch ihre Rolle als Lehrende eine Referenz für die Kinder darstellt und die Kinder so in jeglicher räumlicher Position Bezug auf sie nehmen. Dennoch wird anhand der Szenenbilder deutlich, dass sie als Publikum den koordinativen Raum ergänzt. Sie gehört ebenso in diesen Raum wie die Musizierenden. Der koordinative Raum umfasst demzufolge die Gruppe der Musizierenden und das Publikum in einem zweiten Kreis (vgl. Abb. 28).[286]

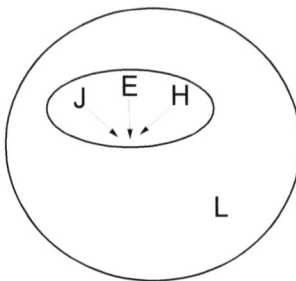

Abb. 28: Der koordinative Raum der Musizierenden (innerer Kreis) mit der Erweiterung um das Publikum (äußerer Kreis). J = Jonas; E = Emma; H = Hannah; L = Lehrerin.

Auch wenn in dieser Szene die Steuerung aus dem Hintergrund auffällig stark erscheint, kann für jegliche Vorspielsituationen festgehalten werden, dass das anwesende oder imaginierte Publikum die Interaktion der Gruppe beeinflusst, da sich das musikalische Handeln auf dieses Publikum ausrichtet. Die Musizierenden senden eine Botschaft zu ihren HörerInnen und empfangen Reaktionen. Zuhörende stellen eine Referenz für die Musizierenden dar.

8.2   Dimensionen koordinativer Räume

In Kapitel 8.1 ist der koordinative Raum in seinen Grundformationen Kreis und Dreieck analysiert worden. Diese Grundformationen bilden gewissermaßen Idealtypen, die aber in der Unterrichtsrealität durch verschiedene Faktoren verformt werden. Jede der beobachteten Situationen verfügt über Eigengesetzlichkeiten, die sich in immanenten Ungleichgewichten in der Struktur des koordinativen Raums abbilden. Aufeinander-Achten, eine wichtige Kategorie für koordiniertes Handeln beim Musizieren (vgl. Kap. 7.2), ist beispielsweise nur teilweise möglich oder die Aufmerksamkeit verschiebt sich zu einem der Akteure oder einem Objekt.

In den folgenden Unterkapiteln werden die aufgefundenen Dimensionen der koordinativen Räume detailliert vorgestellt. Die Darstellung beginnt mit koordinativen Räumen, in denen immanente Ungleichgewichte festgestellt werden können (Kap. 8.2.1), und präsentiert anschließend mehrere Deformationsstrukturen koordinierter Räume (Kap. 8.2.2). In Kap. 8.2.3 wird zum Thema, wie Aufgabenstellungen die Achtsamkeitsstrukturen innerhalb der Räume verschieben können.

---

286 Es ist anzunehmen, dass dies auch für Konzertsituationen gilt, in denen eine Musikgruppe auf einer Bühne agiert und ein Publikum zuhört.

8.2.1 Immanente Ungleichgewichte innerhalb koordinativer Räume

In der Betrachtung der koordinativen Räume wird zunächst deutlich, dass es, bedingt durch die Unterrichtssituation, innerhalb der Gruppe immanente Ungleichgewichte gibt, die die musikalische Interaktion beim Zusammenspiel beeinflussen. Blicken wir erneut auf die Szene ‚*Wir machens mal zu dritt*' (02-1311-SK/01:48), wird dies bereits deutlich. Hier spielen die Lehrerin Frau Wolf und zwei Kinder in einer Kreisposition (vgl. Abb. 29; Kap. 8.1.1).

Abb. 29: Die Kreisposition in der Szene ‚*Wir machens mal zu dritt*' (02-1311-SK/02:02).

Die drei Musizierenden sind allerdings in ihren musikalischen und sozialen Rollen nicht gleichberechtigt. Die Lehrerin ist die erste Orientierungsfigur. Zwischen ihr als Lehrerin und den Kindern herrscht ein Kompetenz- und Machtgefälle[287], das ihr mehr Aufmerksamkeit zuteil werden lässt, als sich die Kinder gegenseitig zukommen lassen. Das Gleichgewicht im Kreis verschiebt sich dadurch hin zur Lehrerin.[288]

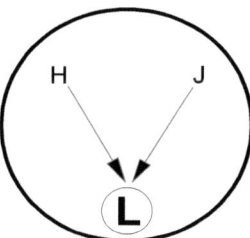

Abb. 30: Der koordinative Raum als Kreis mit seiner Aufmerksamkeitsverschiebung zur Lehrerin (L=Lehrerin; H=Helena; J=Jonas).

---

287 Zum Machtverhältnis zwischen Kindern und Erwachsenen vgl. Aghamiri (2016, S. 69); Honig (2009, S. 34f.).

288 Bei der Betrachtung der Bilder ist das Gefälle auch visuell zu erkennen, da die Kinder aufgrund ihrer Körpergröße zur Lehrerin aufblicken müssen, während sie die Kinder überragt.

Die Lehrerrolle verursacht demzufolge eine immanente Verschiebung, die in jeder Unterrichtssituation vorhanden ist und nicht aufgelöst werden kann.

In einigen Szenen (wie auch in der hier näher betrachteten Szene ,*Wir machens mal zu dritt*'; 02-1311-SK/01:48) lässt sich feststellen, dass auch das musikalische Material immanente Verschiebungen vorgibt. In den auftretenden mehrstimmigen Stücken finden sich Melodie und Begleitstimmen, die von Seiten der musikalischen Struktur Hierarchien vorgeben. So würde das musikalische Material führende und folgende Rollen implizieren und die Aufmerksamkeitsstruktur in der Gruppe lenken. Im Lied *Stepping Stones* spielt die Lehrerin die Melodie- und die Schülergruppe eine einfache Begleitstimme (vgl. Abb. 15). Die Verschiebung der Aufmerksamkeit im Kreis hin zur Lehrerin (wie in Abb. 30) wird dadurch auch vom musikalischen Material ausgehend gestärkt.[289]

Immanente Ungleichgewichte entstehen in der unterrichtlichen Interaktion nicht nur durch das musikalische Material und die sozialen Rollen, auch die musikalische Rolle erzeugt ggf. Hierarchien. Dies ist in allen Szenen der Fall, in denen ein Akteur (in den vorliegenden Unterrichtsszenen ist das immer die Lehrperson) eine Dirigentenrolle einnimmt (vgl. z.B. ,*Dirigieren*'; 09-1213-K1/00:00; vgl. Abb. 27). Die Aufmerksamkeitsverschiebung hin zum Dirigenten ist in diesen Fällen durch die musikalische Rolle bedingt, kommt dem Dirigenten doch im Ensemble die Rolle der Leitung und Steuerung zu.

8.2.2   Deformationen koordinativer Räume

An etlichen Stellen bleibt es nicht bei den immanenten Ungleichgewichten, die koordinativen Räume werden *deformiert*. Von diesen Raumkonstellationen wird in den folgenden Unterkapiteln die Rede sein, die drei Formen der Deformation fokussieren.

8.2.2.1 Sternförmige Blase – die Lehrkraft als Fixpunkt der Interaktion

In einer Variante der Deformation werden die Interaktionen zwischen den SchülerInnen während des Musizierens durch die übermäßige Zentrierung auf die Lehrperson als leitende Instanz reduziert. So zeigt sich eine spezifische Art des koordinativen Raums: eine Art sternförmige Blase, in der mehrere Teilräume zwischen dem Lehrer und je einem Schüler gleichzeitig präsent sind. Diese Deformation ist Gegenstand des folgenden Kapitels und wird anhand der Szene ,*Dirigieren*' (09-1213-K1/00:00) entwickelt.

---

289 Interessant ist, dass diese Verschiebung in der Interaktion verborgen werden soll. Die Lehrerin weist auf die Begleitfunktion nicht hin, im Gegenteil. Sie übergibt einem Schüler verbal die Leitungsfunktion – dieser soll das Tempo vorgeben –, während die andere Schülerin sich im Tempo nach ihm richten soll. Die Begleitstimme wird so scheinbar zur Hauptstimme und das Verhältnis zwischen Melodie und Begleitung scheint sich umzukehren. Dies wird auch in der musikalischen Gestaltung deutlich: die Begleitstimme ist dynamisch führend, die Melodiestimme scheint von der Schülergruppe kaum wahrgenommen zu werden.

Die Kameraaufzeichnung beginnt direkt mit dem ersten Lied. Lars, Cornelius und Kilian sitzen in einem Viertelkreis, Lars und Cornelius schauen in ein gemeinsames Notenheft, Kilian in ein separates. Herr Winkler steht frontal zu ihnen. Auch vor ihm steht ein Notenpult. Das Lehrerpult ist auf die Höhe der Schülerpulte gestellt, so dass es bildlich kaum auffällt. Vielmehr fällt der Größenunterschied zwischen dem stehenden Herrn Winkler mit den weit ausgebreiteten Armen und den sitzenden Schülern auf.

Standbild, Zeitmarke und Verbaltranskript	Beschreibung
 [09-1213-K1/00:00] *Herr Winkler: „Zwei,"*	*Der Lehrer schaut in seine Noten. Die linke Hand hält er geöffnet zu Lars, mit der rechten beginnt er zu schnipsen und zeigt die Taktfigur für einen Viervierteltakt.* *Die Schüler sitzen angelehnt auf ihren Stühlen, ihre Körperhaltung wirkt wenig gespannt. Sie führen die Instrumente zum Mund.* *Der Lehrer beginnt zu zählen.*
 [09-1213-K1/00:02] *Herr Winkler: „drei,"*	*Bei „drei" schaut der Lehrer zu Kilian und scheint ihn mit seinem rechten Arm (der gerade innerhalb der Taktfigur nach außen schwingt) „ins Boot zu holen".*
 [09-1213-K1/00:03] *Herr Winkler: „vier."* *[m]*	*Bei „vier" gibt der Lehrer einen Einsatzimpuls und schaut dabei zu Lars. Er atmet ein, die Schüler ebenfalls. Die Schüler beginnen zu spielen.*

[09-1213-K1/00:04] *[m]*	*Der Lehrer presst mit dem Einsatz die Lippen zusammen, als wollte er einen Ton erzeugen, er scheint innerlich mitzuspielen. Jeder Ton wird durch eine große Geste begleitet, er schaut abwechselnd zu den Schülern (rechts und links) und in sein Notenheft. Die Dirigiergesten werden vom Kopf (nicken) und dem ganzen Körper (in die Knie gehen, Gewicht auf die Seiten verlagern) unterstützt. Der Lehrer zeigt nicht das Metrum (durchgehende Schläge), sondern den Rhythmus des Liedes an (bei langen Noten hält er die Arme).*

Die Gruppe bildet eine Dreiecksformation. Besonders gut ist dies bei Zeitpunkt 00:02 zu erkennen, als der Lehrer seine Arme ausbreitet und damit eine Verbindung zwischen sich und der Schülergruppe schafft. Herr Winkler erreicht durch seine starke leibliche und gestische Präsenz eine Fokussierung auf sein überdeutliches Dirigat, dem die Schüler folgen. Dieser spezielle Dirigierstil wird von ihm pädagogisch begründet:

> *Herr Winkler:*   *[...] dass es v::iel darum geht, dass die einfach (.) die anderen <u>imitieren</u>. (...) Das ist auch was, was ich so beim Leiten versuche so ein bisschen zu <u>forcieren</u>. Also (.) das ich möglich klaren Gestus vorgebe, also wenn eine Halbe kommt, dass ich immer so mache ((Handzeichen)) und es weitergeht. ((anderes Handzeichen)) [...] ((lacht)) Und dass ich so versuche meine Körpersprache auf die zu <u>übertragen</u>. Also, wo ein klassischer Dirigent wahrscheinlich das Grausen kriegen würde, wenn der mich da sieht, aber dass ich einfach die Erfahrung mache: Das <u>funktioniert</u> in der Praxis. Also wenn ich mich wirklich ganz klar dahin stelle und auch einfordere, dass die es wirklich auch wahrnehmen, was ich da mache, dass sich das überträgt auf die Gruppe. Und wenn es so eine bestimmte Menge an (..) Kindern machen, <u>machen</u> dann machen die anderen das auch nach. Also es gibt so einen bestimmten Moment, wo ich das Gefühl habe: Jetzt (1,5) ist es so da.*
> *I:*   *Und das passiert tatsächlich auch schon (..) mit den Anfängern?*
> *Herr Winkler:*   *Ja, ja. Jaja. Es entsteht so eine, vielleicht auch höheres Maß an Konzentration, (..) kann man es nennen. Wenn jetzt vier zusammen sind und ich sage so: Jetzt. (.) Und dann alle zusammen einatmen, ja, (..) dann ist es, gelingt es eher. [L-Int-Wi/Z 75-95]*

Herr Winkler verwendet demzufolge eine sehr große und einfordernde Gestik, weil er glaubt, die musikalische Idee so am ehesten übertragen zu können. Die SchülerInnen müssten ihn, so seine Erfahrung, nur imitieren. Im Vergleich mit anderen Szenen fällt jedoch in der Szene ‚Dirigieren' (s.o.) die Passivität der Schüler auf. Ihre Körperspannung ist schwach und sie nehmen keinen Blickkontakt mit dem Lehrer auf. Zudem zeigen sie keinerlei Reaktionen aufeinander.

Die Schüler sitzen in einer leicht halbkreisförmigen Position, sie hätten dementsprechend die Möglichkeit, miteinander in Interaktion zu treten. Stattdessen reagieren sie individuell auf die Impulse des Lehrers und spielen mit ihm, nehmen jedoch keinen Kontakt mit dem Nebenmann auf. Die halbkreisartige Positionierung der Schüler wird kaum genutzt, der Kontakt zwischen den Schülern scheint unterbrochen. Sie beschränken sich auf das Reagieren auf die leiblich wahrnehmbaren starken Dirigiergesten und Unterstützungssignale des Lehrers, eigene Impulse setzen sie nicht. Es scheint, als reduziere die starke Präsenz des Lehrers, der die Handlungen schnell und präzise zu steuern weiß[290], die Spielräume für die Jugendlichen.

An späterer Stelle ist zu beobachten, wie sie sich den Impulsen des Lehrers entziehen. Kilian setzt beispielsweise mehrfach aus und beschäftigt sich ausgesprochen lange mit seinem Mundstück (09-1213-K1/00:14). Auch außerhalb des Musizierens lässt sich beobachten, dass die Jugendlichen selten die Initiative ergreifen und aktiv das Geschehen beeinflussen. Sie wenden ihre Aufmerksamkeit beispielsweise schnell ab, wenn der Lehrer mit einzelnen Schülern arbeitet (09-1213-K1/01:20).

Der koordinative Raum, den der Lehrer durch sein leibliches Handeln aufzuspannen vermag, existiert vor allem in den einzelnen Zweierinteraktionen zwischen Lehrer und je einem Schüler. Zwischen den Schülern sind keine Abstimmungsversuche zu sehen, so dass das Dreieck zu einer sternförmigen Blase deformiert wird (vgl. Abb. 31).

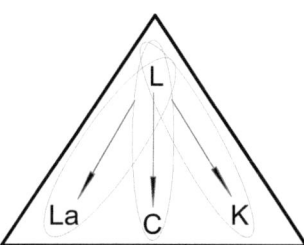

Abb. 31: Die Deformation des Dreiecks in eine sternförmige Blase.

Diese räumliche Konstitution spiegelt sich im Musizierprozess: die Schüler spielen jeweils einzeln gemeinsam mit dem Lehrer – also zur gleichen Zeit, aber nicht als Gruppe koordiniert. Sie folgen zwar den Signalen des Lehrers und spielen so nach seinem Tempo, allerdings nicht miteinander. Das tritt klanglich in Erscheinung: man hört separate Einzeltöne, keinen koordinierten Gruppenklang.[291] Der hier vorliegende koordinative Raum kann als vereinseitigt bezeichnet werden, denn er geht ausschließlich vom Lehrer aus.

---

290 Dies zeigt sich im weiteren Verlauf des Unterrichtsvideos, wo er schnell und pausenlos zwischen Einzelübungen und Zusammenspiel wechselt und so ein hohes Tempo im Unterricht erreicht.

291 Die Beurteilung der Koordination fußt bei diesem Beispiel viel stärker am Merkmal Gruppenklang, da die Spielbewegungen bei diesen drei Jugendlichen sehr klein und schwer festzuhalten sind.

8.2.2.2 Teilung des Raums – Hinderliche Sitzpositionen

Der folgende Abschnitt zeigt eine Deformation des koordinativen Raums, in der die Schülergruppe in zwei Teilgruppen aufgespalten wird. Beispielhaft wird hier die Szene ,102 Gespensterchen' (05-1112-LK/24:50) vorgestellt.

[05-1112-LK/24:10] Der Szene voran geht eine Sequenz, in der die Gruppe die Geigen zur Seite gelegt hat und den Rhythmus des Liedes ,102 Gespensterchen' gemeinsam klatscht. Die Lehrerin lobt die Kinder anschließend und leitet zum Zusammenspiel über: „Perfekt. Und so spielen wir's jetzt auf dem Instrument ok? Super". Alle Kinder und die Lehrerin strömen aus und holen die Instrumente, die während des Klatschens in den Instrumentenkästen gelegen haben. Als erstes positioniert sich die Lehrerin in der Mitte des Raums vor der Tafel. Sie legt die Geige auf die Schulter.

Die Kinder brauchen etwas länger, um ihre Instrumente aus den Kästen zu holen, stellen sich dann aber auf ihre Positionen: Conny und Marie vor einen links aufgebauten Notenständer, Katharina und Vera vor einen rechts aufgebauten Notenständer. Während die Lehrerin Streichbewegungen in der Luft macht und dabei schaukelnd in die Knie geht, fragt Conny: „Können wir eigentlich mal wieder im Sitzen spielen?" Die Lehrerin macht ein nachdenkliches Gesicht, kneift die Lippen zusammen und antwortet: „Hmm, überleg ich mir." Währenddessen setzt sich Conny bereits auf den hinter ihr stehenden Tisch. Marie macht es ihr nach, worauf die Lehrerin sagt: „Ich finde, ihr seht so toll aus, wenn ihr, wenn ihr steht." Sie schaut irritiert auf Conny und Marie, die bereits sitzen. Conny erwidert: „Aber wir wolln halt lieber sitzen", Katharina ruft: „Ja" und Frau Sajani: „Das sieht viel besser aus". Frau Sajani gibt sich darauf geschlagen: „Na gut, dann setzt euch hin."

Nun wird der rechte Tisch freigeräumt. Die Notenständer werden enger an die Tische herangeschoben, damit die Kinder sie im Sitzen besser sehen. Als nun endlich alle sitzen und die Notenständer die richtige Position haben, stellt sich die Lehrerin wieder auf ihren Platz: „So." Sie nimmt die Geige in Spielhaltung, nimmt Körperspannung auf und blickt zu den Schülerinnen, die sich noch auf den Tischen zurechtrücken. Vera hat ihre Geige bereits in Spielhaltung, Conny hält die Geige locker auf der Schulter, Katharina und Marie halten die Geigen noch auf den Knien abgestützt. Vera fragt, ob sie es gut mache (und bezieht sich dabei wahrscheinlich auf ihre Haltung): Die Lehrerin verharrt mit dem Blick auf ihr und nickt ihr aufmunternd zu.

Einem schweifenden Blick der Lehrerin folgend richtet Conny sich auf und bringt Geige und Bogen in eine spielvorbereitende Position. Marie und Katharina scheinen auf diesen Impuls zu reagieren und bereiten die Geigen ebenfalls vor. Die Lehrerin zeigt mimisch (offener Mund, weit geöffnete Augen, Staunen), dass sie auf die Vorbereitung der Schülerinnen wartet. Sie lässt dabei den Blick von einer Schülerin zur anderen schweifen.

Die Lehrerin beginnt zu zählen: „Eins, zwei." Mit Beginn ihres Sprechens geht Katharina aus der Spannung, lässt den Oberkörper zusammenfallen und nimmt die Geige aus der Spielposition. Sie versucht das Einzählen zu unterbrechen. Mehrfach setzt sie an mit „ich hab', ich hab'", doch als die Lehrerin das Einzählen nicht unterbricht, beginnt sie schnell mitzuspielen. Während die Lehrerin zu zählen beginnt, lässt sich außerdem beobachten, dass Marie einen Einsatzimpuls gibt. Dieser wird von keinem aus der Gruppe resoniert. Schließlich beginnen Marie und Katharina mit der Lehrerin zu spielen, während Vera und Conny den Einsatz verpassen. [05-1112-LK/25:05]

230

Die Kinder fragen zu Beginn, ob sie „mal wieder im Sitzen spielen" dürfen. Die Schülerinnen teilen sich symmetrisch auf die beiden Tische auf und nutzen jeweils zu zweit einen Notenständer. Die Tischspalte teilt nun die Gruppe in zwei Zweierpärchen (vgl. Abb. 32).

Abb. 32: Die Positionierung zum Zeitpunkt des Liedanfangs (05-1112-LK/24:59).

Die Lehrerin positioniert sich frontal zu den Schülerinnen und eröffnet damit eine Dreieckspositionierung. Über den Blickkontakt, den sie wechselnd zu allen Schülerinnen aufnimmt, realisiert sie Zuwendung und Kontakt und stellt sicher, dass alle Schülerinnen ‚an Bord sind'. Indem sie Körperspannung aufbaut, die Geige in Spielhaltung nimmt und andeutet, vorzählen zu wollen, initiiert sie die Vorbereitung der Schülerinnen. Marie und Katharina nehmen ihre Geigen gemeinsam hoch. Vor dem wirklichen Beginn des ersten Tons setzen die Schülerinnen mehrfach leibliche Impulse: Sie heben Oberkörper und Instrument und atmen ein. Es scheint, als wollen sie den Musikbeginn initiieren, es entwickelt sich aber kein gemeinsamer Impuls. Die schlussendliche Initiative zum Losspielen kommt schließlich von der Lehrerin: Sie zählt vor und die leiblichen Impulse der Schülerinnen gehen ins Leere.

Die Schülerinnen sind in dieser Unterrichtsstunde sehr aktiv, so auch in dieser Sequenz, in der sie Impulse geben und Fragen stellen (z.B. Vera kurz vor Beginn: „Mache ich's gut?"). Ihr Aktivitätsraum ist aber in dieser Szene eingeschränkt. Das Sitzen auf den Tischen erscheint ungünstig für die eingebrachten Impulse. Es beraubt die Kinder der Möglichkeit, sich den Mitschülerinnen zuzuwenden und so den fehlenden Kontakt herzustellen. Die Tische fixieren eine Positionierung in einer Reihe, in der nur die direkt nebeneinandersitzenden Kinder einen leiblichen Kontakt zueinander haben. Sitzen zwei Kinder nicht direkt nebeneinander, besteht kein leiblicher Kontakt. Aufeinander-Achten ist unter diesen Bedingungen nur in Zweierpaaren oder in der Zweierinteraktion mit der Lehrerin möglich. Tatsächlich beobachtet man vor allem die Reaktion auf die Impulse der Lehrerin. Letztendlich behält so die Lehrerin die Hoheit über Einsatz und musikalische Gestaltung, obwohl vielfältige Koordinationen in der Gruppe möglich wären.

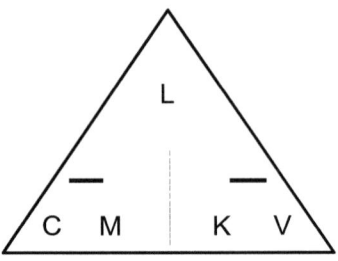

Abb. 33: Der deformierte Raum in der Szene ,*102 Gespensterchen*' (05-1112-LK/24:50).

Die Lehrerin richtet – wie in der Szene ,*Dirigieren*' (09-1213-K1/00:00; vgl. Kap. 8.1.2.2) – ihre Aufmerksamkeit sternförmig auf die Schülergruppe aus, während die Schülerinnen nur zur Lehrerin in Kontakt stehen. Der Interaktionsraum ist geteilt und vereinseitigt. Bei genauerer Analyse der Szene zeigt sich, dass sich im engeren Sinne erst während des Spiels (nämlich am Ende des ersten Halbsatzes) ein koordinativer Raum zwischen den Mädchen auf dem rechten Tisch (Katharina und Vera) konstituiert. Conny verbleibt in ihrem Eigenraum und nimmt keinen Kontakt zu den Mitschülerinnen auf, Marie orientiert sich sehr stark an der Lehrerin.

Anhand dieses Beispiels kann gezeigt werden, dass die leibliche *Positionierung* im Raum die Kontaktmöglichkeiten spiegelt bzw. bedingt. Von der Art der Position im Verhältnis zu den anderen hängt die mögliche Kommunikation mit anderen und damit Aufeinander-Achten und die potentielle Koordination entscheidend ab.

8.2.2.3 Abwendung – Die Bedeutung der Noten als Objektivierung von Musik

Das gemeinsame Musizieren in der Gruppe ist für die Kinder und Jugendlichen eine hochgradig unsichere Situation. Die an der Studie teilnehmenden Kinder und Jugendlichen spielen ihr Instrument zum Zeitpunkt der Datenerhebung zum Teil gerade einmal fünf Monate. Der Umgang mit dem Instrument bleibt in dieser Phase des Lernprozesses neu und voller unerwarteter Erfahrungen. In dieser Ausgangssituation, in der die Kinder und Jugendlichen beginnen, „*besser mit sich selber klar [zu] kommen und mit der Geige*" (L-Int-Wo/Z 62), werden sie nun damit konfrontiert, simultan mit anderen zu spielen. In der musikalischen Interaktion gilt es, gleichzeitig das eigene (neue) Instrument zu spielen, andere in ihren leiblichen Äußerungen wahrzunehmen und eine Vielzahl an Klängen zu hören und einzuordnen. Sich in diesem Feld (auch hörend) zu orientieren, ist eine große Herausforderung für die Schülerinnen und Schüler. Hiervon zeugen die Aussagen einiger Kinder, die das solistische Spiel aufgrund der reduzierten äußeren Reize präferieren:

Carina: *Alleine ist es leiser. (S-Int-JC1/Z 771)*
[...]
Pietro: *(..) Alleine spielen ist besser.*

I:	Besser?
Pietro:	Ja.
I:	Warum findest du es besser?
Pietro:	(..) Weil man da mehr Ruhe hat, man kann mehr* (...) ja. Weil man da mehr Ruhe hat. (S-Int-JC1/Z 800-808)

Welche Bewältigungsstrategie nutzen die Kinder, um mit der Unsicherheit der gemeinsamen Musiziersituation umzugehen?

Es fällt auf, dass die Notenhefte häufig zu ‚Rettungsankern‘ werden, wenn mit Notenheften musiziert wird. In vielen Szenen ‚versinken‘ die SchülerInnen regelrecht im Notenheft, sie *„gucken eigentlich nur auf die Noten"* (S-Int-JV1/Z 351). Auch in den Gesprächen mit den Kindern und Jugendlichen wird deutlich, dass den Noten eine große Definitionsmacht zugeschrieben wird. Laut Pietro müsse man beispielsweise nicht abgucken, denn um zu wissen, wie *„der [andere] das macht"*, *„dafür sehe ich ja die Noten und so"* (S-Int-JC1/Z 747-750). Die Noten gelten den SchülerInnen als wichtigste Referenz für das Gelingen des Musizierens, wenn nicht als Gelingens*garanten* für das Zusammenspiel – denn sie sind für alle gleich. Wenn alle die Noten exakt abspielen, müsse es doch bei jedem gleich klingen und das gleichzeitige Spiel gelingen, so zumindest die Annahme der Kinder. Oder anders gesagt: Wer die Noten genau befolgt, macht keine Fehler – und dann gelinge Koordination (S-Int-JV2). Tom bringt diese Logik auf den Punkt: Man *„kann gleichzeitig anfangen und immer die Noten auf dem Blatt spielen. Weil wenn schon hat man ja die gleichen Noten"* (S-Int-JC1/Z 219-220). Die Noten erscheinen so als Fixpunkt in der unsicheren Interaktion, denn sie ändern sich nicht. In diesem Sinne ist Julius zu verstehen, wenn er sagt, dass man, um gut zusammen zu spielen, schlicht *„die Noten"* spielt (S-Int-JV1/Z 45-48). Und wenn man durcheinanderkommt, muss jeder *„dann halt mehr drauf achten, dass man richtig zusammenspielt. (.) Und muss dann halt auch mehr auf die Noten gucken"*, meint Jonas (S-Int-JV2/Z 222-223).

Noten repräsentieren die nicht greif- und nicht hörbare Musik sichtbar auf einem Papier und objektivieren sie dadurch. Schrift fixiert das flüchtige Wort (bzw. den flüchtigen Klang) mit Symbolen. Hierdurch wird sie externalisiert und konserviert. Schrift macht Worte bzw. Klänge sichtbar. Gilt den Kindern und Jugendlichen die Notenschrift einerseits als Symbol für das Eintreten in die Welt der Musik – in ihr ist die musikalische Sprache versteckt und die SchülerInnen möchten diese erlernen (vgl. Kap. 6.3.2) –, wird sie im Unterricht häufig zu einem mächtigen Referenzobjekt, nicht zuletzt, da den Kindern das Visuelle wohl vertrauter ist als das Akustische. Zudem ist die Schriftlichkeit im Kontext von Schule und Lernen eine wichtige Dimension, was den SchülerInnen durchaus bewusst ist. Der Erwerb der Schriftsprache ermöglicht die Teilhabe am Wissen und hat daher eine große Bedeutung in der Schullaufbahn der Kinder und Jugendlichen. Dementsprechend groß ist der Einfluss, den die Noten bzw. das Notenpult auf die Interaktionen der Gruppen ausüben. Sobald ein Notenpult verwendet wird, verändert sich die Struktur der Aufmerksamkeit, da die Noten in allen beobachteten Unterrichtsszenen die Aufmerksamkeit der Akteure, auch der Lehrer, einnehmen.

Die Deformation durch das Objekt Notenpult wird anhand zweier Szenen verdeutlicht. Die erste Szene (,*Titi-Noten*' 02-1113-SK/02:32) soll zeigen, wie die Aufmerksamkeitszuwendung zum Objekt den koordinativen Raum deformiert, die zweite Szene (,*Uhrenkanon 2*' 05-1119-LK/05:58), wie das Ausweichen vor diesem störenden Objekt zur Deformation führt.

Die Szene ,*Titi-Noten*' (02-1113-SK/02:32) entstammt dem Unterrichtsvideo der Gruppe JeKi Violine 2, der Gruppe also, die auch in der bereits mehrfach besprochenen Szene ,*Wir machens mal zu dritt*' (02-1113-SK/01:48; vgl. z.B. Kap. 6.1) zu sehen ist. Nach dem erfolgreichen Üben des Liedes *Stepping Stones* in einer einstimmigen Version, soll nun eine zweistimmige Version[292] realisiert werden.

Gegenstand der Übung ist das Stück ,Stepping Stones' in einer zweistimmigen Version mit Lehrer- und Schülerstimme. Die Schülergruppe spielt die gleiche Melodie wie in den Szenen zuvor, dieses Mal aber ohne die Unterstützung der Lehrerin. Diese fügt eine Melodie hinzu, so dass die Gruppe allein für die Realisierung ihrer Melodie verantwortlich ist.	
Standbild, Zeitmarke und Verbaltranskript	*Beschreibung*
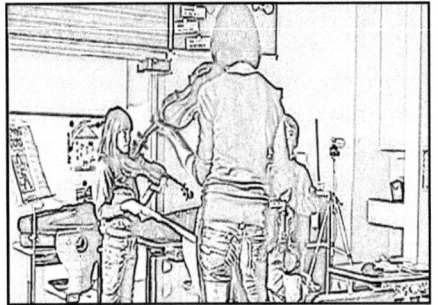 *[02-1113-SK/02:33]* *Frau Wolf: „Da kann das Klavier jetzt gut die tit* die titi*	*Aus einem Lob der vorigen Szene leitet die Lehrerin mit einer Ankündigung in die nächste Szene über. Die Gruppe steht zu Beginn noch in der Formation der vorigen Szene. Alle Gruppenmitglieder zeigen eine entspannte Körperhaltung, Jonas und Helena schauen zur Lehrerin.* *Bei dem Wort „Klavier" schaut die Lehrerin das erste Mal zum Notenständer.*

---

292 Die begleitende Lehrerstimme ist streng genommen die Melodiestimme, während die Kinder mit der Schülerstimme eine Begleitung übernehmen. Diese Struktur ist bei Anfängerstücken beliebt, verschiebt aber koordinationsrelevante Schwerpunkte – in der musikalischen Logik gleicht sich die Begleitstimme meist der Melodiestimme an, wodurch der Spielende der Melodiestimme eine Führungsrolle innerhalb der Gruppe erhält und die anderen Spielenden verstärkt auf ihn/sie achten. In der Logik der Schülerstücke kehrt sich dieses Verhältnis um.

Die Lehrerin wendet sich mit einem seitlichen Schritt zum Notenpult. Während sie spricht, sortiert sie die Noten und schlägt dann ein Notenbuch auf. Sie spricht zunächst noch zu den SchülerInnen gewendet, wendet sich aber dann ganz zum Notenständer. Jonas schaut kurz in die Kamera. Als die Noten aufgeschlagen werden, blickt er zum Notenständer.

[02-1113-SK/02:35]

Frau Wolf: Noten dazu spielen, machen wir ma?"

Die Lehrerin tritt den Schritt zurück in die Ausgangsposition. Sie dreht sich erneut zu den SchülerInnen. Jonas wendet sich den Noten zu. Er richtet sich auf, scheint sich „lang zu machen", um in das Notenbuch schauen zu können. Auch die Lehrerin blickt noch einmal in die Noten.

[02-1113-SK/02:38]

Jonas: „Hä?"

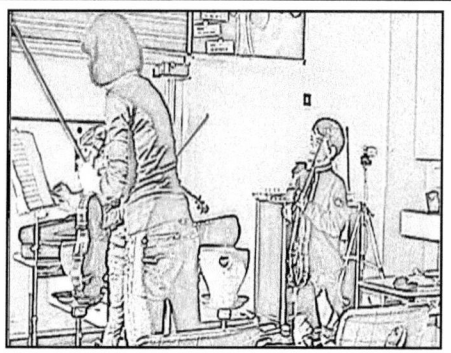

Die Lehrerin wendet sich erneut den Noten zu und sortiert die Notenblätter auf dem Notenständer. Sie dreht sich anschließend wieder zu Jonas zurück.

[02-1113-SK/02:40]

Frau Wolf: „Hä? Das ham wir doch letzte Woche schon geübt, weißt du noch?"

[02-1113-SK/02:42]

Jonas: „Ja."

Die Lehrerin nimmt die Geige auf die Schulter und initiiert damit die Spielvorbereitung. Jonas lächelt, als er die Frage der Lehrerin bejaht und nimmt auch die Geige auf die Schulter.

[02-1113-SK/02:45]

Frau Wolf: „Also du guckst wieder zum Jonas und ich spiel was anderes."

Nun reagiert auch Helena und bereitet ihren Bogen für das Spielen vor. Jonas ist noch mit der Spielvorbereitung beschäftigt, als die Lehrerin die Aufgabe für das Spielen stellt.

Bei der Nennung seines Namens dreht sich Jonas zu Helena.

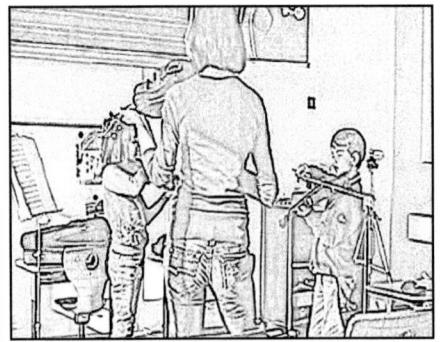

[02-1113-SK/02:48]

Helena: „(X) Jonas?"

Helena dreht sich zu Jonas und spricht ihn kurz an. Jonas wirft einen kurzen Blick zur Lehrerin, anschließend einen zur Mitschülerin.

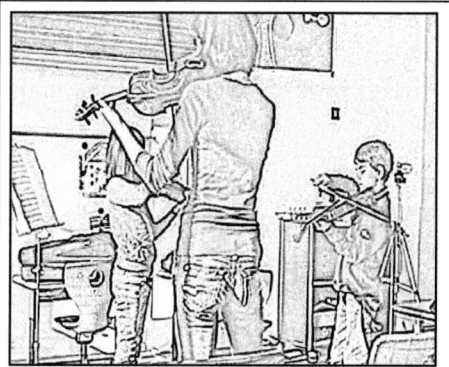

Die Lehrerin zählt ein und wendet sich dabei körperlich dem Notenständer zu. Kurz vor dem Einsatz (bei „vier") blickt Jonas zur Lehrerin, um sich dann wieder seinem Instrument zuzuwenden.

Musikbeginn

[02-1113-SK/02:51]

Frau Wolf: „Drei, vier."

[m]

Im weiteren Verlauf spielen die Lehrerin und die Schülergruppe in dieser Konstellation. Am Ende des ersten Abschnitts wendet sich die Lehrerin einmal kurz zur Schülergruppe, ebenso einmal im zweiten Abschnitt und zum Schluss des Stückes.

Die Interaktion mit dem Objekt Notenständer setzt gleich zu Beginn der Szene mit der Hinwendung zum Notenständer durch die Lehrerin ein – zunächst nur durch einen Blick, kurz darauf auch leiblich durch ein Hintreten. Die Zuwendung zum Notenständer bedeutet gleichzeitig eine Abwendung von der Schülergruppe, da der Notenständer für das Halten des Kontakts schlecht positioniert ist. Jonas steht der Lehrerin beinahe im Rücken, während diese ihre Noten sortiert. Der Notenständer erhält in der Folge weitere Präsenz, da er die Aufmerksamkeit des Schülers fordert, der gerne in die Noten schauen will.

Die Initiierung des Musizierprozesses geschieht zwar anschließend in einer Kreisformation, die Lehrerin wendet sich mit dem Vorzählen jedoch wieder dem Notenständer zu. Sie verschiebt ihre Aufmerksamkeit und deformiert dadurch sichtbar den Kreis (vgl. Abb. 34).

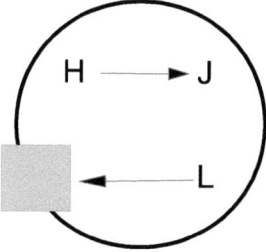

Abb. 34: Der koordinative Raum als deformierter Kreis (das graue Quadrat symbolisiert das Notenpult). H = Helena; J = Jonas; L = Lehrerin.

Der Notenständer könnte in dieser Situation den Kreis theoretisch schlicht erweitern, wenn er in den Kreis integriert würde. Der Notenständer verursacht stattdessen eine Bündelung der Aufmerksamkeit der Lehrerin. Zudem ist er für eine Integration in die Gruppeninteraktion falsch positioniert. In der Art, wie die Lehrerin ihn nutzt, lenkt er von der Gruppeninteraktion ab. Die Lehrerin versucht zwar während des Spielens den Kontakt zur Schülergruppe zu halten, indem sie sich an wichtigen Stellen zur Gruppe dreht. Die Kinder halten zudem während des Einzählens durch Blicke den Kontakt, wenden sich dann aber von der Lehrerin ab und stattdessen einander zu. Es ist an mehreren Stellen in dieser Szene zu erkennen, wie Helena auf Jonas achtet und deutlich auf ihn wartet, um mit ihm zusammen zu spielen.

Die Abwendung der Lehrerin eröffnet somit auch neue Möglichkeiten: Die Abwendung fordert die Kinder heraus, mehr miteinander zu agieren und sich eigenständiger zu orientieren. Die Situation bietet somit auch einen Raum für die Kinder, miteinander zu spielen und sich miteinander zu koordinieren.

Auch in der Szene ‚Uhrenkanon 2‘ (05-1119-LK/05:58), die im Rahmen der idealtypischen Dreiecksformation vorgestellt worden ist, löst das Notenpult als Objekt eine Verschiebung der Aufmerksamkeit aus. Hier zeigt sich das Objekt als störend, so dass ihm ausgewichen wird.

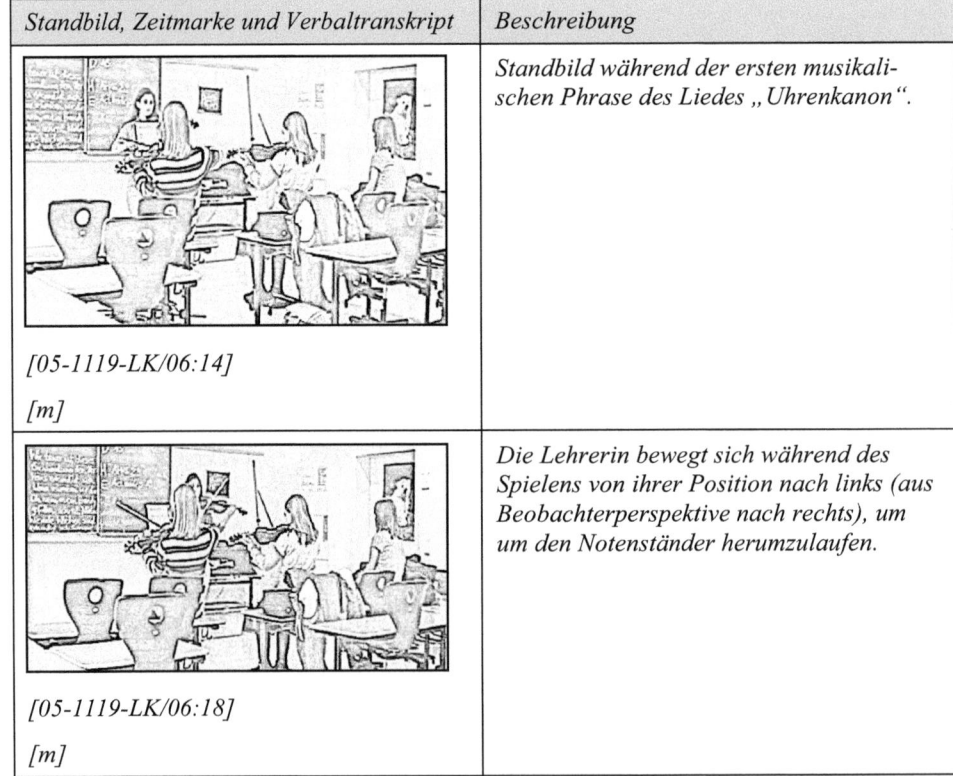

Standbild, Zeitmarke und Verbaltranskript	Beschreibung
[05-1119-LK/06:14] [m]	Standbild während der ersten musikalischen Phrase des Liedes „Uhrenkanon".
[05-1119-LK/06:18] [m]	Die Lehrerin bewegt sich während des Spielens von ihrer Position nach links (aus Beobachterperspektive nach rechts), um um den Notenständer herumzulaufen.

Die Lehrerin bleibt auf einer neuen Position stehen. Sie steht nun rechts vom Notenständer und kann so die Schülerinnen stärker beim Spielen beobachten. Die Sicht der Schülerinnen auf die Lehrerin ist in dieser Position ebenfalls direkter möglich.

[05-1119-LK/06:21]

[m]

Die Positionierung des Notenständers behindert hier die Kommunikation untereinander. Die Lehrerin wendet sich in der Ausgangsposition zwar den Schülerinnen zu, die frontal vor ihr in einer Reihe sitzen, der Notenständer steht aber als Objekt zwischen ihr und den Schülerinnen. Dieses Objekt zieht viel Aufmerksamkeit auf sich, die in der Folge weniger für die Reaktionen zwischen den Akteuren zur Verfügung steht, wenn auch der geringe Abstand visuelle, akustische und leibliche Resonanzen zulässt. Im zweiten Liedteil reagiert die Lehrerin dementsprechend auf die erschwerte Rahmensituation. Sie geht während des Spiels um den Notenständer herum und nähert sich der Schülerin Marie.

Die Lehrerin verschiebt durch das Verlagern ihrer Position das Gleichgewicht des koordinativen Raums. Sie erreicht dadurch einen direkteren Kontakt zu den Schülerinnen. Während sie aus Schülersicht jedoch zuvor im Aufmerksamkeitsfeld des Notenpults stand, so dass die Zuwendung zum Notenpult auch eine Kontaktaufnahme zur Lehrerin ermöglicht hat, ergeben sich nun für die Schülerinnen zwei unterschiedliche Aufmerksamkeitspunkte: links das Notenpult und rechts die Lehrerin. Es entsteht eine Deformation des Kreises, bei dem die Schülerinnen frontal auf ein Objekt – den Notenständer – ausgerichtet sind und die Lehrerin an ihrer Seite steht (vgl. Abb. 35).

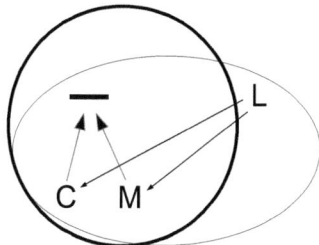

Abb. 35: Der deformierte Kreis in der Szene ‚*Uhrenkanon 2*‘ (05-1119-LK/05:58) mit Conny (=C), Marie (=M) und der Lehrerin (=L).

Die räumliche Verschiebung hat sichtbare Effekte auf das Spiel der Schülerinnen: Conny ist durch diese Raumverschiebung irritiert. Kurzzeitig setzt sie aus und blickt zur Lehrerin nach rechts, um sich zu orientieren. Ihr gelingt es zwar schnell, wieder ins Spiel zu gelangen. Es fällt jedoch auf, dass sie mit ihrem Körper mehr schaukelt als vorher. Es scheint, als dirigiere sie sich selbst. Dies deutet darauf hin, dass sie wegen der stärkeren Distanz zur Lehrerin ihr eigenes leibliches Handeln stärker als zuvor zur Orientierung nutzt.

Auch Marie blickt einmal zur Orientierung zur Lehrerin, als diese an ihrer Seite erscheint. Kurz vor dem Liedende orientiert sie sich noch einmal durch einen Blick an der Lehrerin. Ihre Blicke sind jedoch nun mit mehr Aufwand verbunden, als das zu Beginn der Szene der Fall war. Die Schülerinnen bleiben mit ihrer Hauptaufmerksamkeit bei den Noten und müssen den Kontakt zur Lehrerin immer wieder herstellen. Die gegenseitige Achtsamkeit beizubehalten, ist so aufgrund der asymmetrischen Deformation des Raums wesentlich schwieriger als vor der Umpositionierung der Lehrerin.

Etliche Szenen im Datenmaterial zeigen, dass das Verwenden des Notenpults häufig zu Fokussierungen auf das Objekt und zu einem Abwenden von der Gruppe führt. Nur in einer Szene im Material der Streicherklasse wird sichtbar, wie der Notenständer in den koordinativen Raum eingebunden wird, ohne den Raum in Eigenräume zu teilen. In diesem Beispiel, der Szene ‚Rhythmus klatschen‘ (05-1112-LK/22:32), üben die Schülerinnen mit der Lehrerin einen Rhythmus. Alle Gruppenmitglieder stehen dabei in einem Kreis, in den der Notenständer integriert ist. Jede Schülerin bzw. die Lehrerin kann durch diese Positionierung auf jedes Gruppenmitglied achten und gleichzeitig den Notenständer im Blick behalten (vgl. Abb. 36).

Abb. 36: Die Formation mit integriertem Notenpult (05-1112-LK/23:52).

8.2.3 Lenken der Aufmerksamkeit durch Aufgabenstellungen

Die Musiziersituationen beginnen oft mit einem kurzen Satz der Lehrperson. Diese Ansage gibt einerseits den Impuls, das Musizieren vorzubereiten, wirkt aber auch wie eine Aufgabenstellung. Es zeigt sich, dass Aufgabenstellungen dazu führen, die Aufmerksamkeitsstrukturen innerhalb der Gruppe auszurichten und gelegentlich zu verschieben. Als Beispiel dient erneut die Szene ‚*Wir machens mal zu dritt*‘ (02-1311-SK/01:48), in der die Lehrerin mit zwei Kindern in einer Kreisposition musiziert.

Die Lehrerin bestimmt durch ihre Aufgabenstellung („*Wir gucken mal alle auf den Jonas und spielen so schnell wie der Jonas spielt*“) den Schüler Jonas zur Führungsperson im Musizierprozess. Sie übergibt ihm mit dieser Aussage die Tempodefinition. Die Reaktion der Kinder verdeutlicht die Relevanz der Übertragung, denn Jonas wendet seine Konzentration nun komplett seinem eigenen Instrument zu, reduziert die Achtsamkeit auf die Gruppe und konzentriert sich auf das eigene Handeln. Helena hingegen wendet sich Jonas zu und richtet ihre ganze Aufmerksamkeit auf den Mitschüler. Die Aufmerksamkeit der Gruppe verschiebt sich zu Jonas. Der Kreis deformiert sich dadurch – nicht gegenständlich, aber in seiner Aufmerksamkeitsstruktur. Jonas wird innerhalb des Kreises zum Aufmerksamkeitszentrum.[293]

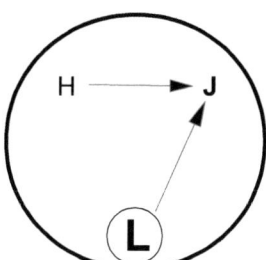

Abb. 37: Der koordinative Raum als Kreis mit seiner Verschiebung zu Jonas (L=Lehrerin; H=Helena; J=Jonas).

Was dann folgt, ist allerdings verwunderlich – und inkonsequent hinsichtlich der hergestellten Binnenstruktur des koordinativen Raums. Die Lehrerin beginnt nämlich zu zählen und gibt den musikalischen Einsatz. Damit löst sie ihre Ankündigung, Jonas die Definitionsmacht über das Tempo zu übertragen, nicht ein. Jonas scheint dennoch der Aufforderung nachkommen zu wollen. Nach dem Wort „vier“ der Lehrerin gibt er einen deutlichen Einsatzimpuls mit dem Körper und beginnt als erster zu spielen. Sein Einsatz ist hier verfrüht, die Gruppe kann sich aber nach kurzer Zeit auf einen gemeinsamen Rhythmus einigen und sich koordinieren, da alle hier das Gleiche spielen. Helena verfolgt das Einzählen der Lehrerin und wendet sich aber dann mit ihrem Körper zu Jonas, dem sie folgen soll. Die oben gezeigte Deformation setzt sich demzufolge im Laufe des

---

293 Aufgrund ihrer Lehrerrolle behält die Lehrerin dennoch die Aufmerksamkeit der Kinder (vgl. hierzu Kap. 8.2.1).

Musizierens trotz Impulsübernahme der Lehrerin wieder durch, die Intervention der Lehrerin sorgt aber kurze Zeit für unklare Kommunikationsstrukturen, die Jonas und Helena durch ihr koordinatives Handeln wiederherstellen.

Auch in der Szene ‚Titi-Noten' (02-1113-SK/02:32) hat die Handlungsaufforderung der Lehrerin Konsequenzen für die Ausgestaltung des Handlungsraums. Es wurde bereits dargelegt, dass die Abwendung der Lehrerin, die gleichzeitig eine Zuwendung zum Notenständer ist, eine Verschiebung im koordinativen Raum verursacht und diesen deformiert (vgl. Abb. 34). Zusätzlich zur Abwendung der Lehrerin ist eine zweite Verschiebung beobachtbar, die die Deformation komplettiert: eine Abwendung der Schülergruppe von der Lehrerin, die teils als Reaktion auf die Abwendung der Lehrerin, teils als Reaktion auf die Aufteilung der musikalischen Stimmen, aber auch als Folge der Aufgabenstellung der Lehrerin gedeutet werden kann.

Musikalische Haupt- und Begleitstimmen werden in dieser Szene so aufgeteilt, dass die Melodiestimme von der Lehrperson gespielt wird, während die Kinder die Begleitstimme spielen. Die musikalische Struktur impliziert daher eine Rollenverteilung (die Schülergruppe müsste der Melodie der Lehrerin folgen), die aber nicht realisiert wird. Im Gegenteil: Die Schülerstimme erhält mehr Aufmerksamkeit als die eigentliche Melodie, denn die Schüler- bzw. Begleitstimme ist der Unterrichtsgegenstand. Die musikalische Ordnung spiegelt sich daher im Spielverhalten nicht wider. Die Schülergruppen begleiten nicht die Melodiestimme, sondern spielen ihre bekannte Stimme, während die Lehrkraft „was anderes" (02-1113-SK/02:45) spielt. Die Aufmerksamkeit wird nicht auf die Melodiestimme gerichtet, es wird kein Prozess des Sich Öffnens und Aufeinander-Achtens hinsichtlich der musikalischen Logik gefordert.

Stattdessen schaffen sich die Kinder ihren eigenen Raum, in dem sie ihre Stimme spielen. Zur Erinnerung noch einmal ein Ausschnitt aus dem Transkriptionsprotokoll der Szene:

Standbild, Zeitmarke und Verbaltranskript	Beschreibung
 *[02-1113-SK/02:45]* *Frau Wolf: „Also du guckst wieder zum Jonas und ich spiel was anderes."*	*Nun reagiert auch Helena und bereitet ihren Bogen für das Spielen vor. Auch Jonas ist noch mit der Spielvorbereitung beschäftigt, als die Lehrerin die Aufgabe für das Spielen stellt.* *Bei der Nennung seines Namens dreht sich Jonas zu Helena.*

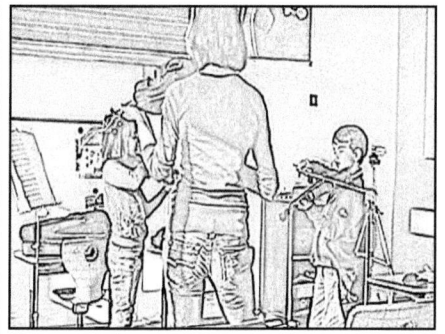 *[02-1113-SK/02:48]* Helena: „ (X) Jonas? "	*Helena dreht sich zu Jonas und spricht ihn kurz an. Jonas wirft einen kurzen Blick zur Lehrerin und anschließend zur Mitschülerin.*
 *[02-1113-SK/02:51]* Frau Wolf: „Drei, vier. " *[m]*	*Die Lehrerin zählt ein und wendet sich dabei körperlich dem Notenständer zu. Kurz vor dem Einsatz (bei „vier") blickt Jonas kurz zur Lehrerin, um sich dann wieder seinem Instrument zuzuwenden.* *Musikbeginn.*

Ähnlich wie in der zuvor betrachteten Szene, verursacht die Aufgabenstellung eine Verschiebung der Aufmerksamkeit hin zu Jonas. Helena wendet sich, auf die Aufforderung der Lehrerin reagierend, mit ihrem Körper ihrem Mitschüler zu, so dass sie seitlich zur Lehrerin steht. Jonas reagiert darauf und richtet sich seinerseits weiter zur Mitschülerin aus. Es entsteht innerhalb des bis dahin vorhandenen Kreises eine Dyade zwischen den beiden SchülerInnen, wobei Jonas durch die Aufgabenstellung die führende Rolle innerhalb der Dyade innehat. Er konzentriert sich wie zuvor auf sein eigenes Handeln. Die musikalische Trennung von Haupt- und Nebenstimme wird in diesem koordinativen Raum nun in der leiblichen Präsenz sichtbar. Die Lehrerin versucht durch regelmäßige Körperdrehungen und Blicke zu den SchülerInnen (Zuwendungen) während des Musizierens den Kontakt zu behalten, die Reaktionen der SchülerInnen auf die Impulse der Lehrerin sind in dieser Szene jedoch geringer als in der Szene ‚Wir machens mal zu dritt' (02-1311-SK/01:48). Die Hinwendung der Lehrerin zum Notenständer wirkt in der interaktiven Betrachtung wie eine Abwendung, eine Separation, vom Geschehen und von der Gruppe.

Abb. 38 zeigt den koordinativen Raum dieser Szene, der eine Deformation eines Kreises darstellt.

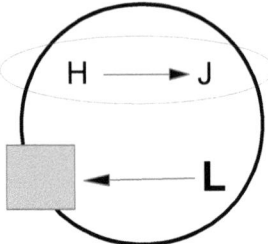

Abb. 38: Der koordinative Raum als deformierter Kreis.

In dieser Szene entsteht ein Raum im Raum – die Dyade weist Eigenschaften des koordinativen Raums auf, schließt aber nur die Kinder ein. Die Abgeschlossenheit der ursprünglichen Kreisformation löst sich hier in Teilräume auf. Während die Kinder einander zugewandt sind und aufeinander achten, sogar sichtbare Resonanzen zeigen, wendet sich die Lehrerin dem Notenständer zu. Kontaktaufnahmen zwischen Kindern und Lehrerin durch einzelne Zuwendungen verbinden dabei die Teilräume. Während des Spielens ist zu beobachten, wie die Lehrerin an wichtigen musikalischen Stellen Einfluss auf das Spiel der Kinder nimmt, die Kinder orientieren sich an ihr.

Welche Bedeutung hat diese spezifische Positionierung für das Musizieren der Kindergruppe? Die Kinder erhalten durch die Abwendung der Lehrerin mehr Verantwortung und Eigenständigkeit für ihr Musizieren. Ihre Stimme müssen sie nun weitestgehend selbstständig koordiniert spielen. Dabei führt die Abwendung der Lehrerin und die damit eintretende Reduzierung der starken Referenz zu einer Erhöhung der Kontingenz für das eigene Handeln. Die Kinder sind nun stärker den eigenen Koordinationshandlungen überlassen und müssen sich miteinander auf ihre Stimme einigen. Jonas übernimmt dabei eine Führungsrolle, die er bereits mit dem Einsatz beansprucht. Das Handeln der Lehrerin führt hier allerdings zu einer ambivalenten Situation, in der der Junge gleichzeitig die Führungsrolle übernehmen und auf den Einsatz der Lehrerin reagieren soll. Durch das (verkürzte) Einzählen entsteht plötzlich die Anforderung, den richtigen Einsatzmoment im Timing der Lehrerin zu erwischen. Ein kurzer Blick sowie eine minimale Körperbewegung zeigen, dass er gleichzeitig als Führungsspieler einen eigenen Einsatz geben will, den er aber in der kurzen Zeit nicht mehr mit der Lehrerin koordinieren kann. Dementsprechend ist sein Einsatz überhastet und kommt etwas zu früh.

Helena wartet demgegenüber auf Jonas, dessen Tempo sie übernehmen soll. Sie kann ihm nicht so schnell folgen und die Gruppe beginnt unkoordiniert. Bereits nach zwei Tönen stimmt sich Helena mit ihrem Mitschüler ab, indem sie nach einem zu schnellen Strich wartet und sich wieder in sein Tempo einschwingt.

Die Kinder haben im Verlauf des Liedes ein etwas schnelleres Tempo als die Lehrerin, so dass es scheint, als bestimme Jonas sein eigenes Tempo. Die Unklarheiten im Mikrotiming zwischen Jonas und der Lehrerin erschweren es Helena, sich zu koordinieren. Sie blickt häufig zu Jonas und versucht, genau mit ihm zu spielen. Dass sie schließlich den Halbschluss überspielt – hier ändert sich der zu spielende Rhythmus – und so aus dem Stück geworfen wird, könnte auf das unklare Gruppentempo zurückzuführen sein. Ihre Aufmerksamkeit ist so stark für die Abstimmung gefordert, dass das Verfolgen der eigenen Stimme und die Struktur des Liedes in den Hintergrund rücken. Schließlich kommt der Halbschluss für sie überraschend und sie kommt aus dem Rhythmus.

Verschiebungen und Deformationen im koordinativen Raum führen an dieser Stelle auch zu Marginalisierungen: Helena wird zum letzten Glied in der Interaktionskette. Sie nimmt an der Interaktion teil und stimmt sich in dieser erfolgreich mit ihrem Mitschüler ab, sie kann an dieser Stelle das Musizieren nicht in ihrem Sinne beeinflussen.

8.3 Verhinderung koordinativer Räume

In den oben dargestellten Fällen werden koordinative Räume deformiert, bleiben jedoch erhalten. Das folgende Kapitel nimmt intervenierende Bedingungen in den Blick, die das Entstehen koordinativer Räume verhindern. Dabei zeigt sich, dass kontextuelle Bedingungen häufig zu einem Rückzug in den Eigenraum führen, wodurch sich das Aufeinander-Achten vermindert. In den nächsten Kapiteln werden einige solcher Bedingungen analysiert und herausgearbeitet (Kap. 8.3.1.1–8.3.1.5). Im letzten Teilkapitel dieses Abschnitts (Kap. 8.3.2) wird aufgezeigt, dass Koordination auch aktiv verhindert werden kann, indem sich ein einzelnes Gruppenmitglied unkooperativ verhält.

8.3.1 Rückzug in den Eigenraum

Koordinative Räume sind vom *Aufeinander-Achten* abhängig. In einigen Szenen ist beobachtbar, wie die Aufmerksamkeit der Kinder und Jugendlichen auf das Eigene gelenkt wird. Es ist eine Art Rückzug in den Eigenraum zu beobachten, während das *Aufeinander-Achten* und damit auch das Zusammenspiel leidet. Koordinative Räume sind in diesen Phasen eingeschränkt oder werden ganz verhindert.

Im Datenmaterial finden sich vier Ursachen für eine Fokussierung auf das Eigene: (1) eine ungünstige räumliche Positionierung, (2) eine zu hohe Schwierigkeitsstufe der Aufgabe auf der Ebene der Instrumentaltechnik, (3) äußere Ablenkungsfaktoren oder (4) ein Eingreifen in den Gruppenprozess durch die Lehrkraft. Zu diesen Ursachen werden im Folgenden Datenbeispiele vorgestellt.

8.3.1.1 Fehlender Kontakt durch ungünstige Positionierung

In der Szene ,*Weihnachtsmann*' (03-1218-K1-1/34:35) wird aufgrund einer ungünstigen Positionierung der Schülergruppe kein koordinativer Raum konstituiert. Die Vorbereitungsphase zum Musizieren beschreibt das Transkriptionsprotokoll:

[03-1218-K1-1/00:00] Die Stunde beginnt mit den Präsentationen der Kompositionen, die die Kinder zu Hause erfunden haben. Jedes Lied wird einmal vorgespielt, verbessert und noch ein zweites Mal gespielt. Herr Maier geht in der Reihenfolge der Sitzordnung vor: Annabell, Carina, Pietro, Tom. Anschließend spielen die Kinder einzeln das Lied „Morgen kommt der Weihnachtsmann" vor. Nachdem alle vier Kinder an der Reihe waren, soll das Lied zum Abschluss der Stunde einmal zusammengespielt werden.

[03-1218-K1-1/34:35] Herr Maier eröffnet das gemeinsame Spielen mit der Aufforderung: „Ok, einmal zusammen". Während Annabell zu zählen beginnt, ruft Herr Maier: „Annabell zählt vor". Annabell beginnt erneut zu zählen, als Herr Maier sagt: „Tom, bereit machen!" Diesmal lässt sich Annabell nicht unterbrechen und zählt weiter: „Eins, zwei, drei". Die Kinder beginnen zu spielen. Pietro verpasst den Einsatz und richtet sich hektisch auf, als er bemerkt, dass die anderen schon spielen. Als er gerade eingesetzt hat, schnippst Herr Maier und ruft: „Ok, ich möcht' einmal mit Pietro zusammen. Pscht!" Pietro juchzt und hält seinen Bogen in die Luft, während die anderen Kinder nach und nach aufhören zu spielen und zu Herrn Maier schauen. Annabell dreht sich zu Pietro um.

Herr Maier sagt zu Annabell: „Und ihr zählt bis vier, ihr kommt auf eins. Bis vier zählen". Carina, die neben Annabell sitzt, zeigt auf sich und fragt: „Wir zwei?" Sie scheint eine Bestätigung von Herrn Maier zu verstehen, macht eine jubelnde Geste und lacht pantomimisch dazu. Sie blickt freudig zu Annabell. Annabell dreht sich zu ihr um. Herr Maier beginnt: „Ok. (...) Eins*, ach so, du zählst".

Standbild, Zeitmarke und Verbaltranskript	Beschreibung
 *[03-1218-K1-1/34:58]* *Annabell: „Eins, zwei, drei, (.)"*	*Annabell zählt vor. Carina zählt stumm bzw. sehr leise mit, auch Tom ahmt lautlos das Mitzählen bis zur Ziffer Drei nach. Vor der Ziffer Vier macht Annabell eine kurze Pause.*

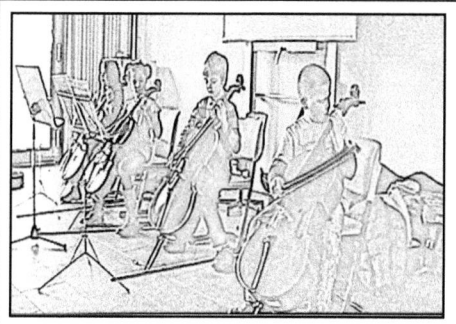

Kurz vor dem Einsatz schauen Carina, Pietro und Tom auf ihre Instrumente.

Vor Beginn des ersten Tons ist ein Einsatzimpuls zu sehen, der wellenartig durch die Gruppe geht.

Nach und nach setzen die Kinder ein (Carina, Tom, Annabell, Pietro).

[03-1218-K1-1/35:01]

Annabell: „Vier.“

Tom spielt schneller als die anderen und ist der Gruppe nach wenigen Tönen um zwei Viertel voraus. Herr Maier ruft dazwischen. Daraufhin bricht Tom ab. Die anderen spielen weiter.

[03-1218-K1-1/35:07]

Herr Maier: „Nicht zu schnell, Tom!“

Herr Maier unterbricht das Spiel. Tom blickt ihn verständnislos an.

Die anderen Kinder brechen ab und blicken zum Lehrer. Sie gehen aus der Spielhaltung und schauen aus dem Fenster (Pietro) oder ihr Instrument (Annabell und Carina). Annabell und Carina bereiten sich wieder vor, während Pietro weiter aus dem Fenster schaut und gähnt.

[03-1218-K1-1/35:11]

Herr Maier: „Ok. ((schnippst)) Pass auf, Tom, einfach aufpassen, dass du nicht zu schnell bist. Versuch ein bisschen langsamer zu spielen.“

Annabell: „Nochmal?“

Herr Maier: „Du hast es etwas schneller geübt, aber versuch jetzt mit den anderen langsamer zu spielen.“

> *Die Gruppe spielt noch einmal. Diesmal versucht Tom langsamer zu spielen, ist aber zu langsam. Herr Maier greift ein, zunächst durch verbale Signale, dann geht er zu Tom hin, singt mit und zeigt ihm mit großen Bewegungen die Geschwindigkeit des Bogenstrichs.*

In dieser Szene sitzen die Kinder in einer Reihe. Jeder hat einen eigenen Notenständer vor sich und ist körperlich zur gegenüberliegenden Raumseite hin ausgerichtet, wo der Lehrer ohne sein Instrument auf einem Tisch sitzt. Die Kinder sitzen demzufolge quasi parallel nebeneinander und orientieren sich zur gegenüberliegenden Wand (vgl. Abb. 39).

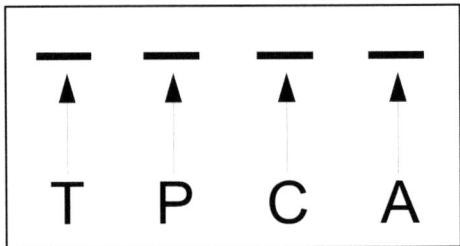

Abb. 39: Schematische Darstellung der Positionierung in der Szene ‚*Weihnachtsmann*‘ (T=Tom, P=Pietro, C=Carina, A=Annabell).

Die Kinder haben aufgrund dieser Positionierung wenig Kontakt zueinander. Sie versuchen an mehreren Stellen, Kontakt aufzubauen oder miteinander zu interagieren, die Positionierung führt aber dazu, dass sie den Kontakt schnell wieder verlieren. Der Versuch der Kontaktaufnahme zeigt sich in folgenden Momenten: Annabell blickt beispielsweise vor Beginn des Vorzählens einmal zu den MitschülerInnen. Sie dreht sich dafür aufwändig nach links und schaut über den Hals ihres Cellos und an der Sitznachbarin Carina vorbei zu den beiden Jungen. Für die Spielvorbereitung muss sie sich allerdings wieder zurückwenden. Während des Vorzählens bemühen sich anschließend Carina und Tom um ein Einschwingen, indem sie – eine laut flüsternd, einer pantomimisch – sehr deutlich mitzählen. Sie vollziehen dadurch innerlich das Tempo mit, das Annabell vorgibt und resonieren auf ihre Handlung. Die beiden Kinder bemühen sich demzufolge sichtlich um gemeinsames Handeln mit dem Ziel der Koordination. Während des Spielens bleibt aber zu wenig leiblicher und visueller Kontakt, als dass die Verbindung zueinander bestehen bleibt. Bereits nach kurzer Zeit scheint jeder seinen eigenen Raum zu bilden und für sich zu spielen – suchend nach den anderen. Die Positionierung verhindert hier also die von den Kindern gesuchte Koordination.

Für eine solche Positionierung agiert der Lehrer als Führungsperson zu wenig. Er zieht sich vollkommen aus der Leitungsrolle zurück und agiert beobachtend. Das Musizieren beginnt ohne die vorherige Konstitution eines koordinativen Raums und ohne die unterstützende Mitwirkung des Lehrers. Er übergibt der Schülergruppe die Steuerung des Prozesses, die hierfür aber schlechte Bedingungen hat. Die Kinder sitzen nämlich nicht einander zugewandt, so dass sie miteinander agieren können, sondern zum Lehrer ausgerichtet (bzw. zur gegenüberliegenden Wand). Der Lehrer steuert den Prozess jedoch nicht, sondern entzieht sich durch seine Distanznahme.

Die Positionierung in einer Reihe fördert außerdem die Separation der Kinder untereinander. Sie suchen eine Position, in der sie beim Spielen auf ihre Instrumente schauen können. Dies führt dazu, dass zum Beispiel Tom, der am linken Rand der Gruppe sitzt, der Gruppe den Rücken zuwendet, als er beim Spielen auf Bogen und Griffbrett schauen will (vgl. das Standbild zum Zeitpunkt [35:07] im oberen Transkriptionsprotokoll).

In dieser Szene entsteht kein koordinativer Raum. Die ungünstige Positionierung erschwert das Aufeinander-Achten der Kinder untereinander. Die hohen Notenständer versperren zusätzlich den Kontakt zum Lehrer. So scheint jeder einzelne in einem persönlichen kleinen Musizierraum zu verbleiben (vgl. Abb. 40), wobei gerade die beiden Mädchen immer wieder versuchen, eine gemeinsame Abstimmung zu finden. Ihnen gelingt die Abstimmung zeitweise untereinander, mit der gesamten Gruppe können sie jedoch nicht interagieren.

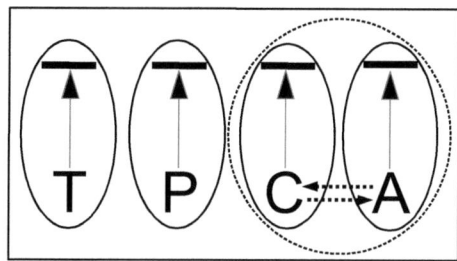

Abb. 40: Die einzelnen Musizierräume.

An dieser Stelle ist das Verhalten des Schülers Tom symptomatisch, der sein geübtes Tempo spielt und so viel schneller als die anderen ist. Bereits nach kurzer Zeit hat er die Gruppe überholt und ist einige Töne voraus. Herr Maier unterbricht daraufhin und ermahnt Tom, „einfach auf[zu]passen, dass du nicht zu schnell bist". Er soll langsamer und mit den anderen spielen. Der im Kern koordinativ gemeinten Aufforderung kann Tom aber nicht entsprechen – wenn er sich auch noch so bemüht (was im Video deutlich sichtbar ist). Die äußeren Bedingungen erschweren ihm als Lernenden das Koordinieren mit der Gruppe.

Was sind nun also in dieser Szene die Unterschiede zu den Szenen, in denen ein koordinativer Raum entsteht? Aufgrund der Positionierung haben die SchülerInnen keinen Kontakt zueinander. Es fehlt die Zuwendung, mit deren Hilfe aus den Einzelpersonen eine geschlossene Gruppe wird, die untereinander interagiert. Die Aufmerksamkeitszentren der einzelnen Kinder sind zudem an unterschiedlichen Orten. Es ist keine gebündelte Aufmerksamkeit auf die Gruppe festzustellen.

Die Szene zeigt, dass die Kinder versuchen miteinander in Kontakt zu treten. Sie versuchen die Leerstellen, die der Lehrer durch seinen Rückzug schafft, zu füllen. Das flüsternde Mitzählen, die Zuwendung zueinander oder das pantomimische Imitieren zeigen Versuche der Kontaktaufnahme, die aufgrund der Positionierung immer wieder abbricht. Der Rückzug der Lehrperson könnte den Kindern demzufolge die Möglichkeit des eigenständigen Koordinierens bieten – wenn die äußeren Bedingungen der Situation dies ermöglichen würden.

In der Konsequenz aus der ungünstigen Positionierung fehlen den Kindern Orientierung und damit auch Sicherheit im Spiel. Jedes Kind spielt für sich allein und versucht, sein Lied bis zum Ende zu spielen. Es entsteht so der Eindruck, dass die Kinder vielmehr ‚nebeneinander her‘, als miteinander und gemeinsam spielen.

8.3.1.2 Schwierigkeit der Aufgabe

Wie zuvor herausgearbeitet worden ist (vgl. Kap. 7.1), ist für das Zusammenspiel individuelles Können notwendig, wodurch Aufmerksamkeitsräume für die Anderen frei werden und die SchülerInnen aufeinander achten können (vgl. Kap. 7.2). Im Videomaterial ist ersichtlich, dass bereits kleine Veränderungen der Aufgaben, die die Schwierigkeit für die SpielerInnen erhöhen, eine Fokussierung auf das Eigene auslösen. Dies ist gut sichtbar in der Abfolge der Szenen ‚Wir machens mal zu dritt‘ (02-1311-SK/01:48), ‚Da kann dann das Klavier die titi-Noten dazu spielen‘ (02-1113-SK/02:32) und ‚Wegen dem schweren Hüpfer‘ (02-1113-SK/03:20). Die drei Szenen folgen im Originalmaterial direkt aufeinander. Die Aufgabe der SchülerInnen ist es in allen drei Szenen, die gleiche Stimme zu spielen. In der ersten genannten Szene spielt die Lehrerin die Schülerstimme mit, in der zweiten Szene übernimmt sie die Begleitstimme und in der dritten Szene spielt sie vor dem Einsatz das Klaviervorspiel (vgl. Abb. 41).

Abb. 41a, 41b und 41c: Standbilder der drei aufeinanderfolgenden Szenen (02-1113-SK/02:02 (41a); 02-1113-SK/02:46 (41b); 02-1113-SK/03:56 (41c)).

Inwiefern verändert sich für die Schülergruppe in diesen drei Szenen die Schwierigkeitsstufe? In der ersten Szene spielen sie mit Unterstützung der Lehrerin die eigene Stimme. Es ist sichtbar, dass die Kinder das Lied schon gut können, sie sind sicher im Spiel. Auf der klanglichen Ebene ist eine Stimme im Unisono hörbar. In der zweiten Szene müssen die Kinder ihre Stimme ohne die Lehrerin spielen. Zudem erklingt eine zweite Stimme, mit der die Kinder ihre eigene Stimme in Relation setzen und koordinieren müssen. In der dritten Szene haben sie nun zusätzlich die Aufgabe, nach dem Vorspiel den richtigen Moment zu erwischen, an dem sie ihr eigenes Spiel beginnen sollen. Wie wirkt sich die steigende Schwierigkeit auf den koordinativen Raum aus? In der ersten Szene wird ein koordinativer Raum hergestellt (vgl. Kap. 8.1.1). Die Lehrerin steht mit den Kindern in einem Kreis, alle sind einander zugewandt (vgl. Abb. 41a). Die Sicherheit im Spiel lässt den Kindern den Freiraum, während des Spiels miteinander zu interagieren und aufeinander zu achten. In der darauffolgenden Szene wendet sich Helena Jonas zu und die Lehrerin dem Notenpult (vgl. Abb. 41b). Es bildet sich ein deformierter Raum mit zwei Subräumen (vgl. Kap. 8.2.2.3). Dennoch bleibt ausreichend Raum für die gemeinsame Interaktion, wenn auch sichtbar wird, dass Helena deutlich stärker zu kämpfen hat und häufiger den Anschluss sucht. In der dritten Szene (vgl. Abb. 41c) beginnt die Lehrerin das Spiel, ohne den koordinativen Raum mit den Kindern vorzubereiten. Sie sagt das Vorspiel an und spielt schon los, während die Kinder sich noch sortieren. Die Kinder finden ihren Einsatz im zweiten Versuch, sie finden aber nicht das gemeinsame Tempo, obwohl das Stück mittlerweile etliche Male gespielt wurde. Die Unsicherheit ist nun bei beiden Kindern zu sehen: Während Jonas ein langsames Tempo spielt und die Lehrerin nur durch ein Nachgeben des eigenen Tempos ein Zusammenspiel erzielen kann, findet Helena nicht das Tempo ihrer Viertelnoten und spielt Achtelnoten, analog zu den Notenwerten der Lehrerin. Beide SchülerInnen sind sehr in das eigene Handeln versunken. Sie ziehen sich ins Eigene zurück, weil die Anforderungen für ein Öffnen nach außen zu hoch geworden sind. Während sie also bei niedrigerer Schwierigkeit in der Lage waren, ihre Aufmerksamkeit nach außen zu wenden, ziehen sie sich in den Eigenraum zurück, wenn die Schwierigkeit der Aufgabe zu hoch wird.

Ein ähnlicher Effekt ist in der Szene ‚*Viertel gegen Achtel*‘ (01-1106-SK/10:16) zu sehen. Obwohl die Schülergruppe ihre Stimme bereits sehr gut beherrscht, führt das zweistimmige Zusammenspiel zu einem Rückzug in den Eigenraum. Die SchülerInnen dieser Gruppe versuchen im Gegensatz zur oben betrachteten Gruppe immer wieder, sich aneinander anzupassen und nähern sich in ihren Rhythmen wieder und wieder an. Im Ergebnis gelingt ihnen dennoch keine Koordination, weil sie das Handeln der Anderen in diesem für sie neuen Kontext noch nicht antizipieren können. Die Einzeltöne gelingen daher nicht koordiniert, sondern erklingen aufgrund der notwendigen Reaktionszeit versetzt.

8.3.1.3 Äußere Ablenkungsfaktoren am Beispiel der Aufkleber

Nicht immer sind es neue musikalische Strukturen oder neue technische Inhalte, die die Aufmerksamkeit auf das Eigene fesseln. In einer Kleingruppenstunde der Streicherklasse ist es eine besondere technische Hilfe, die ablenkt: die Tonhöhenmarkierung durch farbige Aufkleber auf dem Griffbrett.

> [05-1112-LK/24:55] *Die Gruppe spielt das Lied ‚102 Gespensterchen‘. Der letzte Takt ist intonatorisch und rhythmisch sehr stark auseinander.* [05-1112-LK/25:25]
> *Frau Sajani:*   *Ok, der Rhythmus war sehr gut, die Finger waren noch nicht ganz genau wie es da steht in dem Stück. ((Katharina meldet sich)) [Ich spiel es noch einmal ff*

Conny: *[Ja, ähm, ich, wir*
haben zwar die Aufkleber, aber ich kann nicht ähm auf die G* auf die
Aufkleber gucken und gleichzeitig auf die Noten!

Frau Sajani: *Dann üben wir das jetzt einfach mal ok? [05-1112-LK/25:42]*

Die Lehrerin hat den Kindern bunte Klebepunkte auf das Griffbrett geklebt, die ihnen beim Finden der Tonhöhen auf dem Griffbrett helfen sollen. Die bunten Punkte zeigen die Position der Finger auf dem Griffbrett an. Da das Thema der Unterrichtssequenz die Intonation des zweiten Fingers ist, wird der Klebepunkt für die Schülerinnen zum starken Orientierungspunkt. Angesichts der Tatsache, dass nun mit der Lehrerin, den MitschülerInnen, dem Notenständer und den Klebepunkten viele unterschiedliche Orientierungspunkte zu beachten sind und die Lehrerin keine spezifische Aufgabenstellung für das Zusammenspiel gibt, scheinen die Kinder mit der Vielzahl der zu beachtenden Personen und Objekte überfordert. Katharina bringt das auf den Punkt. Sie erklärt der Lehrerin, dass sie nicht gleichzeitig auf die Klebepunkte auf dem Griffbrett und die Noten schauen könne. Die Hilfestellungen, Noten wie Klebepunkte, nehmen hier die komplette Aufmerksamkeit der Kinder ein. Sie ziehen sich in den Eigenraum zurück und beachten ausschließlich ihre individuellen Hilfsmittel.

8.3.1.4 Unterbrechungen in der Vorbereitungsphase und Störungen des Musizierprozesses

Häufig wird in den Vorbereitungsphasen vor dem Zusammenspiel unterbrochen, um die Haltung zu korrigieren. Dies unterbindet den Aufbau des koordinativen Raums. Deutlich ist dies in der Szene ‚*Zusammenspiel*' (01-1106-SK/05:32). Die Lehrerin ist hier im Begriff zurückzutreten und den SchülerInnen die Koordination des Musizierens zu überlassen.

[01-1106-SK/05:32]
Frau Wolf: *Und die Emma zählt, wenn alle bereit sind. ((Julius stampft)) Zählst bis*
vier. Jetzt geht's los ok?
Emma: *((wendet sich zu Julius und atmet sichtbar ein, um mit dem zählen zu beginnen)) Eins, zw**
Frau Wolf: *((tritt auf Julius zu)) Moment. ((Frau Wolf korrigiert die Bogenhaltung*
von Julius))
[01-1106-SK/05:42]

Die Lehrerin übergibt in dieser Vorbereitungsszene an die Schülergruppe. Emma, die beauftragt worden ist, einzuzählen und das Signal für den Beginn des Stückes zu geben, wendet sich den MitschülerInnen zu und sorgt somit für Kontakt. Alle SchülerInnen sind bereit loszuspielen. Die Szene zeigt, wie die Kinder die Vorbereitung eines koordinierten Einsatzes treffen. Die Lehrerin geht nun allerdings dazwischen. Sie unterbricht die Vorbereitungsphase, um die Haltung von Julius zu korrigieren. Julius wendet sich mit dieser Unterbrechung nicht gänzlich von der Gruppe ab, er achtet nun jedoch stark auf die eigene Haltung und das eigene Spiel. Dies ist verständlich, da die Lehrerin ihn zuletzt auf den Aspekt der Haltung hingewiesen hat.

Es zeigt sich auch an anderen Stellen im Datenmaterial, dass die Lehrpersonen häufig in der Vorbereitungsphase auf das Musizieren unterbrechen, um – zumeist Haltungen – zu korrigieren. Dies führt zu einer Störung der koordinativen Prozesse, wenn nicht zu einer Störung des Musizierbeginns. Nicht selten greifen sie auch in die Interaktion der SchülerInnen untereinander ein und stören damit das gemeinsame Spiel. Dies zeigt sich beispielsweise in der Szene ‚Achten' (08-1114-K1-1/18:47) in der die Lehrerin das Organisationsgespräch der Kinder nicht abwartet, sondern inmitten der Diskussion um die geeignete Kommunikationsstruktur (wer achtet auf wen?) vorzählt. Sie unterbricht somit das Gespräch und beschleunigt mit ihrem Zählen den Beginn der Musik, ohne eine Einigung der SchülerInnen abzuwarten.

Ein weiteres Beispiel bietet die Szene ‚*Weihnachtsmann*' (03-1218-K1-1/34:35), in der Herr Maier mit dem Zeigen der Bogenbewegungen das Spiel von Tom unterstützen will. Sein Agieren ist jedoch so auffällig, dass er die Aufmerksamkeit aller SchülerInnen auf sich zieht und den Gruppenprozess des Musizierens stört.

8.3.1.5 Unbeantwortete Impulse

Im Rahmen der ungünstigen Positionierung der Kindergruppe habe ich in Kap. 8.2.2.2 bereits die Szene ‚*102 Gespensterchen*' (05-1112-LK/24:50) vorgestellt. Unter dem Blickwinkel verhinderter Koordinationsprozesse greife ich die Betrachtung der Szene an dieser Stelle noch einmal auf, da anhand dieser Szene ein weiterer Aspekt herausgearbeitet werden kann: Die Frage der Resonanz auf Impulse der Schülergruppe bzw. der nicht beantworteten Impulse. Hinsichtlich nicht realisierter Koordination fällt nämlich im Datenmaterial auf, dass Kontaktversuche der SchülerInnen während des Musizier- und Vorbereitungsprozesses von den Lehrpersonen teilweise nicht beantwortet werden. Die darin ersichtliche Einseitigkeit der leiblich-musikalischen Kommunikation im Sinne einer strikten Aufgliederung in Führen und Folgen scheint der Koordination der gesamten Gruppe nicht förderlich.

Das folgende Transkriptionsprotokoll der Szene ‚*102 Gespensterchen*' (05-1112-LK/24:50) beginnt an der Stelle des musikalischen Einsatzes (vgl. für den Beginn Kap. 8.2.2.2).

[05-1112-LK/24:10] Einem schweifenden Blick der Lehrerin folgend richtet Conny sich auf und bringt Geige und Bogen in eine gespannte spielvorbereitende Position. Marie und Katharina scheinen auf diesen Impuls zu reagieren und bereiten die Geigen ebenfalls vor. Die Lehrerin zeigt mimisch mit offenem Mund, weit geöffneten Augen und einem staunenden Gesichtsausdruck, dass sie auf die Vorbereitung der Schülerinnen wartet.
Die Lehrerin beginnt zu zählen: „Eins, zwei." Mit Beginn ihres Sprechens geht Katharina aus der Spannung, lässt den Oberkörper zusammenfallen und nimmt die Geige aus der Spielposition. Sie versucht das Einzählen zu unterbrechen. Mehrfach setzt sie an mit „ich hab', ich hab'", doch als die Lehrerin das Einzählen nicht unterbricht, beginnt sie schnell mitzuspielen. Während die Lehrerin zu zählen beginnt, lässt sich außerdem beobachten,

dass Marie einen Einsatzimpuls gibt. Dieser wird von keinem aus der Gruppe resoniert. Schließlich beginnen Marie und Katharina mit der Lehrerin zu spielen, während Vera und Conny den Einsatz verpassen. [05-1112-LK/25:05]

Man darf bei der Deutung dieser Szene nicht vergessen, dass es der Wunsch der Mädchen war, auf den Tischen zu sitzen. Eine Folge dieser Sitzposition ist eine schlechte Kommunikationsstruktur der Kinder untereinander. Die Lehrerin wird zur zentralen Führungsfigur, auf die alle SchülerInnen ausgerichtet sind. Dabei geht sie rasch voran und wartet nicht, bis alle SchülerInnen ihren leiblichen Aufforderungen gefolgt sind. So erfolgt der Einsatz beispielsweise zu einem Zeitpunkt, zu dem nicht alle SchülerInnen mitmachen können.

Warum handelt die Lehrerin in dieser Art und Weise? Die Aufzeichnung der gesamten Unterrichtsstunde weist darauf hin, dass die Mädchen dieser Unterrichtsgruppe während der Vorbereitungsphasen gerne stören und unterbrechen. So ist es in dieser Szene zunächst das Positionieren auf den Tischen, was den Einsatz verzögert, im Anschluss suchen die Mädchen scheinbar endlos nach einer geeigneten Sitzposition. Immer wieder rutschen sie auf dem Tisch hin und her, sodass die Lehrerin schließlich ohne eine Anfangsstille zu zählen beginnt. Nun unterbricht Katharina, die ihre Geige absetzt und etwas sagen will. Die Lehrerin ignoriert diesen Impuls. In dieser Phase des Vorzählens gibt nun Marie einen Einsatzimpuls, der aber weder von einem anderen Gruppenmitglied noch von der Lehrerin resoniert wird. Es zeigen sich in dieser Szene also zahlreiche Interaktionsangebote, die aber von der Lehrerin nicht beantwortet werden. Es ist zu vermuten, dass der Grund für die Nicht-Beantwortung im Wunsch nach einem fließenden Unterrichtsablauf begründet liegt – zu viele Unterbrechungen zerstören den Spannungsbogen der Unterrichtssequenz. Die Kommunikation verläuft aufgrund dessen aber ausschließlich einseitig von der Lehrerin in Richtung der Schülerinnen und nicht umgekehrt. Die zahlreichen Einzelimpulse wirken darüber hinaus unkoordiniert und stören den Gesamtablauf, statt das gemeinsame Handeln voranzutreiben.

8.3.2   Protest – Sabotage koordinativer Prozesse

Das Videomaterial zeigt neben Situationen, in denen äußere Bedingungen zu ungewollten Störungen koordinativer Prozesse führen, auch solche Situationen, in denen Konflikte in der Gruppe inneren Protest und damit eine intendierte Verhinderung von Koordination auslösen. In Kap. 7.2 ist bereits ausgearbeitet worden, dass das Gelingen von Koordination auch von der inneren *Einstellung* der Gruppenmitglieder abhängig ist, dass Koordination also eher dann gelingt, wenn die Gruppenmitglieder kooperieren und bereit sind, sich zu koordinieren. Diese Bedingung zeigt sich in der Betrachtung der Szene ‚Protest' (01-1106-SK/18:42) sehr deutlich. In der betrachteten Gruppe stört ein Kind den Gruppenprozess, durchbricht (absichtlich) die Regeln und macht dadurch eine Koordinierung der Gruppe unmöglich.

[01-1106-SK/18:00] ((Die Gruppe übt seit einigen Minuten das Lied ‚Stepping Stones‘. In einem ersten Durchgang des gesamten Stücks sind zwei Kinder nicht zurechtgekommen, ein Kind hat die Aufgabe nicht verstanden und eine Übung statt des Liedes gespielt und ein Kind konnte das Lied nicht im Tempo realisieren.))

Julius ((maulend)): Ich komm nicht hinterher.

Emma ((fällt ein, spricht gleichzeitig und gedehnt)): Ich bin (.) nicht richtig (.) angefangen.

Frau Wolf: Solln wir es nochmal machen?

Emma: Ja.

Julius ((verneinend)): Hm-hm.

[Beginn Szene ‚Protest‘; 18:42]

Frau Wolf: Wenn mans übt, dann kann mans irgendwann.

Julius ((verneinend)): Hm-hm. Ich kanns nicht.

Frau Wolf: Iss so.

Emma: Ich habs hingekriegt.

Frau Wolf: Dann müssen wirs noch mal machen. Es war schon ganz gut. ((sie nimmt den Bogen in Vorbereitungsposition, die beiden Mädchen machen dies beinahe koordiniert nach. Julius bringt den Bogen mit lustloser, maulender Körperhaltung zur Geige und kratzt mit dem Bogen die Saiten hinter dem Steg. Hohe, schrille, kratzige Töne erklingen)). Achtung, ((noch einmal hört man die hohen Töne; die L blickt Julius wortlos an. Dann dreht sie wieder den Oberkörper, um Kontakt zur ganzen Gruppe aufzunehmen)). Eins, zwei, drei, vier.*

((Der Einsatz erfolgt gemeinsam, wobei Frau Wolf ausschließlich Julius anschaut. Dieser setzt mit der Gruppe ein und spielt auch die ersten Töne gemeinsam, dann weicht er aber von der Stückvorlage ab. Er spielt etwa die Tonhöhen und etwa die Anzahl der Töne wie die anderen – aber eben nur „etwa“. Er spielt mal später als die anderen, mal früher, verdoppelt einige Töne, spielt andere Rhythmen. Währenddessen herrscht ein intensiver Blickkontakt zwischen Frau Wolf und Julius. Frau Wolf gibt durch Körperbewegungen Struktur und spielt sehr deutlich mit dem Ziel, Imitationsvorbild zu sein, Julius spielt weiter seine Improvisation. Die Gruppe spielt das Lied zu Ende, worauf sich alle zu Julius wenden, der seinen Bogen lustlos sinken lässt.))

Frau Wolf ((zu Julius)): Hast Du Dich richtig gut angestrengt? ((dabei läuft sie auf Julius zu und stellt sich vor ihn))

Julius ((nimmt seine Geige schützend vor seinen Mund; Julius und Frau Wolf lächeln)). Ja.

Frau Wolf ((lächelnd und Kopf schüttelnd)). Ja-a? Ich glaub Dir das nicht. ((Sie geht an ihm vorbei und legt ihre Geige weg. [01-1106-SK/19:26]*

Julius verhindert in dieser Szene das koordinierte Musizieren, indem er scheinbar absichtlich das musikalische Timing ignoriert und nach eigenem Gusto variiert. Zu Beginn spielt er etwas später als die anderen, dann etwas früher und schließlich verdoppelt er die Notenwerte. Dass diese Variationen nicht als Fehlerspiel und damit als Versehen zu deuten sind, verdeutlicht der intensive Blickkontakt, der zwischen Julius und der Lehrerin während des Spielens herrscht. Während Julius spielt, beobachtet er intensiv die Reaktion der Lehrerin. Diese wiederum scheint ihn mit ihrem Blick bändigen und ermahnen zu wollen. Julius ist in diesem Sinne nicht mit den anderen diskoordiniert, weil er in seinem Eigenraum gefangen ist oder weil er sich nicht nach außen öffnet. Im Gegenteil: Er hat einen hervorragenden Kontakt zu den anderen Gruppenmitgliedern und ist in der Lage, auf deren Handeln zu reagieren – er entzieht sich jedoch dem Korsett des Gruppentimings und spielt nach seiner Façon. Als BeobachterIn erhält man den Eindruck, Julius will beweisen, dass er das Stück *nicht* mit den anderen spielen *kann*. Er sabotiert dabei jegliches Koordinationsangebot: den Blick der Lehrerin, die deutlichen und strukturierenden Körperbewegungen, das metrumsunterstützende Nicken.

Es stellt sich die Frage, was das hier zu beobachtende koordinationsboykottierende Verhalten von Julius auslöst. Eine Antwort auf diese Frage ergibt sich bei eingehender Betrachtung der Szene in ihrem Zusammenhang. Dabei zeigt sich ein wiederkehrendes Motiv: Julius versucht aus der Gruppe herauszustechen und von der Lehrerin Anerkennung für sein Können zu erhalten. Eine solche Bestätigung wird aber von der Lehrerin mehrfach verweigert, worauf es schließlich zum Protest kommt. Ich zeichne dieses Motiv anhand der Szenen des Unterrichtsvideos im Folgenden nach.

Die Unterrichtsstunde beginnt mit einer Übung, in der die SchülerInnen nacheinander einen Rhythmus nachspielen sollen. Bereits in dieser Übung durchbricht Julius das Schema – er spielt den Rhythmus doppelt so oft wie die Lehrerin – und stört dadurch die koordinierte Abfolge der nacheinander dargebotenen Rhythmen. Durch das Stören der fließenden Abfolge erhascht er Aufmerksamkeit: Die anderen Gruppenmitglieder schauen überrascht zu ihm, als er an den erwarteten Rhythmus eine zweite Abfolge setzt. Er selbst scheint sich daran zu erfreuen, er ist sehr emsig und versucht der Lehrerin zu zeigen, dass er die Übung gut beherrscht.[294] Im Anschluss sollen alle drei Kinder gemeinsam den Rhythmus spielen. Die Lehrerin will Julius währenddessen beim Führen des Bogens helfen. Julius will das aber nicht, er fühlt sich kompetent und will seinen Bogen alleine über die Saiten streichen. An dieser Stelle beobachtet man einen ersten kleinen Protest, den die Lehrerin aber ignoriert. Als Julius dann beim zweiten Durchgang alleine spielen darf und die Lehrerin den Bogen von Emma führt, erweitert Julius erneut die Übung: Die zwei rhythmischen Elemente ergänzt Julius durch zwei weitere rhythmische Einheiten zum ersten Teil des ‚*Schokoladenkuchen-Liedes*'. Auch an dieser Stelle führt das Ausbrechen aus dem gemeinsamen Handeln zu einem Hervortreten aus der Gruppe und einer Zuwendung von Aufmerksamkeit zu Julius. Die Lehrerin bemerkt anerkennend, dass Julius ja schon „*das ganze Lied*" spiele, sie ergänzt aber: „*Wir ham ja erst mal nur geübt*". Mit diesem Nachsatz verwehrt sie ihm die Anerkennung für sein Können, die sie ihm im ersten Halbsatz bereits zugesprochen hat, weil die Demonstration des ganzen Liedes noch nicht gefragt sei. Julius blickt auf den Boden, wo der mit der Spitze des Bogens herumzustochern scheint. Traurig und leise nuschelt er: „*Ich kann das alles*." Nun geht die Lehrerin darauf ein und fordert die Kinder auf, dass „*alle drei zusammen*" das Lied „*vormachen*" sollen. Die Verwendung des Wortes *vormachen* illustriert die herausgehobene Bedeutung des Zeigens des eigenen Könnens. Julius versucht genau das: er will der Lehrerin zeigen, was er kann. Dafür muss er gehört werden

---

294 Diese Deutung stützt sich auf mehrere Beobachtungen: Julius lächelt nach dem Spiel, er tänzelt und kämpft mit dem Bogen, er meldet sich und will unbedingt die Antwort geben. Nach seiner richtigen Antwort zeigt er körperlich seine Zufriedenheit. Insgesamt kommuniziert Julius stark über die leibliche Ebene.

– was Julius durch ein Hervortreten aus der Gruppe respektive ein Heraustreten aus der Koordination erreicht. Was bereits durch das Ergänzen der Rhythmen geschehen ist, zeigt sich nun ebenso im Zusammenspiel der Kinder: Julius tritt aus der Gruppe hervor, indem er schneller als die anderen spielt. Damit unterwandert er die Möglichkeit der musikalischen Koordination.

Das oben erwähnte Führen des Bogens durch die Lehrerin scheint genau das Gegenteil zu signalisieren. Es ist eine starke Hilfestellung – und das signalisiert, dass die Lehrerin bei dem/der jeweilige/n SchülerIn noch Übungsbedarf sieht. Dieser ist zweifellos vorhanden, die Reaktion von Julius zeigt aber, dass er die Hilfe der Lehrerin ganz anders interpretiert. Das Bogenführen deutet er nicht als Unterstützung, sondern als Aberkennung des eigenen Könnens. Und so protestiert er gegen diese Art der Hilfestellung. Dieser hier bereits angelegte Protest tritt einige Szenen später erneut auf, als die Kinder die Bögen weglegen sollen, um ein Lied zuerst zupfend zu üben. Auch diese Didaktisierung will Julius nicht akzeptieren. Er protestiert erneut, indem er mault und sich den Anweisungen der Lehrerin wiedersetzt. Er will nicht zupfen, sondern streichen und wenig später nicht in der Gruppe, sondern alleine spielen. Als das auch nicht akzeptiert wird, protestiert Julius über sein musikalisches Spiel. Lustlos spielt er das Lied, hat so ein energieloses Spiel und ein langsameres Tempo als die Mitschülerin. Im zweiten Teil des Liedes entdeckt er, dass er einfach irgendwelche Töne spielen kann und dadurch Diskoordination und Chaos erzielt. Die demonstrative Lustlosigkeit wird von Julius musikalisch inszeniert und zur Aufführung gebracht. Er mault, zeigt eine ungespannte Körperhaltung, wenn er spielt, dann ohne Energie und ohne rhythmische Struktur. Er durchbricht die Regeln, indem er einfach anfängt zu spielen, ohne auf das Vorzählen der anderen zu warten. So wird er von Frau Wolf zurechtgewiesen: *„He he hey! Nicht einfach anfangen. Erst wenn einer gezählt hat, ja?"*

Vor diesem Hintergrund interpretiert sich die oben zitierte Szene ,Protest' unter einem anderen Blickwinkel: Julius boykottiert an dieser Stelle aus zwei Gründen die Koordination: Zum einen protestiert er gegen die Interventionen der Lehrerin, zum anderen nutzt er das Stören der Koordination aber auf musikalischer Ebene, um aus der Gruppe hervorzutreten. Der musikalische Protest ist an dieser Stelle damit als ein Kampf um Anerkennung zu interpretieren.

Die genaue Analyse der Protestszene in der Abfolge der Unterrichtsstunde deckt auf, welche Bedeutung gruppendynamische Bedingungen für das koordinierte Musizieren haben. Dass ein Junge an dieser Stelle aus der Gruppe hervortreten will, um zu zeigen, was er kann, erscheint in den Daten als starkes Phänomen. Kapitel 9 wird darauf zurückkommen und die intervenierenden Bedingungen des schulischen Musizierens eingehender betrachten. Der Wunsch nach Anerkennung wird an dieser späteren Stelle aus einer Perspektive der schulisch-musikschulischen Rahmung interpretiert.

8.4 Zusammenführung III: Der koordinative Raum in seinen Grundformationen und Dimensionen

In den obigen Kapiteln ist die im Rahmen dieser Grounded-Theory-Studie erarbeitete Kernkategorie des koordinativen Raums expliziert und ausgearbeitet worden. Der koordinative Raum stellt eine Voraussetzung für das Eintreten in Koordinationsprozesse dar, weil er die Basis für die musikalischen Interaktionen bereitstellt. Für Anfängerensembles ist er noch einmal entscheidender, weil er *vor* dem Musizierprozess hergestellt wird, also zu einem Zeitpunkt, in dem die Musizierenden noch nicht die Synchronisation zwischen Musik, leiblichen Spielbewegungen und Interaktion bewältigen müssen, sondern der Aufbau einer interaktiven Verbindung im Fokus steht. Aufeinander-Achten beginnt bereits in dieser Phase der Vorbereitung. Im musikalischen Prozess ermöglicht der koordinative Raum eine zyklische Aufmerksamkeitszuwendung zu Eigenem und Anderen.

Die zentralen Handlungen, mit denen die Akteure den koordinativen Raum herstellen, sind kontaktanbahnende Zuwendungen (in Form von Blickkontakt, leibliche Zuwendungen, Ansprachen, zugewandte Positionierungen), konzentrierte Körperspannung und Stille zur Herstellung gebündelter Aufmerksamkeit auf die Gruppe sowie Geschlossenheit der räumlichen Konfiguration. Koordinationsmerkmale wiederholen sich scheinbar in der Konstitution des koordinativen Raums: Im Moment der Herstellung des koordinativen Raums wird die Grundlage für koordinative Prozesse beim Musizieren gelegt. Die Einzelpersonen der Gruppe treten als Individuen – gewissermaßen aus ihren einzelnen Räumen – in die Gruppeninteraktion und *öffnen sich* zu den anderen Gruppenmitgliedern. Durch die Zuwendung nehmen sie einander wahr, wenden ihre Aufmerksamkeit auf das gemeinsame Handeln der Gruppe und lassen so den koordinativen Raum entstehen.

Die Analyse hat zwei Grundformationen des koordinativen Raums herausgearbeitet: den *Kreis* und das *Dreieck*. Der Kreis hat die Eigenschaft, dass die Gruppenmitglieder gleichberechtigt an der Gruppeninteraktion teilhaben bzw. diese initiieren können. Der Kreis symbolisiert damit die Symmetrie der Gruppeninteraktion. Das Dreieck verfügt demgegenüber über eine Asymmetrie in der Zuwendung, da ein Gruppenmitglied – in den Unterrichtsbeispielen meistens die Lehrperson – an der Spitze der Formation steht und das Geschehen steuert. Die dreiecksartige Positionierung fokussiert die Aufmerksamkeit auf die leitende Person, erreicht dadurch aber in der Interaktion eine höhere Geschwindigkeit der Koordinierung. Die Pole der beiden Grundformationen sind in Tab. 11 zusammengefasst.

Die Darstellung der beiden Grundformen von koordinativen Räumen hat gezeigt, dass die Positionierung und die daraus hervorgehende Konfiguration die Aufmerksamkeitsverteilung unter den Musizierenden bestimmt. Im Vergleich der Grundformationen des koordinativen Raums tritt ein wichtiges Merkmal für das unterrichtliche Zusammenspiel hervor: die Frage der Interaktionsmöglichkeit der Lernenden im Musizierprozess.

Tab. 11: Merkmale in Kreis und Dreieck.

Merkmal	Kreis	Dreieck
Fokus auf der Lehrperson	niedriger	höher
Interaktion zwischen den Lernenden	stärker	schwächer
Effektivität der Steuerung	niedriger	höher
Wahrnehmbarkeit der Einzelleistungen für die Führungsperson	weniger deutlich	sehr deutlich

Die Aufmerksamkeitsfokussierung im koordinativen Raum legt für die Interaktionen der Lernenden untereinander eine Grundlage. Interaktionen zwischen den SchülerInnen werden allerdings seltener, je stärker sich die Lernenden durch die Positionierung auf die Lehrperson fokussieren und dieser die Führung überlassen. Während Interaktionen zwischen den SchülerInnen in der Kreisformation relativ einfach möglich und auch häufig zu beobachten sind, nehmen die gegenseitigen Kontaktaufnahmen innerhalb der Gruppe mit steigender Zentrierung der Aufmerksamkeit auf die Lehrperson ab. Die Kinder in der Kreisposition geben häufiger Impulse, reagieren sichtbar und scheinen ‚mitten im Geschehen‘ zu sein, während die Kinder in Dreiecksformationen teilweise eher unbeteiligt vor dem Dirigenten sitzen. Je stärker sich die Führung auf die Lehrperson konzentriert, desto weniger Räume für Eigenkoordinationen bleiben für die SchülerInnen. Zudem erscheint das musikalische Spiel starrer und vereinzelter, je weniger Eigenraum die SchülerInnen haben.

Dieser Zusammenhang zeigt sich auch in der beobachtbaren Bewegungsaktivität: Ausgeprägten Bewegungen der Lehrkräfte stehen in den aufgezeichneten Unterrichtsstunden reduzierte und schwächere Bewegungen der SchülerInnen gegenüber. Von den Daten ausgehend zu urteilen, scheint es so, als ergreifen die SchülerInnen an den Stellen mehr Initiative, an denen sich die Lehrperson zurückzieht. An diesen Stellen sind mehr Bewegungsimpulse, eine stärkere Aktivität und gesteigertes koordinationsförderndes Verhalten zu beobachten. Diese Beobachtung weist aber ebenso auf die Sicherheit im Handeln hin: In den Momenten, in denen das Handeln für die SchülerInnen noch ungewohnt und neu ist, ist eine stärkere Steuerung durch die Lehrkraft vonnöten. Zu späteren Zeitpunkten, in denen sich die SchülerInnen sicher fühlen, können die Lehrkräfte sich zurücknehmen.

Stärkere Führung bedeutet allerdings auch mehr Klarheit und einen strafferen, strukturierteren Prozess. Wenn es darum geht, etwas schnell zu klären oder schnell einzuüben, scheint die dirigentische Form effektiver. Zudem kommt, dass Herr Winkler in der Dirigentenposition volle Konzentration auf die Schülergruppe richten kann und Fehler der Schüler sofort bemerkt. Er hat die Schüler ‚im Blick‘, während Frau Wolf den Überblick über alle kleinen Aktionen ihrer Schülergruppe verliert. Einzelne Diskoordinationen bleiben so unkorrigiert.

Darüber hinaus spielt die Aufgabenverteilung in der Gruppe für die Teihabe am Interaktionsprozess eine Rolle. Jonas ist aktiv, weil er aktiviert wird: Er bekommt die Rolle des Tempomachers übertragen und übernimmt diese Aufgabe mit Stolz. Helena folgt Jonas im Spiel – was aber auch bedeutet, dass sie nicht in *ihrem* Tempo spielen darf. Sie macht die Fehler, da sie mit dem Mitspielen beschäftigt ist. Im Laufe der Unterrichtsstunde erhält sie kein einziges Mal die Gelegenheit, das Tempo vorzugeben und damit ihr eigenes (Lern-)Tempo wählen zu können. Die pädagogische Perspektive des Koordinationskonzepts liegt hier in der Aktivierung des Miteinanderlernens: im Wahrnehmen von musikalischen Rollen, in denen eigene musikalische Ideen ausgedrückt und Kompromisse im Spiel mit anderen geübt werden.

Interessanterweise gleichen die beiden Grundformationen den zwei Strukturen, die die Lehrenden in ihrer Musikpraxis erleben: das kammermusikalische und das dirigentische Spiel. Während die Lehrenden dem kammermusikalischen Spiel eine dialogische Interaktion zuschreiben (vgl. L-Int-Sa/Z 290-296), wird das Orchesterspiel durch einen Dirigenten von vorne angeleitet (vgl. L-Int-Ma/Z 24-27). Den Grundformen des Ensemblespiels, die in den Lehrendeninterviews hervortreten, stehen die Grundformationen der koordinativen Räume gegenüber. In den zugeschriebenen Attributen ähnelt die Formation des Kreises dem kammermusikalischen Spiel, das Dreieck dem dirigentisch geleiteten Ensemble.

Darüber hinaus hat die Untersuchung zu Tage gefördert, dass diese Grundformationen durch intervenierende Faktoren deformiert oder verschoben werden. Immanente Ungleichgewichte in koordinativen Räumen liegen in jeder Szene vor und sind durch die (musikalischen und sozialen) Rollen bedingt. Deformationen koordinativer Räume entstehen durch eine starke Fokussierung der Lehrkraft, ungünstige Sitzpositionen der SchülerInnen, störende bzw. aufmerksamkeitsfordernde Objekte wie z.B. die Noten, Aufgabenstellungen oder Überforderungen, die zu einem Rückzug in den Eigenraum führen. Beobachtbare Dimensionen des koordinativen Raums bestehen als sternförmige Blase, als geteilte oder als flexible Räume.

8.5 Nutzung von koordinativen Räumen als Handlungsmuster der Lehrpersonen

In den vorangegangenen Kapiteln habe ich Koordination hinsichtlich seiner Merkmale und Bedingungen sowie die Kernkategorie des koordinativen Raums mit seinen Dimensionen herausgearbeitet. Bei der Analyse der Videoszenen fällt auf, dass die Lehrkräfte aufgrund ihrer herausgehobenen Rolle innerhalb des Systems Unterricht auch in der Musikgruppe eine besondere Stellung einnehmen: Die Aufmerksamkeit der Gruppe liegt in vielen Beispielen auf der Lehrperson. Das Musizieren ist gleichzeitig eine Handlungsform, die den Regeln des Unterrichts unterworfen ist und damit die Rollen von Lehrenden und Lernenden aktualisiert. Gleichzeitig unterliegt das Gruppenmusizieren als kulturelle Praxis einem eigenen Regelwerk, das im Unterricht erprobt und aufgeführt wird. Dazu gehören auch die Kommunikations- und Führungsstrukturen der Musikgruppe: Aufgrund der Nichtsprachlichkeit und der Simultanität der Handlungen beim Musizieren findet sich in Musiziersituationen häufig ein ‚Taktgeber‘, an dem sich die Gruppenmitglieder orientieren. Im vorliegenden Datenmaterial tritt die Lehrperson häufig als ein solcher ‚Taktgeber‘ auf.

Es scheint daher lohnenswert, im Folgenden das Lehrerhandeln zu fokussieren und herauszuarbeiten, in welcher Art und Weise die Lehrenden koordinative Räume im Unterricht nutzen, eröffnen und bespielen (lassen). Diese Perspektive verspricht in zweierlei Hinsicht interessante Erkenntnisse auf musikpädagogisches Handeln: Zum einen werden in dieser Herangehensweise Handlungsoptionen auf der Seite der Lehrenden, zum anderen musiklernrelevante Strukturen offengelegt.

Hierzu werden drei in den Daten aufzufindende koordinative Handlungsdimensionen expliziert: *Führen*, *Anleiten* und *sich Zurückziehen*. Eine vierte Dimension des *Übergeben und Begleiten* ist im Datenmaterial nicht aufzufinden und fehlt daher in der Darstellung, obwohl diese Dimension theoretisch konstruierbar ist.

8.5.1   Bewegungen führen

Die im Folgenden dargelegten Dimensionen der Nutzung koordinativer Räume im Unterrichtsprozess unterscheiden sich hinsichtlich der lehrerseitigen Steuerung des Koordinierungsprozesses. Als in sehr hohem Maße lehrerseitig gesteuert fallen einige Szenen im Datenmaterial auf, in denen ein ganz spezifischer koordinativer Raum zwischen Lehrendem und Schülerperson aufgespannt wird: Lehrperson und SchülerIn bespielen gemeinsam dasselbe Instrument.[295] Diese Nutzungsform, die als streicherspezifisch betrachtet werden kann, wird anhand der Szene ‚*Bogenführen 2*‘ (02-1113-SK/26:30) analysiert.

> *Die Lehrerin erarbeitet mit den Kindern mit Hilfe eines schriftlich auszufüllenden Notenrätsels im Unterrichtsheft die Viertelpause: Die Kinder sollen in ein Notenbeispiel die fehlenden Pausen eintragen. Die Arbeit im Heft findet an den seitlichen Tischen im Unterrichtsraum statt. Als Jonas fertig ist, nimmt die Lehrerin seine Noten, geht damit zum Notenständer und fordert Jonas auf, das Stück einmal auszuprobieren. Helena soll währenddessen die Aufgabe beenden.*
>
> *Jonas holt sein Instrument und begibt sich in Spielhaltung vor dem Notenständer, während die Lehrerin die Noten auf den Notenständer stellt.*

---

295 Dieses Nutzungsmuster ist im Unterricht der Blasinstrumente nicht zu beobachten.

Standbild, Zeitmarke und Verbaltranskript	Beschreibung
 [02-1113-SK/26:30] Frau Wolf: „So, ich helf dir einmal mit dem Bogen, Jonas. Und es geht los. [singend] Wo sind denn die No (.) ten? [...]"	Die Lehrerin greift mit der linken Hand den Geigenkorpus, mit der rechten Hand den Bogen des Schülers. Während der Junge auf sein Instrument schaut, wendet die Lehrerin ihren Blick auf die Noten. Die Lehrerin beginnt, mit dem Bogen zu streichen und dabei das Lied zu singen. Zwischendurch wendet sie ihren Blick zu Jonas, der nach der ersten Phrase des Lieds auf die Noten blickt.
 [02-1113-SK/26:57]	Ende des Liedes. Die Lehrerin hebt den Bogen hoch und schaut den Schüler an. Dieser reagiert zunächst einmal nicht und verbleibt in seiner Haltung sowie bei seinem Blick auf die Noten. Dann lächelt er. Die Lehrerin fährt fort mit einer Erklärung zum Spielen von Pausen.

Die Initiierung des koordinativen Raums erfolgt durch die Zuwendung der Lehrerin zu ihrem Schüler, die in dieser Szene in einer Extremform hinsichtlich der Nähe erfolgt. Um das Instrument des Schülers zu spielen, wendet sich die Lehrerin nicht nur körperlich zu, sondern beugt sich mit dem Oberkörper auf die Blickebene des Schülers herab. Sie richtet ihre Körperhaltung nach dem Jungen aus und strahlt weniger körperliche Präsenz aus. Der Junge hingegen nimmt eine starke Körperhaltung ein und wird so mit seinem Instrument zum Zentrum des Geschehens. Sein Blick zu Beginn der Szene (vgl. das Standbild zum Zeitpunkt [26:30]) strahlt eine Fokussierung auf sein Instrument aus.

Die Lehrerin leitet im folgenden Musizierprozess die Musizierbewegungen, die zum Erklingen des Liedes führen. Die hier zu beobachtende Koordination ist damit ein Spezialfall innerhalb des Datenmaterials: die Lehrerin führt die komplette Spielbewegung des Schülers und steuert so sein Spiel. Die Koordination zwischen den beiden Individuen beruht in diesem Fall darauf, dass der Schüler sich in seinen Bewegungen komplett auf die Führung der Lehrerin einlässt und sie gewissermaßen seine Bewegungen ausführen lässt. Dies erfordert eine hohe Achtsamkeit des Schülers auf die Bewegungsimpulse, die die Lehrerin auslöst, sowie eine Achtsamkeit der Lehrerin auf die Reaktionen des

Schülers. Eine solche Form der Koordination funktioniert nur, wenn der Geführte sich dem Führenden anvertraut und sich führen lässt. Dies wird besonders deutlich im Vergleich mit einer Szene ‚Geführte Bewegung' 01-1106-SK/13:57 (mit Vorlauf ab [13:38]) aus dem Datenmaterial, in der ein Schüler lieber allein spielen will. Er lässt sich schließlich von der Lehrerin überzeugen, vollzieht die Bewegungen aber eher unwillig mit. Statt einer gemeinsamen Handlung lässt er in unterspannter Körperhaltung die Lehrerin den Bogen über die Saiten bewegen.

In der hier explizierten Szene ‚Bogenführen 2' (02-1113-SK/26:30) lässt sich der Junge jedoch bereitwillig durch die Musik führen und zeigt Freude am gemeinsamen Spiel. In einigen Pausen lächelt er, aufgrund des Liedtextes, der Interaktion mit der Lehrerin oder der Freude an der Bewegung. Deutlich wird durch seine Mimik und das Lachen nach Ende des Liedes (Zeitpunkt [26:57]), dass er Spaß am Spielen hat.

Der hier aufgespannte koordinative Raum ist in einigen Parametern spezifisch: es herrscht eine große Nähe zwischen Lehrerin und Schüler, der koordinative Raum spannt sich um ein Instrument herum. Die Interaktion in diesem Raum verläuft direkt über die Leiblichkeit der Beteiligten. In dieser Szene besteht der Raum ausschließlich aus Jonas und der Lehrerin, in anderen Szenen (z.B. ‚Geführte Bewegung' 01-1106-SK/13:57 oder ‚Bogenführen 1' 01-1106-SK/05:00) tritt er als *Raum im Raum* auf: Die Schülergruppe musiziert in einem Halbkreis, während die Lehrerin den Bogen eines Schülers führt (vgl. Abb. 42).

 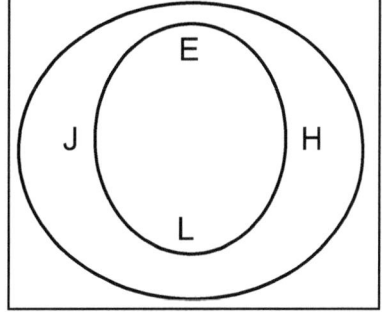

Abb. 42: Ein Raum im Raum. In der musizierenden Gruppe wird eine Schülerin durch die Lehrerin mithilfe des Bogenführens unterstützt (01-1106-SK/05:06).

Wozu dient diese Form der Koordination? Die Szenen, in denen die Lehrenden Koordination und den koordinativen Raum in der hier explizierten Form nutzen, sind Szenen, in denen die SchülerInnen mit einer Spieltechnik oder einem Stück noch sehr unvertraut sind. Diese unterrichtliche Intervention des Unterstützens der Spielbewegung dient der Konzentration auf das Neue und hat das Bewegungslernen bzw. die Einbettung von Bewegungen in einen musikalischen Fluss zum Ziel. Im Eintreten in Koordination gelingt die Demonstration über die leibliche Handlung, sodass die Lernenden über das leibliche Spüren der Bewegungsausführung im Fluss der Zeit ein Gefühl für die Bewegungsenergie, die nötigen Bewegungsimpulse und Bewegungsrichtungen erwerben. Es zeigt sich hier eine spezifische Form des mimetischen Lernens (Wulf 2007). Die Lehrenden nutzen hier Koordination für die Vermittlung von Bewegungsabfolgen. Auch wenn es in dieser Szene also eher um einen Moment des Bewegungslernens und nicht um das Zusammenspiel geht, steht sie dennoch sinnbildlich für die Steuerung durch eine zentrale Figur innerhalb der Gruppe: Die gemeinsame Bewegungsausführung gelingt nur, wenn sich der Schüler komplett von der Lehrerin leiten lässt und ihr die Impulse im Spiel überlässt.

Zusammengefasst gesagt zeigt sich die Bewegungsführung als ein Extrempunkt im Kontinuum der Führung. Hier ist eine sehr starke Führung von Seiten der Lehrperson zu beobachten: Die Situation unterliegt der totalen Steuerung durch die Lehrkraft. Dies hat seinen Sinn in der konzentrierten leiblichen Erfahrung eines Bewegungsgefühls, das die SchülerInnen im Folgenden in eigenen Spielversuchen wiederherzustellen versuchen und perfektionieren.

8.5.2   Den Prozess anleiten

In vielen der bisher betrachteten Unterrichtssituationen sind die Lehrpersonen in den Phasen der Initiierung, des Aufbaus des koordinativen Raums und im musikalischen Prozess die führenden Figuren. Sie leiten die Schülergruppe durch das Musikstück. Dabei ist die Handlung des Anleitens unabhängig von der Rolle, die die Lehrkräfte dabei bekleiden: Eine solche Handlungsform findet sich ebenso in Szenen, in denen die Lehrenden als Gruppenmitglieder mit den SchülerInnen musizieren, wie in Szenen, in denen sie das Geschehen dirigentisch anleiten.

Die Aktivität des Anleitens zeigt sich beispielhaft an der Szene ,Schokoladenkuchen' (02-1113-SK/40:10).

Die Lehrerin erarbeitet zunächst einzeln mit den Kindern das Lied Schokoladenkuchen, das zwei Wochen nach der aufgezeichneten Stunde in einem Schulvorspiel präsentiert werden soll. Jede/r spielt das Lied zunächst einzeln vor, worauf die Lehrerin kurze Stellen noch einmal intensiv mit der/dem jeweiligen SchülerIn übt. Im Anschluss lässt die Lehrerin die Kinder das Lied gemeinsam musizieren. Noch einmal wird eine schwierige Stelle – der Übergang vom ersten zum zweiten Liedteil – isoliert mit Helena geübt. Die Lehrerin eröffnet das Zusammenspiel zu dritt mit dem Satz: „Und jetzt mit der Melodie zusammen?" Sie stellt den Notenständer zur Seite, während Jonas von seiner Warteposition auf einem an die Wand gerückten Tisch zur Gruppe tritt.

Standbild, Zeitmarke und Verbaltranskript	Beschreibung
 *[02-1113-SK/40:15]* *Frau Wolf: „Ähm (.)*	*Die Lehrerin blickt suchend nach links zu ihren Materialien. Anscheinend findet sie die Noten nicht.*
  [02-1113-SK/40:16] *Frau Wolf: Ok. Da sehen wir jetzt, ob ich die Melodie auch auswendig kann ((lachen))"*	*Die Lehrerin begibt sich in Spielposition und tritt einen Schritt auf die Gruppe zu.*

Die Kinder reagieren und nehmen eben-falls eine Spielposition ein.

Die Lehrerin beginnt vorzuzählen und gibt schließlich den Einsatz zum Musizieren. Die Kinder resonieren den Einsatz und beginnen gemeinsam mit der Lehrerin das Spiel.

Helena bricht kurz vor der zuvor geübten schweren Stelle ab, setzt den Bogen auf die darauffolgende Saite und steigt nach der schweren Stelle wieder ein.

[02-1113-SK/40:20]

Frau Wolf: „Eins, zwei, drei, vier".

Ähnlich wie in vielen anderen Szenen des Materials initiiert die Lehrerin die Herstellung eines koordinativen Raums durch ein leibliches Signal: mit dem Einnehmen einer Spielhaltung baut sie Körperspannung auf und positioniert sich mit wenigen Schritten zur Schülergruppe. Ihre Positionierung schafft eine geeignete Distanz zu den Kindern, so dass beide mit ihr in leibliche Interaktion treten können. Gleichzeitig vermittelt die Körperhaltung der Lehrerin eine Zuwendung zu den Kindern und strahlt Präsenz aus. Ihre Körperlichkeit ermöglicht so die Kommunikation auf der leiblichen Ebene, die im Musizierprozess für die Koordinierung notwendig ist. Über ihre Präsenz hält sie die ‚Fäden in der Hand' (vgl. Abb. 43a und 43b).

Abb. 43a und 43b: Die Zuwendung der Lehrerin zu den beiden Schülerinnen aus zwei Perspektiven (02-1113-LK/43:31 (43a); 02-1113-SK/40:23 (43b)).

Die Kinder reagieren auf das Signal und begeben sich auf ihre Spielpositionen. Sie wenden ihre Aufmerksamkeit auf die Lehrerin, bringen ihre Instrumente in eine Spielhaltung und bauen Körperspannung auf. Vor dem Einsatz schweigt die Gruppe eine ganze Weile: Die Lehrerin wartet den Aufbau des koordinativen Raums durch die Kinder ab. Erst dann beginnt sie zu zählen und gibt den musikalischen Einsatz für das Spiel.

Der Einsatz der Gruppe erfolgt etwa gleichzeitig, aber noch nicht koordiniert. Die Schülerin Helena fällt mit einem überraschend engagierten Einsatz auf – kurz vorher scheint sie aus den Knien Schwung zu holen – und beginnt hochmotiviert, aber zu schnell zu spielen. Sie nimmt das Tempo der Lehrerin nicht richtig auf und zieht sich beim Spielen stärker in ihren Eigenraum zurück als sie den Kontakt zur Gruppe hält. Vermutlich versucht sie in diesem Durchgang alles richtig zu spielen, nachdem sie in der Überphase über die Kritik der Lehrerin enttäuscht war.

Die Lehrerin wirkt über den verstärkten Blickkontakt und die leibliche Unterstützung durch eine verstärkte Zuwendung zu Helena auf die Schülerin ein. Sie versichert sich mittels kurzer Blicke zu Jonas, dass sie diesen während des Prozesses nicht verliert. Zusätzlich nutzt sie musikimmanente Orientierungspunkte, um der Schülerin zu mehr Orientierung zu verhelfen: sie akzentuiert die längeren Notenwerte.

Auch wenn das steuernde Handeln der Lehrerin minimal erfolgt – es ist im Gegensatz zum dirigentischen Einwirken beispielsweise viel weniger offensichtlich –, reagiert die Lehrerin hier sichtbar und unmittelbar auf die Diskoordination der Schülerin. Sie unterstützt mit ihrem Handeln die Orientierung und sorgt dafür, dass Helena nicht komplett aus dem Musizierprozess herausfällt. Dieser gelingt es an einigen Stellen sogar, über die akzentuierten Noten die Koordinierung wiederzufinden.

Helena überspringt anschließend den für sie schwierigen Übergang. Sie setzt aus und steigt wenig später wieder ein. Durch diesen ‚Trick‘ vermeidet sie einerseits ein Fehlerspiel, sie kommt aber aus dem Rhythmus. Nach einer Pause beginnt sie in entgegengesetzter Richtung zu streichen und findet hierdurch nicht wieder in die fließende Bewegung. Da die Lehrerin musikalisch weiter bei ihr bleibt, gerät nun Jonas aus der Koordination. Seine Bewegungen sind im zweiten Teil weniger schwungvoll, vermutlich ist er irritiert vom Spiel der Mitschülerin.

Die Szene zeigt, wie die Lehrerin durch den Musizierprozess führt. Durch ihre leiblichen Signale holt sie die Kinder immer wieder in den Prozess zurück. Die Szene ist insofern beispielhaft für einen großen Teil des vorliegenden Materials, da Initiierung und wesentliche Momente der Steuerung musikbezogener Prozesse von der Lehrkraft ausgehen. Die Kinder reagieren auf leibliche Signale der Lehrerin, ihr Anteil an der Gestaltung des koordinativen Raums ist jedoch gering. Während des Musizierprozesses verringert sich zwar durch das Mitspielen und die dadurch auftretenden Simultaneitäten der Handlungen der Einfluss der Lehrerin – hier zeigt sich ein deutlicher Unterschied zu dirigentisch geleiteten Szenen –, aufgrund ihrer Erfahrung ist die Lehrerin dennoch in der Lage, unmittelbar nach dem Einsatz auf das Spiel der Schülerin zu reagieren. Sie verhilft der Gruppe dadurch zunächst einmal zu einem Koordinierungsprozess.

Im zweiten Liedteil treten anschließend zu viele Irritationen auf und die Gruppe gerät aus der Koordination. Hierbei erscheint das Handeln von Helena äußerst interessant. Sie nimmt als Reaktion auf die vorangegangene Übung ‚das Heft in die Hand‘ und spielt nach dem Einsatz der Lehrerin, so gut sie kann. Ihr Interesse scheint es allerdings zu sein, vor allem *selbst* gut zu spielen, möchte sie doch zeigen, dass sie das Lied beherrscht. Sie achtet dabei weniger darauf, mit der Gruppe *gemeinsam* zu spielen. Dass sie dennoch die Bewegungsintensität und die Binnenkoordinationen beeinflusst, liegt vor allem am Versuch der Lehrerin, die Koordination aufrecht zu erhalten, und weniger an einem schülerseitigen Bemühen um gemeinsames Spiel.

Es stellt sich daher die Frage nach Stellen im Material, an denen sich die Kinder und Jugendlichen *selbst* mit den Bedingungen und Rahmungen auseinandersetzen. Diese finden sich vor allem dort, wo sich die Lehrenden zurückziehen. Eine solche Szene soll Thema des folgenden Unterkapitels sein.

8.5.3 Sich zurückziehen – Räume eröffnen durch eine Zuschauerrolle

In Kap. 8.2.1 habe ich das Kompetenz- und Machtgefälle zwischen erwachsenen Lehrkräften und den Kindern und Jugendlichen thematisiert. Aus der hier eingenommenen Perspektive der Lehrerhandlungen wird diese Thematik virulent: der Macht dieser inhärenten Strukturen können sich die Akteure kaum widersetzen. Selbst wenn eines der Kinder eine leitende Rolle zugesprochen bekommt, überträgt sich die steuernde Rolle innerhalb der Musiziersequenz nicht vollständig auf die SchülerInnen (vgl. Kap. 8.2.1). Die Leitungsrolle der Lehrperson ist im Unterrichtssetting zu etabliert, als dass sie in der Musiziersequenz außer Kraft gesetzt werden könnte. Die Kinder und Jugendlichen richten ihr Handeln aufgrund der strukturellen Prinzipien an den Lehrenden aus.

In diesem Kontext erscheinen einige Szenen besonders interessant, in denen ein Zurücktreten der Lehrpersonen den Lernenden einen Raum zur Interaktion mit den Peers, zum Übernehmen des Koordinierungsprozesses sowie zum Entdecken musikalischkommunikativer Prinzipien eröffnet. Gerade durch das Gegenteil des steuernden Handelns, das Zurücktreten, scheinen sich den Kindern und Jugendlichen Räume zum eigenständigen Aushandeln von Koordination zu eröffnen. Der Rückzug der Lehrperson bringt die Koordinationsthematik in den Vordergrund. Ich erörtere diese Beobachtung anhand der Szene ‚*Sakura*' (10-1220-K2-2/33:00).

Es ist die letzte Stunde vor den Ferien und gleichzeitig die letzte Stunde, die die Lehrerin in dieser Gruppe hält, da sie die Gruppe im Anschluss an eine Kollegin übergeben wird. Während der ersten 23 Minuten arbeitet die Gruppe am Thema Tonleitern, woran sich ein fast zehnminütiges Gespräch über den anstehenden Test anschließt. Schließlich sagt Frau Müller: „Ok, wir haben jetzt die ganze Stunde mit Tonleitern verbracht, fast [Celina ((freudig)): Jetzt ein Lied!], ihr wolltet was vorspielen." Adriane ruft freudig: „Ja! Zum Abschied für Sie!" Zwei Schülerinnen springen schon auf. Celina nimmt Adriane am Arm und führt sie zu Lara: „ Und jetzt müssen wir nur noch entscheiden, welches, wir haben ein paar zur Auswahl." Während Frau Müller ein Utensil, eine große, bunte Klaviatur aus Papier, zusammenräumt, nimmt Celina Lara verschworen in den Arm, als wollte sie ihr Gespräch vor der Lehrerin verheimlichen. Adriane räumt ihren Flötenkoffer weg, Maria begibt sich zu Celina und Lara. Als nun auch Adriane zu den anderen dazustößt, bilden sie einen Kreis, legen sich die Arme um die Schultern und stecken die Köpfe zusammen. Man hört leises Gemurmel aus dem Kreis.

Plötzlich löst sich der Kreis und die Mädchen wuseln und rufen durcheinander: „Wir müssen jetzt raus gehen!" – „Und wir nehmen auch schon unsere Querflöten mit, falls wir[" – „Ne, wir kommen noch mal rein!" – „Erst mal nehmen wir jetzt unsere Schuhe und besprechen draußen!" Eine nach der anderen verschwindet. Die Tür schließt sich mit einem Knall.

Nach etwa vier Minuten öffnet sich die Tür. Adriane ruft: „Wir müssen noch kurz alles aufbauen". Während die Mädchen durch den Raum laufen – Adriane nimmt sich bereits einen ersten Notenständer und stellt diesen in die Raummitte –, antwortet Frau Müller: „Ihr habt noch, hm::, fünf Minuten." Die Mädchen scheinen darauf nicht zu reagieren, sie stellen einen weiteren Notenständer in die Raummitte, sortieren Noten und rufen durcheinander: „Wo ist meine Flöte?" – „Ist das meine Flöte?" – „Wir gucken zusammen rein!" – „Wo ist dieses Dings, diese[" – „Noch ein Notenständer?" – „Aber Sie dürfen noch nicht gucken, welches Lied wir spielen." Ein Mädchen versucht vergeblich, den Notenständer auf die richtige Höhe zu positionieren, eine andere hilft. Lara testet schon einmal ihre Position und die Flötenhaltung, während alle anderen sich nun, mit Hilfe der Lehrerin, an der Höhe der Notenständer abarbeiten. Celina: „Die müssen alle so ein bisschen gleich. Ein bisschen runter", Frau Müller entgegnet, während sie nach Anweisung von Celina die Höhe einstellt: „So ein bisschen gleich, ein richtiger Auftritt. Ok." Zwei Notenständer stehen nun exakt nebeneinander mit der gleichen Höhe. Am dritten Notenständer machen sich noch zwei Mädchen zu schaffen, während Celina und Lara bereits ihre Positionen ausprobieren: Sie stellen sich vor die Notenständer, halten die Flöten an den Mund und diskutieren, wie sie sich hinstellen sollen.

Standbild, Zeitmarke und Verbaltranskript	Beschreibung
  [10-1220-K2-2/31:08] Celina: „Und wir stehen alle so!"	Celina zeigt ihre Wunschposition.
  [10-1220-K2-2/31:09] Lara: „Also so?" Celina: „Nein!"	Lara will Celina zunächst anschauen, worauf sie zurückgewiesen wird. Celina verneint und dreht Lara daraufhin um ihre eigene Achse.

 *[10-1220-K2-2/31:12]* Celina: „Du stehst so!“	*Celina zeigt die Position. Die Mädchen lachen. Sie stehen nun hintereinander, aber schauen in die gleiche Richtung.*
 *[10-1220-K2-2/31:17]* Erneute Korrektur.	*Sie arrangieren die Position noch einmal und stehen nun nebeneinander mit der gleichen Körperausrichtung.*
 *[10-1220-K2-2/31:20]* Maria bemerkt, dass sie nichts sieht.	*Maria holt ebenfalls ihre Flöte und sucht ihre Position. Sie stellt fest, dass sie in der gleichen Körperausrichtung wie die anderen nicht sieht und beschwert sich. Adriane geht auf die Publikumsposition und testet das Aussehen dieser Position. „Ok, aber noch nicht, wir müssen erst mal reinkommen!“ ruft sie und läuft zur Tür.*
 *[10-1220-K2-2/31:27]* Maria: „Weil guck mal, wenn ich so“ ((zeigt übertrieben, dass sie nichts sieht)).	*Während die Lehrerin sich einschaltet und ein gutes Zuhören gelobt, diskutieren Lara und Maria immer noch über die Position. Maria sagt schließlich laut: „Ich möchte lieber so ((dreht sich dabei herum)), weil ich seh' nichts. Weil guck mal, wenn ich so ((dreht sich wieder übertrieben in die vorige Position und überdreht dabei den Kopf ohne etwas zu sehen))“.*

 *[10-1220-K2-2/31:29]* *Celina zeigt Maria ihre Position.*	*Celina geht zu ihr und zeigt, in welcher Position sie sich Maria vorstellt.*
 *[10-1220-K2-2/31:36]* *Die Mädchen diskutieren noch immer.*	*Lara, Maria und Celina diskutieren immer noch, als Adriane die Mitschülerinnen ruft. Sie sollen nun endlich auftreten und das Spiel beginnen. Beim Herausgehen testet Maria noch einmal ihre Position. Die Tür schließt sich hinter den Mädchen.*

Nach einiger Zeit öffnet sich die Tür und Adriane tritt ein. Die Mädchen treten kichernd auf und versuchen dabei in einer einheitlichen Reihe zu bleiben. Als sie schließlich an den Notenständern ankommen, stehen sie in einer anderen Reihung, als sie das vorher geübt haben. Adriane und Celina tauschen noch einmal den Platz, Lara und Maria bleiben auf den Positionen, auf denen sie nun stehen.

Standbild, Zeitmarke und Verbaltranskript	*Beschreibung*
 *[10-1220-K2-2/33:02]* *Celina: „ Und unser Stück heißt:"*	*Celina beginnt mit dem Ansagen des Stücks. Die außen stehenden Mädchen schauen sich in die Augen und bauen zueinander Kontakt auf, alle nehmen ihre Flöten in eine vorbereitende Position.*

 *[10-1220-K2-2/33:03]* *Adriane: „Sakura,"*	*Adriane übernimmt das Kommando und fährt fort: „Sakura, Sakura!".*
 *[10-1220-K2-2/33:05]* *Alle: „Sakura!"*	*Mit dem Beginn des ersten Konsonants bauen die Mädchen Körperspannung auf und wenden sich einander zu. Adriane begibt sich in eine Parallelität zu Celina, auch Maria schaut zu Lara und steht in gleicher Ausrichtung wie Adriane und Celina. Alle Mädchen fallen lachend in die Stückansage ein.*
 *[10-1220-K2-2/33:06]* *((eine Schülerin, flüsternd)): „Eins, zwei, drei, vier."*	*Alle vier nehmen die Flöten an den Mund und schauen einander gespannt an (Maria schaut derweil in die Noten). Man hört jemanden leise zählen, während die anderen rhythmisch in ihre Instrumente pusten.*

Die Mädchen atmen gemeinsam ein und beginnen koordiniert das Spielen.

[10-1220-K2-2/33:08]

Es mag verwundern, dass an dieser Stelle der Vorlauf des eigentlichen Musizierens so ausführlich beschrieben wird. Dies hat seinen Grund in der Tatsache, dass sich in der Entstehungssequenz zeigt, wie die Schülerinnen die Koordinationsparameter untereinander verhandeln und so miteinander die Voraussetzungen für Koordination schaffen.

Der dargestellte letzte Abschnitt dieser Unterrichtsstunde ist den Schülerinnen gewidmet, die ihrer Lehrerin zum Abschied etwas vorspielen wollen. Die Schülerinnen gestalten dieses Vorhaben als Inszenierung eines kleinen Konzerts. Das Herrichten der „Bühne" nimmt viel Zeit in Anspruch, ist aber ein relevanter Moment in der Vorbereitung des Koordinationsprozesses. Die Mädchen realisieren hier ihre Vorstellung einer perfekten Bühne: sie drapieren die Notenständer und Noten und räumen Objekte, die nicht zur Aufführung gehören, aus dem Weg. Interessant ist im Anschluss die Diskussion um die Notenständer und die Aufstellung: Im Bestreben, die Notenständer auf exakt gleiche Höhe zu bringen, sie in einer Gerade auszurichten und sich selbst in gleicher Körperausrichtung zu positionieren, zeigt sich der Wunsch der Mädchen nach Koordination auf visueller Ebene. Das ideale Bild der Gleichheit auf ihrer Bühne versinnbildlicht damit einerseits das Streben nach Koordination, ein Wunsch nach einem ästhetischen Bild sowie das Verschwinden des Individuellen hinter der Gruppe. Dieser Aspekt zeigt sich im Übrigen ebenso am Versuch der Mädchen, ‚wie an einer Perlenkette aufgefädelt' aufzutreten, sowie am Bestreben, den Titel des Liedes koordiniert miteinander zu sprechen. Im Handlungsprozess offenbart sich den Mädchen jedoch ein Problem: Wenn alle die exakt gleiche Körperausrichtung wählen, kann das links stehende Mädchen weder die Noten noch die Mitspielerinnen sehen. Dieses Problem liefert Anlass für eine längere Diskussion der Mädchen über die richtige Positionierung. In dieser Sequenz verhandeln die Mädchen eine für den Koordinationsprozess essentielle Kategorie: die Positionierung, deren Ausprägung eine Voraussetzung für den visuellen, akustischen und leiblichen Kontakt der Gruppenmitglieder untereinander bildet. Schließlich scheinen sie festzustellen, dass der Kontakt der optischen Identität vorzuziehen ist: In der Musiziersituation wendet sich das links stehende Mädchen den anderen zu und die beiden rechts stehenden deuten eine halbkreisförmige Struktur an, sodass die Mädchen miteinander Kontakt aufnehmen können.

Die Schülerinnen verhandeln in diesem Sinne in der Peer-Interaktion die Koordinationsparameter, die für den späteren Musizierprozess unumgänglich sind. Sie erkunden die Möglichkeiten der optischen Koordination und entdecken Grenzen, die sie zugunsten des Kontakts und der gegenseitigen Zuwendung aufgeben. Als sie schließlich auf der Bühne stehen und ihr Spiel vorbereiten, stellen sie wie selbstverständlich einen koordinativen Raum her: sie wenden einander zu, achten aufeinander, spannen mit ihrer Körperlichkeit einen Raum auf und koordinieren sich in ihrem Handeln. Ein Impuls, z.B. die Flöte in eine vorbereitende Haltung zu nehmen oder den Titel zu sprechen, wird von den anderen unvermittelt aufgenommen. Die Mädchen streben eine Koordination in sämtlichen Phasen an: im Aussehen, beim Auftreten, beim Ansagen, beim Spielen. Dabei übergeben sich die Mädchen in den unterschiedlichen Phasen ihre Gestaltungsrollen: Während Celina die Gestaltung der Bühne organisiert, initiiert Lara die Herstellung des koordinativen Raums. Adriane übernimmt die musikalische Steuerung, leitet beispielsweise das koordinierte Sprechen und später den Einsatz an. Die Interaktion gleicht damit einer dialogischen Aushandlung und hat keine dirigentisch gesteuerte Struktur.

Die Aushandlung des gesamten Herstellungsprozesses – Aufbau der Bühne, Perturbation durch das „Nichts-Sehen", Lösung durch eine alternative Positionierung, den einen koordinativen Raum aufbauen, gemeinsam einsetzen – kann als Aneignungsprozess musikalischer Interaktionsparameter betrachtet werden.[296] Die Mädchen führen in dieser Szene etwas auf, sie inszenieren ihren Musizierprozess als Konzert für die Lehrerin. In diesem Sinne wird das Musizieren in dieser Szene zu einem performativen Akt. Wodurch wird dieser selbstinitiierte Prozess der Koordination in dieser Szene möglich?

Der Handlungsraum für die Gruppe eröffnet sich gerade durch den Rückzug der Lehrerin, die den Rahmen vorgibt („Ihr wollt was vorspielen"), im Anschluss den Mädchen aber als Gruppe die Gestaltung dieser Aufgabe überlässt. Sie begibt sich in die Zuschauerrolle, hilft, wo ihre Hilfe gefragt ist (beim Verstellen des Notenständers), handelt aber nur auf Anweisung der Schülerinnen. Die Aufforderung „Ihr spielt was vor" schafft einen Freiraum für das eigeninitiierte Handeln der Schülerinnen, in dem sie als Lehrerin nicht beteiligt ist. Die Aufgabenstellung enthält viel Offenheit für die Ausgestaltung durch die Schülerinnen und betont das Kollektiv. Die Mädchen nehmen diese Aufgabe an und machen das Konzert zu etwas Eigenem: Es ist der ausdrückliche Wunsch der Mädchen, dass das Abschiedslied eine Überraschung wird. Das Abschiedslied wird somit zu einem gemeinsamen Ziel – und die Schülerinnen versuchen dieses als *Gruppe* zu realisieren. In dieser Szene scheint der Mechanismus des schulischen *Sich Zeigens* (vgl. Kap. 9.1) außer Kraft gesetzt. Die Mädchen versuchen nicht wie in anderen Szenen, ihr Können zum Vorschein kommen zu lassen, sondern sie stellen die Gruppe und das gemeinschaftliche Musizieren in den Mittelpunkt.

Als Zuschauerin ist die Lehrerin dennoch nicht von der Interaktion abgeschnitten. Das Handeln der Mädchen richtet sich auf sie als Zuhörerin aus. Das zeigt sowohl die Gestaltung der Bühne als auch die Positionierung der Gruppe: Die Mädchen konstituieren einen koordinativen Raum, in dem sie miteinander in Kontakt stehen, der aber die

---

296 Zum theoretischen Konzept der Aneignung vgl. Aghamiri 2016; Behnert 2018; Leontjew 1964; Deinet & Reutlinger 2004.

Lehrerin als Publikum mit einbezieht (vgl. Kap. 8.1.3).[297] Sie ist insofern als Person präsent, auf die das Handeln hin ausgerichtet ist, auch wenn sie die einzelnen Handlungen nicht dirigiert.

Wie verläuft nach dieser Vorbereitungsphase der Musizierprozess? Die Mädchen atmen gemeinsam ein und beginnen vom Einsatz an in Koordination zu musizieren. Über das gesamte Stück bleibt die rhythmische Koordination aufrechterhalten. Atemzäsuren verhelfen leiblich und akustisch zur Beibehaltung dieser rhythmischen Angleichung. Darüber sind einige Töne zu vernehmen, die den Schülerinnen nicht ganz gelingen: In der hohen Oktave bricht der ein oder andere Ton, einmal greift eine Schülerin kurzzeitig daneben, kurz vor Ende sind sich die Mädchen über den genauen Ton uneinig. Was jedoch auffällt, ist, dass die Schülerinnen trotz dieser melodischen Unsicherheiten auf der rhythmischen Ebene stabil bleiben, die Koordination nicht verlieren und so trotz einzelner Fehlerspiele nicht aus dem Prozess herausfallen. Im Gegensatz zu vielen anderen Szenen setzen die Mädchen das Spiel fort, auch wenn sie einen Fehler gemacht haben, und das so fließend, dass in der Beobachtung der Verursacher der abweichenden Töne nicht festgestellt werden kann. Die Gruppe bleibt eine Gruppe. Dies ist deswegen so bemerkenswert, weil Fehlerspiele in anderen Szenen oft zu einem Rückzug ins Eigene und ein dadurch bedingtes Herausfallen aus der Koordination oder zumindest ein erschwertes Wieder-Hineinfinden führen. Die Rahmung der hier betrachteten Szene scheint den Fokus so weit auf das Performative geschoben zu haben, dass der individuelle Fehler in seiner Gewichtung hinter den Gruppenprozess zurücktritt. Das ist für die Musiklernsituation insofern relevant, als dass die Mädchen in einer solchen Musizierphase die musikalische Eigenart des fortlaufenden Fließens realisieren, der für Lernende häufig so schwierig umzusetzen ist.

Ich möchte die dargelegten Beobachtungen an dieser Stelle zusammenfassen: Die Szene ,Sakura‘ (10-1220-K2-2/33:00) zeigt, wie SchülerInnen koordinative Prozesse in Eigenregie gestalten und bespielen. Grundlage hierfür ist eine Rahmung, in der ein Raum für das Handeln der Gruppe geschaffen wird. Für die Lehrende gilt es, sich in ihrer Einflussnahme zurückzunehmen und den Aushandlungsprozess auszuhalten. In der Szene wird sehr deutlich, dass ein solcher schülerseitig gesteuerter Prozess Zeit braucht, da Aspekte verhandelt werden, die einer/m professionellen MusikerIn selbstverständlich erscheinen. Der Lernprozess liegt aber gerade in diesen Aushandlungsmomenten, in denen die SchülerInnen Problemen begegnen und diese lösen. Den SchülerInnen kann in diesem Sinne der performative Akt der Koordinierung überlassen werden. Sie konstituieren in diesem Aushandlungsmoment durch ihr gemeinsames Handeln in einer aktiven Aufführung Bedeutung.

Die Szene ,Sakura‘ (10-1220-K2-2/33:00) zeigt weiterhin, dass Schülergruppen zu koordiniertem Musizieren in der Lage sind, wenn einige Rahmenbedingungen geschaffen sind: Eine Angemessenheit der Aufgabe (im Beispiel suchen sich die Mädchen

---

297 Die Positionierung in einer Reihe hängt sicherlich auch mit dem Wissen der Mädchen über Konventionen des Konzerts zusammen. Obwohl sich mehrere Möglichkeiten einer Positionierung anbieten, wählen die Mädchen intuitiv eine Reihenpositionierung mit Ausrichtung auf die Lehrerin.

selbst das Stück heraus, welches sie spielen wollen), eine Betonung der Gruppe statt der individuellen Präsentation und ein sicherer Handlungsrahmen. In der koordinierten Musiziersituation tritt das individuelle Fehlerspiel zugunsten eines Verbleibens im musikalischen Fluss zurück.

8.6 Zusammenführung IV: Koordinative Räume und Handlungsmuster der Lehrenden

Die Analyse der Video- und Interviewdaten der vorliegenden Studie weisen darauf hin, dass im Verlauf einer Gruppenunterrichtsstunde zahlreiche koordinative Prozesse ablaufen. Während der Konstitution eines koordinativen Raums für das koordinierte Musizieren im Unterricht eine Schlüsselfunktion zufällt, zeigt sich, dass Lehrende koordinative Räume in unterschiedlichen Unterrichtssituationen und in unterschiedlichen Kontexten aktiv nutzen. Dabei ist die Ausprägung der lehrerseitigen Führung im Koordinationsprozess ein relevanter Unterscheidungsparameter für die verschiedenen Handlungssituationen.

Das Bogenführen zeigt sich als paradigmatische Situation für einen sehr direkten und stark gesteuerten koordinativen Raum, der zu Beginn einer Lernsequenz und zur Akzentuierung des Bewegungslernens eingesetzt wird. Der Mechanismus der Koordination wird hierbei für eine Demonstration der musikalischen Handlung genutzt. Die Lehrperson führt die Bewegungen des Lernenden, der sich seinerseits auf die Wahrnehmung konzentrieren kann. Damit zeigt sich dieses Handlungsmuster als stark lehrergesteuert, es bietet aber ein hohes Potential für die Explikation im Bereich leiblichen Wissens.

Am häufigsten im Datenmaterial vertreten ist die Form des steuernden Spiels, wie sie in der Szene ‚Schokoladenkuchen' (02-1113-SK/40:10) herausgearbeitet worden ist (vgl. Kap. 8.5.2). Die SchülerInnen spielen hier deutlich selbstständiger als in der Szene ‚Bogenführen', dennoch erfolgt eine starke Steuerung der Lehrperson im gemeinsamen Musizierprozess. In dieser Handlungsform finden sich analog zu den räumlichen Formationen Abstufungen hinsichtlich der Stärke der Steuerung. Hierbei sind Handlungsmuster des Dirigierens tendenziell stärker als lehrergesteuert zu betrachten als die Handlungsmuster des anleitenden Spiels. Die dirigentischen und angeleiteten Musizierszenen finden sich in Unterrichtssequenzen des Ein- und Ausübens, aber auch beim Vorspielen und Präsentieren. Die Koordinationsmechanismen dienen hier dem gemeinsamen Spiel und werden zum Zwecke des Ensemblespiels genutzt und vorwiegend von den Lehrenden initiiert.

Interessanterweise findet sich im Datenmaterial kein Beispiel, in dem die Lehrperson Teil der Musizierinteraktion ist und dennoch ein/e SchülerIn die Führung im Koordinationsprozess übernimmt. Dies mag an den Strukturen der beobachteten Gruppen liegen, in denen keine fortgeschrittenen Schülergruppen enthalten sind. Auch mag dies an den verdeckten Hierarchien zwischen Lehrperson und Schülergruppe liegen, die im Vorfeld mehrmals thematisiert und aufgedeckt worden sind. Für die Lernsituation ist allerdings gerade aufgrund dessen das Handlungsmuster des Zurücktretens interessant, das den SchülerInnen einen Raum zum eigenständigen Entdecken und Erkunden koordinativer Prozesse eröffnet. Die Schülerinnen im Beispiel ‚Sakura‘ (10-1220-K2-2/33:00; vgl. Kap. 8.5.3) handeln die koordinativen Prinzipien sowie die Herstellung des koordinativen Raums explizit aus, probieren ihre Lösungen und machen sich diese Prinzipien zu Eigen. Es ist zu beobachten, dass sie über ausreichend Handlungswissen verfügen, um das Zusammenspiel zu realisieren – sie brauchen allerdings den Raum und die Bühne, auf der sie dieses Wissen verhandeln und ausprobieren können. Das Zurücktreten zeigt damit ein besonderes Handlungsmuster, das den betroffenen Schülerinnen aber besondere Lernräume eröffnet.

Es kann im Rahmen der Analyse des koordinativen Raums somit festgestellt werden, dass eine pädagogische Perspektive des Koordinationskonzepts u.a. in der Frage liegt, wie das Miteinanderlernen im koordinativen Raum initiiert werden kann. Bei der Analyse des Datenmaterials wird dabei deutlich, dass das Unterrichtshandeln der Lehrkräfte wie der SchülerInnen vor einem strukturgebenden Handlungsrahmen passiert. Die beobachtete Individualorientierung im Unterricht, die sich auf das gemeinsame Musizieren überträgt und koordinierenden Prinzipien teilweise konträr gegenübersteht, zieht sich durch das ganze Datenmaterial und lässt sich in der Datenanalyse als hintergründige Deutungsrahmung konzeptualisieren. Das folgende Kapitel unternimmt daher den Versuch, diesen hintergründigen Deutungsrahmen aufzudecken und das konkrete Unterrichtshandeln im Bezug auf das gemeinsame Musizieren facettenreich zu explizieren.

9 „Wir haben halt nicht so diese Orchestersituation" – Rahmungen der unterrichtlichen Musiziersituation

Die bisherige Betrachtung hat das Phänomen der Koordination beim gemeinsamen Musizieren im engeren Sinne untersucht. Während der Datenanalyse zeigte sich dabei mehr und mehr, dass die Untersuchung der dem Handeln zugrunde liegenden Handlungsrahmungen einen großen Wert für das Verständnis der konkreten Musiziersituation haben wird. Aufgrund dessen schließt die Ergebnispräsentation mit einem Kapitel, das die Handlungs- und Deutungsrahmen der Lehrkräfte sowie der SchülerInnen expliziert und mit den beobachteten Handlungen beim gemeinsamen Musizieren in Relation setzt. Es wird zu zeigen sein, dass das Musizieren im Gruppenunterricht einem Spektrum äußerer Einflussfaktoren unterliegt, welches das musikalische Handeln der LehrerInnen sowie der Kinder und Jugendlichen im Unterricht essentiell beeinflusst. Anhand der empirischen Daten kann herausgearbeitet werden, dass die Kinder und Jugendlichen die Unterrichtssituation auf der Basis ihrer Erfahrungen mit schulischen Regelsystemen deuten (Kap. 9.1). Die Lehrenden interpretieren das Musizieren hingegen auf der Basis ihrer Erfahrungen als professionelle MusikerInnen und vor ihrem Erfahrungshintergrund mit dem instrumentalen Einzelunterricht (Kap. 9.2–9.3). So wird das Unterrichtsgeschehen, nicht nur, aber auch in Bezug auf das koordinierte Musizieren, von allen Beteiligten aktiv ko-konstruiert. Dabei gelingt es den Akteuren nur selten, die Unterrichtsgruppe als relevante Handlungseinheit zu definieren. In den meisten Beispielen unterliegt das gemeinsame Musizieren einer individuellen Orientierung, wodurch das koordinierte Musizieren erschwert wird (Kap. 9.4).

9.1 Schule als ko-konstruktiver Rahmen des Instrumentalen Gruppenunterrichts

Das gemeinsame Musizieren im Unterricht stellt sich den Akteuren anders dar als das Musizieren im Orchester, der Band, dem Kammermusikensemble, das Musizieren mit Familienmitgliedern oder mit Freunden. Aus der Erfahrung eines schulischen Unterrichts heraus verbinden die Akteure mit dem Unterricht gewisse Erwartungshaltungen und bestimmte Rollenzuschreibungen, die das Handeln in den beobachteten Musiziersituationen entscheidend beeinflussen.

Dies zeigt sich bereits im Sprechen über das unterrichtliche Musizieren: In den Interviews grenzen die Lehrenden Unterricht und Orchesterspiel voneinander ab. „*Wir haben halt nicht so richtig diese Orchestersituation*" (L-Int-Ma/Z 319) und daher werde das koordinierte Musizieren im Unterricht anders erlebt.[298] Der Unterricht wird von den Lehrenden nicht als zum Orchester äquivalente Musiziersituation gesehen, wo sie selbst als Musizierende ästhetischen Genuss und Koordination erfahren. Einen wesentlichen Grund für diesen Unterschied machen sie in den Rahmenbedingungen des Unterrichts aus: „[...] *ich habe jetzt ja nur die Erfahrung in diesen JeKi und Streicherklassen und da sind natürlich sehr stark diese Rahmenbedingungen prägend*" (L-Int-Ma/Z 443-445).

Worin bestehen die Bedingungen des schulischen Instrumentalunterrichts? Diese Unterrichtsform ist eingebunden in den schulischen Alltag und unterliegt dadurch den schulischen Zeitstrukturen (zu den organisatorischen Bedingungen der untersuchten Projekte vgl. Kap. 4.4). Der Unterricht ist eingebettet in das schulische Stundenraster und liegt ungünstig in den Randstunden oder im Anschluss an einen aufwühlenden Schultag. Dies hat zur Folge, dass die Kinder und Jugendlichen Konflikte und Spannungen mit in den Instrumentalunterricht bringen oder häufig unkonzentriert und müde sind (vgl. L-Int-Ma/Z 319-339 & 469-473). So empfindet (nicht nur) Herr Maier die Schulsituation als einschränkend für das Musizieren:

> *Herr Maier:*   *[...] Wenn wir sozusagen, (.) ja, beim Musik machen einerseits so darauf angewiesen sind, dass es frei ist, (..) andererseits ist es eingebettet in diese Schulsituation, die nicht nur frei ist. [...] (L-Int-Ma/Z 329-331).*

Herr Maiers Aussage ist allerdings über die organisatorischen Aspekte hinaus zu interpretieren. Die beschriebene Einschränkung durch die Schulsituation bezieht sich über die zeitlichen und organisatorischen Aspekte hinaus auf einen konkreten Handlungskontext: Durch die Verortung des Instrumentalunterrichts am Lernort Schule, übernehmen die Kinder und Jugendlichen die in der Schule angeeigneten Regelsysteme und übertragen diese in den Instrumentalunterricht. Dies wird im Folgenden nachgezeichnet.

9.1.1   Die Mächtigkeit schulischer Regeln: Man darf nicht abgucken

In den JeKi-Gruppen, deren SchülerInnen gerade die zweite Klasse besuchen, ist diese Übernahme schulischer Rahmungen besonders deutlich. Für Kinder dieser Altersgruppe sind die Aneignung schulischer Regeln und die Eingliederung in das schulische Leben relevante Themen ihres Alltags (vgl. Beck & Scholz 1995; Aghamiri 2016, S. 33f.) – und diese übertragen sie auch in den Instrumentalunterricht.

Durch die Einbettung des Instrumentalunterrichts in den Schulalltag gibt es aus der Perspektive der Kinder[299] Anzeichen dafür, dass der Instrumentalunterricht den Regelungen einer ‚normalen' Schulunterrichtsstunde unterliegt: Er findet in den Räumen der

---

298 Herr Maier beschreibt zuvor das Gefühl der Gruppenzugehörigkeit, durch welches das eigene Spiel in einem größeren Kontext erscheine und so individuelle Fehler weniger gravierend wirkten (L-Int-Ma/Z 308-315).

299 In den Interviews der Jugendlichen tritt bereits eine Divergenz zutage, wobei auch in dieser Altersgruppe die Wirkung schulischer Rahmungen entsprechend der altersspezifischen Thematiken zu beobachten ist.

Schule und im Anschluss an den regulären schulischen Unterricht statt[300], unterwirft sich dem schulischen 45-Minuten-Takt[301] sowie der Pausenklingel und steht auf dem Stundenplan hinter den Fächern Lesen, Rechnen und Malen[302]. Die Kinder lernen gemeinsam mit einer Lehrkraft, die *„Fehler verbessert"* (S-Int-LV2/Z 390-399), von der man (zumindest in der Darstellung einiger Schüler) *„Ärger bekommt"* (S-Int-Bl/Z 295-296), wenn man etwas falschgespielt hat. Zudem existiert ein mehr oder weniger offensichtliches Curriculum.[303] Auch das Anfertigen von Hausaufgaben kennen die Kinder aus dem schulischen Kontext. Hier wie dort wird das eigenständige Lernen zu Hause als unverzichtbar betrachtet.

Zwar bricht der Instrumentalunterricht auch mit dem schulischen Kontext: die Teilnahme am Unterricht ist freiwillig, Klassen werden aufgelöst und in kleine Gruppen aufgeteilt – einige Instrumentalfächer werden in klassenübergreifenden Gruppen unterrichtet –, es gibt keine (Schul-)Noten, die Lehrperson kommt von außerhalb und die klassische Sitzordnung in den Klassen wird zugunsten einer freieren Nutzung des Klassenraums aufgegeben.

Der Instrumentalunterricht findet somit in einer Zwischenzone statt, in der sowohl schulische wie auch eigene Regeln gelten. Im Gespräch mit der Gruppe JeKi Cello 1 wird deutlich, dass die Kinder sich daher über das genaue Regelwerk uneins sind. Sie nehmen das Interview zum Anlass, eine solche Regel miteinander zu diskutieren: Darf man beim Musizieren voneinander abschauen?

Tom:	*Also ein bisschen hilft es schon, wenn die anderen es können, dann kann der neben sich abgucken.*
Annabell:	*Man soll nicht abgucken, auch nicht in der Mathearbeit, die wir bald schreiben. (S-Int-JC1/Z 615-618)*
[...][304]	
Tom:	*Weißt du nicht, dass eine Mathearbeit und Cello spielen was anderes ist?*
Annabell:	*Ja, trotzdem darf man bei beiden Sachen nicht abgucken.*
Tom:	*Beim Cello spielen darf man es schon.*
Carina:	*Ich würd's nicht machen. Dann lernt man es nämlich nie. (S-Int-JC1/Z 630-636)*

---

300 Die Einbindung in schulische Rituale vereinfacht den Kindern auf der anderen Seite die Zugänglichkeit zum Instrumentalunterricht (vgl. Kap. 4).

301 Die zeitliche Begrenzung des Musizierens (einmal wöchentlich innerhalb der 45 Minuten Unterricht) sehen die Lehrenden besonders kritisch (vgl. L-Int-St; L-Int-Sa; L-Int-Ma).

302 In der Grundschule, in der der JeKi-Unterricht aufgezeichnet worden ist, war an der Tafel der Stundenplan der Kinder zu lesen. Der JeKi-Unterricht war dort neben den curricularen Fächern aufgeführt. Vom Anblick des Stundenplans erscheint diese Unterrichtsstunde so als „normales" Schulfach.

303 Das Curriculum im Instrumentalen Gruppenunterricht ist weniger offiziell als das beim Schulunterricht der Fall ist. Dennoch kann aufgrund der Instrumentalschulen und methodischen Prinzipien vom Vorhandensein eines Curriculums ausgegangen werden.

304 Die Auslassungen an dieser Stelle sind Auslassungen von Äußerungen der Kinder. In dieser Sequenz wurde von Seiten der Forscherin nicht verbal interveniert.

Im schulischen Regelsystem ist „Abgucken" nicht erlaubt. Daher erscheint es Annabell und Carina eigenartig, dass sich der Cellounterricht in dieser wesentlichen Frage vom Schulunterricht unterscheiden soll. Diese Frage zu klären ist den Kindern scheinbar ein großes Anliegen, denn das Thema wird von der Gruppe an vier Stellen im Interview wiederaufgenommen (S-Int-JC1/Z 615-618; 630-636; 642-670; 729-765). Während Annabell und Carina die schulische Regel ‚man soll nicht abgucken' vom Matheunterricht auf den Instrumentalunterricht übertragen, ist Tom der Meinung, dass sich das Cellospielen wesentlich von einer Mathearbeit unterscheidet und somit andere Regeln gelten.

Das Nicht-Abgucken symbolisiert im schulischen Kontext eine Praxis der schulischen Ordnung, die das individuelle Lernen jedes einzelnen in den Mittelpunkt stellt. Das Alltagswissen der schulischen Praxis suggeriert, dass individuelle Leistung nur in der individuellen Auseinandersetzung mit dem jeweiligen Gegenstand zu erbringen sei, insofern scheint das Kopieren von anderen den eigenen Lernprozess zu verhindern. Dies betont Carina: Man könne zwar abgucken, dann lerne man aber das Cellospielen nicht. Der Interviewausschnitt zeigt, wie eine Regel, die in einer Situation der Leistungsüberprüfung – nämlich der Mathearbeit – aufgestellt wird, um jeden einzeln bewerten zu können, von den Kindern auf den gesamten Unterricht und weiter auf den Instrumentalunterricht übertragen wird. Auch wenn diese Regel außerhalb der Lernkontrolle nicht durchgehend Gültigkeit hat, ist ihre Aussage, gelernt werde allein, so mächtig, dass die Kinder sie auf sämtliche Lernsituationen übertragen. Sie wird sogar so wichtig, dass sie auf den Instrumentalunterricht übertragen wird, obwohl die Lehrpersonen das Abschauen bzw. Imitieren für einen wichtigen Vorgang für das Erlernen des gemeinsamen Musizierens halten.[305] Kooperatives Handeln und Imitation, wie dies beim gemeinsamen Musizieren gefragt ist, brechen mit den schulischen Regeln des Nicht-Abguckens und stehen daher hinten an. Im Diskurs der Kinder setzt sich – zumindest für die Mädchen – die schulische Deutungshoheit durch, nach der *allein* gelernt werde. Die räumliche Nähe zur schulischen Ordnung erscheint hier übermächtig, so dass die Kinder dem erlernten Konstrukt des individuellen Lernens, das sich in relevanten Lebensbereichen des formalen Lernens bewährt und dort Anerkennung erfährt, auch im hiesigen Kontext vertrauen.[306]

An einigen Stellen in den Interviews explizieren die Kinder außerdem, warum das Abschauen in ihren Augen schlecht sei. Annabell verdeutlicht, dass sie der Überzeugung ist, man könne sich einen *Fehler* abschauen (S-Int-JC1/Z 752-763). Die Zuschreibung vom Fehler zum Abschauen ist typisch für die schulische Rhetorik und zeigt, dass die SchülerInnen nicht nur erwarten, individuell zu lernen. Sie wollen sich ebenso indi-

---

305 Herr Maier äußert zum einen Bewunderung für das Lernen durch Imitation („[...] *Was ich halt immer wieder beeindruckend finde, (.) ist halt so bei Rock oder Pop-Musikern, oder Jazz-Musikern, dieses Abgucken von Griffen.* [...]", L-Int-Ma/Z 41-43), betont aber auch, dass er diese Art des Lernens als essentiell betrachtet: „[...] *weil die lernen ja durch abgucken und nachmachen*" (L-Int-Ma/Z 172-173).

306 Die Diskussion unter den Kindern zeigt aber auch, dass sie den Konflikt zwischen dem geltenden schulischen Regelwerk und den Regeln des Instrumentalunterrichts wahrnehmen.

viduell zeigen, denn sie werden in der Schule einzeln bewertet. Der gelernten Regel nach zeigen sie der Lehrkraft ihr individuelles Können und es wäre fatal, sich einen Fehler abzuschauen. Dabei erscheint es den Kindern schwierig, sich von den Anderen nicht stören zu lassen und nicht aufgrund der Aufmerksamkeit für die Anderen einen Fehler zu machen:

> Lisa: ((langsam)) Stimmt. Weil wenn man dann zu einem anderen guckt und der spielt falsch und ich richtig und ich denke, er ist falsch, dann fliege ich immer raus. (S-Int-JV2/Z 250-251)

Inwiefern ist diese Schülerperspektive für die Betrachtung von Koordination relevant? Anhand des Beispiels des Abschauens zeigt sich, dass der schulische Deutungsrahmen als intervenierende Bedingung für das koordinierte Musizieren wirkt. Die SchülerInnen sind sich nicht sicher, ob sie aufeinander achten oder einander gar imitieren dürfen. Einige sehen in diesem Prinzip einen Bruch mit der schulischen Regel des Nicht-Abschauens. Das Einhalten der schulischen Regel wirkt im Kontext des gemeinsamen Musizierens als koordinationshemmend, denn so werden die relevante Kooperation im gemeinsamen Handeln, das Aufeinander-Achten und das Finden einer gemeinsamen Handlungsversion verhindert.

Die Analyse der Deutungsrahmungen verweist auf eine weitere koordinationshemmende Bedingung: die wettbewerbsbedingte Konkurrenz der Kinder in der Lerngruppe.

9.1.2 „Ich bin der Beste" – Leistungsvergleiche und Wettbewerbe in der Gruppe

Wie Annabells Beispiel mit der Mathearbeit verdeutlicht, steht das Nicht-Abgucken im schulischen Kontext für den schulischen Wunsch nach individueller Leistungsbeurteilung. In den JeKi-Gruppen[307] ist der Leistungsvergleich zwischen den InstrumentalschülerInnen sehr präsent, weshalb die These vertreten wird, dass auch in diesem Aspekt das schulische Prinzip, eine Leistung individuell zu beurteilen, auf die Instrumentalunterrichtssituation übertragen wird. Wenn Leistung individuell beurteilt werden soll, muss sie aber auch wahrnehmbar sein und so konkurrieren die SchülerInnen an etlichen Stellen im Datenmaterial um die Anerkennung als Gruppenbeste/r.

Als Beispiel für das stark konkurrierendes Gruppenklima sei eine Stelle aus dem Interview zitiert:

> I: Ah, das heißt du hörst ganz gut, was die anderen spielen?
> Pietro: Ja.
> Annabell: Aber seine Töne selbst klingen nicht so gut. ((lacht))
> Tom: Ja. ((zeigt Daumen runter)) ((lacht))

---

307 Diese besuchen SchülerInnen des zweiten Schuljahres. Damit decken sich meine Ergebnisse mit den Ergebnissen der Studie von Kathrin Aghamiri (2016), nach denen Grundschulkinder die schulische Ordnung besonders aktiv mitkonstruieren.

Pietro:	Ja, deine auch Tom. Das wird aufgenommen.[308]
Annabell:	Gell, das wird aufgenommen.
Tom:	Ich bin der Beste, ich bin allen voraus.
Annabell:	Das wird aufgenommen. (.) Und du bist nicht der Beste.
Tom:	Wir sind alle gleich gut.
Annabell:	Ja.
Carina:	Herr Maier ist der Beste.
Pietro:	Oh ja.
Tom:	Ja, dann bin ich eben der Zweitbeste.
Annabell:	Nein, das kann uns erst der Herr Maier sagen. (S-Int-JC1/Z 248-274)

Der „Beste" bzw. „allen voraus" zu sein, erhält im Kontext des Unterrichts einen hohen Wert, da das soziale Gefüge in der Schulklasse auch von den (vorgeführten) Leistungen abhängt. Der Stellenwert, im Sinne eines fast sportlichen Wettbewerbs „der Erste" zu sein, zeigt sich im Videomaterial in einigen Szenen. So findet sich eine Szene, in der Tom so schnell wie irgendwie möglich zu spielen beginnt und völlig überrascht ist, als der Lehrer ihn stoppt (03-1218-K1-1/33:00). In einer anderen Szene ist es Julius, der stolz ist, allen voraus zu sein (,Zusammenspiel' 01-1106-SK/05:32). In beiden Szenen verhindern die Kinder durch ihr schnelles Spiel die Koordination in der Gruppe. Dies wird ihnen aber nicht bewusst, da ein anderer Aspekt – das Herausstechen aus der Gruppe – einen eigenen Wert hat. Die schulische Deutung zeigt sich hier mächtiger als das musikalische Ziel.

Im obigen Interviewausschnitt senkt Tom an einer Stelle den Daumen. Diese Geste bzw. die mit dem Heben oder Senken des Daumens zusammenhängende Bewertung der Kinder untereinander gehört in dieser Unterrichtsgruppe zum Repertoire der Kommunikation. Anwendung findet diese Geste in einer Szene des Unterrichtsvideos 03-1218-K2-1. Zu Beginn der Unterrichtsstunde spielen sich die SchülerInnen gegenseitig ihre selbst komponierten Stücke vor. Die ZuhörerInnen sollen nach dem Spiel Feedback geben. Was zum Üben der Selbstevaluation und zum Einüben einer Feedbackkultur gedacht sein mag, führt in dieser Unterrichtsstunde jedoch zu Szenen, in denen die Kinder mittels des Feedbacks ihre Rollen in der Gruppe aushandeln. Die Bewertung erfolgt nicht mehr auf der Basis des vorangegangenen Spiels, sondern abhängig von vorangegangenen Bewertungen.

[09:05] Annabell spielt ihr komponiertes Stück. [09:50] Der Lehrer lobt sie. Die SchülerInnen sprechen durcheinander.

| Pietro: | ((hält seinen Bogen waagerecht in die Luft)) Ok, ich sag mal: So. |

---

308 Der obige Ausschnitt aus dem Kinderinterview zeigt noch einen weiteren Aspekt: die Kinder fühlen sich einem Verhaltensregelwerk unterworfen, das nicht dem außerschulischen Umgang der Kinder miteinander entspricht. Wie an mehreren Stellen im Interview erinnern sich die Kinder hier gegenseitig daran, dass das Gespräch „aufgenommen" (S-Int-JC1/Z 87 & 183 & 256-262) wird. Sie ermahnen sich dadurch gegenseitig, sich erwünscht zu verhalten und die Streitigkeiten außen vor zu lassen, so dass sie sich gut auf der Aufnahme präsentieren.

((Es wird diskutiert, worauf Pietro seine Beurteilung korrigiert und den Bogen mit der Spitze nach oben hält. Carina hält den Bogen nun ebenfalls mit der Spitze nach oben, Tom beteiligt sich nicht und spielt auf seinem Cello.))

Herr Maier: ((zeigt auf Carina)) Du, du fand'st's gut?
Carina: ((nickt)) Ja.
Herr Maier: ((zeigt auf Pietro)) Und du? ((Pietro hält seinen Bogen mit der Spitze zur Decke in die Luft; Herr Maier lacht)) Ok, und wie fand's du's? ((zeigt auf Tom))

((Tom zeigt den Daumen nach unten))

Herr Maier: *Was?* ((Tom korrigiert und zeigt den Daumen zur Seite)) Nein, nein, das glaub ich jetzt nicht.
Annabell: Ja, du hast ja gar nichts gemacht!
Herr Maier: Ehrlich? Mittel?
Tom: Die hatte so ((zeigt auf seinem Cello ein paar Töne, die ein Fehlerspiel demonstrieren sollen))

[...]

[17:30] Schließlich ist Pietro an der Reihe. Er wird auswendig spielen, weil er nichts aufgeschrieben hat. Das Stück hat auch keinen Titel. [17:50] Pietro beginnt zu spielen. Am Ende seines Stücks spielt er ein Glissando und blickt den Lehrer überzeichnet lächelnd an.

Herr Maier: Hey, sehr schön. ((Carina hebt ihren Bogen in die Luft und hält ihn waagerecht. Dabei schaut sie den Lehrer erwartungsvoll an. Annabell macht es ihr nach.)) Gut. Wolltest Du's noch einmal spielen? ((bemerkt die Bögen der Mädchen; Pietro wendet seinen Blick zu den Mitschülerinnen)) Boah y ((lacht))
Carina: Hat er auch gemacht!
Herr Maier: na*
Annabell: Ja! Also! ((ab hier sprechen immer mehrere Personen gleichzeitig; der Lehrer ist synchron zu den SchülerInnen zu hören))
Herr Maier: Nein, dann nachher hat der Pietro*
Pietro: ((hält seinen Bogen senkrecht in die Luft)) Ich hab so gemacht zu euch!
Annabell: Nein. So ((betont die waagerechte Haltung des Bogens)), dann aber so ((hält den Bogen mit der Spitze nach unten)) und so ((hält den Bogen mit der Spitze nach oben)).
Herr Maier: Nein, der Pietro hat korrigiert nachher.
Annabell: So, so, so ((macht mit dem Bogen unterschiedliche Bewegungen; Carina imitiert))...
Carina: ((gleichzeitig)) Ja, so, so, so, so ((zeigt mit dem Bogen in unterschiedliche Richtungen))

[03-1218-K2-1/17:30-18:37]

Dieser Ausschnitt fasst zwei kurze Stellen der Unterrichtsstunde zusammen, an der sich der Konflikt zwischen den Mädchen und den Jungen manifestiert. Die Mädchen haben ihre Hausaufgaben ordentlich vorbereitet, die Jungen haben nichts vorbereitet und lavieren sich mittels Improvisationen durch die Unterrichtsphase der Hausaufgabenüberprüfung. Der Konflikt, der sich durch die ganze Stunde zieht, beginnt in dieser Stunde mit einer ungerechten Bewertung durch Pietro. Ob diese Bewertung aufgrund eines nicht mit der Kamera festgehaltenen Konflikts hervorgerufen worden ist oder ob die Abwertung der Mitschülerin seine eigene Verfehlung, kein Stück komponiert zu haben, in den Hintergrund drängen soll, kann hier nicht eindeutig festgestellt werden.

Wie hier zu sehen ist, haben die Bewertungen nicht immer einen direkten Bezug zum erfolgten Spiel, sondern zeigen gruppendynamische Prozesse zwischen den SchülerInnen. Freundinnen bewerten sich gegenseitig gut, als Reaktion auf schlechtes Feedback bewerten die Kinder sich schlecht. Die SchülerInnen nutzen die Bewertungssituation zur eigenen Positionierung im Verhältnis zu den Anderen. Schlussendlich äußert sich an diesen Szenen aber ebenso der ständige Vergleich der Kinder untereinander.

Das Vergleichen und Wetteifern der SchülerInnen bemerken auch die Lehrenden. Herr Maier führt den Mechanismus des Sich-Einordnens auf ein schulisches Wertesystem zurück, das sich in den Instrumentalunterricht überträgt:

> *Herr Maier:*   *(...) also weil die untereinander auch Korrektive haben, auf dem Pausenhof oder so was. Und ja, natürlich dann auch manchmal ein bisschen (.) blöd sind, weil sie halt natürlich auch durch das Schulregelsystem natürlich auch immer wieder so besser, schlechter vergleichen, hier auf die und die Werte, a:h, ich gehe aber aufs Gymnasium. Also sie wissen schon genau, was abgeht. Und dementsprechend tauchen diese Sachen natürlich auch auf. Das ist nicht so, dass jeder alles gleich macht, oder dass die da zurückhaltend sind, wenn sie ((lacht)) irgendwo eine Kerbe reinhauen können. (L-Int-Ma/Z 255-261)*

Das Zitat von Herrn Maier zeigt, dass den Lehrenden diese Mechanismen bewusst sind und sie mit diesen umgehen müssen. Frau Sajani macht dabei die Erfahrung, dass die SchülerInnen im Unterricht miteinander sehr streng seien. Methodische Ideen, ein Kind ein Lied dirigieren zu lassen oder die Kinder sich gegenseitig korrigieren zu lassen, resultierten in ihrem Unterricht in Konkurrenzsituationen, in denen ein Kind das andere zurechtweist (L-Int-Sa/Z 117-121).

Das Konkurrieren um die Anerkennung als Gruppenbester zeigt sich in einer anderen Gruppe im Wunsch nach einem Wettbewerbsspiel. Die Kinder „*[...] wollen in letzter Zeit halt immer Wettbewerb machen, ((lacht)) so: Wer schafft es, das Stück ohne Fehler zu spielen und wird als Sieger gekürt? ((lacht))*" (L-Int-Wo/Z 294-295). Die Lehrerin nimmt wahr, dass die Kinder durch diesen Wettbewerb motiviert werden und kommt daher deren Wunsch nach solchen Wettbewerbssequenzen nach. Der zu beobachtende Leistungsvergleich und das Konkurrieren der SchülerInnen um die Anerkennung der Lehrperson haben allerdings Auswirkungen auf das Lerngruppenklima und damit auf das gemeinsame Musizieren.

Das Prinzip des Wettbewerbs, das die SchülerInnen verfolgen, ist ein Wettbewerb um ein Zeigen der eigenen Leistung. Sie wollen zeigen, ein Stück „*ohne Fehler*"[309]

---

309 Die Beschreibung der Lehrerin suggeriert, das Stück ohne technische, rhythmische oder melodische Fehler zu spielen, sei also das anzustrebende Ziel. Dies mag selbstverständlich erscheinen, der Instrumentalunterricht könnte aber auch danach fragen, wer das Stück besonders schön, besonders facettenreich oder besonders überraschend gestaltet hat. Dies würde auch der Wahrnehmung der Kinder und Jugendlichen entsprechen, die durchaus nach Klang bewerten (vgl. S-Int-JC1/Z 252). Die Bewertung über offensichtliche (bzw. vermeintliche)

spielen zu können. Sie demonstrieren damit, dass sie den Unterrichtsinhalt beherrschen und reproduzieren können. Die SchülerInnen scheinen Situationen zu suchen, in denen sie ihr Können präsentieren und dafür Lob der Lehrperson und Anerkennung der MitschülerInnen erhalten. Entscheidend ist dabei, individuell in Erscheinung zu treten. Es wirkt beispielsweise wie eine Auszeichnung, wenn eines der Kinder etwas anderes spielen darf als die andern und dadurch herausgehoben wird. Ein Junge erzählt im Interview etwa stolz, dass er „*die schnellen Noten spielen*" (S-Int-JV1/Z 117) durfte, als er nach einer schönen Musiziersituation gefragt wird. Die Art und Weise dieser Aussage und der Kontext verdeutlichen, dass der Junge das *Schnell spielen* als schwer einstuft[310] und auf dieses Spiel besonders stolz ist. Diese Deutung bestätigt eine Aussage der Mitschülerin, die das Schnellspielen ebenfalls als etwas Besonderes hervorhebt (S-Int-JV1/Z 124). Ähnlich ist das Handeln von Julius in der Szene ‚*Papagei*' (01-1106-SK/03:34; vgl. Kap. 7.2) zu verstehen: Indem er das Schema durchbricht und statt einer simplen Wiederholung eine Erweiterung spielt, erzeugt er Aufmerksamkeit auf sein Spiel. Die Betonung des Individuellen gegenüber der Gruppe, die ständigen Versuche, sich aus der Gruppe herauszuheben und dadurch von der Lehrperson gesehen zu werden, sind Aspekte, die auch in den Musiziersituationen dieser Gruppen allgegenwärtig sind – und das gemeinsame Handeln behindern.

Das Streben der Kinder nach Anerkennung der Lehrperson und das Eifern um ein Zeigen des eigenen Könnens führen in dieser Szene dazu, dass der Junge die Gruppe um sich herum vergisst, möglichst schnell spielt und als erster das Stück beendet. Er will zeigen, wie gut er das Stück beherrscht. Dass er in diesem Moment die Gruppe irritiert und durch sein zu schnelles Spiel nicht nur Koordination, sondern auch das Erkennen der Musik für den Zuhörer unmöglich macht, ist ihm nicht bewusst. Die Szene zeigt, dass das Gefühl, als Einzelner schneller als die Anderen zu sein, mehr Beachtung findet als das gemeinsame Spiel mit der Gruppe.

Hinter dem Wunsch des Herausragens aus der Gruppe steckt zugleich der Wunsch nach Anerkennung. Wenn die Kinder und Jugendlichen in der Gruppe spielen, sich womöglich gut koordinieren, sind sie als Individuen nicht hör- oder sichtbar. Das Stören der Koordination hat demgegenüber zur Folge, aufzufallen und so hör- und sichtbar für den/die LehrerIn zu sein. In einer Differenz zur Gruppe erhalten die Kinder und Jugendlichen eine Resonanz im Sinne einer Ansprache oder einer aufmerksamen Zuwendung. Sie werden als Individuum sichtbar und anerkannt.

„Fehler" zeigt hier einerseits den Wunsch nach einfacher und schulisch orientierter Leistungsbewertung, andererseits aber auch die Schwerpunktsetzung auf überprüfbare, in richtig und falsch einteilbare instrumentaltechnische, rhythmische und melodische Inhalte auf der Seite der Lehrenden.

310 Dies ist allerdings eine subjektive Wahrnehmung des Schülers. Die Lehrerin ließ ihn schnellere Notenwerte spielen, weil es ihm nicht gelang, langsamere Notenwerte gegen den verdoppelten Rhythmus der Lehrerstimme (Achtelnoten in der Lehrerstimme gegen Viertelnoten in der Schülerstimme) durchzuhalten. Die MitschülerInnen stellen dies auch umgehend klar, dass nicht sie es waren, die hier etwas nicht konnten, sondern ihr Mitschüler.

Carlo:	*Aber, ich wollte noch was sagen, beim Einzelunterricht kann man (.) halt (..) sagen wir mal sich auf einen konzentrieren. Zum Beispiel wenn jetzt einer so gar nicht voran kommt, auch im Orchester. Und wenn man dann alleine das spielt, kann man sich besser auf (..), alleine den Takt merken, prägt man sich den besser ein, wenn man alleine spielt. (S-Int-Bl/Z 415-418)*

Dürfen die Kinder das eigene Können nicht zeigen, reagieren sie mitunter verärgert. Die Lehrerin lässt die Kinder in der Szene ‚Papagei' (01-1106-SK/03:34) die wichtigen Rhythmen eines Liedes spielerisch wiederholen. Da das Stück in Kürze in einem Schülervorspiel präsentiert werden soll, können die Kinder das Stück schon recht gut – dennoch werden die Elemente noch einmal isoliert geübt, um sie zu perfektionieren. Die Übung führt bei einem Jungen zu Unmut, da der sehr schnell die rhythmischen Bausteine des Liedes anhand der Rhythmen erkennt. Er möchte das ganze Lied spielen und zeigen, dass er es schon beherrscht. Als die Lehrerin ihm dann den Bogen führt, wird er vollends ungeduldig. In seiner Selbstwahrnehmung bedarf es keiner solchen Hilfestellung mehr.[311] Alle drei Kinder bestehen im Folgenden darauf, dass sie das Lied beherrschen – sogar auswendig – und wollen dies der Lehrerin vorführen.

Die hier thematisierten Szenen, in denen einzelne Kinder sich aus der Gruppe herausstellen wollen, lassen einen weiteren Zusammenhang erkennen: Im Wunsch nach einem Zeigen des eigenen Könnens steckt auch ein Wunsch nach Anerkennung durch die Anderen. Das gemeinsame Spiel in der Gruppe kann das Gefühl des Untertauchens in der Gruppe vermitteln. Wer hingegen lauter oder schneller als die anderen spielt, kann sich sicher sein, gehört zu werden.

Dem Verhalten der Kinder entspricht auch die Rolle, die sie der Lehrperson zuschreiben: es ist die Rolle der Bewertungsinstanz. Die Lehrkraft ist die Person, die besonders kompetent ist („*Herr Maier ist der Schnellste*", S-Int-JC1/Z 579), die Fehler verbessert („*Indem sie sagt, wenn man was falsch macht*", S-Int-JV2/Z 395) und die das Lernen der SchülerInnen bewertet („*Er kann zum Beispiel sagen, wer der Beste ist*"; S-Int-JC1/Z 274). Nach quasi jeder Spielsequenz erwarten die Kinder Feedback von der Lehrperson.[312] Der Lehrperson wird von den SchülerInnen außerdem die Funktion der Kontrolle zugeschrieben („*Dafür ist ein Lehrer da, damit man nicht abguckt.*", S-Int-JC1/Z 662*)*. Diese Rollenverteilung ist aufgrund des Kompetenzgefälles nicht aufzulösen, sie bedeutet allerdings auch ein Machtgefälle, das die Gruppenstruktur in der Musiziersituation verändert. Die Aufmerksamkeit der SchülerInnen richtet sich nach der Lehrperson, sie streben danach, der Lehrperson zu gefallen.

Der unterrichtliche Rahmen führt demzufolge bei den jüngeren Schülergruppen zu einem von Konkurrenz und Vergleich geprägtem Gruppenklima, in dem der Fokus auf den Individuen und nicht auf der Gruppe liegt. Die für das koordinierte Zusammenspiel

---

311 In der Folge der Szenen steigert sich der Unmut des Jungen bis zum offenen Protest. In meiner Deutung hat dieser Unmut seine Ursache in diesem kurzen Moment des Sich-nicht-zeigen-dürfens (vgl. Kap. 8.3.2).

312 Dies zeigt sich an den erwartungsvollen Blicken, die die Kinder den Lehrkräften unmittelbar nach dem Spielen zuwerfen.

notwendigen Kategorien sind aufgrund dessen in diesen Gruppen unter erschwerten Bedingungen herzustellen.

9.1.3 „Das hat doch eigentlich gar nichts mit der Schule zu tun" oder? – Instrumentalunterricht und Leistungskontrolle

Wie in den vorangegangenen Kapiteln anhand der Beispiele aus den JeKi-Gruppen gezeigt wurde, konstruieren Kinder den Instrumentalunterricht über ihr Verhalten aktiv mit. Sie ko-konstruieren ihr Handlungsumfeld mithilfe ihrer Alltagserfahrungen aus der Schule, was in einem Konkurrieren um die Aufmerksamkeit der Lehrperson, um die Anerkennung der individuellen Leistung und in der Projektion schulischer Regeln auf den Instrumentalunterricht sichtbar wird.

In der bisherigen Darstellung habe ich vor allem Beispiele aus den JeKi-Gruppen analysiert, weil in diesen Gruppen die Auseinandersetzung mit schulischen Ordnungen so offen kommuniziert wird. Es ist die aktuelle Alltagspraxis der jüngeren Kinder, sich diese Ordnungen anzueignen. Es sind jedoch nicht nur die SchülerInnen der JeKi-Gruppen, die ihr Wissen über schulische Regelwerke als Hintergrundfolie ihrer Deutungen des Instrumentalunterrichts nutzen. Auch die älteren SchülerInnen weisen dem Instrumentalunterricht Eigenschaften im Verhältnis zu ihren schulischen Erfahrungen zu: Während sich die Auseinandersetzung mit dem Schulischen bei den GrundschülerInnen in einer besonderen Regelkonformität zeigt (vgl. Kap. 9.1.1 und 9.1.2), diskutieren die ViertklässlerInnen ihren Unterricht unter dem Blickwinkel des Übertritts auf die weiterführende Schule und den dadurch an sie gestellten Leistungsanforderungen.

Vom Instrumentalunterricht erwarten sie einen sicht- und spürbaren Zugewinn an Fähigkeiten und Fertigkeiten auf dem Instrument und im Umgang mit Musik.[313]

> Katharina: *Ah, nein, ich weiß es wieder. Und wir dürfen dann auch nicht, also letztens habe ich auch gefragt: „Wie geht das denn?", dann haben die gesagt: „Nein, du spielst das jetzt einfach!", also wir sind ja da, um das zu lernen, aber die zeigen uns das gar nicht, wir müssen einfach spielen und es ist klar, dass man nicht ordentlich spielt, wenn sie es gar nicht zeigen.[314] (S-Int-Str/Z 108-111)*

Aus Sicht der SchülerInnen ist es das Ziel des Unterrichts, zu lernen, wie man „*ordentlich*"[315] spielt. Das sollen die Lehrenden den Kindern nach deren Verständnis zeigen. Dabei scheinen die Kinder der vierten Klasse den Erfolgs- und Leistungsdruck aus

---

313 Dieser Aspekt ist auch an anderen Stellen im Datenmaterial sichtbar.

314 Die Kinder beschweren sich dann auch entsprechend, dass die LehrerInnen ihnen das Spielen nicht angemessen zeigen. Zeigen und imitieren scheinen für LehrerInnen und SchülerInnen wesentliche Prozesse für das praktische Lernen des Instrumentalspiels zu sein (S-Int-Str/Z 109-111 & 367 & 427-429).

315 Die Schülerin weist in ihrer Wortwahl erneut auf schulische Werte zurück. Etwas „*ordentlich*" zu spielen meint in diesem Kontext aber vor allem, etwas korrekt zu spielen. Wie an zahlreichen anderen Stellen in den Gesprächen zeigt die Wortwahl, dass die Frage von richtig oder falsch stärker beschäftigt als Fragen der ästhetischen Gestaltung.

dem Schulalltag in den Instrumentalalltag zu übertragen. Der anstehende Übertritt in die weiterführende Schule stellt in anderen Fächern Anforderungen an ein Wissens- und Kompetenzportfolio, das die SchülerInnen für einen erfolgreichen Übertritt erfüllen müssen. Dementsprechend haben sie den Eindruck, dass auch im Instrumentalunterricht ein erwartetes Curriculum erfüllt werden müsse:

Evelyn: *Man will ja auch, also (.) zum Beispiel wir gehen ja jetzt auch auf die weiterführende <u>Schule</u> und manche wollen ja auch Geige <u>weiter</u> lernen. Aber man braucht dafür die <u>Noten</u>. Ich glaube nicht, dass im Gymnasium denen noch die Noten aufgeschrieben werden. (S-Int-Str/Z 423-425)*

Evelyn äußert in diesem Abschnitt die Befürchtung, dass die SchülerInnen ins Abseits geraten werden, wenn sie gewisse Lerninhalte – wie das Notenlesen – in der neuen Klassenstufe nicht beherrschen. Ähnlich wie in schulischen Fächern nehmen die SchülerInnen an, dass in jedem Schuljahr ein gewisser Lernstoff geschafft werden muss und dass derjenige abgehängt wird, der diesen nicht beherrscht. Es ist die Phase des Übergangs in die weiterführende Schule, die den SchülerInnen die Bedeutung des eigenen Leistungsstandes im Verhältnis zu anderen offenkundig werden lässt. Anhand dieser Äußerung von Evelyn wird sehr deutlich, wie die Kinder ihre schulischen Rahmenerfahrungen auf den Instrumentalunterricht übertragen: Wenn Wissen in der Schule für den Übertritt eine so hohe Bedeutung hat, muss das für den Instrumentalunterricht ebenso gelten. Und es wird ebenso wie in der Schule gelten, dass gewisse Lerninhalte in einem nächsten Lernjahr vorausgesetzt werden und nicht mehr wiederholt werden können.

Die SchülerInnen der Bläserklasse zeigen in ihren Unterrichtsstunden eine Abgrenzung vom Unterricht, ein auffällig desinteressiertes Verhalten sowie eine Hinwendung zu den Peers. Dies kann anhand der Videoaufzeichnungen festgestellt werden. Lars und Cornelius gähnen beispielsweise auffällig, reiben sich die Augen und strecken sich wiederholt (vgl. z.B. 09-1213-K1/01:28). Lars schaut mehrfach auf seine Uhr.

Die Auseinandersetzung dieser Altersgruppe mit der Frage schulischer Regeln wird an einer Stelle im Videomaterial deutlich, an der die SchülerInnen der Flötengruppe mit Frau Müller die Notwendigkeit einer benoteten Prüfung diskutieren. In dieser Szene (10-1220-K1-2/22:27) erläutert die Lehrerin den vier Schülerinnen, was im anstehenden Test abgefragt wird. Die Mädchen sollen eine Tonleiter aufschreiben und spielen können, einen Rhythmus klatschen, spielen und aufschreiben können und ein Stück ihrer Wahl vorspielen. Der Test wird bewertet und die Note fließt in die Musiknote des Zeugnisses ein. Die SchülerInnen beginnen eine Diskussion mit Frau Müller. Sie möchten die Lehrerin davon überzeugen, auf die Notengebung zu verzichten, denn sie befürchten, aufgrund einer Blockade ihr Können im Test nicht abrufen zu können und dann eine schlechte Note zu bekommen. Daraufhin argumentiert Celina:

Celina: *Aber Frau Müller, das war doch eigentlich, das ist hier doch eigentlich 'ne Sache von der Musikschule und das hat doch eigentlich gar nichts mit der Schule zu tun, deswegen dürfen wir ja auch in der Mittagspause zum Netto gehen ((lachen der Mitschülerin)). Und warum ((zur Mitschülerin))*

> ja, das ist so, und warum kriegen wir dann jetzt Noten für unser Musik-
> dings?
>
> Frau Müller: Damit ein bisschen Leistung von Euch gefordert wird. [10-1220-K1-
>   2/22:50-23:13]

Die Diskussion verdeutlicht, dass die älteren Schülerinnen den Instrumentalunterricht vor dem Hintergrund der Schule ko-konstruieren. Sie verstehen das Geschehen im Instrumentalunterricht als *„etwas anderes"* als Schule, es ist nämlich eine Sache der Musikschule und hat nichts mit der Schule zu tun. Diese Deutung beruht auf den Erfahrungen, dass die Schülerinnen im Zusammenhang mit dem Instrumentalunterricht etwas dürfen, was die schulischen Regeln versagen, nämlich *„zum Netto [= den örtlichen Supermarkt] gehen"* (vgl. oben). Mittels dieser Konstruktion versucht die Schülerin Celina nun einen besseren Deal für *„das Musikdings"* rauszuschlagen – wenn es doch nichts mit der Schule zu tun hat, dann müsse es doch auch keine Noten geben, so die Argumentation der Schülerin. Die Situation lässt die Deutungsoption offen, dass Celina hier die offensichtliche Unklarheit des Verhältnisses zwischen Schule und dem schulischen Instrumentalunterricht nutzt, um für die eigenen Interessen zu argumentieren. Ihre Aussage klingt altklug und wird zudem von der Mitschülerin belacht. Die älteren Schülerinnen halten die Spannung also eher aus als die Grundschulkinder (vgl. Kap. 9.1.1). Sie dekodieren diese Spannung und konstruieren mit ihr ein Bild vom Instrumentalunterricht.

Interessant ist allerdings die anschließende Äußerung der Lehrerin, die ganz der Begründungskonvention des Schulischen entspricht und den bevorstehenden Test als Methode der Förderung von Schülerleistungen proklamiert. Dadurch offenbart sich die beidseitige Konstruktivität des Handlungsrahmens.

9.1.4   Zusammenfassung: Schulische Ordnungen als Rahmen der Ko-Konstruktion

Die Kinder und Jugendlichen übertragen ihr Wissen aus dem Schulalltag in die Instrumentalunterrichtsstunden. Schule ist in diesem Sinne als Deutungs- und Handlungsrahmen der Zusammenspielsituationen sichtbar. Die Kinder zeigen auch im Gespräch mit mir als Forscherin schulisches Verhalten. Sie melden sich, bevor sie etwas sagen, wollen aufgerufen werden und ihr Wissen zeigen. Im Wetteifern um die ‚richtigen Antworten' spiegelt sich einerseits der bestehende Wettbewerb zwischen den Kindern, andererseits die schulische Konkurrenzsituation um das Zeigen des eigenen Könnens. Als beispielsweise nach einer Beschreibung eines Fotos gefragt wird, ruft ein Junge: *„Ich weiß es"* (S-Int-JV1/Z 41; vgl. auch Z 381).[316]

---

316 Auch das Interview kann daher als performative Handlung angesehen werden, in der die Wirklichkeit erst konstruiert wird. Die Mikrostruktur des Interviews zeigt in diesem Sinne, dass auch die Forscherin Teil dieses Prozesses ist (vgl. hierzu die methodologischen Überlegungen in Kap. 5).

Meine Beobachtungen entsprechen verschiedenen Studien (z.B. Beck & Scholz 1995; Aghamiri 2016), die das Schülerleben in der Schule thematisieren und dabei insbesondere herausstellen, welch mächtige Deutungsrahmen schulische Regeln und Leistungsorientierung für außerschulische Angebote in der Schule sind. In meiner Studie wird zusätzlich deutlich, dass dies nicht nur für GrundschülerInnen, sondern für SchülerInnen aller Schulstufen gilt.

Die Analyse der Schülerperspektiven hinsichtlich der Deutungsrahmungen liefert eine Interpretationsmöglichkeit für die beobachtbaren Handlungen der SchülerInnen in den unterrichtlichen Musiziersituationen. In vielen Beispielen vermeiden die Kinder und Jugendlichen die Kooperation und nutzen stattdessen jede Gelegenheit, um aus der Gruppe hervor und ins Blickfeld der Lehrperson zu treten. Das Konkurrieren um die Aufmerksamkeit der Lehrperson resultiert in den Videobeispielen in einem zu schnellen oder zu lauten Spiel, in einer mangelnden Achtsamkeit auf die Anderen oder in einem Ignorieren des Gruppen- zugunsten eines individuellen Tempos. Die sich in den Daten offenbarenden Gruppennormen wirken in den beobachteten Musiziersequenzen als koordinationshemmende Faktoren.

Im Folgenden stehen die Deutungsrahmungen der Lehrpersonen im Fokus. Vor welchem Hintergrund interpretieren sie das gemeinsame Musizieren im Instrumentalen Gruppenunterricht?

9.2 Der musikschulische Einzelunterricht als latenter Strukturrahmen

Das Musizieren im Instrumentalen Gruppenunterricht geschieht vor dem Hintergrund eines je spezifischen Handlungs- und Deutungskontextes. Unterricht ist eine spezifische soziale Situation, ebenso ist das Musizieren als spezifische soziale und kulturelle Praxis zu verstehen (vgl. Kap. 3.2). Das konkrete Interaktionshandeln der Lehrkräfte und der Lernenden ist daher von diesen Rahmungen beeinflusst und vor diesem Hintergrund zu deuten. Im vorangegangenen Kapitel wurde herausgearbeitet, welchen Einfluss der Kontext Schule auf die Deutung des unterrichtlichen Musizierens von Seiten der SchülerInnen hat. Instrumentalunterricht konstituiert sich allerdings im Zusammenspiel mehrerer Deutungskontexte, von denen die Schule nur einer, wenn auch ein sehr mächtiger, ist. In diesem Kapitel wird ein weiterer Deutungsrahmen expliziert.

Die Lehrenden, die im Rahmen dieser Studie interviewt worden sind, unterrichten InstrumentalschülerInnen in Gruppen. Diese Unterrichtsform ist nichts Neuartiges, wie das Literaturstudium zeigt (vgl. Kap. 4). Im Gegenteil: Der Instrumentalunterricht in Gruppen hat eine lange Tradition. Die Projekte an Schulen wie JeKi oder Streicher- und Bläserklassen werden öffentlich dennoch als neuere Entwicklungen musikalischer Bildung an Schulen wahrgenommen (vgl. ebd.).

Besonders im Interview mit Herrn Maier wird deutlich, dass sich die Lehrenden in solchen Gruppenunterrichtsformaten an allgemeinbildenden Schulen in einer besonderen Situation befinden. Im Gegensatz zum traditionellen Musikschulunterricht fühlt sich Herr Maier einem Erfolgsdruck ausgesetzt:

> *Herr Maier:*   *Es ist halt auch ein bisschen Renommier-Geschichte, steht ein bisschen auch unter Erfolgsdruck, also auch diese Idee. (L-Int-Ma/Z 445-446)*

Herr Maier bezieht sich in seiner Aussage auf die Idee, die Eintrittsschwelle für den Instrumentalunterricht durch die Organisation als Gruppenunterricht und am Standort Schule herabzusetzen und dabei dennoch qualitätsvollen Unterricht und individuelle Lernerfolge vorweisen zu können. Der Lehrer sieht sich demzufolge als Teil der Community, die diese Idee zu verwirklichen versucht – die aber auch unter einem „*Erfolgs-druck*" (L-Int-Ma/Z 446) steht. Im Interview bleibt zwar unklar, ob sich die äußere Erwartungshaltung auf seinen Unterricht auswirkt und wenn ja, inwiefern. Es wird aber deutlich, dass sich die Lehrenden als Teil eines größeren Kontextes begreifen, in dem sie arbeiten. Mit ihrem Unterricht tragen sie zum Renommee des schulischen Instrumentalunterrichts bei.

Darüber hinaus sieht sich Herr Maier weiteren Erwartungen ausgesetzt. Zum einen stehen ihm die Eltern der SchülerInnen gegenüber, die jeweils konkrete, aber in der Summe sehr unterschiedliche Erwartungen an den Gruppenunterricht formulieren. „*Man hat auch von den Eltern so viel Ideen, wie Kinder da sind*" (L-Int-Ma/Z 451-452), einige Eltern wollen ihre Kinder unverbindlich ausprobieren lassen, andere erwarten schnelle Fortschritte und üben mit den Kindern daheim. Darüber hinaus wird erwartet, dass der Unterricht Spaß macht: „*Das ist nicht mehr wie früher und ja, muss man sich quälen oder so, sondern es soll Spaß machen*" (L-Int-Ma/Z 446-447).

Der Handlungsrahmen, in dem sich die Lehrenden bewegen, ist demzufolge gefüllt von unterschiedlichen Erwartungen der im Feld sichtbar oder latent tätigen Akteure: Instrumentallehrkräfte, Musikschule, Schule, Eltern, Kinder, Finanzgeber der Projekte, institutionelle Trägerorganisationen, ggf. politische Akteure. Die in den Interviews deutlich werdende Verunsicherung durch die Vielzahl der Erwartungshaltungen kann zwar in den Unterrichtsvideos nicht isoliert und dem konkreten Lehrerhandeln zugeordnet werden, als hintergründiger Faktor erscheinen die Erwartungshaltungen aber zu präsent im Interview, als dass sie die Lehrenden unbeeindruckt lassen.

Sichtbar im Videomaterial ist hingegen ein Handlungsrahmen, der den Lehrenden als konkretes Erfahrungswissen zur Verfügung steht und einen großen Einfluss auf das gemeinsame Musizieren im Gruppenunterricht zu haben scheint: Es ist die Unterrichtsform des Einzelunterrichts, die in den beobachteten Unterrichtsstunden als latenter Strukturrahmen zu wirken scheint. Wodurch ist das zu erklären?

Die Lehrenden berichten in den Interviews, dass sie weder in ihrer Ausbildung noch in einer Fortbildung gruppenspezifische Methodik erlernt haben. Das Unterrichten von Gruppen erfolgt im Fall der ForschungspartnerInnen auf der Basis einer eigenständigen Weiterbildung oder eines „*Learning-by-Doing*" (vgl. L-Int-Ma; L-Int-Wi; L-Int-Wo). Auch aus ihrer eigenen Lerngeschichte kennen sie ausschließlich den Einzelunterricht. Der Einzelunterricht bildet daher als Unterrichtsform, in dem sich die Lehrenden kompetent fühlen, eine Hintergrundfolie, vor der die Lehrenden ihren Unterricht gestalten. Dies führt zu folgenden Charakteristiken des Instrumentalunterrichts im Datenmaterial:

(1) Zentrale Stellung spieltechnischer Lerninhalte

Im Videomaterial wird sichtbar, dass spieltechnische Lerninhalte einen deutlichen Schwerpunkt des Lernens in den Unterrichtsstunden darstellen. Diese sind selbstverständlich immer verknüpft mit anderen Lernfeldern, zum Beispiel der Rhythmusschulung oder dem Notenlesen, ein Fokus der Lehrenden liegt jedoch auf der Spieltechnik. Wie im theoretischen Abschnitt betrachtet wurde (vgl. Kap. 3.5.1), ist dieses Lernfeld eher im Einzelunterricht verankert, da Bewegungen hochgradig individuell sind. Gruppenspezifische Lernfelder und koordiniertes Musizieren werden von den Lehrenden weniger intensiv bearbeitet bzw. stehen weniger im Fokus der Aufmerksamkeit.

(2) Auftreten sequentiellen Einzelunterrichts

Dementsprechend werden einige Unterrichtsstunden in Form des *sequentiellen Einzelunterrichts* gestaltet. Merkmal dieses unterrichtlichen Handlungsschemas ist es, dass die SchülerInnen nicht gemeinsam, sondern nacheinander unterrichtet werden. Besonders auffällig ist für dieses Handlungsschema in den Videoaufzeichnungen der JeKi-Gruppe Violine 2, dass die Kinder in den Phasen, in denen sie nicht spielen, ihre Konzentration aufgeben und sich mit etwas anderem beschäftigen oder sichtbar warten. Sie bleiben nicht mit der Lehrerin und den MitschülerInnen beim Thema, hören zu oder verfolgen das Spiel der anderen. Aus Perspektive der einzelnen SchülerInnen gleichen einige Stunden so eher einer Aneinanderreihung von kurzen Unterrichtseinheiten und Wartephasen. Die Kinder „*nervt*" dieses Warten:

| Lukas: | *Mir macht es Spaß, wenn man spielen kann. Weil manchmal muss man so lange [warten.]* |
| Tina: | *[Das nervt.] (S-Int-JC2/Z 394-396)* |

Wird anschließend das Gelernte zusammengespielt, wirkt dies wie ein Zusammenfassen der Einzelübephasen statt einer Phase, in der der Blick auf das Zusammenspiel gelenkt wird. Selbst in Phasen, in denen gruppengeeignete Unterrichtsinhalte in den Blickpunkt geraten (zum Beispiel beim Improvisieren, der Rhythmusschulung oder dem Blattspiel), werden die Stunden häufig so gestaltet, dass das individuelle Handeln stärker im Fokus steht als das Interagieren. Zusammenspiel erhält in dieser Form der Unterrichtsgestaltung eine Randfunktion.

(3) Fokussierung des Einzelnen und Vernachlässigung der Dimension *Gruppe*

Gerade im Kontrast zu Unterrichtsszenen, in denen die Gruppe ohne direkte Steuerung der Lehrkraft interagiert (vgl. 10-1220-K2-2; 11-1209-K1-1; 12-1214-K1-2), fällt auf, dass in vielen Unterrichtsszenen die vermehrte Aufmerksamkeit auf das Individuum und die individuellen spieltechnischen Abläufe zu einer Vernachlässigung der Gruppe als Interaktionsgröße führen. Der Fokus auf die Einzelhandlungen hat eine geringe Betonung koordinationsspezifischer Merkmale in der Unterrichtsinteraktion zur Folge. Die Frage jedoch, in welcher Qualität die SchülerInnen miteinander als Gruppe interagieren, scheint für das Entstehen von Koordination jedoch von großer Bedeutung zu sein.

Die individuelle Betrachtung der SchülerInnen spiegelt dabei einerseits den Wunsch der Lehrkräfte, eine individuelle Betreuung der Lernprozesse zu gewährleisten. Andererseits zeigt sich darin die allgemeingesellschaftliche Wertschätzung des Individuellen. Vor dem Hintergrund ihrer Erfahrungen diskutieren vor allem Frau Wolf und Frau Stankovic ausführlich den Einzelunterricht als Referenzrahmen für ihren Gruppenunterricht. Indem sie die Attribute des individuellen Lernens in einer Lehrer-Schüler-Dyade in den Gruppenunterricht übertragen wollen, vernachlässigen sie die gruppendynamischen Bedingungen der untersuchten Unterrichtsform. Die Dimension der *Gruppe* erscheint in diesen Darstellungen nicht als konstituierende Größe.

9.3 Musizieren unterrichten vor dem Hintergrund eigener musikpraktischer Erfahrungen

Die InstrumentalpädagogInnen, die im Rahmen dieser Studie befragt worden sind, sind dabei ausnahmslos nicht nur als InstrumentallehrerInnen tätig, sondern arbeiten außerdem als selbstständige MusikerInnen in Orchestern, Bands oder Kammermusikensembles. Sie haben damit eine doppelte professionelle Identität und berichten über Koordination aus zwei Perspektiven. Eine solche Verschränkung der Identitäten ist dabei als feldspezifische Besonderheit anzusehen, die auf viele Feldangehörige zutrifft und die sich auch im Interview manifestiert. Die Lehrenden werden dort ausdrücklich in ihrer doppelten Rolle als MusikerInnen und LehrerInnen angesprochen. Dies ist aufgrund meines Feldwissens zunächst unreflektiert geschehen, wurde aber im Analyseprozess reflektiert und offengelegt. Die Selbstverständlichkeit, mit der die InstrumentalpädagogInnen zu ihren Erfahrungen als MusikerInnen befragt worden sind und mit der sich die InstrumentalpädagogInnen auch als MusikerInnen angesprochen fühlen, zeugt von der engen Verzahnung der persönlichen Erfahrung als MusikerIn und dem eigenen Unterrichten, sowie von der Wichtigkeit der eigenen Musikpraxis für die Tätigkeit als MusiklehrerIn.[317]

---

317 Dass sich der eröffnende Teil des Interviews mit den Lehrenden ausdrücklich auf die außerunterrichtliche Koordinationserfahrungen bezieht, hat seine Ursache weiterhin in den Vorüberlegungen zur Studie. Es ist angenommen worden, dass über die Erzählung von eigenen Erlebnissen der Zugang zum Sprechen über Koordination erleichtert wird. Diese Vorannahmen legen aber auch offen, dass Koordinationserfahrungen implizit eher in der musikalischen Praxis als in einem unterrichtlichen Kontext vermutet worden sind. Bereits hierin zeigt sich deutlich, dass Koordination nicht das Unterrichten leitet und – obwohl es für das gemeinsame Handeln eine Rolle spielt – im Hintergrund bleibt.

Was bedeutet die Doppelrolle der Lehrenden aber für das Unterrichten? Als MusikerInnen verfügen die Lehrenden über einen reichen Erfahrungsschatz an Musiziersituationen in unterschiedlichen Kontexten, in denen sie Koordination beim Musizieren erlebt haben (vgl. Kap. 6.3). In Bezug auf das Phänomen der Koordination verfügen sie daher über ein reiches Handlungswissen. Es ist aus der theoretischen und empirischen Perspektive davon auszugehen, dass die außerunterrichtlichen Erfahrungen von koordiniertem Musizieren das Unterrichtshandeln in Form von Handlungswissen leiten. Dies ist auch empirisch zu beobachten: Die von den Lehrenden beschriebenen Handlungsstrategien für gemeinsames Musizieren (vgl. Kap. 7.3) sind im Videomaterial beobachtbar.

Obwohl das Phänomen der Koordination den Lehrenden aus der eigenen Praxis vertraut ist und sie Merkmale und Gelingensbedingungen kennen, bleibt Koordination ein unreflektierter Unterrichtsgegenstand. Dies wird in der Trennung von Koordination und Unterricht aufgrund der Rahmenbedingungen („*Wir haben halt nicht so richtig diese Orchestersituation*“, L-Int-Ma/Z 319) oder in der theoretischen Entwicklung von Koordinationsübungen während des Interviews (L-Int-Sa) deutlich.

In den Darstellungen der Zusammenspielerfahrungen der Lehrenden lassen sich zwei Dimensionen der Handlungsstrukturierung differenzieren, die Auswirkungen auf das Erleben des Zusammenspiels sowie das Erleben von Koordination haben: Die Dimensionen *Orchester* oder *Kammermusik*. Bei Frau Stankovic wird der Unterschied besonders stark markiert (hier ein Ausschnitt aus einem langen Absatz, in dem die Lehrerin von ihren Orchester- und Banderfahrungen berichtet):

> *Frau Stankovic: Also für mich ist das im Orchester spielen ganz was anderes. [...] Es ist einfach ganz andere* <u>*Welt*</u> *[...] Im Orchester, da ist (.) was anderes. [...] Das ist andere Welt. [...] (L-Int-St/Z 53-75)*

Das orchestrale Musizieren verbindet in den Berichten der Lehrenden mit einer großen Gruppe sowie der Anwesenheit eines Dirigenten, der die Gruppe hierarchisch führt. Der Einzelne erlebt in der großen Gruppe Zugehörigkeit, unterwirft sich aber andererseits den Regeln der großen Gruppe und der Interpretation des Dirigenten (vgl. z.B. L-Int-Sa; L-Int-St). In der kammermusikalischen Form (z.B. in der Band oder dem Streichquartett) ist eine stärkere Interaktivität der Gruppenmitglieder möglich. Trotz vorhandener Rollen mit zugewiesenen Stimmen und Aufgaben empfinden die InterviewpartnerInnen in dieser Form mehr Individualität und Freiheit.

Die berichteten Führungsformen finden sich ebenfalls in den Musizierszenen im Videomaterial. Neben kammermusikalischen Interaktionsformen, in denen die Individuen die Prozesse in Abhängigkeit von den Gruppenrollen aushandeln, finden sich viele Szenen, in denen eine einzelne Person in einer dirigentisch anmutenden Rolle das Geschehen leitet. In der Kontrastierung der Interviewaussagen mit den Unterrichtsvideos fällt jedoch auf, dass die Handlungsformen der *orchestralen Dimension* wesentlich häufiger in den Unterricht transformiert werden. Die Vielfalt der eigenen Erfahrungen hinsichtlich musikalischer Formationen und Führungsstrukturen, die sich in den Lehrendeninterviews zeigt, spiegelt sich im Videomaterial nicht wieder, obwohl die Lehrenden selbst die motivationale Wirkung aufgrund der Ausdrucksmöglichkeiten im dialogischen Spiel betonen. Die Lehrenden übernehmen in einem Großteil der Musizierszenen die Rolle eines Dirigenten mit starker Handlungssteuerung. Formen offenen Musizierens, in denen die SchülerInnen selbst in die Leitungsprozesse involviert sind, sind im Gegensatz dazu seltener zu finden. Möglicherweise hängt dies mit der Lehrerrolle und den ihr anvertrauten Aufgaben der Gestaltung der Unterrichtsgeschehnisse zusammen.

9.4   Zusammenführung V: Der Einfluss des rahmenden Handlungskontextes auf das gemeinsame Musizieren und auf die Koordination

Der Gruppenunterricht wird von den Akteuren sowohl vor dem Hintergrund der Schule wie vor dem musikschulischen Einzelunterricht ko-konstruiert. Dabei wird der Unterricht von vielfältigen Erwartungen an die Lehrkräfte von externen Akteuren geprägt. Vor diesem allgegenwärtigen Handlungs- und Deutungsrahmen leiten die Lehrenden Musizierprozesse in der Gruppe an, wobei sie auf ihr Handlungswissen, das sie in der eigenen Musikpraxis angeeignet haben, zurückgreifen.

Diese Rahmenstrukturen beeinflussen auf folgenden Ebenen das gemeinsame Musizieren:

In den Unterrichtsvideos ist ein starker Fokus auf Individualität und eine Vernachlässigung der Gruppe als Interaktionsgröße festzustellen. Dies hat seine Ursache auf mehreren Ebenen der Handlungsrahmung. Zum einen ist im schulischen Rahmen das Hervorheben der individuellen Leistung, das Konkurrieren um Anerkennung der Lehrperson und das Vermeiden der Kooperation (vgl. „Abgucken") verankert. Die Kinder vergleichen den Instrumentalunterricht mit dem Mathematikunterricht und „lösen" ihre Aufgaben tendenziell eher als Einzelarbeit, anstatt miteinander zu kooperieren. Man sieht jedoch an denjenigen Szenen, in denen die Lehrperson zurücktritt und die Kooperation zum essentiellen Bestandteil der Aufgabenbewältigung gehört, dass die Kinder viel Freude an kooperierenden Aufgaben haben und unter diesen Umständen koordinationsfreundliche Bedingungen der musikalischen Interaktion herzustellen vermögen. Doch nichtsdestotrotz erscheint der schulische Rahmen koordinationsfreundliche Interaktionsbedingungen eher zu hemmen.

Doch auch durch den latenten Rahmen des Einzelunterrichts werden die Interaktionsbedingungen beim Zusammenspiel beeinflusst. Aufgabenstellungen und die Form des Unterrichtshandelns der Lehrpersonen führen in einigen Fällen nicht zu einer Konstitution einer *Gruppe* im eigentlichen Wortsinne, sondern konstituieren ein gleichzeitiges, aber individuelles Lernen der SchülerInnen. Die Gruppe als Interaktionsgröße wird in vielen Unterrichtsbeispielen vernachlässigt.

Vor dem Hintergrund dieser Überlegungen wird deutlich, warum die Lehrenden häufig die orchestrale Steuerungsvariante für gemeinsame Musizierprozesse wählen: Aus der individuellen Vorbereitung folgt eine Zusammenführung der Individuen, in ihren Interaktionen gesteuert von einem Dirigenten. Demgegenüber erfordert die kammermusikalische Aushandlung eine Konstitution einer Gruppe mit innergruppalen Strukturen.

Die individualorientierten Handlungsrahmungen begünstigen die Abwendung vom Aufeinander-Achten und die Hinwendung zum Eigenraum in den Interaktionssituationen des gemeinsamen Musizierens. Unterrichtliches Musizieren mit dem Fokus auf Koordination hat demzufolge eine besondere Aufmerksamkeit auf die immanent wirkenden Handlungs- und Deutungsrahmungen zu richten, um koordinationsfreundliche Bedingungen für die Interaktionssituation herzustellen.

Die Musiziersituation im Unterricht ist damit geprägt von der Individualorientierung, dem ständigen Vergleich und einer impliziten Forderung nach Sichtbarmachung der Leistung. Zudem überwiegt der Fokus auf die Lehrperson. Die Unterrichtssituation ist demzufolge tatsächlich „*nicht so die Orchestersituation*" (L-Int-Ma/Z 319) und das gemeinsame Musizieren vollzieht sich hier in einem völlig unterschiedlichen Handlungsrahmen: Schule, musikschulischer Einzelunterricht und die individuellen Erfahrungen der Lehrkräfte wirken in unterschiedlicher Weise auf die Konstitution der Musiziergruppe sowie auf die konkreten Handlungsschemata von Lehrenden und SchülerInnen ein.

IV Ertrag der empirischen Studie

Der finale Abschnitt dieser Arbeit dient einer Zusammenführung der empirischen Untersuchungsergebnisse und deren Diskussion. Die Studie liefert theoretische, methodische und handlungspraktische Ergebnisse, wobei handlungspraktische Anregungen hervorgehoben werden sollen.

10 Koordination als Parameter des Instrumentalen Gruppenunterrichts – Zusammenfassende Reflexion der Untersuchungsergebnisse

10.1 Erkenntnisgewinn der Untersuchung

In diesem ersten Abschnitt des Diskussionskapitels möchte ich den Ertrag der empirischen Untersuchung auf einer Metaebene zusammenführen.

Mit Koordination ist in der vorliegenden *Grounded-Theory*-Studie ein Phänomen untersucht worden, das in der musikalischen Handlungspraxis zwar allgegenwärtig ist (vgl. z.B. Keller 2008; vgl. Kap. 1 & 2), im Rahmen von Musikunterricht bisher aber wenig Aufmerksamkeit erfahren hat (vgl. Kap. 3). Im Forschungsprozess ist ein möglicher Grund für diese Diskrepanz deutlich geworden. Auf den ersten Blick scheint koordiniertes Musizieren in den beobachteten Unterrichtsstunden selten bzw. ausschließlich in kürzeren Musiziersequenzen aufzutreten. Koordinative Prozesse sind in der Sichtstruktur unauffällig und zeigen sich erst in einer Tiefenstruktur der musikalischen Interaktionen. Zudem fehlten zu Beginn der Untersuchung sowohl konkrete Beobachtungskriterien als auch das entsprechende Vokabular, um Koordinationsprozesse im Unterricht differenziert beobachten und beschreiben zu können. Auch im Unterrichtsalltag zeigt sich Koordination als vernachlässigtes Phänomen. Die Musizierenden kennen es aus der eigenen Handlungspraxis. Das Wissen darüber liegt jedoch als nichtbegriffliches Körperwissen vor, weshalb die Lehrenden es nicht reflektiert in den Unterricht übertragen. Es handelt sich um schweigendes Wissen (Kraus u.a. 2017).

Die notwendige Begriffsarbeit wurde im Rahmen dieser Untersuchung geleistet: Induktiv sind in ständiger Rückbindung an das empirische Datenmaterial Kategorien herausgearbeitet worden, mit deren Hilfe die Unterrichtssituationen nun im Hinblick auf Koordination analysiert werden können. Auf dieser Basis stellte sich das Material in der Tiefenstruktur als außerordentlich reich an koordinativen Prozessen dar. Das empirische

Datenmaterial liefert häufiger verdeckte, unterbrochene, deformierte oder nicht reali-
sierte Koordinationsprozesse als Formen vollendeter Koordination. Dennoch (oder
gerade deswegen) kann die Untersuchung aufzeigen, welch große Rolle koordinative
Prozesse für das musikalische Handeln im Instrumentalen Gruppenunterricht spielen
und welch großes Potential musikpädagogisch betrachtet in diesem Mechanismus liegt.

Dass auch die Lehrpersonen Koordination bisher selten als relevanten Aspekt des
Musikunterrichtens wahrnehmen, liegt meines Erachtens ebenfalls an den bisher fehlenden Begrifflichkeiten sowie an der geringen Präsenz der Thematik in der musikpädagogischen Fachliteratur. In der Analyse sind Merkmale und Gelingensbedingungen von
Koordination im Instrumentalen Gruppenunterricht herausgearbeitet worden, mittels
derer nun (1) das Sprechen über Koordination gelingt, (2) Koordination beobachtbar
und (3) analysierbar wird und zuletzt (4) unterrichtsrelevante Diskurse geführt werden
können. Darüber hinaus kann mit dem koordinativen Raum ein Phänomen beschrieben
werden, das koordinative Prozesse begünstigt und das für das unterrichtliche Musizieren
aufgrund der Rahmenbedingungen eine ganz besondere Relevanz besitzt.

Für die Unterrichtspraxis ergeben sich daraus zahlreiche Implikationen. Gerade im
Anfangsunterricht in Gruppen verändert das Konzept der Koordination das Denken und
Wahrnehmen unterrichtlicher Musiziersequenzen. Die Studie kann zeigen, dass Koordination musikalisches Lernen aus dem Musizieren heraus ermöglicht. Die Konstitution
koordinativer Räume eröffnet kollektive Lern- und Erfahrungsräume, in denen die Lernenden gemeinsames Musizieren erfahren, erüben und in ihren eigenen Formen neu
ausgestalten können. Der Wunsch, im Unterricht besondere Musiziermomente zu ermöglichen (vgl. Ardilla-Mantilla u.a. 2016), erscheint mit dem Blick auf koordinative
Räume und Prozesse greifbarer. Für den Unterrichtsalltag liefern die Untersuchungsergebnisse Hinweise für die Gestaltung von Musizierprozessen, in denen die Aufmerksamkeit auf das gemeinsame Musizieren gerichtet wird und sich die Musizierenden zu
einer Lern- und Musiziergruppe entwickeln.

Die Untersuchung erfüllt damit das Qualitätsmerkmal einer Grounded-Theory-
Studie, dass der Ertrag der empirischen Forschung auch für die ForschungspartnerInnen
im Feld eine Relevanz entwickeln soll (Glaser & Strauss 2010; vgl. auch Steinke 2010,
S. 323 ff.). Meine Studie liefert Begriffe und Beobachtungskategorien, die ein wichtiges, aber im Bereich impliziten Handlungswissens verborgenes Phänomen der musikalischen Interaktion explizieren. Die Begrifflichkeiten und Zusammenhangsanalysen
ermöglichen Lehrenden, das Unterrichten gemeinsamer Musizierprozesse zu reflektieren, konkret zu beobachten und sich in den Zusammenhängen zu vergegenwärtigen.
Anhand der entwickelten Kategorien können Lehrende ihre eigenen subjektiven Musi-
zier- und Unterrichtserfahrungen sowie deren Transformation in das Unterrichtshandeln
hinterfragen und sich eine fundierte und vielseitige Handlungspraxis im Hinblick auf
das Anleiten und Ermöglichen koordinativer Prozesse im Instrumentalen Gruppenunterricht erarbeiten.

In den folgenden Abschnitten werden nun die Teilergebnisse zusammengefasst und
diskutiert.

10.2 Diskussion der Merkmale und Gelingensbedingungen von Koordination

Interpersonale Koordination beim Musizieren lässt sich über die Angleichung der Körperbewegungen in Kombination mit dem Entstehen eines ineinandergreifenden Gruppenklangs beschreiben. In Koordination bildet sich eine *Einheit* im Handeln und in der erklingenden Musik. Die ForschungspartnerInnen beschreiben dies als *Einrasten*.

Dabei ist Koordination kein starrer Mechanismus, sondern stellt sich im Handlungsfluss bei entsprechenden Rahmenbedingungen ein. Sie sollte damit weniger als Zustand, sondern vielmehr als ein *Prozess* verstanden werden, da Phasen der Koordination immer nur vorübergehend anhalten und anschließend in leichte oder stärkere asynchrone Phasen übergehen. Ein erneutes Eintreten in Koordination ist möglich, solange diese Abweichungen nicht zu groß werden. Ich habe dieses Merkmal als Möglichkeitsfeld konzeptualisiert. Im Rahmen eines solchen Feldes kann das Handeln als koordiniert erlebt werden, auch wenn nicht alle Handlungen exakt synchron stattfinden.

Exakte Synchronisation ist im Musizierprozess auch nicht immer wünschenswert: Dehnungen und Überdehnungen der Zeit, kleinere Fehlerspiele oder Unsicherheiten bringen Ungenauigkeiten mit sich. Diese sind künstlerisch aber durchaus gewollt, denn sie rufen Spannung und affektive Wirkungen hervor (vgl. Geeves u.a. 2014). Wichtig ist es jedoch, dass die *Verbindung* der Musizierenden untereinander im Musizierprozess nicht abreißt, sondern die Gruppenmitglieder wieder in die Koordination zurückfinden. Das *Fließen* der Handlungen in einem Hin und Her zwischen Synchronität und leichten Abweichungen wird im Merkmal des *Prozesses* zum Ausdruck gebracht.[318]

Als Basis koordinativer Prozesse wird das physikalische Phänomen des *Entrainments* angenommen. Es beschreibt das Einschwingen voneinander unabhängiger rhythmischer Schwingungen. Der Rhythmus (bzw. das rhythmische Pulsieren) kann daher als Grundlage koordinativer Prozesse angenommen werden, Koordination sollte aber darüber hinaus in allen musikalischen Parametern gesucht werden. Koordiniertes Ensemblemusizieren erfolgt auch über die Abstimmung der Dynamik oder des musikalischen Gestus.

Als weitere Merkmale konnten die Ästhetik und die Leiblichkeit herausgearbeitet werden. Das *Eins Werden* mit der Musikgruppe oder die Koordination vieler Einzelklänge zu einem gemeinsamen Gruppenklang ruft *ästhetische Wahrnehmungen* bzw. ein Gefühl der *Schönheit* hervor. Koordination realisiert sich in der leiblich basierten Interaktion und ist daher an leibliches Handeln einer Gruppe von Musizierenden gebunden. Es ist daher auch der Leib, über den Koordination zu *spüren* ist.

Die In-Vivo-Kodes *Fließen*, *Spüren*, *Einrasten* und *Schönheit* benennen die vier Merkmalskategorien, die abstrahiert mit den Kategorienbezeichnungen *Prozess*, *Leiblichkeit*, *Integration* und *Ästhetik* benannt worden sind (vgl. Abb. 20). Welche hand-

---

318 Es fällt in diesem Zusammenhang auf, dass gerade methodische Texte häufig von einem Hin und Her zwischen Handeln und Folgen, Planung und Spontaneität sowie zwischen Hören und Beantworten in der Unterrichtsinteraktion sprechen (vgl. z.B. Richter 1993a, S. 332). Dies stärkt die These von Koordination als schweigendem Wissen (vgl. Kraus u. a. 2017).

lungspraktischen Implikationen bilden sich in den Ergebnissen zu den Merkmalen von Koordination ab?

Die empirischen Daten zeigen auf, dass koordiniertes Musizieren erfüllende Musiziermomente ermöglicht. Das leibliche Handeln, bei dem der Einzelne sich als Teil einer Musikgruppe erlebt, bei dem die Teilhabe an einer musikalischen Community als soziale Einbindung spürbar wird und das Musik als ästhetisches Produkt hervorbringt, ist für die Individuen erfüllend und ergreifend. Das Gefühl emotionaler Ergriffenheit kann sich als soziale oder ästhetische Erfahrung äußern oder auch auf beiden Ebenen gleichermaßen vorliegen. Koordiniertes Musizieren ist daher zu den Zielen von Musikunterricht zu zählen. Es macht den SchülerInnen Spaß, sei es, ob aufgrund der performativen Handlung, des Erlebens sozialer Integration oder der ästhetischen Wahrnehmung. Die Daten zeigen weiterhin, dass die Kinder und Jugendlichen für die ästhetischen Wahrnehmungen eine hohe Sensibilität haben und Koordination über die Kategorien der Klangschönheit oder des fließenden Handelns wahrnehmen. Die Sehnsucht der Kinder und Jugendlichen nach ästhetischen Momenten könnte im Unterricht noch stärker akzentuiert werden. Auch wenn dies nicht im Zentrum der vorliegenden Untersuchung stand, weisen die empirischen Daten nämlich auf die These hin, dass Lehrende sich vor der Verbalisierung ästhetischer Kategorien scheuen, während diese scheinbar nicht-objektiven Aussagen für die Kinder und Jugendlichen eine große Nähe zu ihrer eigenen Erfahrungswelt aufweisen. Kurz: Die Kinder und Jugendlichen als Adressaten des Unterrichtsangebots können mit dem Sprechen über „schöne Klänge" weitaus mehr anfangen, als Erwachsene ihnen zutrauen.

Die Beobachtung, dass koordinative Prozesse als ein Hin und Her zwischen synchronen Momenten und leichten Abweichungen zu betrachten sind, führt zu der These, dass es im Unterricht beim Sprechen über Koordination nicht darum geht, ein fünfminütiges Werk in absoluter Synchronisation zu realisieren. Es geht vielmehr um kurze Momente, in denen die SchülerInnen sich einkoordinieren, aufeinander achten, aufeinander reagieren – und bei einer Abweichung vom Gruppenrhythmus ihren *groove*[319] wiederfinden. Die Herausforderung ist es, in Abweichungsmomenten die Verbindung zur Gruppe nicht zu verlieren bzw. umgekehrt als Gruppe die Verbindung zum Einzelnen nicht abreißen zu lassen.

Damit ergibt sich ein Bezug zu den vier Gelingensbedingungen von Koordinationsprozessen (vgl. Abb. 23), von denen die erste Bedingung als Art individuelle Vorbedingung gesehen werden muss. Die drei weiteren Bedingungen lassen die musikalische Interaktion zu einem abgestimmten, kollektiven Prozess werden. Die erste dieser Gelingensbedingungen, das *Individuelle Können*, strukturiert das gemeinsame Handeln in der Gruppe vor und entlastet damit das situative Handeln. Durch individuelles Können stehen den Musizierenden Bewegungsmuster, mentale Klangbilder, musikalische und kognitiv-motorische Fähigkeiten sowie musikbezogene Handlungsstrategien zur Verfü-

---

319 Zum Begriff des *groove* vgl. Klingmann (2010). Es zeigt sich, dass es im Denken über Koordination zahlreiche Bezüge zur Thematik des Musizierens im *groove* gibt. Diese Diskussion würde an dieser Stelle zu weit führen, bietet sich aber als Thematik für ein sich anschließendes Forschungsvorhaben an.

gung. Die konkrete Musiziersituation erfordert allerdings ein Heraustreten aus dem Eigenen und eine Zuwendung zu den Anderen. Im Prozess des *Sich Öffnens* wenden sich die Akteure nach außen und legen durch eine gegenseitige Achtsamkeit eine Grundlage für die intersubjektiven Austauschprozesse während des Musizierens. Im Prozess der Öffnung nach außen geschieht die Einleibung als Voraussetzung für leibliche Interaktionen (vgl. hierzu Schmitz 1980; 2005; Kap. 2.3.1.2).

Aufeinander-Achten kann daher als unbedingte Voraussetzung für die intersubjektive Aushandlung des gemeinsamen Tuns angesehen werden. Führen und Folgen basiert auf dieser gegenseitigen Wahrnehmung. Effektives *Führen und Folgen* in der Gruppe zeigt sich in klaren Kommunikationsstrukturen, sicht- und interpretierbaren Kommunikationssignalen, gelingenden resonanzbasierten oder geplanten Reaktionen auf das Handeln der MusizierpartnerInnen und geklärten Gruppenstrukturen. Schließlich sind die Handelnden gefordert, sich auf eine gemeinsame Interpretation zu einigen. Hierfür sind Kompromisse unumgänglich. Für einen gelingenden Koordinationsprozess müssen die Gruppenmitglieder eine Handlungsform finden, die *alle* realisieren können. Die jeweilige Gruppe hat insofern einen Einfluss auf die konkrete Musizierversion. Koordination erfordert damit ein sensibles Gespür für das gemeinsame Feld, das allen Gruppenmitgliedern zugänglich und von allen umsetzbar ist – sei dies ein gemeinsames Tempo, eine gemeinsame Spielintensität oder ein gemeinsamer musikalischer Ausdruck.

Diese empirischen Ergebnisse sind anschlussfähig an die vorliegende Forschungsliteratur. Die Möglichkeit der Koordination wird in den unterschiedlichen Wissenschaftsdomänen als eine Kombination individueller Vorbereitung und spontaner Handlungsentscheidungen betrachtet. Individuelles Können umfasst die Faktoren individueller Vorbereitung. Es basiert auf Übeprozessen und umfasst nicht nur die individuelle Kompetenz im Hinblick auf die Instrumentaltechnik, sondern ebenso das Wissen um Konventionen und Kommunikationsregeln, eine differenzierte Wahrnehmung im Hinblick auf rhythmische Ereignisse und leiblich-musikalische Kommunikationssignale sowie die Ausdifferenzierung der kognitiv-motorischen Prozesse. Individuelles Können beschreibt insofern einen stetig unabgeschlossenen Lernprozess. Je größer dieses individuelle Können, desto sicherer sind sich die Musizierenden ihrer Handlungen. Dabei zeigt die Untersuchung, dass das individuelle Können aufgabenspezifisch zu deuten ist. So können auch AnfängerInnen auf dem Instrument in Koordinationsprozesse eintreten, wenn die Aufgabenschwierigkeit ihrem Können angemessen ist. Für die Unterrichtspraxis bedeutet dies, dass in Musizieraufgaben angemessene Anforderungen gestellt werden und die Aufgaben unter Umständen in eher kleine Sequenzen und Ausschnitte unterteilt werden sollten. Koordinationsprozesse können sich auch in Rhythmusspielen, Klangimprovisationen oder Übungen entfalten.

Ein weiterer Hinweis für die Handlungspraxis ergibt sich aus der wichtigen Rolle des *Aufeinander-Achtens*. Die Aufmerksamkeit aufeinander und auf das gemeinsame Handeln zu richten, scheint von Beginn an ein wichtiger Aspekt des Gruppenmusizierens zu sein. Die Untersuchung zeigt, dass die Aufmerksamkeit dabei immer wieder zwischen Eigenem und Anderem changiert. Diese Beobachtung passt zu der Vorstellung der Leibphänomenologie, die die leibliche Interaktion als ein Oszillieren zwischen Eigenem und der Hinwendung nach Außen beschreibt (vgl. Schmitz 1990; 1992; Gugutzer 2010; vgl. Kap. 2.3.1.2). Das Pendeln zwischen der Aufmerksamkeitszuwendung zum Eigenen und zum Anderen kann insofern als leibliche Interaktion betrachtet werden. Hierbei ist es wichtig zu betonen, dass die Zuwendung zu den Anderen nicht abreißen darf. Dies betont auch Keller (2008): Im Hintergrund jeglicher Aufmerksamkeitszuwendung zum eigenen Handeln wird das Handeln der Anderen dauerhaft wahrgenommen. Ein interessanter Hinweis aus der Forschungsliteratur ist die Beobachtung von Geeves u.a. (2014), dass Koordination Vertrauen unter den Musizierenden und klare Regelstrukturen erfordert. Zudem zeigt sich, dass das Maß der gegenseitigen Achtsamkeit mit der koordinativen Einstellung zusammenhängt und damit auch eine Frage des Gruppenklimas ist.

Im Hinblick auf die Unterrichtssituation erscheint weiterhin erwähnenswert, dass koordiniertes Musizieren als kollektives Geschehen verstanden werden muss. Es entsteht nur als gemeinsames Gruppengeschehen, wenn alle Gruppenmitglieder am Handlungsprozess teilhaben können. Es ist demzufolge eine Handlungsform zu finden, die für alle Teilnehmenden an der Interaktion realisierbar ist. In den Unterrichtsbeispielen zeigt sich diese Bedingung häufig in einer Anpassung des Spieltempos.

10.3   Der koordinative Raum als Parameter im Unterricht

Während die Merkmale und Gelingensbedingungen des Koordinationsprozesses zahlreiche Bezüge zur existierenden Forschungsliteratur aufzeigen, wird mit der Kernkategorie des koordinativen Raums eine gegenstandsbasierte Kategorie formuliert, die bisher nicht in den Fokus gerückt ist, aber für die Handlungspraxis eine besondere Relevanz aufweist. Es zeigt sich, dass das koordinierte Musizieren in der Unterrichtsgruppe vor allem dann gelingt, wenn im Vorfeld des Musikbeginns ein koordinativer Raum konstituiert wird. Der koordinative Raum ist gewissermaßen das koordinationsfreundliche Umfeld, in dem sich Koordination ereignen kann. Die Kategorie des koordinativen Raums ist gerade deswegen so interessant, weil sich dieser Raum bereits *vor* der eigentlichen Musizierinteraktion konstituiert und so von Lehrenden besonders gut zu gestalten ist. Zudem sind diese Vorbereitungsmomente auch für die Lernenden besonders gut zugänglich und es zeigt sich, dass Kinder und Jugendliche durch ihr alltägliches Spiel eine hohe Kompetenz in der Herstellung und Nutzung dieser Räume haben. Was kann die Untersuchung in Bezug auf den koordinativen Raum zeigen?

Unter einem koordinativen Raum verstehe ich den immateriellen Interaktionsraum, der sich wie ein übergreifender Leib (vgl. Schmitz 1980; 2005) zwischen den Musizierenden aufspannt und in dem besonders koordinationsförderliche Bedingungen – Kontakt, Aufmerksamkeitsfokussierung, Geschlossenheit, gegenseitige Achtsamkeit – herrschen. Der koordinative Raum konstituiert sich durch gegenseitige leibliche Bezugnahmen sowie eine Bündelung der Aufmerksamkeit auf das gemeinsame Handeln. Musikalische Koordination beginnt bereits in dieser Phase durch das Angleichen leiblichrhythmischer Handlungen oder die Abstimmung von den Einsatz vorbereitenden Atemimpulsen. Es ist zu beobachten, dass die Akteure eine konzentrierte Körperspannung aufbauen und den Raum nach außen hin abgrenzen, so dass von einem geschlossenen Interaktionsraum gesprochen werden kann.

In der spannungsreichen Bezugnahme aufeinander bildet sich zwischen den Musizierenden ein Raum eines *Zwischen* (Künkler 2011), in dem sich das Gemeinsame zentriert und in dem leibliche Interaktionen und intersubjektive Austauschprozesse stattfinden. Kollektives Handeln, der Gruppenklang und das *Ensemble* im eigentlichen Wortsinne (vgl. Rüdiger 2015) gehen aus dieser besonderen Interaktionsrahmung hervor.

Im Datenmaterial liegen koordinative Räume in zahlreichen Dimensionierungen vor. Während die Grundformen des Kreises (vgl. Abb. 24), des Dreiecks (vgl. Abb. 26 & 27) und des durch Publikum erweiterten Raums (vgl. Abb. 28) als Idealformen zu verstehen sind, die in den realen Unterrichtssituationen nur annähernd vorkommen, lassen sich aus den Unterrichtsbeispielen Deformationen und Verschiebungen herausarbeiten (vgl. Abb. 30-43). Der Kreis ist unter diesen Formen als Idealform hinsichtlich der Aufmerksamkeitszuwendung und der möglichen Partizipation aller Gruppenmitglieder an der Musizierinteraktion zu betrachten: In dieser Figuration haben potentiell alle Gruppenmitglieder gleiche Interaktions- und Partizipationsmöglichkeiten. Die Aufmerksamkeit kann allen Gruppenmitgliedern zugewendet werden.

Die räumlichen Konfigurationen der koordinativen Räume weisen Parallelitäten zu den in der methodisch-didaktischen Literatur genannten Arbeitsformen auf (vgl. Sommerfeld 2014; Bradler 2012b, S. 10; 2014, S. 208ff.; Spychiger 2015, S. 58-59; Kranefeld u.a. 2015; Dinkelaker 2010b; Herrle 2014). Jörg Sommerfeld (2014, S. 101ff.) unterscheidet z.B. Raumnutzungsmöglichkeiten, die den in dieser Studie aufgezeigten Dimensionierungen koordinativer Räume ähneln. Maria Spychiger (2014, S. 75) hebt den Kreis als „Sozialform für den Musikunterricht *par excellence*" (ebd.; H.i.O.) hervor, „weil in dieser Formation die Koordination am besten zum Tragen kommt" (ebd.). Bei Katharina Bradler (2014, S. 208-209) werden die Grundformationen als Formen der Handlungssteuerung oder als Arbeits- oder Sozialformen diskutiert. Jörg Sommerfeld (2014, S. 101ff.) hebt die Wichtigkeit der gezielten Raumgestaltung im Gruppenunterricht hervor und unterscheidet den Halbkreis, den Kreis, den Haufen und die Reihe. Der Halbkreis als klassische Aufführungssituation, bei der die Lehrperson das Spiel der einzelnen SchülerInnen gut wahrnehmen könne, entspricht in meiner Analyse einem unvollständigen Kreis mit Einbindung eines/r ZuhörerIn. Auch Sommerfeld (ebd.) beschreibt den Kreis als Figuration mit der geringsten Distanz der Musizierenden untereinander. Während der Haufen eine die Individuen betonende Formation ist, bei der die Wahrnehmung der Gruppe reduziert wird und die damit ungeeignet für eine Herausbildung des koordinativen Raums ist, bezeichnet Sommerfeld (ebd.) die Reihe als Formation mit dem geringsten Ablenkungspotential, da die Kinder sich nicht sehen. Laut meiner Analyse koordinativer Bedingungen wäre die Reihe gerade aufgrund der schlechten Interaktionsmöglichkeiten der Kinder untereinander eine koordinationshinderliche und darum ungeeignetere Formation. Die empirische Beobachtung hat gezeigt, dass Störungen und Ablenkungen sogar gerade dort auftreten, wo die Einbindung der Kinder nicht gelingt.

Die Darstellung von Sommerfeld (ebd.) zeigt, dass die Figurationen des koordinativen Raums in der Handlungspraxis bekannt sind. In ihrer Bedeutung werden sie bislang allerdings zuvorderst als Organisationsformen für den Unterricht betrachtet und nicht als Vorbereitungshandlungen für das koordinierte Musizieren. Dies ist auch der Grund, warum die Bewertung der verschiedenen Formationen unterschiedlich ausfällt. Meine Forschungsergebnisse liefern damit eine neue Perspektive auf die Frage der Raumgestaltung im Gruppenunterricht.

Die Raumkonfigurationen können, wenn sie sich zu Dimensionierungen des koordinativen Raums entfalten, als *Gestaltungsmuster* (vgl. Kranefeld u.a. 2015, S. 74ff.) des Musizierens im Instrumentalen Gruppenunterricht betrachtet werden. In solchen konstituierten koordinativen Räumen lässt sich ein besonderer Gruppen-Fokus (vgl. Kounin 2006) feststellen. Es herrscht eine besonders hohe Aufmerksamkeit auf das gemeinsame Handeln sowie auf die gemeinsame Aufgabe, weshalb der koordinative Raum gute Bedingungen für das Lernen bietet.

Die empirischen Daten weisen auf einen besonderen Aspekt hin, der in der Unterrichtspraxis in meiner Wahrnehmung zu selten bewusst wahrgenommen wird: Scheinbar leblose Objekte beeinflussen den Interaktionsraum maßgeblich und sollten daher stärkere Beachtung erhalten. Im Analysematerial wurde dieser Aspekt anhand der verwendeten Notenpulte überaus deutlich. Diese Beobachtung dürfte aber ebenso für Tische und Stühle sowie weitere Objekte gelten. Die Objekte haben nicht nur einen Einfluss auf die Wirkung des Raums, sondern ebenso auf die Interaktionsstrukturen und die Aufmerksamkeitszentrierung. Die Nutzung von Notenpulten beim gemeinsamen Musizieren hat häufig einen Einfluss auf die Struktur koordinativer Räume und das darin stattfindende Musizieren, nicht selten sind es die Notenpulte, die als additive Objekte den Raum deformieren.[320]

In der Analyse der konkreten koordinativen Handlungen der Lehrenden sind drei grundlegende *Nutzungsmuster* hervorgetreten. Sie sind beispielhaft im *Bogenführen*, im *Dirigieren* und im *Entdecken* beschrieben worden. Die drei Nutzungsmuster sind hinsichtlich der Steuerungsstärke abnehmend. Beim aktiven Führen einer Spielbewegung durch die Lehrkraft erhalten die Lernenden den Raum, in einer passiven Rolle die konkrete Bewegungsausführung spürend nachzuempfinden. Das *Bogenführen* hat einen sehr starken Zeigecharakter, durch den die Lehrperson die komplette Handlungssequenz vorgibt und der Lernende spürend folgt. Er oder sie kann in diesem Prozess am eigenen Leib erfühlen, wie die entsprechende Spielbewegung auszuführen ist und wie sich eine mühelose Ausführung anfühlt. Eine solche *Demonstration* kann in vielen Fällen eine hilfreiche Stütze zum Erlernen der Bewegungsausführung darstellen. Es zeigt sich aber ebenso (z.B. in der Szene ‚Protest' 01-1106-SK/18:42), dass eine demonstrierende Handlungsweise den Lernenden in seiner Autonomie einschränkt und beinahe übergrif-

---

320 Ähnliche Ergebnisse im Hinblick auf Objekte im Raum liefern Kade u.a. (2014) in ihren Untersuchungen im Bereich des Lehrens und Lernens Erwachsener.

fig wirken kann, gerade wenn der/die SchülerIn das eigene kompetente Handeln erfahren will (vgl. Kap. 8.3.2).

Die Nutzung des Koordinationsmechanismus im Dirigieren erlaubt das Anleiten durch eine Person in einer dominanten und zentralen Rolle. In musikalischen Sequenzen erweist sich eine dirigentische Steuerung zielführend und schnell in der Verbindung von eindeutigen Anweisungen, schnellen Korrekturen und einer klaren Handlungsreferenz. Die Orientierung an der Lehrerperson ermöglicht Sicherheit: Der/die Lehrende als erfahrene/r SpielerIn kann nachgeben und auf die Bedürfnisse der Gruppe reagieren. Demgegenüber besteht die Gefahr einer Passivität auf der Seite der Lernenden, wenn diese Handlungsform zu einseitig eingesetzt wird oder die SchülerInnen keine spezifischen Gestaltungsaufgaben erhalten. Durch die frontale Führung des Unterrichtshandelns nehmen die Räume zum eigeninitiierten Handeln ab. Die Interaktion mit den Peers geht in vielen Beispielen zurück (vgl. Kap. 8.2.2.1). Das Nutzungsmuster des Dirigierens existiert allerdings in zahlreichen Abstufungen, bei denen die Steuerungsintensität sehr hoch oder sehr niedrig sein kann.

Demgegenüber zieht sich die Lehrperson im Nutzungsmuster des *Entdeckens* aus der direkten Musizierinteraktion zurück. In Gruppenarbeiten können die Lernenden koordinative Prinzipien selbstständig erkunden, entdecken und einüben. Ohne die Lehrperson in ihrer wissenden, anleitenden Rolle wird den SchülerInnen ermöglicht, kooperativ und gleichberechtigt die unterschiedlichen Rollen im Ensemble auszutesten und die einzelnen Koordinationsparameter gruppenspezifisch auszugestalten (vgl. Kap. 8.5.3). Sie erkunden ihre Positionen, erfahren die Bedeutung des Blickkontakts, leiten den Musizierprozess vom Aufbau eines koordinativen Raums über den musikalischen Einsatz bis zum gemeinsamen Schlusston. Wie auch Buchborn (2011a)[321] bemerkt, zeigen die Lernenden in solchen offenen Musizierprozessen mehr Engagement, erfahren „verschiedene Möglichkeiten der Zusammenarbeit in der Gruppe und erproben unterschiedliche Rollen" (ebd., S. 204) – vor allem entdecken die Lernenden in dieser Form die Prinzipien des gemeinsamen Musizierens. Koordinative Prinzipien und die musikalische Koordination in der Gruppe werden in dieser Handlungsform zu echten Lerninteressen (vgl. Wenger 2004).

In der selbstständigen Musizierphase zeigt sich außerdem eine hohe Fehlertoleranz beim Musizieren. Da das Handlungsziel der Schülergruppe darin besteht, eine gemeinsame Performance bzw. sogar ein koordiniertes Spiel zu präsentieren, tritt der individuelle Fehler hinter das Spiel der Gruppe zurück und führt in den Videobeispielen nicht zum Spielabbruch. Im Gegenteil, die SchülerInnen schaffen es meist, trotz kleinerer Fehler im Handlungsfluss zu bleiben oder diesen schnell wiederzufinden und dadurch die Koordination mit der Gruppe nicht zu verlieren (vgl. z.B. Szenen ‚Sakura' 10-1220-K2-2/33:00 und ‚Klatschspiel' 03-1218-K2-1/21:09). Über das Gruppenziel der Koor-

---

321 Buchborn (2011a, S. 202-204) unterscheidet in einer empirischen Studie in Bläserklassen zwei „Formen des Ensemblespiels": die angeleitete Form mit der Lehrperson in einer dominanten und zentralen Rolle und die selbstgesteuerte, eigentätige Form, in der SchülerInnen in Gruppen- oder Partnerarbeit im Ensemble spielen.

dination gelingt es somit, trotz kleinerer Unsicherheiten im individuellen Spiel, einen musikalischen Fluss aufrecht zu erhalten und den musikalischen Zeitablauf zu erfahren.

Diese drei koordinationsbezogenen Nutzungsmuster stehen demzufolge für unterschiedliche pädagogische bzw. didaktisch-methodische Ziele und damit verbundenen Zeigehandlungen sowie Freiräume für die Lernenden.

Unabhängig von den unterrichtlichen Gestaltungs- oder Nutzungsmustern zeigt sich im Datenmaterial ein weiterer praxisrelevanter Aspekt. Die Voraussetzungen für die Interaktionen der SchülerInnen untereinander und mit der Lehrperson im Vollzug des Musizierens basiert auf einer sicheren Handlungsrahmung: In den Sequenzen, in denen eine angemessene Aufgabenschwierigkeit, eine zugewandte Positionierung der Kinder untereinander, sowie eine das Kollektiv sowie das Handlungsziel Koordination betonende Aufgabenstellung vorliegt, sind höhere Aktivitätsgrade der SchülerInnen und sichtbare Kontaktversuche der SchülerInnen untereinander sowie mit der Lehrperson zu beobachten. Die Sicherheit des Handlungsrahmens schafft Vertrauen in den gemeinsamen Prozess, dessen Fehlen sich in einem ‚Festhalten‘ an etwas Greifbarem oder scheinbar Objektivem wie den Noten zeigt (vgl. Kap. 8.2.2.3). Schließlich zeigt sich im Material, dass Methoden und Aufgabenstellungen die koordinativen Prinzipien und die Herstellung eines koordinativen Raums begünstigen oder behindern können.

10.4 Unterricht als situative Rahmung des Musizierens

In Bezug auf das koordinierte Musizieren im Unterricht haben die empirischen Daten gezeigt, dass die konkrete situative Rahmung dieser Interaktionssituation in der Betrachtung nicht vernachlässigt werden darf. Zwar lassen sich Merkmale und Dimensionen des Phänomens ebenso extrahieren, wie sich die Herstellung und Nutzung durch die Akteure abbilden lässt. Die konkrete Musiziersituation und die dort stattfindende spezifische Ausgestaltung des Koordinationsprozesses werden allerdings erst unter Einbeziehung der situativen Rahmung erklärbar. Das Musizieren findet in den untersuchten Situationen *im Unterricht* und nicht in einer Orchesterprobe statt. Diese scheinbar banale Feststellung hat in den beobachteten Unterrichtssequenzen einen Einfluss auf die Ausgestaltung des Musizierens. Die Situation wirkt durch die unterschiedlichen Deutungsrahmungen (vgl. die Handlungsrahmungen bei Goffman 1977) auf das Handeln der Akteure, denn diese handeln in sozialen Situationen in der Art und Weise, wie es ihnen subjektiv sinnvoll erscheint (vgl. hierzu die Theorie des symbolischen Interaktionismus[322]). Unterschiedliche Situationskontexte erzeugen insofern unterschiedliche Handlungen.

---

322 Laut Hillmann (1994, S. 665) betrachtet der symbolische Interaktionismus Menschen als sinnhaft handelnde Subjekte in einer vorstrukturierten Welt, die sie durch ihre Sinndeutungen rekonstruieren und gestalten (ebd.). Die Umwelt wird als symbolisch vermittelt verstanden. Interaktionen basieren demnach auf den „mit jeweils bestimmten Bedeutungen verbundenen Symbolen (z.B. Wörter und Gesten)" (ebd., S. 855).

Für den Instrumentalen Gruppenunterricht in der Schule konnte im Rahmen dieser Studie herausgearbeitet werden, dass sowohl der Lernort Schule als auch die Unterrichtstradition des musikschulischen Einzelunterrichts das Musizieren beeinflussen. In Bezug auf diese Teilergebnisse zeigt sich ein Bezug zu den Ergebnissen einer Interviewstudie, die Michael Göllner (2017) vorgelegt hat. Göllner (ebd.) arbeitet heraus, dass Bläserklassenunterricht von den Beteiligten vor dem Hintergrund von Musikschulunterricht, „normalem" Musikunterricht und dem Orchesterspiel gedeutet und reflektiert wird. Ähnlich einem „Vexierbild" (ebd., S. 244) verschiebt sich die Deutung des Unterrichts entsprechend des zugrunde gelegten Bezugsrahmens, wobei der Bläserklassenunterricht jeweils in Abgrenzung von der bekannten musikpädagogischen Unterrichtsform dargestellt wird (ebd., S. 247 ff.). Auch in dieser Studie finden sich dementsprechend Hinweise, wie der Instrumentalunterricht an der Schule vor den Folien von Musikschulunterricht, Schule und dem Orchester ko-konstruiert und begründet wird. In der vorliegenden Studie zeigt sich dieser Aspekt anhand folgender Beobachtungen:

(1) Der Instrumentale Gruppenunterricht in der Schule präsentiert sich als ein *Zwischenfeld* zwischen schulischer Projektarbeit und traditionellem Instrumentalunterricht, das von divergierenden Erwartungen (musik-)schulischer, politischer und öffentlicher Player (z.B. den finanzierenden Stiftungen) überhäuft wird. Die in den Interviews präsente Unsicherheit der Lehrenden gegenüber der Unterrichtsform zeigt dieses Zwischenfeld ebenso deutlich auf, wie die Unklarheit der SchülerInnen über die geltenden Regeln des Musiklernangebots. Es zeigt sich, dass Ziele und Status der Unterrichtsform – im spezifischen des neuen Unterrichtsprofils ‚schulischer Instrumentaler Gruppenunterricht' (vgl. Kranefeld u.a. 2015, S. 70) – in der Unterrichtswirklichkeit noch immer nicht ausreichend verankert ist. Diese Unklarheit bedeutet einerseits, dass in der Unterrichtswirklichkeit eine Vielfalt an Varianten der Unterrichtsgestaltung anzutreffen ist, denn je weniger klar die Handlungsrahmung definiert wird, desto stärker ist sie vom individuellen Profil der Lehrperson und seiner/ihrer Interpretation der Handlungsziele abhängig. Zum anderen bedeutet das aber auch eine potentielle Unsicherheit über Ziele, Inhalte und Methoden dieses Unterrichtsprofils. Inwiefern gehört das gemeinsame Musizieren zu den Unterrichtszielen, inwiefern zu den Unterrichtsinhalten oder den Methoden? Im derzeitigen Rahmen erscheint die Vertiefung aktueller didaktisch-methodischer Diskurse, die das Musizieren als Ausgangspunkt und zentralen Aspekt des Lernens im Gruppenunterricht betrachten, noch immer wichtig.

(2) Im gesamten Datenmaterial zeigt sich der starke Einfluss des schulischen Alltags auf den konkreten Unterricht.[323] Die Unterscheidung eines schulspezifischen Profils des

---

323 Auch in diesem Aspekt zeigt sich ein Bezug zu den Ergebnissen der Interviewstudie von Michael Göllner (2017), der konstatiert, dass der Bläserklassenunterricht zwischen „gemeinschaftlich-musikalischem Tun" (ebd., S. 271) und „unterrichtlichem Tun" (ebd.) changiert. Neben Elementen der musikalischen Gemeinschaft erleben die Teilnehmenden auch „Aspekte wie Langeweile, […] asymmetrische Machtverteilung oder Leistungsbeurteilung" (ebd., S. 270). Diese Doppelperspektive der Teilnehmenden auf den Bläserklassenunterricht scheint

Instrumentalen Gruppenunterrichts (Kranefeld u.a. 2015) erweist sich vor den Ergebnissen dieser Studie als unbedingt sinnvoll. Der schulische Alltag zeigt sich dabei nicht nur in den organisatorischen Rahmenbedingungen, die bis in den Instrumentalunterricht hinein spürbar sind. Es sind des weiteren die schulischen Regelwerke, die in den Instrumentalunterricht zumindest teilweise übertragen werden, dort aber nicht immer in sinnvollem Maße wirken. Gerade bei der Betrachtung von Koordination zeigt sich, dass schulische Formen der Konkurrenz und der individuellen Leistungsbewertung einen koordinationshemmenden Einfluss auf die Musizierinteraktion haben können.

Ein markantes Beispiel für diesen Zusammenhang stellt das Motiv des *Abguckens* dar. Auch wenn die entsprechende Lehrperson das Aufeinander-Achten, Imitieren und Koordinieren als wünschenswerte Handlungsform betont, erscheint das schulische Verbot des Abguckens stärker. Abgucken ist so stark mit der Warnung um das Nichts-Lernen verbunden, dass gerade die Mädchen der Aufforderung ihres Lehrers nicht folgen wollen.

In der vielfach zu beobachteten *Abgrenzung* des Eigenen von den MitschülerInnen offenbart sich der Wunsch nach Wahrnehmung durch die Lehrperson bzw. nach Zeigen des individuellen Könnens. Die Lehrperson soll wissen, wer was wie gut kann – denn schließlich ist es der bzw. die LehrerIn, die schlussendlich eine Bewertung der Lernleistung vornimmt. Auch dieses Handlungsmuster eines Lehrenden ist im Bezug auf das koordinierte Musizieren kontraproduktiv. Die Kinder versuchen, durch schnelleres Spiel hervorzustechen, wollen alleine spielen oder orientieren sich ausschließlich zur Lehrperson.

Schließlich ist eine Fehlervermeidungsstrategie zu beobachten, weswegen sich die Lernenden ausschließlich auf das Eigene konzentrieren, statt sich für den gemeinsamen Prozess zu öffnen. Koordination beim Musizieren basiert aber auf gegenseitiger Achtsamkeit und dem Finden einer *gemeinsamen* musikalischen Basis hinsichtlich Metrum, Tempo oder Ausdrucksgestaltung. Diese kann nur im intersubjektiven Austausch ausgehandelt werden.[324]

(3) Auf der Seite des Lehrerhandelns kann ein Vorherrschen einer vom traditionellen Einzelunterricht getragenen Individualorientierung festgestellt werden, vor deren Hintergrund die Bildung einer Lern- und Musiziergemeinschaft vernachlässigt wird. Stattdessen steht eine individuelle Beurteilung spieltechnischen Könnens im Zentrum. Von Seiten der koordinationsförderlichen Kategorien ist davon auszugehen, dass nur eine Schülergruppe, die sich als Lern- und Musiziergruppe begreift, das Ensemblemusizieren im kooperativen Musizierprozess durch Zuwendung zum jeweils Anderen und Orientierung am gemeinsamen Klang erfahren kann.

---

sich in meinen Ergebnissen im Bezug auf den Instrumentalen Gruppenunterricht und in Bezug auf die Fokussierung auf gemeinsame Musizierprozesse widerzuspiegeln.

324 Auch im Hinblick auf die Bedeutung von Schule als mächtigem Deutungsrahmen für pädagogische Angebote kann meine Studie bisherige Untersuchungen ergänzen (vgl. z.B. Beck & Scholz 1995). Dieser Zusammenhang lässt sich im vorliegenden Datenmaterial nicht nur für SchülerInnen im Grundschulalter, sondern auch für ältere SchülerInnen rekonstruieren.

Musizieren im Unterricht unterliegt demzufolge anderen Rahmungen und eigenen Bedingungen als das Ensemblespiel zwischen professionellen MusikerInnen: Schulisches Lernen wirkt unvermeidbar auf das Lernen im Instrumentalunterricht ein und kann bei einer überwiegenden Individualorientierung das Entstehen von Ensemblestrukturen in der Gruppe (vgl. Rüdiger 2015) und damit das koordinierte Musizieren erschweren. Letztes scheint zu einer fehlenden *Verfügbarkeit*[325] der Gelingensbedingungen von Koordination sowie von koordinativen Räumen zu führen. Für Koordination im Unterricht erscheint es daher umso wichtiger, die SchülerInnen als *Gruppe* zu verstehen, die in einem *kollektiven* Prozess an einer *gemeinsamen* Musik arbeiten.

---

325 Zum Begriff der Verfügbarkeit vgl. Moritz (2010a; insbesondere S. 160 ff.).

11 Diskussion der Untersuchungsergebnisse in Bezug auf Musiklernprozesse

11.1 Koordination als Lerngegenstand und Modus des Lernens

Die folgenden zwei Abschnitte diskutieren die Untersuchungsergebnisse vor dem Hintergrund des Musiklernens. In der Darstellung der Forschungsliteratur in Kapitel 2 und 3 ist die zweiseitige Perspektive deutlich geworden, die die Frage um Musiklernen und Koordination umringt: Koordination ist sowohl Lerngegenstand wie auch ein musikalischer Modus des Lernens. Dieser Aspekt soll nun in einem ersten Schritt unter Rückbezug auf die Untersuchungsergebnisse vertieft und diskutiert werden.

Musizieren ist einerseits eine spezifische kulturelle Handlungspraxis, in der Koordination als Handlungs*form* wirksam wird. Musizieren im Ensemble führt eben nur dann zu einem gemeinsamen Gruppenklang, wenn die Musizierenden ihre Einzelhandlungen *koordinieren*. Sofern das Handlungsziel also ein gemeinsamer Gruppenklang ist, ist Koordination als Handlungsform unabdingbar. Damit verbunden ist die Erkenntnis, dass Lernende für die Teilnahme an einer spezifischen kulturellen Handlungspraxis wie beispielsweise dem Musizieren in einem Sinfonieorchester oder einem Streichquartett die für koordinatives Handeln notwendigen Kommunikations- und Handlungsstrategien, die kulturell spezifischen Rollen- und Handlungsmuster sowie die zugrunde liegenden Konventionen erlernen (müssen). Zusammenspiel (und damit Koordination) kann demzufolge als *ein eigener Lerngegenstand* verstanden werden, der aber weniger auf expliziten Wissensinhalten als auf implizitem kulturellem Wissen und inkorporiertem Handlungswissen beruht. Forschungen im Bereich des *Entrainment* (vgl. Kap. 2) haben gezeigt, dass dem gemeinsamen Musizieren differenzierte und komplexe Handlungsfähigkeiten zugrunde liegen, die in der Musikpraxis erworben werden. Gerade das kollektive Handeln erweist sich in diesem Zusammenhang als grundlegend, da die notwendigen Fähigkeiten nur bis zu einem bestimmten Maße individuell zu erwerben sind. Beim Ensemblespiel ist es eine intensive Probenpraxis, die zur besonderen Expertise im Koordinationshandeln führt. Zusammenspiel ist in der Instrumentalpädagogik bereits als Lernfeld etabliert, die vorliegende Studie kann dieses Lernfeld hinsichtlich der koordinationsspezifischen Kategorien bereichern und erweitern. Insbesondere zeigt sich, dass dieses Lernfeld wesentlich umfassender gedacht werden muss, als es die bisherigen Darstellungen suggerieren, denn es umfasst grundlegende Handlungskompetenzen.

Koordination als Handlungsform ist für die InstrumentalschülerInnen selbst zu Beginn kein gänzlich neuer Gegenstand. Koordinative Prozesse sind auch in vielen außermusikalischen (bzw. nicht-instrumentalgebundenen) Handlungsfeldern präsent, beispielsweise in der Mutter-Kind-Interaktion, auf der leiblichen Ebene beim Gespräch oder in Bewegungsformen (Tanz, Ballsport, etc.) (vgl. Phillips-Silver & Keller 2012; Geeves u.a. 2014). Den SchülerInnen ist das Phänomen insofern nicht unvertraut – sie müssen es aber in einem neuen Handlungskontext, nämlich dem Ensemblemusizieren, verändert erfahren. Hierfür braucht es ausreichend Aufmerksamkeitszuwendung auf dieses Phänomen.

Lernen *von* Koordination geschieht gerade in den Phasen des selbstständigen Erarbeitens bzw. Organisierens des Zusammenspiels, wie in der Beispielszene ‚Sakura‘ (10-1220-K2-2/33:00; vgl. Kap. 8.5.3). Die SchülerInnen erkunden in einer solchen Situation ihr Wissen über das Zusammenspiel und sind gezwungen, dieses Wissen auf die eigene Handlungssituation zu übertragen. Die Gruppenaufgabe führt dabei zu notwendigen Aushandlungsprozessen der SchülerInnen untereinander über die relevanten Koordinationskategorien und zur eigenen Interpretation des koordinativen Raums. Die Erkundung der Koordinationskategorien und deren (in der Gruppe ausgehandelte) Anpassung an die konkrete Situation führen in der betrachteten Szene zum Aufspannen eines koordinativen Raums und einem ansehnlichen Zusammenspielresultat.

Die Dimension des Lernens *in* Koordination kann im Datenmaterial in einigen imitativen Szenen herausgearbeitet werden. Ob es im Bogenführen oder im Abschauen des Fingeraufsatzes ist – in diesen Szenen zeigt sich deutlich, wie mimetische Prozesse der Anähnlichung zu Einschwingprozessen und gemeinsamen Handeln führen. Im Entdecken neuer Handlungsformen erweitern die SchülerInnen ihr Handlungsrepertoire. Der koordinative Prozess verhilft zu einem Erkunden von Neuem und ermöglicht durch den/die InteraktionspartnerIn eine Sicherheit im Erkunden des Unbekannten. Koordination zeigt sich hier als Ermöglichung oder musikbezogenem Teil einer ursprünglichen Lern- und Handlungsform: der Mimesis (vgl. Wulf 2007). Die als mimetisch bezeichneten Szenen sind allerdings nur als Beginn eines Lernprozesses anzusehen. Das gemeinsame koordinative Handeln ist eine erste Erkundung einer neuen Bewegung bzw. eines neuen Ablaufs, der im weiteren Verlauf des Lernprozesses wiederholt, ins eigene Handlungsrepertoire übertragen und verfeinert werden muss.

Mimetische Prozesse finden in Koordination auch über die Imitation hinausgehend im musikalischen Handlungsprozess statt. Als grundlegende Gelingensbedingung beinhaltet das Aufeinander-Achten nicht nur die Aufmerksamkeitszuwendung auf das Andere, sondern eine zyklische Rückbesinnung auf das Eigene, über das Eigenes und Anderes in Einklang gebracht werden kann. In diesem Prozess der Zuwendung zum Anderen und der darauf bezogenen Anähnlichung des musikalischen Handelns sind mimetische Prozesse unbedingt zu vermuten.

11.2 Koordinative Räume als musikalisch-ästhetische Lern- und Erfahrungsräume

Mit der Kernkategorie des koordinativen Raums bildet sich im Hinblick auf das musikalische Lernen ein weiterer Aspekt ab, der die sozialen Aspekte des Musiklernens noch einmal stärker in den Blick nimmt. Aufgrund der Forschungsergebnisse lässt sich die

These formulieren, dass koordinative Räume als musikalisch-ästhetische Lern- und Erfahrungsräume im Instrumentalen Gruppenunterricht betrachtet werden können. Diese These soll Gegenstand des folgenden Abschnitts sein.

Die im Rahmen dieser Studie untersuchten Unterrichtsgruppen können im Sinne Wengers (2004) als *Communities of Practice* bezeichnet werden. Die einzelnen Gruppen haben abhängig von ihrem jeweiligen Kontext – der Gruppenzusammensetzung im Hinblick auf das Alter der SchülerInnen, der jeweiligen Klassen, der jeweiligen Schule, der Gruppengröße, der gewählten Instrumente, der jeweiligen Lehrperson, der Projektstrukturen usw. – eine spezifische Gruppenkultur, die sich in spezifischen und von der Situierung beeinflussten Handlungspraktiken des Musizierens äußert. Diese spezifischen Handlungspraktiken in den einzelnen Unterrichtsgruppen entwickeln unter der Beteiligung aller Gruppenmitglieder – Lehrpersonen *und* SchülerInnen – eine einzigartige *practice*. SchülerInnen und LehrerInnen lernen in der *Community* und über ihre Praktiken voneinander, sind identitätsbildend tätig, entwickeln die Gemeinschaft und handeln Bedeutung aus. In diesem Sinne ist auch das gemeinsame Musizieren als kollektive Praxis zu betrachten, in der vor allem implizite, über Leib und Klang vermittelte intersubjektive Bedeutungsaushandlungen vollzogen werden. In einem solchen intersubjektiven Aushandlungsprozess zirkuliert das Wissen unter allen Beteiligten (vgl. Röbke 2011), so dass die SchülerInnen ihren Lernprozess aktiv mitgestalten. Das kollektive Handeln im Musizierprozess ist somit als wachsende Teilhabe an einer musikbasierten Interaktion der *Community* zu deuten. Die wachsende Teilhabe und Teilnahme an diesem Geschehen ist damit ein situativer Lernprozess, der wesentlich als Beziehungsgeschehen zu konzeptualisieren ist (vgl. Künkler 2011). Die Beziehungsqualitäten aktualisieren sich gerade in koordinativen Prozessen durch das intensiv aufeinander bezogene (Re-)Agieren. Das musikalisch-koordinative Handeln ist damit immer auf den relevanten Anderen bezogen. Hiermit ergibt sich ein Anschluss der Ergebnisse zur Vorstellung des Relationalen bei Künkler (2011). Der koordinative Raum kann als *relationales Zwischen* gedacht werden, in dem sich das Lernen abspielt: im *zwischen* den Individuen *aufgespannten Raum* (vgl. ebd.).

Der koordinative Raum, in dem zwischen den Beteiligten eine konzentrierte Aufmerksamkeit auf das Gemeinsame sowie gegenseitige Achtsamkeit und im Hinblick auf Koordination ein Bemühen um ein gemeinsames Handeln herrscht, scheint für den Bereich der musikalischen Interaktion ein solcher *Raum des Zwischen* zu sein. Über die Praxis des Musizierens konkretisiert sich das Beziehungsgeflecht. Der Zwischenraum bzw. der koordinative Raum ist beeinflusst durch die leiblich sedimentierten Vorerfahrungen der Gruppenmitglieder, die konkrete Situierung und das Streben nach Anerkennung durch die jeweils anderen (vgl. die Pole der relationalen Subjektivität bei Künkler 2011, S. 532). Im koordinativen Raum vollzieht sich Musizieren in einer tiefwirkenden Bezogenheit auf den bzw. die MusizierpartnerInnen, wobei über mimetische Prozesse Nach- und Mitahmung, Partizipation und musikalische Bedeutung ausgehandelt und realisiert werden. Jede/r Einzelne bringt etwas in den gemeinsamen Musizierprozess ein und es ist erforderlich, durch Bezugnahme aufeinander – das Aufeinander-Achten – etwas Gemeinsames zu finden, an dem alle teilhaben können. Im koordinativen Raum kommen die MusizierpartnerInnen zusammen und finden ihre gemeinsame Interpretation. In diesem Streben nach musikalischer Koordination findet sich gleichzeitig Integration und Differenz, denn aus den Einzelbeiträgen formiert sich zwangsläufig etwas Neues. In diesen Handlungsvollzügen geschieht musikalisches Lernen als „Erweiterung der Weltsicht, des Handelns und des Verhaltens" (Wulf 2007, S. 91), vorausgesetzt, die Gruppenmitglieder interagieren mit dem Ziel der Koordination.

Koordinative Räume als Räume des *Zwischens* (Künkler 2011) können in diesem Sinne als musikalisch-ästhetische Lern- und Erfahrungsräume angesehen werden. In mimetischen Prozessen erkunden die SchülerInnen neue Handlungsformen, die über wiederholtes Handeln in der Gruppe in das eigene Handlungsrepertoire übernommen werden. Die aufmerksame Wahrnehmungshaltung im koordinativen Raum, die auf die MitspielerInnen, aber auch auf das klangliche Resultat gerichtet ist, ermöglicht in besonderer Art und Weise musikalisch-ästhetische Wahrnehmungen.[326] Es ist „die Qualität des Aufeinander-Bezogenseins, das lustvolle Miteinander-Musizieren und die Freude an lebendiger Kommunikation bei der Gestaltung von Musik, die all dies in sich birgt" (Rüdiger 2015, S. 8).

Besonders relevant für den Instrumentalen Gruppenunterricht zeigen sich Phasen der eigenständigen Musizierorganisation durch die Lernenden, in denen die SchülerInnen die koordinationsrelevanten Kategorien erspielen und in ihr Handlungsrepertoire integrieren (vgl. Kap. 8.5.3). Es sind diese Gelegenheiten, in denen verbal und mit musikalischen Mitteln über Musik auf ästhetischer Ebene gestritten werden (vgl. Rolle & Wallbaum 2013) und gemeinsame Interpretationen ausgehandelt werden können. Die Einladung, das gemeinsame Handeln musikalisch-ästhetische wahrzunehmen und anschließend zu gestalten, erfüllt die Bildungsziele des Musikunterrichts (vgl. ebd.; Rolle 1999).

---

326 Zur Thematik der musikalisch-ästhetischen Erfahrung vgl. Rolle (1999; 2004; 2005).

12 Koordinationsprozesse ermöglichen – forschungsbasierte Anregungen für die Unterrichtspraxis

Auch wenn in den vorangegangenen Teilkapiteln mehrfach Bezüge zur Unterrichtspraxis dargestellt wurden, soll es nicht versäumt werden, in kompakter Form Anregungen für die Gestaltung von Musiziersequenzen im Unterricht zu formulieren.

Die Unterrichtsbeobachtungen auf der Basis der Videoaufzeichnungen haben gezeigt, dass die Lehrenden häufig ein steuerndes, dirigentisches Handlungsmuster beim gemeinsamen Musizieren wählen. Zwischen dirigentischem Musizieren, offenen Lernräumen für die Schülergruppen und demonstrierenden Formen könnten sich jedoch vielfältige Formen von möglichen Handlungsmustern entfalten. Die Vereinseitigung der Handlungsmuster liegt womöglich am nicht formulierten und so nicht verfügbaren Wissen über den methodischen Einsatz koordinativer Dimensionen im Instrumentalen Gruppenunterricht.

Die Untersuchung hat außerdem aufgezeigt, dass das gemeinsame Interagieren der Kinder von Beginn an möglich und wünschenswert ist. Kinder verfügen über vielfältige Vorerfahrungen in Koordination und haben ein Gespür für leibliche Interaktionen und Klangwahrnehmungen. Was ihnen fehlt, ist die Sicherheit im Umgang mit einem Instrument und die Kompetenz der *musikspezifischen* Koordination. Es gilt daher einerseits, Mut und Vertrauen in die vorhandenen Kompetenzen der Kinder zu setzen und ihnen zahlreiche Gelegenheiten zum gemeinsamen Interagieren zu bieten, wobei sich diese Gelegenheiten als echte und intensive Austauschprozesse auf der Basis der gegenseitigen Achtsamkeit verwirklichen lassen sollten. Hierfür bedarf es einer koordinationssensiblen Planung der Musizierphasen: In diesen Musizierphasen sollte das gemeinsame koordinierte Musizieren im Sinne einer kollektiven und kooperativen Aufgabe in den Mittelpunkt gestellt werden, die durch eine zu bewältigende Aufgabenstellung gerahmt sind. Die Aufgabenstellungen sollten die Kinder dazu anregen, ihre Aufmerksamkeit abhängig von ihrem Können auf das kollektive Geschehen zu richten. Zudem sollten Lehrende koordinative Raumbildungen bewusst und reflektiert für die Gestaltung der Unterrichtsphasen zu nutzen wissen. Dabei sollte die Frage, welche Raumkonfiguration am besten zu welchem Unterrichtsziel passt, die Planung leiten. Das Schaffen sicherer Handlungsrahmungen für das Musizieren scheint mittels dieser Aspekte realisierbar. Die Studie weist zudem darauf hin, dass auch im Hinblick auf das Musizieren in der Gruppe Erfolgserlebnisse wichtig sind und Frustrationen entstehen, wenn den SchülerInnen das Zusammenspielen (also das Erlebnis der Koordination) nicht gelingt. Es kann durchaus wertvoll sein, kleinere Koordinationsübungen oder Stückausschnitte zu wählen. Anders als in den videographierten Unterrichtsbeispielen sichtbar, ist es meiner Ansicht nach für das Koordinationserlebnis nicht wichtig, dass immer ein komplettes Musikstück gespielt wird. Koordinationserlebnisse sind beispielsweise in Grooveübungen, Improvisationsübungen oder Variationsspielen auf der Basis einfacher Gruppenrhythmen denkbar und möglich. Bei mehrstimmigem Spiel sind einfache Arrangements unbedingt notwendig (vgl. hierzu auch Spiegel 2012; Bradler 2012a).

Als besonders relevant haben sich konzertante Inszenierungen der Unterrichtssituationen herausgestellt. Da die Unterrichtssituation stark mit dem individuellen Lernen und mit dem Erwerb individueller Spielfertigkeiten konnotiert ist (vgl. Kap. 9), scheinen spielerische *Inszenierungen* von Konzertsituationen, das *Tun-als-Ob*, für koordinative Situationen besonders nützlich. Die Gruppe gerät in diesen Inszenierungsformen ins Zentrum, denn es ist nun Aufgabe der gesamten Gruppe, eine stimmige und kollektive Präsentation der Musik zu zeigen. Koordination als Ideal einer Musikvorführung und die gemeinsame Interaktion zum Hervorbringen des Gruppenklangs werden hierdurch in den Vordergrund gebracht (vgl. Wulf & Zirfas 2007). Solche Situationen fördern die Konstitution der Gruppenstrukturen oder das Erleben und Aneignen koordinativer Prozesse.

Inszenierungsmuster wiederum, die das selbstständige Miteinandermusizieren in den Mittelpunkt rücken – ob im Sinne verdeckter oder offen kommunizierter Handlungsziele –, sind die idealen Situationen, in denen sich die Lernenden die Kategorien des Ensemblemusizierens selbstständig erspielen können, in denen sie koordinative Prozesse eigenständig erfahren und anstiften können. Es ist zu beachten, dass von Seiten der Lehrpersonen keine konträren Anforderungen, z.B. die Erwartung individueller Spielperfektion oder Wettbewerbe um die beste individuelle Leistung, die koordinativen Kategorien überdecken.

Die hier explizierten Gedanken betrachten das koordinative Musizieren im Zusammenhang mit einer vielseitigen Unterrichtsrealität. Selbstverständlich kann nicht jede Unterrichtphase einen Fokus auf das koordinierte Musizieren legen. Es geht darum, in der Planung der Unterrichtsphasen das gemeinsame Musizieren in Koordination als *eigenes* und *wichtiges* Lernziel anzusehen und es dementsprechend im Unterricht zu gestalten.

Schließlich weist die Studie darauf hin, welche Bedeutung die externen Deutungsrahmungen für das Musizieren im Unterricht tatsächlich haben. Lehrende sollten sich ihrer eigenen Deutungsrahmungen bewusstwerden und die Strukturen ihres Unterrichts hinsichtlich der Interessen der SchülerInnen unter die Lupe nehmen. Lehrende können die Deutungsrahmungen nicht verändern, noch ist es möglich, sie zu ignorieren. Ein bewusstes Umgehen mit und sich Bewegen innerhalb dieser Rahmungen unterstützt jedoch das eigene Handeln. Es erscheint wichtig, die Gruppenbildung im Instrumentalunterricht wertzuschätzen, klare Handlungsregeln für den Instrumentalunterricht zu formulieren, die Achtsamkeit aufeinander, das Hören und Spüren zu üben und den Lernenden Räume zum selbstständigen Entdecken zu eröffnen.

Was bedeuten diese Überlegungen nun für eine konkrete Musiziersituation im Unterricht? Die folgenden zwölf Stichworte versuchen zu dieser Frage eine Antwort zu geben. Sie formulieren die Fragen, die sich Lehrende stellen können, um sich für koordinative Prozesse zu sensibilisieren und koordinatives Musizieren zu ermöglichen.

- Unterrichtsplanung: In der Planung der Unterrichtsphasen sollte die Unterrichtsphase „gemeinsames Musizieren" mit dem konkreten Handlungsziel der Koordination verknüpft werden und nicht von anderen Lernzielen überlagert werden. Die Auswahl der Musizieraufgabe stellt bei der Planung eine wichtige Komponente dar. Die jeweiligen Spielaufgaben sollten in Phasen des gemeinsamen Musizierens fordernd, aber nicht zu schwer sein. Die Lernenden brauchen auch hinsichtlich der Koordination Erfolgserlebnisse. Daher stellen sich die folgenden Fragen: Eignet sich das Stück für die Gruppe? Ist es nicht zu schwer/zu leicht? Welcher Ausschnitt ist geeignet? Welche Positionierung ist dann für die konkrete Aufgabe die geeignete? Wie werden die Rollen verteilt und welche Funktion hat welche Positionierung? Für welches Ziel wird welches koordinatives Handlungsmuster genutzt? Mittels welcher Aufgabenstellung wird das gemeinsame Musizieren in den Mittelpunkt gerückt? Wie schaffe ich einen sicheren Handlungsrahmen (klare Aufgabenstellung, klares Handlungsziel, deutliche Kommunikationsstruktur, Passung der Aufgabenschwierigkeit)? Wie bringe ich die Gruppe zum Musizieren (vgl. hierzu auch Aigner-Monarth & Ardila-Mantilla 2016, S. 36-38)?
- Eigenes Koordinationshandeln: Es ist eine besondere Aufgabe, die vielfältigen eigenen Musiziererfahrungen in unterschiedliche und ebenso vielfältige Handlungsformen im Unterricht zu transformieren. Handlungsschemata sind zu hinterfragen. Vielmehr sollte die Frage im Mittelpunkt stehen, wie die Lernenden auf unterschiedliche Art und Weise Koordination erleben können.
- Die Gestaltung des Unterrichtsraums: Die Gestaltung des Klassenraums als ein Musizierraum schafft die ersten Voraussetzungen für koordiniertes Musizieren. Gibt es ausreichend Platz für Bewegung, Licht und eine angenehme Raumordnung? Gibt es eine Spielfläche für das Musizieren, auf der alle Gruppenmitglieder Platz finden? Sollen die Lernenden stehen oder sitzen? Steht oder sitzt die Lehrperson?
- Die konkrete Positionierung der Musiziergruppe: Wie positioniert sich die Musiziergruppe? Als Kreis oder Dreieck? Mit (imaginärem) Publikum oder ohne? Auf welches Gruppenmitglied fällt der Fokus oder sind alle gleichermaßen an der Interaktion beteiligt? Entspricht die Positionierung den Rollen der einzelnen Gruppenmitglieder?
- Die Einbindung von Objekten: Wird mit Notenpulten gearbeitet? Wenn ja, wie werden diese Objekte in die Interaktion integriert? Wie werden sie aufgestellt und eingerichtet (welche Höhe haben sie beispielsweise)? Wie wird diese Frage im Hinblick auf Tische und Stühle beantwortet? Wie wichtig sind die Objekte für die Interaktion?
- Die Konstitution des koordinativen Raums: Wie gelingt es, die Aufmerksamkeit auf das gemeinsame Handeln und die zu spielende Musik zu fokussieren? Hat die führende Person Kontakt zu allen Gruppenmitgliedern? Gelingt durch Zuwendung die Kontaktaufnahme? Die Untersuchungsergebnisse zeigen, dass Lehrende diesen Moment aushalten müssen, auch wenn zahlreiche andere Unterrichtsfelder diesen Moment überstrahlen. Es geht in diesem Moment um die Konstitution der Interak-

tionsbeziehungen und dabei reduzieren Unterbrechungen, Haltungskorrekturen und andere Störungen den Fokus.

- Musikalischer Einsatz und Musizierhandeln: Gelingt in den Phasen des musikalischen Einsatzes, des eigentlichen Musizierens und im Abschluss das Aufrechterhalten des Aufeinander-Achtens? Werden Impulse gegeben und werden diese beantwortet? Gelingt die Bewegungs- und Klangkoordination? Kann ich mich als Lehrender in der Interaktion zurücknehmen?

- Interaktionen der Kinder untereinander: Die empirischen Daten deuten darauf hin, dass besonderer Wert auf die Interaktionen der Kinder untereinandergelegt werden sollte. Es zeigt sich sogar an mehreren Stellen, dass sich die Lehrenden durchaus häufig zurückhalten sollten, um die Koordinationsprozesse der Lernenden untereinander nicht zu stören.

- Rollen wechseln und sich in Koordinationsparametern ausprobieren: Wenn jede/r Einzelne einmal die Führungsrolle innehat, kann jede/r einmal das Tempo bestimmen. Die jeweils Anderen koordinieren sich mit seinem/ihrem Tempo.

- Im eigenen Handeln offen für Resonanzen sein: Die Impulse der Lernenden beim Musizieren sollten wahrgenommen und beantwortet werden.

- Gruppenklima und Fehlerkultur: Die geltenden Regeln und Normen in der jeweiligen Gruppe bilden eine wichtige Basis für das Musizieren.

- Handlungs- und Deutungsmuster reflektieren: Welche Handlungs- und Deutungsmuster beeinflussen die konkrete Musiziersituation? Sind diese Muster koordinationsfördernd oder -hemmend? Warum versuchen die SchülerInnen, schneller oder lauter als die Anderen zu spielen? In der Analyse ist aufgefallen, dass die SchülerInnen Momente der Anerkennung suchen. Wenn sie sich in der Koordination mit der Gruppe wiederfinden soll, muss es Momente und Phasen im Unterricht geben, in denen sie als Individuen gesehen werden. Sie sollten wissen, dass sie auch beim Musizieren in der Gruppe gesehen werden und wichtiger und essentieller Bestandteil der Musiziergruppe sind.

- Handlungsfähigkeiten in Koordination aufbauen: Die Forschungen zum Entrainment können zeigen, dass neben den sozial-kommunikativen Fähigkeiten rhythmisch-metrische Kompetenzen aufgebaut werden sollten. Die Grundlagen des Einkoordinierens liegen auch in den Fähigkeiten differenzierter rhythmischer Wahrnehmung und sensomotorischer Reaktionsfähigkeit. Zudem legen es die Forschungen nahe, dass sich die kognitiv-motorischen Kompetenzen (die *ensemble skills:* geschärfte Wahrnehmung auf mehreren Ebenen, Herausbildung von klanglichen und motorischen Repräsentationen, vgl. Kap. 2.3.2.4) nur durch zeitintensives Üben verfeinern. So ist Richter (1993a) zu bestärken, der dafür plädiert, frühzeitig ein Fundament für die ensemblespezifischen Handlungsfähigkeiten zu legen und von Beginn an das Zusammenspiel zu üben.

13 Koordination als Untersuchungsgegenstand – methodische und forschungspraktische Erträge der vorliegenden Untersuchung

Schlussendlich sollen die methodischen und forschungspraktischen Erträge der vorliegenden Untersuchung reflektiert werden. Die Fragestellung nach interpersonaler Koordination im Musizierprozess des Instrumentalen Gruppenunterrichts stellt in mehrfacher Hinsicht methodische Herausforderungen an den Forschungs- und Analyseprozess. Die Schwierigkeiten beziehen sich vor allem auf die Flüchtigkeit und Unbestimmbarkeit eines interaktiven Phänomens, das aus einer Außenperspektive (durch eine Beobachterin) mittels eines technischen Hilfsmittels (der Videokamera) eingefangen werden sollte, das durch eine vermeintliche Selbstverständlichkeit des alltäglichen Handelns unscheinbar ist und das aufgrund der bislang fehlenden Begriffe zunächst kaum konkretisierbar war. Die Entscheidung für eine Studie im Stile der Grounded-Theory-Methodologie (vgl. Kap. 5) hat durch das zyklische Verfahren eine mehrdimensionale Beschreibung des Phänomens in seinen Tiefenstrukturen und unter Berücksichtigung der situativen Rahmung ermöglicht und hat sich als zielführend erwiesen.

Als Besonderheit meiner Studie im Hinblick auf die Forschungsmethodik ist der musikalische Gegenstand anzusehen. Die diskursiven Methoden der qualitativen Sozialforschung trafen in meiner Studie auf einen klanglich-nichtverbalen Forschungsgegenstand, für den die Verfahren zwar anwendbar, aber nicht immer selbsterklärend umsetzbar waren. Diese Schwierigkeit stellt sich in allen musikbezogenen Forschungsvorhaben, in denen die Musik oder das Musizieren (auch) als Bedeutungsträger verstanden wird. Es reicht damit nicht aus, die verbalen Äußerungen oder das visuell Beobachtete zu transkribieren. Vielmehr sind klangliche Ereignisse in ihrem Ausdrucksgehalt von entscheidender Bedeutung.

Als besonders gewinnbringend hat sich in diesem Kontext der Rückgriff auf Breuer (2010) und seine Variante der *Reflexiven Grounded Theory* erwiesen. Breuer (ebd.) empfiehlt, leibkörperliche Resonanzen der Forschenden im Forschungsprozess nicht zu ignorieren, sondern sie als eigene Form von Daten festzuhalten und einzubeziehen. Die leibkörperlichen Resonanzen im Prozess der Forschung können den Forschenden Rückschlüsse auf Deutungsmuster, soziale Rahmungen, Konventionen o.ä. geben (vgl. ebd.). Im Falle meiner Studie waren diese Resonanzen wertvoll, weil sie es ermöglicht haben, Wahrnehmungen, die zunächst nicht verbalisierbar waren, festzuhalten und in die Analyse einzubeziehen (vgl. Hellberg 2018). Gerade in einem musikalischen Kontext, in dem das Musikempfinden in einem nonverbalen Symbolsystem zu verorten ist, wäre es fatal, das musikalische Spüren, musikalische Urteile oder ästhetische Wahrnehmungen unbeachtet zu lassen. Dies gilt insbesondere im musikpädagogischen Kontext, in dem eben jene Wahrnehmungen Teil des Unterrichtsziels sind, und im Fall eines Phänomens, das sich in klanglichen und leiblichen Äußerungen zeigt und das jede/r Musizierende kennt, aber kaum eine/r benennen kann (vgl. Kap. 6.2.1). Das videoanalytische Verfahren, das durch die technische Reproduzierbarkeit auf der einen Seite eine Wiederholbarkeit der Situation ermöglicht, auf der anderen Seite aber dennoch als technische Abbildung der Situation zu betrachten ist, erklärt sich erst über die nichtverbale Ebene. Für musikalische und musikpädagogische Forschungsgegenstände hat sich diese Form der explorativen Forschung unbedingt bewährt.[327]

Im Rahmen dieser Untersuchung ist deutlich geworden, dass in einem Forschungsprojekt, das die musikalisch-klangliche Ebene der Musik in den Mittelpunkt der Betrachtung stellt, der Kodewechsel in die Verbalsprachlichkeit den entscheidenden Moment für die Deutung der Daten darstellt. Es zeigt sich, dass dieser Aspekt in der musikpädagogischen Forschung bisher wenig thematisiert worden ist, obwohl er für die Qualität und Nachvollziehbarkeit qualitativ-empirischer Ergebnisse eine sehr hohe Wichtigkeit hat. Den Prozess der Transformation ästhetischer Wahrnehmungen musikalischer Ereignisse im musikpädagogischen Handlungsfeld in wissenschaftliche Begriffe möglichst nachvollziehbar und transparent darzustellen, sollte Forschenden ein Herzensanliegen sein. Zukünftige Untersuchungen könnten die technischen Entwicklungen nutzen und Hörereignisse in die Ergebnispräsentation einbinden.

---

327 Dieses zentrale methodische Ergebnis der Studie ist auch über die Musikpädagogik hinaus relevant. Die Einbindung akustischer und musikalischer-ästhetischer Dimensionen kann gerade im Bereich der Videoanalyse die Tiefe der Datenarbeit bereichern.

14 Fazit und Ausblick

Die empirische Untersuchung von Koordinationsprozessen im Instrumentalen Gruppenunterricht hat vielfältige Ergebnisse für die theoretische Auseinandersetzung mit Koordination in der Musikpädagogik, für die Untersuchungsmethodik von musikbezogenen Videostudien sowie für die Handlungspraxis des Musikunterrichts hervorgebracht. Die gestellten Forschungsfragen konnten beantwortet werden. Als musikpädagogische Forschungsarbeit ist die Nähe zur Unterrichtsrealität des Musikunterrichts gewahrt und durch die unterrichtspraktischen Hinweise aktualisiert worden. Die Studie schließt mit einer Reflexion zu sich anschließenden Forschungsmöglichkeiten und einem Schlusswort.

14.1 Offene Fragen und Anregungen für weitere Forschungen

Die empirische Studie versteht sich als *explorative* Studie. Mit der Erforschung von Koordination im Handlungsfeld des Instrumentalen Gruppenunterrichts in der Schule wurde ein junges Forschungsfeld in der Disziplin der Musikpädagogik betreten. Die Studie hat das Phänomen der Koordination im spezifischen Handlungsfeld hinsichtlich seiner Merkmale und Dimensionen herausgearbeitet und reichhaltige Ergebnisse generiert, in deren Rahmen das Phänomen des *koordinativen Raums* erstmals benannt und beschrieben werden konnte. Im Anschluss an die Ergebnisse dieser Studie ergeben sich zahlreiche Anschlussfragen und weitere Forschungsfelder, von denen ich im Folgenden einige wenige nennen und spezifizieren will.

Die Studie hat sich als Untersuchungsfeld auf den Instrumentalen Gruppenunterricht im Rahmen von kooperationsbasierten Projekten zwischen Schule und Musikschule fokussiert. Dieses Handlungsfeld ist ein *Zwischenfeld* zwischen Schule und Musikschule, wobei die schulischen Rahmungen auf die musikschulische Unterrichtstradition treffen. Interessant wäre hinsichtlich der Einflüsse der Deutungsrahmungen, ob sich in den Musizierphasen im *musikschulischen* Instrumentalen Gruppenunterricht Unterschiede gegenüber den hier entwickelten intervenierenden Bedingungen oder auch hinsichtlich der Gestaltungsmuster gemeinsamer Musizierphasen zeigen. Zum zweiten wäre es interessant, Koordinationsprozesse beim Musizieren im schulischen Musikunterricht zu erforschen. Aufgrund der unterschiedlichen Unterrichtsform (und auch deren Zielsetzung) ist zu vermuten, dass es hier gegebenenfalls eher nichtinstrumentale Musizierphasen wären, in denen Koordinationsprozesse relevant und erfahrbar sind. Inwiefern sind im schulischen Musikunterricht koordinative Räume beobachtbar, inwiefern bedingen diese koordiniertes Musizieren, welche Handlungsmuster beim Musizieren zeigen sich im Klassenunterricht und wie wirkt sich eine koordinationssensible Gestaltung des gemeinsamen Musizierprozesses auf das musikalische Ergebnis bzw. die damit verbundene Musiziererfahrung der SchülerInnen aus? Weitere Forschungsfelder zeigen sich im Elementarbereich, im frühkindlichen Musiklernen sowie in nichtinstitutionellen musikpädagogischen Handlungsfeldern, in informellen Lernsituationen oder beim Improvisieren.

Interessant wäre des Weiteren, wie sich das gemeinsame Musizieren in der Gruppe über einen längeren Zeitraum entwickelt. Es ist zu vermuten, dass die grundlegenden Merkmale und Gelingensbedingungen ebenso wie die Relevanz koordinativer Räume wiedergefunden werden können. Intervenierende Bedingungen, Handlungsstrategien und Handlungsmuster könnten sich jedoch deutlich unterscheiden.

Methodisch gesehen könnte eine Anschlussstudie die ForschungsteilnehmerInnen in die *Analyse* der Daten einbeziehen, um eine akteursorientierte Perspektive hinzu zu gewinnen. Die aufgezeichneten Unterrichtsstunden könnten gemeinsam mit den ForschungspartnerInnen diskutiert und interpretiert werden, wodurch sich die Beobachtungsebenen stärker verschränken und anreichern ließen.

Im Bereich der Unterrichtsmethodik stellen sich zahlreiche Fragen im Bezug auf eine Implementierung der Forschungsergebnisse in methodische Handreichungen, in Instrumentalschulen für den Gruppenunterricht oder in Fortbildungsprogramme für Instrumentallehrende. Welches Medium der Aneignung dienlich ist, muss ebenfalls geklärt werden. Ob es eher videobasierte Unterrichtsanalysen mit anschließendem Coaching oder methodische Ausarbeitungen von Unterrichtssequenzen zum Thema Zusammenspiel sind, über die PraktikerInnen an den Forschungsergebnissen teilhaben und sich im Hinblick auf das Musizieren mit Unterrichtsgruppen weiterbilden können, könnten weitere Studien aufzeigen.

14.2 Schlusswort

Koordination ist ein präsentes und mächtiges Phänomen beim Ensemblemusizieren. Es zieht jede/n in seinen Bann, ob als ZuschauerIn/ZuhörerIn oder als Musizierende/r. Koordination verbindet die InteraktionsteilnehmerInnen und ermöglicht Kommunikation in Musik. Hinsichtlich des Musiklernens wurde dieses Phänomen allerdings bisher zu wenig beachtet. Diesem Desiderat konnte mit der vorliegenden Studie begegnet werden. Dass Koordination nicht nur in der Musikpraxis ein präsentes Phänomen ist, sondern auch innerhalb des Unterrichts in Phasen gemeinsamen Musizierens auftaucht, bedeutet eine neue Perspektive in der Betrachtung von Instrumentalem Gruppenunterricht. Er ermöglicht vielfältige Lernprozesse der Kinder und Jugendlichen mit- und untereinander.

Die Arbeit hatte das Ziel, die Rolle von Koordination für die Lernsituation im Instrumentalen Gruppenunterricht aufzuzeigen. Mit den vorgelegten Ergebnissen der empirischen Untersuchung verbindet sich der Wunsch, dass Koordination als relevantes Phänomen der unterrichtlichen Praxis ins Bewusstsein gerät und die Vision vom Musizieren als Ausgangspunkt des Musiklernens (vgl. u.a. Ardila-Mantilla u.a. 2016) ein stückweit in die Realität umgesetzt werden kann. Auch wenn viele der genannten handlungspraktischen Empfehlungen sicherlich von InstrumentallehrerInnen bereits verwirklicht werden, hoffe ich, mit den vorliegenden Forschungsergebnissen das Bild des Instrumentalunterrichts um eine Perspektive erweitern zu können. Das Denken in koordinativen Kategorien eröffnet Handelnden in diesem Feld einen neuen Blick auf das Musizieren mit ihren SchülerInnen, sensibilisiert für bisher nicht beachtete Interaktionsdynamiken und eröffnet so Räume für die Entstehung von echten Musizierprozessen (vgl. Aigner-Monarth & Ardila-Mantilla 2016, S. 39; Bradler & Sperber 2016).

V   Verzeichnisse

Literatur

Adorno, Theodor W. (1973a). Kritik des Musikanten. In: Rolf Tiedemann (Hrsg.). *Theodor W. Adorno. Gesammelte Schriften.* (Bd. 14). Frankfurt am Main: Suhrkamp. S. 67-107.

Adorno, Theodor W. (1973b). Thesen gegen die musikpädagogische Musik. In: Rolf Tiedemann (Hrsg.). *Theodor W. Adorno. Gesammelte Schriften.* (Bd. 14). Frankfurt am Main: Suhrkamp. S. 437-440.

Aghamiri, Kathrin (2016). *Das Sozialpädagogische als Spektakel. Eine Fallstudie sozialpädagogischer Gruppenarbeit in der Grundschule.* Opladen u.a.: Budrich.

Aghamiri, Kathrin & Rebekka Streck (2015). Von der Arbeit am Begriff. Die Bedeutung des Suchens, Findens und Bearbeitens von kategorialen Begriffen in der Grounded Theory. In: Claudia Equit & Christoph Hohage (Hrsg.). *Handbuch Grounded Theory. Von der Methodologie zur Forschungspraxis.* Weinheim & Basel: Beltz Juventa. S. 201-216.

Aigner-Monarth, Elisabeth & Natalia Ardila-Mantilla (2016). Musizierräume – Lernräume – Spielräume. Künstlerisches und didaktisches Handeln im instrumentalen Gruppenunterricht. In: Natalia Ardila-Mantilla, Peter Röbke, Christine Stöger & Bianka Wüstehube (Hrsg.). *Herzstück Musizieren. Instrumentaler Gruppenunterricht zwischen Planung und Wagnis.* Mainz: Schott. S. 33-44.

Alkemeyer, Thomas (2010). Verkörperte Gemeinschaftlichkeit. Bewegungen als Medien und Existenzweisen des Sozialen. In: Fritz Böhle & Margit Weihrich (Hrsg.). *Die Körperlichkeit sozialen Handelns. Soziale Ordnung jenseits von Normen und Institutionen.* (Materialitäten, hrsg. von Gabriele Klein, Martina Löw & Michael Meuser, Bd. 13). Bielefeld: transcript. S. 331-348.

Alkemeyer, Thomas, Kristina Brümmer, Rea Kodalle & Thomas Pille (Hrsg.) (2008). *Ordnung in Bewegung. Choreographien des Sozialen. Körper in Sport, Tanz, Arbeit und Bildung.* Bielefeld: transcript.

Alkemeyer, Thomas, Kristina Brümmer & Thomas Pille (2010). Praktiken sozialer Abstimmung. Kooperative Arbeit aus der praxeologischen Perspektive Pierre Bourdieus. In: Fritz Böhle & Margit Weihrich (Hrsg.). *Die Körperlichkeit sozialen Handelns. Soziale Ordnung jenseits von Normen und Institutionen.* (Materialitäten, hrsg. von Gabriele Klein, Martina Löw & Michael Meuser, Bd. 13). Bielefeld: transcript. S. 229-260.

Alloa, Emmanuel, Thomas Bedorf, Christian Grüny & Tobias Nikolaus Klass (Hrsg.) (2012). *Leiblichkeit. Geschichte und Aktualität eines Konzepts.* Tübingen: Mohr Siebeck.

Altenmüller, Eckart (2007). Hirnphysiologische Grundlagen des Übens. In: Ulrich Mahlert (Hrsg.). *Handbuch Üben. Grundlagen, Konzepte, Methoden.* Wiesbaden u.a.: Breitkopf & Härtel. S. 47-66.

Altenmüller, Eckart & Reinhard Kopiez (2005). Schauer und Tränen: zur Neurobiologie der durch Musik ausgelösten Emotionen. Klaus-Ernst Behne in Freundschaft und Dankbarkeit zum 65. Geburtstag gewidmet. In: Claudia Bullerjahn, Heiner Gembris & Andreas

C. Lehmann (Hrsg.). *Musik: gehört, gesehen und erlebt. Festschrift Klaus-Ernst Behne zum 65. Geburtstag.* Hannover: Institut für Musikpädagogische Forschung der Hochschule für Musik und Theater Hannover. S. 159-179.

Angebracht, Kristin (2012). Fröhliche Stimmung, (zu) viele Instrumente. Beobachtungen aus dem JeKi-Unterricht im Ruhrgebiet. *Üben & Musizieren* 2. S. 18-21.

Anhalt, Elmar (2009). Gibt es einen Lernbegriff in der Pädagogik? In: Gabriele Strobel-Eisele & Albrecht Wacker (Hrsg.). *Konzepte des Lernens in der Erziehungswissenschaft. Phänomene, Reflexionen, Konstruktionen.* Bad Heilbrunn: Klinkhardt. S. 18-44.

Ardila-Mantilla, Natalia (2015). Vielfalt bejahen – aber wie? Wie die Musikschule unterschiedlichen musikalischen Interessen und Lernwegen entgegenkommen kann. *Üben & Musizieren* 2. S. 12-15.

Ardila-Mantilla, Natalia (2016). „Einzelunterricht ist sehr zielführend. Gruppenunterricht... hm". Vorstellungen von der musikalischen Wissensvermittlung und ihre didaktischen Konsequenzen im instrumentalen Gruppenunterricht. In: Dies., Peter Röbke, Christine Stöger & Bianka Wüstehube (Hrsg.). *Herzstück Musizieren. Instrumentaler Gruppenunterricht zwischen Planung und Wagnis.* Mainz: Schott. S. 101-115.

Ardila-Mantilla, Natalia, Peter Röbke, Christine Stöger & Bianka Wüstehube (Hrsg.) (2016). *Herzstück Musizieren. Instrumentaler Gruppenunterricht zwischen Planung und Wagnis.* Mainz: Schott.

Arendt, Gerd (2009). *Instrumentalunterricht für alle? Zur langfristigen Relevanz des Klassenmusizierens und der Notwendigkeit einer Reform des Musikunterrichts.* (Forum Musikpädagogik, hrsg. v. Rudolf-Dieter Kraemer; Bd. 91). Augsburg: Wißner.

Aronson, Elliot, Timothy D. Wilson & Robin M. Akert (Hrsg.) (2004). *Sozialpsychologie.* (4., akt. Aufl.). München: Pearson.

Aufschnaiter, Stefan von & Manuela Welzel (Hrsg.) (2001). *Nutzung von Videodaten zur Untersuchung von Lehr-Lernprozessen. Aktuelle Methoden empirischer pädagogischer Forschung.* Münster: Waxmann.

Bähr, Johannes (2005). Klassenmusizieren. In: Werner Jank (Hrsg.). *Musikdidaktik. Praxishandbuch für die Sekundarstufe I und II.* Berlin: Cornelsen. S. 159-167.

Bähr, Johannes, Werner Jank & Christoph Schwab (2013). Musikunterricht und Ensemblespiel im Rahmen der Kooperation von allgemein bildender Schule und Musikschule. In: Rudolf-Dieter Kraemer & Wolfgang Rüdiger (Hrsg) *Ensemblespiel und Klassenmusizieren.* (Forum Musikpädagogik, Bd. 41). (3., unv. Aufl.). Augsburg: Wißner. S. 131-152.

Baker-Jordan, Martha (2003). *Practical piano pedagogy: The definitive text for piano teachers and pedagogy students.* Miami: Warner Bros. Publications.

Bastian, Hans-Günther, Adam Kormann, Roland Hafen & Markus Koch (2000). *Musik(erziehung) und ihre Wirkung. Eine Langzeitstudie an Berliner Grundschulen.* Mainz u.a.: Schott.

Bauer, Joachim (2006). *Kleine Zellen, große Gefühle. Wie Spiegelneuronen funktionieren.* Südwestrundfunk (SWR2): Manuskriptdienst (Sendung vom 8. Jan. 2008 um 08:30 Uhr).

Bauer, Joachim (2008). *Prinzip Menschlichkeit. Warum wir von Natur aus kooperieren.* (akt. Taschenbuchausg.). München: Heyne.

Bäuerle-Uhlig, Dietlind (2003). *Professionalisierung in der Instrumentalpädagogik.* (Musikwissenschaft/Musikpädagogik in der Blauen Eule, Bd. 59). Essen: Die Blaue Eule.

Baumann, Rudi, Ulrike Emmrich & Beatrix Schneider-Nicolay (2000). Artikel: „Koordination". In: Dies. (Hrsg.). *Der Brockhaus in drei Bänden.* Augsburg: Weltbild. S. 239.

Beck, Gertrud & Gerold Scholz (1995). *Soziales Lernen. Kinder in der Grundschule.* Reinbek b. Hamburg: Rowohlt.

Beckers, Erich & Renate Beckers (2008). *Faszination Musikinstrument – Musikmachen motiviert. Bericht über die zweijährige Evaluationsforschung zum Bochumer Projekt „Jedem Kind ein Instrument".* Berlin: LIT.

Behnert, Maren (2018). *Die Lebenswelt Straße verteidigen. Sprachliche Handlungsstrategien junger Menschen mit Lebensmittelpunkt Straße in Deutschland und Südafrika.* (Soziale Arbeit und sozialer Raum, Bd. 6). Opladen u.a.: Budrich.

Bender, Susanne (2014). *Die psychophysische Bedeutung der Bewegung.* (2. Aufl.). Berlin: Logos.

Berger, Peter L. & Thomas Luckmann (1972 [1966]). *Die gesellschaftliche Konstruktion der Wirklichkeit.* (3. Aufl.). Frankfurt a.M.: Fischer.

Berkemeyer, Nils, Wilfried Bos, Veronika Manitius & Kathrin Müthing (Hrsg.) (2008). *Unterrichtsentwicklung in Netzwerken. Konzeptionen, Befunde, Perspektiven.* (Netzwerke im Bildungsbereich, Bd. 1). Münster: Waxmann.

BMBF – Bundesministerium für Bildung und Forschung (Hrsg.) (2006). *Macht Mozart schlau? Die Förderung kognitiver Kompetenzen durch Musik.* (Bildungsforschung, Bd. 18). Bonn: BMBF.

BMBF – Bundesministerium für Bildung und Forschung (Hrsg.) (2009). *Pauken mit Trompeten. Lassen sich Lernstrategien, Lernmotivation und soziale Kompetenzen durch Musikunterricht fördern?* (Bildungsforschung, Bd. 32). Bonn: BMBF.

Böhle, Fritz & Margit Weihrich (Hrsg.) (2010a). *Die Körperlichkeit sozialen Handelns. Soziale Ordnung jenseits von Normen und Institutionen.* (Materialitäten, hrsg. von Gabriele Klein, Martina Löw & Michael Meuser, Bd. 13). Bielefeld: transcript.

Böhle, Fritz & Margit Weihrich (2010b). Zur Einführung. Die Körperlichkeit sozialen Handelns. Soziale Ordnung jenseits von Normen und Institutionen. In: Dies. (Hrsg.). *Die Körperlichkeit sozialen Handelns. Soziale Ordnung jenseits von Normen und Institutionen.* (Materialitäten, hrsg. von Gabriele Klein, Martina Löw & Michael Meuser, Bd. 13). Bielefeld: transcript. S. 7-31.

Böhm, Winfried (2005). *Wörterbuch der Pädagogik.* (16., vollst. überarb. Aufl.). Stuttgart: Kröner.

Bohnsack, Ralf (2009). *Qualitative Bild- und Videointerpretation. Die dokumentarische Methode.* Opladen u.a.: Budrich.

Bohnsack, Ralf (2010). Zugänge zur Eigenlogik des Visuellen und die dokumentarische Videointerpretation. In: Michael Corsten, Melanie Krug & Christine Moritz (Hrsg.). *Videographie praktizieren. Herangehensweisen, Möglichkeiten und Grenzen.* Wiesbaden: VS. S. 271-294.

Bourdieu, Pierre (1987). *Sozialer Sinn. Kritik der theoretischen Vernunft.* Frankfurt a.M.: Suhrkamp.

Bradler, Katharina (Hrsg.) (2012a). *Klasse gespielt! Praktische Tipps zum Umgang mit heterogenen Gruppen im Instrumentalunterricht.* (Üben & Musizieren spezial). Mainz: Schott.

Bradler, Katharina (2012b). Klasse gespielt! Zum Inhalt und Aufbau dieser Ausgabe. In: Dies. (Hrsg.). *Klasse gespielt! Praktische Tipps zum Umgang mit heterogenen Gruppen im Instrumentalunterricht.* (Üben & Musizieren spezial). Mainz: Schott. S. 2-5.

Bradler, Katharina (2012c). Diskutierst du noch oder unterrichtest du schon? Praktische Tipps für den instrumentalen Gruppen- und Klassenunterricht. In: Dies. (Hrsg.). *Klasse gespielt! Praktische Tipps zum Umgang mit heterogenen Gruppen im Instrumentalunterricht.* (Üben & Musizieren spezial). Mainz: Schott. S. 6-11.

Bradler, Katharina (2014). *Streicherklassenunterricht. Geschichte – Gegenwart – Perspektiven.* (Forum Musikpädagogik, hrsg. v. Rudolf-Dieter Kraemer, Bd. 127). Augsburg: Wißner.

Bradler, Katharina & Oranna Sperber (2016). Kommunizieren – reagieren – fühlen. Neue Anregungen für die Musizierpraxis in Streicherklassen und (großen) Gruppen. *Üben & Musizieren* 4. S. 16-21.

Breuer, Franz (2010). *Reflexive Grounded Theory. Eine Einführung für die Forschungspraxis.* (2. Aufl.). Wiesbaden: VS.

Buber, Martin (2006). *Das dialogische Prinzip.* (10. Aufl.). Gütersloh: Gütersloher Verl.-Haus.

Buber, Martin (2013). *Ich und Du.* (Nachdr.). Stuttgart: Reclam.

Buchborn, Thade (2011a). *Neue Musik im Musikunterricht mit Blasinstrumenten.* (Detmolder Hochschulschriften, Bd. 6). Essen: Die blaue Eule.

Buchborn, Thade (2011b). Wohin gehört das Musizieren? Zur konzeptionellen Verknüpfung des Lernens „in" und „über" Musik. *Musikerziehung* 64 (2). S. 22-27.

Burzik, Andreas (2007). Üben im Flow. In: Ulrich Mahlert (Hrsg.). *Handbuch Üben. Grundlagen, Konzepte, Methoden.* Wiesbaden u.a.: Breitkopf & Härtel. S. 266-286.

Cada, Sibylle (1994). Instrumentaler Gruppenunterricht. *Üben & Musizieren* 3. S. 25-27.

Canetti, Elias (1980). *Masse und Macht.* Frankfurt: Fischer.

Cerachowitz, Claudia (2012). *Musizieren – Zentrum des Musiklernens in der Schule. Modelle, Analysen, Perspektiven.* (Forum Musikpädagogik, Bd. 111). Augsburg: Wißner.

Charmaz, Kathy (2006). *Constructing grounded theory: A practical guide through qualitative analysis.* London: Sage.

Charmaz, Kathy im Gespräch mit Antony J. Puddephatt (2011a). *Grounded Theory* konstruieren. In: Günther Mey & Katja Mruck (Hrsg.). *Grounded Theory Reader.* (2., akt. und erw. Aufl.). Wiesbaden: VS. S. 89-107.

Charmaz, Kathy (2011b). Den Standpunkt verändern. Methoden der konstruktivistischen Grounded Theory. In: Günther Mey & Katja Mruck (Hrsg.). *Grounded Theory Reader.* (2., akt. und erw. Aufl.). Wiesbaden: VS. S. 181-205.

Cirelli, Laura K., Kathleen M. Einarson & Laurel J. Trainor (2014). Interpersonale synchrony increases prosocial behavior in infants. *Developmental Science.* S. 1-9. Doi: 10.1111/desc.12193. (23.10.2017).

Clarke, Adele E. (2012). *Situationsanalyse. Grounded Theory nach dem Postmodern Turn.* Mit einem Vorwort von Reiner Keller. Wiesbaden: Springer VS.

Clayton, Martin (2007a). Time, gesture and attention in a „Khyāl" performance. *Asian Music* 38. S. 71-96.

Clayton, Martin (2007b). Observing entrainment in music performance: video-based observational analysis of Indian musicians' tampura playing and beat marking. *Musicae Scientiae* 11. S. 27-59. Doi: 10.1177/102986490701100102. (23.10.2017).

Clayton, Martin (2012). What is entrainment? Definition and applications in musical research. *Empirical Musicology Review* 7 (1-2). S. 49-56.

Clayton, Martin (2013). Entrainment, ethnography and musical interaction. In: Ders., Byron Dueck & Laura Leante (Hrsg.). *Experience and Meaning in Music Performance.* New York (NY): Oxford University Press. S. 17–39. doi: 10.1093/acprof:oso/9780199811328.003.0002. (23.10.2017).

Clayton, Martin & Laura Leante (2013). Embodiment in music performance. In: Martin Clayton, Byron Dueck & Laura Leante (Hrsg.). *Experience and Meaning in Music Performance*. New York (NY): Oxford University Press. S. 188-208. doi: 10.1093/acprof:oso/ 9780199811328.003.0009. (23.10.2017).

Clayton, Martin, Rebecca Sager & Udo Will (2004). In time with the music: The concept of entrainment and its significance for ethnomusicology. *ESEM CounterPoint* 1. http://ethnomusicology.osu.edu/EMW/Will/InTimeWithTheMusic.pdf. (10.08.2010).

Colledge, Katherine & Hugh Colledge (1988). *Stepping Stones. 26 Pieces for Beginning Violinists with Piano*. (Easy String Music, hrsg. v. Sheila Nelson). London: Boosey & Hawkes.

Corsten, Michael (2010). Videographie praktizieren – Ansprüche und Folgen. Ein methodisch-theoretischer Streifzug durch die Beiträge des Bandes. In: Michael Corsten, Melanie Krug & Christine Moritz (Hrsg.) (2010). *Videographie praktizieren. Herangehensweisen, Möglichkeiten und Grenzen*. Wiesbaden: VS. S. 7-22.

Corsten, Michael, Melanie Krug & Christine Moritz (Hrsg.) (2010). *Videographie praktizieren. Herangehensweisen, Möglichkeiten und Grenzen*. Wiesbaden: VS.

Csíkszentmihályi, Mihály (2010 [1975]). *Das Flow-Erlebnis. Jenseits von Angst und Langeweile: im Tun aufgehen*. Aus dem Amerik. v. Urs Aeschbacher. (10. Aufl.). Stuttgart: Klett-Cotta.

Czerwanski, Annette, Uwe Hameyer & Hans-Günther Rolff (2002). Schulentwicklung im Netzwerk. Ergebnisse einer empirischen Nutzenanalyse von zwei Schulnetzwerken. In: Hans-Günther Rolff, Heinz Günther Holtappels, Klaus Klemm, Hermann Pfeiffer & Renate Schulz-Zander (Hrsg.). *Jahrbuch der Schulentwicklung. Daten, Beispiele und Perspektiven*. (Bd. 12). Weinheim: Juventa. S. 99-130.

Dahlhaus, Bernd (2015a). Wie über JeKi (nicht) gesprochen wird. Von JeKi zu JeKits: ein Programmwechsel mit der Lupe betrachtet, Teil 1. *Üben & Musizieren* 2. S. 34-36.

Dahlhaus, Bernd (2015b). Gemeinsam, gerecht, gebildet? Von JeKi zu JeKits: ein Programmwechsel mit der Lupe betrachtet, Teil 2. *Üben & Musizieren* 3, S. 42-45.

Deinet, Ulrich & Christian Reutlinger (Hrsg.) (2004). *,Aneignung' als Bildungskonzept der Sozialpädagogik. Beiträge zur Pädagogik des Kindes- und Jugendalters in Zeiten entgrenzter Lernorte*. Wiesbaden: VS.

Deppermann, Arnulf (2008). *Gespräche analysieren. Eine Einführung*. (Qualitative Sozialforschung, hrsg. v. Ralf Bohnsack, Jo Reichertz, Christian Lüders & Uwe Flick, Bd. 3). (4. Aufl.). Wiesbaden: VS.

Dinkelaker, Jörg (2010a). Simultane Sequentialität. Zur Verschränkung von Aktivitätssträngen in Lehr-Lernveranstaltungen und zu ihrer Analyse. In: Michael Corsten, Melanie Krug & Christine Moritz (Hrsg.). *Videographie praktizieren. Herangehensweisen, Möglichkeiten und Grenzen*. Wiesbaden: VS. S. 91-117.

Dinkelaker, Jörg (2010b). Koordination von Körpern – eine vernachlässigte Dimension pädagogischer Professionalität. In: Christiane Hof, Joachim Ludwig & Burkhard Schäffer (Hrsg.). *Professionalität zwischen Praxis, Politik und Disziplin*. Baltmannsweiler: Schneider. S. 186-202.

Dinkelaker, Jörg (2014). Datenaufbereitung. In: Jochen Kade, Sigrid Nolda, Jörg Dinkelaker & Matthias Herrle (Hrsg.). *Videographische Kursforschung. Empirie des Lehrens und Lernens Erwachsener*. Stuttgart: Kohlhammer. S. 55-70.

Dinkelaker, Jörg & Matthias Herrle (2009). *Erziehungswissenschaftliche Videographie. Eine Einführung.* (Qualitative Sozialforschung, hrsg. v. Ralf Bohnsack, Jo Reichertz, Christian Lüders & Uwe Flick). Wiesbaden: VS.

Doerne, Andreas, Reinhart von Gutzeit, Ulrich Mahlert & Wolfgang Rüdiger (2012). Musizieren beginnt schon mit nur einem Ton. Vom schwierigen Umgang mit großen Gruppen und der Frage nach der Qualität von Klassenunterricht. *Üben & Musizieren* 2. S. 14-16.

Doffman, Mark (2009). Making it groove! Entrainment, participation and discrepancy in the „conversation" of a jazz trio. *Language & History* 52. S. 130-147. Doi: 10.1179/175975309X452012. (23.10.2017).

Doffman, Mark (2011). Jammin' and endling: creativity, kowledge, and conduct among jazz musicials. *Twentieth-Century Music* 8. S. 203-225. Doi: 10.1017/S1478572212000084. (23.10.2017).

Doffman, Mark (2013). Groove: Temporality, awareness and the feeling of entrainment in jazz performance. In: Martin Clayton, Byron Dueck & Laura Leante (Hrsg.). *Experience and Meaning in Music Performance.* New York (NY): Oxford University Press. S. 62-85.

Dreischenkämper, Christian & Tim Stanik (2014). Die Reaktivitätsproblematik von Videographien. In: Jochen Kade, Sigrid Nolda, Jörg Dinkelaker & Matthias Herrle (Hrsg.). *Videographische Kursforschung. Empirie des Lehrens und Lernens Erwachsener.* Stuttgart: Kohlhammer. S. 41-54.

Dudek, Bartosz (2004). *Instrumentaler Gruppenunterricht in Popularmusik an den Musikschulen des Landes NRW. Eine wissenschaftlich-empirische Studie.* (Musikwissenschaft/Musikpädagogik in der Blauen Eule, hrsg. v. Reinhard Knoll & Werner Lohmann, Bd. 69). Essen: Die Blaue Eule.

Eerola, Tuomas, Geoff Luck & Petri Toiviainen (2006). An investigation of preschoolers' corporeal synchronization with music. In: M. Baroni, A. R. Addessi, R. Caterina & M. Costa (Hrsg.). *Proceedings of the 9th International Conference on Music Perception and Cognition.* Bologna: The Society for Music Perception and Cognition and European Society for the Cognitive Sciences of Music. S. 472–476.

Ehrenspeck, Yvonne & Burkhard Schäffer (Hrsg.) (2003). *Film- und Fotoanalyse in der Erziehungswissenschaft. Ein Handbuch.* Opladen u.a.: Leske & Budrich.

Eickholt, Alfred (1996). Gruppenunterricht für Zupfinstrumente. In: Rainer Mehlig (Hrsg.). *Erlebnis Lernen: Wie Musik lebendig wird. Dokumentation zum Musikschulkongress '95, Hamburg 12.-14.5.1995.* Bonn: VdM. S. 84–95.

Elstner, Elisabeth (2011). *Die soziale Kraft der Musik. Reise zu den Jugend- und Kinder-Orchestern von Venezuela.* Berlin: epubli.

Ericsson, K. Anders, Ralf Th. Krampe & Clemens Tesch-Romer (1993). The Role of Deliberate Practice in the Acquisition of Expert Performance. *Psychological Review* 100 (3). S. 363-406.

Ernst, Anselm (1996). Der instrumentale Gruppenunterricht. Ein fächerübergreifendes Konzept. *Üben & Musizieren* 1. S. 10.

Ernst, Anselm (1997). Der instrumentale Gruppenunterricht. Ein fächerübergreifendes Konzept. In: Ulrich Mahlert (Hrsg.). *Spielen und Unterrichten. Grundlagen der Instrumentaldidaktik.* Mainz: Schott. S. 248-276.

Ernst, Anselm (2007). *Was ist guter Instrumentalunterricht? Beispiele und Anregungen.* Aarau: Nepomuk.

Ernst, Anselm (2012). *Lehren und Lernen im Instrumentalunterricht. Ein pädagogisches Handbuch für die Praxis*. Mainz: Schott.

Evelein, Frits (2009). *Musik unterrichten mit kooperativen Lernmethoden*. Mühlheim: Verlag an der Ruhr.

Feldman, Ruth (2007). Parent-infant synchrony: biological foundations and development. *Current Directions in Psychological Science* 16. S. 340–345.

Figueroa-Dreher, Silvana K. (2010). Abstimmungsprozesse im Free Jazz. Ein Modell des Ordnens. In: Fritz Böhle & Margit Weihrich (Hrsg.). *Die Körperlichkeit sozialen Handelns. Soziale Ordnung jenseits von Normen und Institutionen*. (Materialitäten, hrsg. von Gabriele Klein, Martina Löw & Michael Meuser, Bd. 13). Bielefeld: transcript. S. 185-206.

Fischinger, Timo & Reinhard Kopiez (2008). Wirkungsphänomene des Rhythmus. In: Herbert Bruhn, Reinhard Kopiez & Andreas C. Lehmann (Hrsg.). *Musikpsychologie: das neue Handbuch*. Reinbek b. Hamburg: Rohwohlt. S. 458-475.

Flick, Uwe (2011). *Triangulation. Eine Einführung*. (3., akt. Aufl.). Wiesbaden: VS.

Friebertshäuser, Barbara & Antje Langer (2010). Interviewformen und Interviewpraxis. In: Barbara Friebertshäuser, Antje Langer & Annedore Prengel (Hrsg.). *Handbuch Qualitative Forschungsmethoden in der Erziehungswissenschaft*. (3., vollst. überarb. Aufl.). Weinheim & München: Juventa. S. 437-455.

Friebertshäuser, Barbara, Annedore Prengel, Heide von Felden, Burkhard Schäffer (Hrsg.) (2007). *Bild und Text. Methoden und Methodologien visueller Sozialforschung in der Erziehungswissenschaft*. Opladen u.a.: Budrich.

Friebertshäuser, Barbara, Sophia Richter & Heike Boller (2010). Theorie und Empirie im Forschungsprozess und die „Ethnographische Collage" als Auswertungsstrategie. In: Barbara Friebertshäuser, Antje Langer & Annedore Prengel (Hrsg.). *Handbuch Qualitative Forschungsmethoden in der Erziehungswissenschaft*. (3., vollst. überarb. Aufl.). Weinheim & München: Juventa. S. 379-396.

Fuchs, Mechthild (2010). *Musik in der Grundschule – neu denken, neu gestalten. Theorie und Praxis eines aufbauenden Musikunterrichts*. Rum & Esslingen: Helbling.

Gabrielsson, Alf (2001). Emotions in strong experiences with music. In: Patrik N. Juslin & John A. Sloboda (Hrsg.). *Music and Emotion. Theory and research*. New York: Oxford University Press. S. 431-449.

Gabrielsson, Alf (2011). *Strong Experiences with Music. Music is much more than just music*. New York: Oxford University Press.

Garfinkel, Harold (1967). *Studies in Ethnomethodologie*. Englewood Cliffs (N.Y.): Prentice-Hall.

Gebauer, Gunter & Christoph Wulf (2003). *Mimetische Weltzugänge: Soziales Handeln – Rituale und Spiele – ästhetische Produktionen*. Stuttgart: Kohlhammer.

Gebauer, Heike (2011). „Es sind Kamera-Themen". Videographie in der musikpädagogischen Lehr-Lernforschung – Potenziale und Herausforderungen eines audiovisuellen Mediums. *Beiträge Empirischer Musikpädagogik* 2 (2), 1-58. http://www.b-em. info/index.php?journal=ojs&page=article&op=view&path%5B%5D=57&path%5B%5D =147. (25.7.2013).

Gebauer, Heike (2013). „Beschreibt doch mal die Form, die wir gerade gemacht haben." Kognitive Aktivierung im Musikunterricht. In: Andreas Lehmann-Wermser & Martina Krause-Benz (Hrsg.). *Musiklehrer(-bildung) im Fokus musikpädagogischer Forschung*.

(Musikpädagogische Forschung, Bd. 34). Münster u.a.: Waxmann. S. 61-79. URN: urn:nbn:de:0111-opus-95730. (23.10.2017).

Geeves, Andrew (2014). The Influence of Music on Human Behavior Within the Biological and Social Domains. In: William Forde Thompson (Hrsg). *Music in the social and behavioral sciences: an encyclopedia.* Los Angelas u.a.: Sage. S. 565-567.

Geeves, Andrew, Doris J. McIlwain & John Sutton (2014). The performative pleasure of imprecision: a diachronic study of entrainment in music performance. *Frontiers in Human Neuroscience* 8. S. 1-15. Doi: 10.3389/fnhum.2014.00863. (23.10.2017).

Gellrich, Martin (1997). Woher kommt die Lust zum Üben? Ein Überblick über die Faktoren, welche die Übemotivation beeinflussen. In: Ulrich Mahlert (Hrsg.). *Spielen und Unterrichten. Grundlagen der Instrumentaldidaktik.* Mainz u.a.: Schott. S. 101-127.

Gembris, Heiner (2009). *Grundlagen musikalischer Begabung und Entwicklung.* (3. Aufl.) Augsburg: Wißner.

Glaser, Barney G. (1978). *Theoretical Sensitivity. Advances in the Methodology of Grounded Theory.* Mill Valley: Sociology Press.

Glaser, Barney G. unter der Mitarbeit von Judith A. Holton (2011). Der Umbau der Grounded-Theory-Methodologie. In: Günther Mey & Katja Mruck (Hrsg.). *Grounded Theory Reader.* (2., akt. und erw. Aufl.). Wiesbaden: VS. S. 137-161.

Glaser, Barney G. & Anselm Strauss (2010 [1967]). *Grounded Theory. Strategien qualitativer Forschung.* (Aus dem Amerik. v. Axel T. Paul & Stefan Kaufmann; 3., unv. Aufl.). Bern: Huber.

Goebl, Werner & Caroline Palmer (2009). Synchronization of Timing an Motion Among Performing Musicians. *Music Perception* 26 (5), S. 427-438.

Goffman, Erving (1977 [1974]). *Rahmen-Analyse. Ein Versuch über die Organisation von Alltagserfahrungen.* (Übers. v. Hermann Vetter). Frankfurt: Suhrkamp.

Göhlich, Michael (2001). *System, Handeln, Lernen unterstützen. Eine Theorie der Praxis pädagogischer Institutionen.* Weinheim: Beltz.

Göhlich, Michael & Jörg Zirfas (2007). *Lernen. Ein pädagogischer Grundbegriff.* Stuttgart: Kohlhammer.

Göhlich, Michael, Christoph Wulf & Jörg Zirfas (Hrsg.) (2007a). *Pädagogische Theorien des Lernens.* Weinheim & Basel: Beltz.

Göhlich, Michael, Christoph Wulf & Jörg Zirfas (2007b). Pädagogische Zugänge zum Lernen – Eine Einleitung. In: Dies. (Hrsg.). *Pädagogische Theorien des Lernens.* Weinheim und Basel: Beltz. S. 7-19.

Göllner, Michael (2017). *Perspektiven von Lehrenden und SchülerInnen auf Bläserklassenunterricht. Eine qualitative Interviewstudie.* (Perspektiven musikpädagogischer Forschung, Bd. 6). Münster: Waxmann.

Göllner, Michael & Anne Niessen (2016). Perspektiven auf Differenzierung im Musikklassen-, Musik- und Ensembleunterricht. Eine vergleichende qualitative Studie auf Grundlage von Lehrer- und Schülerinterviews. *Diskussion Musikpädagogik* 70. S. 48-56.

Gordon, Edwin E. (1997). *A Music Learning Theory for Newborn and Young Children.* (2. Aufl.) Chicago: GIA-Publications.

Grosse, Thomas (2006). *Instrumentaler Gruppenunterricht an Musikschulen. Eine Untersuchung am Beispiel des Landes Niedersachsen.* (Forum Musikpädagogik, hrsg. von Rudolf-Dieter Kraemer, Bd. 76). Augsburg: Wißner.

Gruhn, Wilfried (2003). *Lernziel Musik. Perspektiven einer neuen theoretischen Grundlegung des Musikunterrichts.* Hildesheim u.a.: Olms.

Gruhn, Wilfried (2004). Was ist „Audiation"? – Zur Rettung eines wissenschaftlichen Begriffs. *Diskussion Musikpädagogik* 21. S. 51-52.

Gruhn, Wilfried (2008). *Der Musikverstand: Neurobiologische Grundlagen des musikalischen Denkens, Hörens und Lernens.* (3., vollst. überarb. Aufl.) Hildesheim u.a.: Olms.

Gudjons, Herbert (Hrsg.) (2003). *Handbuch Gruppenunterricht.* (2., überarb. Aufl.). Weinheim & Basel: Beltz.

Gugutzer, Robert (2010). Soziologie am Leitfaden des Leibes. Zur Neophänomenologie sozialen Handelns am Beispiel der Contact Improvisation. In: Fritz Böhle & Margit Weihrich (Hrsg.). *Die Körperlichkeit sozialen Handelns. Soziale Ordnung jenseits von Normen und Institutionen.* (Materialitäten, hrsg. von Gabriele Klein, Martina Löw & Michael Meuser, Bd. 13). Bielefeld: transcript. S. 165-184.

Günther, Ulrich & Thomas Ott (1984). *Musikmachen im Klassenunterricht. 10 Unterrichtsreihen aus der Praxis.* Wolfenbüttel & Zürich: Karl Heinrich Möseler.

Hammel, Lina (2011). *Selbstkonzepte fachfremd unterrichtender Musiklehrerinnen und Musiklehrer an Grundschulen. Eine Grounded-Theory-Studie.* Berlin: LIT.

Harnischmacher, Christian (1994). Didaktik des instrumentalen Gruppenunterrichts. *Musik in der Schule* 5. S. 262-266.

Hartung, Johanna (2010). *Sozialpsychologie.* (3., akt. Aufl.). Stuttgart: Kohlhammer.

Hartung, Robert (2014). *Gehirngerechtes Musiklernen im Instrumentalunterricht. Erkenntnisse der Neurobiologie und ihre Umsetzung in die Praxis.* (Musikpädagogische Impulse, hrsg. v. Ulrich Mazurowicz & Katharina Schilling-Sandvoß, Bd. 11). Fernwald: Muth.

Häußling, Roger (2007). Zur Positionsvergabe im Unterricht. Interaktionen und Beziehungen in ersten Schulklassen und ihre Folgen. In: Kristin Westphal & Nicole Hoffmann (Hrsg.). *Orte des Lernens. Beiträge zu einer Pädagogik des Raumes.* Weinheim u.a.: Juventa. S. 207-224.

Hecht, Michael (2010). Das Heben und Senken eines Armes. Ablauf einer ethnomethodologischen Konversationsanalyse von Videos aus deutschen und kanadischen Schulen. In: Michael Corsten, Melanie Krug & Christine Moritz (Hrsg.). *Videographie praktizieren. Herangehensweisen, Möglichkeiten und Grenzen.* Wiesbaden: VS. S. 119-137.

Heinritz, Charlotte (2012). *Jedem Kind sein Instrument. Das musikpädagogische Pionierprojekt an der Waldorfschule Dortmund.* Wiesbaden: VS.

Heinzel, Friederike (2010). Zugänge zur kindlichen Perspektive – Methoden der Kindheitsforschung. In: Barbara Friebertshäuser, Antje Langer & Annedore Prengel (Hrsg.). *Handbuch Qualitative Forschungsmethoden in der Erziehungswissenschaft.* (3., vollst. überarb. Aufl.). Weinheim & München: Juventa. S. 707-721.

Hellberg, Bianca (2010). *Koordinationserfahrungen im Jugendorchester. Eine empirische Untersuchung zum Zusammenhang von interpersonaler Koordination und Gruppengefühl.* Wissenschaftliche Hausarbeit im Rahmen der Ersten Staatsprüfung für das Lehramt an Gymnasien im Fach Musikpädagogik (unveröffentlicht). Frankfurt a.M.: Hochschule für Musik und Darstellende Kunst, Fachbereich 2 Musikpädagogik.

Hellberg, Bianca (2018). Zwischen klingenden Rohdaten und sprachlicher Transformation. Zur videobasierten Analyse von Klang und Bewegung bei der Untersuchung gemeinsamen Musizierens im Unterricht. In: Christine Moritz & Michael Corsten (Hrsg.). *Handbuch Qualitative Videoanalyse.* Springer: VS. S. 217-234.

Helms, Siegmund (Hrsg.) (1987). *Musikpädagogik – Spiegel der Kulturpolitik. Ausgewählte Texte aus der Musikalischen Jugend/Neuen Musikzeitung 1965 – 1985*. Regensburg: Bosse.

Helms, Siegmund (2002). Allgemein bildende Schule und Musikschule. In: Ders. (Hrsg.). *Allgemein bildende Schule und Musikschule in europäischen Ländern* (Musik im Diskurs, Bd. 17). Kassel: Gustav Bosse. S. 7-33.

Herrle, Matthias (2014). Raumgestalten. In: Jochen Kade, Sigrid Nolda, Jörg Dinkelaker & Matthias Herrle (Hrsg.). *Videographische Kursforschung. Empirie des Lehrens und Lernens Erwachsener*. Stuttgart: Kohlhammer. S. 73-94.

Herrle, Matthias, Jochen Kade & Sigrid Nolda (2010). Erziehungswissenschaftliche Videographie. In: Barbara Friebertshäuser, Antje Langer & Annedore Prengel (Hrsg.). *Handbuch Qualitative Forschungsmethoden in der Erziehungswissenschaft*. (3., vollst. überarb. Aufl.). Weinheim & München: Juventa. S. 599-619.

Heß, Carmen (2017). *Konzeptionelle Spannungsfelder des Klassenmusizierens mit Blasinstrumenten. Eine Analyse divergenter Prämissen und Zielvorstellungen*. (Perspektiven musikpädagogischer Forschung, Bd. 5). Münster: Waxmann.

Hillmann, Karl-Heinz (1994). *Wörterbuch der Soziologie*. (4. überarb. und erg. Aufl.). Stuttgart: Kröner.

Honig, Michael-Sebastian (2009). Das Kind der Kindheitsforschung. Gegenstandskonstitution in den Childhood studies. In: Ders. (Hrsg.). *Ordnungen der Kindheit. Problemstellungen und Perspektiven der Kindheitsforschung*. Weinheim & München: Juventa. S. 25-51.

Hülst, Dirk (2010). Grounded Theory. In: Barbara Friebertshäuser, Antje Langer & Annedore Prengel (Hrsg.). *Handbuch Qualitative Forschungsmethoden in der Erziehungswissenschaft*. (3., vollst. überarb. Aufl.). Weinheim & München: Juventa. S. 281-300.

Jank, Werner (Hrsg.) (2005a). *Musikdidaktik. Praxishandbuch für die Sekundarstufe I und II*. Berlin: Cornelsen.

Jank, Werner (2005b). Plädoyer für die Artenvielfalt. In: Hans-Ulrich Schäfer-Lembeck (Hrsg.). *Klassenmusizieren als Musikunterricht!? Theoretische Dimensionen unterrichtlicher Praxis. Beiträge des Münchner Symposiums 2005*. (Musikpädagogische Schriften der Hochschule für Musik und Theater München, hrsg. von Wolfgang Mastnak, Hans-Ulrich Schäfer-Lembeck und Stephan Schmitt, Bd. 1). München: Allitera. S. 109-117.

Jank, Werner (2010). Lernende: Objekte des Lehrens? Subjekte ihres Lernens? In: Christopher Wallbaum (Hrsg.). *Perspektiven der Musikdidaktik – Drei Schulstunden im Licht der Theorien*. (Hochschule für Musik und Theater „Felix Mendelssohn Bartholdy" Leipzig, Schriften, Bd. 3). Hildesheim, Zürich & New York: Olms. S. 133-157.

Jank, Werner & Hilbert Meyer (2002). *Didaktische Modelle*. (5. Aufl.). Berlin: Cornelsen.

Kade, Jochen & Sigrid Nolda (2007). Kursforschung – ein neues Paradigma der Erforschung des Lernens im Erwachsenenalter. Bericht über ein Projekt. In: Gisela Wiesner, Christine Zeuner & Hermann J. Fornek (Hrsg.). *Empirische Forschung und Theoriebildung in der Erwachsenenbildung*. Baltmannsweiler: Schneider. S. 103-113.

Kade, Jochen & Sigrid Nolda (2014). „I never read, I just look at pictures." Darstellungsprobleme und Darstellungsmöglichkeiten videographischer Forschung. In: Jochen Kade, Sigrid Nolda, Jörg Dinkelaker & Matthias Herrle (Hrsg.). *Videographische Kursforschung. Empirie des Lehrens und Lernens Erwachsener*. Stuttgart: Kohlhammer. S. 351-368.

Kade, Jochen, Sigrid Nolda, Jörg Dinkelaker & Matthias Herrle (Hrsg.) (2014). *Videographische Kursforschung. Empirie des Lehrens und Lernens Erwachsener.* Stuttgart: Kohlhammer.

Kaiser, Hermann J. (2001). Auf dem Wege zu verständiger Musikpraxis. In: Karl Heinrich Ehrenforth (Hrsg.). *Musik – unsere Welt als andere. Phänomenologie und Musikpädagogik im Gespräch.* Würzburg: Königshausen und Neumann. S. 85-97.

Kaiser, Hermann J. (2010). Verständige Musikpraxis. Eine Antwort auf Legitimationsdefizite des Klassenmusizierens. *Zeitschrift für Kritische Musikpädagogik.* http://www.zfkm.org/10-kaiser.pdf. (14.02.2019).

Kaufmann, Michael & Stefan Peindl (2011). *Wie José Antonio Abreu und El Sistema die Welt begeistern.* München: Irisiana.

Kelle, Helga (2001). Ethnographische Methodologie und Probleme der Triangulation. Am Beispiel der Peer Culture Forschung bei Kindern. In: *ZSE: Zeitschrift für Soziologie der Erziehung und Sozialisation* 21 (2). S. 192-208. URN: urn:nbn:de:0111-opus-90097. (25.07.2016).

Kelle, Udo (1996). Die Bedeutung theoretischen Vorwissens in der Methodologie der Grounded Theory. In: Rainer Strobl & Andreas Böttger (Hrsg.). *Wahre Geschichten? Zu Theorie und Praxis qualitativer Interviews.* (Interdisziplinäre Beiträge zur kriminologischen Forschung, Bd. 2). Baden-Baden: Nomos. S. 23-47.

Kelle, Udo (2011). „Emergence" oder „Forcing"? Einige methodologische Überlegungen zu einem zentralen Problem der Grounded-Theory. In: Günther Mey & Katja Mruck (Hrsg.). *Grounded Theory Reader.* (2., akt. und erw. Aufl.). Wiesbaden: VS. S. 235-260.

Kelle, Udo & Susann Kluge (2010). *Vom Einzelfall zum Typus. Fallvergleich und Fallkontrastierung in der qualitativen Sozialforschung.* (Qualitative Sozialforschung, hrsg. von Ralf Bohnsack, Jo Reichertz, Christian Lüders & Uwe Flick, Bd. 15). (2., überarb. Aufl.). Wiesbaden: VS.

Keller, Peter E. (2008). Joint Action in Music Performance. In: Francesca Morganti, Antonella Carassa & Giuseppe Riva (Hrsg.). *Enacting Intersubjectivity: A Cognitive and Social Perspective on the Study of Interactions.* Amsterdam: IOS. S. 205-221.

Keller, Peter E. & Mirjam Appel (2010). Individual differences, auditory imagery, and the coordination of body movements and sounds in musical ensembles. *Music Perception* 28. S. 27-46. Doi: 10-1525/mp.2010.28.1.27. (23.10.2017).

Keller, Peter E. & Martina Rieger (2009). Editorial. Special Issue – Musical Movement and Synchronization. *Music Perception* 26 (5). S. 397-400.

Keller, Peter E., Günther Knoblich & Bruno H. Repp (2007). Pianists duet better when they play with themselves: On the possible role of action simulation in synchronization. *Consciousness & Cognition* 16, S. 102-111.

Keller, Peter E., Giacomo Novembre & Michael J. Hove (2014). Rhythm in joint action: psychological and neurophysiological mechanisms for real-time interpersonal coordination. *Philosophical Transactions of the Royal Society B* 369. http://dx.doi.org/10.1098/rstb.2013.0394. (23.10.2017).

Kerstan, Thomas (2011). Der heilsame Schock. Zehn Jahre nach der Veröffentlichung der ersten Pisa-Studie. Was bleibt? *Die Zeit* 49. 01.12.2011. www.zeit.de/2011/49/C-Pisa-Rueckblick/komplettansicht. (02.10.2016).

Kirschner, Sebastian & Michael Tomasello (2009). Joint drumming: social context facilitates synchronization in preschool children. *Journal of experimental child psychology* 102. S. 299-314. Doi: 10.1016/j.jecp.2008.07.005. (27.09.2016).

Kleinspehn, Anna (2008). *Goal-Directed Interpersonal Action Synchronization Across the Lifespan: A Dyadic Drumming Study.* Dissertation. Berlin: Freie Universität Berlin. http://www.diss.fu-berlin.de/diss/receive/FUDISS_thesis_000000003992. (27.09.2016).

Klingmann, Heinrich (2010). *Groove – Kultur – Unterricht. Studien zur pädagogischen Erschließung einer musikkulturellen Praktik.* Bielefeld: transcript.

Kluge, Friedrich (2002). Artikel „koordinieren". In: *Etymologisches Wörterbuch der deutschen Sprache.* (24., durchges. u. erw. Aufl., bearb. v. Elmar Seebold). Berlin & New York: de Gruyter. S. 527.

Knoblauch, Hubert (2004). Die Video-Interaktions-Analyse. Methodenwerkstatt. In: *Sozialer Sinn* 1. S. 123-138. http://www.ssoar.info/ssoar/bitstream/handle/document/757/ssoar-so zsinn-2004-1-knoblauch-die_video-interaktions-analyse.pdf?sequence=1. (19.08.2016).

Knoblauch, Hubert, Bernt Schnettler, Jürgen Raab & Hans-Georg Soeffner (Hrsg.) (2006). *Video Analysis: Methodology and Methods. Qualitative Audiovisual Data Analysis in Sociology.* Frankfurt a.M.: Lang.

Knoblauch, Hubert, René Tuma & Bernt Schnettler (2010). Interpretative Videoanalysen in der Sozialforschung. In: *Enzyklopädie Erziehungswissenschaft Online.* S. 1-40. Doi: 10.3262/EEO07100074. (23.10.2017).

Knodt, Peter (2012). Zusammen ist man weniger allein. Die erste Trompetenstunde in einer Gruppe. In: Katharina Bradler (Hrsg.). *Klasse gespielt! Praktische Tipps zum Umgang mit heterogenen Gruppen im Instrumentalunterricht.* (Üben & Musizieren spezial). Mainz: Schott. S. 52-56.

Kounin, Jacob S. (2006 [1967]). *Techniken der Klassenführung. Standardwerke aus Psychologie und Pädagogik.* (Reprints, Bd. 3). Münster u.a.: Waxmann.

Kraemer, Rudolf-Dieter & Wolfgang Rüdiger (Hrsg.) (2013). *Ensemblespiel und Klassenmusizieren. Ein Handbuch für die Praxis in Schule und Musikschule.* (Forum Musikpädagogik, Bd. 41). (3., unv. Aufl.). Augsburg: Wißner.

Kranefeld, Ulrike (Hrsg.) (2015a). *Instrumentalunterricht in der Grundschule. Prozess- und Wirkungsanalysen zum Programm Jedem Kind ein Instrument.* (Bildungsforschung, Bd. 41). Berlin: BMBF.

Kranefeld, Ulrike (2015b). Ergebnisse der Forschungen zu den Programmen *Jedem Kind ein Instrument* in Nordrhein-Westfalen und Hamburg. In: Dies. (Hrsg.). *Instrumentalunterricht in der Grundschule. Prozess- und Wirkungsanalysen zum Programm Jedem Kind ein Instrument.* (Bildungsforschung, Bd. 41). Berlin: BMBF. S. 6-18.

Kranefeld, Ulrike, Thomas Busch, Jelena Dücker (2015). BEGin – Instrumentaler Gruppenunterricht in der Grundschule: Teilnahme, Selbstkonzepte, Gestaltungsmuster. In: Ulrike Kranefeld (Hrsg.). *Instrumentalunterricht in der Grundschule. Prozess- und Wirkungsanalysen zum Programm Jedem Kind ein Instrument.* (Bildungsforschung, Bd. 41). Berlin: BMBF. S. 49-89.

Kraus, Anja, Jürgen Budde, Maud Hietzge & Christoph Wulf (Hrsg.) (2017). *Handbuch Schweigendes Wissen. Erziehung, Bildung, Sozialisation und Lernen.* Weinheim & Basel: Beltz.

Krause, Martina (2010). Performative Akte als Momente der Inhaltskonstitution im Musikunterricht. In: Jürgen Vogt, Christian Rolle und Frauke Heß (Hrsg.). *Inhalte des Musikunterrichts. Sitzungsbericht 2009 der Wissenschaftlichen Sozietät Musikpädagogik.* (Wissenschaftliche Musikpädagogik, Bd. 4). Berlin: LIT. S. 78-100.

Krupp-Schleußner, Valerie (2016). *Jedem Kind ein Instrument? Teilhabe an Musikkultur vor dem Hintergrund des capability approach.* Münster: Waxmann.

Kulin, Sabrina & Kurt Schwippert (2014). Wege zur Kooperation. Rahmenbedingungen, Merkmale und Beziehungsstrukturen bei der Kooperation zwischen Grundschule und Musikschule. In: Andreas Lehmann-Wermser, Veronika Busch, Kurt Schwippert & Sonja Nonte (Hrsg.). *Mit Mikrofon und Fragebogen in die Grundschule. Jedem Kind ein Instrument (JeKi) – eine empirische Längsschnittstudie zum Instrumentalunterricht.* Münster: Waxmann. S. 129-162.

Künkler, Tobias (2011). *Lernen in Beziehung. Zum Verhältnis von Subjektivität und Relationalität in Lernprozessen.* Bielefeld: transcript.

Kurgansky, A. V. & E. S. Shupikova (2011). Visuomotor synchronization in adults and seven- to eight-year-old children. *Human Physiology* 37. S. 526-536.

Landmann, Peter (2012). Von kultureller Bildung zur Teilhabe. Kulturpolitische Grundlagen des JeKi-Projekts. *Üben & Musizieren* 3. S. 46-48.

Langer, Susanne (1965). *Philosophie auf neuem Wege. Das Symbol im Denken, im Ritus und in der Kunst.* Frankfurt a.M.: Fischer.

Lave, Jean & Etienne Wenger (1999 [1991]). *Situated Learning. Legitimate peripheral participation.* (7. Aufl.). New York: Cambridge University Press.

Lehmann, Andreas C. & Rolf Oerter (2008). Lernen, Übung und Expertisierung. In: Herbert Bruhn, Reinhard Kopiez & Andreas C. Lehmann (Hrsg.). *Musikpsychologie. Das neue Handbuch.* (2. Aufl.). Reinbek b. Hamburg: Rowohlt. S. 105-128.

Lehmann-Wermser, Andreas, Susanne Naake, Sonja Nonte & Brigitta Ritter (Hrsg.) (2010). *Musisch-kulturelle Bildung an Ganztagsschulen: Empirische Befunde, Chancen und Perspektiven.* (Studien zur ganztägigen Bildung). Weinheim: Juventa.

Lehmann-Wermser, Andreas, Veronika Busch, Kurt Schwippert & Sonja Nonte (2014). Das Programm ‚Jedem Kind ein Instrument‘ als Forschungsgegenstand. In: Dies. (Hrsg.). *Mit Mikrofon und Fragebogen in die Grundschule. Jedem Kind ein Instrument (JeKi) – eine empirische Längsschnittstudie zum Instrumentalunterricht.* Münster: Waxmann. S. 9-15.

Leman, Marc (2008). *Embodied Music Cognition and Mediation Technology.* Cambridge (Mass): MIT Press.

Leontjew, Alexei N. (1964). *Probleme der Entwicklung des Psychischen.* Berlin: VEB Verlag Volk und Wissen.

Loenhoff, Jens (2010). Fundierende Ebenen der Koordinierung und der Handlungskoordination. In: Fritz Böhle & Margit Weihrich (Hrsg.). *Die Körperlichkeit sozialen Handelns. Soziale Ordnung jenseits von Normen und Institutionen.* (Materialitäten, hrsg. von Gabriele Klein, Martina Löw & Michael Meuser, Bd. 13). Bielefeld: transcript. S. 59-78.

Lomax, Alan (1982). The cross-cultural variation of rhythmic style. In: Martha Davis (Hrsg.). *Interaction rhythms. Periodicity in communicative behavior.* New York: Human Sciences Press. S. 149-174.

Loritz, Martin D. (1998). *Berufsbild und Berufsbewußtsein der hauptamtlichen Musikschullehrer in Bayern. Studie zur Professionalisierung und zur aktuellen Situation des Berufs des Musikschullehrers.* (Forum Musikpädagogik, Bd. 28). Augsburg: Wißner.

Loritz, Martin D. (2013). Zur Geschichte des Ensemblespiels in der Musikschule. In: Rudolf-Dieter Kraemer & Wolfgang Rüdiger (Hrsg.). *Ensemblespiel und Klassenmusizieren. Ein Handbuch für die Praxis in Schule und Musikschule.* (Forum Musikpädagogik, Bd. 41). (3., unv. Aufl.). Augsburg: Wißner. S. 29-44.

Lucas, Glaura, Martin Clayton & Laura Leante (2011). Inter-group entrainment in Afro-Brazilian Congado ritual. *Empirical Musicology Review* 6. S. 75-102.

Luckmann, Thomas (1992). *Theorie des sozialen Handelns.* Berlin & New York: de Gruyter.

Luhmann, Niklas (1987). *Soziale Systeme. Grundriß einer allgemeinen Theorie.* Frankfurt a.M.: Suhrkamp.

Lüke, Stephan (2011). *10 Jahre nach der 1. PISA-Studie.* http://www.ganztagsschulen.org /archiv/13831.php. (02.10.2016).

LVdM-NRW – Landesverband der Musikschulen in Nordrhein-Westfalen e.V. (Hrsg.) (o.J.). *IGU – Instrumental Gemeinsam Unterwegs.* http://www.lvdm-nrw.de/projekt/igu-instrumental-gemeinsam-unterwegs. (05.11.16).

Maag Merki, Katharina (2009). Kooperation und Netzwerkbildung. Eine Bilanz. In: Dies. (Hrsg.). *Kooperation und Netzwerkbildung. Strategien zur Qualitätsentwicklung in Schulen.* Stuttgart & Seelze-Velber: Klett & Kallmeyer. S. 195-199.

Maduell, Mariana & Alan M. Wing (2007). The dynamics of ensemble: the case for flamenco. *Psychology of Music* 35. S. 591-627. DOI: 10.1177/0305735607076446. (23.10.2017).

Mahlert, Ulrich (Hrsg.) (1997). *Spielen und Unterrichten. Grundlagen der Instrumentaldidaktik.* Mainz u.a.: Schott.

Mahlert, Ulrich (2006). Was ist Üben? In: Ders. (Hrsg.). *Handbuch Üben. Grundlagen, Konzepte, Methoden.* Wiesbaden: Breitkopf & Härtel. S. 9-46.

Mahlert, Ulrich (2011). *Wege zum Musizieren. Methoden im Instrumental- und Vokalunterricht.* Schott: Mainz.

McGrath, Joseph E. & Jenice R. Kelly (1986). *Time and human interaction: toward a social psychology of time.* New York (NY): Guilford Press.

McNeill, William H. (1995). *Keeping together in time.* Cambridge (MA): Harvard University Press.

McPartland, John M. & Evelyn Skinner (2006). Das biodynamische Modell der kranialen Osteopathie. In: Thorsten Liem (Hrsg.). *Morphodynamik in der Osteopathie: Grundlagen und Anwendung am Beispiel der kranialen Sphäre.* Stuttgart: Hippokrates. S. 348-361.

Mead, George Hubert (1973). *Geist, Identität und Gesellschaft aus dem Geist des Sozialbehaviorismus.* Frankfurt a.M.: Suhrkamp.

Merker, Björn (1999-2000). Synchronous chorusing and the origins of music. *Musicae Scientiae,* Special Issue 1999-2000. S. 59-73.

Merker, Björn (2000). Synchronous chorusing and human origins. In: Nils L. Wallin, Björn Merker & Steven Brown (Hrsg.). *The Origins of Music.* Cambridge (MA): MIT Press. S. 315-327.

Merleau-Ponty, Maurice (1966). *Phänomenologie der Wahrnehmung.* (Phänomenologisch-psychologische Forschungen, hrsg. von C.F. Graumann & J. Linschoten, Bd. 7). (6. Aufl.). Berlin: de Gruyter.

Mey, Günter & Katja Mruck (Hrsg.) (2011a). *Grounded Theory Reader.* (2., akt. und erw. Aufl.). Wiesbaden: VS.

Mey, Günther & Katja Mruck (2011b). Grounded-Theory-Methodologie: Entwicklung, Stand, Perspektiven. In: Dies. (Hrsg.). *Grounded Theory Reader.* (2., akt. und erw. Aufl.). Wiesbaden: VS. S. 11-48.

Meyer, Ernst (2003). Lerngruppen brauchen geeignete Lerninstruktionen. In: Herbert Gudjons (Hrsg.). *Handbuch Gruppenunterricht.* (2., überarb. Aufl.). Weinheim & Basel: Beltz. S. 137-145.

Meyer-Drawe, Käte (2008). *Diskurse des Lernens.* München: Fink.

Miles, Lyden K., Jordan L. Griffiths, Michael J. Richardson & C. Neill Macrae (2010). Too late to coordinate: contextual influences on behavioral synchrony. *European Journal of Social Psychology* 40. S. 52-60. doi: 10.1002/ejsp.714. (23.10.2017).

Mohn, Bina Elisabeth (2010). Zwischen Blicken und Worten. Kamera-ethnographische Studien. In: Gerd E. Schäfer & Roswitha Staege (Hrsg.). *Frühkindliche Lernprozesse verstehen. Ethnographische und phänomenologische Beiträge zur Bildungsforschung.* Weinheim & München: Juventa. S. 207-231.

Moritz, Christine in Zusammenarbeit mit der Leuchtfeuer-Arbeitsgruppe der NetzWerkstatt (2009). Eine „virtuelle Insel für Qual-Frösche": Erfahrungsbericht einer netzbasierten qualitativen Arbeitsgruppe im Rahmen des NetzWerkstatt-Konzepts. *Forum Qualitative Sozialforschung/Forum: Qualitative Social Research* 10 (1). Art. 3. http://nbn-resolving.de/urn:nbn:de:0114-fqs090134. (23.10.2017).

Moritz, Christine (2010a). *Dialogische Prozesse in der Instrumentalpädagogik. Eine Grounded Theory Studie.* (Musikwissenschaft/Musikpädagogik in der Blauen Eule, Bd. 89). Essen: Die blaue Eule.

Moritz, Christine (2010b). Die Feldpartitur. Mikroprozessuale Transkription von Videodaten. In: Michael Corsten, Melanie Krug & Christine Moritz (Hrsg.). *Videographie praktizieren. Herangehensweisen, Möglichkeiten und Grenzen.* Wiesbaden: VS. S. 163-193.

Moritz, Christine (2011). *Die Feldpartitur. Multikodale Transkription von Videodaten in der Qualitativen Sozialforschung.* Wiesbaden: VS.

Moritz, Christine (Hrsg.) (2014). *Transkription von Video- und Filmdaten in der Qualitativen Sozialforschung. Multidisziplinäre Annäherungen an einen komplexen Datentypus.* Wiesbaden: VS.

Müller, Christiane, Dan Eichler & Sigrid Blömeke (2006). Chancen und Grenzen von Videostudien. In: Sibylle Rahm, Ingelore Mammes & Michael Schratz (Hrsg.). *Schulpädagogische Forschung. Unterrichtsforschung – Perspektiven innovativer Ansätze.* Innsbruck: StudienVerlag. S. 125-138.

Müller, Hendrik (2017). *Identität und Gelingen: Personale, soziale und ökonomische Perspektiven für Berufsmusiker in Praxis und Ausbildung.* Baden-Baden: Nomos.

Nimczik, Ortwin (2001). Musik lernen in der Schule? Einleitende Gedanken zur Situation des Musikunterrichts. *Musik & Bildung* (3). S. 2-4.

Nimczik, Ortwin (2007). *Zur „Ver(über)flüssigung" von Grenzen. Oder: Schulische und außerschulische Musikpädagogik als kooperierende Systeme. Vortrag im Rahmen des Tages der Musikpädagogik in der Landesmusikakademie Heek am 7. September 2007.* http://www.lmr-nrw.de/fileadmin/user_upload/lmr-nrw.de/downloads/musikalische_bildung/Vortrag_Nimczik.pdf. (01.10.2016).

Nimczik, Ortwin & Wolfgang Rüdiger (1997). *Instrumentales Ensemblespiel. Übungen und Improvisationen. Klassische und neue Modelle.* Regensburg: ConBrio.

Nykrin, Rudolf (2007). Gegenwart mit Blick auf die Zukunft. Welchen Beitrag leistet der Instrumentalunterricht zu einer musikalischen Grundbildung? Gedanken über eine zeitgemäße Musikerziehung am Instrument. *Üben & Musizieren* 24 (6). S. 26-30.

Oberhaus, Lars (2006). *Musik als Vollzug von Leiblichkeit. Zur phänomenologischen Analyse von Leiblichkeit in musikpädagogischer Absicht.* (Detmolder Hochschulschriften, hrsg. von Ortwin Nimczik, Bd. 5). Essen: Die Blaue Eule.

Overy, Katie & Istvan Molnar-Szakacs (2009). Being Together in Time: Musical Experience and the Mirror Neuron System. *Music Perception* 26 (5). S. 489-504.

Parsons, Talcott & Edward Shils (Hrsg.) (1951). *Toward a General Theory of Action*. Cambridge (MA): Harvard University Press.

Pfeffer, Martin (2013). Zur Geschichte des Ensemblespiels in der allgemein bildenden Schule. In: Rudolf-Dieter Kraemer & Wolfgang Rüdiger (Hrsg.). *Ensemblespiel und Klassenmusizieren. Ein Handbuch für die Praxis in Schule und Musikschule*. (Forum Musikpädagogik, Bd. 41). (3., unv. Aufl.). Augsburg: Wißner. S. 13-28.

Phillips-Silver, Jessica (2014). Entrainment. In: William Forde Thompson (Hrsg). *Music in the social and behavioral sciences: an encyclopedia*. Los Angelas u.a.: Sage. S. 399-401.

Phillips-Silver, Jessica & Peter E. Keller (2012). Searching for roots of entrainment and joint action in early musical interactions. *Frontiers in Human Neuroscience* 6, S. 1-11. Doi: 10.3389/fnhum.2012.00026. (19.08.2016).

Phillips-Silver, Jessica, C. Athena Aktipis & Gregory A. Bryant (2010). The ecology of entrainment: foundations of coordinated rhythmic movement. *Music Perception* 28. S. 3-14.

Plessner, Helmuth (1970 [1941]). Lachen und Weinen. In: Ders. (Hrsg.). *Philosophische Anthropologie*. Frankfurt: Fischer. S. 11-171.

Porschen, Stephanie (2010). Andere Form – anderer Rahmen. Körper- und gegenstandsvermittelte Abstimmung in Arbeitsorganisationen. In: Fritz Böhle & Margit Weihrich (Hrsg.). *Die Körperlichkeit sozialen Handelns. Soziale Ordnung jenseits von Normen und Institutionen*. (Materialitäten, hrsg. von Gabriele Klein, Martina Löw & Michael Meuser, Bd. 13). Bielefeld: transcript. S. 207-227.

Przyborski, Aglaja & Monika Wohlrab-Sahr (2010). *Qualitative Sozialforschung. Ein Arbeitsbuch*. (Lehr- und Handbücher der Soziologie, hrsg. v. Arno Mohr). (4., erw. Aufl.). München: Oldenbourg.

Raab, Jürgen & Dirk Tänzer (2006). Video Hermeneutics. In: Hubert Knoblauch, Bernt Schnettler, Jürgen Raab & Hans-Georg Soeffner (Hrsg.). *Video Analysis: Methodology and Methods. Qualitative Audiovisual Data Analysis in Sociology*. Frankfurt am Main: Lang, S. 85-100.

Rasch, Rudolf A. (1979). Synchronization in performed ensemble music. *Acustica* 43. S. 121-131.

Rebel, Karlheinz (2011). *Heterogenität als Chance nutzen lernen*. Bad Heilbrunn: Klinkhardt.

Rechtien, Wolfgang (1999). *Angewandte Gruppendynamik: Ein Lehrbuch für Studierende und Praktiker*. Weinheim: Beltz.

Reckwitz, Andreas (2003). Grundelemente einer Theorie sozialer Praktiken. Eine sozialtheoretische Perspektive. *Zeitschrift für Soziologie* 32 (4). S. 282-301.

Reckwitz, Andreas (2008). *Subjekt*. Bielefeld: transcript.

Reichertz, Jo (2008). Abduktion, Deduktion und Induktion in der qualitativen Forschung. In: Uwe Flick, Ernst von Kardorff & Ines Steinke (Hrsg.). *Qualitative Forschung. Ein Handbuch*. (6., durchg. und akt. Aufl.). Reinbek b. Hamburg: Rowohlt. S. 276-286.

Reichertz, Jo (2009). Abduction: The Logic of Discovery of Grounded Theory. *Forum Qualitative Sozialforschung/Forum: Qualitative Social Research* 11 (1). Art. 13. http://nbn-resolving.de/urn:nbn:de:0114-fqs1001135. (18.08.2016).

Reichertz, Jo (2011). Abduktion: Die Logik der Entdeckung der Grounded Theory. In: Günther Mey & Katja Mruck (Hrsg.). *Grounded Theory Reader*. (2., akt. und erw. Aufl.). Wiesbaden: VS. S. 279-297.

Reichertz, Jo & Carina Jasmin Englert (2011). *Einführung in die qualitative Videoanalyse. Eine hermeneutisch-wissenssoziologische Fallanalyse.* Wiesbaden: VS.

Repp, Bruno H. (2005). Sensorimotor synchronization: A review of the tapping literature. *Psychonomic Bulletin & Review* 12. S. 969–992.

Repp, Bruno H. (2006). Musical synchronization. In: Eckart Altenmüller, Mario Wiesendanger & Jürg Kesselring (Hrsg.). *Music, Motor Control and the Brain.* New York (NY): Oxford Univ. Press. S. 55-76.

Repp, Bruno H. (2010). Sensorimotor synchronization and perception of timing: Effects of music training and task experience. *Human Movement Science* 29. S. 200–213.

Repp, Bruno H. & Yi-Huang Su (2013). Sensorimotor synchronization: A review of recent research (2006–2012). *Psychonomic Bulletin & Review* 20. S. 403–452. Doi: 10.3758/s13423-012-0371-2. (23.10.2017).

Repp, Bruno H., Justin London & Peter E. Keller (2008). Phase correction in sensorimotor synchronization with nonisochronous sequences. *Music Perception* 26. S. 171-175.

Richter, Christoph (1993a). Gemeinsam musizieren. Gegenstand und Aufgabe der Instrumental-(Vokal-)Pädagogik. In: Ders. (Hrsg.). *Instrumental- und Vokalpädagogik 1: Grundlagen.* (Handbuch der Musikpädagogik, Bd. 2). Kassel u.a.: Bärenreiter. S. 328-371.

Richter, Christoph (1993b). Der Instrumental-(Vokal-)Lehrer. In: Ders. (Hrsg.). *Instrumental- und Vokalpädagogik 1: Grundlagen.* (Handbuch der Musikpädagogik, Bd. 2). Kassel u.a.: Bärenreiter. S. 487-520.

Richter, Christoph (1993c). Anregungen zum Nachdenken über das eigene Tun. Anthropologische Grundlagen der Instrumental- und Vokalpädagogik. In: Ders. (Hrsg.). *Instrumental- und Vokalpädagogik 1: Grundlagen.* (Handbuch der Musikpädagogik, Bd. 2). Kassel u.a.: Bärenreiter. S. 65-116.

Richter, Winfried, Volker Gerland & Ulrich Rademacher (2012). Wir dürfen keine Musikalisierungsverlierer produzieren. Gedankenaustausch zur aktuellen Situation von Musikalisierungsprogrammen. *Üben & Musizieren* 2. S. 26-29.

Rieß, Hans-Joachim (2015). Stellungnahme zum Artikel ‚Vom Funkenflug zum Strohfeuer?' von Anja Bossen in Ausgabe 1/2015. *Üben & Musizieren* 2. S. 37.

Röbke, Peter (1998). Ausdrucksvoll musizieren. Pädagogische Aspekte eines benutzten und wenig reflektierten Begriffs. In: Gerhard Mantel (Hrsg.). *Ungenutzte Potentiale. Wege zu konstruktivem Üben. Kongressbericht 1997 des Forschungsinstituts für Instrumental- und Gesangspädagogik e.V. in Zusammenarbeit mit der Hochschule für Musik und Darstellende Kunst Frankfurt a.M.* Mainz: Schott. S. 22-42.

Röbke, Peter (2011). Was hat El Sistema mit Klavierunterricht in Dinkelsbühl zu tun? Überlegungen zur Reichweite des „Lernens in der musikalischen Praxisgemeinschaft". *Üben & Musizieren* 6. S. 8-13.

Röbke, Peter (2015). Stellungnahme zum Artikel ‚Vom Funkenflug zum Strohfeuer?' von Anja Bossen in Ausgabe 1/2015. *Üben & Musizieren* 2. S. 37-38.

Röbke, Peter (2016). Von der Unverfügbarkeit des Musiziermoments. Eine Spurensuche in der Instrumentalpädagogik. In: Natalia Ardila-Mantilla, Peter Röbke, Christine Stöger & Bianka Wüstehube (Hrsg.). *Herzstück Musizieren. Instrumentaler Gruppenunterricht zwischen Planung und Wagnis.* Mainz: Schott. S. 45-64.

Rolle, Christian (1999). *Musikalisch-ästhetische Bildung: über die Bedeutung ästhetischer Erfahrung für musikalische Bildungsprozesse.* (Perspektiven zur Musikpädagogik und Musikwissenschaft, Bd. 24). Kassel: Bosse.

Rolle, Christian (2004). Bilden mit Musik. Zwischen der Inszenierung ästhetischer Erfahrungssituationen und systematisch-aufbauendem Musiklernen. In: Landesverband der Kunstschulen Niedersachsen (Hrsg.). *Bilden mit Kunst.* Bielefeld: transcript. S. 197-215.

Rolle, Christian (2005). Klassenmusizieren als ästhetische Praxis? In: Hans-Ulrich Schäfer-Lembeck (Hrsg.). *Klassenmusizieren als Musikunterricht!? Theoretische Dimensionen unterrichtlicher Praxen. Beiträge des Münchner Symposions 2005.* (Musikpädagogische Schriften der Hochschule für Musik und Theater München, Bd. 1). München: Allitera. S. 60-70.

Rolle, Christian (2012). Gefühle als Argumente? Zur produktiven Rolle von Emotionen beim Sprechen über Musik. In: Martina Krause & Lars Oberhaus (Hrsg.). *Musik und Gefühl. interdisziplinäre Annäherungen in musikpädagogischer Perspektive.* Hildesheim: Olms. S. 269-294.

Rolle, Christian & Christopher Wallbaum (2013). Ästhetischer Streit im Musikunterricht. Didaktische und methodische Überlegungen zu Unterrichtsgesprächen über Musik. In: Johannes Kirschenmann, Christoph Richter & Kaspar H. Spinner (Hrsg.). *Reden über Kunst. Fachdidaktisches Forschungssymposium in Literatur, Kunst und Musik.* München: kopaed. S. 507-535.

Rosa, Hartmut (2016). *Resonanz. Eine Soziologie der Weltbeziehung.* Berlin: Suhrkamp.

Rosenbrock, Anja (2008). Videomitschnitte als Methode der Unterrichtsforschung in der Musikpädagogik am Beispiel eines Vergleichs zwischen bilingualem und monolingualem Musikunterricht. In: Andreas C. Lehmann & Martin Weber (Hrsg.). *Musizieren innerhalb und außerhalb der Schule.* (Musikpädagogische Forschung, Bd. 29). Essen: Die Blaue Eule. S. 261-281.

Roske, Michael (1993). Umrisse einer Sozialgeschichte der Instrumentalpädgogik. In: Christoph Richter (Hrsg.). *Instrumental- und Vokalpädagogik 1: Grundlagen.* (Handbuch der Musikpädagogik, Bd. 2). Kassel u.a.: Bärenreiter. S. 158-195.

Rousseau, Jean-Jacques (1989). Artikel „Ensemble" aus dem Wörterbuch der Musik (1767). In: Ders. *Musik und Sprache. Ausgewählte Schriften.* (hrsg. v. Peter Gülke). Leipzig: Reclam. S. 253.

Rüdiger, Wolfgang (1995). „Let's have interaction" – Neuste Modelle für das Ensemblespiel in der Schule. *Musik & Bildung* 5. S. 20-25.

Rüdiger, Wolfgang (1997). „... von einem einzigen Geist beseelt". Grundlagen des instrumentalen Ensemblespiels. In: Ulrich Mahlert, (Hrsg.). *Spielen und Unterrichten. Grundlagen der Instrumentaldidaktik.* Mainz: Schott. S. 220-247.

Rüdiger, Wolfgang (2007). Üben im Ensemble. In: Ulrich Mahlert (Hrsg.). *Handbuch Üben. Grundlagen, Konzepte, Methoden.* Wiesbaden u.a.: Breitkopf und Härtel. S. 156-187.

Rüdiger, Wolfgang (2015). Der Einzelne und der Geist des Ganzen. Wie wird ein Ensemble zum Ensemble? *Üben & Musizieren* 6. S. 6-11.

Schatzki, Theodore, Karin Knorr-Cetina & Eike von Savigny (Hrsg.) (2001). *The Practice Turn in Contemporary Theory.* London: Routledge.

Schewig-Descher, Wilfried (2007). *Instrumentalunterricht in der Kooperation von Musikschule und Schulmusik. Aspekte einer problematischen Partnerschaft.* (Musikwissenschaft/Musikpädagogik in der Blauen Eule, Bd. 72). Essen: Die blaue Eule.

Schmitz, Hermann (1980). *Die Aufhebung der Gegenwart.* (System der Philosophie, Bd. 5). Bonn: Bouvier.

Schmitz, Hermann (1990). *Der unerschöpfliche Gegenstand. Grundzüge einer Philosophie.* Bonn: Bouvier.

Schmitz, Hermann (1992). *Leib und Gefühl. Materialien zu einer philosophischen Therapeu-tik.* Paderborn: Junfermann.

Schmitz, Hermann (2005). *Situationen und Konstellationen. Wider die Ideologie der Vernet-zung.* Freiburg & München: Karl Alber.

Schnettler, Bernt & Hubert Knoblauch (2009). Videoanalyse. In: Stefan Kühl, Petra Strodt-holz & Andreas Taffertshofer (Hrsg). *Handbuch Methoden der Organisationsforschung.* Wiesbaden: VS. S. 272-297.

Schulten, Maria Luise & Kai Stefan Lothwesen (2009). *MoMo verbindet! Musik erleben und lernen in der ‚Musikschule für alle': Abschlussbericht der wissenschaftlichen Evaluation zum Programm ‚Mannheimer Modell – Musikschule für alle'.* https://musikschule.mon heim.de/fileadmin/user_upload/Media/Musikschule/Dokumente/MoMo/evaluation_mo mo_abschluss_lang.pdf. (10.10.2017).

Schultz-Greiner, Regine (1996). Streicherklassenunterricht. Ein Beitrag zur Methodik des instrumentalen Gruppenunterrichts. *Üben & Musizieren* 4. S. 12-18.

Schütz, Alfred (1972 [1964]). Gemeinsam musizieren. Die Studie einer sozialen Beziehung. In: Ders. *Studien zur soziologischen Theorie.* (Gesammelte Aufsätze, hrsg. v. Arvis Bro-dersen, Bd. 2). (Aus dem Amerik. v. Alexander von Baeyer). Den Haag: Martinus Nijhoff. S. 129-150.

Schütz, Alfred & Thomas Luckmann (1984). *Strukturen der Lebenswelt. Bd. 2.* Frankfurt a.M.: Suhrkamp.

Schwanse, Ulrike (1996). Didaktik und Methodik des Instrumentalen Gruppenunterrichts, Dokumentation und Analyse. In: Landesverband der Musikschulen in Nordrhein-Westfalen e.V. (LVdM-NRW) (Hrsg.). *Musikschule 2000.* Düsseldorf: LVdM-NRW.

Schwanse, Ulrike (2000). *Instrumentaler Gruppenunterricht an den Musikschulen des Lan-des Nordrhein-Westfalen. Wissenschaftlich-empirisches Forschungsprojekt.* (Musikwis-senschaft/Musikpädagogik in der Blauen Eule, hrsg. v. Werner Lohmann & Reinhard Knoll, Bd. 43). Essen: Die blaue Eule.

Schwippert, Knut, Veronika Busch, Andreas Lehmann-Wermser & Sonja Nonte (2014). Das Verbundprojekt SIGrun im Überblick. In: Lehmann-Wermser, Andreas, Veronika Busch, Kurt Schwippert & Sonja Nonte (Hrsg.). *Mit Mikrofon und Fragebogen in die Grund-schule. Jedem Kind ein Instrument (JeKi) – eine empirische Längsschnittstudie zum In-strumentalunterricht.* Münster: Waxmann. S. 17-30.

Seidel, Tina (2003). *Lehr-Lernskripts im Unterricht. Freiräume und Einschränkungen für kognitive und motivationale Lernprozesse – eine Videostudie im Physikunterricht.* Mün-ster: Waxmann.

Sobirey, Wolfhagen (2008). Muss jedes Kind ein Instrument erlernen? Das Projekt „JeKi" ist auf dem Weg. Wolfhagen Sobirey hinterfragt die zielführende Strecke inklusive Gruppenunterricht. *Musikforum* 6 (2). S. 58-59.

Sobirey, Wolfhagen (2012). Rein und raus. Welche Voraussetzungen braucht JeKi zum Gelingen? *Üben & Musizieren* 2. S. 23-24.

Solle, Reinhold (1969). Der feldtheoretische Ansatz. In: Carl-Friedrich Graumann (Hrsg.). *Sozialpsychologie. Theorien und Methoden.* (Handbuch der Psychologie in 12 Bänden, hrsg. v. Kurt Gottschaldt, Philipp Lersch, Friedrich Sander & Hans Thomae, Bd. 7). Göt-tingen: Hogrefe. S. 133-179.

Sommerfeld, Jörg (2014). *Instrumentalunterricht in der Grundschule. Erfolgreich lehren und gestalten.* Wiesbaden: Breitkopf & Härtel.

Sommerfeld, Jörg (2015). Zum Artikel ‚Wie über JeKi (nicht) gesprochen wird' von Bernd Dahlhaus in Ausgabe 2/2015. *Üben & Musizieren* 3. S. 44.

Sommerfeld, Jörg (2016). Ernüchternde Ergebnisse. Empirische Bildungsforschung in der Instrumentalpädagogik: der aktuelle JeKi-Forschungsbericht. *Üben & Musizieren* 3. S. 41-43.

Spiegel, Hans-Georg (2012). Klang und musikalisches Erleben. Gemeinsam musizieren mit unterschiedlichen Instrumenten braucht einfache Arrangements von Anfang an. In: Katharina Bradler (Hrsg.). *Klasse gespielt! Praktische Tipps zum Umgang mit heterogenen Gruppen im Instrumentalunterricht.* (Üben & Musizieren spezial). Mainz: Schott. S. 18-23.

Spychiger, Maria B. (2003). Lernforschung. Ein Blick in ihre Grundlagen und Anwendungen im Wechsel der psychologischen Paradigmen. *Diskussion Musikpädagogik* 19. S. 3-19.

Spychiger, Maria B. (2008). Musiklernen als Ko-Konstruktion? Überlegungen zum Verhältnis individueller und sozialer Dimensionen musikbezogener Erfahrung und Lernprozesse. Einführung des Konstrukts der Koordination. *Diskussion Musikpädagogik* 40. S. 4-12.

Spychiger, Maria B. (2010). Fehler als Erfahrung. Zur Rolle von Koordination und Diskoordination in bewussten Prozessen. In: Otto Neumaier (Hrsg.). *Was aus Fehlern zu lernen ist – in Alltag, Wissenschaft und Kunst.* Wien & Münster: LIT. S. 31-54.

Spychiger, Maria B. (2014). Sprachbilder und geometrische Figuren für die Musikpädagogik? Eine pädagogisch-psychologische Reflexion über die Stufenmetapher. In: Georg Brunner & Michael Fröhlich (Hrsg.). *Impulse zur Musikdidaktik. Festschrift für Mechthild Fuchs.* Innsbruck: Helbling. S. 59-80.

Spychiger, Maria B. (2015). Lernpsychologische Perspektiven für eine grundschulspezifische Musikdidaktik. In: Mechthild Fuchs (Hrsg.). *Musikdidaktik Grundschule. Theoretische Grundlagen und Praxisvorschläge.* Innsbruck: Helbling. S. 50-71.

Stadelbacher, Stephanie (2010a). Die klassische Soziologie und der Körper. Handlungstheoretische Zugänge und ihr Verhältnis zur Körperlichkeit der Akteure. In: Fritz Böhle & Margit Weihrich (Hrsg.). *Die Körperlichkeit sozialen Handelns. Soziale Ordnung jenseits von Normen und Institutionen.* (Materialitäten, hrsg. von Gabriele Klein, Martina Löw & Michael Meuser, Bd. 13). Bielefeld: transcript. S. 35-58.

Stadelbacher, Stephanie (2010b). Die körperliche Konstruktion des Sozialen. Ein soziologischer Blick auf die Theorie kognitiver Metaphorik von George Lakoff und Mark Johnson. In: Fritz Böhle & Margit Weihrich (Hrsg.). *Die Körperlichkeit sozialen Handelns. Soziale Ordnung jenseits von Normen und Institutionen.* (Materialitäten, hrsg. von Gabriele Klein, Martina Löw & Michael Meuser, Bd. 13). Bielefeld: transcript. S. 299-330.

Stahl, Eberhard (2002). *Dynamik in Gruppen: Handbuch der Gruppenleitung.* Weinheim: Beltz.

Steinke, Ines (1999). *Gütekriterien qualitativer Forschung. Ansätze zur Bewertung qualitativ-empirischer Sozialforschung.* Weinheim u.a.: Juventa.

Steinke, Ines (2010). Gütekriterien qualitativer Forschung. In: Uwe Flick, Ernst von Kardorff & Ines Steinke (Hrsg.). *Qualitative Forschung. Ein Handbuch.* Reinbek b. Hamburg: Rowohlt. S. 319-331.

Strauss, Anselm (1991 [1987]). *Grundlagen qualitativer Sozialforschung. Datenanalyse und Theoriebildung in der empirischen soziologischen Forschung.* München: Wilhelm Fink Verlag.

Strauss, Anselm & Juliet Corbin (1996 [1990]). *Grounded Theory: Grundlagen Qualitativer Sozialforschung*. (Aus dem Amerik. v. Solveigh Niewiarra & Heiner Legewie). Weinheim: Beltz.

Strauss, Anselm L. im Gespräch mit Heiner Legewie und Barbara Schervier-Legewie (2011). „Forschen ist harte Arbeit, es ist immer ein Stück Leiden damit verbunden. Deshalb muss es auf der anderen Seite Spaß machen." In: Günther Mey & Katja Mruck (Hrsg.). *Grounded Theory Reader*. (2., akt. und erw. Aufl.). Wiesbaden: VS. S. 69-78.

Striegel, Ludwig (2008). *Bläser?Klasse! – Streicher?Klasse! Klassenmusizieren als Chance für einen Musikunterricht der Zukunft*. Vortrag auf der Musikmesse Frankfurt am 14.03.2008. http://www.musikpaedagogik.de/dokumente/dokFFM08/Vortrag_Prof_Striegel.pdf. (20.10.2017).

Strübing, Jörg (2008). *Grounded Theory. Zur sozialtheoretischen und epistemologischen Fundierung des Verfahrens der empirisch begründeten Theoriebildung*. (Qualitative Sozialforschung, hrsg. v. Ralf Bohnsack, Jo Reichertz, Christian Lüders & Uwe Flick, Bd. 15). (2., überarb. und erw. Aufl.). Wiesbaden: VS.

Strübing, Jörg (2011). Zwei Varianten von Grounded Theory? Zu den methodologischen und methodischen Differenzen zwischen Barney Glaser und Anselm Strauss. In: Günther Mey & Katja Mruck (Hrsg.). *Grounded Theory Reader*. (2., akt. und erw. Aufl.). Wiesbaden: VS. S. 261-277.

Syfuß, Enno (2010). *Relation und Resonanz. Die Bedeutung des musikalischen Lernens für die Entwicklung der kindlichen Wirklichkeit unter Berücksichtigung konstruktivistischer und neurobiologischer Perspektiven*. Hildesheim u.a.: Olms.

Terhag, Jürgen (2011). Musizieren mit Schulklassen. Der AfS-Bundeskongress nimmt Konzepte des Klassenmusizierens unter die Lupe. *TransPositionen. Zeitung des Verbands Deutscher Schulmusiker* 5. S. 16.

Thaut, Michael H. (2008). *Rhythm, Music, and the Brain: Scientific Foundations and Clinical Applications*. New York: Routledge.

Thomas, David A. & James O. Farlow (1998). Spuren einer Dinosaurierjagd. *Spektrum der Wissenschaft* 2. S. 86-91.

Tiefel, Sandra (2005). Kodierung nach der Grounded Theory lern- und bildungstheoretisch modifiziert: Kodierungsleitlinien für die Analyse biographischen Lernens. *Zeitschrift für qualitative Bildungs-, Beratungs- und Sozialforschung* 6 (1). S. 65-84.

Truschkat, Inga, Manuela Kaiser & Vera Reinartz (2005). Forschen nach Rezept? Anregungen zum praktischen Umgang mit der Grounded Theory in Qualifikationsarbeiten. *Forum Qualitative Sozialforschung* 6 (2), Art. 22. Online: http://www.qualitative-research.net/index.php/fqs/rt/printerFriendly/470/1006. (20.02.2011).

Tuma, René, Bernt Schnettler & Hubert Knoblauch (2013). *Videographie. Einführung in die interpretative Videoanalyse sozialer Situationen*. (Qualitative Sozialforschung, hrsg. v. Ralf Bohnsack, Uwe Flick, Christian Lüders & Jo Reichertz). Wiesbaden: VS.

Ulrich, Sonja Christel (2011). *Heterogenität und Leistungsverhalten erwachsener Lerner in einer musikalischen Ausbildungssituation. Eine explorative Studie zum Instrumentalen Gruppenunterricht im Schulpraktischen Klavierspiel*. Würzburg: Universitätsbibliothek der Universität Würzburg, Dissertation. Online-Ressource: https://opus.bibliothek.uni-wuerzburg.de/opus4-wuerzburg/frontdoor/index/index/docId/5224. (02.11.2015).

Uszler, M. (1992). Research on the teaching of keyboard music. In: Richard Colwell (Hrsg.). *Handbook of research on music teaching and learning: A project of the Music Educators National Conference*. New York: Schirmer Books. S. 584-593.

van Noorden, Leon & Leen De Bruyn (2009). The development of synchronisation skills of children 3 to 11 years old. In: Petri Toiviainen (Hrsg.). *Proceedings of ESCOM—7th Triennial Conference of the European Society for the Cognitive Sciences of Music*. Jyväskylä, Finland: University of Jyväskylä. S. 466-472.

VdM – Verband deutscher Musikschulen e.V. (Hrsg.) (1977). *Instrumentaler und vokaler Gruppenunterricht an Musikschulen. Dokumentation zum Musikschulkongress '75. Hamburg 28.2.-2.3.1975*. Regensburg: Bosse.

VdM – Verband deutscher Musikschulen e.V. (Hrsg.) (2004). *Musikschulen in finanzieller Bedrängnis. Wesentliche Merkmale heutiger Musikschularbeit vor dem Hintergrund begrenzter finanzieller Ressourcen (Arbeitsheft)*. (2., akt. Fassung). Bonn: VdM.

VdM – Verband deutscher Musikschulen e.V. (Hrsg.) (2005). *Arbeitshilfe und Materialsammlung zur Kooperation von Musikschule und Ganztagsschule (in offener, teilgebundener und vollgebundener Form)*. (3., bearb. und erw. Aufl.). Bonn: VdM.

VdM – Verband deutscher Musikschulen e.V. (Hrsg.) (2010). *Strukturplan des VdM. Der Weg zur Musik durch die Musikschule*. Bonn: VdM.

VdM – Verband deutscher Musikschulen e.V. (Hrsg.) (2011). *VdM-Jahresbericht. Themenschwerpunkte und statistische Daten 2010*. Bonn: VdM.

VdM – Verband deutscher Musikschulen e.V. (Hrsg.) (2016). *VdM-Jahresbericht. Themenschwerpunkte und statistische Daten 2015*. Bonn: VdM.

VdM – Verband deutscher Musikschulen e.V. (Hrsg.) (o.J.). *Bildungspartner Musikschule im VdM*. Bonn: VdM.

von Gutzeit, Reinhart (2012). JeKi und die Folgen. Vorwort zur Ausgabe. *Üben & Musizieren* 2. S. 1.

von Gutzeit, Reinhart (2015). Ensembles leiten. Vorwort zur Ausgabe. *Üben & Musizieren* 6. S. 1.

Wagner-Willi, Monika (2005). *Kinder-Rituale zwischen Vorder- und Hinterbühne – der Übergang von der Pause zum Unterricht*. Wiesbaden: VS.

Wagner-Willi, Monika (2006). On the Multidimensional Analysis of Video Data: Documentary Interpretation of Interaction in Schools. In: Hubert Knoblauch, Bernt Schnettler, Jürgen Raab & Hans-Georg Soeffner (Hrsg.). *Video-Analysis. Methodology and methods. Qualitative Audiovisual Data Analysis in Sociology*. Frankfurt u.a.: Lang. S. 143-153.

Waldenfels, Bernhard (2000). *Das leibliche Selbst. Vorlesungen zur Phänomenologie des Leibes*. Frankfurt a.M.: Suhrkamp.

Wallbaum, Christopher (2005). Relationale Schulmusik – eine eigene musikalische Praxis und Kunst. Antrittsvorlesung in Leipzig am 08.01.2004, etwas erweitert. *Diskussion Musikpädagogik* 26 (05). S. 4-17.

Walter, Birgit (2012). Jedem Kind ein Instrument – quo vadis? Eine Vision auf dem Weg vom Projekt zum Programm. *Üben und Musizieren* 2. S. 6-10.

Walter, Birgit (2016). JeKits – Jedem Kind Instrumente, Tanzen, Singen. Überlegungen zur Konzeption des „JeKi"-Nachfolgeprogramms. In: Natalia Ardila-Mantilla, Peter Röbke, Christine Stöger & Bianka Wüstehube (Hrsg.). *Herzstück Musizieren. Instrumentaler Gruppenunterricht zwischen Planung und Wagnis*. Mainz: Schott. S. 139-142.

Walter, Hans (1996). Perspektiven und Probleme des Klassenmusizierens (Klassenmusizierunterricht). In: Hessisches Institut für Lehrerfortbildung (Hrsg). *Klassenmusizieren. Probleme – Perspektiven – Materialien. Ergebnisse der HILF-Akademietagung „Perspektiven und Probleme des Klassenmusizierens" vom 24. bis 27.10.1995 in der HILF-*

Hauptstelle Reinhardswaldschule. Zusammengestellt von Johannes Bähr. Fuldatal & Frankfurt am Main: Hausdruckerei. S. 14-28.

Warwitz, Siegbert A. (2016). Die Flow-Theorie. In: Ders. (Hrsg.). *Sinnsuche im Wagnis. Leben in wachsenden Ringen. Erklärungsmodelle für grenzüberschreitendes Verhalten.* (2., erw. Aufl.). Baltmannsweiler: Schneider. S. 207-226.

Weber, Max (1972 [1922]). *Wirtschaft und Gesellschaft: Grundriss der verstehenden Soziologie.* (5. Aufl.). Tübingen: Mohr Siebeck.

Welte, Andrea (2012). Individuell fördern. Gemeinsam und differenziert lernen in leistungsheterogenen Gruppen. In: Katharina Bradler (Hrsg.). *Klasse gespielt! Praktische Tipps zum Umgang mit heterogenen Gruppen im Instrumentalunterricht.* (Üben & Musizieren spezial). Mainz: Schott. S. 12-17.

Wenger, Etienne (2004 [1998]). *Communities of Practice. Learning, Meaning, and Identity.* New York: Cambridge University Press.

Wenger, Etienne (2009). A social theory of learning. In: Knud Illeris (Hrsg.). *Contemporary theories of learning. Learning theorists in their own word.* London u.a.: Routledge. S. 209-218.

Williamon, Aaron & Jane Davidson (2002). Exploring co-performer communication. *Musicae Scientiae* 6. S. 53-72.

Wiltermuth, Scott S. (2010). Synchrony, compliance, and destructive obedience. In: Steven M. Demorest, Steven J. Morrison, & Patricia S. Campbell (Hrsg.). *Proceedings of the 11th International Conference on Music Perception and Cognition.* Seattle (WA): University of Washington School of Music. S. 330-333.

Wing, Alan M., Satoshi Endo, Adrian Bradbury & Dirk Vorberg (2011). Ensemble timing in string quartet performance. *Vortrag auf dem 13th International Rhythm Perception and Production Workshop, Leipzig, Germany.*

Witzel, Andreas (1985). Das problemzentrierte Interview. In: Gerd Jüttemann (Hrsg.). *Qualitative Forschung in der Psychologie. Grundfragen, Verfahrensweisen, Anwendungsfelder.* Weinheim & Basel: Beltz. S. 227-306.

Witzel, Andreas (2000). Das problemzentrierte Interview. *Forum Qualitative Sozialforschung/Forum: Qualitative Social Research* 1 (1), Art. 22, http://nbn-resolving.de/urn:nbn:de:0114-fqs0001228. (23.10.2017).

Wulf, Christoph (1996). Learning: The Treasure within. UNESCO-Bericht über Erziehung und Bildung für das 21. Jahrhundert. *Erziehungswissenschaft* 7 (14). S. 99-104.

Wulf, Christoph (2007). Mimetisches Lernen. In: Michael Göhlich, Christoph Wulf & Jörg Zirfas (Hrsg.). *Pädagogische Theorien des Lernens.* Weinheim und Basel: Beltz. S. 91-101.

Wulf, Christoph & Jörg Zirfas (Hrsg.) (2007). *Pädagogik des Performativen. Theorien, Methoden, Perspektiven.* Weinheim & Basel: Beltz.

Wüstehube, Bianka (2016). Gruppenunterricht als künstlerisches Ereignis. In: Natalia Ardila-Mantilla, Peter Röbke, Christine Stöger & Bianka Wüstehube (Hrsg.). *Herzstück Musizieren. Instrumentaler Gruppenunterricht zwischen Planung und Wagnis.* Mainz: Schott. S. 89-100.

Zinnecker, Jürgen (2000). Pädagogische Ethnographie. *Zeitschrift für Erziehungswissenschaft* 3 (3). S. 381-400.

Filme und Videos

Grube, Thomas (2008). *Trip to Asia. Die Suche nach dem Einklang.* DVD. Berlin: Boomtownmedia.

Harvard Natural Science Lecture Demonstrations. *Synchronization of Metronomes.* https://www.youtube.com/watch?v=Aaxw4zbULMs. (15.09.2016).

Smaczny, Paul & Maria Stodtmeier (2009). *El Sistema: Musik, die das Leben verändert.* DVD. Belin: EuroArts International.

Webseiten

http://avidemux.sourceforge.net (19.09.2017)

https://www.feldpartitur.de (19.09.2017)

https://www.instrumentaler-unterricht.de (27.09.2016)

https://www.jekits.de (30.03.2017)

http://www.lvdm-nrw.de (15.10.2017)

https://www.musikpaedagogik.de (15.10.2017)

https://www.musikschulen.de (14.09.2017)

https://www.musikschulen.de/medien/doks/vdm/richtlinien-des-vdm-2011_logo.pdf (14.09.2017)

https://www.musikschulen.de/musikschulen/lehrplanwerk/index.html (14.09.2017)

https://www.musikschulen.de/musikschulen/strukturplan2009/index.html (14.09.2017)

Verwendete Software

Avidemux

Feldpartitur

MaxQDA 11

Picasa

VLC

Abbildungen

Tabellen

Abkürzungen

[m]	Musik (Tonspur des Videos)
01-1113-SK/01:48	Kode der Videostelle [Videokürzel/Zeit]
Abb.	Abbildung
BMBF	Bundesministerium für Bildung und Forschung
Fn	Fußnote
GT	Grounded Theory
GTM	Grounded-Theory-Methodologie
H.i.O.	Hervorhebung(en) im Original
H.v.V.	Hervorhebung(en) durch die Verfasserin
I	Interviewerin (Bianca Hellberg)
IGU	Instrumentaler Gruppenunterricht
JeKi	Jedem Kind ein Instrument
Kap.	Kapitel
L	LehrerIn
L-Int-XX	Kode des Lehrendeninterviews (L: Lehrende; Int: Interview; XX: Kurzform des maskierten Namens)
LVdM-NRW	Landesverband der Musikschulen in Nordrhein-Westfalen e.V.
MoMo	Monheimer Modell
NRW	Nordrhein-Westfalen
S-Int-XXX	Kode des Schülerinterviews (S: Schülergruppe; Int: Interview; XXX: Gruppencode)
Tab.	Tabelle
VdM	Verband deutscher Musikschulen
vds	Verband Deutscher Schulmusiker
z.B.	zum Beispiel

VI   Anhang

Transkribiersystem

Generell wird nach deutscher Orthographie und Interpunktion transkribiert. Besondere Worte in der Sprache der Interviewten werden lautmalerisch transkribiert (z.B. „ähm" oder „des ging gar net"). Die Satzstellung wird nicht korrigiert. Zusätzlich gilt:

Zeichen	Bedeutung	Beispiel
(.)	Kurze Pause (ca. 1 sek)	Da (.) wusste ich auch nicht weiter.
(..)	Mittellange Pause (ca. 2 sek)	Da (..) wusste ich auch nicht weiter.
(...)	Längere Pause (ca. 3 sek)	Da (...) wusste ich auch nicht weiter.
(15)	Lange Pausen mit Angabe der ungefähren Dauer in sek.	Da (15) wusste ich auch nicht weiter.
((lacht))	In Doppelklammern stehen Anmerkungen zu außersprachlichen Äußerungen oder Kommentare	Da wusste ich auch nicht weiter. ((lacht))
Meistens	Betonte Worte werden unterstrichen.	Da wusste ich auch nicht weiter.
[ja genau]	Eckige Klammern kennzeichnen Überlappungen. Dabei kennzeichnet die öffnende eckige Klammer den Beginn und die geschlossene eckige Klammer das Ende der Überlappung.	Frau Hase: Da wusste ich auch nicht [weiter. Herr Müller: [Ja so ging's] mir auch.
=	Das Gleichheitszeichen markiert schnelle Anschlüsse.	Frau Hase: Da wusste ich auch nicht weiter. Herr Müller: = Ja so ging's mir auch.

O:der	: im Wort markiert eine auffallende Dehnung. Ist die Dehnung sehr lang, werden zwei Zeichen gesetzt, z.B. „o::der"	Das dauerte so::was von lang.
*	Das Zeichen markiert den plötzlichen Abbruch.	Manchmal war das*
(x)	Unverständlich. Wenn möglich, wird eine Angabe der Silben angestrebt: (x) = 1 unverständliche Silbe; (xx) = zwei unverständliche Silben... Wenn die Angabe nicht möglich ist, wird (x) notiert.	Manchmal (xx).

Kurzfragebogen

- Wie alt bist Du?
- Mädchen/Junge?
- Welches Instrument spielst Du?
- Wie lange hast Du schon Instrumentalunterricht?
- Hast du neben dem Jeki-(Streicherklassen-/Bläserklassen-)Unterricht noch anderen Instrumentalunterricht?
- Welches ist das schwierigste Stück, das Du bisher auf Deinem Instrument gespielt hast?
- Warum möchtest du Dein Instrument lernen?

Danksagung

Diese Forschungsarbeit wäre ohne die Hilfe und Unterstützung vieler Menschen nicht entstanden, weswegen ich an dieser Stelle die Gelegenheit nutze, danke zu sagen.

Zu besonderem Dank bin ich meinen ForschungspartnerInnen verpflichtet, den SchülerInnen und v.a. den Lehrpersonen, die mir Zutritt zu verschiedenen Unterrichtsstunden gewährt haben und mir erlaubt haben, diese zu dokumentieren. Ich danke für euer Vertrauen und euren Mut, den Unterricht für mich und meine Kamera zu öffnen, und für eure Offenheit in unseren Gesprächen! Ein Dank geht auch an den Leiter der Musikschule, der mir einen einfachen Zugang ins Feld gewährt und mich vor einigen bürokratischen Hürden bewahrt hat. Ohne euch alle hätte diese Studie sicherlich anders ausgesehen.

Weiterhin gilt mein besonderer Dank Prof. Dr. Maria Spychiger für die umfassende und engagierte Betreuung meines Projekts über den gesamten Zeitraum hinweg. Ich danke dir für deine Unterstützung bei der Formulierung einer ersten Idee, für die Hilfe bei der Erstellung des Exposés und der Förderanträge, für das konstruktive und offene Feedback und die Ermutigungen in zahlreichen Gesprächen, die den Forschungsprozess begleitet haben. Prof. Dr. Andreas Lehmann-Wermser und Prof. Dr. Wolfgang Rüdiger danke ich für die Bereitschaft, die Arbeit zu begutachten.

Ich danke der Stiftung Polytechnische Gesellschaft Frankfurt am Main für die Förderung während der ersten beiden Jahre meiner Promotionszeit sowie der Gisela und Peter W. Schatt Stiftung für die Unterstützung bei der Drucklegung der fertigen Arbeit.

Und schließlich danke ich den vielen Menschen, die mich während meiner Promotionszeit fachlich, musikalisch oder freundschaftlich begleitet, betreut und beraten haben, für die vielen Gespräche und Diskussionen, die die Arbeit vorangebracht, neue Perspektiven aufgezeigt und mich immer wieder motiviert haben, für die Bereitschaft, erste Skizzen, fertige Kapitel oder gar die ganze Arbeit zu lesen und zu kommentieren. Von diesem Austausch habe ich sehr profitiert!

Mein größter Dank gilt jedoch meiner Familie, die mir in allen Phasen der Arbeit mit ihren Höhen und Tiefen den Rücken gestärkt und mir diesen freigehalten hat.